经以阮七
建校渐末
贺教方印
刻文向项目
心王玉然

李昭林
晒山方八

教育部哲学社會科学研究重大課題攻閉項目

"十三五"国家重点出版物出版规划项目

推进21世纪海上
丝绸之路建设研究

RESEARCH ON PROMOTING
THE CONSTRUCTION OF THE 21ST
CENTURY MARITIME SILK ROAD

梁 颖

等著

中国财经出版传媒集团

经济科学出版社
Economic Science Press

图书在版编目（CIP）数据

推进 21 世纪海上丝绸之路建设研究/梁颖等著 . --
北京：经济科学出版社，2022.5
教育部哲学社会科学研究重大课题攻关项目 "十三五"
国家重点出版物出版规划项目
ISBN 978 - 7 - 5218 - 3406 - 2

Ⅰ. ①推… Ⅱ. ①梁… Ⅲ. ①海上运输 - 丝绸之路 -
研究 - 中国 - 21 世纪 Ⅳ. ①K203

中国版本图书馆 CIP 数据核字（2022）第 013079 号

责任编辑：孙怡虹
责任校对：王肖楠
责任印制：范 艳

推进 21 世纪海上丝绸之路建设研究
梁 颖 等著
经济科学出版社出版、发行 新华书店经销
社址：北京市海淀区阜成路甲 28 号 邮编：100142
总编部电话：010 - 88191217 发行部电话：010 - 88191522
网址：www. esp. com. cn
电子邮箱：esp@ esp. com. cn
天猫网店：经济科学出版社旗舰店
网址：http://jjkxcbs. tmall. com
北京季蜂印刷有限公司印装
710 × 1000 16 开 38.25 印张 710000 字
2022 年 9 月第 1 版 2022 年 9 月第 1 次印刷
ISBN 978 - 7 - 5218 - 3406 - 2 定价：137.00 元
（图书出现印装问题，本社负责调换。电话：010 - 88191545）
（版权所有 侵权必究 打击盗版 举报热线：010 - 88191661
QQ：2242791300 营销中心电话：010 - 88191537
电子邮箱：dbts@ esp. com. cn）

课题组主要成员

首席专家　梁　颖

主要成员

黄立群	张蕴岭	王玉主	桑百川	范从来
魏　玲	李光辉	李晨阳	张　锦	罗传钰
王玉洁	缪慧星	毛　薇	程　成	顾　强
卢潇潇	陈　乔	金　丹	常雅丽	盛玉雪
李雄师	黄娴静	李秋梅	温健纯	易鑫富
何　欢	郑丹丹	周　嫱	方晶晶	余俊杰
杨鲜丽	王嘉奕	宋建林	孟　婵	张正华
黄志敏	方　昉	刘　晖	曹晓彤	刘晓臻
周泽奇	李　雪	支宇鹏		

总　序

哲学社会科学是人们认识世界、改造世界的重要工具，是推动历史发展和社会进步的重要力量，其发展水平反映了一个民族的思维能力、精神品格、文明素质，体现了一个国家的综合国力和国际竞争力。一个国家的发展水平，既取决于自然科学发展水平，也取决于哲学社会科学发展水平。

党和国家高度重视哲学社会科学。党的十八大提出要建设哲学社会科学创新体系，推进马克思主义中国化、时代化、大众化，坚持不懈用中国特色社会主义理论体系武装全党、教育人民。2016 年 5 月 17 日，习近平总书记亲自主持召开哲学社会科学工作座谈会并发表重要讲话。讲话从坚持和发展中国特色社会主义事业全局的高度，深刻阐释了哲学社会科学的战略地位，全面分析了哲学社会科学面临的新形势，明确了加快构建中国特色哲学社会科学的新目标，对哲学社会科学工作者提出了新期待，体现了我们党对哲学社会科学发展规律的认识达到了一个新高度，是一篇新形势下繁荣发展我国哲学社会科学事业的纲领性文献，为哲学社会科学事业提供了强大精神动力，指明了前进方向。

高校是我国哲学社会科学事业的主力军。贯彻落实习近平总书记哲学社会科学座谈会重要讲话精神，加快构建中国特色哲学社会科学，高校应发挥重要作用：要坚持和巩固马克思主义的指导地位，用中国化的马克思主义指导哲学社会科学；要实施以育人育才为中心的哲学社会科学整体发展战略，构筑学生、学术、学科一体的综合发展体系；要以人为本，从人抓起，积极实施人才工程，构建种类齐全、梯队衔接的高校哲学社会科学人才体系；要深化科研管理体制改革，发挥高校人才、智力和学科优势，提升学术原创能力，激发创新创造活力，建设中国特色新型高校智库；要加强组织领导、做好统筹规划、营造良好学术生态，形成统筹推进高校哲学社会科学发展新格局。

哲学社会科学研究重大课题攻关项目计划是教育部贯彻落实党中央决策部署的一项重大举措，是实施"高校哲学社会科学繁荣计划"的重要内容。重大攻关项目采取招投标的组织方式，按照"公平竞争，择优立项，严格管理，铸造精品"的要求进行，每年评审立项约40个项目。项目研究实行首席专家负责制，鼓励跨学科、跨学校、跨地区的联合研究，协同创新。重大攻关项目以解决国家现代化建设过程中重大理论和实际问题为主攻方向，以提升为党和政府咨询决策服务能力和推动哲学社会科学发展为战略目标，集合优秀研究团队和顶尖人才联合攻关。自2003年以来，项目开展取得了丰硕成果，形成了特色品牌。一大批标志性成果纷纷涌现，一大批科研名家脱颖而出，高校哲学社会科学整体实力和社会影响力快速提升。国务院副总理刘延东同志做出重要批示，指出重大攻关项目有效调动各方面的积极性，产生了一批重要成果，影响广泛，成效显著；要总结经验，再接再厉，紧密服务国家需求，更好地优化资源，突出重点，多出精品，多出人才，为经济社会发展做出新的贡献。

作为教育部社科研究项目中的拳头产品，我们始终秉持以管理创新服务学术创新的理念，坚持科学管理、民主管理、依法管理，切实增强服务意识，不断创新管理模式，健全管理制度，加强对重大攻关项目的选题遴选、评审立项、组织开题、中期检查到最终成果鉴定的全过程管理，逐渐探索并形成一套成熟有效、符合学术研究规律的管理办法，努力将重大攻关项目打造成学术精品工程。我们将项目最终成果汇编成"教育部哲学社会科学研究重大课题攻关项目成果文库"统一组织出版。经济科学出版社倾全社之力，精心组织编辑力量，努力铸造出版精品。国学大师季羡林先生为本文库题词："经时济世　继往开来——贺教育部重大攻关项目成果出版"；欧阳中石先生题写了"教育部哲学社会科学研究重大课题攻关项目"的书名，充分体现了他们对繁荣发展高校哲学社会科学的深切勉励和由衷期望。

　　伟大的时代呼唤伟大的理论，伟大的理论推动伟大的实践。高校哲学社会科学将不忘初心，继续前进。深入贯彻落实习近平总书记系列重要讲话精神，坚持道路自信、理论自信、制度自信、文化自信，立足中国、借鉴国外，挖掘历史、把握当代，关怀人类、面向未来，立时代之潮头、发思想之先声，为加快构建中国特色哲学社会科学，实现中华民族伟大复兴的中国梦做出新的更大贡献！

教育部社会科学司

摘　要

本书在梳理国内外关于"21 世纪海上丝绸之路"（以下简称"海丝路"）建设研究文献的基础上，从新型合作发展观、海洋强国战略等理论视角探寻了"海丝路"建设的理论指导，以推进互联互通建设主线为研究重点，围绕"海丝路"政策沟通、设施联通、贸易畅通、资金融通以及民心相通"五通"建设，分别研究建设现状、分析存在问题、提出推进措施。

关于政策沟通。本书从两个方面的结合进行了研究。一方面，在宏观上对"海丝路"政策沟通实践的整体情况进行总结和研究，把握好"海丝路"建设政策沟通进程，分析存在的问题，提出推进措施；另一方面，考虑到"海丝路"沿线国别（地区）的差异性，分东盟、南亚和非洲三个区域，以区域为视角探讨了中国与沿线各国（地区）政策沟通的情况、存在的问题，并区分不同区域的实际情况，突出国别（地区）"沟通"和"对接"的针对性，提出国别（地区）策略以推进"海丝路"建设政策沟通。

关于设施联通。本书阐述了基础设施联通理论在"海丝路"建设中的研究与应用后，从交通设施、能源设施、通信设施联通三个方面分区域探讨了基础设施互联互通状况；并对"海丝路"设施联通的机遇与存在问题进行了分析，认为机遇主要体现在投资需求和市场机遇、合作意愿加强以及中国具备推动"海丝路"设施联通建设条件三个方面，而问题主要反映在政治和安全环境问题、域内外不利因素对沿线国家（地区）的影响和压力以及经济和建设进程的不利因素加剧联通难度三个方面；进而对推进"海丝路"设施联通提出了对策建议：进一步规划和完善"海丝路"设施联通建设布局，加强"海丝路"设施联通重点国家（地区）、重大领域和重点项目建设以及加强和完善"海丝路"设施联通机制建设。

关于贸易畅通。本书重点对"海丝路"贸易合作、国际产能合作和海上合作进行了研究。一是在阐述"海丝路"贸易合作推进基础和沿线各国（地区）贸易合作现状的基础上，分析了贸易合作存在的主要问题，提出了推进"海丝路"贸易合作的策略。二是对加强国际产能合作，构建新型价值链进行了研究。阐述了中国与"海丝路"沿线国家（地区）产能合作的基础，并测度了中国与沿线国家（地区）的产业互补性及竞争力，之后分析了中国境外经贸合作园区的建设情况、存在问题及对策建议，在此基础上着重探讨了"一带一路"新型价值链构建的背景、条件、路径及策略。三是总结海上合作进展，探讨了海上合作存在的问题，并结合落实《"一带一路"建设海上合作设想》提出有效对策。

关于资金融通。本书从五个方面进行了研究：一是"海丝路"金融发展与合作，重点分析了"海丝路"沿线各国（地区）金融发展的状况及其分类。二是亚洲货币稳定体系与人民币国际化，探讨了最优货币区理论，并基于该理论探讨了亚洲货币稳定体系，在此基础上研究了人民币国际化的发展现状及亚洲货币体系的稳定性，提出了推进人民币国际化及亚洲货币体系稳定性的对策。三是关于"海丝路"投融资，总结了投融资概况，分析了存在的问题，提出了建立和完善"海丝路"投融资体系的推进策略。四是"海丝路"信用体系建设，研究了其建设现状、存在问题，提出了加强"海丝路"信用体系建设的推进策略。五是金融风险预警和监管合作，对中国对外直接投资与东道国金融风险做了实证检验，在此基础上分析了中国与沿线国家金融监管合作的现状以及建立完善金融风险预警和监管体系的对策。

关于民心相通。重点从"海丝路"教育合作、文化交流、科技合作、旅游合作和公共外交五个方面进行研究，分别探讨其对民心相通的作用，总结发展状况，挖掘发展潜力，分析存在的问题，提出推进策略和路径。

在书的最后，本书研究了时效性较强的以高质量共建"一带一路"推进人类命运共同体建设的问题，提出共建"一带一路"高质量发展，要贯彻落实新发展理念，把握发展方向；提升互联互通，增进联动发展；实现创新驱动，促进动力转换；推进制度创新，完善全球治理。在此基础上，要在共建"一带一路"高质量发展进程中，进一步落实人类命运共同体理念、提升互联互通、转换动能、构建新型国际关系、引领全球治理以及构建人类卫生健康共同体，推进人类命运共同体建设进一步走深走实。

Abstract

This book, on the basis of sorting out the domestic and foreign research literature about the construction of the 21st Century Maritime Silk Road, and exploring the theoretical guidance of the Maritime Silk Road from the theoretical perspective of New Cooperative Development Concept and the Strategy of Maritime Power, takes the main line of promoting the connectivity construction as the focus of research revolved around "Five-Pronged approach" construction: policy coordination, connectivity of infrastructure, unimpeded trade, financial integration and closer people-to-people ties. And then this book studies the construction status, analyzes existing problems, and puts forward measures for advancement respectively.

As for policy coordination, this book has studied from the combination of two aspects. On the one hand, it macroscopically summarizes and studies the overall situation of the Maritime Silk Road policy coordination in practice, grasps the process, analyzes the existing problems, and puts forward measures for promotion. On the other hand, considering of countries and regions differences along the Maritime Silk Road, this book divides these countries (regions) into three regions, including ASEAN, South Asia and Africa, and discusses the situation and existing problems of policy coordination between China and these countries (regions) from the regional perspective, and then distinguishes the actual conditions in different regions, focuses on the specificity of "coordination" and "docking", puts forward countries (regions) specific strategies in order to promote policy coordination during the construction.

As for connectivity of infrastructure, after elaborating the research and application about infrastructure connectivity theory in the construction of the Maritime Silk Road, this book discusses the status of infrastructure connectivity in three regions from the perspective of transportation facilities, energy facilities, and communication facilities. Then this book analyzes the opportunities and existing problems of infrastructure connectivity process. It considered the investment demands, market opportunities and China's existing infrastructure connectivity conditions as three reflected major opportunities, and considered the political and security environment, influences and pressure of unfavorable factors from inside or outside the region to the countries (regions) along the route, and the unfavorable factors during the economy and construction process exacerbating the difficulty of connectivity as mainly three reflected problems as well. And this book puts forward countermeasures and suggestions: further planning and improving for infrastructure connectivity construction layout of the Maritime Silk Road, strengthening the infrastructure connectivity with key countries (regions), major fields and key projects construction, strengthening and improving the Maritime Silk Road infrastructure connectivity mechanism.

As for unimpeded trade, this book focuses on the research of the Maritime Silk Road trade cooperation, international production capacity cooperation and maritime cooperation. Firstly, on the basis of expounding the basis for promoting the Maritime Silk Road trade cooperation and the status of trade cooperation among the countries (regions) along the route, this book analyzes the main problems of trade cooperation and puts forward the strategy for promoting the Maritime Silk Road trade cooperation. Secondly, this book has researched about strengthening international production capacity cooperation and constructing the new value chain. It elaborates the basic of international production capacity cooperation between China and other countries (regions) along the Maritime Silk Road, and measures the industrial complementarity and competitiveness of China with the countries (regions) along the route, and then analyzes the construction situation, existing problems and countermeasures of China's overseas economic cooperation parks. On this basis, this book emphasizes the background, conditions, paths and strategies of the Belt and Road newly value chain construction. Thirdly, this book summarizes the progress of maritime cooperation, discusses the existing problems in maritime cooperation, and puts forward effective countermeasures in conjunction with the implementation of the "Vision for Maritime Cooperation under the Belt and Road Initiative".

As for financial integration, this book conducts the research from five aspects. Firstly, about the financial development and cooperation of the Maritime Silk Road, the book focuses on the analysis of financial development status and classification of countries (regions) along the Maritime Silk Road. Secondly, about Asian currency stability system and the internationalization of renminbi, this book discusses the theory

2

of optimal currency area （OCA） and discusses the Asian currency stability system on this theory basis, puts forward countermeasures to promote the internationalization of renminbi and the stability of Asian currency system. Thirdly, about the investment and financing of the Maritime Silk Road, this book summarizes the general situation of investment and financing, analyzes the existing problems, and puts forward the promotion strategy for establishing and perfecting the Maritime Silk Road investment and financing system. Fourthly, about the construction of the Maritime Silk Road credit system, this book discusses its current status and existing problems, proposes the promotion strategy of strengthening the Maritime Silk Road credit system. Fifthly, about early-warning and regulation cooperation of financial risks, the book gives an empirical testing of China's foreign direct investment with host country's financial risks, and then analyzes the current status of financial supervision cooperation between China and these countries （regions） along the route, puts forward the countermeasures about establishing the financial risk early-warning and supervision systems.

As for closer people-to-people ties, this book focuses on five aspects of the Maritime Silk Road, including educational cooperation, cultural exchanges, scientific and technological cooperation, tourism cooperation and public diplomacy, respectively explores their roles on the construction of closer people-to-people ties, summarizes the development status, taps the development potential, analyzes the existing problems, and proposes the promoting strategy and path.

At last, this book has studied a highly time-sensitive issue, that is promoting the construction for a community with a shared future for mankind with high-quality co-construction of the Belt and Road, and puts forward the high-quality development for the co-construction of the Belt and Road. We need to implement the new development idea and grasp the direction of development, improve connectivity and interlinkage development, realize innovation drive and promote power conversion, promote institutional innovation and improve global governance. On this basis, in high-quality development process of jointly building the Belt and Road, we should further implement the idea of a community with a shared future for mankind, enhance connectivity, transform motion energy, build a new model of international relations, lead global governance, and build a community of common health for mankind, promote the building of a community with a shared future for mankind further deepened and pragmatic.

目　录

Contents

Contents

第一章

绪 论

第一节 推进"海丝路"建设的背景与意义

"海上丝绸之路"是古代我国与国外进行贸易和人文交流的海上通道,这一概念由日本学者三杉隆敏于1967年出版的专著《探索海上丝绸之路》中提出。沿线国家通过"海上丝绸之路"的贸易和人文往来,促进了各国经济的繁荣发展和文化交流,发展出了"和平合作、开放包容、互学互鉴、互利共赢"的丝绸之路精神。2013年10月3日,习近平主席在印度尼西亚国会演讲时首次提出了共同建设"21世纪海上丝绸之路"(以下简称"海丝路")的概念,该概念源于古代"海上丝绸之路",是对古代"海上丝绸之路"的继承、延伸和扩展。

"21世纪海上丝绸之路"是在以和平、发展、合作、共赢为主题的新时代下,在借鉴古代"海上丝绸之路"和平合作、开放包容、互学互鉴、互利共赢的丝绸之路精神基础上,建设一条旨在促进沿线各国(地区)经济要素有序自由流动、资源高效配置和市场深度融合的海上贸易往来、人文交流的国际大通道。通过推动沿线各国(地区)实现经济政策协调发展,开展更大范围、更高水平、更深层次的区域合作,共同打造开放、包容、均衡、普惠的区域经济合作架构。建设这条海上大通道是以沿线各国(地区)的政策沟通作为重要保障,以设施联通作为优先领域，以贸易畅通作为重点内容，以资金融通作为重要支撑，以民心相通作为社会根基的。

一、推进"海丝路"建设的背景

第一，世界经济格局转换、国内经济转型、扩大对外开放及"一带一路"倡议（the Belt and Road Initiative，BRI）的提出，需要系统研究推动"21世纪海上丝绸之路"的有力举措。2008年全球金融危机过后，世界经济复苏乏力，全球化进程屡遭重创，发达国家贸易保护主义有所抬头，如英国"脱欧"、美国退出《跨太平洋伙伴关系协定》（TPP），逆全球化、反全球化的声音甚嚣尘上，世界经济体系正在酝酿着深刻的变革和调整。在后危机时代，世界经济呈现结构性变化，基本特征是发达国家经济下滑和衰退，而新兴经济体力量增强。在后危机时代，对于已经极大程度融入全球市场的中国而言，经济发展进入了重结构调整、轻总量发展的经济新常态。在这一背景下，我国的对外发展既有机遇，也面临挑战。虽然历经40多年的改革开放，我国经济发展已然呈现显著的外向型特征，但原先基于劳动力资源价格以及原材料价格等比较优势的开放发展战略已然不能适应新时代的诉求。因此，为了适应世界经济格局转换、加快国内经济转型、构建全方位开放新格局，国家主席习近平于2013年9月和10月在出访中亚和东南亚国家期间，先后提出共建"丝绸之路经济带"和"21世纪海上丝绸之路"（以下简称"一带一路"）的重大倡议。"21世纪海上丝绸之路"的提出标志着我国的对外开放进入崭新阶段，是我国从原来陆路开放的阶段朝着陆海联动方向迈进的重要举措，也是我国从海洋大国向海洋强国迈进的有力抓手，有利于促进我国与沿线各国（地区）进一步加强海上务实合作，发展海洋合作伙伴关系。根据2015年发布的《推动共建丝绸之路经济带和21世纪海上丝绸之路的愿景与行动》（以下简称《愿景与行动》），"一带一路"倡议合作的重点内容是"五通"——政策沟通、设施联通、贸易畅通、资金融通、民心相通。因此，如何通过"五通"建设更有效地推进"海丝路"的顺利实施成为亟待研究的课题。

第二，推动共建"一带一路"走深走实，需要对"海丝路"的"五通"推进策略进行全面研究。2018年8月，习近平主席在推进"一带一路"建设工作座谈会上指出，"一带一路"建设已经有100多个国家和国际组织参与其中，我国同30多个沿线国家签署了共建"一带一路"合作协议、同20多个国家开展国际产能合作，联合国等国际组织也态度积极，以亚洲基础设施投资银行（AIIB，以下简称"亚投行"）、丝路基金为代表的金融合作不断深入，一批有影响力的标志性项目逐步落地。"一带一路"建设从无到有、由点及面，进度和成果超出预期。① 在总结"一带一路"建设所取得的成果基础上，习近平主席提出了进一步推进"一带一路"建设的八项要求。据此可见，"一带一路"通过五年的建设已经构建起合作的框架，未来就是要推动"一带一路"走深走实。在此背景下，有必要全面总结自"一带一路"倡议提出以来合作取得的成果、面临的问题，并在此基础上提出全面推动"一带一路"走深走实的推进策略。本书即是以"一带一路"中的"一路"作为研究对象，重点从"五通"出发，系统全面研究如何推动"海丝路"进一步走深走实的推进策略。

二、推进"海丝路"建设的意义与价值

第一，理论意义与学术价值。自"一带一路"倡议提出以来，国内外专家学者都对此倡议给予了较高的评价，并从"一带一路"提出的背景、意义以及可能面临的问题等方面提出了自己的见解，同时，专家学者也就如何推进"海丝路"的建设提出了建议。从现有的研究来看，专家学者多是对习近平主席和李克强总理的讲话以及对《愿景与行动》做出自己的解读和阐释，还未形成较为系统的理论体系。我们知道，对于一个重大倡议的实施，既需要有具体的实际操作策略，也需要有理论研究加以指导。因此，本书研究的理论意义和学术价值就在于建立起推进"海丝路"建设的理论体系。

本书所构建的推进"海丝路"研究的理论体系是以中国新型合作发展观和海洋强国理念为总的理论指导基础，通过借鉴相关理论的积极部分来全面研究如何推进和实现"五通"。其中，"共商、共建、共享"的新型合作发展观和海洋强国理念作为总的理论指导，贯穿于本书研究的整个过程和研究内容。"共商"即在推进"海丝路"的建设中，中国与沿线各国（地区）共同协商、深入交流，通过协商来加强各国（地区）之间的政策沟通和战略对接；"共建"即中国与沿线各国（地区）共同参与、合作共建"海丝路"，通过共建来达到互利合作、共同面对挑战、实现共同发展的目标；"共享"即中国与沿线各国（地区）平等发展、共同分享合作成果，通过共享让沿线国家（地区）真正成为一个互利共赢的利益共同体。在以"共商、共建、共享"新型合作发展观和海洋强国战略思想作为总的理论主线的基础上，对于"五通"的具体研究，本书还借鉴了诸如体系理论、政经互动以及规模经济理论、产业集聚理论、国际贸易理论、自由贸易区

---

① 资料来源：中华人民共和国中央人民政府网站，《习近平在推进"一带一路"建设工作座谈会上发表重要讲话》，2016 – 08 – 17，http：//www.gov.cn/xinwen/2016 – 08/17/content_5100177.htm？from = groupmessage&isappinstalled = 0。

（以下简称"自贸区"）理论、最优货币区理论、公共外交理论等作为推进"海丝路"建设技术层面的理论指导。

第二，现实意义与应用价值。"一带一路"建设是在我国国内经济转型、对外开放扩大和世界格局转换的背景下提出的，这一倡议对我国深化对外开放以及最终实现中国梦意义重大。特别是共建"海丝路"倡议的提出，将在借助历史的文化符号与赋予古老的"海丝路"以深化改革开放、建设海洋强国、构建和平外交战略新时代内涵的结合中，推动中华民族伟大复兴中国梦的实现并在与世界梦交融中走向世界。通过共同建设"海丝路"，不仅能实现我国的对外开放由"陆路"向"海路"与"陆路"的联动转变，也能带动"丝路"沿线各国（地区）的经济发展与融合，实现合作共赢、互利共赢。因此，研究如何使"海丝路"建设的倡议真正能为沿线各国（地区）正确理解与接受并积极参与共同建设，以及如何更好、更有效地推进"海丝路"各重点领域的建设，具有重要的现实意义和应用价值。

首先，共建"海丝路"的倡议自提出以来，虽然国际社会对这一倡议给予积极评价，但同时也存在着诸多的质疑和误读的声音。如有些国家的政府及学者担心中国会借助这一倡议实现"称霸"的意图，虽然中国一直倡导"和平"与"共赢"的理念，但仍难以排除这些质疑之声；此外，还有一些国外的专家学者担心这一倡议会对现有的区域合作机制提出挑战。对于这些质疑和担忧，我国必须高度重视，特别是对于"海丝路"建设的先行区——东盟而言，"中国威胁论"的声音一直在东盟国家流传，如果不解决好这一问题，将会使共建"海丝路"的倡议面临很大的阻力。因此，在解决这一问题上，我国必须创新对外宣传方式，增信释疑，使沿线各国（地区）认识到"海丝路"的建设是一项互利共赢的重大举措。

其次，共建"海丝路"的倡议自提出以来，虽然我国积极制订具体的行动计划，并于2015年3月发布了《愿景与行动》，对建设"一带一路"的时代背景、共建原则、框架思路、合作重点以及合作机制等内容进行了阐述，但对于如何促进"海丝路"建设的节点选择、路线推进以及区域布局、具体推进方式等内容尚未明确，特别是"一带一路"建设以来，中国与沿线国家（地区）已经搭建起了合作的基本框架，此后合作的目标实际上已向如何"走深走实"的问题上转变。为了顺利推进"海丝路"走深走实，必须对此加以详细和全面的研究。

最后，推进"海丝路"建设涉及的合作领域众多，合作的重点内容是"五通"，即政策沟通、设施联通、贸易畅通、资金融通以及民心相通。这五个领域几乎涵盖了对外合作的方方面面，并且"五通"中的每一个"通"的内容都非常丰富，研究如何推进这五个领域的合作并实现"五通"是实现共建"海丝路"

的必然途径。因此，有必要对"五通"已开展合作的情况、已取得的成效、存在的问题及可能面临的困难等进行全面的研究，据此分别提出促进"五通"建设的推进措施，并最终实现"海丝路"的建设目标。

第二节　推进"海丝路"建设的文献综述

"一带一路"倡议的提出得到了国内外广泛的关注，国内外的学者从不同的视角纷纷对这一倡议进行了研究。对此，本书从国外文献研究和国内文献研究两个方面加以综述、辨析及述评。

一、国外文献研究

国外学者对"一带一路"倡议、"21世纪海上丝绸之路"建设的研究主要集中在中国提出倡议的目的、对倡议的看法、各国的反应、倡议可能产生的影响、倡议面临的挑战以及如何解决可能产生的风险等方面。

对于中国提出"一带一路"倡议的目的及对该倡议的看法，克拉克·迈克尔（Clarke Michael，2017）认为主要有三种理解：第一种观点认为"一带一路"倡议是为了打破美国在亚太地区的"包围"并限制印度崛起的地缘政治目标而启动的。第二种观点强调该倡议背后的经济目标。在持这种观点的学者眼中，"一带一路"倡议被看作是中国在全球金融危机后经济困境的直接产物，尤其是中国长期以来一直希望纠正沿海和内陆省份之间的经济失衡，并为过剩的生产能力寻找出路。如果是从这个观点来看的话，"一带一路"倡议的成功可能带来的地缘政治收益是值得欢迎的，但却是次要的。第三种观点认为"一带一路"倡议是中国用"软实力"方式来增强其日益增长的经济和战略影响力的产物。[①] 据此可见，对"一带一路"倡议的理解有从政治因素方面的解读，也有从经济因素方面的解读。

更倾向于从政治安全视角解读"一带一路"倡议的学者有：凯拉特·莫达舍夫等（Kairat Moldashev et al.，2017）从地区主义视角将"一带一路"倡议作为一个新兴的地区主义项目进行了研究。其将"一带一路"倡议视作一个基于中国—中亚关系的区域倡议，并从身份认同和地域特征角度探讨了中亚对"一带一路"

---

① Clarke Michael，The Belt and Road Initiative：China's New Grand Strategy？Asia Policy，2017（24）：71–79.

倡议的看法。其认为"一带一路"倡议在中亚的成功与否取决于倡议促进政治独立、提供经济机会和加强该地区安全的能力。① 大卫·布鲁斯特（David Brewster，2017）提出无论是从陆路还是海上进入印度洋并对其实施控制，都是通过激烈的战略竞争来实现的。印度洋是一个相对封闭的战略空间，它由众多区域外海军强国（最近是美国）所主导，而中国等陆上大国则基本上被排除在该区域之外。但是，中国"海上丝绸之路"倡议（MSRI）涉及建造通往印度洋和横跨印度洋的新的海上通道，可能会改变印度洋的海上平衡，或许还会改变该地区的整个战略性质。② 格雷什（Geoffrey F. Gresh，2018）则认为，中国提出的海上丝绸之路倡议与中国扩大在西印度洋和阿拉伯/波斯湾的海上存在以实现经济、政治和安全的更大海洋战略之间相互配合。③

更倾向于从经济视角解读"一带一路"倡议的学者有：布朗查德（Jean - Marc F. Blanchard，2018）认为，中国所提出的"21 世纪海上丝绸之路"倡议是一项规模庞大的计划，旨在通过密集的软硬基础设施网络连接东亚、东南亚、南亚和西亚大片地区，这些基础设施包括港口、道路、物流设施、特殊工业区和自贸区以及投资协定。④ 戴伟林（Tai Wei Lim，2018）认为，如果"一带一路"倡议能够建设基础设施，促进新市场的增长，那么它能够刺激那些区域的经济增长，"一带一路"倡议就能够成为共同利益。然而，如果它是一个孤立的方案，那么从长远来看，该计划可能会令其利益攸关方失望。⑤ 罗米扬·科赛卡诺（Romyen Kosaikanont，2018）认为，"一带一路"倡议是中国启动的旨在将中国与亚洲、非洲和欧洲连接起来，促进更深层次的贸易关系、海外投资以及经济增长的举措。其以泰国为例，对中国资本走向全球化进行了分析，认为中国与泰国共同支持建立的罗勇工业园成为中国企业走出国门投资的先导区和试验区。⑥ 布鲁诺·杰丹（Bruno Jetin，2018）认为"一带一路"倡议是迄今为止亚洲、欧洲和非洲之间最大的联通项

① Kairat Moldashev, Ikboljon Qoraboyev, The Belt and Road Initiative and Comprehensive Regionalism in Central Asia, Rethinking the Silk Road, Palgrave Macmillan, Singapore, 2017：115 – 130.

② David Brewster, The MSRI and the Evolving Naval Balance in the Indian Ocean, China's Maritime Silk Road Initiative and South Asia, Palgrave, Singapore, 2017：55 – 79.

③ Geoffrey F. Gresh, Chokepoints of the Western Indian Ocean, China's Maritime Silk Route, and the Future of Regional Security, Eurasia's Maritime Rise and Global Security, Palgrave Macmillan, Cham, 2018：31 – 48.

④ Jean – Marc F. Blanchard, China's Maritime Silk Road Initiative and South Asia, A Political Economic Analysis of its Purposes, Perils, and Promise, Palgrave Studies in Asia – Pacific Political Economy, Palgrave, Singapore, 2018：1 – 31.

⑤ Tai Wei Lim, The One Belt One Road Narratives, China and the World：Ancient and Modern Silk Road, 2018 (1)：1 – 22.

⑥ Romyen Kosaikanont, Chinese Capital Going Global：Thai – Chinese Industrial Zone and Labor Conditions in Thailand, The Sociology of Chinese Capitalism in Southeast Asia, Palgrave Macmillan, Singapore, 2018：169 – 194.

目，将持续数十年，需要大量资源，并涉及大规模的多边合作。对于东盟来说，中国的这一举措可能是个好消息，因为东盟需要巨大的基础设施投资来实施《东盟互联互通总体规划》（MPAC），但这将取决于东盟是否能够保持其核心地位，并在作出投资决定时向中国发出一个声音。①

对于中国提出"一带一路"倡议后各国的反应，德拉加纳·米特罗维茨（Dragana Mitrovic，2017）认为既有积极的观点，也有很多国家持保留意见。一方面，一些国家受邀并期望成为该倡议的一部分；另一方面，一些国家则认为这是一项战略挑战和有争议的商业行为。其认为这是继中国成功成立亚洲基础设施投资银行以来，最具有全球抱负的举措。这两次都是中国为重塑现有的全球秩序，并努力将其转变为新的、更加多极化的、当然也更加以中国为中心的大胆尝试。② 迪帕克（B. R. Deepak，2018）也认为主要的大国、中国的邻国以及世界其他国家对中国"一带一路"倡议的提出有着不同的反应。其认为如果"一带一路"为区域和跨区域之间的贸易和互联互通提供了一个平台，它仍将导致一些主要区域大国之间的激励竞争以及已确立的霸权之间的竞争。为了对冲各种风险，中国的倡议需要与各种其他类似的互联互通倡议进行对接。③

对于中国"一带一路"倡议可能产生的影响，马西米兰·迈尔（Maximilian Mayer，2017）提出，中国的经济和政治崛起预示着一场划时代的变革，核心的问题是中国不断扩大的经济影响力将如何改变全球政治格局。其从权力动态、区域转型和中国不断演进的身份认同这三个视角对中国崛起为欧亚大国进行了研究。④ 巴鲁阿和莫汉（Darshana M. Baruah and C. Raja Mohan，2017）从互联互通和区域整合的视角探讨了在"一带一路"背景下中国和印度之间的竞争及合作的可能性。其认为随着亚洲各地对区域连通性的要求不断提高，经济走廊日益成为该地区战略讨论的重点。而中国所提出的"一带一路"倡议，特别是当中的 21 世纪海上丝绸之路，会有一些航线贯穿印度在南亚和印度洋地区的传统战略影响范围。尽管印度也将从这些新的互联互通的项目中获益，但印度对中国提出"一带一路"倡议的动机和长期的地缘政治后果仍抱有相当大的怀疑。因此，应探索减轻区域基础设施建设领域印度和中国之间竞争的举措，提

---

① Bruno Jetin, "One Belt – One Road Initiative" and ASEAN Connectivity: Synergy Issues and Potentialities, China's Global Rebalancing and the New Silk Road, Springer, Singapore, 2018: 139 – 150.

② Dragana Mitrovic, China's Belt and Road Initiative: Connecting and Transforming Initiative, The Belt & Road Initiative in the Global Arena, Palgrave Macmillan, Singapore, 2017: 17 – 34.

③ B. R. Deepak, China's Global Rebalancing: Will It Reshape the International Political and Economic Order? China's Global Rebalancing and the New Silk Road, Springer, Singapore, 2018: 1 – 12.

④ Maximilian Mayer, China's Rise as Eurasian Power: The Revival of the Silk Road and Its Consequences, Rethinking the Silk Road, Palgrave Macmillan, Singapore, 2017: 1 – 42.

高双方合作的可能性。① 约翰·奥特拉孔（John O'Trakoun，2018）认为中国在亚太地区日益增长的对外投资主要是受潜在的经济利益驱动，但是也可能影响区域地缘政治风险。其使用2005～2016年的数据分析之后发现中国对一个国家的对外直接投资（FDI）的增加能够提高这个国家对中国影响的感知，并且发现亚太国家对中国的感知还与未来的商业信心有关。其认为随着中国在"一带一路"倡议背景下所进一步实施的区域投资计划，亚太地区的经济和商业前景能够显著得到改善。②

对于中国"一带一路"倡议可能面临的风险、挑战及解决办法，国外的学者们也做了较多研究。一是关于中国"一带一路"倡议政治外交领域可能面临的风险、挑战及解决办法，布兰查德（Jean－Marc F. Blanchard，2017）提出中国"海上丝绸之路"倡议（MSRI）面临众多艰巨的挑战，非国家行为者是该倡议的重要组成部分。其认为MSRI产生的经济效果可能不会产生积极的政治后果，MSRI的观察者需要关注经济的行动和问题，并认为他们现在可以冷静对待MSRI可能产生的变革性影响。其还提出把印度加入进来以实现MSRI的全面潜力对于中国来说是至关重要的，并认为MSRI将创造许多商业和经济机会以及面临挑战。③ 维拉萨（Guilherme Vasconcelos Vilaça，2018）也提出尽管中国的"一带一路"倡议被广泛接受，但仍然面临一些挑战。首先，该倡议由于缺乏详细内容而受到质疑。其次，"一带一路"沿线一些国家由于政治领导层的变化影响了中国投资的经济可持续性。其建议中国可以尝试用两种方式来改变和纠正这些对BRI的批判性认识，他认为，文化交流和民众与民众之间的关系方面能够使"一带一路"倡议更为突出。中国应避免一种单向的文化交流，在这种交流中，中国向其他国家讲述自己的文化而不表现出对其他国家文化的深刻和持续的兴趣。其还建议，如果中国想要施行一种独特的规范性领导风格，那么中国应该发展"一带一路"倡议的哲学和价值观。因为中国人的思想中有许多重要的资源来支持这种主张，这些主张承诺创造一个更可持续和吸引人的新丝绸之路的文化和规范愿景。④

---

① Darshana M. Baruah, C. Raja Mohan, Connectivity and Regional Integration：Prospects for Sino－Indian Cooperation, Rethinking the Silk Road, Palgrave Macmillan, Singapore, 2017：85－98.

② John O'Trakoun, China's Belt and Road Initiative and Regional Perceptions of China, Business Economics, 2018（53）：17－24.

③ Jean－Marc F. Blanchard, China's Twenty－First Century Maritime Silk Road Initiative and South Asia：Political and Economic Contours, Challenges, and Conundrums, China's Maritime Silk Road Initiative and South Asia, Palgrave, Singapore, 2017：1－31.

④ Guilherme Vasconcelos Vilaça, Strengthening the Cultural and Normative Foundations of the Belt and Road Initiative：The Colombo Plan, Yan Xuetong and Chinese Ancient Thought, Normative Readings of the Belt and Road Initiative, Springer, Cham, 2018：7－41.

二是对于中国"一带一路"倡议经济领域可能面临的风险、挑战及解决办法，亚历山德罗·阿迪诺（Alessandro Arduino，2017）认为该倡议并不免于许多重大风险，而这些风险在许多情况下对于在海外运营的中国企业来说是新出现的。必须解决的一个疏忽是，"一带一路"在建设过程中需要对"一带"和"一路"两条线路都进行广泛的安全考虑，解决办法可以在其他地方找到，即在提供私营安保、特殊风险评估、保险以及或许最为重要的是减轻危机的国际公司当中找到。① 托汉施（Toh Han Shih，2018）提出尽管中国政府鼓励在"一带一路"沿线国家进行投资，但此类投资面临着两个风险。一个风险是债务，因为基础设施投资通常是巨大的，一个项目如高铁就需要花费数十亿美元；另一个风险是涉及基础设施项目的巨额资金通常会增加腐败的诱惑力。② 吴穗野（Goh Sui Noi，2018）指出中国对外投资中的商业惯例，包括喜欢派遣自己的工人，有时包括厨师和清洁工，这些行为在当地引起了不满。在 2017 年 12 月中国—东盟论坛上，商界领袖、政府官员和学者称赞中国"一带一路"倡议给发展中国家带来的好处，但也指出中国需要对这些国家的文化和传统保持敏感。此外，外界对中国投资于高风险国家的意图也表示怀疑，对招标过程是否符合国际标准表示关切，其认为中国需要倾听和降低各国政府、企业和国际组织的关注，以获得它们的支持和参与，因为这些项目规模如此之大，无法单独完成。③ 尼古拉斯·莫里斯（Nicholas Morris，2018）提出法律法规的有效实施和执行将在很大程度上决定"一带一路"倡议的成功与否，贸易伙伴之间的相互尊重和信任是至关重要的。其认为"一带一路"涉及的国家在法律和管理方法上存在的差异很大，包括了从严重依赖宗教教义的国家到具有普通法或民法传统的国家。每一种法律都采取不同的方法来处理与诚信相关的问题。其还认为实现一个可持续性的法律和监管框架，关注各种法律制度如何相互作用应当作为"一带一路"的紧急事项来看待，而要实现这一目标，就需要在国家间建立起信任，不仅在最高政府层级，而且还要在个人、公司和社区之间建立信任。如果缺乏可信赖的行为会对政府、公司以及个人之间的关系造成不利影响。④

此外，一些学者从区域和国别视角探讨了这些国家在"一带一路"倡议、

---

① Alessandro Arduino, Protecting the New Silk Road, China's Private Army, Palgrave Pivot, Singapore, 2017: 1 – 30.

② Toh Han Shih: Belt and Road Faces a Bumpy Ride, China and the World: Ancient and Modern Silk Road, 2018（1）: 1 – 8.

③ Goh Sui Noi: China's Belt and Road Initiative, China and the World: Ancient and Modern Silk Road, 2018（2）: 1 – 11.

④ Nicholas Morris, Developing a Sustainable Legal System for the Belt and Road Initiative, Normative Readings of the Belt and Road Initiative, Springer, Cham, 2018: 43 – 58.

"21世纪海上丝绸之路"建设中的作用。亚历山大·德米西（Alexander Demissie，2017）提出重新考虑非洲国家在"一带一路"倡议中的立场以及非洲决策制定者在塑造和影响"一带一路"发展中所起的作用是非常及时的。随着非洲国家开始发展超越国界的运输基础设施系统，并建立主要依靠经济特区的经济走廊，它们不断改变自己的战略地位，以利用中国的偏好来达到促进自身发展的目标。在这样做的过程中，非洲东海岸的国家在形成"一带一路"的故事中扮演着举足轻重的角色。然而，如果非洲各国政府缺乏长期战略，"一带一路"很可能变成一条单行道，由中国政府和私人行动者决定非洲大陆的发展轨迹。① 雅各布（Jabin T. Jacob，2017）提出中巴经济走廊（CPEC）在海上和陆上均与中国的"海上丝绸之路"有着联系，代表了两国双边关系从军事和政治精英主导型关系向经济基础型关系的调整。现阶段，关于CPEC的许多问题仍然不确定，包括两国的最终经济收益。然而，对于印度来说，尽管存在这些不确定性，但仅仅反对也许不是一个明智的选择或者行动方案，因为印度可能既在CPEC的成功中发挥摇摆作用，又在此过程中为自己带来经济利益，并重新建立与邻国的双边关系。② 斯里坎特·孔达帕利（Srikanth Kondapalli，2017）认为由于马尔代夫在印度洋的地缘战略位置使得其在中国所提出的"海上丝绸之路"倡议（MSRI）中占有重要地位。其认为中国与马尔代夫的关系正在扩大，这反映在高级别访问、援助和贷款的提供、基础设施项目的建设、旅游业的扩大以及自由贸易的谈判上。③ 莎拉·汤和段元刚（Sarah Y. Tong and Tuan Yuen Kong，2018）认为由于中国与东盟之间日益紧密的经济联系、邻近的地理位置以及牢固的历史联系，使得"一带一路"背景下中国与东盟的联通更有发展前景，但是挑战也依然存在。由于新加坡在与伙伴国家合作发展多种类型的联合项目方面具有丰富的经验，在促进双边和多边经济合作以及加强中国与东盟国家之间的相互信任方面具有强大的优势。因此，其在提升中国—东盟关系中具有重要作用。在此过程中，新加坡需注意该地区地缘政治的复杂性，并保持中立性。④

---

① Alexander Demissie, Special Economic Zones: Integrating African Countries in China's Belt and Road Initiative, Rethinking the Silk Road, Palgrave Macmillan, Singapore, 2017: 69 – 84.

② Jabin T. Jacob, The China – Pakistan Economic Corridor and the China – India – Pakistan Triangle, China's Maritime Silk Road Initiative and South Asia, Palgrave, Singapore, 2017: 105 – 136.

③ Srikanth Kondapalli, The Maritime Silk Road and China – Maldives Relations, China's Maritime Silk Road Initiative and South Asia, Palgrave, Singapore, 2017: 173 – 201.

④ Sarah Y. Tong, Tuan Yuen Kong, Singapore's Role in the Belt and Road Initiative, Securing the Belt and Road Initiative, Palgrave, Singapore, 2018: 63 – 80.

二、国内文献研究

自"一带一路"倡议提出以来，特别是 2015 年《愿景与行动》的提出，激发了我国学者研究"一带一路"的热情，以"一带一路"作为研究对象的学术论文呈现快速上升的状态。专家学者从各种不同的视角对如何推进"一带一路"建设开展了研究。由于本书的研究对象是"一带一路"中的"海丝路"，因此，本书以国内学者对"海丝路"研究的现有成果为基础建立文献数据库，运用文本分析和 CiteSpace 文献计量软件①对中国知网（CNKI）期刊数据库（CAJD）收录的与"海丝路"研究相关的文献进行系统梳理，以知识图谱的形式展现国内学者对"海丝路"的研究现状与脉络，总结"海丝路"的研究热点与趋势，为进一步深化"海丝路"建设研究提供借鉴意义。

（一）"海丝路"研究的基本概况

1. 文献检索与数据筛选

本书以 CNKI 期刊数据库（CAJD）收录的文献为数据来源，检索时间为 2018 年 9 月 9 日。以 2013 年 10 月至 2018 年 9 月为检索年限，以关键词 ="21 世纪海上丝绸之路"或"二十一世纪海上丝绸之路"或"海上丝绸之路"或"新海上丝绸之路"或"海丝路"或"新海丝路"或"海丝之路"或"新海丝之路"为条件进行精确检索，共检索到 1 069 篇文献，对检索结果去重、整理，删除期刊会议征稿、会议综述、卷首语、科研机构介绍、书评以及无作者等不相关条目，剩余实际有效论文数量为 1 007 篇。

2. 文献产出与学科分布

发文量的年度变化是凸显某一学科领域研究热度与研究进展的重要指标。自习近平主席提出共建"海丝路"倡议以来，国内学者对"海丝路"研究的文献产出呈现整体上升的趋势。从实践角度看，"海丝路"研究的热度与其建设进程有着密切关联。受杂志上传网络的滞后性等因素的影响，2013 年以"海丝路"

---

① 本书采用美国德雷赛尔大学陈超美博士开发的动态可视化分析工具 CiteSpace 对国内"21 世纪海上丝绸之路"研究的发展态势进行可视化分析。借助 CiteSpace5.3 R4 软件，利用其核心作者共现、核心机构共现、热点关键词共现与聚类等功能，结合统计分析，以知识图谱的形式展现"21 世纪海上丝绸之路"研究的发文变化、核心期刊、核心作者、核心机构、研究热点与研究轨迹，为深化"21 世纪海上丝绸之路"研究提供知识导航。由于 CiteSpace 不能直接处理中国知网（CNKI）下载的文献检索信息，因此必须对数据格式进行转换，在 CiteSpace 软件中选择"Data—Import/Export—CNKI 转换"，对检索数据进行转换处理。

为主题的期刊文献仅有 1 篇，即由时任广西社会科学院院长吕余生所作的《深化中国—东盟合作，共同建设 21 世纪海上丝绸之路》，该文分析了"海丝路"背景下中国与东盟合作的机遇与价值，并就广西如何参与"海丝路"背景下的中国—东盟合作进行探讨，研究内容兼具顶层设计与地方对接，初步奠定起国内学界以"海丝路"为研究主题的知识基础；2014 年，"海丝路"倡议的推广与发展引发了学界密切的关注，国内学者对"海丝路"倡议的研究产出大幅增长，发文数量由 2013 年的 1 篇增长至 86 篇（见图 1 - 1），但从研究内容上看，这一阶段的文献仍以理论探讨为主，对"海丝路"的内涵、意义等方面的研究成为该领域研究的热点内容；2015 年 3 月，《愿景与行动》的发布首次系统提出了与国际社会共建"丝绸之路经济带"和"21 世纪海上丝绸之路"的指导思想和奋斗目标，有力调动了国内学者开展"海丝路"研究的热情。2015 年和 2016 年，"海丝路"的研究产出分别为 273 篇、306 篇，研究主题也逐步向实践路径的研究转变，实证性研究有所增加；2016 年至 2017 年上半年，"海丝路"的研究热度有所下降，但发文量和发文层次仍保持在较高水平；2017 年 5 月，"一带一路"国际合作高峰论坛顺利召开，论坛总结了"一带一路"倡议提出 4 年来的建设成果，并做出下一步共同发展的愿景，明确共建"21 世纪海上丝绸之路"是我国及沿线国家（地区）经贸合作、经济发展的新机遇。论坛的召开有力地推动了国内学者对"海丝路"的研究，2017 年下半年和 2018 年前三季度发文量分别为 150 篇、108 篇。根据 CNKI 数据库计量可视化分析的预测，国内学者以"海丝路"为主题的研究产出将继续保持上升势头。

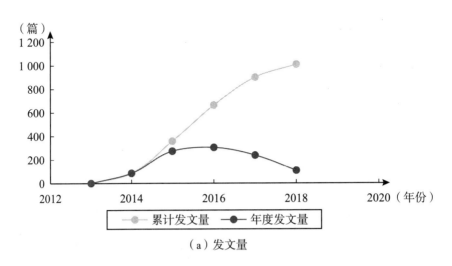

（a）发文量

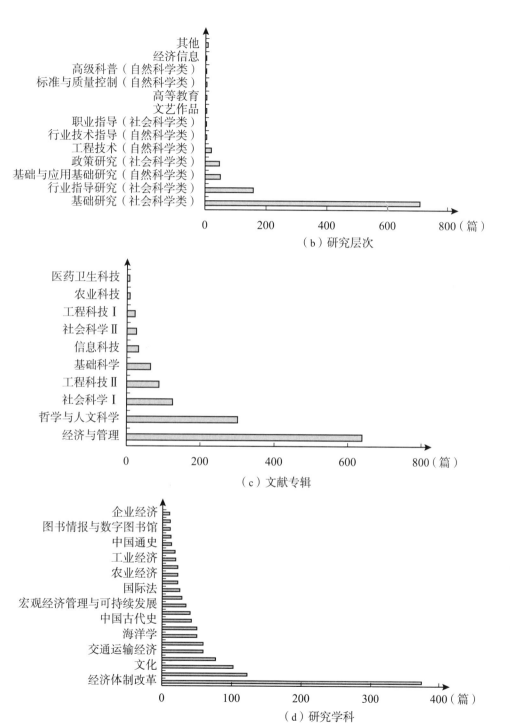

图 1-1　"21 世纪海上丝绸之路"研究的发文量与学科分布

　　"海丝路"研究的深入发展推动其研究层次与研究领域的深化与拓展。现阶段"海丝路"研究主要集中在社会科学领域，以基础研究、行业指导研究和政策研究3个层次为主，其中基础研究类文献707篇，行业指导研究类文献158篇，政策研究类文献47篇。自然科学领域的研究相对较少，主要集中在基础与应用基础研究（50篇）、工程技术（20篇）和行业技术指导（5篇）3个层次。

　　结合各文献专辑所属的学科分布可以看出，文献数量在10篇以上的学科共有23种，主要分布在经济类、文化历史类、政治类、教育类、管理类、法律类、运输工程类和图书情报信息类8个学科类别中，其中收录文献最多的学科为经济体制改革，其收录与"海丝路"研究相关的论文共374篇，其余学科依次为贸易经济（122篇）、文化（102篇）、中国政治与国际政治（77篇）、交通运输经济（59篇）、公路与水路运输（59篇）、海洋学（50篇）、旅游（50篇）、中国古代史（42篇）、考古（40篇）、宏观经济管理与可持续发展（34篇）、中国民族与地方史志（28篇）、国际法（25篇）、金融（22篇）、农业经济（22篇）、宗教（22篇）、工业经济（19篇）、世界历史（18篇）、中国通史（13篇）、高等教育（12篇）、图书情报与数字图书馆（11篇）、市场研究与信息（11篇）、企业经济（10篇）。

　　综合上述分析可以看出，现阶段以"海丝路"为主题的研究集中在理论探讨层面，而在实践层面的研究仍不丰富。从研究领域上看，人文社会科学领域的研究远多于自然科学领域的研究，其中经济领域的研究最为丰富，合计达673篇；之后为文化历史类，其研究产出为252篇；政治类文献亦有77篇。而工程、科技等自然科学领域的研究仍有较大的开拓空间。

3. 高频引文分布

　　分析"海丝路"研究的文献引用可以看出，在被检索的1 007篇文献中，有561篇论文被引用1次或以上，被引文献占全部文献的比重约为55.7%，所有561篇被引文献共被引用4 892次。统计显示，多数高频被引文献在2014～2015年间发表，其中袁新涛所著《"一带一路"建设的国家战略分析》被引频次最高，为378次。该文从理论和实践两个层面提出了我国提出"一带一路"倡议的意义、历史机遇、主要挑战及实现途径，受到了学术界的广泛关注，成为奠定"一带一路""海丝路"研究的重要文献基础。而专门研究"海丝路"建设的论文中，谭秀杰和周茂荣所著《21世纪"海上丝绸之路"贸易潜力及其影响因素——基于随机前沿引力模型的实证研究》被引次数达248次。该文利用随机前沿引力模型研究了"海丝路"主要沿线国家间的贸易潜力，并采用一步法分析了"海丝路"主要沿线国家间贸易发展的影响因素，继而提出要加快推进自由贸易区谈判，降低关税和非关税壁垒，提高贸易便利化，加强海运互联互通，改善交通基础设施，并注重金融风险防范的合作以提高沿线国家的贸易效率。

4. 研究热点

论文的关键词是对文献内容的高度概括，高频关键词在某一学科领域的重复出现可被视为该学科领域的研究热点，而结合其出现的时点与持续性，有助于把握该研究领域热点的变动轨迹。本书使用 CiteSpace 关键词共现和聚类功能对"海丝路"研究文献的关键词进行分析，即选择每年被引频次最高的 50 个关键词作为高频关键词展开分析。由于现阶段关于"一带一路""海丝路"的表述形式较多，如"一带一路""'一带一路'建设""'一带一路'倡议""21 世纪海上丝绸之路""海上丝绸之路""海丝路"等，一些关键词含义基本相同，只是表述方式有所差异，故要对上述同义词进行归并处理，并剔除部分无关关键词。在对高频关键词进行同义归并处理和无关剔除后，得到"海丝路"研究的热点关键词共现网络图谱，如图 1－2 所示。经过统计分析可以看出，"海丝路"研究文献共现次数最多的关键词为"21 世纪海上丝绸之路"，其共现频次达 968 次，其他共现频次超过 10 次的热点关键词分别为：一带一路（105 次）、丝绸之路经济带（51 次）、东盟（36 次）、中国（28 次）、福建（28 次）、泉州（22 次）、南海（20 次）、广西（19 次）、海洋经济（16 次）、丝绸之路（12 次）、广州（11 次）、

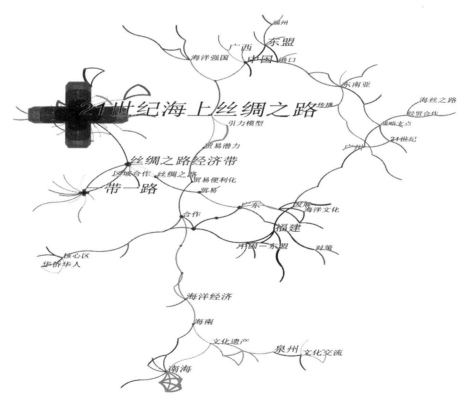

图 1－2　"21 世纪海上丝绸之路"研究的热点关键词共现图谱

文化交流（11 次）、广东（11 次）、中国—东盟（11 次）、东南亚（10 次）、海南（10 次）、华侨华人（10 次）。从热点关键词的中介中心性上看，"经济"一词的中心性最高为 1.07，其他中心性较高的热点关键词有：广东（1.03）、丝绸之路经济带（0.96）、金融（0.94）、合作（0.93）、贸易（0.89）、丝绸之路（0.87）、21 世纪海上丝绸之路（0.86）、贸易便利化（0.55）、贸易潜力（0.54）、印度尼西亚（0.53）、新加坡（0.52）、转型升级（0.48）、产业结构（0.47）、海洋经济（0.44）。从热点关键词的分布可以看出，现阶段对"海丝路"的研究已分化为多学科领域的综合性研究，研究层次逐步清晰，如"一带一路"倡议提出后，以"一带一路""21 世纪海上丝绸之路""丝绸之路经济带""合作"等为关键词的总体性、宏观性的研究开始呈现。随着研究的逐步深入，"海丝路"研究在具体领域得以发展，有"广东""广西"等以地域为关键词的地方融入"海丝路"倡议的地缘特色研究，也有以"贸易""海洋经济"等为关键词的"21 世纪海上丝绸之路"经贸合作关系的研究，以及以"文化交流""华侨华人"等为关键词的"海丝路"人文交流与合作方面的研究。此外，针对"海丝路"沿线国家（地区）的国别和地区研究逐步增长，印度尼西亚、新加坡等东盟及东南亚国家和地区成为"21 世纪海上丝绸之路"研究的重点。

为进一步分析"海丝路"研究的热点领域，对相似关键词进行聚类分析。通过图 1－3 的图谱可以看出，"海丝路"研究的热点关键词主要集中在 14 个聚类中，包括海洋亚洲文化生态共荣圈（#0）、丝绸之路经济带（#1）、对策（#2）、核心区（#3）、文化遗产（#4）、福州（#5）、战略支点（#6）、引力模型（#7）、东南亚（#8）、沿线（#9）、南海（#10）、区域发展（#11）、世界遗产（#12）、饮食文化（#13）。结合热点关键词共现与聚类图谱，进一步分析各聚类子簇关键词，可以看出，国内"海丝路"研究的热点主要集中在以下五个方面：第一，对接我国新常态下的"走出去"、海洋强国建设、产业结构调整升级和自贸区、自由贸易港建设等经济发展与对外开放战略，深入分析"海丝路"的背景、意义、挑战与风险，从顶层设计出发，探究中国与"海丝路"沿线国家或地区的区域及次区域合作机制与法律保障体系构建。第二，"海丝路"沿线重点省份开发开放与融入"海丝路"建设发展的条件、意义与策略等方面的研究。第三，构建"海丝路"贸易、金融、产业和投资合作网络，推进"海丝路"沿线国家资金融通、贸易畅通、投资便利化与境外产业园区建设等经贸合作领域的研究。第四，围绕"海丝路"的历史渊源、文化传承及历史遗产的考证、开发与保护，寻求"海丝路"文化交往、宗教往来、旅游开发合作、教育科技交流合作等人文交流与合作的机制策略。第五，围绕"海丝路"海上通道建设、设施联通、产能合作等互联互通现状及发展策略等方面的研究。

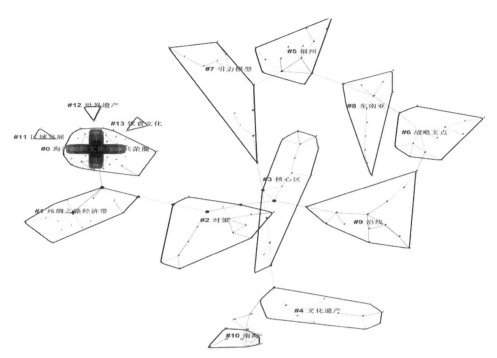

图 1 - 3　"21 世纪海上丝绸之路"研究的热点关键词聚类图谱

（二）"海丝路"研究的热点综述

从研究热点的变动轨迹上可以看出，国内学者最早关于"海丝路"的论述以理论探索为主，主要探究了"海丝路"倡议的内涵、意义及风险挑战。随着研究的深入，国内学者逐步开展了以"海丝路"建设方略与实践路径为主题的研究，从"海丝路"建设的战略选择、以"五通"为支撑点的实践路径等方面给出了推进"海丝路"的政策建议。

1. "海丝路"的含义解读与分析

第一，"海丝路"倡议的内涵。

建设"海丝路"是一个跨地区、具有全球视野、谋求合作共赢的倡议，符合时代发展要求，致力于营造和平、合作、发展、开放和创新的合作环境。其以和谐海洋为愿景，以"人海和谐、和平发展、安全便利、合作共赢"为目标，以开放创新为路径。[①] 着眼于"21 世纪海上丝绸之路"的构想，其不单单是以中国为起点，途径东南亚、南亚、波斯湾、红海和非洲西海岸的航线，亦是以沿线港口及城市为合作对象建立起的经贸网络，是中国开放型经济的组成部分和构建多元

---

① 刘赐贵：《发展海洋合作伙伴关系　推进 21 世纪海上丝绸之路建设的若干思考》，载于《国际问题研究》2014 年第 4 期，第 1～8 页。

平衡开放体系的重要方式。①

　　"海丝路"倡议是"以人为本"的命运共同体理念的集中体现，从其出发点看，其基础理念是不同文化与文明间的沟通与共赢，其核心是文化的交流、互通与理解，其目标是在世界范围内推广我国"各美其美，美人之美，美美与共，天下大同"的对外交往理念，并在此基础上构建"以和为贵，和而不同"的全球社会。② 具体来说，"海丝路"具有全球眼光，这主要体现在其内含着中国主动参与全球治理，积极构建海洋强国和由区域大国走向全球负责任大国的战略意涵。③ "海丝路"致力于构建全球贸易网络，通过推进"海丝路"倡议下的经贸合作，逐步将中国打造为联通生产、金融、贸易、投资、劳务等各领域和世界重要地区的综合性枢纽。④ 从内涵上说，中国意在挖掘古代"海上丝绸之路"发展历程中凝结而成的价值理念，并为之注入新的时代内涵，倡导主动合作。相较于传统丝绸之路，其更加强调时代性，遵循现代市场规律，坚持市场化导向。⑤ 其一方面继承了古代"海上丝绸之路"的优秀价值观念，另一方面又注重结合现代经贸科技发展的现实意义与价值期待。⑥ 其时代内涵包含了和平之路、商贸之路、合作之路、开放之路、发展之路、安全之路等六个方面，其推进落实将为中国和沿线参与国家及地区的经济社会全面发展创造新的战略机遇。⑦

　　从合作空间上看，"海丝路"具有地域空间的宽广性、包容性和领域空间的多样性、丰富性两个层面的内涵。"海丝路"包含着从中国的东部港口出发到达朝鲜、日本、俄罗斯等国家（地区）的东海航线；从中国的东南和南部的港口出发，经东南亚、南亚的各个沿海国家（地区）到达西亚、北非和印度洋西岸沿海国家的南海航线和从福建的泉州出发，经菲律宾的马尼拉到达美洲的美洲航线等三条航线。南海航线是现阶段研究的主要航线，其又根据沿线国家（地区）所处的地理位置和各国（地区）联系的紧密程度分为东盟、南亚、波斯湾和红海三个

　　① 陈万灵、何传添：《海上丝绸之路的各方博弈及其经贸定位》，载于《改革》2014 年第 3 期，第 74～83 页。

　　② 麻国庆：《全球社会与 21 世纪海上丝绸之路》，载于《广西民族大学学报（哲学社会科学版）》2015 年第 5 期，第 38～42 页。

　　③ 鞠华莹、李光辉：《建设 21 世纪海上丝绸之路的思考》，载于《国际经济合作》2014 年第 9 期，第 55～58 页。

　　④ 傅梦孜、楼春豪：《关于 21 世纪"海上丝绸之路"建设的若干思考》，载于《现代国际关系》2015 年第 3 期，第 1～8 页。

　　⑤ 张广威、刘曙光：《21 世纪海上丝绸之路：战略内涵、共建机制与推进路径》，载于《太平洋学报》2017 年第 8 期，第 73～80 页。

　　⑥ 张勇：《略论 21 世纪海上丝绸之路的国家发展战略意义》，载于《中国海洋大学学报（社会科学版）》2014 年第 5 期，第 13～18 页。

　　⑦ 林勇新：《建设新"海上丝绸之路"的内涵、前景与可行路径》，载于《西安交通大学学报（社会科学版）》2016 年第 6 期，第 6～8 页。

重点地区。① "海丝路"在地域空间上倡导开放合作，鼓励所有有意愿的国家或地区积极参与，不搞排他性安排，不限国别范围，不搞封闭机制。其合作对象不仅包括"海丝路"沿线国家和地区，也包括世界各国、地区组织、经济集团。②

从合作机制上看，"海丝路"并非实体和机制，而是合作发展的理念和倡议，其不寻求建立具有明显排他性的经济同盟关系，或建立一个超越国家权力的治理体系，其倡导以开放、包容、平等、互利为原则，促进区域合作和共赢发展。③ 合作机制的多元性是"海丝路"倡议的基本特征，其宗旨和基本目标是实现共同发展、共同繁荣，打造"命运共同体"，其核心价值是一项跨越边界的多元合作机制。④ 这源于它的基本定位——新时期中国经济外交的重要平台和亲诚惠容的经济外交原则。⑤ 从参与方式上看，其强调共建性，反对地缘政治和排他性，倡导与合作伙伴共商、共建、共享⑥，逐步发展成为未来世界可持续和平发展的重要有机组成，世界人民的共有之产和共享之果。⑦ 联动性是"海丝路"的灵魂属性⑧，通过共同建设，以港口为点，以通道为线，以经济腹地为面，最终实现由点到线再到面的发展过程，以"海丝路"区域合作打造全球新的经济增长点⑨，为推动泛亚欧大区域经济合作创造条件，牢固与沿线国家和地区的利益关联，构建更为紧密的"海丝路"沿线利益共享合作机制。⑩

第二，"海丝路"的战略意义。

"海丝路"是党和国家着眼于国内、国外两个大局，在深刻把握全球政治经济形势变革的基础上做出的重大决策，⑪在我国应对国际政治经济新格局、提升经济发展质量、推动构建对外开放新方略、深化与世界各国交流与合作关系等方面发挥着重要作用。依托"一带一路"实施更为主动的开放性政策，构建亚欧经济一体化发展的新机制，可以为化解由美国主导的《跨太平洋伙伴关系协定》（TPP）、《跨大西洋贸易与投资伙伴关系协定》（TTIP）等区域合作机制提供良好

①③⑪ 黄茂兴、贾学凯：《"21 世纪海上丝绸之路"的空间范围、战略特征与发展愿景》，载于《东南学术》2015 年第 4 期，第 71 ~ 79 页。

②⑥ 张广威、刘曙光：《21 世纪海上丝绸之路：战略内涵、共建机制与推进路径》，载于《太平洋学报》2017 年第 8 期，第 73 ~ 80 页。

④ 杨怡爽：《跨界发展：从 21 世纪海上丝绸之路到亚洲生产网络的边界扩展》，载于《当代亚太》2017 年第 1 期，第 26 ~ 43 页。

⑤ 麻国庆：《全球社会与 21 世纪海上丝绸之路》，载于《广西民族大学学报（哲学社会科学版）》2015 年第 5 期，第 38 ~ 42 页。

⑦ 林勇新：《建设新"海上丝绸之路"的内涵、前景与可行路径》，载于《西安交通大学学报（社会科学版）》2016 年第 6 期，第 6 ~ 8 页。

⑧⑩ 陈伟光：《论 21 世纪海上丝绸之路合作机制的联动》，载于《国际经贸探索》2015 年第 3 期，第 72 ~ 82 页。

⑨ 刘佳骏、汪川：《中国建设 21 世纪海上丝绸之路经济带的战略思考》，载于《改革与战略》2015 年第 6 期，第 38 ~ 41 页。

的战略架构。① 推进构建"海丝路"合作，有利于中国务实拓展国际政治经济空间以提高国家竞争力②，争取与亚太及非洲地区的发展中国家和新兴国家深化合作，发挥中国在国际区域合作中的积极作用，协助沿线国家发展经济，深化国际区域经济合作，推进国际区域经济融合，优化国际区域分工，规避贸易摩擦，保障经贸交往的安全与稳定，形成国际区域经济合作的新局面。③

从国家层面看，共同建设"海丝路"，是中国对外开放合作的重要举措，也是党的十八届三中全会和 2013 年中央经济工作会议提出的重要任务④，有利于开创面向海洋的全方位对外开放新格局。⑤"海丝路"沿线国家（地区）与中国的贸易发展已成为中国对外贸易的重要组成部分，"海丝路"建设有助于调动内外生产要素，提高中外经济互动水平，构建中外经济合作网络，实现中国深化对外贸易发展的客观要求。⑥

从国际层面看，"海丝路"建设有利于构建一个新的公平合理的国际秩序⑦，是深化全球发展区域化，建立国际经济政治新秩序的重大部署，其将发展成为我国与沿线国家（地区）拓展合作领域、提高合作水平的契合点，为推动构建和平稳定、繁荣共进的周边环境提供基本前提。⑧"海丝路"倡议将中国与沿线国家（地区）的发展相结合，将实现中华民族伟大复兴的中国梦与沿线国家（地区）人民的美好生活梦相结合⑨，对缓解亚太矛盾，维护地区和平稳定意义重大。⑩ 推进"海丝路"建设对增进我国与沿线国家（地区）在国际事务中沟通交流，提高政治互信，构建友好关系具有重要意义。⑪ 此外，"海丝路"建设将有效推进我国与沿

---

①③ 申现杰、肖金成：《国际区域经济合作新形势与我国"一带一路"合作战略》，载于《宏观经济研究》2014 年第 11 期，第 30～38 页。

② 傅梦孜、楼春豪：《关于 21 世纪"海上丝绸之路"建设的若干思考》，载于《现代国际关系》2015 年第 3 期，第 1～8 页。

④ 吕余生：《深化中国—东盟合作，共同建设 21 世纪海上丝绸之路》，载于《学术论坛》2013 年第 12 期，第 29～35 页。

⑤ 刘赐贵：《发展海洋合作伙伴关系 推进 21 世纪海上丝绸之路建设的若干思考》，载于《国际问题研究》2014 年第 4 期，第 1～8 页。

⑥ 张林、刘霄龙：《异质性、外部性视角下 21 世纪海上丝绸之路的战略研究》，载于《国际贸易问题》2015 年第 3 期，第 44～53 页。

⑦ 张勇：《略论 21 世纪海上丝绸之路的国家发展战略意义》，载于《中国海洋大学学报（社会科学版）》2014 年第 5 期，第 13～18 页。

⑧ 全毅、汪洁、刘婉婷：《21 世纪海上丝绸之路的战略构想与建设方略》，载于《国际贸易》2014 年第 8 期，第 4～15 页。

⑨ 袁新涛：《丝绸之路经济带建设和 21 世纪海上丝绸之路建设的国家战略分析》，载于《东南亚纵横》2014 年第 8 期，第 3～8 页。

⑩ 林宏宇：《"海上丝绸之路"国际战略意义透析》，载于《理论参考》2014 年第 9 期，第 8～9 页。

⑪ 尹仑：《21 世纪海上丝绸之路与"环印度洋战略"研究》，载于《学术探索》2015 年第 5 期，第 31～35 页。

线国家（地区）的经济合作，助力沿线新兴国家寻找新的经济增长动力，推进沿线国家（地区）基础设施建设，实现与沿线国家（地区）的政治经济交流与合作。[①]

第三，"海丝路"建设面临的风险与挑战。

现阶段，我国建设"海丝路"面临的挑战主要集中在地缘政治、传统与非传统安全以及沿线国家（地区）发展不平衡等问题上。地缘政治方面，亚欧地区长期是大国博弈的热门选择，美国、日本、印度和澳大利亚都曾出台过印太战略，严重复杂了该地区安全形势。[②] 印度为维护其海洋权益、稳固其印度洋战略地位，在政治上推出"季节计划"和"印度洋战略"，在军事上加强在"海丝路"沿线重要节点的军事布局，主动介入中国周边问题，对中国施压，迫使中国在海洋问题上做出妥协。[③] 沿线国家复杂的政治格局也是"海丝路"推进的重要挑战。"海丝路"重要节点常年面临诸如民主政治转型、民族与宗教冲突、非传统安全问题以及法律制度不完善等政治风险，但这种政治风险在不同节点上并不完全相同。[④] 围绕海权和领土问题，中国与日本、东南亚国家和日本存在较严重的争端。[⑤] 此外，恐怖主义、海盗、自然灾害、传染性疾病及生态破坏等非传统安全威胁也对"海丝路"建设构成了较大的阻碍。

2. "海丝路"建设的战略选择

围绕"海丝路"建设的战略选择是国内学者研究的重要内容，针对"海丝路"建设中的现状与问题，国内学者从顶层设计、机制创新和节点建设三个层面提出了建设性意见。

第一，转变思维方式，夯实顶层设计。袁新涛（2014）认为，相关部门要尽快出台整体规划和实施方案，明确相关省份的功能定位，谋划产业布局，增进资源整合，逐步构建起区域产业融合与资源共享互补的发展格局。[⑥] 黄茂兴和贾学凯（2015）提出，"海丝路"的顶层设计要具备制度包容性，注重"海丝路"的

---

① 蔡春林：《新兴经济体参与新丝绸之路建设的策略研究》，载于《国际贸易》2014 年第 5 期，第 25～29 页。

② 全毅、汪洁、刘婉婷：《21 世纪海上丝绸之路的战略构想与建设方略》，载于《国际贸易》2014 年第 8 期，第 4～15 页。

③ 李骁、薛力：《21 世纪海上丝绸之路：安全风险及其应对》，载于《太平洋学报》2015 年第 7 期，第 50～64 页。

④ 杨泽伟：《"21 世纪海上丝绸之路"建设的风险及其法律防范》，载于《环球法律评论》2018 年第 1 期，第 163～174 页。

⑤ 李骁、薛力：《21 世纪海上丝绸之路：安全风险及其应对》，载于《太平洋学报》2015 年第 7 期，第 50～64 页。

⑥ 袁新涛：《丝绸之路经济带建设和 21 世纪海上丝绸之路建设的国家战略分析》，载于《东南亚纵横》2014 年第 8 期，第 3～8 页。

理念和措施与沿线国家（地区）现实情况相结合，形成多方收益且灵活的合作模式和"合作导向一体化"机制，构建与沿线国家（地区）的"利益共同体"和"命运共同体"。① 张大勇（2016）认为，要以促进"海丝路"建设为目标，以加强沿线地区存在能力和服务能力为重点，以促进"五通"为主要推进手段，谋划长远，循序渐进拓展，布局重要支点，以点带面，为推进"海丝路"建设、发展与沿线国家（地区）关系、促进区域共同繁荣提供支撑。②

第二，创新体制机制建设，构建新型规则体系。李向阳（2014）认为，要以开放促进改革，加快构建适应"海丝路"开放型经济新体制的体制机制，推进要素在国内外的自由流动，优化资源配置，提高市场融合深度。要立足"海丝路"沿线需求，创新投融资机制，促进金融合作，建设合作平台与经贸新规则，为双边和多边经济合作提供制度保障。③ 赵龙跃（2014）提出，中国应积极发挥领导作用，主动承担创新合作机制、构建国际规则的责任，处理好新旧机制关系，兼顾包容与创新。④ 鞠华莹和李光辉（2014）认为，推进"海丝路"建设，要打造合作共赢的新交往体系，讲求共建、共享和共赢，注重制度对接，建立沿线国家（地区）互认机制和安全合作机制，保障海上通道安全。⑤ 许培源和陈乘风（2015）提出，要大力推进制度改革，创造良好的合作环境，创造有利于企业"走出去"的环境。要注重改革境外投资管理体制，简化审批手续，促进企业对外投资。⑥

第三，加快重要支点、节点建设，推进互联互通。周方冶（2014，2015）认为，"海丝路"建设的起步阶段受到南海争端和大国博弈的负面影响难以全面展开，有必要采取重点突破的策略，选取重要支点。⑦ "海丝路"的重要支点建设具有阶段性、曲折性、开放性特征，要形成合理的功能定位，切实保证诉求、能力与目标相互契合；要立足于长远规划，坚持将可持续发展作为评判得失的根本标准；要着眼于多边合作，充分发挥双边合作的示范、引导、激励

① 黄茂兴、贾学凯：《"21世纪海上丝绸之路"的空间范围、战略特征与发展愿景》，载于《东南学术》2015年第4期，第71~79页。

② 张大勇：《加强"21世纪海上丝绸之路"战略支点建设研究》，载于《中国工程科学》2016年第2期，第105~110页。

③ 李向阳：《论海上丝绸之路的多元化合作机制》，载于《世界经济与政治》2014年第11期，第4~17页。

④ 赵龙跃：《新丝绸之路：从战略构想到现实规则》，载于《人民论坛·学术前沿》2014年第13期，第82~89页。

⑤ 鞠华莹、李光辉：《建设21世纪海上丝绸之路的思考》，载于《国际经济合作》2014年第9期，第55~58页。

⑥ 许培源、陈乘风：《印尼与"海上丝绸之路"建设》，载于《亚太经济》2015年第5期，第20~24页。

⑦ 周方冶：《中泰关系—东盟合作中的战略支点作用——基于21世纪海上丝绸之路的分析视角》，载于《南洋问题研究》2014年第3期，第17~22页。

作用。① 梁颖、卢潇潇（2017）提出，重要节点是"海丝路"建设的基础和支撑，要完善、优化重要节点布局，构建"海丝路"建设重要节点支撑框架。加强重点区域和重点领域建设，进一步夯实重要节点建设基础。努力构建和完善国家支持体系，促进和保障重要节点建设的顺利实施。② 刘大海等（2017）分析了"海丝路"海上支点港的建设现状及其政策风险，提出要以统筹兼顾海洋战略布局和其他综合因素，深入强化政策法律风险的规避防范能力，鼓励引导各类社会主体参与海上支点港的建设，着力构建完善与相关国家和地区海上合作的国际规则与机制，以进一步推进"海丝路"海上支点港建设。③

3. 以"五通"为实践路径的"海丝路"推进策略研究

关于"海丝路"政策沟通、合作机制方面的研究。全毅、汪洁、刘婉婷（2014）认为，吸引"海丝路"沿线国家（地区）广泛参与，要增进沟通，加强协商，吸引沿线国家（地区）参与，增进互信，广泛开展政治互访与经济磋商，建立健康可持续发展的合作关系。④ 卢昌彩（2014）提出，"海丝路"沿线各国（地区）政治经济制度和治理方式各异，要秉承开放包容、互利共赢的理念。充分照顾彼此的关切，促进沿线国家（地区）共同繁荣；要尽快签署各项协定，统一海关、检验检疫等通关要求，简化手续，鼓励区域内成员间建立双边和次区域贸易、投资安排，提高相互之间的合作紧密程度，完善多、双边政策协调沟通机制。⑤ 陈伟光（2015）认为，"海丝路"倡议的领域、制度和目标具有多样性与多重性的特征，是中国施行的协同、创新、积极防御的战略政策的重要承载，要加强顶层设计，布局整体联动，推进运输与基础设施互联互通，积极开展政策制度层面的协作，降低交易成本，构建区域交往与治理的全新样板。⑥ 谷源洋（2015）提出，"海丝路"建设必须做好国内和国际两个协调。要紧密保持与相关国家的"政策沟通"，深入了解相关国家对"海丝路"建设的看法；要鼓励驻沿线国家使馆、商务处、记者站以及国内有关联的省区市加强"海丝路"建设的调研工作；要积极推动中国—东盟研发合作，构建中国—东盟海上合作伙

① 周方冶：《21世纪海上丝绸之路战略支点建设的几点看法》，载于《新视野》2015年第2期，第105～110页。

② 梁颖、卢潇潇：《加快"21世纪海上丝绸之路"重要节点建设的建议》，载于《亚太经济》2017年第4期，第18～22页。

③ 刘大海、王艺潼、刘芳明、于莹、连晨超、徐孟：《"21世纪海上丝绸之路"海上战略支点港的主要建设模式及其政策风险》，载于《改革与战略》2017年第3期，第126～129页。

④ 全毅、汪洁、刘婉婷：《21世纪海上丝绸之路的战略构想与建设方略》，载于《国际贸易》2014年第8期，第4～15页。

⑤ 卢昌彩：《建设21世纪海上丝绸之路的若干思考》，载于《决策咨询》2014年第4期，第5～9页。

⑥ 陈伟光：《论21世纪海上丝绸之路合作机制的联动》，载于《国际经贸探索》2015年第3期，第72～82页。

伴关系；要敢于选取南方沿海省市与沿线国家（地区）组建"海丝路"联席会议制度，共同完成建设规划编制、项目审定、资金供应和人力培养等程序。[①]傅梦孜、楼春豪（2015）针对"海丝路"相关国家发展现状指出，部分国家对"海丝路"构想了解不深，要进一步增强政策沟通以增强对接，必要时可用"一国一策"应对沿线各国差异大的现实问题。[②]

关于"海丝路"设施联通的研究。宋林飞（2015）认为推进"海丝路"基础设施互联互通，应以综合交通干线为架构，依托沿线交通基础设施和中心城市经济，优化配置域内贸易和生产要素，建立本地交通运输系统的协作机制，提高运输服务市场的统一性、开放度和作业效率，加快形成陆海相连的国际大通道；要加强沿线国家和地区港口等重大基础设施建设，要支持相关国家港口、码头及信息网络等骨干通道建设，促进四大先行区域港口群协调发展，拓宽海运通道，打造高效航空网，构建跨境电商与物流信息平台，同时要加强海洋合作政策交流沟通，促进海上贸易投资便利化，推动完善中外港口城市合作网络和机制。[③] 李大海、孙杨（2017）则以"海丝路"的主要通道及关键水道为研究视角探讨了"海丝路"海上重要支点建设问题。[④] 赵旭、高苏红、王晓伟（2017）认为当前"海丝路"港口合作存在基础不稳定导致合作脆弱、合作主体分工不明确和功能重复、缺乏统筹协调、面临诸多风险等问题，提出从完善区域性的港口合作组织、形成经常性的联系机制、以港口投资为先导丰富港口合作模式、建立港口合作保障机制四方面来保障港口合作对"海丝路"建设的推进作用。[⑤] 刘婵娟、胡志华（2018）对"海丝路"集装箱海运网络的拓扑结构复杂性和空间格局进行分析并指出，"海丝路"海运网络整体呈现出小世界和无标度网络特性；度与度分布空间差异性较大；网络中节点中心性呈现出明显的位序—规模递减趋势和分层情况；三种中心性结果显示，新加坡港具有最高的整体中心度，排名前 15 位的港口差异较小，多数排名前列的港口分布在东亚、西亚和东盟地区。[⑥] 丁莉

① 谷源洋：《大国汇聚亚洲与经略周边——21 世纪海上丝绸之路建设的认知与建议》，载于《东南亚纵横》2015 年第 1 期，第 13～19 页。

② 傅梦孜、楼春豪：《关于 21 世纪"海上丝绸之路"建设的若干思考》，载于《现代国际关系》2015 年第 3 期，第 1～8 页。

③ 宋林飞：《建设 21 世纪海上丝绸之路的机遇和挑战》，载于《新丝路（下旬）》2015 年第 8 期，第 34～35 页。

④ 李大海、孙杨：《21 世纪海上丝绸之路：物流分析、支点选择与空间布局》，载于《太平洋学报》2017 年第 1 期，第 85～97 页。

⑤ 赵旭、高苏红、王晓伟：《"21 世纪海上丝绸之路"倡议下的港口合作问题及对策》，载于《西安交通大学学报》2017 年第 6 期，第 66～73 页。

⑥ 刘婵娟、胡志华：《"21 世纪海上丝绸之路"海运网络空间格局及其复杂性研究》，载于《世界地理研究》2018 年第 3 期，第 11～17 页。

（2018）提出港口是"海丝路"的重要节点和载体，也是重要的战略资源。其认为现阶段存在海外港口布局缺乏必要的统筹协调和规划以及中资企业海外港口布局资金渠道单一等问题，提出应合理布局、设立"一带一路"港口产业基金、建立"一带一路"国家港口联络机制、建立"一带一路"国家港口人员交流和培训机制等建议。[①] 王君（2018）认为，基础设施对"海丝路"影响重大，要加快基础设施建设，重点围绕高速公路、普通公路、铁路、海运等交通基础设施建设，推进南友高速、昆曼国际公路、泛亚铁路以及依托马六甲海峡的海运通道枢纽，推动提高我国与"海丝路"沿线国家（地区）之间的物流绩效水平。此外，要逐步改善我国与"海丝路"沿线国家（地区）的通关环境，推进监管一体化和通关一体化建设，进一步加大我国对"海丝路"物流基础设施建设的资金扶持力度，构建"海上丝绸之路"物流大数据网络平台，以切实提高互联互通的质量和效率。[②]

关于"海丝路"贸易畅通的研究。谭秀杰、周茂荣（2015）的实证研究表明"海丝路"的贸易效率在不断提升，中国对"海丝路"的出口仍有很大潜力，要加快自贸区谈判进程，降低贸易壁垒，提高贸易便利水平。要加速基础设施建设与海运互联互通，还应防范金融风险爆发。[③] 汪洁、全毅（2015）也持类似观点，认为口岸效率低下、通关程序烦琐、规章制度不透明的"贸易的非效率"等隐形贸易壁垒阻碍了贸易增长，提高贸易的便利化水平成为"海丝路"建设的优先领域。[④] 耿仲钟、肖海峰（2016）的研究表明中国与沿线国家（地区）农产品贸易规模不断扩大；中国对沿线国家（地区）的农产品出口并不具备明显特化优势，沿线国家（地区）在中国市场上出口农产品则具有一定特化优势；中国对沿线国家（地区）农产品出口具有较低的比较优势且互补性较弱；中国与东段航线国家（地区）农产品贸易关系较紧密，与中段、西段航线国家（地区）农产品贸易关系较松散，但从趋势上看，贸易紧密度呈现上涨势头；从贸易形式上看，中国与沿线国家（地区）仍以产业间贸易为主，产业内贸易亦有所发展。[⑤] 胡艺、闫吉丽、全毅（2017）则对"海丝路"沿线国家（地区）的贸易互补性进行了测度，研究表明沿线国家（地区）为出口方、中国为进口方的贸易互补指数

① 丁莉：《以港口为战略支点书写21世纪海上丝绸之路建设新篇章》，载于《中国港口》2018年第7期，第1~4页。

② 王君：《我国与海上丝绸之路沿线国家的跨境电商物流绩效及提升策略》，载于《物流工程与管理》2018年第7期，第12~15页。

③ 谭秀杰、周茂荣：《21世纪"海上丝绸之路"贸易潜力及其影响因素——基于随机前沿引力模型的实证研究》，载于《国际贸易问题》2015年第2期，第3~12页。

④ 汪洁、全毅：《21世纪海上丝绸之路贸易便利化研究》，载于《国际商务——对外经济贸易大学学报》2015年第6期，第36~45页。

⑤ 耿仲钟、肖海峰：《中国与"21世纪海上丝绸之路"沿线国家农产品贸易特征分析》，载于《农业经济问题》2016年第6期，第81~88页。

呈现出显著的地域特色，且资源密集型产品贸易的互补性最强；而中国为出口方、沿线国家（地区）为进口方的贸易互补性指数，则中国具有比较优势的劳动密集型产品和部分资本密集型产品贸易的互补性最强。[1] 何帆、朱鹤、张骞（2017）的研究发现中国与沿线各国（地区）在产业投资、基建投资、资源开发与合作、境外经贸园区和海上经济等五个领域存在更深层次的合作机遇，但存在执行主体不协调、金融支持不足和缺少完备人才队伍等三个方面的突出问题。作者提出应适度把握节奏，协调"中央—地方—企业"的参与度、加强金融支持以及培育专业化的人才队伍等建议。[2] 刘镇、邱志萍、刘伟明（2017）实证研究发现自由贸易协定（以下简称"自贸协定"）对出口贸易具有显著稳健的促进作用，在初级产品出口方面尤为明显；中国向非洲和欧洲沿线国家出口的多边贸易阻力远大于亚洲沿线国家。作者据此认为中国应充分利用自贸区的出口创造作用，加快签订与沿线国家共建自贸区的协议，积极推进现有自贸区产品和服务升级。[3] 陈继勇、卢世杰（2017）也对这一问题进行了研究，发现：整体而言，东南亚八国和南亚四国与中国的贸易竞争性强于西亚七国和非洲四国与中国的贸易竞争性；东南亚八国与中国在低附加值商品上竞争性最弱，在中高附加值商品上竞争性较强，南亚四国则相反，而西亚七国和非洲四国与中国在各类商品领域中的贸易竞争性均较弱。[4]

国家开发银行"海上丝绸之路战略性项目实施策略研究：重点国家的战略评估与政策建议"课题组（2018）对"海丝路"背景下我国海洋产业国际合作进行了研究，课题组指出现阶段中国与"海丝路"国家的合作重点包括交通基础设施建设、传统海洋产业、新兴海洋产业和海洋矿业，合作方式则以服务贸易为导向、以资源利用为重点和以产能合作为抓手。课题组认为未来要从加快顶层设计和支点建设、推动海洋产业的海外布局以及制定和实施系统的海外企业支持政策等方面加快"海丝路"的建设。[5] 王君（2018）分析了我国与"海丝路"沿线国家（地区）跨境电商物流绩效的特征。研究发现，即使我国的跨境电商物流绩效

---

① 胡艺、闫吉丽、全毅：《中国与"21世纪海上丝绸之路"沿线国家贸易互补性测度及其影响因素的实证研究》，载于《世界经济研究》2017年第8期，第51~63页。

② 何帆、朱鹤、张骞：《21世纪海上丝绸之路建设：现状、机遇、问题与应对》，载于《国际经济评论》2017年第5期，第116~133页。

③ 刘镇、邱志萍、刘伟明：《自贸协定对"21世纪海上丝绸之路"出口贸易的影响》，载于《经济经纬》2017年第5期，第68~74页。

④ 陈继勇、卢世杰：《"21世纪海上丝绸之路"沿线国家贸易竞争性测度及影响因素》，载于《经济与管理研究》2017年第11期，第3~14页。

⑤ 国家开发银行"海上丝绸之路战略性项目实施策略研究：重点国家的战略评估与政策建议"课题组，《"21世纪海上丝绸之路"背景下的我国海洋产业国际合作》，载于《海洋开发与管理》2018年第4期，第3~8页。

水平要优于世界平均，但是"海丝路"沿线国家（地区）的跨境电商物流绩效水平却明显偏低。本身物流绩效水平不高，且区域之间物流绩效差距大，都有碍"海丝路"倡议的实施以及沿线国家（地区）之间跨境电商物流协作的良好开展。其提出从加强基础设施互联互通、加大资金支持力度、构建物流大数据网络平台、建设沿线国家（地区）的海外仓库、改善通关环节以及加强开放合作等方面来提升"海丝路"沿线国家（地区）跨境电商物流绩效。①

此外，毛艳华、杨思维（2015）以及周岩、陈淑梅（2016）等对"海丝路"贸易自由化和便利化的问题进行了分析。②③ 谭卓、杨松岭、蔡文杰（2017）对"海丝路"油气勘探开发合作战略进行了研究。④ 孟芳、周昌仕（2018）对"海丝路"沿线水产品出口贸易进行了分析。⑤ 周昌仕、姚芳芳等（2018）对中泰贸易水产品贸易的发展状况以及沿线国家海洋产业合作模式进行了研究。⑥⑦ 俞国祥、胡麦秀（2018）对中国与东盟水产品贸易的竞争性和互补性进行了分析。⑧ 陈秀英、刘胜（2018）对"海丝路"沿线国家的服务贸易竞争力进行了分析。⑨ 杨忍等（2018）对"海丝路"沿线重要港口的竞争力进行了评价。⑩ 杨逢珉、田洋洋（2018）对"海丝路"沿线国家的农产品贸易特征进行了研究。⑪

关于"海丝路"资金融通的研究。周爱民、宋暄（2016）认为，"海丝路"建设对于沿线支点港口城市的金融服务水平及创新能力提出了更高要求，应重点促进

---

① 王君：《我国与海上丝绸之路沿线国家的跨境电商物流绩效及提升策略》，载于《物流工程与管理》2018 年第 7 期，第 12～15 页。

② 毛艳华、杨思维：《21 世纪海上丝绸之路贸易便利化合作与能力建设》，载于《国际经贸探索》2015 年第 4 期，第 101～111 页。

③ 周岩、陈淑梅：《21 世纪海上丝绸之路贸易自由化和便利化的经济效应分析》，载于《亚太经济》2016 年第 1 期，第 50～56 页。

④ 谭卓、杨松岭、蔡文杰：《"21 世纪海上丝绸之路"油气勘探开发合作战略》，载于《国际经济合作》2017 年第 5 期，第 8～13 页。

⑤ 孟芳、周昌仕：《中国对"海上丝绸之路"沿线国家和地区水产品出口贸易影响因素的实证分析》，载于《对外经贸》2018 年第 5 期，第 28～33 页。

⑥ 周昌仕、姚芳芳：《"21 世纪海上丝绸之路"背景下中泰水产品贸易互通研究》，载于《世界农业》2018 年第 3 期，第 122～130 页。

⑦ 姚芳芳、周昌仕、翁春叶：《中国与海上丝绸之路沿线国家海洋产业合作模式研究——基于 BCG Matrix‐AHP 的实证分析》，载于《资源开发与市场》2018 年第 4 期，第 471～478 页。

⑧ 俞国祥、胡麦秀：《"21 世纪海上丝绸之路"背景下中国与东盟水产品贸易的竞争性和互补性研究》，载于《海洋开发与管理》2018 年第 2 期，第 12～16 页。

⑨ 陈秀英、刘胜：《"21 世纪海上丝绸之路"沿线国家服务贸易竞争力分析》，载于《首都经济贸易大学学报》2018 年第 2 期，第 51～60 页。

⑩ 杨忍、牟乃夏、彭澎、刘希亮、张恒才、陆锋：《"海上丝绸之路"沿线重要港口竞争力评价》，载于《地球信息科学学报》2018 年第 5 期，第 624～631 页。

⑪ 杨逢珉、田洋洋：《中国与"21 世纪海上丝绸之路"沿线国家农产品贸易研究——基于竞争性、互补性和贸易潜力的视角》，载于《现代经济探讨》2018 年第 8 期，第 54～65 页。

金融制度双向互补式改革，吸引金融人才落户以及在支点城市建设智慧港口，发展港口导向型金融创新，调整产业结构，提高资源配置效率。[1] 罗传钰（2016）认为，围绕"海丝路"建设，中国在金融领域提出了前期投入和后期储备两方面的推进措施。中国应继续积极构建效率与稳定相结合的金融合作法律机制，推动非国家实体参与，促进软法的硬化与硬法的尝试；同时，鼓励私人投资者的参与，并切实保护他们的合法经济利益，推进"海丝路"金融合作与货币融通。[2] 吴国培（2016）针对金融支持福建核心区建设提出，要以金融服务支撑基础设施互联互通建设，坚持"引进来"与"走出去"结合发展，增强对福建与"海丝路"沿线产业合作的金融支持；要以福建自贸试验区金融创新为契机，提升福建对"海丝路"沿线国家和地区开放水平；要鼓励引导民间资本参与福建建设"海丝路"核心区；要积极推动闽台经济深度融合，支持台湾地区融入"海丝路"建设；要尝试构建海洋金融合作平台，推进陆、海"两个福建"协同发展；要加强金融监管协调，维护福建与"海丝路"沿线国家和地区的区域金融稳定。[3] 林进忠、林旻、黄邵（2017）提出要发挥好东盟在"海丝路"建设中的重要作用，需深化双方金融合作，应加速人民币区域化进程、优化双边贸易结构、完善金融合作有关机制。[4] 潘永、王太云（2017）的研究表明"海丝路"的建设将引致包含基建融资、贸易融资、保险需求和人民币结算需求等在内的规模巨大的金融需求，要积极改革金融体系、保障风险防范、健全金融机制，要积极开展与我国香港特区金融机构的合作，汲取其金融服务和风险管理方面的经验，实现金融机构的稳定高效运行。从微观层面上看，金融机构要注重自主创新，服务需求，改善产品质量，提高服务效率。[5]

关于"海丝路"民心相通的研究。赵明龙（2014）认为人文交流是中国—东盟共建"海丝路"的重要一环，其对于"海丝路"文化自信和复兴，增进互信具有重要意义，有利于双边相互学习与借鉴，为双边经济合作构建平台。他提出要继续推进双边教育科技交流与合作，推进双边青年交流和学术交流，积极开展民族交往。[6] 周

---

①　周爱民、宋暄：《海上丝绸之路支点港口城市金融创新路径探索》，载于《中国流通经济》2016年第10期，第97～103页。

②　罗传钰：《21世纪海上丝绸之路建设下中国—东盟金融合作法律机制的完善》，载于《太平洋学报》2016年第4期，第1～11页。

③　吴国培：《金融支持福建建设21世纪海上丝绸之路核心区之战略思考》，载于《福建金融》2016年第1期，第4～9页。

④　林进忠、林旻、黄邵：《论21世纪海上丝绸之路建设背景下我国与东盟的金融合作——基于SWOT分析》，载于《福建金融》2017年第9期，第18～21页。

⑤　潘永、王太云：《21世纪海上丝绸之路金融需求的形成机制与规模测度》，载于《广西社会科学》2017年第4期，第34～39页。

⑥　赵明龙：《人文交流：海上丝绸之路建设不可或缺的内容》，载于《东南亚纵横》2014年第11期，第18～21页。

鑫（2014）认为"海丝路"文化海洋气息厚重，具有本土性与国际性、主体性与多元性的特征，对西方文化和世界文化具有较强包容性并不断融合。他强调"海丝路"文化在塑造经济模式、政治形态、社会结构、文化认同、道德信仰方面发挥着历史性的价值与功能，至今仍产生积极的作用。[①] 张开城（2015）提出"海丝路"建设要继承和发扬包含协和万邦、和平合作、开放包容、互学互鉴、平等互助、互利共赢等在内的"海丝路"精神。[②] 邓颖颖（2015）则从旅游合作以促进中国与"海丝路"沿线国家（地区）之间的文化交流和民间交流着手研究了中国和东盟旅游发展的基础，其认为中国—东盟旅游合作是"海丝路"建设的有效路径。[③] 李仲才（2015）认为建设"海丝路"的文化内容就要大力推进新"海丝"文化产品的生产和传播、打造新"海丝"文化活动品牌并构建新"海丝"国际文化合作带，从而使"海丝路"相关国家（地区）能够共同开发利用"海丝路"文化资源，共享"海丝路"文化发展成果。[④] 王新越、司武兴（2016）的研究表明中国和东盟在旅游合作方面有着交通、社会文化、旅游资源以及政府支持力度等方面的优势，初期应重点对旅游资源加以整合，中期则应以基础设施的互联互通为主、大力发展"互联网＋旅游"和"旅游＋"的合作模式，长期则应致力于打造"海丝路"旅游联合开发的无障碍发展模式。[⑤] 杨保筠（2017）提出在当前错综复杂的国际政治经济形势之下开展"海丝路"建设，要特别重视民间和基层交流，要使中国和相关国家（地区）的民众都能够理解"海丝路"建设旨在实现共建"利益共同体、命运共同体和责任共同体"。[⑥] 王小明（2017）提出，推进中国与"海丝路"沿线国家（地区）对接发展，要在互惠、规范化和民心相通方面照顾双方关切，并促进对方发展，特别是要采取包括公共关系在内的各种方法，加强对当地有影响的社会群体的工作，把增进两国人民相互理解，夯实民意基础落到实处。[⑦] 林明太、连晨曦、赵相相（2018）分析了妈祖文

① 周鑫：《繁荣海上丝绸之路文化　推进 21 世纪海上丝绸之路建设》，载于《新经济》2014 年第 31 期，第 31 页。

② 张开城：《海上丝绸之路精神与 21 世纪海上丝绸之路建设》，载于《中国海洋大学学报》2015 年第 4 期，第 47～52 页。

③ 邓颖颖：《21 世纪海上丝绸之路建设的有效路径：中国—东盟旅游合作》，载于《东南亚纵横》2015 年第 10 期，第 15～21 页。

④ 李仲才：《建设"21 世纪海上丝绸之路"的文化战略思考》，载于《群言》2015 年第 9 期，第 43～45 页。

⑤ 王新越、司武兴：《21 世纪海上丝绸之路国家旅游合作研究》，载于《中国海洋大学学报》2016 年第 2 期，第 41～45 页。

⑥ 杨保筠：《加强文化交流　促进中国—东南亚"21 世纪海上丝绸之路"建设》，载于《亚非研究》2017 年第 2 期，第 3～18 页。

⑦ 王小明：《21 世纪海上丝绸之路建设对接当地发展研究——印度尼西亚视角》，载于《国际展望》2017 年第 4 期，第 122～143 页。

化与"海上丝绸之路"的相互关系，提出海神妈祖是古代航海者的灵魂支撑，促进了"海丝路"的发展。妈祖文化是"海丝路"的文化保障，是联结其他国家的情感纽带，是众多航海者的心灵支柱。①

三、国内外研究述评

"海丝路"倡议包含政治、经济、文化及社会等多个学科层面，空间范围广、持续时间长。从上述国内外研究综述来看，国内外学者对该倡议进行了诸多研究。其中，国外学者的研究主要集中在中国提出倡议的目的、看法、各国的反应、倡议可能产生的影响和面临的挑战，以及如何解决可能产生的风险等方面，而国内学者则从战略背景、科学内涵、作用影响、顶层设计与体制创新、实现路径、风险挑战、合作领域、战略对接等各个方面开展了广泛的研究，并取得了较为丰富的研究成果。现有研究为本书研究的开展提供了借鉴意义，部分文章的内容也为本书的研究起到了引导作用，但梳理之后发现现有研究仍存在以下不足：

第一，国外研究重在对倡议本身的解读上，关注的重点也集中在倡议可能产生的影响及面临的挑战上，而从沿线各国（地区）的视角探究如何更好地与中国共商、共建、共享"海丝路"的研究文献则非常少。

第二，国内研究虽然从不同视角对"海丝路"建设的内涵、意义以及策略等方面进行了比较多的研究，但总的来看现有研究成果以宏观性和战略性研究为主，而根植于沿线各国（地区）现实情况深入分析"海丝路"建设的进展、存在的问题并提出具有针对性建议的研究则较少。此外，在 2013 年 10 月至 2018 年 9 月所发表的 1 007 篇论文中，以一般性文献居多，进行深入研究的高水平文献较少，体现为论文发表在权威核心期刊上的数量很少。

第三，国内研究虽有部分文献从"五通"视角对"海丝路"建设进行了探讨，但现有研究一方面较"散"，缺乏对"五通"的整体性研究；另一方面，以设施联通和贸易畅通的研究居多，而对政策沟通、资金融通和民心相通的研究较少，特别是对政策沟通研究的文献非常少，仅有的少量涉及政策沟通的文献也未对现有中国与"海丝路"沿线各国（地区）政策沟通的现状、存在的问题进行深入探讨。

综上所述，本书将以"海丝路"建设作为研究对象，从"五通"视角系统全面地研究我国与沿线国家（地区）"五通"的现状、存在的问题，并在此基础上从推动"五通"的建设出发提出具有针对性地推进"海丝路"建设的建议，

---

① 林明太、连晨曦、赵相相：《试析海上丝绸之路沿线主要国家的妈祖文化旅游联合开发》，载于《武夷学院学报》2018 年第 5 期，第 63~68 页。

为我国顺利推进"海丝路"的实施提供决策依据。

第三节 推进"海丝路"建设的理论指导

2015 年发布的《愿景与行动》对"一带一路"建设作出了明确的阐释和展望，通常被视为"一带一路"建设的规划和行动纲领。《愿景与行动》开宗明义指出，"'一带一路'建设是一项系统工程，要坚持共商、共建、共享原则，积极推进沿线国家发展战略的相互对接"。同时明确指出，"一带一路"在建设过程中遵循共建原则，具体包括四个方面的坚持，即"坚持开放合作、坚持和谐包容、坚持市场运作、坚持互利共赢"。中国政府倡议，"秉持和平合作、开放包容、互学互鉴、互利共赢的理念，全方位推进务实合作，打造政治互信、经济融合、文化包容的利益共同体、命运共同体和责任共同体。"[①] 很显然，"一带一路"倡议所体现的是中国的新型合作发展观，该发展观可作为指导"一带一路"建设的思想基础和核心理论；同时，海上合作是"海丝路"建设应有的题中之义，也是海洋强国的重要内容。因此，推进"海丝路"建设，应自觉以习近平海洋强国重要论述为指导；此外，推进"海丝路"建设，还应以新型合作发展观和海洋强国理念为基础，综合运用诸如体系理论、政经互动以及规模经济、国际贸易、自贸区、产业集聚、最优货币区、公共外交等理论中的积极部分作为"海丝路"建设中技术层面的理论指导，推动"海丝路"建设实践走深走实。

一、新型国际合作发展观与"一带一路"建设

"一带一路"是实践人类命运共同体理念的新型国际合作方式和平台，国际合作是"一带一路"的题中之义。习近平主席对人类命运共同体思想和"一带一路"建设的论述中，不乏关于国际合作的精辟阐释，这些阐释蕴含着丰富的新的国际合作理念、要求与原则，突破了传统国际合作理论的范畴，体现了国际合作理论和实践的新方向。这些新的国际合作理念、要求与原则，实际上构建了中国当代新型国际合作发展观。新型国际合作发展观是推动"一带一路"建设发展的重要准则和指导。

---

① 国家发展改革委、外交部、商务部：《推动共建丝绸之路经济带和 21 世纪海上丝绸之路的愿景与行动》，http：//www.gov.cn/xinwen/2015 – 03/28/content_2839723. htm。

（一）新型国际合作发展观的主要内涵

人类命运共同体作为丰富的思想体系，本身就内蕴着新时代背景下中国关于国际合作的主张、要求和原则，这些主张、要求和原则，体现了新时代背景下国际合作实践和理论发展的新方向，实际上形成了以"和平、开放、平等"为基础和前提，以"共商、共建、共享"为基本原则，以"发展"为主题和主要路径，以"合作共赢"为合作发展目标，以"义利相兼、先义后利"为价值引领，以"一带一路"为重要实践平台的新型国际合作发展观。

1. 新型国际合作发展观以"和平、开放、平等"为基础和前提

和平发展是当今世界的主题。走和平发展道路，是曾经饱受战乱之苦的中国人民梦寐以求的理想，也是改革开放以来中国发展起来的宝贵经验。正如习近平主席指出的，中国坚持和平发展道路，"不是权宜之计，更不是外交辞令，而是从历史、现实、未来的客观判断中得出的结论，是思想自信和实践自觉的有机统一"。[1] 不仅如此，中国在和平发展的同时，把促进世界和平与发展视为自己义不容辞的职责。没有和平，合作和发展也就无从谈起。因此，新型国际合作发展观首先就在于建立在走和平发展道路，促进世界和平基础之上。

开放是当代中国的鲜明标识。开放带来进步、封闭必然落后，中国正是在实施互利共赢的开放战略进程中，发展自己，造福世界。事实证明，"开放合作是促进人类社会不断进步的时代要求"。因此，新型国际合作发展观的基础不仅在于和平，而且还在于开放。正如党的十九大报告所指出的："中国坚持对外开放的基本国策，坚持打开国门搞建设，积极促进'一带一路'国际合作，努力实现政策沟通、设施联通、贸易畅通、资金融通、民心相通，打造国际合作新平台，增添共同发展新动力。"[2] 值得注意的是，在新的历史背景下，新型国际合作发展观以开放为基础，更主要地体现在继续深入参与经济全球化进程，引领推动新型全球化，并在此进程中通过新型国际合作与各国携起手来，总结历史经验与教训，加强各国之间的沟通与协调，完善全球治理，来不断推进新型经济全球化朝着更加开放、包容、普惠、平衡、共赢的方向前进。因此，在新的历史背景下，新型国际合作发展基础更多地体现于依托中国巨大市场，坚定不移地扩大对外开放，引领推动新型全球化，立足于发挥中国和各参与国各自的比较优势，致力于实现各参与国平等合作、互利共赢，从而有力推动更有活力、更加包容、更可持

---

[1] 习近平：《在德国科尔伯基金会的演讲》，载于《人民日报》2014年3月30日，第2版。

[2] 引自2017年10月18日习近平在中国共产党第十九次全国代表大会上的报告《决胜全面建成小康社会 夺取新时代中国特色社会主义伟大胜利》。

续的新型经济全球化，实现开放包容，实现更广互利共赢和可持续发展的过程。

"平等互信"是我们处理国际关系的重要外交原则，党的十八大报告提出，"我们主张，在国际关系中弘扬平等互信、包容互鉴、合作共赢的精神，共同维护国际公平正义。"① 2013 年，习近平主席访问俄罗斯时，首次提出推动建立以合作共赢为核心的"相互尊重、公平正义、合作共赢"的新型国际关系，坚持国家无论大小、贫富、强弱一律平等，国家间要相互尊重、相互信任，增进人类共同的利益；主张平等互信是构筑新型国际关系的根本基础，各国应在求同存异的基础上相互尊重、平等相待。因此，作为国际法主体之间，主要是国家之间，为了共同利益而进行协调、联合和相互支持的国际合作，也必然以"平等互信"作为合作的基础。

2. 新型国际合作发展观以"共商、共建、共享"为基本原则

"共商、共建、共享"是合作发展的新理念。以和平、开放、平等为基础和前提条件，新型国际合作发展观将"共商、共建、共享"作为基本原则。因此，习近平主席在谈及国际合作和"一带一路"倡议时反复强调，"中国将同各方一道，秉持共商、共建、共享原则。"② 关于共商、共建、共享原则，习近平主席多次做了阐述。共商，就是倡导国际社会政治民主和经济民主，促进各国在国际合作中的权利平等、机会平等、规则平等，体现在国际合作中，各国相互尊重、共同协商、深化交流、加强互信，通过共同协商兼顾好与协调好合作各方的利益诉求，解决国际政治纷争与经济矛盾，从而汇众智，聚合力，体现各方智慧和创意，达成政治共识，寻求共同利益，把合作办好；共建，就是不搞独奏，唱好合唱，各国共同参与，合作共建，各施所长，各尽所能，充分发挥合作双方优势和潜能，分享发展机遇，扩大共同利益，聚沙成塔，积水成渊，持之以恒共同推进合作，形成互利共赢的利益共同体；共享，就是要在合作中积极寻求最大利益公约数、经济合作契合点，让合作各国及其人民都享有平等的发展机会，实现互惠互利、多赢共赢，最终打造成利益共同体和命运共同体。很显然，"共商、共建、共享"作为合作发展的新理念，以共商形成共识，以共识推进共建，以共建促成共享，三者相辅相成、密不可分，构成一个有机统一的整体，突出关键点并贯穿于新型国际合作发展整个过程，从而成为新型国际合作发展观所必然遵循的基本原则。

3. 新型国际合作发展观以"发展"为合作导向，"聚焦发展这个根本性问题"

习近平主席指出，"发展是解决一切问题的总钥匙。推进'一带一路'建

---

① 引自 2012 年 11 月 8 日胡锦涛在中国共产党第十八次全国代表大会上的报告《坚定不移沿着中国特色社会主义道路前进　为全面建成小康社会而奋斗》。

② 引自 2016 年 11 月 19 日习近平在秘鲁利马出席亚太经济合作组织工商领导人峰会上发表的主旨演讲《深化伙伴关系　增强发展动力》。

设，要聚焦发展这个根本性问题，释放各国发展潜力，实现经济大融合、发展大联动、成果大共享。"① 与传统的规则导向合作不同，新型国际合作以发展为导向，聚焦发展根本性问题，着力破解"发展缺位"这一全球治理难题，因而，新型国际合作以"发展"为合作主要内容，强调协调沟通、协同发展、协商治理的合作途径和合作共赢的目标。

（1）协调沟通。新型国际合作发展观以协调沟通作为建立国际关系的基础和途径，主张通过以沟通和磋商的方式来提升合作双方的信任度。新型国际合作发展观尤其强调协调沟通中以"对接"为主要方式的政策沟通，以合作各方的政策与规划的对接实现发展的国际协同。习近平主席曾指出："各国可以就经济发展战略和对策进行充分交流，本着求同存异原则，协商制定推进区域合作的规划和措施，在政策和法律上为区域经济融合'开绿灯'。"② 显然，新型国际合作发展观所强调的政策沟通，就是要通过沟通、磋商、对接的方式建立国际合作，通过沟通和对接找到认识的相通点、参与合作的交汇点、共同发展的着力点，协商解决合作分歧，从而"加强政府间合作，积极构建多层次政府间宏观政策沟通交流机制，深化利益融合，促进政治互信，达成合作新共识"③。政策沟通创造性地赋予了协调沟通新的内涵，体现了新型国际合作"共商、共建、共享"的基本原则，为国际合作提出了新的路径。

（2）协同发展。新型国际合作发展观强调要从发展的视角致力于加强国际发展合作，把以国际经济合作为主的协同发展视为新型国际合作的主题和主渠道。从国际经济合作来说，就是要在寻找各方利益契合点和发展最大公约数基础上，建立双边、多边和第三方合作协同发展关系，探索和发展新型国际合作发展新模式，着力解决发展中国家"发展缺位"问题，合力打造创新型、开放型、联动型、包容型世界经济，为世界经济的发展增添新动能，推动世界经济在迈向高质量发展的进程中，实现自身和共同的发展。

（3）协商治理。全球治理的变革与完善需要通过国际合作寻求解决之道，而变革与完善全球治理体系，将更好地促进和保障全球的发展。因此，"协商治理"是新型国际合作发展的题中之义，是新型国际合作发展的重要内容和途径。新型国际合作发展秉持共商、共建、共享的全球治理观，"共商"，倡导在国际合作治理中加强和体现民主化原则，采取各国普遍接受、反映各国人民愿望的方式进行

---

① 习近平：《携手推进"一带一路"建设——在"一带一路"国际合作高峰论坛开幕式上的演讲》，载于《人民日报》2017 年 5 月 15 日，第 3 版。

② 《习近平"丝路新语"：和平合作 开放包容 互利共赢》，人民网—《人民日报》，2014 年 7 月 2 日，http://ah. people. com. cn/n/2014/0702/c358314 – 21559952. html。

③ 国家发展改革委、外交部、商务部：《推动共建丝绸之路经济带和 21 世纪海上丝绸之路的愿景与行动》，http://www. gov. cn/xinwen/2015 – 03/28/content_2839723. htm。

协商，以增进相互理解、达成共识；"共建"，强调治理主体的平等性，国家不分大小、贫富、强弱，均应以国际社会的平等成员身份，在尊重以《联合国宪章》为核心的国际法基本原则和国际关系基本准则基础上积极参与国际规则制定；"共享"，要求通过全球治理使各国均能分享发展成果。① "共商、共建、共享"治理观主张以平等参与、共治共享来推动全球治理体系向更加公正合理方向发展，很好地反映和概括了新型国际合作中以"发展"为导向的协商治理内涵。因此，协商治理既是全球治理的必要手段，也是新型国际合作的主要内容和途径。

（4）合作共赢。新型国际合作发展观以"合作共赢"作为新型国际合作发展的目标，强调在国际合作中倡导人类命运共同体意识，推动建立以合作共赢为核心的新型国际关系，释放潜力，优势互补，权责共担，联动发展，互利合作，成果共享，以期通过共同发展来增进人类共同利益。

4. 新型国际合作发展观坚持正确的义利观为价值引领

新型国际合作发展观强调，在国际合作中要坚持正确的义利观。2014 年，习近平主席在韩国国立首尔大学发表重要演讲时强调"倡导合作发展理念，在国际关系中践行正确义利观"。在这里，义是指道义，利是指互利。在国际合作和国际交往中，"要注重利，更要注重义。只有义利兼顾才能义利兼得，只有义利平衡才能义利共赢。""政治上要秉持公道正义，坚持平等相待，遵守国际关系基本原则，反对霸权主义和强权政治，反对为一己之私损害他人利益、破坏地区和平稳定。经济上要坚持互利共赢、共同发展。对那些长期对华友好而自身发展任务艰巨的周边和发展中国家，要更多考虑对方利益，不要损人利己、以邻为壑。"② 新型国际合作发展观以正确义利观作为新型国际合作发展的价值引领，一方面，坚持"义利相兼、先义后利，以义利兼顾达到义利兼得，以义利平衡达到义利共赢"为国际合作实践原则；另一方面，在新型国际合作发展中通过倡议共建"一带一路"提供和引领全球公共产品供给，深化新型国际合作以实现义利相兼、先义后利、合作共赢、共同发展的价值引领，从而使共建"一带一路"成为新型国际合作发展和推动构建人类命运共同体的重要实践平台。

（二）新型国际合作发展观的特征

新型国际合作发展观具有继承性、创新性、突破性和实践性的主要特征。

---

① 《思想纵横：充满智慧的全球治理观》，中国共产党新闻网，2019 年 4 月 24 日，http：//theory. people. com. cn/nl/2019/0424/c40531 – 31046420. html。

② 《习近平总书记系列重要讲话读本：建立新型国际关系——关于国际关系和我国外交战略》，人民网，2014 年 7 月 15 日，http：//opinion. people. com. cn/n/2014/0716/c1003 – 25286946. html。

1. 继承性

新型国际合作发展观的特征首先在于继承性。新型国际合作发展观继承了马克思和恩格斯的国际合作观，以历史唯物主义和辩证唯物主义为立足点来认识国际合作，从当今生产力和生产关系的矛盾关系出发来认识世界，用阶级的观点分析国际合作现象，从世界整体利益视角来认识国家间的合作关系，从维护国际和平与发展的大局出发，以推动国际合作更公正合理为目标，把中国的发展同世界的和平与发展紧密联系起来，从而提出了代表国际合作理论和实践新方向的新型国际合作发展观。因此，新型国际合作发展观植根于马克思主义国际合作思想，彰显着与马克思主义一脉相承的世界视野和人类情怀。

新型国际合作发展观在思想脉络与政策思路上，也继承了中华人民共和国成立以来特别是改革开放以来中国的国际交往和外交政策，如和平共处五项原则、和平发展等，这些政策是中国领导人外交理念的集体智慧结晶，继承和弘扬了中国外交的优良传统。

新型国际合作发展观还是对中国传统文化和国际主义精神的弘扬。新型国际合作发展观继承了古代中国对外交往中大同世界、天下为公、天下和合、协和万邦、讲信修睦、重义轻利、先义后利、取利有道等价值追求，是对中华优秀传统文化的发扬光大。

2. 创新性

新型国际合作发展观体现了在国际合作中的创新。

一是理念上，坚持共商、共建、共享原则，在平等参与、互惠互利、义利相兼基础上，谋求互利共赢的国际合作新模式，探索共建发展共同体、利益共同体和责任共同体，实现合作共赢。这种理念在把握人类利益和价值通约性的基础上，找寻合作中的共同利益，坚持合作共赢，追求共同发展，打破了传统思维，奠定了国际合作新模式的思想基础和实践指导，闪烁着新型国际合作发展观全新的理念和思想光辉。

二是在合作的方式上，坚持构建以合作共赢为核心的新型国际关系。合作共赢的核心要义是在合作中不因社会制度、发展道路和文化的不同，实施差别化待遇，而是在求同存异的基础上坚持对话合作，通过协商和沟通来不断扩大彼此间的共同利益，以此实现多赢共赢，打造命运共同体。

三是在合作的内容和目标上，坚持以发展作为合作的主旋律，推动以共同发展为目标的新型国际合作。坚持正确的义利观，在重塑产业链和价值链的过程中，重视建立公平公正、合理的国际投资贸易规则和国际分工体系，让参与各方都能获得同等的发展机会、分享与自身付出成正比的收益。通过加强沿线国家和地区在发展战略上的相互对接、在产业上的优势互补、在合作模式上的灵活创新，来实现不同经济发展水平、不同政治制度及不同传统文化国家之间的紧密合作，协力解决关乎世界发展和人类进步的重大问题，致力于实现互利共赢、共同发展的合作目的和追求。

3. 突破性

新型国际合作发展观突破了传统国际合作理论的范畴，体现了国际合作理论的新方向。一是超越冷战思维和霸权思维。传统的国际合作理论，无论是霸权合作论的零和观点，还是制度合作论的非零和观点，都是冷战的产物，强调的是冷战形成的霸权地位，根本不可能形成平等的国际合作，更不能保障小国、弱国在合作中的合理诉求。新型国际合作发展观强调在平等协商、以义为先基础上的合作，坚持互利共赢、共同发展；中国在合作中不追求中心地位，不谋求霸权，从而以去霸权、求平等、谋合作、求共赢的平等发展和共同发展思维超越了传统国际合作的冷战思维、霸权思维。

二是突破国际社会交往中长期存在的"弱肉强食"的丛林法则、"赢者通吃"的零和博弈规则。新型国际合作发展观遵循共商、共建、共享原则，在合作中不以国家大小和国家强弱而实施区别对待，坚持共商发展大计、共建发展平台、共享发展成果的国际合作新模式，并力图创新国际合作范式，推动全球治理体系向更加公正合理方向发展，从而改变国际社会交往中长期存在的"弱肉强食"的丛林法则、"赢者通吃"的零和博弈规则。

三是新型国际合作发展观着力破解当今世界存在的"四大赤字"，即以坚持共商、共建、共享破解"治理赤字"；以构建"相互尊重、公平正义、合作共赢"新型国际关系破解"信任赤字"；以秉持和平合作、开放包容、互学互鉴、互利共赢为核心的丝路精神，坚持走好和平发展道路破解"和平赤字"；以构建以发展为主题和动力的新型国际合作发展模式为世界发展增添新动能而破解"发展赤字"。

总之，新型国际合作发展观力图超越冷战思维和霸权思维，努力突破国际社会交往中长期存在的"弱肉强食"的丛林法则、"赢者通吃"的零和博弈规则，着力破解当今世界存在的"四大赤字"，在创新中实现了对传统国际合作理论的新突破。

4. 实践性

实践是新型国际合作发展观的固有属性，主要体现在以下几个方面：一是新型国际合作发展观源于对"一带一路"建设过程中的国际合作实践的概括和总结，并对"一带一路"建设等国际合作实践具有重要的指导意义；二是新型国际合作发展观包含了中国承担大国责任的担当精神，以此为指导，中国不仅引导新型国际合作的发展，而且还提供了"一带一路"等国际合作公共产品和合作的实践平台，从而使新型国际合作发展观在现实国际合作实践中得以顺利推进而不是束之高阁；三是新型国际合作发展观无论是理念、内容抑或方式，都具有很强的创新性和现实针对性，这些创新性和针对性，对传统国际合作理论及实践中长期存在的不平等、不公正、不合理具有突破和超越意义，从而推动国际合作发展实践朝着实现共同繁荣的新型全球化、重构公平合理的全球治理结构方向发展，努力使全球治理体制更加平衡地反映大多数国家的意愿和利益，从而受到大多数国家的欢迎和支持。新型国际合作发展观正推动着新型国际合作模式在实践中的探索和创新，这种探索和创新，必将使国际合作在实践中不断绽放光彩而结出累累硕果。

（三）以新型国际合作发展观为指导，推动"一带一路"的发展

"一带一路"是实践人类命运共同体理念的新型国际合作方式和平台，蕴含于人类命运共同体思想的新型国际合作发展观，是推动"一带一路"建设发展的主要指导思想。习近平主席指出，"'一带一路'倡议，就是要以互联互通为着力点，促进生产要素自由便利流动，打造多元合作平台，实现共赢和共享发展"。[1] 因此，要"在'一带一路'建设国际合作框架内，各方秉持共商、共建、共享原则，携手应对世界经济面临的挑战，开创发展新机遇，谋求发展新动力，拓展发展新空间，实现优势互补、互利共赢，不断朝着人类命运共同体方向迈进。"[2] 这就清楚地表明，以新型国际合作发展观指导和推动"一带一路"的发展，就是要秉持共商、共建、共享原则，抓住互联互通这一共建"一带一路"的主线、核心和着力点，加强新型国际发展合作，推进人类命运共同体建设。

1. 秉持共商、共建、共享原则，探索和发展国际合作发展新模式

在"一带一路"建设中秉持共商、共建、共享原则，关键的问题就是要将理念转化为行动，把共商、共建、共享原则和新型国际合作发展理念具体落实到以"五通"为核心的"一带一路"建设中。为此，要以新型国际合作发展观为指导，通过创新发展合作目标、丰富发展合作内涵、探索发展合作方式，打造以"富有活力的增长模式、开放共赢的合作模式、公正合理的治理模式、平衡普惠的发展模式"[3] 为内涵的"合作共赢发展模式"，并使这种新型国际合作发展模

---

① 谢鹏、金旼旼：《"一带一路"打造全球发展新平台》，新华社，2016 年 11 月 23 日，https://opinion. huanqiu. com/article/9CaKrnJYMGw。

② 闻言：《坚持推动构建人类命运共同体　努力建设一个更加美好的世界》，载于《人民日报》2018 年 10 月 31 日。

③ 胡德坤：《合作共赢发展模式是世界历史整体发展的产物》，载于《世界历史》2018 年第 6 期，第 11 ~ 14 页。

式得以在共建"一带一路"中成为主导合作方式，保障共商、共建、共享原则和新型国际合作发展理念在共建"一带一路"中的贯彻落实和丰富发展，引导和推动共建"一带一路"走好和平之路、繁荣之路、共同安全之路、文明之路、绿色发展之路。

2. 把握"五通"建设主线，开创发展新机遇，谋求发展新动力，拓展发展新空间

"一带一路"建设以"五通"为主要内容。以新型国际合作发展观指导和推动"一带一路"的发展，就要抓住"五通"这一共建"一带一路"的主线、核心内容和着力点，以深化"五通"为抓手，积极促进新型国际合作发展。要加强政策沟通，为"一带一路"建设构筑坚实的政治基础，充分发挥政策对接在共建"一带一路"中的引领和催化作用；加强设施联通，推进陆上、海上、空中、网上互联互通，加快推进高效畅通的国际大通道建设，不断完善"一带一路"建设的基础设施网络；加强贸易畅通，加快推进与沿线国家（地区）共建自贸区，着力解决投资贸易便利化问题；加强资金融通，强固"一带一路"建设重要支撑；加强民心相通，全面推动不同文明互学互鉴与交流合作，夯实"一带一路"建设的社会根基。

要以"五通"建设为基础，开创发展新机遇，谋求发展新动力，拓展发展新空间。在"五通"建设中通过新型国际发展合作，把快速发展的中国经济同沿线国家（地区）的发展结合起来，让更多国家（地区）搭上中国发展快车，使沿线国家（地区）能够分享中国改革发展的红利；要在高质量推动"五通"建设进程中，充分发挥各国（地区）资源禀赋，有效促进跨区域资源要素的有序流动和优化配置，更好融入全球供应链、产业链、价值链，有效推动各国（地区）发展；要通过"五通"的有效建设，释放各国（地区）发展潜力，拓展新市场，在推动经济大融合、发展大联动、成果大共享中开创发展新机遇。

要加强在开发、科技和可持续发展领域的国际发展合作，以创新作为发展的根本动力，推动新型全球化高水平开放发展，充分发挥科技创新引领作用，以均衡、和谐发展推进可持续发展进程，加快创新引领和驱动发展，协力打造创新型世界经济，着力解决全球经济发展中存在的不平衡、不协调、不可持续问题，在推动世界经济朝着更加开放、包容、普惠、平衡、共赢的可持续发展进程中谋求发展新动力。

要创新合作范式，在深化贸易投资合作、提升互联互通、推动国际产能和第三方合作、加强创新能力合作、加快海洋经济合作、推进数字经济与实体经济融合，构建更广泛和高质量的合作平台及机制，引领和推动全球治理朝着更加公平合理的方向发展进程中，拓展发展新空间。

3. 以"一带一路"新型国际合作发展实践推进人类命运共同体建设

"一带一路"既是新型国际合作发展实践平台，也是推动构建人类命运共同体的重要抓手和具体实践，要积极促进"一带一路"新型国际发展合作，推进人类命运共同体建设。以"一带一路"新型国际合作发展实践推进人类命运共同体建设，要在'一带一路'建设国际合作框架内，加强人类命运共同体理念引领，丰富和落实新型国际合作发展观，探索和发展国际合作发展新模式，以新型国际合作发展实践彰显开放包容、互利共赢的人类命运共同体意识，增强人类命运共同体的感召力和吸引力；以推动互联互通为建设主线，加强新型国际合作发展，构建全球互联互通伙伴关系，推进相互尊重、公平正义、合作共赢新型国际关系建设，聚焦开放、科技和可持续发展为关键点的动能转换，为构建人类命运共同体注入强大动力，在推动经济大融合、发展大联动中协力打造开放、包容、普惠、平衡、共赢的世界经济，增进人类共同利益，拉紧人类命运共同体纽带；提升"一带一路"全球治理公共产品的提供能力，构建人类命运共同体思想的制度化路径，加强国际规则和新型国际合作机制创新性建设，逐步形成具有"一带一路"特点的国际规则、自贸规则体系，引导全球治理发展方向，在推进全球治理的完善和发展进程中进一步推动构建人类命运共同体建设。

二、以习近平海洋强国重要论述为特色推进"海丝路"建设

海上合作是"海丝路"建设应有的题中之义，也是海洋强国的重要内容。因此，推进"海丝路"建设，应以习近平海洋强国重要论述为指导。

（一）习近平海洋强国重要论述的主要内容

习近平海洋强国重要论述主要包括四个方面，即依海富国、以海强国、人海和谐和合作共赢。依海富国要求提高海洋的开发能力，注重陆海统筹，实现海陆经济联动发展；实事求是，制定符合实际的海洋资源开发政策；大力促进海洋资源的整合开发，把加快海洋资源的整合开发作为一个新的经济增长点；要调整并优化海洋产业结构，加大人、财、物的投入，升级传统海洋产业技术，鼓励新兴海洋产业的发展壮大。以海强国要求以实现"强军梦"为目标、以"听党指挥"为灵魂、以"能打仗、打胜仗"为基本要求、坚持反腐倡廉的作风建设打造现代化海军，为实现中国梦、强军梦提供坚强力量支撑；提高维护国家海洋安全的能力，坚持独立自主的和平外交政策，积极建设国家间互联互通新模式，提高应对

海洋危机管控的能力。人海和谐要求增强全民族的海洋意识，加强海洋生态文明建设，达到人与海洋和谐共生，从而促进国家海洋事业的可持续发展。合作共赢要求加强国际海洋合作，走合作共赢道路，既要注重中国与美国建立新型大国关系中的海洋合作，开创海洋务实合作局面，提升海洋事务对话新水平，探索处理海洋问题分歧新办法，在海洋主要热点问题上建立互动新模式；也要注重中国与亚洲其他国家以建立海洋合作机制为基础的海洋合作，树立国际海洋合作义利观，统筹维稳与发展、维权与合作，建立亚洲海洋安全合作机制；共建"21世纪海上丝绸之路"（张根福、魏斌，2018）。

（二）把习近平海洋强国重要论述融入"海丝路"建设

"海丝路"倡议为中国海洋强国的建设提供了难得的机遇和实现路径，因此，推进"海丝路"建设，要以习近平海洋强国重要论述为指导，抓住"海丝路"建设机遇，以"海丝路"建设为实践平台和实现路径，在推进"海丝路"合作发展中建设海洋强国。

1. 以"海丝路"为实践平台，树立和平、合作、和谐的新型海洋观，广泛建立新型海洋合作伙伴关系，推动构建海洋新秩序

随着世界环境的变化及中国自身发展的变化，中国的海洋观也在不断发生变化。从早期海洋意识的薄弱，到近年我国提出建设"海洋强国"，体现了我国海洋观的重大转变。21世纪可谓是海洋的世纪，海洋是一国综合实力的重要体现，海洋也已成为各国开展竞争的重要平台。因此，树立和平、合作、和谐的新型海洋观，推动构建海洋新秩序意义重大。要推动建立新型海洋合作伙伴关系，中国作为负责任大国当承担应有的责任，努力建设一个和平、合作、和谐的海洋。作为"一带一路"倡议中的海上合作倡议，"海丝路"的建设无疑将成为我国践行和平、合作、和谐的新型海洋观的实践平台，有利于我国和沿线国家（地区）通过海洋合作建立起新型海洋合作伙伴关系，通过海洋事业来带动沿线国家（地区）的经济发展，通过海洋事业来加深沿线国家（地区）的合作，推动海洋新秩序的构建。

2. 以"五通"为抓手，发展蓝色经济主线，在共走五条道路中推进"海丝路"基础上的海上合作

2017年，国家发展和改革委员会（以下简称"发改委"）、海洋局制定并发布了《"一带一路"建设海上合作设想》，系统提出中国政府推进"一带一路"建设海上合作的思路和蓝图，围绕一个愿景、遵循一条主线、共建三个通道、共走五条道路。即围绕构建包容、共赢、和平、创新、可持续发展的蓝色伙伴关系这个愿景，以发展蓝色经济为主线，共同建设中国—大洋洲—南太平洋、中国—

41

印度洋—非洲—地中海及中国—北冰洋—欧洲等三大蓝色经济通道，以共建绿色发展之路、共创依海繁荣之路、共筑安全保障之路、共建智慧创新之路、共谋合作治理之路为重点，全方位推动与沿线国家（地区）在各领域的务实合作。要实现这一蓝图，需以"五通"作为抓手：以政策沟通为海上合作奠定政治互信基础，增进彼此之间的信任；以设施联通为海上合作奠定联通基础，"海丝路"沿线仍有较多国家（地区）基础设施建设落后，通过设施联通，有利于沿线国家（地区）之间互通有无；以贸易畅通为海上合作奠定经济基础，通过互利共赢所形成的共同经济利益促进区域的繁荣和稳定；以资金融通为海上合作提供资金保障，有利于解决"海丝路"建设的资金后顾之忧；以民心相通为海上合作奠定人文基础，有利于加深沿线国家（地区）之间的交往，增进民众之间的沟通。

3. 在合作共赢的"海丝路"建设中推动中国从"海洋大国"走向"海洋强国"

党的十八大明确作出了建设海洋强国的重大部署。不同于其他国家的海洋发展之路，中国海洋强国的建设以合作共赢为重要特征，坚持走和平发展之路。中国海洋强国的建设，不仅要学习和借鉴其他海洋强国的先进技术和理念，增强自身在海洋领域的实力和竞争力，提高维护国家海洋安全的能力；也要推动海洋国际合作，推动公平、公正、合理的海洋新秩序的构建；还要与世界各国一道加强海洋生态文明建设，共同保护蓝色家园。由此可见，中国海洋强国的建设是通过合作共赢来实现共同的海洋利益。从实践来看，以"五通"建设为主要内容的"一带一路"倡议深刻体现着合作共赢的特征，与中国一直以来的外交理念一脉相承。因此，通过合作共赢的"海丝路"建设，将为"海洋强国"的建设提供重要支撑和实践平台，有利于推动中国从"海洋大国"到"海洋强国"的转变。

三、运用好有关具体理论的积极成分推进"海丝路"建设

推进"海丝路"建设，还要加强以新型合作发展观和海洋强国理念为基础，综合运用诸如体系理论、政经互动以及其他相关经济理论中的积极部分作为"海丝路"建设中技术层面的理论指导，推动"海丝路"建设实践走深走实。

（一）体系理论：为体系调整与发展做增量贡献

体系理论来源于系统论。20世纪30年代美籍奥地利生物学家贝塔朗菲开始提出抗体系论以及生物学和物理学中的系统论，其主要的思路是从系统和整体的角度看待事物，最开始是在计算机以及生物领域得到运用，而后逐渐进入自然科学领域，并发展到社会科学领域。50年代末60年代初，有学者开始运用系统

论分析国际问题。此后，国际关系学界开始把国际社会视为一个大系统，这也成为学术界研究问题的共同基点。体系是指一个各组成部分相互依存而发挥整体作用的系统，它对其组成部分有重大的作用力，影响和制约着它们的存在、发展和相互关系。通常把组成体系的各部分称为"单元"或者"个体"（unit）。①体系具有互动性、联系性、层次性和整体性等基本特征。中国既处于全球范围内的国际体系当中，也处于地区范围内的东亚体系等地区体系当中；既是体系中的一部分，同时也深受所处体系的影响。因此，"海丝路"建设理所当然地会在体系范围内进行。从体系的角度来看，应将"海丝路"建设定位为为现有体系的调整与发展做增量贡献。

1. 国际体系：推动国际体系向公正合理方向发展

中国与现有的国际体系关系非常复杂。一是中国与其他国际行为体一样，皆处于此体系当中，中国的行为当然也受到现有国际体系的制约。二是从实行改革开放政策以来，中国便逐渐融入国际社会，特别是 2001 年加入世界贸易组织以来，中国更是积极快速地融入国际社会，因此中国也是现行国际体系的参与者。三是从过去二十年来看，中国是诸大国中实力增长最快的国家，从这一角度来看在一定程度上中国是过去二十年间现有国际体系最大的受益者。四是现有国际体系最主要的建构者是美国，美国出于其私利的考虑，使得现有国际体系存在着许多不合理、不公正之处，极大地损害了各国的利益。五是中国作为第二大经济体，除了经济领域之外，在政治、外交、军事等领域对国际社会都产生了非常重要的影响，有能力对国际体系的发展起到一定的推动作用。

在厘清中国与现有国际体系的关系之后，我们应该更好地理解和探索在既定的国际体系这一宏观框架下，如何推进"海丝路"的建设。应当看到，一方面，"海丝路"的建设目标并非是要挑战现有国际体系，更不是要推翻现有国际体系，正如在倡议成立亚投行时中国已经指出的那样，亚投行只是对现有国际金融体系的补充而非取代。另一方面，现有国际体系有其不合理、不公正的一面，无法有效协调和满足各国特别是广大发展中国家的利益诉求和价值追求。中国要"为世界经济体系的调整与发展创建新机制，也就是说做增量贡献"。② 故而，中国推进"海丝路"建设，也是为现行的国际体系，特别是国际经济体系的调整和发展做增量贡献，如在与沿线国家（地区）合作的过程中，秉持共商、共建、共享的原则，为构建更加公正合理的国际体系起到示范性作用。

---

① 邢悦、詹奕嘉：《国际关系：理论、历史与现实》，复旦大学出版社 2008 年版，第 69 页。

② 《社科院专家：我国推一带一路并非推翻现有国际体系》，载于经济网 – 中国经济周刊，http://www.ceweekly.cn/2015/0504/110267.shtml。

2. 地区体系：运用现有地区体系推进"海丝路"建设

在国际关系中，除了存在整个国际层面的国际体系之外，还存在地区层面的地区体系。国际关系理论认为，国际体系既是国家构成的系统（system），也是国家组成的社会（society）。系统理论中包括子系统。某些子系统包括与地区区域背景相关的行为体。考虑到子系统之间的重叠以及地区成员国之间边界的扩大，可以把子系统分成几个部分。首先是核心部分（core sector），即国际政治的核心地区。其次是边缘部分（peripheral sector），包括在地区政治事务中发挥作用，但受到社会、政治、经济、组织或其他方面原因影响而与核心地区有所区别的国家。最后是介入部分（intrusive sector），包括在子系统中起重要作用的外部大国。①

从地区体系理论的角度看"海丝路"建设，首先，在推进"海丝路"建设的过程中，可以考虑把沿线国家当作一个地区系统来看待，也就是说，中国与"海丝路"沿线国家组成了一个特定的地区系统。在这一特定的系统中推进"海丝路"建设，建设的重点应在其"核心部分"，同时也应注意"边沿部分"的建设，还要警惕"介入部分"的干涉。如美国、日本等国都有可能介入，这对"海丝路"推进将产生极大的威胁。其次，在全球各个地区层面，有原本属于其原来的地区体系，如南亚体系、中东体系、北非体系、西非体系、东南亚体系等。这些体系，原本有其自行运转的方式，同时也有其各行为体间的力量平衡。中国在与沿线国家合作共建"海丝路"的过程中，必然会伴随着中国力量，特别是经济影响力的进一步深入介入，对原有地区体系产生影响。这也决定了中国在与沿线国家合作共建"海丝路"的过程中，应注意研究"海丝路"合作对原地区体系产生的影响与变化，以及对中国在该地区产生的影响。最后，要注意把推进"海丝路"建设融入地区合作中。中国已经一再明确，推进"海丝路"建设合作并非另起炉灶。因此，中国需要研究如何运用好现有的地区合作机制和平台推进"海丝路"建设。事实上，中国应该更好地利用现有的合作平台如上海合作组织、亚洲相互协作与信任措施会议（以下简称"亚信会议"）、欧亚经济联盟、南亚区域合作联盟、澜沧江—湄公河合作（以下简称"澜湄合作"）机制、中国—东盟（10 + 1）、东盟与中日韩（10 + 3）、《区域全面经济伙伴关系协定》（RCEP），以及中非合作论坛、中阿合作论坛等进一步推动"海丝路"的建设。

（二）政经互动：政经因素共同影响"海丝路"建设

从学科发展历程来看，在相当长的时间里，研究者通常把对政治与经济的研

---

① ［美］詹姆斯·多尔蒂、小罗伯特·普法尔茨格拉夫著，阎学通、陈寒溪等译：《争论中的国际关系理论》，世界知识出版社 2002 年版，第 144～145 页。

究分离开来进行探索，从而形成两门独立学科，即政治学和经济学。从 20 世纪中叶开始，越来越多的学者开始把两者结合起来进行分析。政治与经济"它们的关系是相互支持而不是相互排斥，随着条件的变化，它们交替占据优先地位。"①这样的分析，也被引入了国际关系的研究。国际关系理论作为政治学的一个分支，是研究国与国之间关系的科学分析框架和理论体系。具体来说，是描述、解释、研究、估价和预测这些关系的现状与发展的理论。国际关系理论发展至今，主要有三种范式：现实主义、自由主义和建构主义，经过了从强调循环向强调进化发展，从权力政治向权利政治发展，从话语霸权向多元理论和方法论发展，从强调现实、物质性向构建、观念性转变的突破性发展。② 国际关系理论的出现和发展是不同时代背景的产物，每一个时期都有主导国际关系发展的理论，同时会产生理论与理论之间的争论。在 20 世纪 50 年代之前，国际关系理论重在强调政治因素的作用，这当然是和当时的时代背景息息相关。而随着战争的结束，国际关系学者们开始注意到经济因素在国际关系中的作用，特别是随着冷战的结束以及经济全球化的发展，经济因素在国际关系发展中的作用日益重要。国际关系发展中政治经济化、经济政治化的趋势日益明显。而且从现实情况来看，政治和经济在国际关系发展中的相互作用是实实在在存在的，一直影响着国际关系的发展。对应这一现象的产生，国际关系理论也出现了新的发展，不仅传统的现实主义、自由主义和建构主义的理论研究中加入了经济这一重要影响因素，还出现了国际政治经济学这一学科专门对国际关系中的政治与经济因素的相互作用进行研究。③ 这种研究主要集中在三个方面：

1. 经济对政治的基础影响

从人类社会发展至今的社会实践来看，经济与政治是难以完全独立存在的。雅各布·维纳提出 17 世纪重商主义者的几个命题："一是财富是获得权力的绝对的基本手段，不管是为了安全还是为了侵略；二是权力对获得和保持财富是基本的有价值的手段；三是财富和权力都是国家政策的恰当的终极目的；四是虽然在特定的环境下，可能一时有必要为了军事安全的利益以及长远繁荣的利益而牺牲暂时的经济利益，但是，这两个目标从长远来说是和谐一致的。"④ 虽然这是源于 17 世纪的命题，从过去三百多年的实践来看，这些命题至今依然是适用的。从此命题来看，经济对政治起到基础性影响。

---

① ［美］詹姆斯·多尔蒂，小罗伯特·普法尔茨格拉夫著，阎学通、陈寒溪等译：《争论中的国际关系理论》，世界知识出版社 2002 年版，第 448 页。

② 秦亚青：《现代国际关系理论的沿革》，载于《教学与研究》2004 年第 7 期，第 61~62 页。

③ 梁颖等：《中国—东盟政治经济互动及机制研究》，人民出版社 2016 年版，第 6~7 页。

④ Viner, Jacob, 1948, Power versus plenty as objectives of foreign policy in the seventeenth and eighteen Centuries. World Politics, Vol. 1, No. 2 (October), pp. 1 – 29.

2. 政治对经济的反向作用

从现有理论成果来看，多数学者认为政治与经济是相互影响和相互联系的，但也有部分学者认为两者是分离的。"经济自由主义者主张市场经济是社会中的一个自治领域，它根据自身的经济法则来运作……经典自由主义经济学家将国家的作用同市场（包括国际市场以及国内市场）分离开来看待：在市场上一切均放任自由。但是，20世纪的某些经济自由主义者却赞同增强国家在市场上的作用。"① 虽然自由主义经济学家有其比较独特的观点，但无论是从理论还是从实践来看，在国际关系中政治与经济是难以完全切割的。这在理论界，应该是比较普遍的共识。"如果不考虑经济因素就无法充分理解国家的行为，这一假设是理解经济学和政治学之间关系的关键。"② 基于此，既然经济基础能够影响到政治行为，那么政治也同样能够反作用于经济。

3. 政治与经济的互动路径

政治与经济的相互依存并相互作用一直是国际政治经济学研究的重要内容。查尔斯·林德布洛姆（Charles Edward Lindblom，1977）认为，在世界上所有的政治制度中，大部分政治是经济性的，而大部分经济亦是政治性的。③ 在国际关系中政治经济的互动机制这个问题上，西方学术界已经做出了诸多积极的探索，形成了三种主流观点：第一种观点是以罗伯特·基欧汉和约瑟夫·奈（Robert O. Keohane & Joseph S. Nye，1998）为代表的新自由主义相互依存理论，该理论将国际关系中的政治与经济互动机制的路径显示为：经济上不对称相互依存→优势国家利用敏感性和脆弱性方面的差异来迫使劣势国家屈从自己的意志→不平等的国际政治格局。第二种观点是以罗伯特·吉尔平（Robert Gilpin，1989）为代表的新现实主义霸权稳定论，其国际关系政治经济互动路径是：霸主国家压倒一切的政治经济优势→提供国际公共产品→霸权体系得以建立→边际成本递增、边际收益递减→霸主国国力耗散→霸权式微→新的争霸战争→新霸权体系形成。第三种观点是以特奥托尼奥·多斯桑托斯（Theotonio Dos Santos，1970）为代表的新马克思主义依附论，其国际关系政治经济互动路径表现为：国际不平等交换→发展中国家的贫困加剧→与发达国家决裂或爆发国内社会革命。④

从当今国际关系发展的现实来看，也呈现出明显的政治经济互动特征，政治

---

① ［加］罗伯特·杰克逊、［丹］乔格·索伦森著，吴勇、宋德星译：《国际关系学理论与方法》，中国人民大学出版社2012年版，第168页。

② ［美］詹姆斯·多尔蒂、小罗伯特·普法尔茨格拉夫著，阎学通、陈寒溪等译：《争论中的国际关系理论》，世界知识出版社2002年版，第447页。

③ ［美］查尔斯·林德布洛姆（Charles Edward Lindblom）著，王逸舟译：《政治与市场：世界的政治—经济制度》，上海三联书店、上海人民出版社1994年版。

④ 梁颖等：《中国—东盟政治经济互动及机制研究》，人民出版社2016年版，第14～15页。

问题经济化、经济问题政治化，难以明确区分。"海丝路"建设是世纪工程，参与国家众多，有发达国家，也有发展中国家，经济发展水平差异较大。再加上政体类型的多元化，在建设过程中，难免会出现政治领域或是经济领域方面的问题。因此，在推进"海丝路"建设过程中，中国要充分把握国际关系中的政治经济互动特征，积极利用政治经济互动来妥善解决面临的分歧和矛盾，推进"海丝路"建设走深走实。根据《愿景与行动》发布的"一带一路"倡议建设的"五通"内容来看，"海丝路"的建设已经朝着政治经济互动的方向前进。政策沟通作为保障，在"海丝路"建设中发挥着先导和保障作用，通过政府间多层次的宏观政策交流机制的构建来为设施联通、贸易畅通等领域的建设保驾护航；而设施联通作为优先领域、贸易畅通作为重点内容，可以增加沿线国家（地区）之间的共同经济利益，为政府之间的进一步合作奠定经济利益基础。因此，"海丝路"的建设，一方面，能够通过政治经济的良性互动实现沿线国家（地区）之间的利益融合和政治互信；另一方面，在面临分歧和矛盾时，中国与沿线国家（地区）也可以从政治经济良性互动的视角出发解决争端。

此外，推进"海丝路"建设，还应借鉴和运用诸如规模经济理论、产业集聚理论、国际贸易理论、自贸区理论、最优货币区理论、公共外交理论等具体经济、外交理论中的积极部分来作为推进"海丝路"建设中技术层面的理论指导。这些借鉴和运用，我们将结合具体实践分别在下面的有关章节中体现。

第四节　推进"海丝路"建设的研究方案

一、"海丝路"建设的目标与意义

2013年，国家主席习近平提出了建设"丝绸之路经济带"和"21世纪海上丝绸之路"的重大倡议，二者从陆上和海上将欧亚非经济带整合起来并形成一个完整的闭环。根据《愿景与行动》可知，"丝绸之路经济带"着重于建设陆上通道，而"21世纪海上丝绸之路"着重于建设海上通道。通过二者的建设，将有力地助推沿线国家之间以及我国区域之间的协调发展。本书的研究对象为"21世纪海上丝绸之路"，即"海丝路"，因此，后文着重探讨"海丝路"的建设目标和建设意义。根据《愿景与行动》，"海丝路"建设的目标是以重点港口为节点，共同建设通畅、安全、高效的运输大通道，以海洋经济合作为重点，以沿线港口互联互通为抓手，在坚持开放合作、和谐包容、市场运作、互利共赢的原则下，构建起全方位、多层次、复合型的海上互联互通网络。

"海丝路"作为"一带一路"的重要组成部分，是中国政府拓展经济合作空间、深化区域整合、推进互联互通、建设海洋强国的重要举措，是以中国发展促进世界发展的重大倡议，是构建中国与沿线国家（地区）命运共同体的顶层设计。因此，其建设意义重大。

第一，共建"海丝路"是深化我国改革开放的重要路径。推进"一带一路"建设是我国扩大和深化对外开放的需要，是新形势下我国以新的方式打造全方位、多层次、宽领域开放新格局的重要路径。该倡议的提出既是一个能促进我国进一步"走出去"的重大举措，也是一个以中国发展推动世界发展的区域合作整体架构。该倡议的实施糅合了开放性与多元性，不再局限于中国周边或是亚洲区域，而是跨地区、跨领域的开放；既包括传统意义上的自贸区，也包括经济走廊、互联互通、海上通道安全、海洋资源开发，甚至未来海洋争端的解决。从"海丝路"来看，它将充分利用海洋的连通性、流动性和广布性，以与"海丝路"重要枢纽国家携手合作共建的方式，在世界走向中国与中国走向世界的双向互动过程中，与沿线各国（地区）加强在政治、经济、文化等各个领域的交流与往来。正是在这种各国（地区）广泛携手合作，共建"海上丝绸之路"的进程中，不仅进一步深化了中国与沿线国家（地区）的互利共赢关系，促进沿线国家（地区）之间利益共同体的形成，而且还将重新打通阻滞多年的亚欧经济动脉，在茫茫大海之中将中国、东南亚、西亚、北非乃至欧洲联结起来，构建起一个海上"连通东盟、南亚，甚至西亚、北非、欧洲等各大经济板块市场链、覆盖数十亿人口的共同市场"的全方位开放格局。[①]

第二，共建"海丝路"是我国建设海洋强国的重要抓手。通过共同建设"海丝路"，我国将在发展国际海洋合作伙伴关系基础上，学习其他国家在海洋科学、技术、管理方面的前沿成果和先进理念，吸引国际资金和技术，提高海洋开发能力，扩大海洋开发领域，带动和促进海洋经济转型升级，通过优先发展包括装备制造业、海上资源勘探、技术开发、工程设计等先导性服务业以及海工作业、环境信息、特种安装和海上运输等后继性服务业在内的海洋工程产业，促进海洋经济的发展，使海洋经济成为新的增长点，并进而使之成为国民经济的支柱产业；通过共同建设"海丝路"，我国将积极参与构建公平合理的国际海洋秩序，积极参与国际海洋环境污染治理，维护海洋生态健康，加强海洋生态保护，促进海洋可持续利用和发展，共同建设人类赖以生存的蓝色家园；通过共同建设"海

① 梁颖：《"海上丝绸之路"成就中国梦想走向世界》，载于《光明日报》2014年12月2日。

丝路"，我们将在推进海上互联互通、港口城市合作、海上旅客和货物运输以及海洋经济等方面加强国际交流与沟通，推进互利友好合作，寻求和扩大共同利益的汇合点，和平开发和利用海洋，在海洋大开放中坚持"主权属我、搁置争议、共同开发"的方针，积极探索对有争议海区"搁置争议、共同开发"的有效途径，在维护国家海洋权益的基础上实现国与国之间的和谐相处、互利共赢和共同发展；特别是在共同建设进程中，我国将借助于深深印记着我国传统"和"文化理念的古代"海上丝绸之路"的历史符号，秉承和传输我国传统的"和"文化，以和平、合作、和谐的中国新"海洋观"，推动海上共同安全和海上共同利益的和平战略，形成新的海洋文明以推动世界的和谐发展。①

第三，共建"海丝路"是加快推动中国发展，促进世界发展的重大举措。"一带一路"通过深化中国对外开放格局必将推动中国进一步发展，与此同时，"一带一路"也是中国向海外输出商品、资金、技术、服务标准、管理经验的重要渠道，也将给沿线各国（地区）带来重大发展机遇，使沿线国家（地区）获得实实在在的好处和利益。通过将中国与沿线各国（地区）相连，巨大的中国市场、对外直接投资和生产技术将惠及沿线国家（地区）的经济发展。特别是作为优先领域的设施联通，使得中国对外投资资金大量投向沿线国家（地区）的基础设施项目，这有利于各国（地区）完善经济发展的设施基础，提升经济发展的动能，而且中国的发展还会对沿线国家（地区）产生带动效应，促使沿线国家（地区）的优势资源充分利用中国市场。从更长远的视角来看，"一带一路"还能形成广泛的自贸区网络，使经济合作更趋组织化、机构化和机制化，从而促进国际经济治理架构的完善和推动形成新的全球贸易规则和秩序。

二、本书的写作框架与主要内容

（一）写作框架

本书首先从世界经济格局转换、国内经济转型以及推动共建"一带一路"走深走实等方面阐明了推进"海丝路"建设研究的背景。对于该问题的研究，不仅具有理论意义与学术价值，更具有现实意义与应用价值。推进"海丝路"的建设是有章可循的，要在坚持开放合作、和谐包容、市场运作以及互利共赢原则的指导下，重点推进我国和"海丝路"沿线国家（地区）在政策沟通、设施联通、贸易畅通、资金融通以及民心相通等五个领域的合作，这"五通"是实现"海丝路"建设的重点合作内容和必要途径（见图 1-4）。

---

① 梁颖：《"海上丝绸之路"成就中国梦想走向世界》，载于《光明日报》2014 年 12 月 2 日。

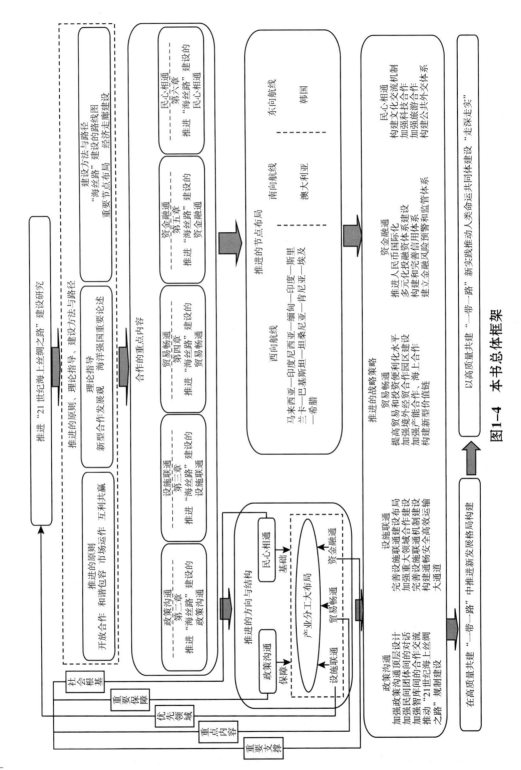

图1-4 本书总体框架

根据上述研究思路，本书的主要内容包含七章。第一章是绪论；第二章是推进"海丝路"建设的政策沟通；第三章是推进"海丝路"建设的设施联通；第四章是推进"海丝路"建设的贸易畅通；第五章是推进"海丝路"建设的资金融通；第六章是推进"海丝路"建设的民心相通；第七章是以高质量共建"一带一路"推进人类命运共同体建设。各章具体内容如下：

第一章：绪论。本章首先阐述了研究背景及研究意义，梳理了国内外关于"海丝路"建设的研究文献并进行了述评，之后从新型合作发展观视角探讨了"海丝路"建设的理论指导。在此基础上给出了本书的研究框架、研究方法，阐明了本书的创新之处。由于"海丝路"建设涉及的内容和沿线国家众多，在推进的过程中必须循序渐进，做好布局，因此在后续"五通"研究之前，本书从总体上探讨了"海丝路"的建设方法与建设路径。

第二章：推进"海丝路"建设的政策沟通。本章分为四节，第一节为整体研究——加强政策沟通，推动"海丝路"建设。首先分析了"海丝路"政策沟通的现状，并对其进程进行了动态把握，在此基础上探讨了政策沟通存在的问题，并提出推进措施。第二节到第四节为国别研究，考虑到"海丝路"沿线国别的差异性，为了突出国别"沟通"和"对接"的针对性，按照东盟、南亚和非洲三个区域，以区域为视角探讨了中国与沿线各国政策沟通的情况、存在的问题，并区分不同区域的实际情况，提出国别策略以推动"海丝路"建设政策沟通实践。

第三章：推进"海丝路"建设的设施联通。本章分为三节，第一节为"海丝路"设施联通的理论研究及现状分析。首先阐述了基础设施联通理论在"海丝路"建设中的研究与应用，然后从交通设施、能源设施、通信设施联通三个方面分区域探讨了基础设施互联互通状况。第二节为"海丝路"设施联通的机遇分析与存在问题，机遇主要体现在投资需求和市场机遇、合作意愿加强以及中国具备推动"海丝路"设施联通建设条件三个方面；问题主要体现在政治和安全环境问题、域内外不利因素对沿线国家（地区）的影响和压力以及经济和建设进程的不利因素加剧联通难度三个方面。第三节为推进"海丝路"设施联通的对策建议，包括进一步规划和完善"海丝路"设施联通建设布局，加强"海丝路"设施联通重点国家、重大领域和重点项目建设以及加强和完善"海丝路"设施联通机制建设。

第四章：推进"海丝路"建设的贸易畅通。本章分为三节，第一节为贸易合作研究。首先阐述了"海丝路"贸易合作的推进基础和沿线各国（地区）贸易合作的现状，其次在此基础上分析了贸易合作存在的主要问题，最后提出推进"海丝路"贸易合作的策略。第二节为加强国际产能合作，构建新型价值链。先是阐述了中国与"海丝路"沿线国家（地区）产能合作的基础，并测度了中国与沿线国家（地区）的产业互补性及产业竞争力，之后分析了中国境外经贸合作园区的建设情况、存在问题及对策建议，在此基础上着重探讨了"一带一路"新型价值链构建的背景、条件、路径及策略。第三节为推动"海丝路"海上合作，以"海丝路"海上合作现状为基础，深入探讨海上合作中存在的问题，并结合落实《"一带一路"建设海上合作设想》提出有效对策。

第五章：推进"海丝路"建设的资金融通。本章分为五节，第一节为"海丝路"金融发展与合作，重点分析了"海丝路"沿线各国（地区）金融发展的状况及其分类。第二节为亚洲货币稳定体系与人民币国际化，首先探讨了最优货币区理论及其应用，并基于该理论探讨了亚洲货币稳定体系。在此基础上研究了人民币国际化的发展现状、人民币国际化及亚洲货币体系的稳定性，并提出了推进人民币国际化及亚洲货币体系稳定性的对策。第三节为建立和完善"海丝路"投融资体系，研究了"海丝路"投融资概况、存在问题及推进策略。第四节为"海丝路"信用体系建设，研究了"海丝路"信用体系建设的现状、存在问题及推进策略。第五节为加强金融风险预警和监管合作，对中国对外直接投资与东道国金融风险做了实证检验，在此基础上分析了中国与沿线国家金融监管合作的现状以及建立完善金融风险预警和监管体系的对策。

第六章：推进"海丝路"建设的民心相通。本章分为五节，第一节为推进"海丝路"教育合作，分析了教育合作的现状、存在困难及合作对策。第二节为推进"海丝路"文化交流，分析了文化交流的现状、影响因素及交流路径。第三节为推进"海丝路"科技合作，分析了科技合作的现状、影响因素及推进策略。第四节为推进"海丝路"旅游合作，分析了"海丝路"沿线国家旅游业发展现状及中国与"海丝路"国家旅游合作现状及规划，在此基础上测度了中国与"海丝路"国家旅游合作的潜力，并提出进一步推动旅游合作的策略。第五节为推进"海丝路"公共外交，首先研究了"海丝路"公共外交的新内涵，在此基础上分析了"海丝路"公共外交的开展现状并提出对策。

第七章：以高质量共建"一带一路"推进人类命运共同体建设。本章提出共建"一带一路"高质量发展，要贯彻落实新发展理念，把握发展方向；提升互联互通，增进联动发展；实现创新驱动，促进动力转换；推进制度创新，完善全球治理。在此基础上，要在共建"一带一路"高质量发展进程中，进一步落实人类命运共同体理念，提升互联互通，转换动能，构建新型国际关系，引领全球治理以及构建人类卫生健康共同体，推进人类命运共同体建设进一步"走深走实"。

（二）主要内容

1. 重点方向

根据《愿景与行动》，"海丝路"建设的重点方向为两条航线和中巴经济走廊、孟中印缅经济走廊和中国—中南半岛经济走廊的建设。

（1）航线。两条航线：一是从中国沿海港口过南海到印度洋、延伸至欧洲的航线；二是从中国沿海港口过南海到南太平洋的航线。《愿景与行动》同时也指出，"一带一路"坚持开放合作，相关的国家基于但不限于古代丝绸之路的范围，各国和国际、地区组织均可参与。也就是说，"海丝路"是开放的，并不固定参与共建的国家的数量。随着参与进来共同开展海上合作的国家数量的扩大，事实上"海丝路"也在不断扩充。基于此，本书重点选取中国至东南亚、南亚、波斯湾、红海湾及印度洋西岸航线共 32 个国家作为主要研究对象，后续的"五通"研究根据各自研究内容的需要基于但不限于这些国家。32 个国家如下：一是中国至东南亚航线（10 个）：越南、印度尼西亚、马来西亚、缅甸、老挝、新加坡、泰国、柬埔寨、菲律宾、文莱；二是中国至南亚及波斯湾航线（13 个）：孟加拉国、斯里兰卡、印度、巴基斯坦、马尔代夫、伊朗、伊拉克、科威特、阿曼、卡塔尔、沙特阿拉伯、阿联酋、巴林；三是中国至红海湾及印度洋西岸航线（9 个）：也门、埃及、索马里、苏丹、吉布提、厄立特里亚、肯尼亚、坦桑尼亚、莫桑比克。

（2）经济走廊。得益于中国与巴基斯坦、孟加拉国、印度及缅甸等中南半岛国家的良好关系以及国家发展战略的契合，同时基于这些国家的地缘重要性，中国与之共同开展了中巴经济走廊、孟中印缅经济走廊以及中国—中南半岛经济走廊的建设，并成为"海丝路"建设的重要方向。中巴经济走廊是 2013 年 5 月李克强总理访问巴基斯坦时提出的，并于 2015 年 4 月正式启动的旨在促进中国和巴基斯坦在交通、能源、海洋领域交流与合作的样板工程和旗舰项目。中巴经济走廊的建设有利于加强两国互联互通，有利于双方全天候战略合作伙伴关系的强化。孟中印缅经济走廊是 2013 年 5 月李克强总理访问印度期间发表的中印联合声明特别提出的，旨在促进该区域的互联互通建设和联动发展。2013 年 12 月，孟中印缅经济走廊联合工作组第一次会议在昆明召开，会议就交通基础设施、投资和商贸流通、人文交流等具体领域合作达成广泛共识，初步建立了四国政府推进孟中印缅合作的机制。中国—中南半岛经济走廊是一条"以中南半岛为基础，北起中国云南昆明和广西南宁，以公路、铁路网络为主要载体，南下纵贯越南、老挝、缅甸、柬埔寨、泰国、马来西亚直抵新加坡"的国际大通道，带动半岛内国家与地区的共同发展，同时对深化中国与中南半岛乃至整个东盟的互联互通、区域整体经济合作也将发挥积极的作用。[①] 值得注意的是，中国—中南半岛经济走廊虽在《愿景与行动》中被作为丝绸之路经济带的重要建设方向，但其建设亦与"海丝路"建设密切相关。相对"一带一路"框架下的其他经济走廊而言，中国—中南半岛经济走廊沿线国家（除老挝外）均属滨海半岛之国，它们的主要节点城市几乎都与重要港口相连。这就意味着，中国—中南半岛经济走廊的建设既可有"陆"的合作，又可有"海"的联动，不仅能够在海陆并举、陆海统筹中连接"一带一路"，还有助于在海陆并举、陆海统筹中与"一带一路"重要节点城市与港口的发展形成相互支撑。因此，加快这一走廊的建设也似应作为"海丝路"重要节点乃至关键节点建设的题中之义和必然举措。[②]

2. 以"五通"为主要内容推进"海丝路"建设

要在坚持开放合作、和谐包容、市场运作以及互利共赢原则的指导下，重点推进我国和"海丝路"沿线国家（地区）在政策沟通、设施联通、贸易畅通、资金融通以及民心相通（以下简称"五通"）等五个领域的合作，这"五通"是建设"海丝路"的主要内容，是实现"海丝路"目标的必要途径。因此，要研究如何更好、更有效地推进"海丝路"的建设，其实质是要研究如何更好、更有效地推进这五项主要内容的建设，实现"五通"。在这一背景下，本书后续的研究内容就从推进"五通"的建设出发，分别探讨了推进"海丝路"建设的政策沟通策略、设施联通策略、贸易畅通策略、资金融通策略、民心相通策略。根据《愿景与行动》，"五通"的主要内容及其在推进"海丝路"建设中的地位和作用如下：

政策沟通，是推进"海丝路"建设的重要保障。政策沟通的重点是加强中国与"海丝路"沿线国家（地区）政府间的合作。通过多层次政府间宏观政策交流机制的构建来对接经济发展战略和对策、共同制定区域规划和措施，以达到实现协商解决合作问题、推进务实合作及项目实施的目的，最终实现利益融合和政治互信。

设施联通，是推进"海丝路"建设的优先领域。设施联通的重点是交通基础设施互联互通、能源基础设施互联互通、通信基础设施互联互通。交通基础设施互联互通主要是提升道路、水路、海路、航空通达水平，实现国际运输便利化。为了实现这一目标，要抓住关键通道、关键节点和重点工程的建设。能源基础设施互联互通是通过建设跨境电力、输电通道以及升级改造区域电网来实现运输通

---

① 盛叶、魏明忠：《中国—中南半岛经济走廊通道建设探究》，载于《当代经济》2017 年第 2 期，第 4～6 页；卢伟、公丕萍、李大伟：《中国—中南半岛经济走廊建设的主要任务及推进策略》，载于《经济纵横》2017 年第 2 期，第 50～56 页。

② 梁颖、卢潇潇：《打造中国—东盟自由贸易区升级版旗舰项目　加快中国—中南半岛经济走廊建设》，载于《广西民族研究》2017 年第 10 期，第 165～171 页。

道的安全。通信基础设施互联互通是通过建设和完善双边跨境光缆、洲际海底光缆以及空中信息通道来提高通信互联互通水平。

贸易畅通，是推进"海丝路"建设的重点内容。贸易畅通的重点是提高贸易自由化、便利化水平，促进贸易转型升级，加快投资便利化进程，拓展相互投资领域，推动新兴产业合作，优化产业链分工布局，以激发释放合作的潜力。提高贸易自由化、便利化水平就是要加强在信息互换、监管互认等领域的双多边合作，加强边境口岸通关设施条件，加强供应链安全与便利化合作和降低非关税壁垒。促进贸易转型升级就是要优化贸易结构、创新贸易方式、建立健全服务贸易促进体系。加快投资便利化进程就是要消除投资壁垒。拓展相互投资领域就是要进一步扩大中国与沿线各国（地区）在各领域的投资合作。推动新兴产业合作就是要加强沿线国家（地区）在新一代信息技术、生物、新能源、新材料等领域的合作。优化产业链分工布局就是要推动上下游产业链和关联产业协同发展、扩大服务业相互开放以及探索投资合作的新模式。

资金融通，是推进"海丝路"建设的重要支撑。资金融通的重点是深化金融合作和加强金融监管合作。深化金融合作要从推进亚洲货币稳定体系、投融资体系和信用体系建设三个方面入手，着力推进本币互换与结算、亚洲债券市场、亚投行、丝路基金、银行联合体等的建设和发展。加强金融监管合作要从完善风险应对和危机处置的制度安排以及加强征信管理部门、征信机构和评级机构之间的跨境交流与合作等方面入手。

民心相通，是推进"海丝路"建设的社会根基。民心相通的重点是扩大相互间留学生规模、加强旅游合作、强化各国（地区）在主要传染病领域和传统医药领域的合作、加强科技合作、整合沿线国家（地区）在青年就业及创业培训等领域的现有资源并展开务实合作、发挥政党及议会交往的桥梁作用及开展城市交流合作、加强民间组织的交流合作等方面。

三、本书采用的研究方法

第一，文献研究、实地考察与专家咨询相结合。通过对"海丝路"相关研究资料以及成果的广泛搜集和综合分析，结合对"海丝路"沿线国家（地区）的实地考察以及对国内外相关权威专家及政府决策机构的咨询，项目组深入了解和掌握了"海丝路"研究的前沿以及关键问题，并对沿线国家（地区）的情况有了更充分的了解和认识，易于把握"海丝路"推进中的痛点及难点问题。其中，文献研究主要梳理了国内外公开发表的关于"一带一路""21世纪海上丝绸之路"的相关文献，吸取其中有益的观点；实地考察主要赴沿线的印度尼西亚、新加坡、缅甸、泰国、老挝、柬埔寨、越南、马来西亚、孟加拉国和斯里兰卡等国家进行了调研，与这些国家的政府部门、智库、高校、民间商会、协会、跨国公司、本地企业、中资企业等就"海丝路"推进过程中面临的问题及如何共同推进"海丝路"建设进行了广泛的交流。专家咨询主要是依托广西大学中国—东盟研究院举办"海丝路"相关的会议，就中国与"海丝路"沿线国家（地区）的"五通"问题进行探讨，特别是对于研究过程中遇到的难点、热点问题在学术会议上集中讨论，以吸收专家们的宝贵意见与建议。

第二，多学科综合分析与研究。从"五通"视角研究如何推动"海丝路"建设问题，所涉及的研究对象非常多，涵盖了政治外交、安全、经济、人文社会科学等众多领域。不同领域的研究方法和研究手段存在差异，而且很多时候对同一个问题的研究也需要从不同学科视角进行分析。因此，本书在研究过程中综合运用国际关系学、政治学、政治经济学、国际经济学、区域经济学、经济地理学、产业经济学、制度经济学、国际金融学、社会学等学科的理论、思维与方法手段，来实施具体研究工作。

第三，定性分析与定量研究相结合。定性研究方法是从社会现象和事物本身的属性出发，根据其内在规律来对事物进行研究的方法；而定量研究则是从量化视角对事物进行分析，通过收集以数量表示的信息并对其进行量化处理和检验分析，据此获得研究结论的方法。根据项目的研究特点，本书在定性分析与逻辑论证的基础上，对部分研究内容采用数理统计及计量方法进行必要的定量分析，如使用中国与"海丝路"沿线国家（地区）政治交往、基础设施建设、经贸合作、金融合作以及人文交流的数据对"五通"的建设情况进行研究，以提高研究成果的科学性、准确性与说服力。

四、本书写作过程中的重点、难点及创新点

（一）重点、难点

1. 重点

本书以"海丝路"为研究对象，研究重点主要围绕"五通"和"推进"两个主题词全面探讨"海丝路"的建设问题。首先，本书对"海丝路"的研究以"五通"作为主要内容，较之以往的文献从"五通"当中的一个方面来探讨"海丝路"的推进而言，更为系统和全面；其次，本书对"海丝路"的研究着重探讨其推进策略，重点在于研究"海丝路"建设以来如何更有效地推动其朝着走深走实方向迈进。

2. 难点

第一，推动"海丝路"的远期策略的提出是难点之一。"海丝路"工程量大、时间跨度长，故而对与之相关的事情难以精准预测。由于难以精准预测，使本书在提出相应的政策建议的过程中，对于"海丝路"远期发展的把握并提出恰当的策略成为一大难点。

第二，中国与"海丝路"沿线国家（地区）"五通"推进策略的提出既要立足于全局，也要考虑到国家差异。由于沿线国家（地区）自身情况差异大且关系复杂，"五通"推进策略的提出需要全盘考虑，既要充分考虑这些国家（地区）的具体情况，同时又要结合区域发展的需要。因此，本书研究需要考虑的范围大、领域广、关系复杂也是难点之一。

第三，"海丝路"沿线国家（地区）由于经济发展水平的差异，很多较为落后的国家（地区）未有效统计经济发展方面的数据。特别是项目涉及的内容众多，涵盖了政治、经济、文化等方方面面，如何尽可能搜集沿线各国（地区）的相关统计数据是本书的难点之一。

（二）创新点

第一，研究视角的创新。在深入解读《愿景与行动》的基础上，从推进"五通"视角来系统研究"海丝路"的建设问题。根据《愿景与行动》，"一带一路"建设的主要内容就是政策沟通、设施联通、贸易畅通、资金融通以及民心相通，本书即从这一视角展开对"海丝路"建设的全面研究。通过分别梳理我国与"海丝路"沿线国家（地区）"五通"发展现状、存在的问题，从而在此基础上提出"五通"的推进策略，即"海丝路"建设的推进策略。

第二，研究框架的创新。在深入解读《愿景与行动》的基础上，建立了基于"五通"及其重点合作内容的研究框架。从设施联通的合作重点出发，形成了以交通设施联通、能源基础设施联通、通信设施联通为核心内容的研究框架；从贸易畅通的合作重点出发，形成了以贸易合作、国际产能与价值链、海上合作、自贸区以及境外经贸合作区为核心内容的研究框架；从资金融通的合作重点出发，形成了以亚洲货币体系和人民币国际化、投融资体系、信用体系、金融风险与金融监管合作为核心内容的研究框架；从民心相通的合作重点出发，形成了以教育、文化、科技、旅游、公共外交为核心内容的研究框架。通过分领域深入拓展研究，为"海丝路"研究提供新的思路，丰富和完善了海丝路"五通"研究内容。

第三，学术观点的创新。根据习近平主席提出的通过以点带面，从线到片，逐步形成区域大合作的合作模式来共建"丝绸之路经济带"的思想，本书提出

"海丝路"的建设也应遵循点—线—面相结合的科学发展方法论和模式，并在此基础上积极探寻和规划"海丝路"的建设路线图。从"海丝路"建设的角度来看，这种科学发展的路径大致可以归纳为：首先，应当沿海上运输大通道选择一些条件较好的重要节点港口和国家为"点"，合作共建港口，建设临海经济开发区，推动海洋合作和临海产业发展，形成"海丝路"的基本点和支撑点并逐步向腹地拓展；其次，在此基础上，以海上运输大通道为轴，连点成线，将"点"的集群力、支撑力、扩张力拓展形成以海上运输大通道为轴线的海洋和临海经济带；最后，以海洋合作和临海经济带为基础，拓展国际区域合作，从线到片，逐步形成区域大合作。

第五节　积极探寻"海丝路"建设方法与路径

一、以科学方法为指导探寻"海丝路"建设的路线图

2013 年 9 月 7 日，中国国家主席习近平在哈萨克斯坦纳扎尔巴耶夫大学发表演讲时指出："为了使我们欧亚各国经济联系更加紧密、相互合作更加深入、发展空间更加广阔，我们可以用创新的合作模式，共同建设'丝绸之路经济带'。"应"以点带面，从线到片，逐步形成区域大合作。"[①] 习近平主席谈的虽然是"丝绸之路经济带"建设，但这种创新的合作模式同样适用于"海丝路"的建设，实际上是给出了"一带一路"建设点—线—面相结合的科学发展方法论和模式。我们应当以这一科学发展方法论为指导，积极探寻和规划"海丝路"建设的路线图。

（一）"以点带面，从线到片，逐步形成区域大合作"是"海丝路"建设科学发展的方法论

以点—线—面相结合推动"一带一路"的发展首先是科学发展的方法论。"一带一路"一端是经济活跃的东亚经济圈，一端是经济发达的欧洲经济体，而中间沿线国家大多为发展中国家，各国自然条件复杂、文化各异、民族宗教交

[①]　新华社阿斯塔纳 9 月 7 日电　国家主席习近平 7 日在哈萨克斯坦纳扎尔巴耶夫大学发表题为《弘扬人民友谊　共创美好未来》的重要演讲，新华网，2013 年 9 月 8 日。

错、利益诉求不一，各国在领土、人口、产业、资源禀赋方面存在巨大差异，经济发展水平差异显著，发展极不平衡；在这种背景下，"一带一路"倡议的实施，其主要目标就是要通过合作共赢带动发展中国家更好发展，实现世界经济的再平衡。因此，"一带一路"的发展，实际上就是一个世界经济发展从不平衡到再平衡的发展过程。从发展经济学的角度看，这一过程的发展，实际上就是非均衡协调发展。

在世界发展经济学中，以赫希曼（A. O. Hirschman）和辛格（H. Singer）为代表的经济学家曾提出不平衡增长发展战略理论，认为不平衡增长是实现更高级发展阶段平衡增长的手段。这种不平衡增长发展战略理论，曾对世界区域发展理论的研究产生过重大的影响。从世界范围来看，多数发展中国家普遍存在着地区经济发展不平衡、相对发达地区和贫困地区差距不断扩大的现象。为了解决区域经济发展不平衡问题，发展经济学家提出了通过不平衡增长最后实现区域经济均衡发展的战略主张。在中国，则有学者系统地提出了非均衡协调发展的观点，其核心内容，就是在不平衡发展的过程中，通过适度倾斜与协调发展相结合的非均衡增长途径，逐步实现各地区经济共同富裕的长远目标。

围绕着不平衡增长发展战略理论，发展经济学家做了多方面的积极探索，其中，"增长极"理论具有很大的影响力。增长极理论强调区域经济的不平衡发展，把有限的稀缺资源集中投入具有创新能力、发展潜力大、规模经济和投资效益明显的少数产业、部门、大企业或区位，使这些"增长极"形成聚集经济和规模经济，同周围区域形成一个"势差"，通过市场经济机制中的传导媒介力量带动相邻地区共同发展。

在"增长极"理论的基础上，理论界又综合中心地理论和生长轴理论，形成了"点—轴"开发理论。"点—轴"开发理论将中心城市、交通干线、市场作用范围等统一在一个增长模式当中，不仅强调"点"，即城市或发展条件优越的区块的开发，而且还强调"点"与"点"的交通动脉即"轴"的开发，而通过市场配置资源要素，是点与点之间、点与轴之间发生联系的根本动因。在"点—轴"开发理论的基础上，理论界进一步提出了"据点—轴线—网络"的开发模式，认为：地区发展犹如生命有机体一样，也要经历不同的阶段，对处于不同阶段的地区，应采取不同的区域开发模式——据点开发、轴线开发、网络开发。

由此可见，"以点带面，从线到片，逐步形成区域大合作"的点—线—面相结合的发展模式，实际上是对世界发展经济学不平衡增长发展和非均衡协调发展战略理论的高度概括，是"一带一路"科学发展的方法论，既吻合发展中国家经济发展原理，也符合"一带一路"发展实际。

（二）以科学发展方法论为指导探寻"海丝路"发展路线图

"以点带面，从线到片，逐步形成区域大合作"作为"一带一路"科学发展的方法论，事实上已经勾勒出"一带一路"科学发展的路径。从"海丝路"建设的角度来看，这种科学发展的路径大致可以归纳为："海丝路"的推进和发展，应当沿海上运输大通道选择一些条件较好的重要节点港口和国家为"点"，合作共建港口，建设临海经济开发区，推动海洋合作和临海产业发展，形成"海丝路"的基本点和支撑点并逐步向腹地拓展；在此基础上，以海上运输大通道为轴，连点成线，将"点"的集群力、支撑力、扩张力拓展而形成以海上运输大通道为轴线的海洋和临海经济带；以海洋合作和临海经济带为基础，拓展国际区域合作，从线到片，逐步形成区域大合作。

以科学发展的方法论为指导，循着"海丝路"发展的路径，我们可以进一步探寻"海丝路"建设的路线图：紧紧围绕"五通"，即政策沟通、设施联通、贸易畅通、资金融通和民心相通，坚持以点连线，以线带面的战略路径，在点状—轴线—区域经济发展阶段性梯次推进的建设过程中，实现"点、线、面"的有机结合和"路""带"联动，形成区域大合作；其建设的路线具体体现为"布点"—"连线"—"拓面"的推进。

"布点"：抓住沿线国家（地区）港口发展机会，以与沿线重要节点国家进行港口合作建设、港口对接和港口城市开发区合作建设为切入点实施"布点"，选择并全面启动与沿线重要节点国家加强港口合作，或通过租赁、承包等各种途径，得到港口的经营权，或参与港口修建乃至运营，推进国内港口与沿线重要港口的"友好港口"建设；布局重要节点国家港口城市开发区，加强互联互通的基础设施建设，通过自贸区建设或战略对接，加强产能合作，推动海洋合作和临海产业发展，在全面布点的基础上形成"海丝路"建设的支撑和构架。

"连线"：在"布点"发展的基础上，以海上运输大通道为轴，通过航运合作建设、航运畅通和生产链、价值链重构连点成线。一方面，推动重要节点国家港口城市开发区的产能合作向重要节点国家腹地纵深发展，在沿线关键水道和重点区域建成若干个繁荣稳定的经贸合作示范区，以带动重要节点国家腹地的经济发展；另一方面，以自贸区建设和优质富余产能转移为抓手，以打造新的区域供应链、产业链、价值链为目标，以共同建设通畅、安全、高效的运输大通道为保障，发展海洋合作伙伴关系，以点连线，构建起以海上运输大通道为轴线、由沿线节点港口互联互通构成的、辐射港口城市及其腹地的海洋和临海经济带。

"拓面"：以"点"的支撑力和"线"的联结性的结合将合作拓展到沿

线各国及其腹地，拓展沿线国家和地区合作，全面实现"五通"，并使这种合作网络化、体系化，在"路""带"有机联动中形成合作共赢的区域大合作格局。

二、加快构建与完善重要节点布局

根据"海丝路"路线图，"海丝路"建设将是一个点状—轴线—区域经济发展阶段性层级持续推进的建设过程。很显然，在"海丝路"建设点—线—面的推进进程中，以重要港口为主要载体的重要节点建设将是整个"海丝路"建设的基础和支撑，因此，"海丝路"路线的实施，应当首先以布局和建设"海丝路"重要节点为基础。

重要节点建设应以运输大通道沿线重要港口为导向，精心选择一批重要节点港口和国家加强合作，奠定"海丝路"建设的基础，并形成框架性支撑。重要节点港口和国家的选择需要综合考虑如下因素①：一是在"海丝路"建设的方向和路线中处于重要战略位置且具有能够发挥枢纽作用港口的国家，它们不仅要具备货物装卸的码头功能，还要具备成为"海上驿站"的资质，更要有保障周边航道安全的能力。二是具备良好的港口合作优势、产业合作基础和基础设施，经济体量较大，在所在次区域有重大影响力，或是本身就是区域大国，在区域范围内有较强的辐射影响力；或能发挥示范作用，通过建设能够成为我国与所在国加深和扩大双边合作的基点。三是具有参与"海丝路"建设的强烈意愿和积极性，具有重大利益和发展战略相关性，具有良好的互补型双边经贸关系基础和发展前景，具有成熟的沟通协调机制。四是具有较高的国际国内安全系数，一方面，国内政治经济比较稳定，遵循基本的共识性国际规范；另一方面，具有较高的地缘战略价值，具有一定的安全稳定性，其战略态势能对中国经济或安全利益造成重大影响，从而能够保证战略利益的安全。

综合以上要素，本书认为，"海丝路"重要节点建设应在马来西亚、印度尼西亚、缅甸、印度、斯里兰卡、巴基斯坦、坦桑尼亚、肯尼亚、埃及、希腊、澳大利亚以及韩国重点布局，形成西向、南向和东向三条航线走向，构建起"海丝路"建设的基础和支撑框架。

---

① 杜正艾：《精选"一带一路"建设战略支点国家的意义与建议》，载于《行政管理改革》2016年第6期，第29～34页。

（一）西向航线（马来西亚—印度尼西亚—缅甸—印度—斯里兰卡—巴基斯坦—坦桑尼亚—肯尼亚—埃及—希腊）

1. 马来西亚

马来西亚地扼马六甲海峡，并拥有巴生港、关丹港等优质深水港，是中国走向"蓝海"的重要合作伙伴；马来西亚是东南亚第二大石油及天然气生产国、全球第二大液化天然气出口国，对中国不断增长的能源需求有着重要意义。马来西亚积极响应并参与"海丝路"的建设，率先与中国组成涵盖了马来西亚6个港口和中国10个港口的"港口联盟"，还计划与中国合资建设巴生第三港口。

2. 印度尼西亚

印度尼西亚坐拥马六甲海峡、龙目海峡等海上战略通道和丹戎不碌港、丹戎佩拉港等重要港口，为东盟最大经济体，市场体量大，经济发展快，发展潜力巨大。印度尼西亚的"全球海洋支点"战略与"海丝路"倡议高度契合，中国与印度尼西亚经济合作互补性强，双方携手打造"海洋发展伙伴"意愿强烈。印度尼西亚独立的外交政策使其在处理对美国、日本及中国的关系中保持相对平衡，并试图在南海问题上发挥协调作用。[①]

3. 缅甸

缅甸是"海丝路"进入印度洋极为关键的一站，同时也是东盟国家天然气最便利的供应国，境内的皎漂港更因其得天独厚的地理占位和重要的战略位置而成为"一带一路"建设的重要节点。皎漂港为中缅油气管道的起点，缅甸政府计划将其建设成大型综合港口，承担起缅甸及中国西部地区向欧洲、非洲和中东地区输送物资的任务。

4. 印度

印度是印度洋周边无可匹敌的海权强国，其政府非常重视港口建设，孟买港、加尔各答港都是享誉世界的港口。印度能源资源禀赋不佳，但人口总量大、经济需求迅速增长的现实又促使印度贡献了全球能源消费的大部分增量，因此中印能源合作大有可为，双方在海洋经济、基础设施、金融等领域也有强烈的合作意愿。"海丝路"与印度的"季风计划""棉花之路"部分重叠，双方战略对接空间广阔。

5. 斯里兰卡

斯里兰卡紧邻印度洋上繁忙的亚欧国际主航线，在货物转运、船舶中转方面

---

① 张洁：《海上通道安全与中国战略支点的构建——兼谈21世纪海上丝绸之路建设的安全考量》，载于《国际安全研究》2015年第2期，第100~118页。

颇具优势。中国是斯里兰卡关键贸易合作伙伴和最大投资来源国，两国合作开展了多项大型基础设施项目（如科伦坡港口城、汉班托塔港），并以此为依托发展当地基础设施建设和临港工业，两国自贸协定谈判也在加紧进行。斯里兰卡是首个以政府声明形式支持"海丝路"倡议的国家，作为古代"海上丝绸之路"的重要一环，斯里兰卡希望能再次成为印度洋海域的核心枢纽。

6. 巴基斯坦

巴基斯坦的瓜达尔港临近"世界油田"波斯湾，距离全球石油供应的主要通道霍尔木兹海峡仅 400 千米，是东亚和波斯湾国家转口贸易的重要枢纽以及中亚内陆国家的出海口。巴基斯坦是中国独一无二的"全天候战略合作伙伴"，在利益攸关的问题上坚定拥护中国，并且巴基斯坦拥有大量处于未开发状态的油气及矿产资源，基础设施和交通通信也还在初级开发阶段，巴基斯坦政府正以多层次、宽领域的优惠政策助力双方合作的畅通。

7. 坦桑尼亚

著名的达累斯萨拉姆港为坦桑尼亚最大的海港，港区配套设施齐全，另外，由中坦合作开发的巴加莫约港建成后预计成为非洲最大港口。坦桑尼亚资源储量大，中坦两国在产业转移、资源开发、基础设施互联互通等方面有较大的合作潜力，目前双方正在合作建设的巴加莫约项目将以点带线，激活区域发展潜力，对其他东非国家产生良好的示范作用。

8. 肯尼亚

肯尼亚位于非洲中部，濒临印度洋，与索马里、埃塞俄比亚、南苏丹、乌干达、坦桑尼亚接壤，是东非地区工业最发达的国家，国内政局也较为稳定，是"海丝路"建设的重要合作伙伴。肯尼亚的蒙巴萨港在整个东非地区占有重要地位，其集装箱中转覆盖众多国家的港口。2013 年 8 月，中国路桥公司承建的蒙巴萨港第 19 号泊位正式启用，这是中国公司在肯尼亚承建的第一个港口项目，提升了蒙巴萨的货物吞吐能力。目前，中国在全力推进拉穆港 1 ~ 3 号泊位建设，建成之后，肯尼亚国内港口将具备现代港口的基本条件。

9. 埃及

埃及境内的苏伊士运河每年承担着全球 14% 的海运贸易，设有自由工业区的亚历山大港是最重要的海港，兼有城市、港口和运河三种特色的塞得港则为第二大港和世界最大转运港之一。中埃两国在资源禀赋、产业结构等方面互补优势明显，埃及经济发展战略定位与"海丝路"倡议契合度高，埃方积极支持此倡议并全力打造"海丝路"上的"埃及支点"。

10. 希腊

希腊的比雷埃夫斯港货运量居欧洲之首，扩建后将更好地连接发达的欧洲经济圈和活跃的东亚经济圈。希腊是巴尔干地区的最大经济体，海运、航空、陆运和产品加工等行业发达，希腊政府的中转枢纽目标也与"海丝路"倡议有不少交集，希腊希望借助"海丝路"建设的契机，带动本国经济升级，摆脱债务危机梦魇。

（二）南向航线——澳大利亚

澳大利亚坐拥墨尔本港、布里斯班港等世界重要港口，不仅是南半球经济最发达的国家，也是世界重要的农牧产品及矿产资源生产国与出口国，中国是其最主要的贸易伙伴国之一。

（三）东向航线——韩国

韩国拥有不少世界型港口，其中，釜山港在对外贸易中发挥重要作用，仁川港则是中韩经济交流的重要纽带。目前，中国已成为韩国的最大贸易伙伴、最大出口市场、最大进口来源国和最大海外投资对象国，两国合作空间和互补潜力巨大，特别是在基础设施、互联互通、产能园区、生态环保、海洋经济、电子商务等领域。韩国的"欧亚倡议"与中国"海丝路"倡议的契合度高，两国的合作将会为东北亚"共同现代化"的发展提供典型的、模范性的新常态合作模式，推动东亚经济一体化。

节点确定以后，"布点"工作应以港口和临港产业园区建设作为重点领域。其中，港口建设应抓住沿线国家港口发展机会，以与沿线重要节点国家进行港口对接、港口合作和港口开发区建设为切入实施"布点"，通过租赁、承包等多种途径获取港口的经营权，或参与港口的修建乃至运营工作，推进我国港口与沿线重要节点国家重要港口的"友好港口"建设。[①] 重要港口的合作建设，不仅要保证其具备货物装卸的码头功能，还要使其成为能为船舶与人员提供后勤服务的"海上驿站"，更要使其能够起到保障周边航道安全作用，从而提供安全、便捷的海上通道，保证海上航道的畅通。[②] 而临港产业园区的建设则有利于夯实重要节点建设的基础，更有利于以点连线、扩线为面，从而推动国际经济合作大通道和区域经济合作共赢发展新格局的形成。抓紧临港产业园区建设，推动产能合作需做到以下三点：一要发挥政府的宏观规划、协调作用，加强顶层设计，明确临港产业园区的功能定位，加强统筹规划、科学布局；在港口后方陆域发展临港工

---

① 傅梦孜、楼春豪：《关于 21 世纪"海上丝绸之路"建设的若干思考》，载于《现代国际关系》2015 年第 3 期，第 1～8 页。

② 刘锡贵：《发展海洋合作伙伴关系 推进 21 世纪海上丝绸之路建设的若干思考》，载于《国际问题研究》2014 年第 4 期，第 1～8 页。

业，实现港口与园区联通，加强园区基础配套建设，发挥优良港口建设条件和靠近主要国际航线的区位优势，大力发展临港经济，推动我国加工制造业出海，从而形成面向当地市场的加工制造业落地；支持和引导企业集群式出海、优势互补、共享资源，将政府规划引导和发挥企业的积极性紧密结合，共同把园区建设成为重要节点的基础和支撑平台。二要结合重要节点国家经济状况、经济特点和资源禀赋，因地制宜发展临港产业，增强互补性合作，通过有针对性的双边合作深化经济依存度；在港口合作建设和特许经营的基础上加强国际产能合作，以当地资源的就地深加工来推动我国大型资源型企业的全球布局，实现重化工业出海，推动资源自由流动和市场贯通融合，和全球经济深度融合，实现优势互补、合作共赢；[①] 在加强国际产能合作中推进临港经贸合作区建设，为重要节点建设创造良好的经济基础，使之成为合作共赢的早期收获项目和合作示范平台。三要通过临海产业园区的建设配置完整的跨国产业链。为此，要充分利用和发挥临海产业园区地理上的集中性、投资的高效性、产业的集群性和经济的互补性，吸引各国企业入园投资，促进国际主导企业与相关配套企业的合作，促进现代制造业、服务业、农业等产业融合发展，在发挥产业集聚效应和规模效应的进程中建设跨国产业链，形成园区内外完整的国际产业链。

三、加强经济走廊建设

在"海丝路"建设"点—线—面"的推进进程中，如果重要节点建设是基础和支撑，那么经济走廊建设就是"海丝路"的骨脊，重要节点的布局就是为了支撑经济走廊的建设。经济走廊的建设不仅有利于"海丝路"建设向实质合作内容展开，也可以把"一带"和"一路"有效衔接起来。因此，应加快和加强与"海丝路"联系紧密的经济走廊建设。

经济走廊建设应能够加强走廊沿线国家和区域之间的互联互通、产能合作和人文交流，成为"海丝路"建设的重要抓手和合作平台。在选取共建经济走廊的国家时应综合考虑如下因素：一是经济走廊所处区位的地缘重要性，包括所在区域的地理位置、资源禀赋、社会人文等对中国地缘战略上的重要意义。具有地缘重要性的区域或是在区位上处于重要节点上，或是有着众多的人口和丰富的资源。选取具有地缘重要性的国家共同建设经济走廊不仅有利于双方共享资源，还能为减缓矛盾和冲突发挥缓冲作用。二是与中国的良好关系。良好的政治关系、

---

① 沈铭辉、张中元：《中国境外经贸合作区："一带一路"上的产能合作平台》，载于《新视野》2016 年第 3 期，第 110 ~ 115 页。

经贸关系和人文交流有利于中国与之共同建设经济走廊，使经济走廊的建设能够顺利推进和实施。三是具备合作基础、合作潜力和合作诉求。良好的合作基础和广阔的合作前景有利于经济走廊的较快推进，而只有双方均有着合作诉求才会促使经济走廊的建设走深走实。

综合以上要素来看，现阶段我国致力于建设的中巴经济走廊、孟中印缅经济走廊以及中国—中南半岛经济走廊具备上述特征。从地缘重要性来看，中巴经济走廊是"海丝路"的重要支撑点，它既是我国能源安全的"进口"，又是经贸往来的"出口"，还是美国包围圈的"缺口"以及周边安全的"关口"。中巴经济走廊还是新亚欧大陆桥、中蒙俄经济走廊、中国—中亚—西亚经济走廊、中国—中南半岛经济走廊的侧翼和保障，是我国能源安全的一道屏障；中巴经济走廊中的瓜达尔港作为重要的海上支点，为"海丝路"提供了一个完美的闭环。孟中印缅经济走廊则具有连接东南亚、南亚和东亚、西亚，沟通太平洋、印度洋的区位优势，区域内孟中印缅"山同脉、水同源"，习俗相近，人文相亲，便于沟通。中国—中南半岛经济走廊是东亚与太平洋、印度洋之间的桥梁，曾为古代南方"丝绸之路"与"海上丝绸之路"的必经之地，也是当今欧亚"大陆心脏"和海洋"海权中心"之间的缓冲地带。此外，中南半岛还位于中国南海西面，这种"陆上广泛接壤、海上直接交错"的特征使得中南半岛成为中国"三环外交"第一环中的重要组成部分。从与周边国家的关系上来看，中国与巴基斯坦关系十分友好，双方的"全天候战略合作伙伴关系"稳定而持久；与孟加拉国于2016年起提升为战略合作伙伴关系；与印度高层互访频繁，经贸联系也日益紧密；与缅甸关系不断深化，双方于2011年建立起全面战略合作伙伴关系；与越南、老挝、柬埔寨、泰国、马来西亚和新加坡等国的关系也良好，并在中国—东盟的"10+1"框架下以及双边范围内开展了多个领域的合作，并取得了良好的合作效果。从合作基础、合作潜力和合作诉求来看，中巴两国有着良好的合作基础，双方在推动互联互通、能源和产业合作方面均有较强的合作需求；孟中印缅经济走廊涉及的四国也在交通基础设施、投资和商贸流通、人文交流等具体领域达成广泛合作共识；中国—中南半岛经济走廊沿线国家也具备良好的合作基础，其中，中国是越南最大的贸易伙伴国，也是最大的进口来源国；是缅甸的第四大投资国；是老挝第三大贸易伙伴和第三大投资国；是马来西亚最大的出口市场以及最大的进口商品来源地。从合作潜力和合作诉求来看，中国与中南半岛国家的发展水平、发展阶段有所差异，中国需要原材料和新的投资环境，而中南半岛大部分国家则需要大量的资金和技术，因此，中国与中南半岛国家的合作可以实现经济互补。

由此可见，三条经济走廊建设具有重要的意义，应加快建设。对于中巴经济走廊和孟中印缅经济走廊的建设，一方面，要落实和推进中巴经济走廊具体项目实施，尽快收获早期成果；另一方面，在由于互信低、基础弱和协调难以及印度未能实质性积极参与等原因导致孟中印缅经济走廊建设缓慢的情况下，应寻找和推进条件成熟的具体项目，在合作中积极寻求整体推进孟中印缅经济走廊建设的契机，尽快规划和推进整体建设。对于中国—中南半岛经济走廊的建设，则要以实施和完善互联互通为基础，以打造中国—东盟自贸区升级版旗舰项目为目标，以"南（宁）—新（加坡）线"为主要建设方向，以境外经济开发区和"两国双园开发区"为载体，以产业链配置为抓手，抓紧策划并务实推进一批以沿经济走廊重点城市、港口为连接点的"廊""港"相连、陆海互动重大项目，加快产能合作，实现早期收获，在"廊""港"相连、陆海互动中推进和强固"海丝路"优先区域重要节点建设。①

---

① 梁颖、卢潇潇：《加快"21世纪海上丝绸之路"重要节点建设的建议》，载于《亚太经济》2017年第7期，第18～22页。

第二章

推进"海丝路"建设的政策沟通

政策沟通通常是指不同国家政府间或政府内部层级之间，就国家所制定的奋斗目标，遵循的行动原则、目标模式，完成的明确任务，实行的工作方式，采取的一般步骤和具体措施进行协调、磋商，从而达成共识、推动落实的方法和过程。[①] "一带一路"的政策沟通除了具有通常意义上的含义外，还具有特定的内涵。关于"一带一路"的政策沟通，习近平主席曾指出："各国可以就经济发展战略和对策进行充分交流，本着求同存异原则，协商制定推进区域合作的规划和措施，在政策和法律上为区域经济融合'开绿灯'。"[②] 此后商务部、外交部、国家发展改革委联合发布了《愿景与行动》，明确指出政策沟通即加强政府间合作，积极构建多层次政府间宏观政策沟通交流机制，深化利益融合，促进政治互信，达成合作新共识。沿线国家就解决发展战略及对策深入磋商，共同制定出推动经济发展的措施，协商解决合作中出现的问题，共同推进务实合作以及项目实施。显然，"一带一路"政策沟通的要义：一是"共商、共建、共享"和"求同存异"原则，这是"一带一路"政策沟通的基础，也是区别于一般政策沟通的创新之处；二是以"对接"为主要方式；三是协商解决合作分歧，共同提供政策支持以实现"共建"。由此可见，"一带一路"倡议为政策沟通创造性地赋予了新的内涵，为"一带一路"建设提供了先导和保障，也为全球治理提

---

① 孙力：《"一带一路"愿景下政策沟通的着力点》，载于《新疆师范大学学报（哲学社会科学版）》2016 年第 3 期，第 33~39 页。

② 习近平：《弘扬人民友谊　共创美好未来》，载于《人民日报》2013 年 9 月 8 日。

出了新的路径。

因此，加强政策沟通以推动"海丝路"建设，一方面，应重点加强对"海丝路"建设政策沟通实践的总结和研究，在宏观上把握好"海丝路"建设政策沟通进程，分析存在问题，提出推进措施；另一方面，也应加强"共商、共建、共享"原则和"对接"主要方式基础上的国别政策沟通研究，突出国别"沟通"和"对接"的针对性，以"一国一策"推动"海丝路"建设政策沟通实践。本章将按此思路形成研究重点和章节框架。

第一节　加强政策沟通　推动"海丝路"建设

加强"政策沟通"是"一带一路"建设的重要保障，也是"海丝路"沿线国家（地区）进行务实合作的关键环节，具有先导性和基础性的作用。政策沟通的关键是要与沿线国家（地区）的发展战略进行有效对接。在这方面，虽然中国与"海丝路"沿线国家（地区）进行了大量有益探索，并取得了可喜成绩，但是随着"海丝路"建设的不断深化，政策沟通还存在诸多问题亟待解决。为此，本节详细梳理了中国与"海丝路"沿线各国（地区）间政策沟通现状，深入分析政策沟通中存在的问题，并提出进一步加强政策沟通的有效途径。

一、"海丝路"建设中的政策沟通

"海丝路"建设以来，短短五年间，政策沟通发挥了先导性、基础性和保障性作用，在取得积极成果的基础上，推动了"海丝路"建设的不断发展，主要体现在如下三个方面：

（一）广泛开展战略对接并取得积极成效

"一带一路"建设以来，中国秉持亲诚惠容的周边外交理念，不断深化和拓展与"海丝路"国家和地区的全方位交流合作，领导人率先以出访、国际会议等方式积极推动战略对接。国家领导人习近平、李克强等先后多次对"海丝路"沿线国家进行访问，推动"海丝路"倡议与沿线各国（地区）发展战略有效对接，促进区域合作发展。近年来，习近平先后访问"海丝路"沿线的坦桑尼亚、巴基斯坦、印度、缅甸、越南、印度尼西亚、马来西亚等国，赴印度出席金砖国家领导人第八次会晤、亚太经济合作组织（以下简称"亚太经合组织"）第 24 次领导人非正式会议等。特别是 2015 年习近平在博鳌亚洲论坛上发表了题为"迈向命运共同体 开创亚洲新未来"的主旨演讲，明确提出以"海丝路"建设为重要载体实现战略对接、优势互补。"海丝路"建设以来，李克强也先后出访巴基斯坦、印度、缅甸、越南、文莱、肯尼亚、泰国等国，先后参加第 16 次中国—东盟领导人会议、第 8 届东亚峰会、大湄公河次区域经济合作领导人第五次会议、东亚合作领导人系列会议、金砖国家领导人第十次会晤等会议，同"海丝路"沿线 13 个国家领导人互动交流。同时，中国成功接待缅甸、马来西亚、老挝、越南、柬埔寨、菲律宾、印度等国领导人访华（见图 2 – 1），特别是邀请前菲律宾总统杜特尔特访华，推动南海问题重回对话协商解决的正确轨道。这些活动深化了中国与沿线国家双边关系，推动了"海丝路"沿线国家发展战略对接。① 根据相关资料，"海丝路"沿线的 32 个重要国家中有 20 多个国家与中国建立伙伴关系（见表 2 – 1）。中国已经与沿线各国发展战略形成有效对接（见图 2 – 2），与多个国家签署了产能合作协议，战略对接取得积极成效。

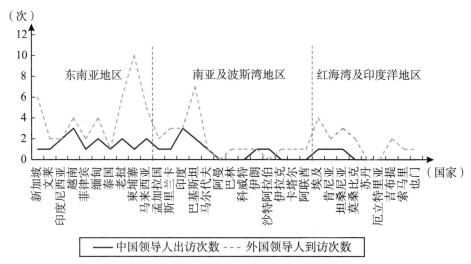

图 2 – 1 国家领导人出访及到访次数（2013. 3 ~ 2018. 3）

资料来源：根据《中国外交（2017 年版）》及相关新闻报道整理。

---

① 傅梦孜：《南海问题会否影响"21 世纪海上丝绸之路"建设》，载于《太平洋学报》2016 年第 7 期，第 13 ~ 16 页。

表 2 - 1　　中国与"海丝路"沿线国家建立伙伴关系

区域	对象国	年份	伙伴关系	区域	对象国	年份	伙伴关系
东南亚地区	新加坡	2015	全方位合作伙伴关系	南亚及波斯湾地区	巴林	—	—
	文莱	—	—		科威特	2018	战略伙伴关系
	印度尼西亚	2013	全面战略伙伴关系		伊朗	2016	全面战略伙伴关系
	越南	2008	全面战略合作伙伴关系		沙特阿拉伯	2016	战略性友好合作关系
	菲律宾	2005	和平与发展的战略性合作关系		伊拉克	—	
	缅甸	2011	全面战略合作伙伴关系		卡塔尔	—	
	泰国	2012	全面战略合作伙伴关系		阿联酋	2012	战略伙伴关系
	老挝	2009	全面战略合作伙伴关系	红海湾及印度洋地区	埃及	2016	全面战略合作关系
	柬埔寨	2010	全面战略合作伙伴关系		肯尼亚	2013	全面合作伙伴关系
	马来西亚	2013	全面战略伙伴关系		坦桑尼亚	2013	全面合作伙伴关系
南亚及波斯湾地区	孟加拉国	2016	战略合作伙伴关系		莫桑比克	—	。
	斯里兰卡	2013	战略合作伙伴关系		苏丹	—	
	印度	2005	面向和平与繁荣的战略合作伙伴关系		厄立特里亚	—	
	巴基斯坦	2015	全天候战略合作伙伴关系		吉布提	2017	战略伙伴关系
	马尔代夫	2014	全面友好合作伙伴关系		索马里	—	
	阿曼	—	—		也门	—	

　　资料来源：根据《中国外交（2017 年版）》及相关新闻报道整理，因资料具有时效性，最新情况参见外交部官网，后文同。

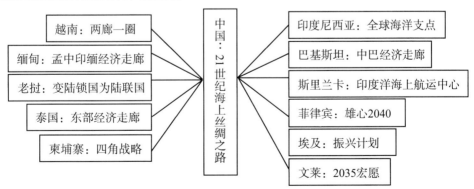

图 2 - 2　中国与"海丝路"沿线国家战略对接

"海丝路"政策沟通和战略对接的广泛开展，引导和促进了"海丝路"建设，使一大批重大项目得以落实。

（1）重大基础设施方面。中欧国际货运铁路、"渝新欧"国际铁路、中老铁路、中泰铁路、印度尼西亚雅加达—万隆高铁等项目动工建设；投资翻建斯里兰卡的公路交通系统、修建卡拉奇至拉合尔高速公路，昆仰公路、昆曼公路、昆河公路、湄公河高速公路网，以及中老、中缅孟印公路等；中缅天然气管道、中亚天然气管道逐步建成投产，中缅原油管线顺利贯通运营等，[①] 基本打通了我国能源供应南向通道；中国联通与缅甸合作建设"中国—缅甸国际陆缆"、中国与东盟十国共建"中国—东盟信息港"等项目，[②] 中国与"海丝路"国家数据通信网络建设已见雏形。总之，中国与"海丝路"沿线国家（地区）的重大基础设施建设项目，正在由东南亚向西亚、南亚、中亚以及非洲等地拓展，已经基本形成全方位、多层次的重大基础设施建设格局。

（2）港口建设方面。港口是"海丝路"建设的重要节点，在"海丝路"建设中具有重要的支撑作用。目前，中国在"海丝路"沿线港口年投资额超百亿美元。[③] 投资有吉布提港、马来西亚皇京港、缅甸皎漂港、孟加拉国吉大港、斯里兰卡汉班托塔港和科伦坡港等（见表2-2）。中国已经建成或正在修建的港口码头已开始系统布局航运要道，海外港口数目逐渐增多。投资企业不仅有招商局、中远集团、中国交建等中央企业，也有上海港、青岛港、北部湾港等地方港口企业。

表2-2   中国在"海丝路"沿线港口建设

区域	对象国	港口名称
东南亚地区	印度尼西亚	卡里布鲁港
	越南	—
	缅甸	皎漂港、实兑港、康萨昂港
	泰国	—
	老挝	—
	柬埔寨	—
	马来西亚	皇京港、瓜拉宁宜国际港、槟城港、关丹港、巴生港

① 毛艳华、杨思维：《21世纪海上丝绸之路贸易便利化合作与能力建设》，载于《国际经贸探索》2015年第4期，第101~112页。
② 何帆、朱鹤、张骞：《21世纪海上丝绸之路建设：现状、机遇、问题与应对》，载于《国际经济评论》2017年第5期，第116~133页。
③ 刘宗义：《21世纪海上丝绸之路建设与我国沿海城市和港口的发展》，载于《城市观察》2014年第6期，第5~12页。

区域	对象国	港口名称
南亚及波斯湾地区	孟加拉国	吉大港
	斯里兰卡	科伦坡港、汉班托塔港
	印度	—
	巴基斯坦	瓜达尔港
	阿曼	—
	伊朗	恰巴哈尔港
	阿联酋	阿布扎比港
红海湾及印度洋地区	埃及	苏伊士港、塞得港、达米埃塔港
	坦桑尼亚	巴加莫约港、达累斯萨拉姆港
	莫桑比克	马普托港
	吉布提	吉布提港、多哈雷港
	埃塞俄比亚	—
	赞比亚	—
	尼日利亚	拉各斯州莱基港

资料来源：曾庆成编著，《21世纪海上丝绸之路港口发展报告》，大连海事大学出版社 2015年版。

（3）境外经贸园区建设方面。"海丝路"境外经贸园区建设正快速发展，成为产能合作的重要平台和有效载体。截至2017年，中国企业在"海丝路"沿线国家已经建立26个境外经贸合作区，主要类型为农产品加工、物流仓储、纺织、电子通信、机械制造等（见表2-3）。境外园区建设充分结合东道国资源禀赋和产业结构，以企业为主体，以商业运作为基础，以促进互利共赢为目的，开展产能合作，吸引更多的企业到海外投资建厂，增加"海丝路"沿线国家就业和税收，扩大出口创汇，提升技术水平，进而实现沿线国家经济共同发展（邹昊飞、杜贞利、段京新，2016）。

表2-3　　中国在"海丝路"国家境外合作园区合作

区域	对象国	合作园区名称	类型
东南亚地区	印度尼西亚	中国·印尼聚龙农业产业合作区	农产品加工
		中国·印尼综合产业园区青山园区	矿业、制造
		中国·印尼经贸合作区	仓储、贸易

续表

区域	对象国	合作园区名称	类型
东南亚地区	越南	龙江工业园	加工制造
		中国·越南（深圳—海防）经贸合作区	纺织、机械电子、医药
	缅甸	皎漂经济特区	纺织、建材、食品加工
	泰国	泰中罗勇工业园	加工制造
	老挝	万象赛色塔综合开发区	综合类
	柬埔寨	西哈努克港经济特区	加工制造
	马来西亚	马中关丹产业园	有色金属、机械制造
南亚及波斯湾地区	孟加拉国	中国经济工业园	化工、机械、电子信息
	斯里兰卡	中国—斯里兰卡工业园	加工制造
	印度	印度中国工业园	制造、数码电子
	巴基斯坦	瓜达尔自贸区	物流仓储
		海尔—鲁巴经济区	加工制造
		开普省拉沙卡伊特别经济区	制造、金融科技
	阿曼	中国—阿曼（杜库姆）产业园	石化、光伏组件、石油
	伊朗	格什姆自贸区	物流、通信、基建
	阿联酋	中阿产能合作示范园区	物流、加工制造
红海湾及印度洋地区	埃及	中国·埃及苏伊士经贸合作区	纺织、石油、制造
	坦桑尼亚	巴加莫约经济特区	农业、信息通信、旅游
	莫桑比克	贝拉经济特区	基建、采矿、石油
	吉布提	国际自贸区	物流仓储
	埃塞俄比亚	东方工业园	纺织、汽车组装、钢材
	赞比亚	中国—赞比亚经济贸易合作区	铜钴开采冶炼
	尼日利亚	尼日利亚广东经济贸易合作区	生产制造、仓储物流

资料来源：新华丝路数据库，数据不断更新中。

总之，正是在政策沟通、战略对接的引导和推动下，短短五年间，以重大基础设施、大型港口、产业园区等为主的合作项目逐步落实，进而奠定了"海丝路"建设布"点"的格局，且朝着由点到线，由线及面，逐步形成区域大合作的方向顺利发展。

（二）充分利用国际组织搭建政策沟通平台

充分利用国际组织搭建政策沟通平台，是"海丝路"建设中政策沟通的有效载体。比如中国不仅搭建了中阿合作论坛、中非合作论坛、中国—海湾合作委员会国家经贸合作论坛等会议会商平台，而且还积极加入各地区合作组织，例如上海合作组织、亚太经合组织等，充分利用诸多国际组织及其机制，加大对"海丝路"建设的理念宣传、观点互动、议题讨论，[①] 加强沿线国家间的相互信任与理解，引导民间力量积极参与，加强信息交流和知识共享，培育新的市场主体，推动"海丝路"合作框架的搭建。"海丝路"沿线地区合作组织及会议会商平台见表 2 – 4。

表 2 – 4   "海丝路"沿线地区合作组织及会议会商平台

分类	名称
会议会商平台	中国—海湾合作委员会战略对话、中国—东盟"10 + 1"、亚信会议（CICA）、中阿合作论坛、"一带一路"国际合作高峰论坛、大湄公河次区域经济合作（GMS）、中国国际投资贸易洽谈会、中亚区域经济合作、中国—东盟博览会、中国—亚欧博览会、欧亚经济论坛、博鳌亚洲论坛、中国—南亚博览会、中国—阿拉伯博览会、中国西部国际博览会、前海合作论坛
地区合作组织	东盟地区论坛、上海合作组织、东南亚国家联盟、南亚区域合作联盟、阿拉伯国家联盟、海湾合作委员会、非洲联盟、东亚—拉美合作论坛、亚欧会议、东亚峰会、亚太经济合作组织、二十国集团、亚洲合作对话、澜沧江—湄公河合作

资料来源：中华人民共和国外交部政策规划司编，《中国外交（2017 年版）》，世界知识出版社 2017 年版。

（三）积极推进自贸区建设

积极推进"海丝路"自贸区建设，是我国参与国际经贸规则制定、争取全球经济治理制度性权力的重要平台，也是深化"海丝路"政策沟通的结果。正是在政策沟通和战略对接的推动下，"海丝路"自贸区建设取得了不断发展。"海丝路"沿线已建成的自贸区有中国—马尔代夫自贸区、中国—新加坡自贸区、中国—东盟自贸区、中国—巴基斯坦自贸区，涵盖 13 个国家。另外，还有 5 个自

[①] 姜晓甜：《"21 世纪海上丝绸之路"视阈下中国对东盟国家公共外交研究》，吉林大学硕士学位论文，2017 年。

贸协定正处于谈判阶段，1 个自贸协定已经启动了可行性研究，一直备受各界关注的《区域全面经济伙伴关系协定》（RCEP）谈判也有望再获实质性进展。[1] 中国与"海丝路"沿线国家和地区自贸区建设情况（见表 2 – 5）从一定角度反映了政策沟通和战略对接的成效。

表 2 – 5　　　中国与"海丝路"沿线国家和地区自贸区建设情况

分类	名称
已签协议的自贸区	中国—马尔代夫、中国—新加坡、中国—东盟、中国—东盟（"10 + 1"）升级、中国—巴基斯坦
正在谈判的自贸区	《区域全面经济伙伴关系协定》（RCEP）、中国—海湾合作委员会、中国—斯里兰卡、中国—巴基斯坦自贸协定第二阶段谈判、中国—新加坡自贸协定升级谈判
正在研究的自贸区	中国—孟加拉国

资料来源：中国自由贸易区服务网，http：//fta. mofcom. gov. cn/index. shtml，数据不断更新中。

二、"海丝路"政策沟通存在的问题

政策沟通是"海丝路"建设的根本保障，也是沿线各国（地区）实现互利共赢的重要基础。虽然中国已经与"海丝路"沿线国家（地区）开展了不同层次、不同形式的政策沟通，取得了积极成效，但是随着"海丝路"建设不断深化，政策沟通依然存在一些问题亟待解决，具体如下：

（一）突出重点和突破难点需要进一步加强

1. 与重点发展方向及重要节点结合度不够

虽然国家发布的《愿景与行动》中，明确了"一带一路"合作重点和框架思路，但是《愿景与行动》仅仅是从较宽泛的角度对"一带一路"建设进行说明，对政策沟通也只是原则性的阐述而缺乏顶层设计的规划和指导。[2] 因而，在

---

[1]　孙韶华：《中国已签 16 个自贸协定　明年自贸区或迎成果〈丰收年〉》，载于《经济参考报》2017 年 12 月 27 日。

[2]　梁颖、卢潇潇：《加快"21 世纪海上丝绸之路"重要节点建设的建议》，载于《亚太经济》2017 年第 4 期，第 18～22 页。

"海丝路"建设进程中,政策沟通虽有广泛性但重点和针对性尚显不足。例如,《愿景与行动》提出,海上以重点港口为节点,共同建设通畅安全高效的运输大通道。从"海丝路"建设的路径和走势来看,首先,"海丝路"建设应沿海上运输大通道选择一些条件较好的重要节点港口与国家为"点",合作共建港口,建设临海经济开发区,形成"海丝路"的支撑点,并逐步向腹地拓展;其次,以此为基础,连点成线,形成以海上运输大通道为轴线的海洋和临海经济带;最后,以海洋合作和临海经济带为基础,拓展国际区域合作,从线到片,逐步形成区域大合作。① 显而易见,这样的"点—线—面"结合的建设路径和走势,必然是以"点"为起点、基础和骨架支撑的,而"海丝路"建设的"点"就是重要节点港口和国家,以及与其关系密切的境外临港经济开发区。因此,"海丝路"建设的政策沟通应当首先重点围绕重要节点港口和国家的布局与合作,以及与其关系密切的境外临港经济开发区建设进行战略对接和政策协调,并具体落实重大合作项目。但是,从近几年"海丝路"建设政策沟通的实践看,恰恰正是在这个重点上明显不足,从而使"海丝路"建设尚未能形成重点发展方向的系统化的重要节点布局和框架支撑,反映了"海丝路"建设中的政策沟通与重点发展方向及重要节点结合度不够。

2. 尚未能有效突破难点

在"海丝路"建设沿线国家中,印度作为一个大国,不仅在印度洋占据着重要的位置,而且对南亚诸国具有较大的影响力,因而,印度应成为"海丝路"建设的重要参与国。但是,至今印度对"海丝路"乃至整个"一带一路"倡议都基本保持冷淡态度。② 印度学术界专家认为,"海丝路"建设,一定程度上强化了中国在印度洋及其沿岸区域的影响力和控制力。中国与印度洋区域国家进行战略合作,将削弱印度在该区域的主导地位,使中印在地区层面的战略矛盾进一步加剧。③ 印度这种态度,不仅直接影响其参与孟中印缅经济走廊建设的积极性,而且也影响南亚诸国参与"海丝路"建设的积极性,这无疑对"海丝路"政策沟通提出更高的挑战和要求,也给以"共同建设通畅安全高效的运输大通道"为目标的"海丝路"建设增加了难度。④ 因此,印度事实上已经成

---

① 梁颖、卢潇潇:《加快"21世纪海上丝绸之路"重要节点建设的建议》,载于《亚太经济》2017年第4期,第18~22页。

② 刘文波:《南海地缘政治格局与海上丝绸之路建设的地缘战略选择》,载于《理论与现代化》2016年第3期,第35~39页。

③ 张力:《从"海丝路"互动透视中印海上安全关系》,载于《南亚研究季刊》2016年第4期,第1~8页。

④ 胡志勇:《印度的"印度洋战略"对中国海上丝绸之路建设的影响》,载于《南亚研究季刊》2014年第4期,第1~7页。

为"海丝路"建设中政策沟通尚未能有效突破的难点，需要有针对性地取得突破，建立双边战略互信，才能使"海丝路"建设进一步推进。

（二）广泛整合力量不够

政策沟通的主体是政府，但亦应整合民间力量方能切实收效，而在"海丝路"建设的政策沟通中，广泛整合民间力量明显不够。一方面，民间、文化、智库宣传沟通广泛性不够，即"海丝路"政策沟通形式过于单一。目前中国与沿线国家（地区）政策沟通依然是以政府政策沟通交流为主，民间、文化、智库宣传沟通为辅（何茂春、田斌，2016）。虽然政府沟通是最有效的政策沟通主体，但是假若仅局限于政府沟通，忽视社会组织、企业、个人等在政策沟通中的作用，势必会导致沟通不畅。政策沟通传播渠道亦有待于扩展。随着移动互联网的快速普及，中国与"海丝路"沿线国家（地区）民间、文化、智库宣传沟通渠道已经发生翻天覆地的变化，传统的文化传播渠道日益跟不上时代发展的需求，特别是以手机、IPAD 等为代表的随身终端结合脸书（Facebook）、推特（Twitter）、微信（Wechat）、微博（Microblog）等社交软件，能让高质量的内容实现瞬时的爆炸式传播，[①] 迅速引起舆论关注，进而让政策沟通达到"无处不在、无时不有、无孔不入"的良好效果。

另一方面，民间、文化、智库的宣传与沟通跟不上现有的政策沟通。当前中国与"海丝路"国家政府间沟通较为密切，效果显著，但是民间力量比较弱，甚至在某些国家，智库、学术界等"发声"不够。比如中国与印度尼西亚、越南、孟加拉国、缅甸等，虽然政府层面已经达成诸多战略对接，但是民间、智库对如何使项目落地关注程度和研究深度不够，步伐跟不上现有的政策沟通。即部分国家存在官方沟通比民间"热"的现象，而事实上，经贸合作是以企业为主体的，应该加强民间、文化、智库的宣传与沟通。

（三）沟通的深化推进有待加强

目前，"海丝路"政策沟通虽说比较广泛，但还不够深入。如前所述，中国虽然与大多数"海丝路"沿线国家建立了战略合作伙伴关系，并广泛进行了战略对接，但如果深入研究便可发现，目前通过建立合作规则、机制和协调机构具体落实重大项目显得比较薄弱，因而，相当部分的政策沟通依然仅停留在方向性对接或合作性意向协议层面，项目落实还有待继续深化推进。以"海丝路"沿线吉

---

① 李慧芬：《东南亚华人民间宗教信仰与建设 21 世纪海上丝绸之路》，载于《学术评论》2016 年第 2 期，第 40～44 页。

布提、埃及、阿曼等阿拉伯国家为例，习近平主席提出"1＋2＋3"中阿战略对接方略，即能源为主轴，基础设施和贸易、投资为两翼，开展航天、新能源等更高领域科技合作。① 虽然中国与这些国家已经实现战略对接，但是诸多项目尚停留在纸上，还未真正落地。此外，还有些国家在合作项目实施过程中出现中断。比如前马来西亚总理马哈蒂尔曾表示，如果马来西亚资金不够，就必须推迟新隆高铁计划或把这项计划的规模缩小。诸如此类，无论是战略对接停留在纸面上，还是在项目实施过程中中断，都在一定程度上反映出"海丝路"政策沟通的深化推进还有待加强。

三、推动"海丝路"政策沟通的发展

政策沟通是"海丝路"建设的前提和保障，"海丝路"涉及地区广泛、各国利益诉求多元、发展程度不一，唯有通过政府和民间多层次、多形式的交流沟通，才能增信释疑，也唯有加强政策沟通，挖掘"海丝路"倡议与沿线国家和地区及国际组织发展战略的利益契合点，才能制定出具有针对性的共赢方略和共建路线图，使各方成为切实的利益相关者，从而增强其认同感和参与度。具体应从如下几个方面着手：

（一）加强"海丝路"政策沟通顶层设计和针对性

"海丝路"建设经过五年实践，其政策沟通应在广泛沟通与对接的基础上，进一步加强政策沟通和战略对接的针对性。这种针对性包括强化主要发展方向与重要节点的联结、加强有关区域和国家有针对性的政策沟通和有效突破难点。

1. 强化主要发展方向与重要节点的联结

"海丝路"的发展方针是"以重点港口为节点，共同建设通畅安全高效的运输大通道"，其科学发展路径是"点—线—面"相结合的发展模式，而这种发展模式的根基和支柱是"重要节点"。故而，重要节点的构建应当以"运输大通道"的重要沿线港口为指引，从沿线港口国家中挑选一系列重点国家和重点沿线港口开展和加强合作，为"海丝路"的建设打下良好基础，并形成"海丝路"建设的发展支撑框架。② 这就需要加强"海丝路"重要节点建设顶层设计，在形

---

① 习近平：《做好顶层设计，构建"1＋2＋3"中阿合作格局》，新华网，2014年6月5日。

② 梁颖、卢潇潇：《加快"21世纪海上丝绸之路"重要节点建设的建议》，载于《亚太经济》2017年第4期，第18～22页。

成"海丝路"重要节点布局规划的基础上，优先和重点围绕重要节点布局加强政策沟通。一是强化与重要节点沿线港口国家在政策上的交流，完成和健全战略对接的任务；二是尽早与各重要节点国家签订国家间合作协议，以港口和园区的发展建设为主要内容的，力求在各参与国之间实现双向优惠政策，创设和维护以重要节点发展为骨架的"海丝路"发展共同体；三是巩固国家间政治决策的交流和对接，尽早启动以园区和港口的建设为核心的重要节点发展项目，在国与国之间实行政策对接，以推进"海丝路"重要节点的战略布局，从而为"海丝路"建设进一步奠定坚实的支撑和发展基础。

2. 加强有关区域和国家有针对性的政策沟通

"海丝路"跨越多个地区，各地区发展和合作基础各有差异。因此，"海丝路"的政策沟通应根据各地区不同情况增强具有目的性的沟通。

对于东盟地区而言，东盟国家是"海丝路"建设的主要发展对象和重点区域，同我国有着友好的合作模式。过去数十年的合作，使中国与东盟创立起颇多的发展合作机制，比如澜湄合作、中国—东盟自贸区升级版、中缅泰老"黄金四角"跨流域合作等。[①] 所以，在政治层面上与东盟各国进行沟通时，中心应该是处在"海丝路"的实际发展情况下，加强与东盟国家在政策层面的战略对接，尽快推进重大项目的开展，推动"中国—中南半岛经济走廊"的建设和发展；整合现有合作发展机制，促进"海丝路"与其他合作模式融会贯通，推进"海丝路"模式的发展。

就南亚地区而言，中国与南亚诸国合作机制的发展受限于南亚实际情况，主要为双边模式，也就是与南亚国家以"一对一"的交流模式进行协作。但是，随着地区间经济一体化的发展，国家间共同事务也水涨船高，传统"一对一"的协作模式难以适应中国与南亚各国之间的政治经济关系，应促进多边合作机制尽快得以开展。随着"海丝路"机制的开展和与南亚诸国协作的推进，中国应当在保持与南亚各国友好协作的基础上，充分利用好多边对话模式，增强交流，增信解惑，进一步促进与南亚国家政府间的决策交流和战略部署对接。

对于非洲地区而言，应以非洲各国实际情况为导向，强化政府间决策交流。一是在持续强化有关官方论坛交流对话模式的基础上，促进论坛交流模式的更新换代，并将论坛所达成的结果和协作共识，适时转化为国家政府间的多边合作协议或政府联合声明等，官方对话论坛将成为政府间对话和政策对接的重要方式；

---

① 夏苇航、刘清才：《"21世纪海上丝绸之路"倡议视域中的中国—东盟关系》，载于《社会主义研究》2017年第6期，第133～142页。

二是在方便开展友好交流且存在合作基础的国家，加快政府间交流合作和战略部署对接进程；三是将对某些国家的援助项目与"海丝路"建设联结起来，增强政府沟通对话模式，促进重大项目的开展。2018 年习近平主席亚非之行，更是开拓了亚非合作新局面，加强了合作发展上的决策交流和战略部署对接，开辟了促进本国发展和战略部署对接的新渠道，因此，应加快具体对接和抓紧项目落实。

3. 有效突破难点

从"海丝路"建设实践看，印度问题及孟中印缅经济走廊建设的推进已经成为亟待加强政策沟通而有效突破的难点。[①] 印度作为南亚域内大国，虽然参加了亚投行，并表示愿意参与孟中印缅经济走廊建设；但对中国倡导的"海丝路"颇有疑虑，对"海丝路"建设持保留态度，所以未明确表示要参与"海丝路"建设。然而印度作为南亚大国，无论是经济实力，还是其影响力都远远高于该区域其他国家。当前印度不积极响应"海丝路"倡议，不仅影响了"海丝路"重要节点建设的框架支撑和南亚地区其他重要节点建设，而且亦影响孟中印缅经济走廊建设的推进。[②] 如何有效突破中印合作困局，是推进"海丝路"建设的重点和难点。为此，一是要继续加强广泛沟通，除了强化政府间沟通外，应加大民间特别是智库间沟通。通过官方和民间力量大力宣传、增信释疑，即"海丝路"建设旨在加强沿线国家间的经济联系与合作，并非与印度争夺地区影响力，打消印度对于中国"海丝路"建设的疑虑。二是要加强与印度战略协商和对接。特别是"海丝路"建设与印度"香料之路"和"季风计划"之间的对接，[③] 确定双方的利益交汇点，寻找到双方愿意加强合作的重心。三是要加强和拓展实质性项目合作，以双方均认可的领域或项目如基础设施建设、港口建设合作、金融、产业投资、海洋、高新技术、节能、服务贸易等领域为加强合作的切入点开展务实合作，在合作实践中展现共建共赢成果，从而通过具体项目的合作促进政策沟通和战略对接。积极寻找和推进孟中印缅经济走廊建设条件成熟的具体项目（如有专家指出，可以首先规划和推进孟中印缅经济走廊旅游圈项目），并以此为切入点开展实质性的对接和合作。

---

① 夏苇航、刘清才：《"21 世纪海上丝绸之路"倡议视域中的中国—东盟关系》，载于《社会主义研究》2017 年第 6 期，第 133～142 页。

② 林民旺：《印度对"一带一路"的认知及中国的政策选择》，载于《世界经济与政治》2015 年第 5 期，第 42～57 页。

③ 冯传禄：《"一带一路"与"季风计划"战略对接：有效政策选项抑或伪命题》，载于《南亚研究》2016 年第 2 期，第 44～66 页。

（二）整合力量推动政策沟通的进一步发展

"海丝路"既是民生工程，也是民心工程，能不能得到民众的支持，对"海丝路"建设推进而言至关重要。为此，要高度重视民间交流，增强沿线民众对"海丝路"的认同感，得到广泛支持，为"海丝路"建设创造良好的国际社会舆论。从政策沟通的角度着眼，其主体虽然是政府，但民间交流沟通对政策沟通能够起到积极的促进和推动作用，因此，"海丝路"政策沟通要注重增强广泛性民间交流，整合民间力量，推动政策沟通的进一步发展。重点应抓好三个方面：

1. 加强民间团体和组织间的对话

"海丝路"横贯亚欧各国，域内具有众多的由社会不同领域的精英组成的民间团体和组织。各国民间团体和组织的这种社会属性，决定了其必然对政府间政策沟通具有重大影响力。因此，在"海丝路"建设进程中，要注重创造条件，加强引导，围绕"一带一路"倡议，为各国民间团体和组织提供合作交流平台，扩大各国民间团体和组织的往来与对话，增进各国民众对"一带一路"的了解，扩大相互间的包容，减少狭隘的民族主义思想，为"海丝路"建设创造良好的国际社会舆论，从而也为以"共商、共建、共享"为特征的"海丝路"政策沟通夯实良好的社会基础。

2. 加强各国智库间的合作交流

智库不仅是国与国之间沟通与合作的桥梁，而且已经成为影响各个国家决策的重要力量。智库间的对话交流对增进双、多边友好关系，加深相互理解与信任，推进合作交流发挥着重要作用。更重要的是，智库作为非政府组织，它的研究结论、所形成的思想以及基本观点不代表官方。因此，可以通过学术讨论发出肺腑之言，将交流深入实质。甚至是政府目前不便表达的观点、不便研究的问题，也可以交给民间智库去探讨研究，为未来政府推进某一领域交流合作做好理论准备。① 因此，要充分发挥智库这一政府决策的参谋助手和企业合作的引路人的重要作用，共同探讨合作中出现的问题。在"海丝路"建设进程中，要进一步加强各国智库间的合作交流，通过各国智库间的合作交流，深化对"海丝路"建设的正确认识，从而充分发挥各国智库对政府的影响作用，推动政府间的政策沟通和战略对接。

---

① 张开城：《海上丝绸之路精神与21世纪海上丝绸之路建设》，载于《中国海洋大学学报（社会科学版）》2015年第4期，第47～53页。

3. 探索寻求有效抓手以加强文化沟通

加强文化沟通对政府间的政策沟通无疑具有潜移默化的影响力和引导力。在"海丝路"建设进程中，特别应当注重从历史符号和沉淀中挖掘这种潜移默化的影响力和引导力，探索寻求有效抓手以加强文化沟通。在我国历史上曾留下了在"海丝路"沿线各国具有广泛影响和良好口碑的"郑和下西洋"的佳话。郑和肩负传播中华文化的重要使命，先后七次下西洋，为"海丝路"沿线国家（地区）带去指南针、四书五经等文化产品，以及丝绸锦缎、瓷器茶叶、造纸印刷技术等，将中国先进的精神文明和物质文明远播海外。郑和七下西洋，将"海丝路"沿线国家（地区）紧密联系在一起，实现了物质与文明的交流与互鉴。正因为如此，"郑和七下西洋"对"海丝路"沿线各国（地区）具有重大而深远的影响。因此，应当以此为抓手，与"海丝路"有关国家联合挖掘、整理和研究"郑和下西洋"遗址、遗物、遗产。以"郑和下西洋"为素材，联合创作大量文学和影视作品，讲好中国故事，让中华民族爱好和平、不畏艰险、勇于开拓、百折不挠的民族精神传播海外，增进"海丝路"沿线国家（地区）对中国的了解，促进彼此间的友谊，推动与沿线各国（地区）深入开展文化交流与合作，为"海丝路"政策沟通和战略对接进一步奠定文化基石。

（三）推动政策沟通的进一步深化

"海丝路"建设自启动以来，作为先导的政策沟通和战略对接已经取得了阶段性成果，未来"海丝路"的政策沟通，应在继续加强和巩固战略对接的基础上，朝着加强规则和自贸区建设的方向深化。

1. 推动政策沟通基础上的"海丝路"规则建设

"规则"通常是指运行、运作规律所遵循的法则。"海丝路"建设中所建立的规则，是指由各合作体本着共商、共建、共享原则，围绕着"五通"内容和命运共同体建设方向而共同达成、制定、通过并一起遵守的以条例、章程、机制等为形式的国际经济合作契约体系。"海丝路"建设规则体系以"对接"为基础，主要通过两个渠道形成：一是"对接"双方或各方共同遵守的国际通行规则，即不另起炉灶，以国际通行规则为基础实现双方或各方的有效对接；二是在相互尊重的基础上，通过"对接"找出共同点与合作点，进而制定共同规则。如今"一带一路"成为沿线各国参与全球治理的重要平台，而规则对接与建设已经成为"一带一路"政策沟通的又一重点，"一带一路"建设也因此步入合作新阶段。① 可见，规则建设是战略对接基础上政策沟通的进一步深化。

从整体上来说，"海丝路"建设应在继续加强和巩固战略对接的基础上，推动政策沟通朝着加强规则建设的方向深化，努力将双边或多边的对接和共识转化为具有法律效力的并一起遵守的条例、章程；建立健全"海丝路"常规性政策沟通平台、政策沟通和落实的长效机制，逐步构建和形成具有"海丝路"特点的国际规则体系，从而通过规则的建设和对接，进一步消除"海丝路"合作建设的障碍，为"海丝路"长远发展提供稳固的法律前提和制度保障，使之行稳致远。

2. 进一步加快"海丝路"自贸区建设

构建高水平自贸区网络是我国对外开放的战略之一，而"积极同沿线国家和地区共同商建自由贸易区"以辐射带动高水平自贸区网络建设，亦是"海丝路"建设的一个重要目标。因此，在对接好发展战略和构建好贸易规则基础上，推进高水平自贸区网络也就成为"海丝路"政策沟通的重要内容。

"海丝路"自贸区建设虽说取得了一定的成效，但应当说其整体水平还处于比较初级阶段，自贸区建设的深度和广度方面仍有广阔的提升空间。因此，要在政策沟通和战略对接的基础上，编制好"海丝路"自贸区建设规划，研究制定高标准、高水平的贸易投资规范，进一步推动贸易投资的便利化、自由化，加快组织实施高水平的自贸区建设或升级谈判，通过提速推进自贸区战略，加快谈判新的自贸区；进行自贸区对接，深化自贸合作；升级与沿线国家和地区自贸协议，推动中国与沿线国家和地区自贸区建设不断向高水平方向发展的建设路径，将自贸区建设引向深入，推动"海丝路"自贸区建设向高水平方向发展，提高自贸区建设水平，为建设"海丝路"高水平自贸区网络奠定基础。

第二节 推进"海丝路"建设的政治外交区域
策略——东盟部分

"海丝路"首要经过的区域就是东盟地区。东盟既是中国开展周边外交的优先方向和重要伙伴，也是展现大国责任的重要区域。2018年是中国—东盟建立

---

① 刘华芹、彭柏翰：《以规则对接提升"一带一路"经贸合作水平》，载于《国际商务财会》2017年第5期，第3～6页。

战略伙伴关系 15 周年，15 年来双方在政治、经济、文化以及国际多边舞台上的协调合作都更加全面深化。中国提出的"海丝路"倡议将会为中国与东盟打造更高水平的战略伙伴关系，迈向更为紧密的中国—东盟命运共同体注入新的动力。

一、中国—东盟政策沟通的现状与障碍

（一）中国—东盟政策沟通的现状

1. 中国与东盟国家政策沟通总体顺畅

为量化"一带一路"沿线国家"互联互通"水平，北京大学建立跨学科的"五通指数"研究课题组，推出"'一带一路'五通指数"。该指数结合了各国的基本现状与发展趋势，从客观数据出发，对"一带一路"沿线国家与中国的政策沟通、设施联通、贸易畅通、资金融通和民心相通情况进行了具体深入的评估。[①]根据该课题组 2018 年 9 月发布的"五通指数"报告数据，东盟 10 个国家在政策沟通方面的平均值为 12.76，高于沿线国家的平均水平 10.96，其中有 9 个国家的得分都在 11 分以上（见表 2－6），仅有文莱一个国家得分低于平均水平，这表明中国与东盟国家在政策沟通上总体处于较高水平。[②]

表 2－6   **中国与东盟国家"五通指数"得分**

等级	排名	国家	政策沟通	设施联通	贸易畅通	资金融通	民心相通	总评分
畅通型	2	新加坡	13.18	11.72	19.83	18.86	16.33	79.94
	3	马来西亚	12.02	11.57	18.40	16.28	16.31	74.59
	6	泰国	13.74	10.30	14.57	16.63	18.31	73.56
	11	印度尼西亚	11.69	9.60	14.18	18.13	16.73	70.33

---

① 陈艺元：《五通指数说中国—东盟》，载于《人民画报》2018 年 8 月 9 日，http://www.rmhb.com.cn/zt/ydyl/201808/t20180809_800137804.html。

② "Five Connectivity Index" Research Group of Peking University, World Premier of The Belt and Road Initiative: 2018 Report on Five Connectivity Indexes at Taihe Civilizations Forum, 2018 – 09 – 15, https://ocean.pku.edu.cn/info/1165/3077.htm。

续表

等级	排名	国家	政策沟通	设施联通	贸易畅通	资金融通	民心相通	总评分
连通型	12	柬埔寨	17.97	8.62	14.32	13.39	14.73	69.04
	16	越南	12.88	10.38	14.60	13.18	17.17	68.21
	23	菲律宾	11.79	9.49	14.59	12.79	15.00	63.66
	25	老挝	16.32	7.83	13.02	11.49	14.31	62.96
良好型	40	缅甸	12.57	14.02	11.61	6.33	12.85	57.38
潜力型	78	文莱	5.43	8.80	9.96	8.16	11.60	43.96

资料来源：北京大学海洋研究院，《"一带一路"沿线国家"五通指数"报告（2018）》。

2. 基于"责任共同体指标体系"的中国与东盟国家政策沟通比较分析

由于东盟各国对"海丝路"倡议认识上存在差异，因此，本节对东盟各国与中国政策沟通状况及对"海丝路"倡议的态度作一个比较分析，以研究东盟各国国内各阶层采取相关态度背后的真实动因和利益考量，为下文有针对性地提出对东盟各国的政治外交策略提供依据。

（1）泰国、老挝和柬埔寨。从表2-7可以看出，泰国、老挝和柬埔寨这三个国家与中国价值观相近，发展理念一致，政策沟通顺畅，政府层面对"海丝路"倡议认知度较高，其在各个场合的官方发言中持有十分积极肯定的态度，媒体、学界也与政府保持一致进行正面传播。这三个国家都与中国结成全面战略合作伙伴关系，合作机制比较完善，政府制定了配套的国内政策对接"一带一路"倡议，在与中国开展经贸和基础设施合作中受益巨大。其中中国与泰国、老挝两国的基础设施联通已经走在了东盟其他国家的前列，未来的昆明—万象—曼谷—吉隆坡—新加坡泛亚铁路联通后，将使泰国和老挝从地区互联互通的大发展中获益颇丰。柬埔寨政府和民众也对中国"海丝路"倡议给予了较高的期望，希望中国能加大对柬埔寨的投资和产业转移，并帮助柬埔寨改善交通基础设施。①

---

① 李明江、曾爱玲：《东南亚与21世纪"海上丝绸之路"》，载于葛洪亮主编，《东南亚："21世纪海上丝绸之路"的枢纽》，世界图书出版社2016年版，第5页。

表 2 - 7　中国与东盟国家"责任共同体指标体系"比较

指标	越南	老挝	柬埔寨	缅甸	新加坡	马来西亚	泰国	印度尼西亚	菲律宾	文莱
政策沟通及官方反应	政策沟通顺畅，官方认知经历了从怀疑到谨慎欢迎再到官方积极响应"一带一路"倡议的转变	政策沟通顺畅，官方积极支持并积极响应"一带一路"倡议	政策沟通顺畅，国家领导层面态度积极、正面	政策沟通基本顺畅，官方积极响应"海丝路"倡议	政策沟通基本顺畅，官方认知由观望、疑虑到支持、认可	政策沟通基本顺畅，官方欢迎但有困惑	政策沟通顺畅，官方正面评价，支持"海丝路"倡议	政策沟通基本顺畅，官方支持与质疑并存	政府重视对华关系，官方支持态度谨慎	与中国政策沟通需求不强烈，官方态度乐观
合作机制	(1) 全面战略合作伙伴关系；(2) 双边合作指导委员会；(3) 基础设施合作工作组；(4) 金融与货币合作工作组；(5) 海上共同开发磋商工作组；(6) 经贸合作委员会；(7) 电子商务合作的谅解备忘录；(8) 轻轨项目贷款协议	(1) 全面战略合作伙伴关系；(2) 基础设施融资协议；(3) 政府间经贸合作协议；(4) 信用公司框架合作协议	(1) 全面战略合作伙伴关系；(2) 加强基础设施领域合作谅解备忘录；(3) "一带一路"交通运输领域合作文件；(4) 海洋观测站；(5) 轻轨项目贷款协议；(6) 政府间经贸合作协议；(7) 加强标准"一带一路"建设合作；(8) 融资、债券承销等领域合作，(9) 信用保险公司框架协议	(1) 全面战略合作伙伴关系；(2) "一带一路"交通运输领域合作文件；(3) 机场扩建项目贷款协议；(4) 政府间经贸合作协议；(5) 边境经济合作区的谅解备忘录；(6) 政府间"一带一路"交通运输领域合作文件谅解备忘录	(1) 与时俱进的全方位合作伙伴关系；(2) 合作联委会；(3) 投资促进委员会；(4) 自贸协定升级版；(5) 地方经贸合作协议；(6) 中高级官员交流项目框架协议；(7) 双边创新机制；(8) 文化合作谅解备忘录；(9) 政府间"一带一路"合作谅解备忘录	(1) 全面战略伙伴关系；(2) 水资源领域谅解备忘录；(3) 加强标准合作，助推"一带一路"交通合作倡议；(4) 化工冶金等领域产能合作协议；(5) 债券承销、贷款等融资合作；(6) 政府间"一带一路"合作谅解备忘录	(1) 全面战略合作伙伴关系；(2) 政府间和平利用核能协定；(3) 基础设施合作协议；(4) 转贷款、贸易融资等领域务实合作	(1) 全面战略伙伴关系；(2) 基础设施融资合作协议；(3) 政府间经贸合作协议；(4) 化工、冶金、石化等领域产能合作协议；(5) 信用保险公司框架合作协议	(1) 菲中建立双边磋商机制；(2) 政府间经贸合作协议；(3) 融资授信额度战略合作框架协议；(4) 债券承销等领域务实合作	(1) 战略合作关系；(2) 文莱—广西经济走廊经贸合作谅解备忘录

续表

指标	越南	老挝	柬埔寨	缅甸	新加坡	马来西亚	泰国	印度尼西亚	菲律宾	文莱
政策支持对接	"两廊一圈"战略对接	"变陆锁国为陆联国"战略对接	"四角战略"对接	在货物贸易、产业布局、人力资源领域提供政策支持	在项目融资、园区管理、商业网络领域等提供政策支持	"2020宏愿"对接	"东部经济走廊"战略对接	"全球海洋支点"战略对接	"雄心2040"战略对接	"2035宏愿"对接
公共产品服务度	加入AIIB、CAFTA、LMC、GMS	加入AIIB、CAFTA、LMC、GMS	加入AIIB、CAFTA、LMC、GMS	加入AIIB、CAFTA、LMC、GMS、孟中印缅经济走廊	加入AIIB、CAFTA	加入AIIB、CAFTA	加入AIIB、CAFTA、LMC、GMS	加入AIIB、CAFTA	加入AIIB、CAFTA	加入AIIB、CAFTA
民众认同	民众认同度较低	学界、商界、普通民众认同度高	学界、商界、普通民众认同度高	民众认同度较低	学界、商界、媒体经历了观望、磨合到热络发展过程	学者观望、华裔支持、媒体客观、普通民众不甚了解	学界、商界、普通民众多持积极、肯定态度	学界媒体质疑、商界欢迎、印度尼西亚华人期待	民众认同度较低	学界谨慎、商界欢迎、普通民众了解少

注：①公共产品服务度是指主权国加入某项区域组织所获得的排他性收益。这里的公共产品是指拥有可排他性收益的部分竞争性收益的国际公共品，又称俱乐部产品，是准国际公共品中的重要一类，如欧盟、北约等。②AIIB是亚洲基础设施投资银行的英文缩写，CAFTA是中国—东盟自由贸易区的英文缩写，LMC是澜湄合作的英文缩写，GMS是大湄公河次区域经济合作的英文缩写。

资料来源：课题组成员根据东盟国家的官方声明、相关文献综合整理而成，媒体报道、最新情况参见外交部官网。

（2）新加坡、马来西亚、印度尼西亚和文莱。新加坡、马来西亚、印度尼西亚和文莱这四个国家总体上愿意支持"海丝路"倡议，并愿意与中国开展相关项目的合作。但这四个国家担心与中国开展"海丝路"合作可能形成对中国的过度依赖和增加中国在东盟地区的影响力。这些国家除了新加坡属于中华文化圈之外，其余三国都以伊斯兰文化为主导，与中国文化和价值观相差较大。而且这四个国家都推崇"大国平衡外交"，鼓励域外大国参与东盟地区事务以平衡中国的影响力，从而为自己争取更多的发展空间。虽然这四个国家在官方层面与中国政策沟通顺畅，也有相应的国内政策对接"海丝路"倡议，但是大部分官员对该倡议的具体落实计划、措施和指导性文件并不十分清楚，民众认同度也存在差异，不排除有较多观望和疑虑者，这些国家与中国建立的伙伴关系都没有达到"全面战略合作伙伴关系"这个层级。

（3）越南、缅甸和菲律宾。越南、缅甸和菲律宾这三个国家的一个共同点是官方出于国家经济发展的需要愿意与中国共建"海丝路"，但是民间对与中国合作共建"海丝路"存在疑虑。原因是：一方面，越南和菲律宾都与中国在南海问题上存在争议，由于"海丝路"倡议与海洋问题紧密相关，使得两国民间对"海丝路"构想存在疑虑。另一方面，受到美国等西方大国的挑衅，部分西方媒体对中国的歪曲报道抹黑了中国的形象，影响了当地民众对中国的信任。特别是像缅甸和越南这些国家国内存在着众多非政府组织，他们在西方价值观影响下常常戴着有色眼镜盯着中国企业，甚至阻挠一些能为本国民众造福的重大工程的实施。因此，虽然越南、缅甸和菲律宾与中国都结成了不同等级的伙伴关系，但是受南海主权争端干扰，这三国政府虽然愿意与中国合作共建"海丝路"，但仍未能够实现与中国合作实施一些大型的基础设施互联互通项目。

（二）中国—东盟政策沟通的障碍

由于受到地区和国际因素的影响，"海丝路"倡议下的中国与东盟国家双、多边关系依然面临着一定的困难和挑战。

1. 互信赤字引发对"海丝路"倡议的误解与疑虑

国际关系理论认为，一国对他国的战略既看重经济利益又关注政治安全，当它在与另一国的合作中获得的经济利益不能满足安全需求时，双边信任便受到影响。就中国和东盟关系而言，虽然双方自1991年就开启对话进程，经济上构建起紧密的相互依赖关系，但政治互信却有待进一步增强。正是这种信任缺失导致部分东盟国家对中国提出的"海丝路"倡议产生以下误解和疑虑：一是认为中国经济的崛起必然带来战略上的扩张，为此部分成员国通过引入域外大国以平衡中国对该地区的影响。二是认为中国推动该构想的力量主要是国家意志。过去的"海上丝绸之路",其主要推动力量是民间而非政府,主要是经济互惠的力量在起作用,而非政府的强制力。如果没有企业与民众的参与,"海丝路"倡议的实施可能后劲不足。三是融资问题。"海丝路"倡议的实施,无疑需要庞大的资金,虽然中国现在已经成立了亚投行和丝路基金,但是这两个机构的资金对于实施如此宏大的工程可能远远不够。四是中国能否很好地与合作伙伴分享利益。中国要与"一带一路"沿线国家和地区合作,就要与其分享利益。①

2. 双边经贸发展不平衡

据中国海关总署公布的统计数据显示,2001～2011 年间,中国对东盟的贸易一直处于逆差地位(见表 2-8)。2001 年,中国与东盟开始了中国—东盟自贸协定的谈判,东盟国家普遍希望该自贸协定的签订能够增加对中国的出口量。但事与愿违,自 2010 年中国—东盟自贸协定正式生效以来,东盟仅仅维持了两年与中国的贸易顺差,到 2012 年,即转变为中国贸易顺差,且顺差在 2015 年创下历史新高,该年,东盟十国中只有马来西亚和老挝对中国的贸易为顺差,其他东盟成员国均为逆差,其中,越南对中国的贸易逆差最大。虽然中国对东盟不断增加的投资帮助部分东盟国家保持经常项目收支平衡,但是对大多数东盟成员国而言是不可持续的;维持双边贸易稳定增长,需要将东盟国家的资源更多地出口到中国;双方应共同合作协助东盟国家生产更多可交易的产品。② 同时,较不发达的东盟成员国如越南、老挝、柬埔寨和缅甸,其国内基础设施仍比较薄弱(见表 2-9),已成为长期制约这些国家经济发展的"瓶颈",迫切需要吸收中国的大规模投资。

表 2-8 　　　　　中国—东盟的贸易差额(2001～2016)　　　单位:亿美元

年份	贸易差额	年份	贸易差额
2001	- 48	2009	- 4
2002	- 76	2010	- 163
2003	- 164	2011	- 227

---

① 金丹、顾强:《"一带一路"倡议与越南利益诉求》,载于王玉主等著,《"一带一路"倡议与东盟利益诉求》,中国社会科学出版社 2017 年版,第 368～369 页。

② 王玉主、张蕴岭:《中国发展战略与中国—东盟关系再认识》,载于《东南亚研究》2017 年第 6 期,第 1～14 页。

年份	贸易差额	年份	贸易差额
2004	−201	2012	85
2005	−196	2013	446
2006	−182	2014	638
2007	−142	2015	828
2008	−28	2016	594

资料来源：中国海关统计。

表 2 - 9　　　　　东盟部分成员国基础设施竞争力指数及排名

时间	基础设施竞争力	泰国	越南	老挝	柬埔寨	缅甸
2014~2015 年度	分数（满分7）	4.58	3.74	3.38	3.05	2.05
	排名（总144）	48	81	94	107	137
2016~2017 年度	分数（满分7）	4.39	3.88	3.08	3.17	—
	排名（总140）	49	79	108	106	—

注：世界经济论坛在 2014~2015 年度对全球 144 个经济体的基础设施竞争力指数进行了排名，在 2016~2017 年度对全球 140 个经济体的基础设施竞争力指数进行了排名。

资料来源：World Economic Forum（http：//www.weforum.org/）。

3. 域外国家的挑衅

域外美国、日本等国，长期与东盟保持着较为密切的沟通与合作关系。东盟是美国实施"亚太再平衡"战略的重要区域，美国政府一直十分重视与东盟国家开展在各领域的合作。经济上，尽管美国退出了《跨太平洋伙伴关系协定》，但是美国依然是东盟国家的重要经贸合作伙伴和商品主要出口国；政治上，美国也非常重视东盟的作用，通过多次访问东盟来提升双方之间的政治互信；安全上，东盟是美国在亚太地区的重要合作伙伴，美国与东盟成员国加大了安全方面的合作，并与部分成员国达成使用军事基地以及保持年度军事演习等合作。日本也在不断加强与东盟之间的合作，多次派遣政、军、商三界高官访问东盟成员国，并为部分成员国提供军事及安全支持。[1] 总之，美国和日本试图在各个领域加强与东盟国家之间的合作，从而达到维护和实现两国在东盟地区的利益以及遏制中国

---

[1] 夏苇航、刘青才：《"21世纪海上丝绸之路"倡议视域中的中国—东盟关系》，载于《社会主义研究》2017 年第 6 期，第 140~141 页。

的目的。

4. 多重合作机制带来的冲突

由于东盟地区是大国亚太战略的重要支点，因此介入东盟地区的域外势力非常复杂，域外国家通过在不同领域加强与东盟国家的合作，将东盟的多边机制拔高成为国际势力间的博弈。而东盟国家对外基本秉持"平衡外交"思路，在不影响国内政治经济和安全的情况下积极与世界大国构建众多的合作机制，这些合作机制既体现在东盟与美国、日本、印度等国之间，也体现在东盟与中国之间，主要包括亚太经合组织（APEC）、东亚峰会（EAS）、亚信会议（CICA）、东盟地区论坛（ARF）、"10＋1""10＋3""10＋6"、澜湄合作（LMC）、大湄公河次区域经济合作（GMS），等等。这些合作机制的主导方不同，有合作各方共同主导的，也有东盟国家主导的，还有其他大国主导的。众多的合作机制当中不乏重叠的部分，重叠的合作机制之间存在竞争的现象，增加了沟通协调的难度，也在一定程度上反映了东盟区域内复杂的政治经济关系及域外大国在该地区的利益博弈。[①] 如此一来，如果机制间缺乏足够的沟通和协调，则项目之间容易发生重复或者冲突。这样不仅浪费资源，更不利于各合作机制下区域的协调发展。基于此种考虑，中国提出的"海丝路"倡议需要与东盟国家进行充分的政策沟通，以避免合作机制冲突的发生。

二、中国与东盟国家推进"海丝路"构想的政治外交策略

由于中国与东盟各国在政策沟通方面存在差异，在各指标上亦不均衡，因此改善中国与东盟国家政策沟通现状需要先易后难，循序渐进，分类施策，重点突破，以使沟通更加顺畅。

（一）泰国、老挝和柬埔寨

这三个国家无论是政界、学界还是商界、媒体及普通民众，都对"海丝路"倡议认同程度相对较高，它们与中国没有领土争端，国内也不存在太大安全威胁，与中国经贸合作紧密并从中获益颇丰，是中国"海丝路"倡议最坚定的支持者。因此，中国对这三个国家的政治外交策略应该是在积极推进政党、政府和企业外交的基础上，率先推进一批样板项目（如中老铁路、中泰铁路）在这些国家成功实施，以便能让东盟其他国家看到推进"海丝路"倡议的实际利益，从而产

---

① 全毅、尹竹：《中国—东盟区域、次区域合作机制与合作模式创新》，载于《东南亚研究》2017年第6期，第15～36页。

生"滚雪球"式的示范带动效应。

1. 政党外交

一方面，要侧重加强与执政党的多渠道交流。就党内治理、国家建设等问题加强经验交流，保持高层就重大战略性问题的沟通合作，在涉及彼此核心利益和重大关切问题上经常互访和会晤，以提高政治互信，为合作共建"一带一路"提供助力。如中国和老挝都是社会主义国家，中国共产党和老挝人民革命党也都是社会主义政党，在建设社会主义事业方面完全可以进行有效的合作，就两党两国的重要事务展开讨论和磋商，在涉及共产党执政、社会主义基本政治制度和意识形态等方面应加强交流合作，进一步增强双方政治互信。另一方面，要重视政党间一些敏感问题的处理，避免这些问题给中柬、中老政党交流带来负面影响。

2. 政府外交

一是要加强政府间的高层交往与发展战略对接。中国与这些国家政府高层要积极拓展交流渠道，切实提高信息沟通的及时性与准确性，有效解决双方在发展战略对接过程中可能出现的观念分歧与制度障碍。要搞好顶层设计，将中国"海丝路"构想同泰国"东部经济走廊"战略、老挝"变陆锁国为陆联国"战略以及柬埔寨"四角战略"实现有效对接，加强双方在农业、能源、交通基础设施等领域的合作，推动中国与这些国家的经济互补优势释放。二是要制定好具体的合作发展规划，有步骤地推动具体项目的落实。例如2013年，中国和泰国共同发表《中泰关系发展远景规划》，商定了中泰未来在政治、经贸投资、防务安全、交通、能源等各领域的全方位务实合作。中老合作的"一路、一河、两区"发展规划，实现了两国优势互补及联动发展。中柬在结合两国"十三五"规划和"2015～2025工业发展计划"的基础上，制定了《共同推进海上丝绸之路建设合作规划纲要》，有序推进了双方产能与投资领域的合作。三是要充分发挥已有合作机制的作用，如中泰基础设施融资合作协议、转贷款、贸易融资协议和中老基础设施融资合作协议、政府间经贸合作协议以及中柬加强基础设施领域合作的谅解备忘录、轻轨项目贷款协议等。中国与泰国、老挝、柬埔寨三国应充分利用好这些平台，加强和深化合作，使得彼此沟通和协调定期化，从而有力推进双方在各领域合作的开展。四是要重视地方政府的外交。例如规划和开工建设中的中老、中泰铁路，是一条从中国云南出发，途经老挝首都万象，再向南延伸到泰国首都曼谷的铁路，云南省政府应利用自己的区位优势和发展特色，以及与万象、曼谷发展合作的潜能，共同推进"海丝路"建设。中国地方政府应与这些国家建立工作统筹小组，专门负责与这些国家相关部门开展合作、共同融入"海丝路"建设。

3. 企业外交

一方面，要积极引导民营企业"走出去"。目前中国"走出去"的大多都是规模比较大的国有企业，泰国、老挝和柬埔寨三国的投资环境相对比较民主和宽松，很适合中小企业前去投资。因此，中国中小企业可以与当地政府的政策相配合，共同推动中国与这些国家经贸合作再上一个新台阶。另一方面，中国企业"走出去"之后要特别注重与当地民众和非政府组织沟通，切实履行企业社会责任。泰国、老挝和柬埔寨三国国内存在众多非政府组织，如柬埔寨国内就有5 000多个非政府组织。[①] 这些非政府组织主要关注健康、环境、教育与人权方面的问题，表现得非常活跃。如果中国企业与这些组织沟通不够，则很容易受到它们的指责和反对。因此，中国企业"走出去"要加强与当地民众和非政府组织的沟通，切实履行社会责任，参与当地社会公益活动，树立中国企业的良好形象，为"海丝路"倡议得到这些国家民众的支持奠定良好的基础。

4. 发挥澜湄合作机制的平台作用

澜湄合作是中国和湄公河国家共商、共建、共享的新型次区域合作机制。该合作涉及公路、铁路、能源等综合通道的建设，属于"一带一路"倡议的重要组成部分。由于泰国、老挝和柬埔寨三国都是澜湄合作的重要参与国，因此它们一方面会积极与中国合作加快中泰铁路和中老铁路的建设以及"昆明—曼谷"公路老挝段的高等级化；另一方面也会加快推进建设中泰联网输电线路等项目建设，完善区域成品油和天然气管网等配套设施。澜湄合作不仅可以促进湄公河流域国家的经济社会进步，也可以加快推进次区域的互联互通。为充分发挥澜湄合作机制的平台作用，中国与澜湄国家应加大政策沟通的力度、设施联通的强度，以此强化双方之间的合作关系。在此基础上，还应通过加大跨境经济合作区建设来优化该区域的整体布局。通过鼓励中国企业到该区域投资，实现产能合作、优势互补和共同发展。总之，泰国、老挝和柬埔寨三国积极参与澜湄合作为开展"海丝路"建设提供了契机。

（二）新加坡、马来西亚、印度尼西亚和文莱

虽然这四个国家总体上对中国提出的"海丝路"倡议表现出兴趣和欢迎，但大部分官员对该倡议的具体内容并不十分清楚。因此，对这四个国家的政治外交策略应该是阐明"海丝路"倡议的和平性质，并积极与其开展政党、政府、企业外交，合作解决传统与非传统安全威胁，积极争取这些国家从官方到民众层面对

---

① 刘亚萍：《"一带一路"倡议与柬埔寨利益诉求》，载于王玉主等著，《"一带一路"倡议与东盟利益诉求》，中国社会科学出版社2017年版，第133页。

中国的信任和对"海丝路"倡议的支持。

1. 阐明"海丝路"倡议的和平性质

这四个国家之所以对"海丝路"倡议采取谨慎欢迎的态度，主要是因为其对实施该倡议的意图有疑虑。针对这些国家的疑虑，中国政府需要加以澄清。一方面，要避免将"海丝路"倡议战略化和地缘政治化的宣传，多强调和平共赢性质。强调"海丝路"是一个沿线国家和地区合作共赢的倡议，中国提出该倡议的目的并不是谋求地区事务的主导权，更不会干涉沿线国家和地区的内政。值得注意的是，在对外宣传中，中国应主动确立我国相关宣传的话语主导权，突出"海丝路"倡议的和平性质，突出中国一贯坚持和平发展的态度，突出"海丝路"共商、共建、共享的建设原则，等等。另一方面，中国政府可以考虑聘请国外公关公司帮助宣传。

2. 政党外交

探索体现政党核心价值的交流机制。一个民族的历史文化传统是政党外交的依靠和优势。这四个国家中，除了新加坡受中华文化圈影响比较大之外，其他三个国家都以伊斯兰文化为主导，与中国文化差异比较大。因此要培育中国和这些国家文化认同理念，促进语言、文化、艺术和文化遗产领域的交流与合作；要挖掘中国政党制度与中华历史文化的必然联系，将中国政党的核心价值观融会贯通于中华文化体系中，形成与这些国家文化的共振；挖掘多党合作的政党制度所体现出来的中华文化中以"和为贵"的基因特质，形成中国政党制度与中华传统文明融合的理论体系，着力打造融通中外的新概念、新范畴、新表述，向这些国家展示中华文化特别是中国共产党的时代特征所具有的独特魅力。

3. 政府外交

一方面，要做好中国与这四个国家发展战略和发展规划的对接。将"海丝路"构想同马来西亚旨在2020年建成发达国家的"2020宏愿"发展战略实现对接；同文莱的"2035宏愿"发展战略对接，实现双方在基础设施建设、科技、农业和第三产业领域展开广泛的合作；同印度尼西亚的"全球海洋支点"战略对接，打造一批示范性项目，帮助印度尼西亚改善基础设施，在港口、临海经济、产业加工、"海外仓"建设等领域探讨合作。① 另一方面，要发挥地方政府外交的作用。地方政府通过自身的优势参与国际交流活动，对推动中央政府的外交政策及目标起到了非常积极的作用。例如文莱与广西壮族自治区政府合作的"文莱

---

① 《中方"一带一路"对接印尼"全球海洋支点"》，中国经济网，2018年5月9日，http://intl.ce.cn/sjjj/qy/201805/09/t20180509_29070229.shtml。

—广西经济走廊"项目正从共识走向实践，推动双方在农业、工业、交通物流和旅游等领域的务实合作，其在服务国家周边外交战略和搭建中国—文莱经贸合作平台等方面的作用日益凸显。这一构想自 2013 年由文莱提出之后，在广西壮族自治区和文莱政府的积极推动下，双方于 2014 年正式签署合作备忘录，随后共同组建了工作委员会负责全面规划、协调和推动双方合作。又如中马钦州—关丹产业园区，作为"海丝路"产业合作旗舰项目，自 2012 年开园以来，两国"双园"园区建设快马加鞭，产业发展稳扎稳打。广西壮族自治区党委决定用 2~3 年时间将中马钦州产业园建成与国际规则相适应的园区开发建设和运营管理体制机制，逐步形成广西改革创新先行园区的主要目标，并出台了包括行政管理、财政金融、规划建设、科技创新、社会管理、人事人才、生态文明、开放合作 8 个方面改革方案和 30 项具体改革措施。①

4. 企业外交

新加坡、马来西亚和印度尼西亚三国作为"大国平衡外交"战略的主要倡导国，比其他东盟成员国更重视使用该手段来减轻对某一大国的经济依赖，即积极鼓励其他域外大国参与本国事务，包括产业投资或基础设施项目建设等。因此中国企业在这三个国家进行投资时，要以一种包容的心态，扩大来自各方的利益交汇点，即中国在这些国家投资建设不一定都独立进行，可采取合作的方式，以降低政治风险，打消其他国家的疑虑，提高项目合作的效率。此外，在为大型项目融资方面，除了利用本国的资金以外，中国还应加强与国际货币基金组织（IMF）、亚洲开发银行以及世界银行等多边金融机构的合作，让它们共同分享"海丝路"倡议所带来的经济利益，从而让世界各国不误读"海丝路"倡议真实内涵。

5. 安全合作

由于这四个国家除了新加坡没有明显的威胁源之外，其他三国都或多或少地存在一些威胁源，如文莱和马来西亚都与中国存在着南海主权分歧，又如中国企业在印度尼西亚和马来西亚投资都面临恐怖主义威胁问题。因此，中国应该加强与这些国家在南海问题和反恐问题等传统与非传统安全领域的合作。首先，文莱和马来西亚两国对南海问题比较低调而且支持中国以"双轨渠道"和平解决南海问题的主张，对于中国而言比较现实的解决方法应该是尽可能淡化处理这一问题，对其采取柔性策略。其次，针对"海丝路"沿线的印度尼西亚和马来西亚恐怖主义、跨境犯罪等非传统安全问题比较集中的情况，为了维护自身安全，推动

---

① 《中马钦州产业园建设"自治区改革创新先行园区"》，广西新闻网，2014 年 7 月 21 日，http：//news. gxnews. com. cn/staticpages/20140721/newgx53cbe8b4 – 10765667. shtml。

共建"海丝路"构想，双方应该在"情报交流、联合侦讯、网络反恐、去极端化等领域加强合作，共同应对恐怖主义威胁"。中国也应与这些国家加强军事高层的交流与互动，通过建立和完善国防科技工业合作联委会、防务安全磋商、海军对话等机制，加强双方在联演联训、军工军贸、军舰互访、人员培训、多边安全等领域的合作水平。[①]

（三）越南、缅甸和菲律宾

这三个国家的一个共同点是国内民众对"海丝路"构想认同度不高，造成一些项目受阻。因此，与这三个国家推进政治外交策略应该注重对民意的引导和争取更多的民众支持。

1. 加强宣传，提升民众对"海丝路"倡议的认知

"国之交在于民相亲"，从客观而中立的角度来看，越南、缅甸和菲律宾三国的普通民众对中国存在着较大的误解，需要加以引导。首先，这一系统性的宣传工作需要由我国相关政府部门主导，让三国民众进一步了解倡议的内容以及倡议的实施能够给当地民众带来的益处。其次，加强与当地主流媒体的合作，特别是与新型的私营媒体的合作。通过组织这些媒体来中国访问，加深他们对"海丝路"倡议的理解，并争取在其国家的主要社交媒体上宣传"海丝路"倡议的相关内容，来加深当地民众对"海丝路"倡议的了解。同时，还应重视当地华文媒体、非政府组织以及社会活动家等的作用，听取他们的意见，以使宣传效果达到最佳。再次，还应积极发挥中国驻当地使馆以及当地中资企业等的作用，他们可以凭借自己接触当地民众的便利条件，努力塑造良好的中国形象。最后，中国政府应该加强使用当地语言文字进行宣传。笔者在越南调研时发现，目前所有的"一带一路"宣传主要依靠华人、华商和华文媒体，大多使用中文或英文，使用当地语言文字的宣传资料和讲座很少，这导致当地绝大部分民众根本不了解中国的"一带一路"倡议。

2. 政党外交：注重构建政党涉外民心工程

把涉外民心工程当作中国执政党国际社会责任的重要体现。在具体操作过程中，一是要重视人权工作，支持这些国家政党落实《东盟人权宣言》、通过国家或地区政党对话、研讨会等共同促进和保护人权和基本自由。支持这些国家政府间人权委员会和妇女儿童权益促进与保护委员会的工作。二是要考虑这些国家内部企业和民众的利益和诉求，以平等互利的姿态开展合作。利用海上合作基金、

---

① 《中华人民共和国和印度尼西亚共和国关于加强两国全面战略伙伴关系的联合声明》，新华网，2015 年 3 月 26 日，http://www.xinhuanet.com/2015-03/26/c_127625705.htm。

亚投行等资金渠道支持各项涉外民心项目和倡议，进一步加强民间交流合作，开展涉及民生、教育、文化等领域惠及普通民众的医院、学校、道路、公共设施的建设，提升中国软实力的合作项目，聚焦发展主题。[①] 三是要加强反腐败经验的交流。特别是与越南的交流，因为中越两国都是共产党领导下的社会主义国家，因此，中国有必要与越南加强反腐败经验交流，积极地把中国自党的十八大以来在反腐败领域取得的成效和经验传递给越南，这样既可以提高当地民众对执政党的信任度，也有利于当地民众对中国的正面评价。四是要积极为这些国家的政党培养减贫领域人力资源，积极参与这些国家减贫项目的设计。特别是可以开展村村通路、通水的"小基础设施"民心工程建设，用行动来阐述中国政党思想的人本情怀，形成具有中国特色的以人为本、执政为民的政党外交话语体系。

3. 减缓外部压力，灵活处理与美国、日本等国家的关系

由于越南、菲律宾和缅甸三国受美国、日本等国影响比较大，因此为了争取这些国家支持和参与"海丝路"倡议，中国必须协调处理好与美国、日本等国家的关系，减缓外部压力。具体而言，在处理与美国的关系时，中国应具备全局视野，采取灵活应对的方式，在进一步主动加强双方的沟通与交流基础上，着重探寻双方的利益交汇点，积极构筑共同利益。基于东盟对于美国的重要性，应鼓励美国在中国—东盟的合作中积极发挥建设性作用。在处理与日本的关系时，中国应通过政治经济互动手段灵活应对与日本的矛盾与冲突，尽力避免矛盾和冲突升级，缓解民族情绪给中日关系带来的不利影响。

4. 企业外交：让民众知晓投资益处

一些中国企业在越南和缅甸的形象不太好，有的甚至被看成是"短期利益追求者"和"假冒伪劣"产品的制造者，为此导致了不少中国企业在这两国的投资受阻。因此，中国企业应该在以下几个方面做好改进工作：一是要树立好品牌意识和做好知识产权保护。二是要坚持"以质取胜"，重视产品的品牌建设和售后服务。三是要实行本土化经营，要了解当地相关的法律法规，投资当地政府鼓励和民众支持的项目，要重视当地员工的社会福利，为其购买全额社会保险，做到以人为本、缓和劳资矛盾。[②] 四是企业还要重视与当地民众和非政府组织的沟通和交流，争取他们对项目的支持。例如在项目实施之前，企业通过走访项目沿线周边，了解当地民众对搬迁、征地的要求，并向当地民众说明项目对当地的实际效益及落实环境评估报告的情况，甚至可以选派民众代表参与谈判进程；此

---

① 金丹：《中国—东盟命运共同体构想下增强中国政党话语权的策略研究：以政党外交为视角》，载于《广西社会科学》2016 年第 12 期，第 31～34 页。

② 金丹：《"一带一路"背景下中越产能合作研究》，载于《技术经济与管理研究》2018 年第 8 期，第 118～123 页。

外，中国企业还需要与当地政府协调，要求政府通过权威机构或媒体发布项目信息，让民众和非政府组织对中国的投资有更大的知晓度。①

第三节　推进"海丝路"建设的政治外交区域策略——南亚部分

一、中国—南亚地区政策沟通的现状

从地理位置看，南亚次大陆与印度洋四通八达，从古至今一直为"海丝路"发挥着中转、补给和枢纽功能，中国与南亚国家的海上交往源远流长，并建立了友好的关系。2013 年至今，习近平总书记在多个外交场合和重大会议中阐释"海丝路"倡议时，多次强调南亚地区对于"海丝路"的重要意义。南亚国家不仅是"海丝路"共建的重要合作伙伴，更是主要受益对象。毋庸置疑，无论基于历史还是现实，南亚地区都是共建"海丝路"的关键路段。

（一）中国—南亚地区主要国家高层领导互访情况

"一带一路"的政策沟通具有一个重要的特点，即往往是以高层领导互访为引领，因此，关于中国与南亚地区国家政策沟通的情况，本节将高层领导主要互访情况列表而示，见表 2 – 10 至表 2 – 15。

1. 中国—印度高层领导主要互访情况统计

表 2 – 10　　　　　中国—印度高层领导主要互访情况统计
（截至 2018 年 11 月）

级别及方式	次数	具体内容
国家元首级会晤	16	2013 年 3 月，习近平主席在出席南非金砖国家领导人峰会期间会见辛格总理

---

① 吉芯莹、陈斌云：《缅甸公众意识的觉醒对中国在缅投资形象的影响研究》，载于《经贸实践》2015 年第 6 期，第 173～174 页。

续表

级别及方式	次数	具体内容
国家元首级会晤	16	2013年9月，习近平主席对印度进行国事访问，双方发表《关于构建更加紧密的发展伙伴关系的联合声明》 2014年6月，外长王毅作为习近平主席特使访问印度 2014年6月，印度副总统安萨里访华并出席和平共处五项原则60周年纪念活动 2014年7月，习近平主席同莫迪总理在金砖国家领导人第六次会晤期间举行双边会见 2015年7月，习近平主席在乌法出席金砖国家领导人第七次会晤期间与印度总理莫迪会见 2015年11月，中国国家副主席李源潮访问印度 2016年5月，印度总统慕克吉访华 2016年9月，印度总理莫迪来华出席二十国集团杭州峰会，习近平主席会见 2016年10月，习近平主席赴印度出席金砖国家领导人第八次会晤 2016年11月，习近平主席特使、中共中央政治局委员、中央政法委书记孟建柱访问印度 2017年6月，习近平主席在出席上海合作组织阿斯塔纳峰会期间同印度总理莫迪会见 2017年7月，习近平主席在二十国集团汉堡峰会期间同印度总理莫迪会晤 2017年9月，印度总理莫迪来华出席金砖国家领导人第九次会晤和新兴市场国家与发展中国家对话会，习近平主席会见 2018年4月，习近平主席同印度总理莫迪在武汉举行非正式会晤 2018年6月，印度总理莫迪来华出席上海合作组织青岛峰会，习近平主席会见
最高权力机关及行政机构领导人级会晤	9	2013年1月，戴秉国国务委员赴印度出席金砖国家安全事务高级代表会议，其间与辛格总理和国家安全顾问梅农举行双边会见 2013年5月，李克强总理对印度进行正式访问，双方发表《联合声明》 2013年10月，印度总理辛格来华进行正式访问 2014年6月，全国人民代表大会常务委员会委员长张德江访问印度 2014年11月，李克强总理在缅甸出席东亚合作领导人系列会议期间与印度总理莫迪会见 2015年5月，印度总理莫迪正式访华

级别及方式	次数	具体内容
最高权力机关及行政机构领导人级会晤	9	2015 年 11 月，国务院总理李克强在马来西亚出席东亚国家领导人系列峰会期间会见印度总理莫迪 2016 年 11 月，国务委员杨洁篪同印度国家安全顾问多瓦尔在印度举行中印边界问题特别代表非正式会晤 2018 年 3 月，中共中央政治局委员、中央外事工作委员会办公室主任杨洁篪在上海同印度国家安全顾问多瓦尔举行会谈
外交部长会晤	4	2013 年 5 月，印度外长库尔希德访华 2013 年 8 月，王毅外长与印度外长斯瓦拉吉在东亚合作系列外长会期间会晤 2015 年 1 月，印度外长斯瓦拉吉访华并出席中俄印三方合作外长会 2016 年 4 月，王毅外长赴俄罗斯出席中俄印外长第十四次会晤并会见印度外长斯瓦拉吉

注：此表系课题组结合相关资料及新闻报道整理而成，为统计方便及更好地说明高层领导互访情况，领导人职务表述均为时任职务，外交部部长简称"外长"，后表同。

2. 中国—孟加拉国高层领导主要互访情况统计

表 2-11 **中国—孟加拉国高层领导主要互访情况统计**
（截至 2018 年 11 月）

级别及方式	次数	具体内容
国家元首级会晤	4	2014 年 6 月，哈西娜总理出席第二届中国—南亚博览会并正式访华，国家主席习近平会见了哈西娜总理，李克强总理同哈西娜总理举行了会谈，全国政协主席俞正声会见了哈西娜总理，双方发表了《中孟关于深化更加紧密的全面合作伙伴关系的联合声明》 2014 年 11 月，哈米德总统来华出席加强互联互通伙伴关系对话会，习近平主席、李源潮主席分别会见哈米德总统 2015 年 9 月，习近平主席在纽约出席联合国大会期间与孟加拉国总理哈西娜举行双边会见 2016 年 10 月，习近平主席对孟加拉国进行国事访问，双方宣布将两国关系提升为战略合作伙伴关系
最高权力机关及行政机构领导人级会晤	5	2013 年 9 月，孟加拉国国民议会议长乔杜里来华出席国际和平日纪念活动暨中国—南亚和平发展论坛活动，李源潮副主席会见 2014 年 5 月，全国人大常委会副委员长严隽琪、中央军委副主席许其亮访孟加拉国

级别及方式	次数	具体内容
最高权力机关及行政机构领导人级会晤	5	2015 年 5 月，刘延东副总理对孟加拉国进行正式访问，分别会见哈西娜总理、哈米德总统、乔杜里议长，双方就中孟关系和共同关心的问题交换意见，并在教育、文化领域合作达成一系列共识 2015 年 6 月，孟加拉国国民议会议长乔杜里赴云南出席第三届中国—南亚博览会开幕式 2015 年 10 月，孟加拉国国民议会议长乔杜里访华并在京出席亚洲政党丝绸之路专题会议和中孟建交 40 周年纪念活动
外交部长会晤	7	2013 年 7 月，王毅外长在东盟地区论坛外长会期间会见孟加拉国外长莫尼 2013 年 9 月，王毅外长在联合国大会期间会见孟加拉国总理哈西娜 2014 年 5 月，孟加拉国外长阿里来华出席亚信峰会，王毅外长会见 2014 年 8 月，王毅外长在东亚合作系列外长会期间会见孟加拉国外长阿里 2014 年 12 月，王毅外长访问孟加拉国，分别会见哈西娜总理、哈米德总统、乔杜里议长、议会反对党领袖劳珊、民族主义党主席齐亚，同阿里外长会谈 2017 年 11 月，王毅外长访问孟加拉国，会见哈西娜总理，同阿里外长会谈 2018 年 6 月，孟加拉国外长阿里来华访问，国务委员兼外长王毅同其会谈，王岐山副主席会见

资料来源：此表系课题组结合相关资料及新闻报道整理而成。

3. 中国—斯里兰卡高层领导主要互访情况统计

表 2－12　　中国—斯里兰卡高层领导主要互访情况统计（截至 2018 年 11 月）

级别及方式	次数	具体内容
国家元首级会晤	5	2013 年 5 月，斯里兰卡总统拉贾帕克萨来华国事访问，双方决定将中斯关系提升为真诚互助、世代友好的战略合作伙伴关系 2014 年 5 月，斯里兰卡总统拉贾帕克萨来华出席亚信第四次峰会，习近平主席会见 2014 年 9 月，习近平主席对斯里兰卡进行国事访问，这是中国国家元首时隔 28 年再次访斯

续表

级别及方式	次数	具体内容
国家元首级会晤	5	2015 年 3 月，西里塞纳总统对华进行国事访问，习近平主席、李克强总理、张德江委员长等国家领导人与其会谈、会见 2015 年 10 月，习近平主席在金砖国家领导人与环孟加拉湾多部门技术经济合作倡议组织成员国领导人对话会期间会见斯里兰卡总统西里塞纳
最高权力机关及行政机构领导人级会晤	8	2013 年 6 月、8 月，斯里兰卡总理贾亚拉特纳分别来华出席首届中国—南亚博览会和第二届亚洲青年运动会闭幕式 2013 年 10 月，全国人大常委会副委员长、中国人民争取和平与裁军协会副会长严隽琪访问斯里兰卡 2016 年 4 月，维克拉马辛哈总理对华进行正式访问 2016 年 10 月，卡鲁议长正式访华 2017 年 4 月，全国政协主席俞正声访问斯里兰卡 2017 年 5 月，斯里兰卡总理维克拉马辛哈来华出席"一带一路"国际合作高峰论坛 2018 年 2 月，全国政协副主席王钦敏赴斯里兰卡出席斯里兰卡独立 70 周年庆典
外交部长会晤	2	2016 年 7 月，王毅外长访问斯里兰卡 2017 年 10 月，斯里兰卡外长马拉帕纳访华

资料来源：此表系课题组结合相关资料及新闻报道整理而成。

4. 中国—巴基斯坦高层领导主要互访情况统计

表 2 – 13 　　　中国—巴基斯坦高层领导主要互访情况统计
（截至 2018 年 11 月）

级别及方式	次数	具体内容
国家元首级会晤	7	2014 年 2 月，巴基斯坦总统侯赛因来华进行国事访问 2014 年 5 月，侯赛因总统来华出席亚洲相互协作与信任措施会议第四次峰会 2015 年 4 月，习近平主席应邀对巴基斯坦进行正式访问，中巴双方发表《中华人民共和国和巴基斯坦伊斯兰共和国建立全天候战略合作伙伴关系的联合声明》

续表

级别及方式	次数	具体内容
国家元首级会晤	7	2015 年 9 月，巴基斯坦总统侯赛因来华出席 "9.3" 纪念活动，习近平主席、张高丽副总理会见侯赛因 2015 年 12 月，侯赛因总统来华出席第二届世界互联网大会 2016 年 6 月，习近平主席在塔什干出席上海合作组织元首理事会第十六次会议期间会见巴基斯坦总统侯赛因 2018 年 6 月，巴基斯坦总统侯赛因总统来华出席上海合作组织青岛峰会
最高权力机关及行政机构领导人级会晤	8	2013 年 5 月，李克强总理应邀对巴基斯坦进行正式访问，中巴双方发表《中华人民共和国和巴基斯坦伊斯兰共和国关于深化两国全面战略合作的联合声明》 2013 年 7 月，巴基斯坦总理谢里夫来华进行正式访问，双方发表《关于新时期深化中巴战略合作伙伴关系的共同展望》 2014 年 4 月，巴基斯坦总理谢里夫来海南出席博鳌亚洲论坛 2014 年年会 2014 年 11 月，谢里夫总理来华出席加强互联互通伙伴关系对话会 2015 年 12 月，谢里夫总理来华出席上海合作组织成员国政府首脑理事会第十四次会议 2016 年 9 月，李克强总理在纽约出席第 71 届联合国大会期间会见巴基斯坦总理谢里夫 2017 年 5 月，巴基斯坦总理谢里夫来华出席 "一带一路" 国际合作高峰论坛 2018 年 4 月，巴基斯坦总理阿巴西来华出席博鳌亚洲论坛 2018 年年会
外交部长会晤	0	

资料来源：此表系课题组结合相关资料及新闻报道整理而成。

5. 中国—马尔代夫高层领导主要互访情况统计

表 2–14　　中国—马尔代夫高层领导主要互访情况统计

（截至 2018 年 11 月）

级别及方式	次数	具体内容
国家元首级会晤	7	2014 年 6 月，马尔代夫副总统贾米尔来华出席第二届中国—南亚博览会 2014 年 8 月，马尔代夫总统亚明来华出席第二届青年奥林匹克运动会开幕式

级别及方式	次数	具体内容
国家元首级会晤	7	2014年9月，习近平主席对马尔代夫进行国事访问，同亚明总统一致同意构建中马面向未来的全面友好合作伙伴关系 2015年6月，马尔代夫总统亚明来华出席第三届中国—南亚博览会 2015年7月，全国人民代表大会常务委员会副委员长沈跃跃作为习近平主席特使赴马尔代夫出席马尔代夫独立50周年庆典 2015年10月，马尔代夫副总统阿迪布来华出席亚洲政党丝绸之路专题会议，并同全国人民代表大会常务委员会副委员长沈跃跃共同出席中国—马尔代夫投资论坛 2017年12月，马尔代夫总统亚明对华进行国事访问
最高权力机关及行政机构领导人级会晤	6	2015年11月，中央军委委员、海军司令吴胜利上将和全国政协副主席陈晓光分别访问马尔代夫 2016年4月，海军副司令员田中中将访问马尔代夫 2016年5月，张德江委员长在香港出席"一带一路"高峰论坛期间会见玛斯赫议长 2016年6月，马尔代夫作为主题国参加在昆明举办的第4届中国—南亚博览会，玛斯赫议长率团出席 2016年10月，玛斯赫议长赴重庆出席2016中国共产党与世界对话会 2016年12月，玛斯赫议长对华进行正式访问
外交部长会晤	2	2016年8月，王毅外长过境马尔代夫，会见外长阿西姆 2017年1月，马尔代夫外长阿西姆对华进行正式访问

资料来源：此表系课题组结合相关资料及新闻报道整理而成。

表2－15　　中国与南亚国家的总体定位与政策沟通情况
（截至2018年11月）

中国	总体定位	国家元首级会晤（次）	最高权力机关及行政机构领导人级会晤（次）	外交部长会晤（次）
印度	战略合作伙伴关系	16	9	4
孟加拉国	战略合作伙伴关系	4	5	7
斯里兰卡	战略合作伙伴关系	5	8	2
巴基斯坦	全天候战略合作伙伴关系	7	8	0
马尔代夫	面向未来的全面友好合作伙伴关系	7	6	2

资料来源：此表系课题组结合相关资料及新闻报道整理而成。

（二）南亚各国对接"海丝路"政策的国家类型划分

基于地缘政治概念的界定，陆海属性的划分主要依据陆海地缘结构，如陆海度值、陆海边界线和邻国属性；陆海地理区位，如经纬定位、地形地势和气候条件；以及陆海文明成分。[①] 因此，南亚国家可以划分为三种类型，见表 2 – 16。

表 2 – 16　　　南亚各国对接"海丝路"政策的国家类型划分

类型	国家
海岛型	斯里兰卡、马尔代夫
内陆型	不丹、尼泊尔
陆海复合型	印度、巴基斯坦、孟加拉国

资料来源：此表系课题组结合相关资料及新闻报道整理而成。

一方面，因地理位置所带来的陆海属性差异性，带来了各国对海权的需求与认知存在强弱不均的区分，也给其在地区事务中的权力运用和利益获取带来不对等性，加之历史文化传统引发的南亚各国双边及地区问题，使得南亚各国据此采取了差异化较大的政策取向和战略走向。另一方面，经济全球化进程也给南亚地区经济带来了新的发展机遇，各国工业化发展迅猛，不仅对外贸易额激增，也推动了各国对基础设施建设的迫切需求，这些都使得中国与南亚地区之间的经济互补性越来越强。

这些因素在很大程度上影响了南亚国家共建"海丝路"的认知，见表 2 – 17。

表 2 – 17　　　　南亚主要国家对待"海丝路"的态度

项目	印度	巴基斯坦	孟加拉国	斯里兰卡	马尔代夫
国家类型	陆海复合型	陆海复合型	陆海复合型	海岛型	海岛型
认知程度	片面	较充分	较充分	一定了解	一定了解
反应态度	消极	积极	积极	积极	积极
行为深度	表面	核心	核心	核心	核心
结构强度	松散	牢固	牢固	牢固	牢固
参与活性	低	高	高	高	高

[①]　刘明：《南亚国家共建 21 世纪海上丝绸之路的参与活性——基于陆海属性的视角》，载于《理论月刊》2017 年第 8 期，第 176 页。

二、中国与南亚国家在"海丝路"建设中的政策对接障碍

（一）国内政局稳定，但官民互动易造成政策理解偏差

前述可知，南亚各国都认识到了"海丝路"对本国经济发展的价值，并参与了相关项目。即便是在合作受阻最严重的印度，印度政府在持抵触政策之余，仍部分采取了灵活的务实主义路线，参与亚投行筹建就是最典型例子。考虑到自身基础设施建设需求与资金并不成正比，加之亚投行资金投放条件限制较少，印度不仅积极响应中国提出的亚投行筹建倡议，更作为亚投行首批创始成员国出资84 亿美元，成为亚投行第二大股东，并获得第二大表决权份额。

然而，我们也要注意到，虽然南亚国家近年来国内的政治局势发展基本保持了较为稳定的态势，但是，民族主义盛行依然给各国政府与民众之间的互动带来非常大的影响。一方面，政党会利用民众进行政治对抗。南亚国家国内主要政党间的对抗性较强，无论哪一党上台，另一党在很多问题上都采取与执政党不合作的态度，并经常采取异常激进的手段，如号召全国性罢工、罢市、游行示威、阻断交通要道，甚至恐怖活动对抗政府。[①] 另一方面，民众的看法和观念也会影响到政党执政。这种消极的观点使得与中国的任何紧密合作，无论是"海丝路"还是其他与中国的合作倡议都在印度国内受到很大的反对和阻力，这极大影响了印度政府对中国政策的理解及对接。

（二）区域存在多边机制，但印度元素易造成政策对接停顿

在南亚地区，恐怖主义等全球性问题与印巴等传统矛盾交织在一起，带来的不仅是南亚在域外大国眼中战略地位的提升，更加剧了整个地区局势的复杂化。为此，南亚国家努力推进区域合作进程，分别建立了南亚区域合作联盟（简称"南盟"）和环孟加拉湾多领域经济技术合作倡议等区域合作多边机制。作为近邻，中国也积极通过区域多边机制开展与南亚国家合作。政治层面，2006 年中国成为南盟观察员，同时中国也与印度共同作为金砖国家成员和 RCEP 成员推动相关合作，在上海合作组织中，自 2015 年乌法峰会后，印度和巴基斯坦也被吸纳为上海合作组织成员，共同开展合作；经济层面，2013 年，中国提出孟中印缅经济走廊建设倡议，并与巴基斯坦共建中巴经济走廊、与尼泊尔共建中尼经济

---

① 孙喜勤：《中国与孟加拉国经贸关系的现状、问题与前景》，载于《南亚东南亚研究》2016 年第 9 期，第 58 页。

走廊，同时还邀请南亚国家加入亚投行，共同建设"一带一路"。然而，从目前的情况可以看到，这些区域合作多边机制面临着重重困难。观察员身份未能让中国真正推动南盟与中国的务实合作，孟中印缅经济走廊的建设也遇到了不少问题。2020 年 1 月，习近平主席访问缅甸，虽然双方就孟中印缅经济走廊中缅合作达成相关协议，签署了 33 个项目，国际媒体"普遍认为元首外交引领中缅胞波情谊步入了新时代，'一带一路'建设取得重大进展，中国影响力得到进一步提升"，[①] 但从缅方民间媒体分析中可以看出，缅方依然存在较多顾虑，项目多为意向性项目，平衡各国关系的意愿比较强烈。

究其原因，印度元素应是各方区域合作不畅的重要因素。印度作为南亚地区的首要大国，无论是人口基数、国土面积，还是政治实力、经济实力、科学技术、军事化程度等都遥遥领先于南亚其他国家，这就导致了南亚地区出现以印度为主导地位的"一强多弱"的结构形式。印度在文化习俗、历史、人种等因素方面也与南亚各国息息相关，在此基础上，其难免通过自己地区首要大国的地位试图控制南亚其他小国。因此，印度特别重视南亚次大陆及印度洋地区，它的大部分国防任务和海上军事策略都聚集于控制印度洋区域和南亚地区，以保证其在这部分范围内的权力和控制力。印度如认为参与这一区域合作模式能够获益，就会试图通过修改游戏规则来达到自己的目的。但印度所采取的任何行动都可能在于巩固自己在南亚次大陆及印度洋范围内的势力，而不是通过交流合作达到共赢效果。

孟加拉国、斯里兰卡、巴基斯坦等其他南亚国家，与印度的做法有所差异，它们在南亚次大陆、印度洋地区并没有地缘政治层面上的迫切需求，所以这些南亚国家更有可能会根据自己的利益诉求来选择"海丝路"合作模式。对于印度以外的南亚国家而言，发展地区合作、互联互通，有利于促进其自身在未来十年中的发展与建设，这也是这些国家选择"海丝路"的决定性因素。例如，孟加拉国试图通过互联互通与地区合作项目的实施，来实现成为中等国家的宏伟目标。且孟加拉国在工业产能发展、重大基础设施建设及高新技术上存在资金短缺的难题，其将任何能够实现互联互通的途径都视为按期达到预期目标的手段。因此，对孟加拉国等国家而言，"海丝路"不仅是促进地区合作发展、重大基础设施投资建设、多边双边合作的平台，也是促进科学技术共享转让的途径。同样，前巴基斯坦总理伊姆兰·汗也在 2018 年 7 月 30 日表示，其支持"一带一路"合作理念，坚定支持中巴经济走廊建设。然而，印度因素依然是这些国家无法绕开的

---

① 《国务委员兼外交部长王毅谈习近平主席对缅甸进行国事访问》，中国政府网，2020 年 1 月 19 日，http：//www. gov. cn/guowuyuan/2020 – 01/19/content_5470555. htm。

"坎"。面对印度在南亚地区的首要地位，其他南亚国家多将平衡与印度和中国之间关系作为自己的外交政策。也正因此，这些国家在合作中时常会采取反复的态度。例如，孟加拉国在涉及与中国相关的政策交流决定时，对于与印度相关的因素尤为关注。又如，在2015年斯里兰卡大选后，执政的两党联合政府就将中国和印度作为自己对外政策上博弈国家利益的筹码。

（三）地区战略位置突出，域外大国关切易造成政策执行停顿

考虑到其重要的战略位置，印度洋一直以来都是美国和其亚太盟友希望加强管控合作的地区。同时，印度出于自身利益考虑，也希望借域外大国之力抗衡中国。比如，2014年莫迪就任总理之后首次访问南亚以外的国家就是日本。在其访日期间获得了日本提供3.5万亿日元政府和民间融资的承诺，双方关系升级为"特殊全球战略伙伴关系"。[1] 印度通过公开表示支持美国的印太战略，来换取美国和日本对其"湄公河—恒河"合作项目的支持。印度能否在与美国、日本多方面的战略接触中保持战略独立，同时在继续扩大与中国的合作之间保持平衡，对于它同中国在"海丝路"项目合作的能力至关重要。

孟加拉国也是如此，美国通过全方位接触孟加拉国的各个阶层人员，在外交层面上获得了该国的广泛支持。且在近几年中，日本通过在孟加拉国注入一些价值高昂的投资项目，在该国获得了不少的认可，如其在"孟加拉湾工业增长带"（Big－B）提供59亿美元援助，用于投资国家的基础设施建设和电厂建设。[2] 然而，孟加拉国是否能像印度一样，与各大国开展合作的同时保持信任与平衡，这是存在较大疑问的。本书研究人员在前往孟加拉国进行调研的过程中发现，该国一些学者认为，孟中印缅经济走廊获得印度认同的原因只是因为它能给印度带来利益，即从陆路合法过境孟加拉国以通往印度东北诸邦。而这种利益并不会推动印度赞同其他互联互通工程，甚至也不会给孟中印缅经济走廊带来可持续性结果。这些学者的另一忧虑在于，孟加拉国虽然近年来发展迅猛，但其竞争力仍需大幅提高，而与中国、印度的经济合作可能不会带来市场扩大的优势，反而可能进一步扩大其贸易逆差。因此，孟加拉国依然需要加强与中印两国政治互信，在经济合作中提高国内竞争力，从而在"海丝路"建设中争取获得更多利益。

---

① 《印度总理为何首访日本》，http：//epaper. bjnews. com. cn/html/2014－09/01/content 532560：htm？div＝1，2014年9月1日。

② ［孟］穆希布尔·拉赫曼著，吴娟娟译：《21世纪海上丝绸之路与中国—南亚关系》，载于《印度洋经济体研究》2016年第1期，第50页。

三、中国与南亚国家在"海丝路"建设中的对接政策选择

(一) 树立"兼容并举"的多边共赢对接理念

如前所述，因为南亚各国的利益不同，其对"海丝路"的看法没有达成一个共识。从南亚国家的立场来看，作出符合国家情况、世界情况的国内国际决策将在很大程度上有利于国内的发展和国际上的交往。在共建"海丝路"的进程中，南亚其他国家不能忽视印度因素，因为其与印度有着较高程度的依赖。因此，在分析中国与南亚国家合作参与"海丝路"建设的策略时，可以分为中国—印度与中国—其他南亚国家两种方式。

基于此，可以认为，中国与南亚国家之间首先要明确，乃至创新一种合作理念，即"三方共赢"战略（"win – win – win" strategy），这种战略要考虑是否给第三方造成零和影响，比"两方战略"更为成功。①

(二) 营造具有包容感的新对接模式

南亚地区多样化特点明显，不仅经济发展和社会制度与中国截然不同，一些地缘政治方面的担忧也充斥着南亚各国，尤其是在印度与其他小国之间还存在着边界冲突。区域主义在欧盟和东盟发挥了很好的效果，虽然区域主义在南亚地区拥有非常悠久的历史，但是由于各国更多的诉求在于公开参与重要的地区经济活动，因此，仅是理性选择或者继续推行地区主义并不能激发出更深层的多边联系，进而导致区域主义在南亚没有实现达到类似的预期效果。

所以，南亚地区需要一个新的合作模式。基于此，以"兼容并举"的理念，通过多边和地区的合作方式，探寻并逐步营造一种具有包容感的合作方式，是中国通过"海丝路"来推动与南亚地区成功合作的关键因素，并将有效推动南亚各国参与"海丝路"建设。

(三) 创设松散的多边非正式磋商机制

印度洋的战略安全是印度对"一带一路"感到担忧的主要原因，但由于中国到印度洋的补给线比较漫长，就印度在印度洋上的地位而言，中国并不会对其造

---

① ［孟］穆希布尔·拉赫曼著，吴娟娟译：《21世纪海上丝绸之路与中国—南亚关系》，载于《印度洋经济体研究》2016年第1期，第56页。

成直接威胁。虽然目前中国和印度之间已经建立了一些双边对话机制，但是中国、印度与其他南亚国家的多边对话机制则较为缺乏。印度对于中国"一带一路"与斯里兰卡、孟加拉国和马尔代夫之间的合作并不放心。实际上，若是能够在南亚建立多边对话机制，印度在一些事项上的了解、协商和决定等方面将更有话语权。因此，若能建立多边主义的非正式磋商机制，有效发挥其效能，那么该机制在国际政治中的释疑效果将非常明显。而在目前的情况下，中国还不是南亚区域合作联盟的成员，各国的沟通更需通过多边平台进行。

（四）树立共同且有区别的对接途径

印度因素是中国与南亚国家合作过程中无法回避的话题，也是关系到"海丝路"在南亚地区顺利建设的必备元素。中印同为多个国际组织和区域合作机制成员国，在其中均发挥了重要作用，因此要将多边机制平台作为中印沟通问题、解决分歧的重要场所和媒介。同时，要持续推动与南亚其他国家合作，直至"海丝路"建设进入成熟阶段，不应只将自己看作倡议的一部分，而应协调相关国家，建立互信机制。

具体而言，一方面，要在南亚地区加强中印在南盟内部的合作。南亚国家间的政治矛盾使得南亚内部的多边机制运行困难重重，也尚未建立健全观察员参与南盟的有效多边合作机制，因此，应从功能性领域，诸如经贸、疾病防治、农业和粮食合作、消除贫困和打击跨国犯罪等领域着手，通过功能性领域的合作探索合作机制，逐步建立信任，感知合作利益，从而为更高层次和更宽领域的合作打下基础，再将由此产生的功能外溢扩展，形成以南盟作为平台与区外国家的多边对话合作机制。

另一方面，通过多边机制平台开展中国与南亚国家政经合作。首先，强化上海合作组织建设，考虑到印度、巴基斯坦已正式成为上海合作组织成员国，未来有关印巴、中印的安全问题在上海合作组织这一多边机制中，由各关联方共同对话解决，将会有效避免误解误判、冲突甚至战争。其次，要通过金砖国家合作，将中印合作朝着"经贸大市场、金融大流通、基础设施大联通、人文大交流"的方向细化。最后，要借助 RCEP，将中国与南亚经贸合作放置于融东亚、东南亚、南亚以及大洋洲的全球最大市场，使印度意识到经贸领域合作的核心价值。

（五）开展有针对性的主题多元化合作

中国需引导沿线各国各放异彩，共享红利。具体可以通过不同领域的广泛协商、调研总结经验，并据此谋定细致计划，以期推动"海丝路"为各国经济谋发展、为外交促合作。

首先,中国需要增强外交运筹。外交部需牵头多部门,依托该倡议在不同领域内开展多层次交流;中国驻南亚各国使馆需更多地参与其中,同时,在中国的外交使团代表无法更专注于"海丝路"推广的情况下,可以考虑成立专门部门来处理"海丝路"专项事务。

其次,利用多种主体开展公共外交。在一些国家,非政府组织、公民团体活动活跃,因此公共外交是推动"海丝路"建设不可忽视的重要部分。所以,除政府正式渠道,还应与其他相关方多方面开展协商和讨论,将其他利益相关者纳入决策考量范围,如商业团体、企业家和公民社团等,以争取这些影响政府决策群体的支持。

再次,企业在"走出去"过程中,应务实消除发展障碍,完善伙伴关系网。当前南亚国家发展主要受制于基础设施体系和技术问题,因此中国企业在投资项目时,应在考虑投入产出比的基础上推动当地发展障碍的消除,既确保达成"海丝路"目标,也全力助力各国发展。除了要消除多重挑战的影响外,还应考虑在这些国家实施一些典型示范项目,以此助力中国发展与东道国的友好关系,再逐渐与其建立伙伴关系。

最后,通过媒体等舆论渠道发挥沟通作用。中国可引导南亚各国主动寻求多领域问题对话,增进双方合作。引导它们慎重处理政治问题,以经济发展利益为重,加强与中国的务实合作。引导南亚国家发挥媒体沟通作用,针对发展突破点和发展障碍进行深入沟通,争取大国认可,减少误解和误判。

第四节 推进"海丝路"建设的政治外交区域策略——非洲部分

"海丝路"重点方向是"从中国沿海港口过南海到印度洋,延伸至欧洲;从中国沿海港口过南海到南太平洋"。其中红海湾及印度洋西岸航段沿线包括也门和埃及、苏丹、索马里、吉布提、厄立特里亚、肯尼亚、坦桑尼亚、莫桑比克8个非洲国家(也门从地理位置上来看虽然属于亚洲,但此处为了研究的便利把也门归属于"非洲部分"讨论)。本书中所讨论的"非洲"主要是指红海湾及印度洋西岸航线的上述9个国家,但某些地方也包括后来加入"一带一路"倡议的其他非洲国家。

与其他地区和国家不同,中非合作共建"一带一路"既存在着一些天然的优势，也存在着需要克服的困难。中国与非洲国家有着相似的历史遭遇，有着非常良好的政治互信。因此，在进行政策沟通时有着独特的优势。但是，许多非洲国家政局复杂，内外形势多变，从而影响到了该国政府的合法性和代表性。这容易使政策沟通的实际效果大打折扣，甚至有可能使政策沟通的成果仅停留在纸面上。因此，对于与非洲国家如何进行长期且有效的沟通，需要结合非洲的具体实际进一步探讨。

一、非洲国家对"海丝路"的认知与态度

自"一带一路"倡议提出五年来，沿线国家在不同程度上展现了各自的态度。就红海湾及印度洋西岸航线的 9 个国家而言，从目前各国政府的表态来看，其态度基本是正面和积极的。

（一）红海湾及印度洋西岸航线国家

也门：从也门的态度来看，该国政府对"一带一路"倡议是持积极和肯定的态度的。2016 年 2 月 15 日，流亡沙特阿拉伯的前也门总统哈迪在利雅得会见了时任中国驻也门大使田琦，哈迪表示也门希望中国积极参与也门经济重建进程，愿同中方共同推动"一带一路"建设。哈迪当天在接受时任中国驻也门大使田琦递交国书时表示，也门政府将继续致力于也中友好事业发展，欢迎中方积极参与也门经济重建，共同推动"一带一路"建设。[1] 2016 年 5 月 12 日，时任也门副总理兼外交部长马赫拉斐也表示，2016 年恰逢中也建交 60 周年，中国数十年来一直帮助也门发展，双方始终相互尊重，平等相待，互利合作。他认为"一带一路"倡议的提出有重要意义，当今世界面临经济衰退问题，中阿经贸合作遭遇挑战，以中阿合作论坛为契机，通过建设"一带一路"，中阿经贸合作能够实现"一加一大于二"的效果。[2]

埃及：埃及作为非洲最具影响力的国家之一，其对"一带一路"倡议的态度会影响广大的非洲国家。从塞西总统和埃及其他政府要员的表态来看，埃及政府对"一带一路"倡议也是积极的。2014 年 6 月 3 日，埃及最高选举委员会宣布，塞西以 96.91% 的得票率赢得总统选举。不久之后，塞西对中国成功地进行了国

---

① 《也门总统哈迪表示愿同中方共同推动"一带一路"建设》，新华网，2016 年 2 月 16 日，http://www.xinhuanet.com/world/2016-02/16/c_1118052256.htm。

② 《"一带一路"有什么好？也门副总理这样说》，搜狐网，2016 年 5 月 14 日，http://www.sohu.com/a/75314930_401460。

事访问。2014 年 12 月 23 日，正在中国进行国事访问的塞西总统就表示，中国提出的"一带一路"倡议给埃及带来新的发展机遇，埃及非常重视与中国就此开展合作。塞西总统明确表示，埃及在阿拉伯世界和非洲占据重要地位，是建设"一带一路"的重要力量。埃及支持"一带一路"倡议，将竭尽所能与中国一道推动倡议的实施。埃及正在实施长远的经济发展规划，希望与中国加强各领域的合作。埃及正在建设新的苏伊士运河，加大运河区的开发力度，欢迎中国企业参与其中。埃及在能源和基础设施建设等领域拥有广阔的投资前景，希望更多中国企业赴埃及投资，埃及政府将为中国投资者提供各种支持与帮助。[①] 就在塞西总统访问中国之时，两国发表了联合声明，可见两国关系经受住了埃及国内政局变化的考验，继续向前迈进。

苏丹：苏丹位于非洲东北部、红海沿岸、撒哈拉沙漠东端，国土面积为 188 万平方公里，人口约 4 280 万人（2019 年）。[②] 单纯从地图上看，苏丹堪称幅员比较辽阔的国家。但是从发展水平来看，苏丹在经济方面是比较落后的。苏丹是联合国公布的世界最不发达国家之一，经济结构单一，基础薄弱，工业落后，对自然环境及外援依赖性强。近年来，随着石油大量出口，借助高油价的拉动，苏丹经济保持快速增长，成为非洲经济发展最快的国家之一。但南苏丹独立对苏丹经济产生冲击，国内物价上涨，货币贬值，财政收入锐减。[③]

从近年来中国和苏丹关系的发展态势来看，两国关系日益紧密，在多个领域进行了卓有成效的合作。也正因如此，苏丹政府明确表示支持"一带一路"倡议。苏丹政府多位要员也表示了对"一带一路"倡议的支持。在 2017 年 5 月 19 日，被称为"中国通"的时任苏丹总统助理、发展对华关系委员会副主席阿瓦德·艾哈迈德·贾兹在接受采访时表示，苏丹高度重视发展对华关系，愿抓住"一带一路"建设契机，在两国战略伙伴关系框架下，进一步扩大苏中合作，共同获益。[④]

索马里：索马里联邦共和国位于非洲大陆最东部的索马里半岛，拥有非洲最长的海岸线，总面积 637 660 平方公里，人口约 1 518 万人（2018 年）。[⑤] 自 1991 年索马里西亚德政权被推翻后，索马里实质上一直处于无政府状态，各派兵戎相见，致使海盗横行，需要国际社会合力打击海盗。2012 年 8 月 1 日，索马里全国制宪会议通过《临时宪法》。9 月 10 日哈桑·谢赫·马哈茂德当选索马里总统，

---

① 朱小龙：《埃及总统塞西："一带一路"倡议给埃及带来新机遇》，人民网，2014 年 12 月 23 日，http://world.people.com.cn/n/2014/1223/c157278 - 26262563.html。

②③ 《苏丹国家概况》，中华人民共和国外交部官网，数据不断更新中。

④ 李紫恒：《苏丹愿抓住机遇积极参与"一带一路"建设——访苏丹总统助理贾兹》，http://www.scio.gov.cn/31773/35507/35515/35523/Document/1552717/1552717.htm。

⑤ 《索马里国家概况》，中华人民共和国外交部官网，数据不断更新中。

其也成为索马里第一位经过议会选举当选的总统。2017 年 2 月 8 日，曾任索马里总理的法马约（Mohamed Abdullahi Farmajo）当选索马里总统。随着索马里局势向好转方向发展，2014 年 10 月 12 日，中国驻索马里使馆时隔 23 年后正式复馆。从现有发展态势来看，索马里政府虽然难以控制国内局势，其政府在国际社会及国内的合法性和代表性可能还受到一定的质疑，但从其政府的表态来看，是愿意发展对华关系并支持"一带一路"倡议的。

2015 年 12 月 4 日，国家主席习近平在约翰内斯堡会见时任索马里总统马哈茂德。马哈茂德表示，索中友好源远流长。索方感谢中国对索马里国家和平进程和重建给予的支持，感谢中方 2014 年 10 月恢复驻索使馆。索方愿加强同中国的合作关系，参与"一带一路"合作，积极落实本次中非合作论坛峰会达成的共识。[①] 可见，如果索马里局势能够得到恢复，该国政府是愿意参与并欢迎"一带一路"建设的。

吉布提：吉布提无论是从地域还是从人口来看，都是一个小国。虽然是小国，但从地缘上来看却极其重要，这是由于该国扼守红海出海口，成为进出红海的门户。吉布提也是中国首个在海外建立后勤保障基地的国家。从中吉两国政府的沟通，以及吉布提政府的公开表态来看，吉布提政府是支持"一带一路"倡议的。2017 年 11 月 22～24 日，吉布提总统盖莱对中国进行了国事访问，成为中共十九大后首位访华的非洲国家元首。在访问中，两国元首一致同意，建立中吉战略伙伴关系，全面深化两国各领域合作。吉布提总统盖莱称自己"是中国的好朋友"。他表示，吉布提具有重要的战略位置，是一个可以帮助亚洲、非洲和中东地区稳定的岛屿，愿积极参与共建"一带一路"，密切同中方在多边事务中的合作。[②] 2017 年 12 月 7 日，吉布提驻华大使阿卜杜拉·米吉勒表示，基于目前的地缘政治状况，"一带一路"应是两个国家相互合作的最好契机。中吉关系不仅限于政治层面，也存在于经济、军事和文化领域。吉布提参与的"一带一路"建设项目将会涉及供水、道路、铁路、电力及自贸区的建设等多个领域。[③]

厄立特里亚：厄立特里亚在经济上属于世界上最不发达国家之一，在地理上东隔红海与沙特阿拉伯和也门相望，扼红海进出印度洋的门户，全国海岸线长 1 200 公里，地理位置十分重要。从现有公开信息来看，厄立特里亚

① 耿学鹏：《习近平会见索马里总统马哈茂德》，http：//www.xinhuanet.com/world/2015－12/05/c_1117363223.htm。

② 白云怡、李司坤：《吉布提总统访华 两国一致同意建立战略伙伴关系》，http：//mil.news.sina.com.cn/2017－11－24/doc－ifypacti7561656.shtml。

③ 可达：《吉布提驻华大使："一带一路"是两国合作最好契机》，http：//opinion.jrj.com.cn/2017/12/08161423764343.shtml。

政府对于"一带一路"的表态并不是非常多。但是从其多方的反应来看，该国政府是支持并愿意参与"一带一路"建设的。在 2017 年 5 月在北京召开的"一带一路"高峰论坛上，时任总统经济顾问、执政党经济部长哈格斯代表厄立特里亚参加了这场高层会议。同时，该国《形象报》2017 年 5 月 17 日在头版头条对"一带一路"国际合作高峰论坛进行了专门报道，认为鉴于厄立特里亚位于红海的战略海上航线上，其将成为中国"一带一路"倡议的重要合作伙伴。同日，该媒体还全文登载了时任中国驻厄立特里亚大使杨子刚的题为《融入"一带一路"，促进友好合作》的署名文章，指出中国将借力"一带一路"建设，不断巩固和促进两国友好关系。① 可见，其官方总体基调和态度，是积极并乐意参与"一带一路"建设的。

肯尼亚：肯尼亚共和国位于非洲东部，赤道横贯中部，其海岸线长 536 公里。在非洲诸国当中，肯尼亚无论是在政治还是在经济发展方面，都比较平稳。肯尼亚政府为振兴国家经济，于 2008 年发布了《肯尼亚愿景 2030》。其目标是在未来 20 年保持 GDP 年均增长率为 10%，从而使肯尼亚到 2030 年时由现在的低收入国家转型为"新兴工业化、中等收入国家"。为此，肯尼亚政府提出优先发展旅游业、农业、制造业、批发零售业、业务流程外包（BPO）、金融服务业等重点产业，争取年均经济增速达到 10%，到 2030 年将肯尼亚发展成为具有全球竞争力、民众享有高质量生活、环境优美、社会安定的新兴工业化中等收入国家。② 作为一个发展潜力巨大的非洲国家，同时也是急于谋求成为中等收入经济体的国家，其在发展过程中与中国有着非常好的合作前景。加之，中肯两国长期以来就有着非常良好的合作关系，从而使肯尼亚政府对"一带一路"倡议持积极和肯定的态度。2017 年 5 月，在北京举行"一带一路"国际合作高峰论坛，时任肯尼亚总统乌胡鲁·肯雅塔率团参加。他表示，"一带一路"倡议为非洲发展提供了最佳模式，有助于非洲大陆推进地区一体化、实现共同繁荣的目标。通过"一带一路"倡议，非洲可重拾之前在全球化大潮中丧失的发展机会。③

坦桑尼亚：坦桑尼亚联合共和国位于非洲东部、赤道以南，是英联邦成员国之一，国土面积为 945 087 平方公里，人口约 5 910 万人（2018 年），坦桑尼亚是联合国宣布的世界最不发达国家之一。④ 对于中国人而言，提到坦桑尼

---

① 驻厄立特里亚使馆经商处：《厄立特里亚媒体集中报道"一带一路"国际合作高峰论坛》，http：//www.mofcom.gov.cn/article/i/jyjl/k/201705/20170502577005.shtml。

② 《肯尼亚国家概况》，中华人民共和国外交部官网，数据不断更新中。

③ 卢朵宝、金正：《肯尼亚总统："一带一路"倡议为非洲发展提供最佳模式》，http：//world.people.com.cn/n1/2017/0517/c1002-29282496.html。

④ 《坦桑尼亚国家概况》，中华人民共和国外交部官网，数据不断更新中。

亚最熟悉的无疑是闻名遐迩的"坦赞铁路"。从中坦关系几十年的发展历程来看，无论经历怎样的风雨，总体而言两国关系是友好且密切的。坦桑尼亚致力于发展经济，同时作为一个长期对华友好的国家，其对"一带一路"倡议持积极参与的态度，是自然而然之事。从坦桑尼亚各界政治人士的表态来看，该国对"一带一路"倡议是非常支持的。

2017 年 5 月 10 日，坦桑尼亚驻华大使姆贝尔瓦·凯鲁基就表示"一带一路"倡议将为各参与国和中国带来双赢局面。① 2016 年 11 月 14 日，坦桑尼亚前总统本杰明·威廉·姆卡帕表示，在过去的几十年中，中国成为世界贸易大国和投资大国，这为非洲的发展战略树立了良好的榜样。因此，很多非洲国家热烈欢迎习近平主席提出的"一带一路"倡议，因为这能够带来更快的以及公平的以发展为目标的合作。②

莫桑比克：莫桑比克共和国位于非洲东南部，其国土面积为 79.94 万平方公里，海岸线长 2 630 公里。在莫桑比克与马达加斯加之间的莫桑比克海峡是世界上最长的海峡，全长 1 670 公里。至 2019 年，莫桑比克的人口为 3 040 万人。③ 莫桑比克也是联合国宣布的世界最不发达国家之一。从莫桑比克政府现有表态来看，该国对"一带一路"倡议是持欢迎态度的。

时任莫桑比克副外长蒙德拉内率团参加了 2017 年 5 月在北京举办的"一带一路"国际合作高峰论坛。蒙德拉内副外长在接受采访时表示，对莫桑比克等非洲国家而言，"一带一路"倡议的意义非常重大。"一带一路"倡议容纳了很多国家，彼此之间可以相互促进，通过这个倡议，莫桑比克能拥有世界水平的基础设施，从而实现共同发展，这是一个"极具抱负"的倡议。通过交通设施的建造，莫桑比克可以与各国实现互联互通，这样，人员之间的流动也会得到极大的方便。莫桑比克将与其他国家一道，加强与中国在"一带一路"框架下的合作。④

从所收集到的关于红海湾及印度洋西岸航线 9 国对"一带一路"或"海丝路"的表态来看，无论其国内政局如何，也无论其对外政策怎样，这些国家对"一带一路"倡议都是持积极和肯定态度的，也是希望能够参与到其中的。因此，从上述 9 国政府的表态来看，至少从参与意愿的角度，都可以归为"积极

---

① 徐晨：《坦桑尼亚驻华大使："一带一路"为各国提供共同发展机遇》，http：//world. people. com. cn/n1/2017/0510/c1002 – 29266050. html。

② 《坦桑尼亚前总统：非洲国家热烈欢迎习主席的"一带一路"倡议》，http：//finance. sina. com. cn/meeting/2016 – 11 – 14/doc – ifxxsmif2962174. shtml。

③ 《莫桑比克国家概况》，中华人民共和国外交部官网，数据不断更新中。

④ 康文雅、鲁扬：《莫桑比克副外长："一带一路"倡议可使各国优势互补、共同发展》，http：//world. people. com. cn/n1/2017/0515/c1002 – 29276512. html。

参与国"。

（二）后加入"一带一路"倡议的非洲国家

随着"一带一路"倡议的推广，许多非洲国家也纷纷表示要加入进来。截至2018年9月6日，中国已与非洲37国以及非洲联盟成功签署共建"一带一路"政府间谅解备忘录，签署国家约占出席中非合作论坛北京峰会53个国家的70%。[①] 后加入"一带一路"倡议的非洲国家，其态度也是非常积极的。例如，多哥总统福雷已将自己的国家推荐为中国在西非地区发展"一带一路"计划的支点。摩洛哥国王穆罕默德六世说："摩洛哥不仅能使海上丝绸之路扩展至欧洲，还能使其扩展至与我方有多层次关系的西非国家。"[②] 博茨瓦纳共和国总统莫克维齐·马西西表示："中国在基础设施建设领域对非洲的大力支持，正在帮助这片大陆改善这一状况，中非合作论坛和'一带一路'建设为这一合作提供了有效平台和重要机遇。"[③] 南非驻华大使馆公使衔参赞查理斯表示，"一带一路"将改善非洲基础设施，助力区域一体化发展。[④]

二、中非政策沟通的现状与障碍

（一）中非政策沟通的现状

1. 现有研究成果：中非政策沟通明显不足

对于中非之间的政策沟通情况，可能是由于收集到的资料不够充分，现有的研究成果在数量上是比较少的，研究的覆盖面也不够全面。从现有的研究成果来看，其主要研究了也门和埃及两国。例如，北京大学海洋研究院的成果中，在对"一带一路"沿线的63个国家进行测度时，红海湾及印度洋西岸航线的9个国家只有也门和埃及。

---

① 中华人民共和国中央人民政府：《我国已与非洲37国及非洲联盟签署共建"一带一路"谅解备忘录》，http://www.gov.cn/xinwen/2018-09/07/content_5320218.htm。

② 《外媒：非洲各国争做中国"一带一路"支点》，http://www.cankaoxiaoxi.com/china/20160601/1178298.shtml。

③ 《博茨瓦纳总统："一带一路"助力非洲发展》，https://www.guancha.cn/politics/2018_09_03_470643.shtml。

④ 郑青亭：《专访南非驻华大使馆公使衔参赞查理斯："一带一路"将改善非洲基础设施，助力区域一体化发展》，http://money.163.com/17/0905/05/CTI1HR1E002580S6.html#from=keyscan。

如果以 1 分为满分，埃及和也门两国在政策沟通度方面的得分如表 2 - 18 所示。[①]

表 2 - 18　　　埃及和也门政策沟通度得分情况（1 分为满分）

国家	高层交流频繁度	伙伴关系	政策沟通效度	双边重要文件数	驻我国使领馆数	政治稳定性	清廉指数	总评分	总评分（标准化）
埃及	0.55	0.00	0.80	0.40	0.44	0.07	0.44	3.80	4.98
也门	0.12	0.00	0.50	0.20	0.24	0.02	0.23	1.80	2.36

同样，国家信息中心"一带一路"大数据中心所收集到的数据，也只有也门与埃及两个国家，其结论和数据与北京大学海洋研究院的成果并无太大区别。

如果以 5 分为满分，埃及和也门两国在政策沟通度方面的得分如表 2 - 19 所示。[②]

表 2 - 19　　　埃及和也门政策沟通度得分情况（5 分为满分）

项目			埃及	也门
政策沟通度	政治互信	高层互访	5.00	1.50
		伙伴关系	3.50	0.50
	双边文件	联合声明	3.00	0.00
		双边协定	2.00	1.00
		合作/谅解备忘录	1.00	0.00

有学者对"一带一路"国别合作度作出了定量评价，测评结果显示，"一带一路"国别合作度指数平均得分为 43.55 分。其中，埃及总得分为 57.99 分，属于逐步拓展型国家。也门总得分为 18.73 分，属于有待加强型国家。[③] 不同区域一级指标平均得分如表 2 - 20 所示。

---

① 北京大学"一带一路"五通指数研究课题组：《"一带一路"沿线国家五通指数报告》，经济日报出版社 2016 年版，第 53 ~ 54 页。

② 国家信息中心"一带一路"大数据中心：《"一带一路"大数据报告（2016）》，商务印书馆 2017 年版，第 53 页。

③ 国家信息中心"一带一路"大数据中心：《"一带一路"大数据报告（2016）》，商务印书馆 2017 年版，第 23 ~ 25 页。

表 2 – 20   不同区域一级指标平均得分情况

地区	维度				
	政策沟通度	设施联通度	贸易畅通度	资金融通度	民心相通度
东北亚	17.50	15.95	13.80	13.00	16.11
东南亚	13.00	7.25	13.82	10.18	14.62
中亚	13.80	9.12	10.36	10.00	12.46
南亚	11.36	5.20	11.65	7.14	12.20
西亚北非	7.65	4.61	9.14	6.00	9.77
中东欧	8.39	4.87	6.62	3.58	9.81

资料来源：国家信息中心"一带一路"大数据中心，《"一带一路"大数据报告（2016）》，商务印书馆 2017 年版，第 26 页。

从现有研究成果的数据来看，中非在政策沟通方面明显逊色于其他地区。这也说明了作为"五通"首要任务的政策沟通，中非尚且存在明显不足，这将直接影响到中非其他领域的合作。中国政府需要加以研究，并制定相应的政策予以应对。

2. 外交部门资料：中非政策沟通不畅

本书把从中国外交部网站所收集到的信息进行整理，就中国与红海湾及印度洋西岸航线的 9 个国家 2013～2018 年双方高层的政策沟通情况进行汇总，可以看出双方高层进行了一定的沟通，但依然存在明显不足。[①]

中国—也门：中也国家元首级会晤 1 次，外交部长会晤 3 次。

中国—埃及：中埃国家元首级会晤 8 次，副总理级会晤 2 次，外交部长会晤 6 次，外交部长通话 2 次。

中国—厄立特里亚：外交部长会晤 1 次。

中国—吉布提：中吉国家元首级会晤 3 次，外交部长会晤 3 次。

中国—肯尼亚：中肯国家元首级会晤 5 次，副总理级会晤 3 次，外交部长会晤 3 次。

中国—莫桑比克：中莫国家元首级会晤 6 次，外交部长会晤 2 次。

中国—坦桑尼亚：中坦国家元首级会晤 6 次，外交部长会晤 3 次。

中国—索马里：中索国家元首级会晤 2 次，外交部长会晤 3 次。

中国—苏丹：中苏国家元首级会晤 2 次，副总理级会晤 1 次，外交部长会晤 6 次。

从现有的官方表态来看，中国对于与红海湾及印度洋西岸航线 9 国关系的总

----

① 本节内容收集到的外交部门资料的截止时间是 2018 年 9 月 10 日。

体定位情况如下：中国—苏丹关系是战略伙伴关系；中国—埃及关系是全面战略
伙伴关系；中国—莫桑比克关系是全面战略合作伙伴关系；中国—坦桑尼亚关系
是互利共赢的全面合作伙伴关系；中国—肯尼亚关系是全面合作伙伴关系；中国—
吉布提关系是战略伙伴关系。对于中国与也门、索马里、厄立特里亚三国的关
系，官方并没有表态。中国与红海湾及印度洋西岸航线 9 国的总体定位以及
2013～2018 年的政策沟通情况如表 2－21 所示。

表 2－21　　中国与红海湾及印度洋西岸航线 9 国的总体定位以及
2013～2018 年的政策沟通情况　　　　　　单位：次

国家	总体定位	元首级会晤	副总理级会晤	外交部长会晤	外交部长通话
埃及	全面战略伙伴关系	8	2	6	2
莫桑比克	全面战略合作伙伴关系	6	0	2	0
吉布提	战略伙伴关系	3	0	3	0
苏丹	战略伙伴关系	2	1	6	0
坦桑尼亚	互利共赢的全面合作伙伴关系	6	0	3	0
肯尼亚	全面合作伙伴关系	5	3	3	0
厄立特里亚	—	0	0	1	0
也门	—	1	0	3	0
索马里	—	2	0	3	0

资料来源：中华人民共和国外交部官网。

从表 2－21 可见，虽然中国与部分非洲沿线国家确定了双边关系，也有了一
定的沟通，但是相对而言，中国与红海湾及印度洋西岸航线的 9 个国家在 2013～
2018 年，总体政策沟通还存在明显不足。从现有情况来看，中国与新加入的非
洲国家也同样存在着缺少政策沟通的情况。

（二）中非政策沟通的障碍

1. 沿线国家政局

截至 2019 年，全世界经联合国批准的最不发达国家共有 47 个，其中非洲就
有 33 个。红海湾及印度洋西岸航线的 9 个国家中除了埃及和肯尼亚之外，其他
国家都属于最不发达国家的行列。后来加入的非洲国家，许多也同样存在着类似
的问题。贫困往往伴随着国家政局的动荡；反之，政局动荡也会影响到国家经济
的发展，从而使国家陷入恶性循环。从中非政策沟通的情况来看，固然中国与沿
线国家和地区的关系或政策沟通的方式或频率会影响到双方的政策沟通，但最大

的障碍应该是非洲国家国内政局的动荡。

以索马里和也门两国为例。索马里自 1991 年开始，事实上一直处于无政府状态，军阀武装割据，许多地方实质上已经独立。长期的战争和动乱，民不聊生，以至于迫使当地人自 20 世纪以来即以海盗为业。因索马里处于各国货轮出入苏伊士运河的必经海路，海盗的肆虐迫使联合国组织多个国家派出军舰联合打击海盗。因多年的战争和动乱，无法有效地组织全国性的选举，因此其总统并非民选产生。2012 年 9 月经索马里议会投票，哈桑·谢赫·马哈茂德出任索马里总统，其也是自 1991 年索马里进入无政府状态以来，第一位由议会选出的正式总统。2017 年 2 月 8 日，索马里议会下院议长贾瓦里宣布，索马里前总理穆罕默德·阿卜杜拉希当选为索马里新任总统，其也成为索马里历史上的第九任总统，拥有索马里和美国双重国籍。索马里国内政局处于如此境地，纵然其政府对中国政府提出的"一带一路"倡议有万般热情，实质上也只能是水中之月。位于亚丁湾的也门，自独立至今就战争不断。1962 ～ 1970 年爆发了北也门内战，1963 ～ 1967 年爆发了亚丁危机，1986 年爆发南也门内战，1994 年爆发第一次也门内战，2015 年爆发第二次也门内战。也门政局自 2015 年至今，依然没有平息。2015 年 3 月 21 日，时任也门总统阿卜杜勒—拉布·曼苏尔·哈迪宣布，因其首都萨那被胡塞武装分子占领，亚丁成为临时首都。[①] 2017 年 9 月 24 日，时任美国总统特朗普签署旅游禁令，也门在其旅行禁令名单之中。由于地理环境所限以及长年战争，也门民众生活困苦，国家经济长年得不到发展。从政治上来看，因该国南北之间存在着明显的认同差异，很难形成统一的民族认同。所以，无论是谁上台执政，都难以获得比较一致的国民认可。虽然该国政府表示积极参与"一带一路"倡议，但是从实际效果来看，这样的表态实质上并不会起到多大的作用和效果。

除了索马里和也门两国之外，其他非洲国家的政府也存在着不同程度的政治合法性问题。哪怕是政局比较稳定的埃及，自 2011 年以来，政局也出现过波动。现在执政的塞西政府上台后，逐步控制住了局势，但其潜藏的隐患和危机，依然不容忽视。其他非洲国家，同样面临着类似的问题。由于沿线国家政局的动荡，使得这些国家的政府在政治合法性以及政策的延续性方面，很容易受到影响。非洲国家政府缺乏政治合法性，或者难以获得国内比较广泛的认同，或者因其管控能力的不足对本国事务难以进行有效的管制和统治，这些原因都使非洲国家在与中国政府进行包括"一带一路"建设在内的协商时，效果大打折扣，或者很容易

---

① 《也门总统宣布：亚丁为也门临时首都》，http://news.ifeng.com/a/20150322/43392132_0.shtml#_zbs_baidu_bk。

受到国内反对势力的质疑，或者很难从文件落实到行动。

2. 缺乏多边沟通平台

中国与红海湾及印度洋西岸航线的 9 个国家的沟通方式既有双边机制，也有多边平台。现双边机制还比较通畅，但多边平台比较缺乏。固然，双边机制能够起到很好的沟通作用，但从时间和效率来看，多边沟通平台无疑能够发挥更好的作用。中国与红海湾及印度洋西岸航线的 9 个国家现有的多边沟通平台主要是中国—阿拉伯国家合作论坛以及中非合作论坛。中国—阿拉伯国家合作论坛囊括了包括吉布提、苏丹、索马里、埃及、也门在内的 22 个阿拉伯联盟国家。2004 年9 月 14 日，中国—阿拉伯国家合作论坛首届部长级会议在阿拉伯国家联盟（以下简称"阿盟"）总部所在地开罗举行，此后，每隔一年就举行一次中阿合作论坛部长级会议。2018 年 6 月，经中阿双方共同商定，中国—阿拉伯国家合作论坛第八届部长级会议于 7 月 10 日在北京举行。习近平在中阿合作论坛第八届部长级会议开幕式上发表了讲话，时任中国国务委员兼外交部长王毅和阿拉伯国家的外长或代表及阿盟秘书长出席了会议。从现有的情况来看，中阿合作论坛的沟通层级还不够高，沟通的频率也可以进一步增强。中非合作论坛囊括了包括坦桑尼亚、索马里、苏丹、埃及、莫桑比克、厄立特里亚、肯尼亚、吉布提在内的非洲国家和非洲联盟委员会。2000 年 10 月 10 ~ 12 日，中非合作论坛第一届部长级会议在北京召开。此后每 3 年召开一次部长级会议，至今已经成功举办 7 届。虽然中非合作论坛召开的是部长级会议，但每次合作论坛召开期间无论是中国还是非洲国家，都会有多位国家元首或政府首脑与会。2016 年 7 月 29 日，中非合作论坛约翰内斯堡峰会成果落实协调人会议在北京举行。2018 年 9 月新一届中非合作论坛会议在中国北京举行。"南方和许多非洲国家普遍希望将 2018 年论坛会议升格为峰会。根据论坛非方成员的强烈愿望，着眼于中非关系发展的现实需要，中方决定 2018 年在中国举办论坛峰会。"[1] 2018 年 9 月 3 ~ 4 日在中国举行了 2018 年中非合作论坛北京峰会，主题是"合作共赢，携手构建更加紧密的中非命运共同体"，会后发表了《关于构建更加紧密的中非命运共同体的北京宣言》。从中非合作论坛的情况来看，其政策沟通的频率也需要进一步提升。

2017 年 5 月 14 日，在北京召开的"一带一路"国际合作高峰论坛开幕式上，习近平主席在发表的主旨演讲中称："我们已经确立'一带一路'建设六大经济走廊框架，要扎扎实实向前推进。"[2] 这六大经济走廊是中蒙俄、新亚欧大

---

[1] 《外交部：2018 年中非合作论坛峰会将在中国举行》，https：//www. thepaper. cn/newsDetail_forward_1932181。

[2] 习近平：《携手推进"一带一路"建设——在"一带一路"国际合作高峰论坛开幕式上的演讲》，http：//www. xinhuanet. com/2017 – 05/14/c – 1120969677. htm。

陆桥、中国—中亚—西亚、中国—中南半岛、中巴、孟中印缅六大经济走廊。从上述规划可见，六大经济走廊无一涉及非洲国家。从现有的运作机制来看，建设经济走廊往往也会伴随着与之相对应的多边政策沟通平台和机制。而中国与非洲国家并没有建设经济走廊的规划，也没有类似的政策沟通平台和机制，这将大大地限制中国与非洲国家的合作。

正如前文所述，多边沟通平台和机制，从沟通效果来看能够发挥双边机制难以达到的效果。中国与非洲国家现有的多边政策沟通渠道——中阿合作论坛和中非合作论坛，从政策沟通的层级和频率来看，都难以达到和适应新的时代要求，也难以达到中国与非洲国家合作共建"一带一路"所需要的效果。加之，中国政府已经明确表态："'一带一路'建设不是另起炉灶、推倒重来，而是实现战略对接、优势互补。"[①] 如此，中国政府在与非洲国家进行政策沟通的过程中，需要从现有的政策沟通平台和机制上加以改进和完善。

三、提升中非政策沟通的对策

中非在进行政策沟通的过程中，需要从多个方面予以着手。从沟通主体来看，需要从地区层面、次区域层面、国家层面、次国家层面和非国家层面加以改进。在地区层面完善中阿合作论坛和中非合作论坛，在次区域层面考虑在中非合作论坛之下构建中国—红海湾及印度洋西岸合作论坛，在国家层面增进中国与非洲国家的双边沟通，在次国家层面增进中国与非洲国家的政党、议会、地方政府的沟通，在非国家层面增进中国与非洲国家的智库、媒体、高校、社会组织和团体以及企业的沟通。

（一）地区层面：完善和改进多边政策沟通机制

中国与非洲国家现有的多边政策沟通机制是中阿合作论坛和中非合作论坛。中国政府已经明确表示"'一带一路'建设不是另起炉灶、推倒重来"，所以，中国与非洲国家在地区层面的政策沟通机制，应在中阿合作论坛和中非合作论坛的基础之上进行完善和改进，使之符合和达到中非合作共建"一带一路"所应起到的作用和效果。完善和改进现有的多边政策沟通机制，可以从层级、频率、主体和议题四个方面予以着手。

第一，提升沟通层级。现行的中阿合作论坛和中非合作论坛是部长级会议，

---

① 《习近平："一带一路"建设不是另起炉灶　推倒重来》，http://www.xinhuanet.com/world/2017-05/14/c_129604248.htm。

与之相对应的中国与其他地区的多边政策沟通机制，往往是元首或首脑级的。应该看到，自2000年中非合作论坛成立至今，虽然名义上召开的是部长级会议，但实际上每次会议召开期间都会有多位非洲国家的元首或首脑与会，中国也会有国家主席或政府总理与会。这反映出，无论是中国还是非洲国家，都有进一步提升中非合作论坛层级的意愿和需求。正因如此，自2018年开始，中非合作论坛会议升格为峰会。对于中阿合作论坛，中国政府可以考虑向阿拉伯国家发出倡议，提升中阿合作论坛的层级至副总理级。

第二，增加沟通频率。中阿合作论坛现在是每两年举行一次部长级会议，中非合作论坛是每三年举行一次部长级会议。在中国与非洲国家合作比较少之时，这样的政策沟通频率是比较恰当的。但随着双方合作的深入，以及合作范围的扩大，之前的政策沟通频率已经很难再适应要求。特别是在共建"一带一路"的背景下，之前的政策沟通频率已经无法适应新的时代要求。因此，增加中非之间的政策沟通频率势在必行。从现有的运行情况来看，中非合作论坛每三年举行一次峰会、每年举行一次部长级会议比较合适；而结合沟通层级的提升考虑，中阿合作论坛每两年举行一次副总理级会议，每年举行一次部长级会议似更合适。

第三，增加沟通主体。在提升沟通层级以及增加沟通频率的基础之上，还需要增加沟通主体。在中阿合作论坛和中非合作论坛的框架下，应该在现有主体之上再增加沟通主体。沟通主体应有国家领导人层面、部长层面、副部长层面，以及学者层面、企业层面的政策沟通机制。尤其需要注意的是，学者层面和企业层面的政策沟通急需增加。学者在政策沟通方面，可以起到解释政策、建言献策等作用。因学者不必如政府官员那样，过于拘泥于身份，且思想比较自由，故能起到很好的沟通与桥梁作用。在中国政府推进建设新型智库的大背景下，更应如此。在企业方面，考虑到中国的市场化改革，以及"一带一路"建设过程中企业所发挥的主体性作用，因此在中非地区层面进行对话时，需加强企业之间的对话与沟通。

第四，增加沟通议题。中非在中阿合作论坛和中非合作论坛这两个论坛之下，在满足之前的安排和议题基础之上，可专门针对"一带一路"的合作，开辟和增加相应的沟通议题。传统的议题需要继续进行沟通并尽可能予以满足，但毕竟中非之前并没有就"一带一路"倡议进行有效沟通，且"一带一路"建设是长期规划，故需要中非在此问题上进行长期且有效的政策沟通。因此，中阿合作论坛和中非合作论坛应该在原有议题之外，再增加专门与"一带一路"倡议相对应的议题。

（二）次区域层面：考虑构建中国—红海湾及印度洋西岸合作论坛

随着"一带一路"倡议的进一步推进，越来越多的非洲国家参与到建设中来，这是值得欢迎的。但也应当看到，中国在与非洲国家进行"一带一路"合作的过程中，主要的合作对象还是在红海湾及印度洋西岸一线的国家。因此，中国需要对这些国家予以更多的关注。对此，中国政府有必要考虑在次区域层面构建中国—红海湾及印度洋西岸合作论坛。

从现有情况来看，中国—红海湾及印度洋西岸合作论坛的构建可考虑两种办法，或是由中国政府与沿线9国进行沟通，根据发展和合作需要，构建中国—红海湾及印度洋西岸合作论坛；或是在现行的中非合作论坛之下，开辟新的议题，专门与沿线9国构建中国—红海湾及印度洋西岸合作论坛。

（三）国家层面：国家选取、沟通频率和人员配备

中国与非洲国家进行"一带一路"建设的过程中，双边层面的沟通是基础，也是最重要的沟通方式。因此，在诸多政策沟通的方式中，国家层面的沟通是重中之重。针对中国与非洲的政策沟通情况，国家层面的政策沟通可以从国家选取、沟通频率和人员配备三个方面予以加强。

第一，在国家选取方面，要增加对有实质性进展的国家进行沟通。从现有的政策沟通方式来看，中国政府与非洲国家进行政策沟通的过程中，相对而言国家层面的政策沟通应是比较多的。但是，正如前文所言，中国与非洲国家进行国家层面政策沟通的频率有待进一步提升。特别是对于能展开实质合作并能有效推进的国家，中国政府应该加大力度与之进行沟通与协商。

第二，在沟通频率方面，要增加与有关国家的沟通频率。考虑到需要与诸多国家进行政策沟通，中国政府有必要任命专门管理和协调的部门官员，就"一带一路"倡议与包括非洲国家在内的国家进行专门的政策沟通。

第三，在人员配备方面，需要增加有关国家的外交人员。中国政府在与非洲国家进行政策沟通时，需要进一步发挥中国驻非各国大使馆的作用。为此，应加强驻非各国大使馆的人员配备，特别是需要增加经济参赞处的人员，通过主动宣传、推介以及举办研讨会等方式，宣传中国的经济项目和规划，以此扩大和深化中非"一带一路"方面的合作。从过去几年的发展情况来看，中国政府在非洲增加了领事馆，也增加了人员配备，但现在还是存在着明显的不足。与"一带一路"建设的需要相比，还存在着较大的缺口。

（四）次国家层面：拓展政策沟通对象

对于非洲国家而言，次国家层面的政党、议会、地方政府和学者等，都发挥着非常大的作用。中国政府需要对此加以重视，并与之进行协商。

非洲国家议会在国家的政治生活当中起到一定的作用，中国政府有必要对非洲国家的议会加以重视。通常情况下，议会的权力已不仅仅局限于咨询权，还拥有了共同决定权、监督权、预算权和人事权，甚至还有进一步扩大的趋势。非洲国家议会议员们的对华态度不仅影响国家层面的对华政策，还会影响非洲普通民众的对华认知。特别是部分非洲国家的议会在其国家政治生活中，包括对华政策当中起关键性作用，故与非洲国家的议会进行沟通是理所当然的事情。中国的全国人民代表大会和全国政治协商会议需要重视和加强与非洲国家议会的交往，以提升非洲国家议会议员们对中国的正面认知和对"一带一路"倡议的了解。邀请非洲国家议会议员们对中国进行访问的过程中，应让他们尽可能广泛地接触学界和民间，不但应邀请他们参观访问北京、上海等沿海发达地区，还应该邀请他们参观访问中西部地区，以便让他们更全面地了解中国。

对于非洲国家的地方政府，因中国与非洲国家的政治体制有所不同，中央与地方的关系也不同。在中国，中央与地方是从属关系，地方政府受中央的领导。但非洲国家的"（中）央地（方）"关系与中国有很大不同，中央与地方分工明确、权责分明，地方政府并非都受命于中央政府。对于中非关系而言，在很多时候不仅涉及与非洲国家中央政府的关系，还涉及与地方政府的关系。中非许多城市之间已经结成"姐妹城市"，"姐妹城市"之间的交流不能只局限于与行政机构的关系，还要注重与地方议会的交流。因为非洲国家"三权分立"的制度，地方议会同样会影响到行政机构的对外行为，地方议会议员的言论和决议也会影响到国家的决策。近年来城市外交逐渐兴起，城市外交作为一种特殊但相对有效的外交方式，可以很好地运用于中国与非洲国家之间的政策沟通。非洲地域广阔且国家数量众多，由于时间和资源所限，中国中央政府不可能与之进行全方位且非常深入的政策沟通，城市外交可以很好地弥补此不足。

在非洲国家的对外决策过程中，学者特别是思想库也能起到一定的影响。学者们通过媒体所发表的文章和言论会直接地影响普通民众的态度，因此学者们的态度就起到了承上启下的作用。学者们以专家的身份出现在普通民众面前，他们的言论和观点更容易让人接受。因此，提升非洲国家学者对华了解应是中国政府需要采取的必不可少的举措之一。在非洲国家，其研究机构多是受政府资助而建立和运营。因此，中国政府更应鼓励与非洲智库的交流和合作。中国政府在这方面可以采取的措施包括：进一步鼓励和资助中非学者间的交流，不但是高校之间的交流，还应是思想库之间的交流；资助一些非洲思想库和学者对中国问题进行研究，以便让更多的学者更深入地了解中国；可仿照"瓦尔代"国际辩论俱乐部的做法，每年在中国召开由最高层参与的中国问题学术会议，以推动非洲国家的学者对中国问题进行研究。非洲国家学者在对中国进行更深入的研究后，也能更懂得如何站在中国的立场上思考问题，更全面、更深入地了解中国，提升他们对中国的正面认知，有利于中非合作共建"一带一路"。应建立中国特色新型智库，充分发挥学术外交的作用，为"一带一路"建设助力。

（五）非国家层面：媒体、非政府组织、部族

中国与有关国家推进"一带一路"的建设，堪称百年大计。如此宏伟的蓝图，不仅需要有关国家政府的支持，同时也需要获得沿线国家和地区社会层面的支持。只有这样，"一带一路"倡议才能够有坚实的群众基础，也才能够夯实民意的基石。中国在与非洲国家共建"海丝路"的过程中，在非国家层面，需要增进与媒体、非政府组织以及普通民众之间的交流与理解。非国家层面的政策沟通不如政府沟通那样能够立竿见影，而是需要漫长的努力，以及细致的工作。

在媒体层面，非洲国家除了有国营媒体之外，还有大量非国营媒体。相对而言，其言论比较多元化。因媒体既需要接收相关信息，同时也需要把相关信息进行加工、整理，再传播出去。普通民众乃至政府人员，信息来源基本是媒体的传播。而在当今世界，欧美国家牢牢地掌握着话语权，它们所掌握的媒体影响力基本左右了世界的舆论。然而，欧美国家的媒体却因意识形态等原因，戴着有色眼镜审视中国，对非洲国家也充满了偏见。在中国推进"一带一路"建设的过程中，许多欧美媒体更是以"阴谋论"加以解读。这非常容易把中非合作的成果加以扭曲，为中非合作增加不必要的障碍。对此，中国可以邀请非洲的媒体多来中国参观访问，并给予一定的资助。让更多的媒体在报道中国事务时，能够更加客观和公正。同时，中国宣传部门需要更加了解包括非洲媒体在内的国外媒体，了解其报道偏好，了解其运作规律，了解其经营方式，并进行更有针对性的宣传。例如，许多国外媒体在报道中国事务时，希望能够有一些形象生动且内容比较简短的图片，或者一些漫画和表格。他们很希望中国能够直接提供给他们，如此能减少他们的工作量。中国宣传机构在这方面，可以提供帮助。在中非合作共建"一带一路"的过程中，也同样可以邀请部分欧美媒体报道，在一定程度上能够达到澄清误会的目的。同时也应该看到，部分欧美媒体出于偏见而刻意地扭曲事实，对此中国也应该及时揭露与说明。

在非政府组织层面，非洲存在着大量的西方非政府组织，许多非洲国家自身也有不少非政府组织。在非洲的非政府组织多数从事着公益活动，但也有少数从

事着涉及政治的活动。从逻辑上看，应该是中国的社会组织与非洲国家的非政府组织进行沟通，这样才能体现地位平等，其沟通效果也比较显著。但中国的社会组织并不是非常发达，影响力也比较有限，难以在推进"一带一路"建设的过程中发挥足够的作用。因此，中国政府应创新沟通方式，畅通与非洲非政府组织打交道的渠道，既不影响中国国内现行的关于社会组织的法律法规，也能够在与国外非政府组织交流的过程中，真正达到预期效果。从过去几年的实践经验来看，与非政府组织层面的沟通，是中国明显且重要的短板。如何补齐此短板，需要花费更多的时间加以研究，也需要政府部门对于中国国内的社会组织有更为切实可行且与时俱进的管理方式，以服务于"一带一路"建设。

在普通民众方面，中国在与有关国家共建"一带一路"的过程中，除了要鼓励更多的民众交往，在新冠疫情结束之后继续采取邀请非洲留学生到中国留学和派遣更多的中国学生到非洲交流等措施之外，中国政府（特别是前线的外交人员），还要学会更好地和部族领袖打交道。由于历史的原因，非洲国家还保留着诸多部族。民众所忠诚和追随的对象，除了国家之外，还有部族领袖。有时对部族的忠诚，超越了对国家的忠诚。这是非洲国家比较特殊的一面。因此，中国在与非洲普通民众打交道的过程中，有关人员特别是外交人员要充分了解相关国家的历史、社会、文化和习俗，了解其真正的所需和所求，学会并注重与部族和部族领袖交往沟通。

第三章

推进"海丝路"建设的设施联通

基础设施互联互通是"一带一路"建设的优先领域。自"海丝路"建设以来，基础设施互联互通受到了高度的重视并得到了较快的发展，为"海丝路"建设奠定了基础。但由于大多数沿线国家和地区基础设施过于薄弱，并且基础设施互联互通牵涉面宽线长、情况复杂，所以在建设中也存在一些问题。为此，本章拟从交通、能源和通信设施三个方面梳理"海丝路"基础设施互联互通的发展状况，分析存在问题，探寻对策，以期有益于"海丝路"基础设施互联互通的推进和"海丝路"建设的进一步发展。

第一节 "海丝路"设施联通的理论研究及现状分析

一、基础设施联通理论在"海丝路"建设中的研究与应用

在"海丝路"建设进程中，结合"海丝路"建设实践，学界加强了对基础设施联通理论应用的研究（吕承超和徐倩，2015；范祚军和何欢，2016；黄先海和陈航宇，2016；杨程玲，2016；赵旭和王晓伟等，2016；张艳艳和于津平等，2018）。这些研究对"海丝路"建设具有应用价值和指导意义。有关基础设施联通的理论，主要分为以下三个方面。

一是关于基础设施网络的规模经济和外部效应。基础设施网络的联通是经济发展的前提。从空间结构上，经济的发展是按照"点—轴—集聚带"的顺序逐渐演进的（陆大道，2014）。人流、物流、商流首先集聚在一些中心城市，然后沿交通干线轴线发展，继而向周围地区放射发散，进而形成人口、城市、工业和经济活动密集的带状集聚——经济带。"海丝路"基础设施联通涵盖交通基础设施、能源基础设施和通信基础设施的互联互通，"海丝路"基础设施联通建设也同样遵循"点—轴—集聚带"的空间演进规律逐步推进，进而形成基础设施网络，发挥网络的集聚效应和规模效应。

其中，网络是由节点和连接节点的线路构成的一个网状系统，包括交通运输、通信、电力等网络，而基础设施是构建交通运输网络和通信网络的必要载体。交通运输网络是运输枢纽、运输线路、信号指挥系统等基础设施在一定空间区域内，按一定规则和形式所组建成的网状系统。其中运输枢纽是各条运输线路的交汇点，运输线路是这个网状系统的枝干，信号指挥系统则是这个网状系统的神经中枢。

网络的规模经济是指网络上由于产出规模扩大而引起平均成本降低的现象。例如交通运输业，规模经济不仅包括运输网络的线路长度，还包括节点数量的增加所引起的平均运输成本的降低，以及产出的增加所引起的平均运输成本的降低。

网络的外部效应是指当网络用户数量增加或者网络扩大而引起的用户自身价值提高的特性。区域基础设施的主要经济收益来自网络联通的外部效应。联网的外部效应可能是直接的也可能是间接的。扩大网络规模，若使得直接进行经济往来的用户数量增加，就会产生直接外部效应；若使得其用户能够获得的产品和服务种类增加，就会产生间接外部效应。例如，随着电网用户数量的增加，销售更多种类的家用电器的利润也会增加。

二是关于经济地理与产业集聚。克鲁格曼（Krugman，1991）为代表的新经济地理学理论开拓了经济学新的研究领域。新经济地理学理论以规模收益递增和不完全竞争为理论前提，以外部规模经济和运输成本的相互作用形成的离心力和向心力来解释区域产业聚集和区域"中心—外围"结构，并通过这种机制的分析探讨区域经济增长的规律与途径。

基础设施的建设是经济集聚的重要决定因素。交通基础设施的改进能影响企业区位选择，交通基础设施水平的改善将会降低运输成本，使企业供给辐射半径增大，在成本和需求中获得收益，促进经济集聚。刘修岩（2008）基于所选取的各城市道路基础设施的历史状况，对新经济地理学提出的运输成本下降可促进产业集聚以及产业集聚可促进经济增长的理论进行了检验。

交通基础设施对区域经济增长的空间溢出效应得到了国内外大量实证研究的证实。科恩和莫里森·保罗（Cohen & Morrison Paul，2003）研究了美国机场扩建的空间溢出效应，机场设施的投资扩建能减少拥堵的不确定性并节省运输时间，从而使制造企业成本降低和效率提升。罗伯茨等（Roberts et al.，2012）研究了中国快速发展的高速公路网络的经济影响。胡鞍钢和刘生龙（2009）通过空间经济计量模型验证了中国省际交通运输的外溢效应。刘生龙和胡鞍钢（2011）进一步在引力模型和边界效应模型的基础上引入了交通基础设施变量，来分析交通基础设施对我国区域贸易量的影响。研究结果表明，交通基础设施越发达，省际的边界效应越低，即能够促进省际贸易增加。刘育红（2012）针对"新丝绸之路"经济带交通基础设施的空间溢出效应与经济增长之间的关系进行了研究。通过构建基于经济增长理论的生产函数模型，探索了交通基础设施对于区域经济增长的作用机制与影响路径。张艳艳等（2018）利用 1991～2016 年"一带一路"沿线国家经验数据，定量分析了交通基础设施建设的经济增长效应。研究表明，交通基础设施条件的改善和投资增加均能显著促进"一带一路"沿线国家（地区）的经济增长，经济越落后、交通基础设施质量越差的国家（地区），交通基础设施改善对经济增长的促进作用越大。

三是关于经济走廊。经济走廊一般是指几个国家在其相连或相近的区域，以交通设施为载体，协同发挥各自资源和禀赋优势，开展基础设施、投资贸易、产业合作、商贸旅游等合作的次区域经济合作形式。托马斯·G. 泰勒（Thomas G. Taylor，1949）在其城市地理学专著中曾提出走廊的概念。查尔斯·福杰·惠贝尔（Charles F. J. Whebell，1969）将走廊描述为通过交通媒介联系城市区域的一种线性系统。此后，欧盟多次在其发展战略中使用走廊一词。经济走廊一词首次在国内提出于 1998 年大湄公河次区域第八次部长会议，由亚洲开发银行提出相关概念，其将经济走廊定义为"次区域范围内生产、投资、贸易和基础设施建设等有机地联系为一体的经济合作机制"。随后，大批国内学者对经济走廊进行了深入研究。

从理论研究层面：李向阳（2014）认为经济走廊从低级到高级、从国内到国际要经历四个阶段，其中前两个阶段侧重于国内区域的发展，后两个阶段则侧重跨境的协调，这四个阶段分别是：以交通为主的基础设施投资构成第一阶段；通过"地区发展计划"拓宽经济走廊构成第二阶段；促进商贸、服务、人员流通的贸易便利化构成第三阶段；打造协调不同国家或区域发展的计划和政策的跨境经济走廊则构成第四阶段。卢光盛和邓涵（2015）认为经济走廊是由增长极理论、生长轴理论、"点—轴"系统理论综合演变发展而来，并对经济走廊的形成机理、功能演化和实践案例进行了深入分析。

从实践分析层面：陈昕（2012）对大湄公河次区域东西经济走廊发展进行了研究并提出相关政策建议。陈利君（2014）对推进孟中印缅经济走廊的建立进行了研究并提出相关政策建议。孙玉华、彭文钊和刘宏（2015）、西仁塔娜（2017）针对中蒙俄经济走廊从区域合作、人文合作中的文化认同视角进行了研究。除了国内学者外，也有众多国外学者在实践层面对经济走廊进行了分析，如梅迪·克鲁（Medhi Krongkaew，2004），帕维特·拉姆钱德兰和洛哈尔·林德（Pavit Ramchandran & Lothar Linde，2011），萨夫达尔·西亚尔（Safdar Sial，2014）等。

二、"海丝路"设施联通现状分析

"海丝路"沿线国家主要分布在东南亚、南亚和西亚—红海湾—东非地区，因此，关于"海丝路"设施联通状况，本书主要从交通、能源和通信基础设施联通现状三个方面分区域进行梳理和分析。

（一）交通基础设施联通现状

1. 东南亚地区

东南亚地区与我国地缘接壤，是"海丝路"建设的必经之路。早在 2010 年，东盟就已经推出了东盟互联互通总体规划图，规划中明确了一批重点优先项目，包括东盟高速公路网络、新加坡—昆明铁路等项目，还有东盟宽带走廊等。中国提出的《中国—东盟交通合作战略规划》表明，将与东盟国家联合推进铁路、公路、水运、航空等领域的项目合作，中国与东盟国家有望形成一个四通八达的一体化运输网络，基础设施互联互通水平将得到大幅提高。[①]

（1）港口设施。从港口集装箱吞吐量看，如表 3 - 1 所示，东盟各国的差异较大，其中新加坡的吞吐量最大，其次是马来西亚和印度尼西亚，其他国家与这三个国家的港口集装箱吞吐量都有较大差距。在港口海运方面，如表 3 - 2 所示，根据世界银行对各国港口设施的评分情况，2017 年新加坡港口设施评分为 6.7 分，居东南亚国家之首，新加坡港是亚太地区最大的转口港，也是世界较大的集装箱港口之一，便利化水平非常高。马来西亚的港口设施水平仅次于新加坡。在临海的 9 个东南亚国家中，缅甸得分最低，2016 年为 2.6 分，菲律宾 2017 年也仅有 2.9 分。从班轮运输连接性指数看，如表 3 - 3 所示，同样是

---

① 范祚军、何欢：《"一带一路"国家基础设施互联互通"切入"策略》，载于《世界经济与政治论坛》2016 年第 6 期，第 129 ~ 142 页。

新加坡最大，马来西亚次之，其余国家与这两者有较大差距。

表 3 – 1 东南亚国家港口集装箱吞吐量 单位：TEU

国家	2000 年	2005 年	2010 年	2014 年
文莱	—	—	99 355	128 026
印度尼西亚	3 797 948	5 503 176	8 482 636	11 900 763
柬埔寨	—	—	224 206	288 905
缅甸	—	—	190 046	244 888
马来西亚	4 642 428	12 197 750	18 267 475	22 718 784
菲律宾	3 031 548	3 633 559	4 947 039	5 869 427
新加坡	17 100 000	23 192 200	29 178 500	34 832 376
泰国	3 178 779	5 115 213	6 648 532	8 283 756
越南	1 189 796	2 537 487	5 983 583	9 531 076

资料来源：World Bank，World Development Indicators（WDI）.

表 3 – 2 东南亚国家港口设施评分

国家	2011 年	2012 年	2013 年	2014 年	2015 年	2016 年	2017 年
文莱	4.4	4.5	4.7	—	—	—	3.9
印度尼西亚	3.6	3.6	3.9	4.0	3.8	3.8	4.0
柬埔寨	4.0	4.2	4.0	3.6	3.7	3.7	3.7
缅甸	—	—	2.6	2.6	2.6	2.6	—
马来西亚	5.7	5.5	5.4	5.6	5.5	5.6	5.4
菲律宾	3.0	3.3	3.4	3.5	3.2	3.2	2.9
新加坡	6.8	6.8	6.8	6.7	6.6	6.7	6.7
泰国	4.7	4.6	4.5	4.5	4.4	4.5	4.3
越南	3.4	3.4	3.7	3.7	3.9	3.9	3.7

资料来源：World Bank，World Development Indicators（WDI）.

表 3 – 3 东南亚国家班轮运输连接性指数（2004 年最大值 = 100）

国家	2005 年	2010 年	2014 年	2015 年	2016 年
文莱	3.46	5.12	4.30	4.56	3.86
印度尼西亚	28.84	25.60	28.06	26.98	27.19
柬埔寨	3.25	4.52	5.55	6.69	5.61

续表

国家	2005 年	2010 年	2014 年	2015 年	2016 年
缅甸	2.47	3.68	6.25	6.23	6.37
马来西亚	64.97	88.14	104.02	110.58	106.79
菲律宾	15.87	15.19	20.27	18.27	17.81
新加坡	83.87	103.76	113.16	117.13	122.70
泰国	31.92	43.76	44.88	44.43	44.32
越南	14.30	31.36	46.08	46.36	62.84

资料来源：World Bank，World Development Indicators（WDI）.

（2）航空设施。在航空运输方面，新加坡是国际航空运输中心，基本已经具备了比较完善的航空运输体系以及先进的航空运输技术，货运量远远高于东南亚其他国家；就客运量而言，印度尼西亚、马来西亚、泰国则相对领先（见表3-4）。

表3-4　　　　　　　　东南亚国家航运指标

指标	国家	1980 年	1990 年	2000 年	2010 年	2015 年	2017 年
航空运输货运量（百万吨公里）	文莱	—	10	140	149	115	132
	印度尼西亚	122	459	409	666	747	1 056
	缅甸	2	1	1	2	3	5
	马来西亚	110	574	1 864	2 565	2 006	1 261
	菲律宾	150	316	290	460	484	757
	新加坡	544	1 653	6 005	7 121	6 154	7 006
	泰国	239	661	1 713	2 939	2 134	2 393
	越南	—	—	117	427	384	453
航空运输客运量（百万人公里）	文莱	—	307 000	863 547	1 263 270	1 150 003	1 172 201
	印度尼西亚	5 059 100	9 223 100	9 916 365	59 384 362	88 685 768	110 252 913
	缅甸	481 000	318 500	437 600	924 207	2 029 140	2 853 924
	马来西亚	4 516 400	10 241 500	16 560 793	34 239 014	50 347 150	58 188 823
	菲律宾	3 245 600	5 638 700	5 756 288	22 575 356	32 230 987	44 087 368
	新加坡	3 826 900	7 046 400	16 704 341	24 859 825	33 290 544	37 679 940
	泰国	2 459 000	8 201 400	17 392 091	28 780 723	54 259 630	71 191 515
	越南	6 000	89 000	2 877 894	14 377 619	29 944 771	42 592 762

续表

指标	国家	1980 年	1990 年	2000 年	2010 年	2015 年	2017 年
注册承运人全球出港量（次）	文莱	—	4 400	12 739	12 333	11 624	10 743
	印度尼西亚	124 800	205 400	159 027	520 932	639 389	916 471
	缅甸	19 400	13 800	10 329	20 485	49 506	65 028
	马来西亚	88 600	130 500	169 263	302 185	475 933	432 454
	菲律宾	48 900	70 100	44 547	205 318	278 835	369 158
	新加坡	32 500	30 500	71 042	131 722	176 912	213 198
	泰国	32 600	69 500	101 591	201 306	381 918	445 736
	越南	200	1 800	28 999	109 176	205 217	264 548

资料来源：World Bank，World Development Indicators（WDI）.

（3）铁路设施。在铁路运输方面，根据 2014 年数据显示，印度尼西亚铁路线路长度为 4 684 公里，泰国为 5 327 公里（见表 3 - 5），铁路客运与货运成为两国重要的交通运输方式，根据 2000 年的统计数据显示，柬埔寨货运周转量和菲律宾客运周转量还处于非常低的水平，近年来两国不断增加基础设施方面的预算，加强基础设施建设。

表 3 - 5　　　　　　　　东南亚国家铁路运输业指标

指标	国家	1980 年	1990 年	2000 年	2010 年	2014 年
铁路线路长度（公里）	印度尼西亚	6 458	—	—	—	4 684
	马来西亚	1 639	1 668	1 622	1 665	2 250
	泰国	3 735	3 861	4 103	4 429	5 327
	越南	—	2 832	—	2 347	2 347
铁路货运周转量（百万吨公里）	印度尼西亚	1 000	3 190	—	—	7 166
	柬埔寨	36	24	92		
	缅甸	478	388			
	马来西亚	—	1 404	907	1 384	3 071
	菲律宾	43	12	—		
	泰国	2 805	3 291	3 384	3 161	2 455
	越南	752	847	1 902	3 901	3 959
铁路客运周转量（百万人公里）	印度尼西亚	5 900	9 290	—	—	20 283
	缅甸	3 238	3 702	—		—

指标	国家	1980 年	1990 年	2000 年	2010 年	2014 年
铁路客运周转量 （百万人公里）	马来西亚	—	1 840	1 312	1 527	3 293
	菲律宾	—	341	171	—	—
	泰国	8 861	11 612	9 935	8 037	7 504
	越南	4 488	1 913	3 200	4 378	4 558

资料来源：World Bank，World Development Indicators（WDI）.

（4）公路设施。公路运输方面，2010 年新加坡的公路密度为 4 824.3 公里/千平方公里，由于新加坡本身国土面积小，且经济发达，故公路基础设施非常完备。缅甸公路密度仅为 52.6 公里/千平方公里（见表 3 - 6），说明缅甸很多地区还并未覆盖公路，便利性很差。亚洲高速公路网是一个几乎覆盖整个亚洲地区（除西亚以外）的次区域公路线路，它连接亚洲各国首都、工业中心、重要港口、旅游及商业重镇。[①] 截至 2012 年，马来西亚拥有 795 公里的亚洲高速公路，印度尼西亚拥有 409 公里，新加坡拥有 11 公里（见表 3 - 7），目前东南亚区域已形成一体化的运输网络，实现了整个区域的交通运输便利化。

表 3 - 6　　　　　　　　　东南亚国家公路密度

（每千平方公里的公路总里程数）单位：公里/千平方公里

国家	1990 年	1995 年	2000 年	2005 年	2010 年
柬埔寨	202.8	202.6	—	—	—
印度尼西亚	159.4	180.6	196.5	215.8	—
马来西亚					439.5
缅甸	38.3	42.2	42.8	41.3	52.6
菲律宾	538.5	539.9	676.5	—	—
新加坡	4 176.1	4 435.8	4 583.6	4 693.8	4 824.3
泰国	141.3	121.4	—	—	—
越南	295.2	325.8	—	—	—

资料来源：UNESCAP Data.

---

① 樊莹：《构筑泛亚交通网路　打造现代物流体系》，载于《国际经济合作》2005 年第 10 期，第 35 ~ 37 页。

表 3 – 7　　　　　　　　东南亚国家亚洲高速公路网　　　　　单位：公里

国家	2004 年	2008 年	2010 年	2012 年
印度尼西亚	335	409	409	409
马来西亚	795	795	795	795
新加坡	11	11	11	11
泰国	182	182	182	182

资料来源：UNESCAP Data.

总体而言，东南亚国家交通基础设施水平偏低，主要是因为很多国家还处于发展中国家阶段，基础设施滞后于发达国家。新加坡作为全球主要运输和物流枢纽之一，其物流绩效位居第一，2016 年综合得分为 4.14 分，远远高于东南亚其他国家，无论是在清关程序的效率、贸易和运输相关基础设施的质量、跟踪和追踪货物的能力方面，还是在进出关所需天数方面都表现优异。马来西亚和泰国的综合得分也相对较高，分别为 3.43 分和 3.26 分，几个国家中缅甸得分最低，为 2.46 分。从表 3 – 8 中的数据可以看出，越是交通基础设施不发达的国家，程序、手续越繁杂，由此导致运输效率也越低。

表 3 – 8　　　　　　　　东南亚国家物流绩效指数

指标	国家	2007 年	2010 年	2012 年	2014 年	2016 年
综合分数（1 = 很低至 5 = 很高）	印度尼西亚	3.01	2.76	2.94	3.08	2.98
	柬埔寨	2.50	2.37	2.56	2.74	2.80
	缅甸	1.86	2.33	2.37	2.25	2.46
	马来西亚	3.48	3.44	3.49	3.59	3.43
	菲律宾	2.69	3.14	3.02	3.00	2.86
	新加坡	4.19	4.09	4.13	4.00	4.14
	泰国	3.31	3.29	3.18	3.43	3.26
	越南	2.89	2.96	3.00	3.15	2.98
清关程序的效率（1 = 很低至 5 = 很高）	印度尼西亚	2.73	2.43	2.53	2.87	2.69
	柬埔寨	2.19	2.28	2.30	2.67	2.62
	缅甸	2.07	1.94	2.24	1.97	2.43
	马来西亚	3.36	3.11	3.28	3.37	3.17
	菲律宾	2.64	2.67	2.62	3.00	2.61
	新加坡	3.90	4.02	4.10	4.01	4.18
	泰国	3.03	3.02	2.96	3.21	3.11
	越南	2.89	2.68	2.65	2.81	2.75

续表

指标	国家	2007 年	2010 年	2012 年	2014 年	2016 年
贸易和运输相关基础设施的质量（1 = 很低至 5 = 很高）	印度尼西亚	2.83	2.54	2.54	2.92	2.65
	柬埔寨	2.30	2.12	2.20	2.58	2.36
	缅甸	1.69	1.92	2.10	2.14	2.33
	马来西亚	3.33	3.50	3.43	3.56	3.45
	菲律宾	2.26	2.57	2.80	2.60	2.55
	新加坡	4.27	4.22	4.15	4.28	4.20
	泰国	3.16	3.16	3.08	3.40	3.12
	越南	2.50	2.56	2.68	3.11	2.70
货物在预订或预期的时间内到达收货人的频率（1 = 很低至 5 = 很高）	印度尼西亚	3.28	3.46	3.61	3.53	3.46
	柬埔寨	3.05	2.84	2.95	2.75	3.30
	缅甸	2.08	3.29	2.59	2.83	2.85
	马来西亚	3.95	3.86	3.86	3.92	3.65
	菲律宾	3.14	3.83	3.30	3.07	3.35
	新加坡	4.53	4.23	4.39	4.25	4.40
	泰国	3.91	3.73	3.63	3.96	3.56
	越南	3.22	3.44	3.64	3.49	3.50
跟踪和追踪货物的能力（1 = 很低至 5 = 很高）	印度尼西亚	3.30	2.77	3.12	3.11	3.19
	柬埔寨	2.53	2.50	2.77	2.92	2.70
	缅甸	1.57	2.36	2.34	2.36	2.57
	马来西亚	3.51	3.32	3.54	3.58	3.46
	菲律宾	2.65	3.29	3.30	3.00	2.86
	新加坡	4.25	4.15	4.07	3.90	4.05
	泰国	3.25	3.41	3.18	3.45	3.20
	越南	2.90	3.10	3.16	3.19	2.84
出口清关所需天数	印度尼西亚	14	13	13	17	—
	柬埔寨	37	22	22	22	—
	缅甸	—	—	25	20	
	马来西亚	13	13	11	11	—
	菲律宾	17	15	15	15	—
	新加坡	6	6	6	6	

续表

指标	国家	2007 年	2010 年	2012 年	2014 年	2016 年
出口清关所需天数	泰国	17	14	14	14	—
	越南	24	22	21	21	—
	文莱	19	20	15	15	—
进口清关所需天数	印度尼西亚	21	21	18	26	—
	柬埔寨	45	26	26	24	—
	缅甸	—	—	27	22	—
	马来西亚	10	10	8	8	—
	菲律宾	18	14	14	15	—
	新加坡	4	4	4	4	—
	泰国	14	13	13	13	—
	越南	23	21	21	21	—

资料来源：World Bank，Logistics performance index.

2. 南亚及波斯湾地区

南亚国家是我国近邻，经济贸易往来密切，其中印度、巴基斯坦、孟加拉国等是中巴经济走廊和孟中印缅经济走廊的重点合作和发展国家，故南亚区域国家基础设施水平对"一带一路"倡议的推进具有重要意义。总体来说，南亚地区交通基础设施水平略高于东南亚地区，中巴经济走廊为巴基斯坦基础设施的建设注入了巨大的活力，基础设施改善迅速，印度、巴基斯坦、斯里兰卡等国近年来也在不断加大对基础设施的投资。

（1）港口设施。在港口海运方面，由表 3 - 9 可以看出，截至 2014 年，阿联酋是南亚及波斯湾地区港口集装箱吞吐量最多的国家。该国的迪拜港地理位置十分优越，地处欧亚非三大洲的交汇点，以转口贸易发达而著称。印度港口的年吞吐量也较大，而马尔代夫、巴林等小国则吞吐量较少。2016 年该区域港口总体基础设施评分，阿联酋排名第一，得分为 6.5 分；卡塔尔也较高，得分为 5.6 分；孟加拉国等港口设施则相对较差（见表 3 - 10）。南亚及波斯湾国家班轮运输连接性指数如表 3 - 11 所示。

表 3 - 9　　　　　**南亚及波斯湾国家港口集装箱吞吐量**　　　单位：TEU

国家	2000 年	2005 年	2010 年	2014 年
孟加拉国	456 007	808 924	1 356 099	1 655 365
印度	2 450 656	4 982 092	9 752 908	11 655 635

国家	2000 年	2005 年	2010 年	2014 年
斯里兰卡	1 732 855	2 455 297	4 000 000	4 907 900
马尔代夫	—	—	65 016	83 777
巴基斯坦	—	1 686 355	2 149 000	2 597 395
阿联酋	5 055 801	9 851 709	15 176 524	20 900 567
巴林	—	—	289 956	373 628
伊朗	—	1 325 643	2 592 522	—
科威特	—	673 472	991 545	1 277 674
阿曼	1 161 549	2 748 584	3 893 198	3 620 364
卡塔尔	—	—	346 000	445 844
沙特阿拉伯	1 502 893	3 732 706	5 313 141	6 326 861

资料来源：World Bank，World Development Indicators （WDI）.

表 3 - 10　　　　　　　　　南亚及波斯湾国家港口设施评分

国家	2010 年	2011 年	2012 年	2013 年	2014 年	2015 年	2016 年
孟加拉国	3.4	3.4	3.3	3.5	3.7	3.6	3.6
印度	3.9	3.9	4.0	4.2	4.0	4.2	4.2
斯里兰卡	4.9	4.9	4.9	4.2	4.2	4.3	4.3
巴基斯坦	4.0	4.1	4.4	4.5	4.4	4.1	4.1
阿联酋	6.2	6.2	6.4	6.4	6.5	6.5	6.5
巴林	5.8	6.0	6.0	5.8	5.7	5.4	5.4
伊朗	3.9	3.9	4.0	4.1	4.0	3.9	3.9
科威特	4.4	4.2	4.1	4.1	3.9	4.0	4.0
阿曼	5.3	5.4	5.4	5.5	5.2	4.9	4.9
卡塔尔	5.4	5.4	5.2	5.2	5.4	5.6	5.6
沙特阿拉伯	5.2	5.4	5.3	5.1	5.0	4.8	4.8

资料来源：World Bank，World Development Indicators （WDI）.

表 3 - 11 　　　　南亚及波斯湾国家班轮运输连接性指数（2004 年为最大值 = 100）

国家	2005 年	2010 年	2014 年	2015 年	2016 年
孟加拉国	5.07	7.55	8.40	9.31	12.62
印度	36.88	41.40	45.61	45.85	46.24
斯里兰卡	33.36	40.23	53.04	54.43	63.21
马尔代夫	4.08	1.65	7.79	7.59	7.59
巴基斯坦	21.49	29.48	27.5	32.33	36.58
阿联酋	39.22	63.37	66.48	70.40	70.57
巴林	4.34	7.83	27.01	26.72	26.48
伊朗	14.23	30.73	5.85	11.91	24.63
伊拉克	1.63	4.19	5.17	4.88	4.88
科威特	6.77	8.31	8.22	8.89	8.89
阿曼	23.64	48.52	49.88	48.37	47.35
卡塔尔	4.23	7.67	3.86	5.20	5.20
沙特阿拉伯	36.24	50.43	61.25	64.83	61.79

资料来源：World Bank，World Development Indicators（WDI）.

（2）铁路设施。在铁路运输方面，根据世界银行数据，截至 2014 年，印度的铁路线路长度为 65 808 公里（见表 3 - 12），在南亚及波斯湾国家中名列前列，铁路运输在其交通运输行业中占据着十分重要的地位。伊拉克、孟加拉国等铁路线路不长，货运周转量也较少。

表 3 - 12 　　　　　　　南亚及波斯湾国家铁路运输指标

指标	国家	1980 年	1990 年	2000 年	2010 年	2014 年
铁路线路长度（公里）	孟加拉国	2 874	2 746	2 768	2 835	2 835
	印度	61 240	62 367	62 759	63 974	65 808
	巴基斯坦	8 817	8 775	7 791	7 791	7 791
	伊朗	4 567	4 847	6 688	—	8 560
	伊拉克	—	—	—	2 025	2 138
	沙特阿拉伯	563	1 005	958	1 020	1 412

指标	国家	1980 年	1990 年	2000 年	2010 年	2014 年
铁路货运周转量（百万吨公里）	孟加拉国	787	651	777	710	710
	印度	158 474	235 785	305 201	600 548	665 810
	斯里兰卡	206	164	88	—	—
	巴基斯坦	7 918	5 709	3 754	6 187	1 757
	伊朗	3 428	9 041	14 179	20 247	24 461
	伊拉克	—	—	—	121	249
	沙特阿拉伯	515	690	822	1 748	1 852
铁路客运周转量（百万人公里）	孟加拉国	5 197	4 587	3 941	7 305	7 305
	印度	208 558	295 644	430 666	903 465	1 158 742
	斯里兰卡	3 799	2 781	—	—	—
	巴基斯坦	16 387	19 964	18 495	24 731	20 619
	伊朗	2 704	4 573	7 119	16 814	16 272
	伊拉克	—	—	—	54	99
	沙特阿拉伯	86	156	288	337	297

资料来源：World Bank，World Development Indicators（WDI）.

（3）公路设施。在公路设施联通方面，由表 3 - 13 可知，截至 2010 年，斯里兰卡的公路密度较高，每千平方公里的公路总里程数达 1 819 公里，交通较发达。亚洲高速公路网穿越南亚，2012 年，在伊朗的公路里程达到 1 965 公里（见表 3 - 14）。

表 3 - 13   南亚及波斯湾国家公路密度
（每千平方公里的公路总里程数）单位：公里/千平方公里

国家	1990 年	1995 年	2000 年	2005 年	2010 年
孟加拉国	1 444	1 567	1 594	160	163
印度	673	731	1 115	1 322	—
伊朗	80	96	—	106	122
马尔代夫	—	—	—	293	—
巴基斯坦	222	278	311	335	340
斯里兰卡	1 483	1 569	—	—	1 819

资料来源：UNESCAP Data.

表 3 – 14　　　　　　南亚及波斯湾国家亚洲高速公路网　　　　　　单位：公里

国家	2004 年	2006 年	2008 年	2010 年	2012 年
印度	0	90	90	90	90
伊朗	752	752	1 160	1 160	1 965
巴基斯坦	358	358	358	357	357
土耳其	1 212	1 251	1 257	1 457	1 459

资料来源：UNESCAP Data.

（4）航空设施。在航空设施联通方面，阿联酋是世界第三大石油王国，经济富裕，旅游业发达，从表 3 – 15 可以看出，阿联酋航空在世界的声誉很高，其航空客运量仅次于印度，而其航空货运量则远高于印度。不同国家间差距极大，伊拉克航空货运量仅为 10.8 百万吨公里，伊朗和巴基斯坦的航空货运量也较低，分别为 107.2 百万吨公里和 183.2 百万吨公里。

表 3 – 15　　　　　　　　南亚及波斯湾国家航运指标

指标	国家	1980 年	1990 年	2000 年	2010 年	2015 年
航空运输货运量（百万吨公里）	孟加拉国	19.6	69.5	193.9	164.4	182.7
	印度	366.0	662.9	547.7	1 630.9	1 833.9
	斯里兰卡	9.7	93.4	255.7	339.0	381.4
	巴基斯坦	235.4	420.5	340.3	333.0	183.2
	阿联酋	26.2	145.1	1 456.3	9 774.2	16 647.5
	巴林	26.2	44.3	208.8	504.5	240.1
	伊朗	20.3	113.7	73.7	96.5	107.2
	伊拉克	52.0	42.8	—	11.7	10.8
	科威特	71.6	145.0	243.1	335.1	275.8
	阿曼	26.2	44.3	152.1	106.6	412.2
	卡塔尔	26.2	44.3	244.1	2 945.8	7 563.3
	沙特阿拉伯	165.5	609.6	999.6	1 324.9	1 783.1
航空运输客运量（百万人公里）	孟加拉国	613 700	1 044 100	1 331 369	1 818 901	2 906 799
	印度	6 603 100	10 862 200	17 299 483	64 374 254	98 927 860
	斯里兰卡	235 000	891 800	1 755 567	3 008 323	4 911 730
	巴基斯坦	3 029 200	5 180 200	5 293 541	6 588 114	8 467 828

续表

指标	国家	1980 年	1990 年	2000 年	2010 年	2015 年
航空运输客运量（百万人公里）	阿联酋	521 500	1 685 900	6 893 085	44 948 144	84 738 480
	巴林	521 500	770 900	1 382 461	6 028 980	5 313 756
	伊朗	1 998 100	5 632 600	8 722 145	18 760 850	15 003 958
	伊拉克	619 900	701 600	—	641 129	484 804
	科威特	1 076 200	965 600	2 112 523	4 563 082	3 655 366
	阿曼	521 500	852 900	2 118 338	3 262 849	6 365 784
	卡塔尔	521 500	770 900	2 672 972	12 391 268	25 263 224
	沙特阿拉伯	9 241 200	10 311 500	12 566 492	20 323 592	32 778 828
注册承运人全球出港量（次）	孟加拉国	13 500	13 000	6 313	19 300	37 219
	印度	100 000	125 800	198 426	623 197	787 998
	斯里兰卡	3 800	7 900	5 206	20 921	30 927
	巴基斯坦	45 300	66 100	63 956	64 932	65 750
	阿联酋	9 500	18 800	48 330	240 855	397 126
	巴林	9 500	10 900	21 303	62 473	57 444
	伊朗	18 600	39 900	82 610	158 014	155 797
	科威特	12 900	10 000	17 486	41 848	30 216
	阿曼	9 500	12 300	22 322	32 850	56 544
	卡塔尔	9 500	10 900	26 652	90 819	170 582
	沙特阿拉伯	94 400	92 700	108 981	177 608	232 960

资料来源：World Bank，World Development Indicators（WDI）.

（5）物流绩效。总体而言，南亚及波斯湾地区国家总体交通运输设施差距比东南亚国家小。根据表3-16中数据可知，截至2016年，阿联酋作为此区域最发达的国家，其物流绩效指数综合评分为3.94分；卡塔尔的物流绩效指数也较高，为3.60分；伊拉克的得分最低，仅为2.15分。伊拉克货物进出关程序烦琐，效率低，是其得分低的一大原因。例如，伊拉克平均进出关耗费时间约80天，而阿联酋只需7天。

表3-16 南亚及波斯湾国家物流绩效指数

指标	国家	2007 年	2010 年	2012 年	2014 年	2016 年
综合分数（1 = 很低至5 = 很高）	孟加拉国	2.47	2.74	—	2.56	2.66
	印度	3.07	3.12	3.08	3.08	3.42
	斯里兰卡	2.40	2.29	2.75	2.70	—
	马尔代夫	—	2.40	2.55	2.75	2.51
	巴基斯坦	2.62	2.53	2.83	2.83	2.92
	阿联酋	3.73	3.63	3.78	3.54	3.94
	巴林	3.15	3.37	3.05	3.08	3.31
	伊朗	2.51	2.57	2.49	—	2.60
	伊拉克	—	2.11	2.16	2.30	2.15
	科威特	2.99	3.28	2.83	3.01	3.15
	阿曼	2.92	2.84	2.89	3.00	3.23
	卡塔尔	2.98	2.95	3.32	3.52	3.60
	沙特阿拉伯	3.02	3.22	3.18	3.15	3.16
清关程序的效率（1 = 很低至5 = 很高）	孟加拉国	2.00	2.33	—	2.09	2.57
	印度	2.69	2.70	2.77	2.72	3.17
	斯里兰卡	2.25	1.96	2.58	2.56	—
	马尔代夫	—	2.25	2.24	2.95	2.39
	巴基斯坦	2.41	2.05	2.85	2.84	2.66
	阿联酋	3.52	3.49	3.61	3.42	3.84
	巴林	3.40	3.05	2.67	3.29	3.14
	伊朗	2.50	2.22	2.19	—	2.33
	伊拉克	—	2.07	1.75	1.98	2.01
	科威特	2.50	3.03	2.73	2.69	2.83
	阿曼	2.71	3.38	3.10	2.63	2.76
	卡塔尔	2.44	2.25	3.12	3.21	3.55
	沙特阿拉伯	2.72	2.91	2.79	2.86	2.69
贸易和运输相关基础设施的质量（1 = 很低至5 = 很高）	孟加拉国	2.29	2.49	—	2.11	2.48
	印度	2.90	2.91	2.87	2.88	3.34
	斯里兰卡	2.13	1.88	2.50	2.23	—
	马尔代夫	—	2.16	2.47	2.56	2.57

续表

指标	国家	2007 年	2010 年	2012 年	2014 年	2016 年
贸易和运输相关基础设施的质量（1＝很低至 5＝很高）	巴基斯坦	2.37	2.08	2.69	2.67	2.70
	阿联酋	3.80	3.81	3.84	3.70	4.07
	巴林	3.40	3.36	3.08	3.04	3.10
	伊朗	2.44	2.36	2.42	—	2.67
	伊拉克	—	1.73	1.92	2.18	1.87
	科威特	2.83	3.33	2.82	3.16	2.92
	阿曼	2.86	3.06	2.96	2.88	3.44
	卡塔尔	2.63	2.75	3.23	3.44	3.57
	沙特阿拉伯	2.95	3.27	3.22	3.34	3.24
货物在预订或预期的时间内到达收货人的频率（1＝很低至 5＝很高）	孟加拉国	3.33	3.46	—	3.18	2.90
	印度	3.47	3.61	3.58	3.51	3.74
	斯里兰卡	2.69	2.98	2.90	3.12	—
	马尔代夫	—	2.83	2.96	2.51	2.88
	巴基斯坦	2.93	3.08	3.14	2.79	3.48
	阿联酋	4.12	3.94	4.10	3.92	4.13
	巴林	3.00	3.85	3.42	2.80	3.58
	伊朗	2.80	3.26	2.66	—	2.81
	伊拉克	—	2.49	2.77	2.85	2.66
	科威特	3.75	3.70	3.11	3.39	3.51
	阿曼	4.00	3.94	3.17	3.29	3.50
	卡塔尔	3.67	4.09	4.00	3.87	3.83
	沙特阿拉伯	3.65	3.78	3.76	3.55	3.53
跟踪和追踪货物的能力（1＝很低至 5＝很高）	孟加拉国	2.46	2.64	—	2.45	2.59
	印度	3.03	3.14	3.09	3.11	3.52
	斯里兰卡	2.58	2.23	2.65	2.76	—
	马尔代夫	—	2.42	2.43	2.70	2.49
	巴基斯坦	2.57	2.64	2.61	2.73	2.91
	阿联酋	3.61	3.58	3.81	3.57	3.91
	巴林	3.00	3.63	3.42	3.29	3.32
	伊朗	2.00	2.50	2.49	—	2.44
	伊拉克	—	1.96	1.86	2.31	1.98

续表

指标	国家	2007 年	2010 年	2012 年	2014 年	2016 年
跟踪和追踪货物的能力（1 = 很低至 5 = 很高）	科威特	3.33	3.44	2.98	3.16	3.16
	阿曼	2.80	2.04	2.59	2.84	3.09
	卡塔尔	3.17	3.09	3.50	3.47	3.50
	沙特阿拉伯	3.02	3.32	3.21	3.15	3.25
出口清关所需天数	孟加拉国	25	23	23	28	—
	印度	9	8	8	17	—
	斯里兰卡	21	21	20	16	—
	马尔代夫	21	21	21	21	—
	巴基斯坦	14	14	14	21	—
	阿联酋	9	7	7	7	—
	巴林	14	11	11	11	—
	伊朗	26	25	25	25	—
	伊拉克	102	80	80	80	—
	科威特	18	15	15	15	—
	阿曼	14	10	10	10	—
	卡塔尔	21	21	17	15	—
	沙特阿拉伯	17	13	13	13	—
进口清关所需天数	孟加拉国	30	29	29	34	—
	印度	10	9	9	21	—
	斯里兰卡	20	19	19	13	—
	马尔代夫	20	22	22	22	—
	巴基斯坦	12	12	12	18	—
	阿联酋	9	7	7	7	—
	巴林	15	15	15	15	—
	伊朗	44	37	37	37	—
	伊拉克	101	83	82	82	—
	科威特	21	20	20	20	—
	阿曼	15	9	9	9	—
	卡塔尔	20	20	17	16	—
	沙特阿拉伯	20	17	17	17	—

资料来源：World Bank，World Development Indicators（WDI）.

3. 西亚—红海湾—东非地区

从整体上看,"西亚—红海湾—东非"区域既有通往连通亚欧大陆的"曼德海峡—红海湾—苏伊士运河"的世界重要交通航线,也有作为"海丝路"重要节点国家的肯尼亚。其中,"曼德海峡—红海湾—苏伊士运河"航线沿线国家包括:也门、索马里、吉布提、厄立特里亚、苏丹、埃及六国。此外,肯尼亚节点辐射国家除了肯尼亚自身外,还包括坦桑尼亚和莫桑比克。

(1)港口设施。在港口方面,虽然西亚及东非地区国家港口基础设施水平普遍不高,但大多是处在关键地理位置的港口。例如,亚丁港地理位置极其重要,连接沟通欧洲、红海至亚洲、太平洋,因此成为重要的交通要塞,其不仅是也门的最大海港,也是供应国际远洋船舶燃料的重要基地。此外,吉布提港是通往埃塞俄比亚的门户,在非洲港口链中同样具有重要的战略地位。

非洲的港口分布主要集中于东非、北非和非洲南部地区,其中,东非主要以肯尼亚蒙巴萨、坦桑尼亚达累斯萨拉姆、莫桑比克拉贝、吉布提、苏丹等地的港口为主,而北非主要以埃及塞得、亚历山大和阿尔及利亚阿尔及尔等地的港口为主,非洲南部主要以南非德班、开普敦、伊丽莎白等港口为主。虽然拥有众多的沿海港口,但非洲港口的规模普遍较小,港口通过能力主要在 100 万 TEU 以内,仅埃及塞得港和南非德班港能力超过 200 万 TEU。西亚—红海湾—东非地区部分国家港口集装箱吞吐量如表 3 – 17 所示。

表 3 – 17　西亚—红海湾—东非地区部分国家港口集装箱吞吐量　单位:TEU

国家	2000 年	2005 年	2010 年	2014 年
吉布提	—	—	600 000	773 141
埃及	1 625 601	4 031 114	6 709 053	8 810 990
肯尼亚	—	—	696 000	1 010 000
莫桑比克	—	—	254 701	328 200
坦桑尼亚	—	—	429 285	638 023
也门	248 177	—	669 021	862 079

资料来源:World Bank,World Development Indicators (WDI).

由于地理位置的关系,西亚—红海湾—东非地区部分港口存在一定的竞争关系。例如,吉布提港、索马里的伯贝拉港以及苏丹的红海港三者会在争夺埃塞俄比亚的对外贸易通道上产生竞争关系。肯尼亚的蒙巴萨港与坦桑尼亚的达累斯萨拉姆港也同样存在较大的竞争,两者都旨在为非洲内陆国家的对外经济合作提供港口服务,其中,蒙巴萨作为肯尼亚最大港口和目前东非最大港口,是东南非地区的最佳运输及物流支持港口;而达累斯萨拉姆港是坦桑尼亚目前最大港口,对其全国的工业产值贡献较大，分布有炼油、轻纺、机械、化肥、食品、水泥、机车修理、农具修配及火力发电等重要行业。

中国在西亚—红海湾—东非地区国家的港口建设较为活跃，中资企业投资的主要港口如表 3-18 所示。

表 3-18　　　　西亚—红海湾—东非地区国家重要港口

国家	港口	是否中资及持股比例	集装箱吞吐
埃及	塞德港	中远太平洋（20%）	340 万 TEU（2015 年）
埃及	达米埃塔港	中国港湾（持股比例不详）	预计 400 万 TEU/年
埃及	亚历山大港	不详	166 万 TEU（2015 年）
也门	亚丁港	不详	约 5 万 TEU
索马里	摩加迪沙港	不详	不详
苏丹	苏丹港	中国港湾（持股比例不详）	122 万 TEU
吉布提	吉布提港	中资（持股比例不详）	91 万 TEU，非集装箱 518 万吨
肯尼亚	拉穆港	中国交建（持股比例不详）	最终能力：2 000 万 TEU
肯尼亚	蒙巴萨港	中国路桥（持股比例不详）	预计容量：220 万 TEU
坦桑尼亚	巴加莫约港	招商局港口（持股比例不详）	建成后将达 2 000 万 TEU
坦桑尼亚	达累斯萨拉姆港	中国港湾（持股比例不详）	预计容量：120 万 TEU，货邮吞吐量为 1 431.4 万吨
厄立特里亚	马萨瓦港	中国上海外经	20 万 TEU
莫桑比克	马普托港	不详	1.3 万 TEU
莫桑比克	贝拉港	中国港湾（持股比例不详）	3.2 万 TEU

资料来源：根据各国新闻报道及相应港口官网资料整理而得。

（2）铁路和公路设施。整体来看，西亚—红海湾—东非地区国家铁路线路长度略有上升，但幅度有限，见表 3-19。

表 3-19　　　　西亚—红海湾—东非地区国家铁路运输指标

指标	国家	1980 年	1990 年	2000 年	2010 年	2014 年
铁路线路长度（公里）	埃及	4 437	4 751	5 024	5 195	5 195
	肯尼亚	2 101	2 065	2 634	—	—
	坦桑尼亚	4 444	4 444	4 582	—	—

指标	国家	1980 年	1990 年	2000 年	2010 年	2014 年
铁路货运周转量 （百万吨公里）	埃及	2 190	2 828	3 980	3 840	1 592
	肯尼亚	2 281	1 919	1 492	—	—
	莫桑比克	—	—	—	695	1 193
	坦桑尼亚	1 106	1 408	1 990		
铁路客运周转量 （百万人公里）	埃及	11 164	34 876	34 960	40 837	40 837
	肯尼亚	704	715	350	—	—
	坦桑尼亚	314	584	946		

资料来源：World Bank，World Development Indicators（WDI）.

铁路系统比较发达的是埃及。埃及铁路线路长度从 1980 年的 4 437 公里提升至 2014 年的 5 195 公里；铁路货运周转量从 1980 年的 2 190 百万吨公里上升至 2000 年的 3 980 百万吨公里，随后在 2014 年下降至 1 592 百万吨公里；铁路客运周转量从 1980 年的 11 164 百万人公里上升至 2014 年的 40 837 百万人公里。苏丹全国公路网相对完整，全国 18 个州均有公路网覆盖，构成了以喀土穆为中央、各州首府相互毗邻的公路网络，重要公路 27 条，总长近 1.3 万公里，全国公路总长约为 3.1 万公里，但苏丹公路狭窄，路况较差。

坦桑尼亚和莫桑比克以公路为主，铁路系统并不发达。坦桑尼亚公路总长约为 8.7 万公里，铁路总长为 3 667 公里。莫桑比克公路总长约为 3.05 万公里，其中柏油公路总长为 7 344 公里；铁路总长为 3 372 公里。

吉布提、肯尼亚国内的铁路网络比较落后，有不同程度的问题。吉布提与埃塞俄比亚首都亚的斯亚贝巴原有窄轨铁路相通，全长约 850 公里，吉布提境内长约 194 公里。因设备老化，铁路货运量逐年下降，2012 年停运。肯尼亚目前唯一一条铁路是一百多年前英国殖民时期修建的窄轨铁路，现在仍在使用，由于弯道多，控制系统老旧，运行速度非常缓慢。公路方面，吉布提有公路 3 067 公里，其中沥青路 415 公里。

也门和索马里、厄立特里亚三国均未建立铁路运输系统，而国内公路也主要以非柏油路为主，土路较多。也门公路总长约为 6.9 万公里，其中柏油路 1.3 万公里。索马里交通以公路为主，无铁路。2010 年公路总里程约为 2.21 万公里，其中 2 608 公里为沥青铺设路面。厄立特里亚全国公路总长度约为 1.5 万公里（厄立特里亚独立时为 4 000 余公里），其中沥青路只有 1 300 公里，主要城市之间均有公路相通。

肯尼亚、乌干达、坦桑尼亚、布隆迪、卢旺达、南苏丹、刚果（金）7 个国家组成的东非共同体，旨在推进本地区的一体化发展，但由于成员国的基础设施落后，公路和铁路均未能形成有效交通网络，造成区域间的运输成本过高，成为东非共同体一体化进程的重要阻碍。为此，东非共同体提出了东非铁路主干网计划，计划兴建约 15 条铁路以促进区域间的交通发展。

（3）航空设施。关于这一地区的航空设施联通情况，根据世界银行的数据，2015 年埃及、肯尼亚货运周转量分别达到 397.5 百万吨公里、286.4 百万吨公里，而莫桑比克和坦桑尼亚仅有 5.1 百万吨公里和 2.3 百万吨公里，并且多年来货运周转量一直停滞不前（见表 3 - 20）。埃及航空运输客运周转量远远领先于本区域其他国家，其航空设施配套也愈加完善，但总体上这一地区的航空设施较为落后。

表 3 - 20 　　　　　　西亚—红海湾—东非地区国家航空运输指标

指标	国家	1980 年	1990 年	2000 年	2010 年	2015 年
航空运输货运周转量（百万吨公里）	埃及	29.4	144.0	278.1	417.0	397.5
	肯尼亚	18.0	52.2	77.0	280.0	286.4
	莫桑比克	8.7	9.1	7.2	6.1	5.1
	坦桑尼亚	1.9	1.4	3.5	1.3	2.3
航空运输客运周转量（百万人公里）	埃及	2 027 700	3 239 200	4 521 702	9 518 106	10 159 464
	肯尼亚	392 500	794 400	1 554 949	4 039 583	4 874 590
	莫桑比克	282 200	279 500	259 568	558 192	686 893
	坦桑尼亚	387 600	292 100	193 069	750 421	1 239 707
	也门	310 000	671 100	841 609	1 536 556	1 388 000
注册承运人全球出港量（次）	埃及	25 700	19 800	47 418	104 036	101 350
	肯尼亚	9 300	13 000	29 080	78 265	81 437
	莫桑比克	6 100	5 600	6 698	13 705	19 648
	坦桑尼亚	17 500	7 500	5 973	21 825	24 533
	也门	9 200	14 100	14 608	20 600	11 460

资料来源：World Bank, World Development Indicators（WDI）.

航空基础设施建设较为发达的有埃及、苏丹和肯尼亚。埃及共有 30 个机场，其中 11 个国际机场。开罗国际机场是重要的国际航空站，也是非洲第二繁忙的机场，仅次于南非的奥利弗·雷金纳德·坦博国际机场（原约翰内斯堡国际机场）。苏丹的航空基础设施最多，全国共 100 多个机场，原因在于苏丹国内 90%

的运输是通过空运进行。肯尼亚空运设施比较发达，有 4 个国际机场。肯尼亚与欧洲、亚太地区、美国和非洲的主要城市均建立了良好的空中航线服务。乔莫·肯雅塔国际机场是非洲重要的枢纽和进出东非与中非的理想门户。这一地区的其他国家航空基础设施相对落后，运输能力较差。厄立特里亚、吉布提的最大机场都属于军民两用机场，航空基础设施资源紧张。

4. 中国与沿线地区交通设施的联通与合作

（1）中国与东盟。中国与东盟国家之间的设施联通合作项目众多，包括中老铁路、雅万高铁、中泰铁路等正在推进过程中并取得不错进展的项目。双方在中国—东盟港口城市合作网络、中国—东盟信息港、中国—中南半岛经济走廊、泛北部湾合作以及澜沧江—湄公河合作等机制下，积极探讨推进陆上、海上和网络信息等领域的全方位互联互通，这将为双方深化合作构建起更加完善的平台。[①]中国与东盟之间通过构建和发展陆海空三位一体的交通网络，实现了物理上的互联互通。

陆路交通基础设施。最重要的内容是泛亚铁路的建设。泛亚铁路的东、西、中线三个方案中国境内的铁路均已经列入了中国的《中长期铁路网规划》和《铁路"十一五"规划》；2008 年 12 月昆曼公路正式通车，2012 年 12 月 12 日横跨湄公河的清孔—会晒大桥正式完工，标志着导致昆曼公路畅而不通的最大"瓶颈"得到突破；中越两国货运直通车于 2014 年 6 月 9 日正式开通，将以往接驳式的运输方式转变为门到门的直达运输，这在很大程度上提升了中国—东盟物理互联互通水平。[②]此外，截至 2018 年 2 月，中老铁路已完成工程量的五分之一，对中老边境的贸易合作、能源合作等产生了良好的引导作用。

水路运输基础设施。重点在于对航道基础设施的建设，最突出的项目是澜沧江—湄公河国际航道建设项目。《中老缅泰澜沧江—湄公河商船通商协定》的正式签署为中国—东盟互联互通水路运输开启了新篇章；截至 2015 年，其运量已达到 150 万吨，客运量达到 20 万人次以上，在区域经济合作中将发挥更大的作用。2010 年 8 月 12 日，中国临海的广西、广东等省份的港口物流企业与新加坡、泰国的港口物流公司签订合作协议合力打造跨国港口航运线路。[③]另外，2018 年 9 月，中国和缅甸政府签署中缅经济走廊备忘录，2015 年中标的皎漂深水港项目，经过与缅甸政府的持续谈判后，签署了框架协议。

航空运输基础设施。目前中国与东盟国家之间致力于构建中国—东盟空间立体运输网络，航空运输基础设施建设也取得较好的进展。中国与东盟十国都已经

---

① 梁励：《中国—东盟基础设施互联互通进展显著》，载于《21 世纪经济报道》2017 年 9 月 13 日。

②③ 唐文琳、唐明知：《中国—东盟命运共同体背景下互联互通的建设》，载于《广西大学学报（哲学社会科学版）》2016 年第 3 期，第 102 页。

实现了直接通航；空中交通网络已经建成，并且在《中国—东盟交通合作谅解备忘录》的指导下将会有更大的成就。[1]

（2）中国与南亚及波斯湾地区。中国与南亚各国的交通基础设施合作基本上按照中巴、孟中印缅和中尼印三大经济走廊建设展开。由于与中国地缘相近，三大经济走廊的交通基础设施联通合作都开展得较为深入。以孟中印缅经济走廊为例，中国中铁与孟加拉国分别有中国中铁参与的栋吉至派罗布·巴扎尔铁路（已投入运营）、帕德玛大桥主桥工程；中国交建参建的卡纳普里河底隧道；中国企业参建的达卡市轨道交通、拉合尔城市轨道交通等。这些合作项目涵盖了公路、铁路、飞机场、港口、轻轨等，主要是基于完善南亚交通设施网络，促进孟加拉国与周边国家的互联互通。但是，该区域地势复杂险峻，地理条件不佳，给交通基础设施建设和实施造成一定程度的困难。此外，孟、印、缅三国目前公路、铁路等交通基础设施的建设标准不统一，不能满足现有经济走廊贸易对交通运输的需求。在中巴经济走廊建设中，中国投资了巴基斯坦国内多条公路项目，比如中巴经济走廊的一条干线——喀喇昆仑公路二期改造工程，以及中国交建参建的瓜达尔港国际机场。另外，中建巴基斯坦 PKM 高速公路项目是中巴经济走廊迄今为止最大的交通基础设施项目，也是中国建筑在海外最大的基础设施项目。这些项目的开展既是对巴基斯坦国内工业发展的巨大支持，同时也有利于中国借助瓜达尔港、卡拉奇港开展国际贸易。中国与波斯湾地区的交通基础设施联通基础较为薄弱，2017 年中国与沙特阿拉伯签署了 14 项谅解备忘录和意向书，涉及多个领域和产业，涵盖原油、石化、交通、核能、矿业等，达到两国外交史上合作的新深度和新广度，中国与波斯湾国家的交通基础设施建设合作正在扩大。

（3）中国与西亚、东非。中国与西亚、东非地区联通主要体现在港口投资合作方面。中国企业在东非吉布提港、埃及达米埃塔有股权投资，在肯尼亚拉姆港、坦桑尼亚巴加莫约港有建设性投资。以中国港湾、招商局国际公司为代表的中国企业在非洲承建了大量港口基础设施建设项目，提升了非洲的港口基础设施水平。

（二）能源基础设施联通现状

1. 东南亚地区

从世界银行公布的数据来看，东南亚国家在电力供应上存在着巨大的鸿沟，同时发电量的严重不足显示出电力工业相对落后。截至 2016 年，文莱、马来西

---

[1] 唐文琳、唐明知：《中国—东盟命运共同体背景下互联互通的建设》，载于《广西大学学报（哲学社会科学版）》2016 年第 3 期，第 102 页。

亚、新加坡、泰国、越南已实现100%通电率，但柬埔寨、缅甸等通电率仍然比较低，不到60%，电力缺口较大（见表3-21）。可见，东盟国家的电力基础设施建设仍有较大的发展空间。

表3-21　　　　东南亚国家通电率（占人口的百分比）　　单位：%

国家	2005年	2011年	2012年	2013年	2014年	2016年
文莱	100.00	100.00	100.00	100.00	100.00	100.00
印度尼西亚	87.13	94.83	96.00	96.46	97.01	97.62
柬埔寨	20.50	38.75	40.90	43.04	56.10	49.77
缅甸	47.79	50.27	50.71	51.14	52.00	57.00
马来西亚	97.93	99.59	99.80	99.94	100.00	100.00
菲律宾	79.00	85.70	86.84	87.50	89.13	90.98
新加坡	100.00	100.00	100.00	100.00	100.00	100.00
泰国	90.73	99.50	99.88	99.99	100.00	100.00
越南	96.10	99.00	100.00	100.00	99.20	100.00
老挝	57.20	70.00	73.03	75.56	78.09	87.09

资料来源：世界银行。

2. 南亚及波斯湾地区

能源是中国与"一带一路"沿线国家和地区合作和实现互联互通的重要领域。以下主要围绕南亚及波斯湾地区国家能源消耗和净进口量、油气储备分布及设备各项指标，探究各国对能源的需求状况以及能源的丰富度，同时重点分析主要油气运输通道，从整体上对南亚及波斯湾地区国家能源设施联通现状进行考察。

伊拉克、伊朗、沙特阿拉伯、科威特、卡塔尔、阿联酋、阿曼等国，或是产油国，或是位于国际输油气管道的必经之地。沙特阿拉伯、伊拉克、伊朗、科威特、阿联酋是石油供给大国，石油储量十分丰富，石油净供给能力强。其中，2015年沙特阿拉伯石油探明储量达2 665.8亿桶。从石油供给端发展形势看，沙特阿拉伯、科威特和阿联酋的储产比高，产量稳定；伊朗石油生产潜力大，但政治风险高；伊拉克安全形势好转，有利于石油的开发生产。处于该地区的伊朗和卡塔尔油气资源尤其丰富，2015年天然气探明储量分别达34.02万亿立方米和24.53万亿立方米。

（1）能源消耗和进口量。从表3-22南亚及波斯湾地区能源消耗情况看，不同国家电力消耗量存在一定的差异。

表 3 - 22　　　　　南亚及波斯湾国家电力消耗量　　　单位：人均千瓦时

国家	1990 年	1995 年	2000 年	2005 年	2010 年	2013 年
斯里兰卡	153.6	217.8	296.8	403.7	463.0	525.9
印度	272.9	359.9	394.8	469.4	643.9	765.0
巴基斯坦	277.5	358.6	373.1	464.7	466.6	450.0
伊朗	944.2	1 206.1	1 541.2	2 068.9	2 642.4	2 899.0
伊拉克	1 304.5	1 414.9	1 236.9	833.6	1 190.8	1 780.7
科威特	8 368.8	12 897.7	14 909.3	17 126.2	16 387.1	14 910.6
阿曼	2 186.9	2 596.0	3 242.8	3 930.8	5 704.3	5 981.5
卡塔尔	9 587.0	11 005.6	14 324.6	15 983.6	14 940.1	15 471.0
沙特阿拉伯	3 986.4	4 873.8	5 472.1	6 366.7	7 784.8	8 741.4
阿联酋	8 580.4	9 662.6	12 652.9	12 571.0	10 890.9	10 904.5
巴林	15 620.7	20 552.4	19 947.4	21 870.5	17 745.7	18 216.6

资料来源：世界银行。

从表 3 - 23 可知，南亚及波斯湾地区国家能源使用量总体上呈持续增长的趋势。卡塔尔、科威特、沙特阿拉伯、伊拉克、阿曼、阿联酋是能源自给程度较高的国家，巴林、伊朗基本实现了能源自给。此外，伊朗、伊拉克、科威特、阿曼、卡塔尔、沙特阿拉伯、阿联酋、巴林的石油资源储备丰富，石油产量较大，是能源净出口国。在统计到的"海丝路"国家中约占 37% 的国家仍十分依赖能源进口，其中斯里兰卡 2013 年的能源净进口比重为 45.87%（见表 3 - 24）。可见，不同地区分布、不同国家之间对能源的供给和需求情况各有不同，建立能源互通十分必要，也将会有广阔的发展前景。

表 3 - 23　　　　　　南亚及波斯湾国家能源使用量

单位：人均千克石油当量

国家	1990 年	1995 年	2000 年	2005 年	2010 年	2013 年
斯里兰卡	323.00	332.25	446.34	464.60	484.21	487.52
印度	352.19	386.42	418.92	452.37	562.70	606.05
巴基斯坦	398.67	436.69	463.43	497.24	496.34	474.86
马尔代夫	233.47	—	—	700.93	—	—
伊朗	1 234.42	1 678.15	1 868.16	2 462.25	2 794.49	2 960.38

国家	1990 年	1995 年	2000 年	2005 年	2010 年	2013 年
伊拉克	1 127.98	1 656.61	1 105.97	1 079.86	1 216.88	1 466.61
科威特	4 424.45	9 084.98	9 745.93	11 662.27	10 525.89	9 757.45
阿曼	2 328.30	2 782.85	3 441.09	4 429.86	6 797.02	6 232.46
卡塔尔	13 697.34	16 264.78	18 401.30	19 911.94	15 657.01	19 120.34
沙特阿拉伯	3 545.19	4 482.23	4 574.40	4 952.44	6 603.23	6 363.39
阿联酋	11 274.93	11 779.77	11 128.82	9 696.48	7 414.66	7 691.01
巴林	10 554.99	11 407.89	11 948.43	11 948.98	9 952.24	10 171.68

注：能源使用量是指初级能源在转化为其他最终用途的燃料之前的使用量，等于国内产量加上进口量和存量变化，减去出口量和供给从事国际运输的船舶和飞机的燃料用量后所得的值。

资料来源：世界银行。

表 3 - 24　　　　南亚及波斯湾国家能源净进口比重　　　单位：%

国家	1990 年	1995 年	2000 年	2005 年	2010 年	2013 年
斯里兰卡	24.02	33.03	42.98	45.33	43.09	45.87
印度	8.22	13.05	20.43	21.98	28.37	32.51
巴基斯坦	20.33	23.34	26.80	20.35	23.73	24.27
伊朗	− 170.90	− 134.78	− 106.19	− 79.92	− 68.63	− 30.88
伊拉克	− 459.68	− 19.96	− 417.45	− 235.33	− 231.72	− 215.02
科威特	− 452.99	− 673.05	− 507.92	− 456.35	− 318.22	− 386.16
阿曼	− 807.86	− 697.50	− 684.54	− 447.34	− 241.74	− 210.81
卡塔尔	− 324.33	− 253.78	− 444.57	− 435.98	− 545.18	− 457.48
沙特阿拉伯	− 535.19	− 449.35	− 386.25	− 365.87	− 186.51	− 219.74
阿联酋	− 439.55	− 394.97	− 360.76	− 301.18	− 182.00	− 190.06
巴林	− 173.39	− 135.53	− 110.02	− 76.03	− 60.97	− 60.60

注：能源净进口是根据能源使用量减去产量估值。本表统计数为能源净进口占能源使用量的百分比。

资料来源：世界银行。

（2）油气资源储量分布及设备。随着勘探、开采规模的加大和新技术的运用，南亚及波斯湾地区国家石油和天然气探明储量不断增长。根据表 3 - 25 和表 3 - 26 可知，截至 2015 年，从总体油气探明储量看，沙特阿拉伯、伊朗、伊拉克、科威特具有丰富的石油资源，卡塔尔、伊朗的天然气储备量也相当可观。南亚及波斯湾地区的油气生产大国，正积极推动油气管道、液化天然气（LNG）接收站、石油储备库、储气库等设施的建设，加快外输通道的建设。据 BP 集团的世界能源统计数据，天然气贸易仍主要依靠管道运输和船运两种方式。南亚及波斯湾地区国家中参与管道天然气出口贸易的主要国家有伊朗、卡塔尔，2015 年通过管道向外输出的天然气总量分别为 84 亿立方米、198 亿立方米。

表 3 - 25　　　　　　**南亚及波斯湾国家石油探明储量**　　　　单位：亿桶

国家	1990 年	1995 年	2000 年	2005 年	2010 年	2015 年
印度	55.6	55.1	52.9	59.2	58.3	57.5
伊朗	928.5	937.0	995.3	1 374.9	1 511.7	1 578.0
伊拉克	1 000.0	1 000.0	1 125.0	1 150.0	1 150.0	1 430.7
科威特	970.3	965.0	965.0	1 015.0	1 015.0	1 015.0
阿曼	43.5	52.0	58.5	55.7	55.0	53.1
卡塔尔	29.9	37.0	168.7	279.1	246.8	257.1
沙特阿拉伯	2 603.4	2 614.5	2 627.7	2 642.1	2 645.2	2 665.8
阿联酋	981.0	981.0	978.0	978.0	978.0	978.0

资料来源：BP 世界能源统计。

表 3 - 26　　　　　　**南亚及波斯湾国家天然气探明储量**　　　单位：万亿立方米

国家	1990 年	1995 年	2000 年	2005 年	2010 年	2015 年
印度	0.700	0.676	0.760	1.101	1.149	1.488
巴基斯坦	0.642	0.596	0.677	0.852	0.657	0.543
伊朗	17.003	19.350	26.000	27.580	33.090	34.020
伊拉克	3.107	3.360	3.109	3.170	3.171	3.694
科威特	1.518	1.494	1.557	1.572	1.784	1.784
阿曼	0.280	0.453	0.859	0.995	0.520	0.688
卡塔尔	4.615	8.500	14.443	25.636	25.047	24.528
沙特阿拉伯	5.223	5.544	6.301	6.822	7.900	8.325
阿联酋	5.623	5.859	5.994	6.115	6.091	6.091
巴林	0.177	0.147	0.110	0.090	0.219	0.172

资料来源：BP 世界能源统计。

（3）主要油气运输通道。霍尔木兹海峡位于阿曼和伊朗之间，隶属于伊朗，连接波斯湾和阿曼湾，是全球最重要的原油运输咽喉要道。据美国能源署统计，该海峡日均运输原油达上千万桶，世界三分之一的海上石油运输会通过霍尔木兹海峡，霍尔木兹海峡也是波斯湾地区石油输出的核心通道。

3. 西亚—红海湾—东非地区

纵观全球，在诸多油气运输要道中共有七个要道被视为运输咽喉，承担了全球海上贸易量的90%，其中有两个与西亚—红海湾—东非地区密切相关，分别是曼德海峡和苏伊士运河/苏麦德管道。

曼德海峡连接着红海和亚丁湾，并最终通往印度洋，最窄处仅18英里。如果它关闭或者处于不稳定状态，那么国际邮轮将被迫改变航线转往非洲南部的好望角。前往苏伊士运河的大量油轮也必须经过曼德海峡，因此，这条海峡的关闭将导致其后一系列意外事件发生。2016年，估计有480万桶/天的石油和成品油通过这条水道流入欧洲、美国和亚洲。[①]

苏伊士运河和苏麦德管道是波斯湾石油和天然气运往欧洲和北美市场的战略航线。根据苏伊士运河管理局公布的数据，2016年，苏伊士运河的双向运输量为390万桶/天石油和成品油，北向的流量增加了约30万桶/天。但从2009年开始，南向的发货量逐渐下降。从伊拉克和沙特阿拉伯出口至欧洲的原油量增加，北向的运输拥堵增加；而从俄罗斯到亚洲的石油产品出口下降，对南向的交通运输造成了极大的影响。2016年，苏伊士运河液化天然气双向流量为1.2万亿立方英尺，约占全球液化天然气总交易量的9%。南向运输主要来自尼日利亚、法国（转口）、特立尼达和多巴哥，主要运往埃及、约旦和日本，占南方液化天然气进口总量的65%以上。几乎所有的北行运输（99%）都来自卡塔尔，主要运往欧洲市场。2008年以后，通过苏伊士运河的液化天然气的快速增长实现了卡塔尔液化天然气出口的扩张。

因中国与西亚—红海湾—东非地区在油气能源方面合作密切，下面分国家介绍具体情况。

也门的油气管道和储备设施较完善。也门主要的石油管线有三条，分别为马西拉—希赫尔管线、舍卜沃—阿里管线、马里卜—拉斯伊萨管线，长度总计约1 065千米，连通内陆油田和沿海港口。石油出口港包括亚丁湾希赫尔港、阿里港和红海拉斯伊萨港，液化天然气出口港是拜勒哈夫港。

20世纪90年代中国石油天然气集团有限公司（以下简称"中石油"）与苏

---

① 资料来源：中信期货能源化工组，全球海运四大流向、七大航运要塞，2017年8月21日，https：//www.sohu.com/a/166184415 313170。

丹签署一系列石油合作项目。中石油帮助苏丹建立起了一整套石油全产业链，承建了苏丹大部分石油基础设施，以喀土穆炼油厂为例，该厂由中石油帮助建立，年炼油能力达 450 万吨，产量能够满足 70% 的苏丹国内市场。同时富拉油田—喀土穆—苏丹港的主要输油管道已经建设得相对完善，包括三条原油外输管道以及油田到炼油厂的石油管道。

坦桑尼亚不生产石油，以产天然气为主。2012～2013 年间，英国天然气集团、挪威国家石油公司相继在坦桑尼亚发现多块天然气储量，吸引了大量国内外投资者。但相比较而言，坦桑尼亚的油气基础设施并未跟上。坦桑尼亚所有的油气作业设备，都通过达累斯萨拉姆、坦噶、姆特瓦拉这三个港口进口。为了提升天然气的开发水平，坦桑尼亚对外开放油气行业，并为外国投资提供优惠，其中中国进出口银行、中石油分别投资建设输油管道和气田地面输油管道。考虑到中国与坦桑尼亚的长期友好关系，并且其国家政局稳定，中国在坦桑尼亚油气能源方面的投融资有较大发展前景。

4. 中国与沿线国家和地区的能源基础设施联通及合作

中国与沿线国家和地区围绕合力开发清洁能源，共建绿色"海丝路"的宗旨进行相关合作，致力于实现东盟国家以化石能源为主的能源消费结构转型，合作日益密切。基础的油气能源方面，2013 年，中缅、中老相关的原油及天然气项目分别建设完成并实现通气；中国电力建设集团与泰国实现海上风电项目合作；三峡集团与缅甸实现风电项目合作，南方电网与越南实现风电项目合作；葛洲坝集团与老挝实现输变电工程场建设合作（老挝"八五"经济规划和能源发展规划中的最优先项目），从目前的发展情况来看，中国—东盟清洁能源合作发展已经取得了较大突破。这与东盟多国风能、太阳能、地热能、生物质能储备丰富，政府积极出台清洁能源发展规划支持是分不开的。

中国与南亚及波斯湾国家的能源合作有着深厚基础。在"一带一路"建设规划的中巴经济走廊中，能源领域合作的建设成果最受认可。[①] 双方在 2018 年 11 月发表的联合声明中表示要加快瓜达尔港的配套项目建设，促进地区能源基础设施互联互通。不仅如此，中国工程技术服务在南亚及波斯湾地区和中东树立了良好形象。中国工程技术份额约占中东的四分之一，高质量完成了多个大型项目，包括阿布扎比原油管道、伊拉克多个油田钻井等。同时，有数个正在执行的大型项目，包括伊拉克格拉夫油田 FCP 升级项目、沙特阿拉伯拉斯坦努拉管道项目、阿联酋曼德油田开发项目等。同时，在南亚地区，中国参与建设了巴基斯坦迪阿

---

① 中华人民共和国和巴基斯坦伊斯兰共和国关于《加强中巴全天候战略合作伙伴关系、打造新时代更紧密中巴命运共同体》的联合声明。

莫—巴沙大坝水电站项目、燃煤发电厂火电项目、旁遮普省太阳能发电项目。与孟加拉国签署了东方炼厂单点系泊及双管道项目、500万吨炼油罐区炼油厂项目。

中国与西亚—红海湾—东非地区的能源合作是中国与"一带一路"沿线国家和地区产能合作的重点项目之一，我国与东非国家油气合作方式主要为贸易和投资。其中，与中国合作最为密切的国家是苏丹、坦桑尼亚和埃塞俄比亚，三国都有中国企业参与该国重要项目。我国与苏丹的石油合作是中国石油外交的开山之作。除了前文提到的中国石油与苏丹相关部门的积极合作之外；特别需要提及的是，中资企业是苏丹和南苏丹境内外资企业的主力，中国石油、中国石化是苏丹境内GNPOC、DPOC、PEE等油气公司的主要控股方，这些公司是苏丹境内油田和管道的主要作业者。

中国与坦桑尼亚的合作建设更加具有代表意义。中国石油天然气管道局首次参与海外融资建设的"陆海一体化"同建工程——坦桑尼亚天然气管道工程，实现了自主设计、独立施工，同时也是中国石油天然气管道局对外合作的最大海洋工程；中国石油天然气管道局以设计、采购、施工一体化（EPC）模式总承包，总长542公里，已建成使用，年输气量达80亿立方米，极大地缓解了坦桑尼亚电力能源紧张的局面，对带动当地经济发展、解决百姓就业产生了极大的促进作用，被坦桑尼亚政府誉为"第二条坦赞铁路"。

此外，中国积极参与建设埃塞俄比亚天然气开发和石油资源生产规划等重要油气项目，包括"埃塞俄比亚—吉布提石油天然气"项目涉及的资源开发、管道建设、码头、电厂建设及液化天然气运输等多项业务。作为红海湾咽喉与连接中东、非洲的重要枢纽，东非国家渴望建立起服务非洲的大型优质油气能源项目，对于埃塞俄比亚、吉布提而言这是其国家最大对外合作项目。中国希望通过在埃塞俄比亚展开"复兴大坝""亚吉铁路"等基础设施建设，帮助埃塞俄比亚实现经济提速。

（三） 通信基础设施联通现状

1. 东南亚地区

在通信业务方面，从整体来看，东盟地区的互联网水平、通信基础设施均低于世界平均水平，东盟地区各国发展水平差异较大，其中不乏新加坡这样的发达国家与老挝、柬埔寨这类相对贫穷的国家，这两类国家的通信基础指标相差比例最高可以达到50倍以上。以安全互联网服务器数量（每百万人）这一指标来看，2016年新加坡是890.27个（见表3-27），相比之下同期老挝、缅甸分别为3.40个和1.68个，相差数百倍。从增速角度看，也显示出国家越发达，服务器数量增长越快的状况。除了新加坡，东盟其余九国在2005年时，数量差距不大；此后，新加坡在东盟十国中保持着最快增速，文莱、马来西亚紧随其后，与国家发展程度相一致。

表 3 - 27　　　东南亚国家安全互联网服务器数量（每百万人）　　单位：个

国家	2005 年	2010 年	2014 年	2015 年	2016 年
文莱	13.69	66.90	153.02	205.97	233.93
印度尼西亚	0.45	1.98	6.22	7.94	10.11
柬埔寨	0.08	1.68	3.01	5.16	6.85
缅甸	0.02	0.06	0.50	0.73	1.68
马来西亚	14.69	41.90	87.57	102.46	106.45
菲律宾	2.43	6.64	10.83	13.55	14.77
新加坡	275.45	529.67	822.34	932.07	890.27
泰国	4.77	13.57	23.11	30.11	33.37
越南	0.15	3.13	11.86	14.75	18.94
老挝	0.35	0.80	2.13	2.55	3.40

资料来源：世界银行。

2. 南亚及波斯湾地区

总体来说，南亚及波斯湾地区国家的通信设施联通现状差距较大，主要体现在以下方面。

（1）网络普及率。科威特、阿曼、卡塔尔、沙特阿拉伯、阿联酋和巴林由于石油美元的进入，在短短几年内"脱贫致富"。其中，科威特、卡塔尔、巴林和阿联酋率先建立"海湾光纤工程"，使得这些国家的网络工程与技术飞速发展。这六个国家的基础设施普遍比较好，网络普及率也高。

印度的通信网络基本已普及至全国各地，印度互联网和移动协会（IAMAI）以及市场调研公司 IMRB 共同发布的《2015 年印度互联网报告》显示，截至 2015 年 10 月，印度移动用户规模占互联网用户整体规模的 87%。移动支付的规模与移动互联网使用人数呈正相关增长趋势。马尔代夫网络覆盖率为 54.46%，在南亚地区排名第一；伊朗的互联网普及率也较高。

根据中国驻伊拉克大使馆经济商务参赞处的数据，伊拉克固定电话网络发展缓慢，用户流失严重，2011 年约有 130 万用户；移动用户发展迅速，用户总数将近 1 500 万个，但通话效果不稳定；互联网发展较快，用户不断增加，但网速较慢，价格昂贵。2013 年，孟加拉国家用电脑渗透率为 5.8%，为南亚地区最低；[1]

---

① 驻孟加拉国大使馆经济商务参赞处：《国际电信联盟：孟加拉网络普及率仅为 14.4%》，2016 年 7 月 31 日，http://bd.mofcom.gov.cn/article/zzjg/201607/20160701369350.shtml。

手机普及率达74.4%，但手机上网普及率很低，仅为1.5%。截至2015年12月，孟加拉国固定宽带用户数为386.7万个，占总人口的2.41%。此外，从表3-28可以看出，斯里兰卡和巴基斯坦的信息化建设在南亚地区较好，但移动网络普及还有很大的提升空间。

表3-28　　　　南亚及波斯湾国家互联网基础数据（2013年）　　　单位：%

国家	家用电脑渗透率	家用网络渗透率	手机普及率	手机上网普及率
孟加拉国	5.8	4.6	74.4	1.5
斯里兰卡	16.4	12.7	95.5	7.8
印度	11.9	13.0	70.8	3.2
巴基斯坦	14.1	8.3	70.1	0.5
马尔代夫	59.5*	25.2*	181.2	—
伊拉克	—	—	96.1	
科威特	83.9	71.1	190.3	
阿曼	82.9	80.1	154.6	67.3
卡塔尔	97.2	96.4	152.6	76.8
沙特阿拉伯	72.6	72.7	184.2	85.1
阿联酋	90.2	76.1	171.9	89.0
巴林	93.0	82.0	165.9	110.0

注：* 为2010年数据。

资料来源：根据中国驻南亚及波斯湾地区大使馆经济商务参赞处数据整理而得。

（2）信息化基础设施建设。国际电信联盟的信息与通信技术发展指数（IDI）是由全面反映信息化发展水平的11个要素合成的一个复合指标，涉及信息化基础设施、信息化使用、知识水平、信息消费等各个方面。南亚及波斯湾国家信息与通信技术发展指数如表3-29所示。

表3-29　　　　　　南亚及波斯湾国家信息与通信技术
发展指数（IDI）

国家	2016年IDI排名	2017年IDI排名	2017年IDI得分
孟加拉国	146	147	2.53
斯里兰卡	116	117	3.91

续表

国家	2016 年 IDI 排名	2017 年 IDI 排名	2017 年 IDI 得分
印度	138	134	3.03
巴基斯坦	148	148	2.42
马尔代夫	86	85	5.25
伊朗	85	81	5.58
科威特	70	71	5.98
阿曼	64	62	6.43
卡塔尔	36	39	7.21
沙特阿拉伯	45	54	6.67
阿联酋	34	40	7.21
巴林	30	31	7.60

资料来源：根据国际电信联盟《衡量信息社会报告》（*Measuring the Information Society Report*）整理得到。

3. 西亚—红海湾—东非地区

（1）通信基础设施普遍薄弱。这一地区的通信基础设施建设普遍较为落后，根据 2016 年、2017 年信息与通信技术发展指数，西亚—红海湾—东非地区的国家信息与通信技术发展指数水平总体而言较低。2017 年，在报告统计的 176 个国家中，排名最高的埃及也只有 4.63 分，排名 103 位（见表 3 – 30）。其他国家的排名大都集中在后 40 位，最低的厄立特里亚排名垫底（也门 2017 年数据不详，索马里数据不详）。从发展趋势上看，与 2016 年相比，吉布提、埃及、肯尼亚、坦桑尼亚、莫桑比克信息与通信技术发展指数在 2017 年呈上升趋势，但肯尼亚、坦桑尼亚、莫桑比克三国排名有所下降，而苏丹信息与通信技术发展指数得分和排名在 2017 年均有下降。

表 3 – 30　　西亚—红海湾—东非地区信息与通信技术发展指数（IDI）

序号	国家	2016 年 IDI 得分	2017 年 IDI 得分	2016 年 IDI 排名	2017 年 IDI 排名
1	也门	1.96	—	151	—
2	索马里	—	—		
3	吉布提	1.80	1.98	161	158
4	厄立特里亚	0.96	0.96	175	176
5	苏丹	2.56	2.55	141	145
6	埃及	4.44	4.63	104	103

序号	国家	2016 年 IDI 得分	2017 年 IDI 得分	2016 年 IDI 排名	2017 年 IDI 排名
7	肯尼亚	2.67	2.91	137	138
8	坦桑尼亚	1.73	1.81	164	165
9	莫桑比克	2.23	2.32	147	150

资料来源：根据国际电信联盟《衡量信息社会报告》（*Measuring the Information Society Report*）整理得到。

（2）海底光缆设施建设普及。海底光缆是国际互联网的骨架，99% 的国际通信都通过海底光缆完成。因此，光缆的多少，代表着一国互联网与世界互联网联系的紧密程度。目前，海底光缆的建设覆盖整个"海丝路"（见表 3 - 31）。

表 3 - 31　　西亚—红海湾—东非地区主要海底光缆（按服务时间排序）

序号	名称	简介
1	环球海底光缆（FLAG）	速度：10Gbps；长度：27 000 公里；服务时间：1997 年
2	亚欧海底光缆三号（SEA - ME - WE - 3）	速度：960Gbps；长度：39 000 公里；服务时间：1999 年
3	亚欧海底光缆四号（SEA - ME - WE - 4）	速度：1.28Tbps；长度：18 800 公里；服务时间：2005 年
4	环球海底光缆阿尔卡特朗讯光网络（FALCON）	速度：1.25Tbps；长度：10 300 公里；服务时间：2006 年
5	非洲有线系统（SEACOM）	速度：1.28Tbps；长度：15 000 公里；服务时间：2009 年
6	东非海底电缆系统（EASSY）	速度：4.72Tbps；长度：10 500 公里；服务时间：2010 年
7	印度—中东—西欧电缆系统（I - ME - WE）	速度：3.84Tbps；长度：13 000 公里；服务时间：2010 年
8	欧洲—印度网关（EIG）	速度：3.84Tbps；长度：15 000 公里；服务时间：2011 年
9	中东和北非海底电缆系统（MENA）	速度：48Tbps；长度：9 030 公里；服务时间：2014 年
10	亚欧海底光缆五号（SEA - ME - WE - 5）	速度：24Tbps；长度：20 000 公里；服务时间：2016 年

资料来源：由 Cablemap 整理而得。

以西亚—红海湾—东非地区的海底光缆为例，该地区的海底光缆是连接东南亚、印度次大陆、波斯湾、中东和欧洲之间主要的互联网骨干网。其中，非洲有线系统是由 SEACOM 公司负责建造的海底光缆，也是非洲东部最重要的光缆通信系统。2009 年 7 月之前，东非国家依赖卫星传输，网络昂贵缓慢。2009 年 7 月 23 日，非洲有线系统竣工，东非国家首次得以接入海底光缆网络，降低了网络成本，促进了经济发展。以非洲东部地区为例，大多数国家此前一直没有海底光缆与互联网相通，只能依靠卫星上网，费用相当昂贵，1 兆带宽的包月费用在 3 000 美元左右，且稳定性差。海底光缆接通后，当地上网费用有望逐步降低至原先的十分之一左右，这一地区的海底光缆建设发展步伐逐渐加快。

4. 中国与沿线国家和地区通信设施联通及合作

目前，中国与"一带一路"沿线 12 个国家建有 34 条跨境陆上光缆和多条国际海底光缆，直接连通了亚洲、非洲、欧洲等世界各地，中国与国际电信联盟、联合国亚太经合组织等合作，努力推进东非信息高速公路、亚太信息高速公路等多边合作。

中国与东盟信息互联互通的重点内容是通过信息与通信技术（ICT）实现双方信息传递、信息交流与共享。在中国的倡议下，大湄公河次区域六国政府共同签订了《关于加快信息高速公路建设和次区域应用的合作谅解备忘录》，提高次区域的合作与发展，解决次区域内部数字鸿沟问题。中国与东盟国家签署了《信息通信技术合作谅解备忘录》，为双方在电信网、互联网和电视网三网融合方面的合作奠定了坚实的基础。中国与东盟国家围绕着中国—东盟信息港建设展开了多方面的尝试，包括中国与东盟国家电信企业在语音、漫游等方面展开的不同程度的合作，在海上建设亚非欧海底光缆，在陆上与越南、老挝、缅甸等多国口岸建立跨境陆地光缆，在昆明和南宁设立国际通信出入口局等，中国与东盟国家信息通信合作不断走向深入。

相比于东盟地区，南亚地区的通信设施联通水平要更低。南亚国家基础设施建设和投资需求规模较大，在与南亚及波斯湾地区展开基础设施联通的合作中，往往交通设施联通与通信设施联通的合作建设会同步展开。中兴公司早在 2011 年就在斯里兰卡开通南亚地区第一个 LTE 网络；中国能建葛洲坝集团承建的科威特南穆特拉城基础设施建设项目，大力推动了科威特的通信基础设施发展，促进了南亚地区经济社会发展。

中国与西亚—红海湾—东非地区的通信设施联通合作重点在于海底光缆的建设，相连的通信光缆有三条，其中两条与中国直接相连，包括环球海底光缆（FEA）和亚欧海底光缆三号（SEA－ME－WE－3），另外中国联通将亚欧海底光缆五号（SEA－ME－WE－5）与亚洲数据传输最快的亚太直达海底光缆（APG）连接并投入使用，成为第三条可以连接中国与西亚—红海湾—东非区域的光缆。值得注意的是，东非红海湾位于红海及多条交通要道的交界处，地理位置更有利于发展电信业。目前，中国华为已与吉布提电信合作，向其销售电信设备。

最早投入使用的环球海底光缆是一条长达 27 000 公里的海底光缆，连接亚洲、中东和欧洲。该电缆由 Global Cloud Xchange 运营。中国参与建设的亚欧海底光缆三号是世界上最长的海底光缆，也是连接亚洲和欧洲非常重要的海底光缆，由法国电信和中国电信牵头共同投资，总长度为 39 000 公里，网络速度为 960Gbps。亚欧海底光缆五号，又称法新欧亚五号海缆，是一条新投入使用的海底通信光缆系统，线路从新加坡通至法国，实现了中国联通亚、非、欧方向双路由互为保护，在减少通信时延的同时，大大提高了中国联通整体网络通信能力和安全，中国联通成为我国唯一实现亚、非、欧海上信息高速路自主双海缆覆盖的运营商，且是唯一可以提供海上绕开马六甲海峡通道的运营商，直达中国大陆，并将欧洲至中国香港地区及新加坡方向的时延缩短了 10 毫秒以上。

第二节　"海丝路"设施联通的机遇分析与存在问题

从上节的阐述和分析中可以看到，推进"海丝路"设施联通建设，一方面面临着较好的合作机遇，另一方面也存在着需要解决的问题。因此，分析合作机遇与存在的问题，有助于探寻解决问题的有效路径和办法，从而在把握机遇与解决问题的结合中推进"海丝路"设施联通建设。

一、合作机遇分析

自"一带一路"建设以来，一方面，"海丝路"沿线国家和地区基础设施建设市场蕴含着巨大的投资需求；另一方面，中国在基础设施建设方面已经取得了举世瞩目的成就，无论是在港口、高速铁路、公路建设方面，还是在能源管道以及电网建设等方面都积累了丰富的经验及先进的技术。事实上，中方企业在"海丝路"沿线国家和地区所投资项目也越来越得到当地政府及民众的认可，这些都有利于中国进一步与沿线国家和地区开展基础设施建设合作，共同推进"海丝路"的设施联通。

（一）投资需求和市场机遇

"海丝路"沿线多为发展中国家，基础设施落后，存在着巨大的发展空间。自"一带一路"倡议提出以来，为促进经济增长和改善投资环境，"海丝路"沿线国家加快了国内基础设施的建设，制定了基础设施发展计划，推出大中型基础设施建设项目以促进国内经济的持续稳定发展。以东盟为例，2010～2020年东盟国家基础设施项目的融资需求巨大（见表3-32）。这种状况，无疑给合作推进设施联通带来了巨大的市场和投资机遇。

表3-32　　　　　2010～2020年东盟国家基础设施融资需求

项目	交通运输项目		能源项目		合计	
	成本（百万美元）	数量（个）	成本（百万美元）	数量（个）	成本（百万美元）	数量（个）
大湄公河次区域	5 858	17	2 604	14	8 462	31
泛亚—东盟天然气管道	—	—	7 000	1	7 000	1
东盟东部增长区	—	—	100	1	100	1
其他	—	—	31 740	17	31 740	17
合计	5 858	17	41 444	33	47 302	50

资料来源：转引自邵彤，《东盟国家基础设施与经济发展研究》，厦门大学硕士论文，2014年，第33页。

在交通基础设施建设方面，东盟近年来加强了区域内互联互通的基础设施建设，涵盖道路、河道、桥梁、机场、铁路、港口和防洪设施等，高速公路和铁路的里程增长速度较快。在东盟各国中，印度尼西亚、马来西亚、菲律宾、泰国、新加坡和越南表现最为突出，这些国家在不同程度上增加了国内及对外基建项目的投资，使得国际交通更为便利。南亚的交通基础设施建设总体上看相对薄弱，目前兴建港口是南亚诸国的统一行动，南亚各国的机场和公路建设还有很大的发展空间。西亚—红海湾—东非地区对设施联通基础设施建设具有较高的需求，特别是在埃及、肯尼亚、坦桑尼亚、莫桑比克等这些政局相对稳定、经济前景较好的国家，对设施联通的需求更为强烈。目前，该区域许多国家都制定了包括设施联通建设在内的基础设施振兴计划。例如，在肯尼亚《2030远景规划》（Kenya Vision 2030）及其交通部发布的交通一体化规划中，都将实现国家交通的互联互通作为主要目标之一。埃及推行的"苏伊士运河走廊开发"经济发展计划，涉及了新建运河、新建首都、扩大港口规模等大型基础设施建设项目。随着中国与沿线国家合作关系不断推进，特别是与东盟各国双边关系更加密切，中国参与该区域互联互通建设的机会将更多。无论是工程项目的具体施工，还是提供金融服务支持，均给中国与沿线国家合作推进互联互通建设提供了良好的合作机会。

在能源基础建设方面，近年来中国参与"海丝路"沿线国家油气运输通道、跨境输电通道等能源基础设施建设较多，但是仍存在较大的合作发展空间。在东盟区域，印度尼西亚基础设施投资需求量最大。东盟各国的投资需求主要集中于交通运输和电力两个领域，其中泰国的年投资需求超过150亿美元，其他区域也拥有丰富的能源需要开发。因此在能源基础设施建设方面，考虑到未来中国经济增长和能源结构调整等因素，中国与沿线国家进行互联互通、深化互补合作的潜力巨大。

在通信基础设施建设方面，东盟及南亚地区仍然存在很大的通信基础设施建设市场拓展空间；而西亚—红海湾—东非地区国家通信基础设施则普遍落后，因此对通信基础设施建设具有较高的需求。近年来，西亚地区许多国家领导人在多个国际论坛上都积极发出呼吁，希望国际社会能够帮助改善本国的设施联通基础设施建设，并且通过设立《投资法》等手段，切实保障外资的投资权益。

综上分析，"海丝路"沿线国家基础设施建设市场蕴含着巨大的投资需求和经济发展潜力；而正处于工业化进程的沿线发展中国家为吸引外国资本进入基础设施投资领域，给出了大量的优惠政策，这将为推进"海丝路"设施联通创造良好的制度环境，为合作推进"海丝路"设施联通建设带来和创造很好的机遇。

（二）合作意愿的加强

自"海丝路"启动建设以来，我国与"海丝路"沿线国家和地区合作开展了许多设施联通建设项目，在合作过程中，沿线国家和地区进一步加强了合作推进设施联通建设的意愿。

一方面，"海丝路"基础设施互联互通与"海丝路"沿线国家和地区自身的发展战略高度契合。由于大多数"海丝路"沿线国家都是发展中国家，本国的基础设施总体较落后，因此推动本国与他国的基础设施互联互通是推动经济发展的重要前提。特别是东盟国家，对于交通基础设施互联互通以及产能合作都有着较高的诉求，中国的"一带一路"建设与柬埔寨的"四角战略"、老挝的"陆联国战略"、印度尼西亚的"海洋强国"战略、文莱的"2035宏愿"战略等在目标和发展理念上都高度契合，这些国家有着强烈的将本国发展战略与"一带一路"建设相对接的意愿，从而达到双赢的局面，这些为中国与沿线各国和地区之间的基础设施互联互通创造了机遇。

另一方面，"海丝路"国家民众越来越认可中国基础设施建设企业的形象与文化。西亚各国在较早时期就与中国建立了外交关系，而且不少国家受到中国的援助，对中国具有较强的感情。特别是随着"海丝路"倡议的不断推进，很多国家都希望借助中国的力量发展自身的经济，与中国的交往更为密切、关系也更加紧密。与此同时，本区域各国与中国建立起的友好关系也进一步落实到与中国的合作中去，为中方企业提供了更为公平的投资机会。

目前，中国在"海丝路"沿线国家和地区已进行了一系列的基础设施投资项目，在建设过程中，不仅仅是中国技术、中国产品、中国创新的输出，更是中国文化的输出。一方面，中国领先的技术与实力保证了工程项目的高质量，得到了"海丝路"国家民众的认可。另一方面，中国企业不断传播古丝路文化，促进与沿线各国和地区的多元文化交流；同时，中国企业在合作中，主动承担相应义务和责任，得到了"海丝路"国家和地区的认同，其与中国的合作意愿不断加强，这也为合作推进"海丝路"沿线国家和地区设施联通建设带来了可贵的发展机遇。

（三）中国具备推动"海丝路"设施联通建设的条件

基础设施建设是中国的优势，中国在基础设施建设方面已经取得了举世瞩目的成就，在交通基础设施建设方面，公路、桥梁是中国对外承包工程的传统项目，中国也已具备较完善的铁路运输装备制造体系，"中国高铁"更是在世界具有很高的知名度。在能源基础设施领域，目前中国的电力工业已经十分成熟，并且在技术上具有创新性和领先优势。在通信基础设施方面，以华为为代表的中国电子信息企业已在国外取得一定的市场规模，移动通信设备、高端交换机设备、以太网设备和无线局域网等技术及产品已大规模输出国外，具有较强的国际竞争力。因此，在基础设施建设领域所具备的技术实力使得中国在海外基础设施项目竞争中占据了很强的优势，中国完全有能力帮助"海丝路"沿线国家和地区进行基础设施互联互通建设。事实上，中国与"海丝路"大部分沿线国家和地区在基础设施建设领域有较深厚的合作基础且在不断发展。以东盟为例，2012～2016年，中国企业与东盟各国签订的承包工程合同额逐年快速递增，有的甚至五年间实现了翻番（见表3-33）。这些都有利于中国进一步加强与"海丝路"沿线国家和地区合作，推进"海丝路"设施联通建设。

表3-33　　2012～2016年中国在东盟各国完成承包工程营业额 单位：万美元

国家	2012年	2013年	2014年	2015年	2016年
新加坡	288 006	280 991	337 607	354 079	375 551
马来西亚	237 311	253 013	310 112	356 227	474 809
泰国	107 853	131 931	183 624	281 007	293 579

国家	2012 年	2013 年	2014 年	2015 年	2016 年
印度尼西亚	346 415	471 874	458 443	481 528	408 870
菲律宾	116 112	124 668	134 928	204 150	166 180
越南	299 763	359 283	398 439	352 317	332 394
老挝	190 523	196 887	232 773	321 606	294 729
缅甸	219 811	126 126	81 856	189 471	191 713
文莱	6 257	8 766	3 822	8 653	54 793
柬埔寨	117 150	143 077	96 533	121 396	165 598

资料来源：Wind 数据库。

二、存在的问题

"海丝路"设施联通建设既存在着较大的机遇，也面临着一些严峻问题，主要反映在三个方面。

（一）政治和安全环境问题

1. 部分国家政局不稳易导致安全高风险

"海丝路"沿线部分国家国内政治环境及宗教关系错综复杂，易于引发各类暴力冲突甚至政权更迭，无法保障国内安全，从而增加了设施联通建设的风险。对于东南亚地区而言，许多国家都面临政治体制各异、国内政党斗争激烈、领土争端持续、国际非政府组织活跃、民族宗教多样性等复杂的政治经济社会环境，给投资者带来了诸多的不确定风险，例如马来西亚的东海岸铁路项目虽最终重启，但因马来西亚政权的更迭，领导人政见不一致遭遇了暂停的风波，使得中国企业处于被动的局面。而南亚地区国家多存在家族政治、贪腐猖獗现象，有些国家甚至存在党内互斗、党争严重等不稳定因素，对外关系和合作受到不同程度影响，使得外资企业在当地的投资亏损。对于西亚地区而言，曼德海峡—红海—苏伊士运河航线沿线国家的地理位置非常关键，这些国家的政治安全局势如果出现问题，很有可能会影响到整条国际航线的联通。而恰恰在这些关键位置，存在着一些国内政局频繁动荡的国家，如也门和索马里。也门和索马里地处曼德海峡—红海—苏伊士运河航线的关键点，被喻为"红海之喉"，对于"海丝路"设施联通建设而言具有关键作用，但两国连年政局动荡、国内冲突不断、安全局势严峻，不仅对整条航线的正常使用造成威胁，而且也给"海丝路"设施联通建设带来极高的安全隐患。

2. 暴恐极端势力威胁与袭击频现

受地缘政治、宗教、民族以及国际恐怖主义渗透等因素影响，东盟地区的恐怖主义、极端主义是危害地区安全的重要因素，特别是菲律宾棉兰老岛等地区，长期以来成为恐怖主义滋生的沃土，据国际和平与冲突智库统计，菲律宾已进入"最受恐怖主义影响"的十大国家之列，使得在此地的投资活动遭受到严重的影响。南亚地区长期以来也存在恐怖主义，严重破坏了该地区的和平与稳定，从而使得其投资环境较为糟糕。此外，红海—亚丁湾海盗猖獗，海上运输存在巨大的安全隐患，而且当地众多利益群体从海盗行为中获得利益。这种情况不仅影响整条亚欧航线的安全运行，也给"海丝路"的设施联通建设带来较大的安全隐患。

3. 反华势力的抹黑与地缘政治的困扰

东盟国家虽与中国政治经济合作不断加深，但由于南海争端等历史遗留问题，一些国家仍然对中国存在某些方面的敌对心理。南亚地区内部情况复杂多变，也存在诸多双边和地区问题。尽管南亚各国普遍接受"海丝路"为连接通道和区域合作途径的理念，但一方面，近年来南亚垄断势力、霸权国家、部分企业和政客出于私利，通过舆论恶意抹黑中国；另一方面，出于自身地缘政治目的考虑，一些国家如孟加拉国和斯里兰卡尽管都在努力寻找务实平衡的方式与"海丝路"接轨，但在做具体决定时，往往受到地缘和外交上的强大压力而面临外交与政治难题，或徘徊不前，或"平衡"变通。这些情况，都会对"海丝路"设施联通造成影响和形成阻力。

（二）域内外不利因素对沿线国家的影响和压力

1. 历史、文化、宗教等因素造成部分国家民间认同感不足

"海丝路"不仅所涉区域和沿线国家众多，而且历史、文化、宗教等差异大，这种情况易导致部分沿线国家在设施联通项目上或在民间的认同感不足。从南亚地区看，南亚地区政治环境复杂、宗教和民族隔阂较大。传统上南亚地区以印度为主导，其他小国由于经济发展水平低，或多或少受制于印度，影响到"海丝路"设施联通的整体推进。

从东盟各国看，一方面，东盟国家之间的宗教信仰存在差异，信仰不同，意识形态也会有所差异；另一方面，东盟国家政治体制的多样化也会造成具体对接和合作上的差异。认同和文化在国家间关系中发挥着重要作用，这一系列因素对中国在东盟国家的基础设施投资亦会造成不利影响。

2. 部分国家对中国崛起持警惕态度

我国社会经济的飞速发展，使得一些西方国家感到不安，从而在世界范围内制造"中国威胁论"的谬论，给"海丝路"部分沿线国家造成了困扰，成为中国—东盟政治互信的主要障碍，具有较大负面影响，直接影响到双方经贸合作的进一步发展，导致东盟国家对所谓涉及国家安全的基础设施项目投资持谨慎保守态度。所以，目前双方投资合作领域仅局限于公路、铁路、内河水电工程，尚未在海港、核电站、电子设备设施等重大项目上获得突破，从某种意义上看，这反映了部分国家对中国抱以警惕的态度，不利于共同推动和推进"海丝路"设施联通建设。

3. 域内外大国在本区域开展地缘政治博弈

从地理角度来看，印度面积辽阔，人口众多，与多数南亚国家共享边界及1 000英里长的海岸线，近些年来经济发展速度较快，在南亚地区具有较强的实力，这无形中助长了印度主导南亚地区及印度洋的传统和欲望，从而对中国提出共建"海丝路"的动机持怀疑态度，对开展"海丝路"互联互通保持强烈的警惕，并产生所谓的"威胁感"。印度出于对中国崛起的地缘政治顾虑，对中国提出共建"海丝路"倡议后在印度洋的影响力与日俱增深为担忧，[①] 从而对南亚地区其他沿线国家参与"海丝路"共建制造阻力，一定程度上影响到"海丝路"设施联通项目，如港口、经济走廊的共建。此外，美、日等国对中国的和平崛起一直心存不满乃至心生恐惧而施以压制，不愿见到"海丝路"建设的成功，往往通过或明或暗的伎俩加以干扰和破坏，这种情况无疑也给沿线参与"海丝路"建设的国家增添了压力，从而影响到"海丝路"特别是设施联通的建设和发展。

（三）经济和建设进程的不利因素加剧联通难度

1. 项目资金缺口较大

"海丝路"设施联通建设方面目前所面临的最主要的问题就是项目投资资金较为匮乏，缺口较大，一方面，由于基础设施建设一般所需资金量巨大，并且回收周期较长；另一方面，由于沿线国家大多属于发展落后的地区，既没有充足的资金也没有足够的技术能力进行本国设施联通建设，因此大部分项目都需要依靠外国企业建设以及向外国资金融资进行，而由于各国经济较为落后，政府财政收入有限且融资能力不强，缺乏投融资保障，从而使投融资的资金风险较高，有的项目建设完成后甚至可能无法完全收回投资成本。这两方面结合所造成的设施联

---

① ［孟］穆希布尔·拉赫曼著，吴娟娟译：《21世纪海上丝绸之路与中国—南亚关系》，载于《印度洋经济体研究》2016年第1期，第31~62页。

通建设中的巨大需求反差和资金缺口，成为"海丝路"设施联通建设最大的难题，将严重影响"海丝路"设施联通建设的顺利实施和推进。以东盟为例，虽然设立了中国—东盟投资合作基金，并且双边信贷规模不断扩大，但要支撑中国与东盟互联互通的基础设施建设，仍存在很大的资金缺口。其中，泛亚铁路网建设的推进就面临着合作国家资金不足的问题，严重影响了项目推进的速度。又如，西亚绝大部分国家属于世界落后国家和地区行列，部分国家甚至连本国人民的温饱问题都无法保证，严重依赖于外国的援助，难以开展耗资巨大的设施联通建设。因此，很多国家由此陷入了"经济落后——无法投资设施联通基础建设——设施联通薄弱——经济落后"的恶性循环。这种现实情况，显然成为"海丝路"设施联通建设的一大难题。

2. 技术能力不足，标准不一等问题增加了施工难度

"海丝路"沿线国家众多，基础设施标准不一，反差较大，例如，中国与东盟互联互通铁路通道所经过的国家有三种不同轨距标准，因此在道路连接上无法顺利完成，还需改造或重建，使铁路网内的轨道在规格和技术标准上达到统一，因此延长了互联互通设施建设的工期并且需要投入更多的资金。另外，在各项基础设施建设的过程中，由于设计方、施工方及材料提供方可能来自不同国家，在一些配件的技术要求、尺寸方面会存在差异，施工技术标准也不统一，从而增加了施工的难度。设施联通过程中各类技术标准的不统一，增加了联通的复杂度，如何有效对接并统一技术标准，将成为"海丝路"设施联通绕不过而必须解决的难题。

3. 沿线一些国家劳动力素质普遍较低

设施联通建设是一个复杂的系统性工程，不仅需要大量资金的支持，同时还需要大批高素质劳动力，特别是沿线绝大多数国家在地形、气候等条件方面较为恶劣，给基础设施的建设增加了不少难度，需要大批高素质劳动力参与建设以攻克这些建设难关。但沿线一些国家劳动力素质普遍不高，不仅技术水平低、能力弱，而且缺乏吃苦耐劳精神，因此，一些设施联通项目因无法有效完成相关技术工作或无法按时按质完成进度而延迟已不是鲜见的个案。如此看来，"海丝路"设施联通建设还存在着普遍提高劳动力素质和技能的问题。

第三节　推进"海丝路"设施联通的对策建议

"海丝路"建设以来，作为优先领域的设施联通，在建设中率先发展，为

"海丝路"建设奠定了基础，但也存在一些亟待解决的问题。为全面推进"海丝路"建设，应针对存在问题，重点采取三方面对策。

一、进一步规划和完善"海丝路"设施联通建设布局

在 2019 年 4 月举行的第二届"一带一路"国际合作高峰论坛上，习近平主席指出，共建"一带一路"，关键是互联互通。基础设施是互联互通的基石，也是许多国家发展面临的"瓶颈"。"海丝路"设施联通作为"一带一路"设施联通建设的重要部分，其涉及面宽线长，情况复杂，应在与沿线各国双边和多边战略对接基础上加强合作，从各国发展需求和共同发展需要的实际出发，以互利共赢为导向，共商设施联通建设大计，进一步规划和完善"海丝路"设施联通布局及其实施方案，构建起高质量、可持续、抗风险、价格合理、包容可及的基础设施，进而促进各国充分发挥资源禀赋、更好地融入全球供应链、产业链、价值链，实现联动发展，最终构建起全方位、复合型的基础设施互联互通体系。坚持共商、共建、共享原则，以互利共赢为导向，加强整体规划。首先，要在与"海丝路"沿线国家加强政策沟通、增进战略互信、坚定合作信念基础上，进一步加紧双边和多边磋商沟通，从各国发展需求和区域共同发展需要出发，以互利共赢为导向，以双边及多边合作为基础，坚持平等协商，尊重、吸纳和协调各国合理诉求。其次，进一步规划和完善"海丝路"设施联通布局及其实施方案，重在融合，突出重点，突破难点，加强整体；强化合作，利益兼容，确保共赢；建联结合，先易后难，有序推进；加强机制，规范合作，形成合力，着力解决"海丝路"设施联通目前尚存的分散化和碎片化问题，消除合作壁垒，减少制度成本，更好地推进"海丝路"设施联通建设。最后，要以高标准、惠民生和可持续作为设施联通建设的目标，在尊重各国法律法规的前提下，加速形成各方能普遍支持和接受的规则标准，推动设施联通建设企业在项目建设、运营、采购、招投标等环节按照普遍接受的国际准则进行。

坚持开放、绿色和廉洁理念，推动设施联通建设。在设施联通建设布局过程中，一是要坚持开放的理念，不搞封闭排斥的小圈子，欢迎发达国家和国际投资者投资"海丝路"的互联互通建设项目，最大限度地团结和整合各方力量，扩大"海丝路"设施联通建设的伙伴"朋友圈"。二是大力推动绿色发展，以绿色为设施联通项目建设的底色，促进人的发展与自然和谐相处，大力推进设施联通建设企业的绿色基础设施建设、绿色投资和绿色金融，共同保护好、建设好国家自然生态环境。三是坚持廉洁的理念，将一切合作都放在阳光下进行，共同以零容

忍态度打击腐败，增加项目建设的透明度。

突出重点，以重点方向和重要节点为主线加强设施联通布局。《愿景与行动》指出，"海丝路"重点方向是从中国沿海港口过南海到印度洋，延伸至欧洲；从中国沿海港口过南海到南太平洋；以重点港口为节点，共同建设通畅安全高效的运输大通道。因此，进一步规划和完善"海丝路"设施联通布局，应以"合作共赢、友好协商"为原则，以"中国沿海港口过南海到印度洋，延伸至欧洲"和"中国沿海港口过南海到南太平洋"航向为骨干主线，以重点方向的沿线国家重点港口为重要节点，围绕强化点轴建设，点线结合，以点连线而进一步展开规划布局，在点线结合形成设施联通框架支撑的基础上，与沿线国家共同建设"海丝路"通畅安全高效的运输大通道。

进一步加强与区域和各国规划的对接，推动规划布局的实施。"海丝路"的要义在于"共同建设"以实现合作共赢。因此，进一步规划和完善"海丝路"设施联通布局，要加强与"海丝路"沿线国家之间的紧密联系，进一步加强与区域和各国规划的对接，以"对接"为基础，加强共同建设，推动规划布局的实施。

一是加快对接各国和区域设施发展规划。"海丝路"沿线一些国家和区域为促进自身的发展，本身就制定了国家或区域设施发展规划，特别是近年来，一些发展中国家积极制定了包含发展设施联通的经济发展战略。这些发展战略和规划，应成为"海丝路"设施联通的重要基础。因此，进一步规划和完善"海丝路"设施联通布局，要注意加强与沿线各国和区域的战略与规划对接，达成共识，加强协调，形成合作。一方面，充分发挥各国和区域战略与规划在"海丝路"设施联通中重要基础的作用；另一方面，有效实现对"海丝路"设施联通的共同建设，共同推进"海丝路"设施联通的发展。

二是加强重大项目对接。要在加强与沿线各国和区域的战略与规划对接的基础上，推出和推进一批重大设施联通项目，并分别与有关国家积极对接，加强合作。对重大项目，应采取一事一议的对接办法，在该方法的框架下，可根据各国不同情况，设立符合双边或多边情况和意愿的例外条款，按照各区域国别自身情况以及与中国之间的合作基础，因地制宜，制定分区域个性化推进措施，重点推进各区域标杆项目，形成标志性工程，为其他区域、其他项目的实施做出引领作用。

三是加强技术标准对接。中国与"海丝路"国家在交通技术标准、口岸管理制度和运输标准等方面所采用的口径存在相当大的差别，应推动各国政府企业等单位共同商讨制定标准规则。建议筹建致力于服务"海丝路"设施联通建设的跨国企业，推动技术标准的对接和统一，促进国际多式联运，促进公路运输、铁路运输和航空运输监督标准的统一。比如对于公路运输监督标准不统一等问题，可以通过双方的沟通协商寻找出可行性方案来解决，尽快建立标准化的物流设施和作业流程，建立标准化的运输、仓储等环节的税费和赔偿细则，建立公正高效的应急与纠纷处理机制等。①

二、加强"海丝路"设施联通重点国家、重大领域和重点项目建设

"海丝路"设施联通涉及面宽线长，情况复杂，沿线多为发展中国家，这种情况决定了"海丝路"设施联通建设是一个长期的过程。因此，进一步推进"海丝路"设施联通建设，应当抓住重点、循序渐进、推动全面，可考虑从国别、领域和项目三个角度着手。

（一）加强与"海丝路"设施联通建设重点国家合作

从设施联通的角度着眼，"海丝路"沿线国家可根据其战略地位以及自身建设条件分为三类：一类是关键国家，这类国家往往处于世界主要交通、通信及能源路线上的关键节点，且本国政治经济环境相对较好，具有较高的合作前景；二类是重要国家，这类国家具有重要的战略地位，且国内政治经济环境比较稳定；三类是需要观察的国家，这类国家具有一定的战略地位，但是由于国内政局经济等一系列不稳定因素的影响，现阶段存在着比较大的建设风险，需要进一步观察。关于三种分类国家我们可以按区域具体分析。

1. 东南亚地区

东南亚是"一带一路"推进的优先区域和重点区域，东盟航线也是"海丝路"建设的重中之重。做好中国与东盟国家之间的互联互通建设，对"海丝路"其他部分的推进具有巨大的示范效应和意义。纵观"海丝路"沿线各国，从空间范围看，东盟国家与中国距离最近。从历史渊源看，东盟国家与中国之间的联系最为紧密。中国和东盟贸易额由 2003 年的 782 亿美元增长到 2017 年的 5 148 亿美元，自 2009 年以来，中国连续保持东盟第一大贸易伙伴地位，东

---

① 范祚军、何欢：《"一带一路"国家基础设施互联互通"切入"策略》，载于《世界经济与政治论坛》2016 年第 6 期，第 129～142 页。

盟则自 2011 年以来一直是中国第三大贸易伙伴。[1] 根据中国—东盟设施联通指数[2]，从中国与东盟国家设施联通的状况看，主要可以分为三个层次：第一个层次属于良好型，包括马来西亚（6.94）、越南（6.39）、印度尼西亚（6.00）；第二个层次属于潜力型，包括缅甸（5.84）、新加坡（5.52）、文莱（5.32）、泰国（5.04）、菲律宾（4.86）、柬埔寨（3.39）；第三个层次属于薄弱型，包括老挝（2.20）。王勇辉（2016）从战略支点国家的三大判定标准，即经济发展程度、经济地位或地缘经济的重要性，安全战略关系的重要程度以及意识形态或文化的影响力，同时综合考虑地缘经济重要程度、战略伙伴关系，认为越南、马来西亚和印度尼西亚应视为"海丝路"建设的关键国家。[3] 韦红和尹楠楠（2017）认为"海丝路"战略支点国家必须满足拥有重要战略资产，与中国拥有重要利益且不存在结构性冲突和矛盾以及拥有相对稳定的国内政治环境三个条件。其中印度尼西亚、马来西亚和新加坡具有"海丝路"的重要战略资产，共同控制马六甲海峡；另外中南半岛的柬埔寨、泰国、缅甸以及越南分别拥有四个重要港口，即西哈努克港、曼谷港、仰光港、胡志明港，形成了支撑"海丝路"的海上经济贸易带。[4] 综上所述，可以认为，越南、马来西亚、印度尼西亚、新加坡、柬埔寨、泰国和缅甸七国是"海丝路"的关键国家，而其余三国是重要国家。2016年"海丝路"东盟航线范围内主要国家概况如表 3 - 34 所示。

表 3 - 34　　　2016 年"海丝路"东盟航线范围内主要国家概况

国家	总人口（亿人）	GDP（亿美元）	人均 GDP（美元）	GDP 增长率（%）	主要港口城市
新加坡	0.06	2 969.8	52 962.5	2.00	新加坡
马来西亚	0.31	2 965.4	9 508.2	4.22	巴生港、关丹、槟城
印度尼西亚	2.61	9 322.6	3 570.3	5.02	雅加达
越南	0.95	2 052.8	2 170.6	6.21	海防、胡志明
泰国	0.69	4 040.3	5 910.6	3.24	曼谷、林查班

① 杨秀萍：《2017 中国东盟贸易额超 5 千亿美元 双向游客人次近 5 千万》，载于《21 世纪经济报道》，2018 年 2 月 7 日，https：//m.21jingji.com/article/20180207/herald/744ea78625c2c656dc2f4c3b1d8a749e.html。

② 北京大学全球互联互通研究课题组，翟崑、王丽娜、刘晓伟、刘静烨、王维伟：《中国—东盟"五通指数"比较研究》，载于《中国—东盟研究》2017 年第 1 期，第 29 ~ 30 页。

③ 王勇辉：《"21 世纪海上丝绸之路"东南亚战略支点国家的构建》，载于《世界经济与政治论坛》2016 年第 3 期，第 61 ~ 73 页。

④ 韦红、尹楠楠：《"21 世纪海上丝绸之路"东南亚战略支点国家的选择》，载于《社会主义研究》2017 年第 6 期，第 124 ~ 132 页。

国家	总人口 （亿人）	GDP （亿美元）	人均 GDP （美元）	GDP 增长率 （％）	主要港口 城市
菲律宾	1.03	3 049.1	2 951.1	6.92	马尼拉
文莱	0.04	114.0	26 939.4	-2.47	斯里巴加湾港、麻拉
老挝	0.07	158.1	2 338.7	7.02	—
柬埔寨	0.16	200.2	1 269.9	6.95	西哈努克港
缅甸	0.53	632.3	1 195.5	5.87	仰光

资料来源：世界银行数据库。

2. 南亚及波斯湾地区

南亚地区国家普遍来说经济发展较为落后，除马尔代夫之外，其他国家都是中低收入国家。但是，由于这些国家靠海，拥有多个重要港口城市，主要包括：加尔各答、孟买、卡拉奇、瓜达尔、科伦坡等，因此面临着较大的发展机遇。波斯湾地区多为能源大国，油气资源丰富，经济发展水平较高。综合南亚及波斯湾地区各国情况看，其设施联通分类情况如下：

第一，巴基斯坦、尼泊尔、马尔代夫、巴林、科威特、沙特阿拉伯和阿拉伯联合酋长国是关键国家。首先，中国与尼泊尔自 1955 年建交以来，双边合作与传统友谊不断发展，对"一带一路"倡议，尼泊尔官方无论是舆论上还是行动上都表现出积极参与的态度。2017 年 5 月，中尼双方签署"一带一路"合作备忘录，体现了两国提高合作水平的意愿。根据 2018 年尼泊尔驻华大使利拉·马尼·鲍德尔所提供的信息，目前中国为尼泊尔最大的外国直接投资来源国及发展援助提供国，并且是尼泊尔的第二大贸易伙伴和旅游客源市场，因此尼泊尔应作为互联互通建设关键国家之一。其次，中国与马尔代夫自 1972 年建交以来，各领域务实合作不断深化，马尔代夫经济发展结构较为单一，正在寻求发展多元化经济，因此在"一带一路"倡议提出后，基于对制造业、港口和其他互联互通基础设施建设的需求，马尔代夫积极响应并与我国签订了谅解备忘录，共建"海丝路"。马尔代夫地理位置具有战略意义，旅游业发展成熟，可以在合作中各取所需，共同发展。最后，巴基斯坦地处南亚、中亚和西亚的交汇处，同时也是中国提出的"丝绸之路经济带"以及"21 世纪海上丝绸之路"的交汇处，地理位置极为关键。中国与巴基斯坦有着悠久的友好发展史，作为"海丝路"互联互通的关键国，巴基斯坦一直支持和力推"一带一路"倡议，并付诸行动，积极参与其中。此外，巴林和科威特处于波斯湾地区的核心地带，是通往其他中东国家的交通要塞；沙特阿拉伯连续多年是中国最大原油供应国，中国也是沙特阿拉伯最大的贸易伙伴；阿联酋连续多年成为中国在西亚、北非地区的第二大贸易伙伴和第一大出口市场。两国发展战略相通，"一带一路"倡议与阿方提出的"重振丝绸之路"理念高度契合。这四个波斯湾地区国家油气资源丰富，作为资源出口型国家，参与"一带一路"沿线项目投资的愿望非常强烈，因此列为关键国家。

第二，斯里兰卡和孟加拉国是重要国家。斯里兰卡是首批公开表态支持"一带一路"的国家之一，中国与斯里兰卡在"一带一路"框架下已经开展了一系列合作。孟加拉国在基础设施、电力、通信等方面有着巨大的需求，与中国有很好的互补，且总体上对"海丝路"持肯定态度，因此可以列为重要国家。但这两个国家受地理和政治上的约束，需要权衡与印度以及其他大国之间的关系。伊朗石油生产能力和石油出口能力位于世界前列；卡塔尔绝大部分领土均被波斯湾围绕，处于波斯湾要塞，也是重要的石油输出国。但是，鉴于这两个国家的国际政治关系较为紧张，所以暂时列为重要国家。

第三，印度、不丹、伊拉克为重点关注国家。印度处于"海丝路"重要节点位置，但一直视中国为主要竞争对手，其国内对于"一带一路"倡议存在着较强的怀疑、反对、敌视的声音，故而印度迟迟未明确表态加入"一带一路"建设。其中，政治因素影响最大，因为"中巴经济走廊"建设将涉及争议区域——克什米尔，给中印双方的进一步沟通蒙上了阴影。此外，印度在区域内也有自己的经济发展蓝图和构想，其认为我国提出的"一带一路"倡议具有竞争性。所以，鉴于中印关系的复杂性与敏感性，中印之间的设施联通合作还需要进一步观察。此外，中国和不丹之间最大的影响因素即是印度，中不两国至今没有建立外交关系也和印度有关，印度从经济、政治到外交和军事，都对不丹影响很大。伊拉克由于其政治、军事等不稳定因素较大，所以列为重点关注国家。

3. 西亚—红海湾—东非地区

本书认为西亚—红海湾—东非地区中，吉布提、埃及、肯尼亚、坦桑尼亚、莫桑比克五国可归为关键国家。吉布提战略位置极为重要，是曼德海峡的重要关卡，且具有相对稳定的政治局势，各国争相在此设立军事基地，可谓"兵家必争之地"。埃及的苏伊士运河是世界最为重要的交通枢纽之一，虽然近年来埃及由于恐怖主义的渗透安全局势有所下降，但是整体局势上仍然相对稳定，埃及政府一方面加大了对恐怖主义的打击，另一方面不断提升经济建设力度。特别是总统塞西拟推行一系列经济复苏计划，开凿新的苏伊士运河，发展苏伊士运河经济区，使得埃及的设施联通建设迎来了新的发展，也为中国与埃及的设施联通建设提供了新的合作机遇。肯尼亚是东非政局最稳定、经济发展最快和最大的经济实体，也是该区域具有重要影响力的国家。中国是肯尼亚的第一大贸易伙伴，双方在铁路公路修筑、兴建码头、产能、石油管道等方面基础设施的合作已经展开，为肯尼亚的设施联通建设注入了新的活力。坦桑尼亚同样是东非具有重要经济政治影响力的国家,不仅政局稳定,而且经济发展潜力巨大,对外资的吸引力加大。中国与坦桑尼亚很早就建立了友好关系,中国不仅给坦桑尼亚提供了大量的援助,还签署了大量经济合作协议。莫桑比克虽然仍为世界最不发达地区之一,但是极具开发潜力,在能源、矿产、水利、农业及海洋资源上有得天独厚的优势。特别在天然气方面,北部鲁伍玛盆地海上天然气田的突破性进展,预计将带动莫桑比克成为世界上经济增速最快的国家之一。莫桑比克是中国在非洲的传统友好国家和重要合作伙伴,两国建交 40 多年来,在包括经贸在内的多个领域取得了丰硕成果。

苏丹可归为重要国家。苏丹是曼德海峡—红海—苏伊士运河航线沿线国家,战略地位突出,同时也是非洲面积最大的国家,自然资源丰富。但由于长久以来的内战,使得苏丹经济发展滞后,结构单一,工业基础薄弱,对自然以及对外援助依赖性强。目前,随着国内局势的缓和,苏丹不断吸引外国的投资,表现出了巨大的经济发展潜力。

厄立特里亚、也门和索马里三国可归为重点关注国家。厄立特里亚同样位于曼德海峡—红海—苏伊士运河航线沿线,具有较为重要的战略地位,但资源匮乏,经济及工业基础非常薄弱。且由于厄立特里亚与埃塞俄比亚交恶,因此埃塞俄比亚的所有货物均由吉布提港出海而不经过厄立特里亚的港口,与邻居的关系妨碍了厄立特里亚经济的进一步发展。也门和索马里实际上地理位置十分优越,许多港口的区位优势非常明显,但是由于政治安全局势等方面的原因,现阶段开展设施联通建设的难度较大,风险系数较高。

根据上述分类情况,推进"海丝路"设施联通建设,一要重点全面加强与一类即关键国家在设施联通方面的合作。值得注意的是,由于一类即关键国家与"海丝路"重要节点基本吻合,因此,全面加强与一类即关键国家设施联通的合作,有助于推动重要节点建设而形成"海丝路""大通道"支撑框架,并在此基础上以点连线、以线促面,推动整个"海丝路"建设的发展;二要有针对性地选择设施联通建设的领域,加强与二类即重点国家的合作;三要在密切关注并积极沟通的基础上,根据实际情况适当选择设施联通的某些项目与三类国家合作。

(二) 加强 "海丝路" 区域设施联通建设重点领域合作

"海丝路"沿线国家众多,分属不同区域,区域设施情况不尽相同。因此,推进"海丝路"设施联通建设,还需要根据不同情况,进一步加强区域设施联通重点领域的合作。

1. 东南亚地区

从设施联通建设的重点领域看，中国与东南亚地区国家重点应加强以下几个方面的设施联通区域合作。

（1）交通运输方面。首先，港口建设应该成为拓展中国和东盟联通建设的重点（见表3–35）。2016年，中国获得了柬埔寨新深水港的租约，与马来西亚组成了"港口联盟"；河北港口集团正式注册成立"印尼秦海港口有限公司"，标志着全面实质性推进了首个境外港口项目——印尼占碑钢铁工业园综合性国际港口项目的建设；截至2017年9月，已经开通中国与东盟国家之间的港口航线超过150条。① 在此基础上，中国应该继续对重要沿海城市如泉州、厦门、福州、广州、深圳、北海、钦州、防城港、海口等加大资源整合和投入力度，加强城市港口基础设施建设，深度挖掘中国与东盟国家在港口码头、物流园区和集散基地等方面的合作深度与广度，促进产业对接和优势互补，建设自由贸易园区。以码头航线建设为先导，以港口城市合作筑网络，促进港口、产业和经济的点线面带动和合作。一是促进码头航线的开发和建设，增加中国沿海港口到东盟国家主要港口的航线，增强彼此航线之间联系的紧密程度，促进中国与东盟国家基础设施的连接，提升中国与东盟国家之间的贸易往来以及运输服务水平。二是通过投资参股、互为友好港、签订港口合作协议等模式，以港口为载体、航线为纽带，以共享资源、协同运作为主题，重点就航线设置、港口经营、人员培训、信息交流、环境保护等领域不断加强港口城市的合作，建立港口航运合作机制，促进港口之间的业务拓展，增强中国与东盟国家连接的程度。在港口城市合作的基础上形成网络布局，推动中国—东盟港口城市合作网络的运行，改善港口等基础设施的质量，促进港城形成良好的互动关系，带动港口腹地区域的经济发展，致力于建设绿色港口、智慧港口和科技港口。在已有的互为友好港的良好合作关系基础上，带动中国企业和投资走出去，同时增加当地的就业机会和经济收入。三是继续推动中马港口合作联盟，通过港口之间的互联互通发挥港口投资的先导作用，促进中国与东盟国家之间产业对接，深化彼此产业合作，注重形成重大示范意义的典型项目，推动中国与东盟相关国家共建产业园区，使港口基础设施建设与产业项目、工业园区形成配套。具体而言，两国产业的对接和合作尤其重要的是找到契合双方发展诉求的具体合作领域，在此基础上才能真正找到港口、产业和经济联动发展合作的切入点。比如，中国与印度尼西亚的产业对接可以重点促进海洋产业和出口型制造业的合作；鼓励中国企业赴马来西亚巴生

---

① 陈秀莲、张静雯：《中国—东盟港口互联互通建设存在问题与对策》，载于《对外经贸实务》2018年第2期，第23页。

港自由贸易园区、马中关丹产业园、依斯干达经济特区等入园投产，推动中马国际产能合作。

表3-35　　　　中国在东南亚地区开展海外港口合作成果一览

国家	港口项目	合作类别
缅甸	2015年中国投资建设的皎漂深水港试运行	投资建港
	2015年青岛港与皎漂港签署友好港协议	港际合作
	2017年中国国际信托投资公司购买皎漂港70%股份，参与升级改造	投资参股
越南	2010年中国招商局国际有限公司注资参股头顿集装箱码头	投资参股
泰国	2015年广州港与林查班港签订关于缔结友好港的意向书	港际合作
柬埔寨	2015年青岛港与西哈努克港签署友好港协议	港际合作
马来西亚	2015年"中马港口联盟"正式组建	—
	2015年广西北部湾港与巴生港缔结友好港	港际合作
	2015年深圳港与巴生港缔结友好港	港际合作
	2015年广西北部湾国际港务集团投资关丹港40%股权，拥有60年特许经营权	投资参股
印度尼西亚	2015年深圳港与印度尼西亚国家港口集团缔结友好港	港际合作
文莱	2017年广西北部湾国际港务集团投资摩拉港51%股权，合作期限为60年，全面负责经营管理和持续开发	投资参股

资料来源：转引自（1）赵旭、高苏红、王晓伟，《"21世纪海上丝绸之路"倡议下的港口合作问题及对策》，载于《西安交通大学学报（社会科学版）》2017年第6期，第68页。（2）陈秀莲、张静雯，《中国—东盟港口互联互通建设存在问题与对策》，载于《对外经贸实务》2018年第2期，第23页。

其次，铁路项目和公路项目也是促进中国与东盟联通建设的重要环节。利用好中国—东盟互联互通合作委员会、中国—东盟交通部长会等机制，继续推进铁路项目的实施与落地，主推泛亚铁路项目，包括印度尼西亚雅万高铁项目（印度尼西亚雅加达至万隆高铁）以及中泰铁路项目等，加快建设泛亚铁路网络，促进中国与沿线东盟国家交通基础设施的完善；积极推进中国—中南半岛的陆海通道联通建设。

（2）能源方面。水电和油气是两个重要的切入点，应该成为中国—东盟能源合作的优先领域和重点方向，通过能源互联互通撬动基础设施建设的投资，带动铁路、公路、电网、油气管道等的建设。首先，抓住关键且具有标志性的工程，提出更多照顾双边、多边和地区利益的项目清单，积极推进低碳清洁能源的合作。继续推进澜沧江—湄公河流域水电站大型项目的实施，包括柬埔寨"塞桑河下游2号"水电站项目、老挝南欧江水电站项目等，依托电网的开发建设，实现输电网络的互联互通，实现电力资源的优化配置。其次，推进西南能源通道，特别是中缅油气运输管道的建设，促进能源供应的安全与多元化。要注意调整对外能源合作的模式，从单向引进油气资源转为向外输出核电等技术装备、促进共同合作开发资源与市场等。构建跨国全产业链能源合作，进一步拓宽能源合作领域，加大能源合作的广度和深度。统筹推进上游、中游和下游全产业链的合作，上游坚持油气并举开展勘探、开发与生产；中游加强油气管道网络的互联互通建设，做好油气资源的炼制、运输、储存等业务；下游推进能源的加工，促进能源产品的销售和贸易。

（3）通信方面。目前中缅、中越、中老跨境光缆项目已经全线完工，可在此基础上不断加强通信技术应用的合作，加快在标准体系、标准计量、认证认可等领域的对接互认，推动彼此信息经济的快速发展，提高中国与东盟国家通信质量和国际通信互联互通的水平。利用中国—东盟电信平台建设东盟宽带走廊，进一步提高网速和降低成本，为东盟国家提供高质量的宽带连接。

2. 南亚及波斯湾地区

在"海丝路"框架下，南亚范围内联通建设区域合作的拓展空间和重点发展方向主要有以下几个方面。

（1）重点加强与南亚及波斯湾地区港口合作。港口作为"海丝路"的重要支点，是加强促进互联互通的关键，其对于区域经济的发展有着不可忽视的作用，南亚及波斯湾地区包含了"海丝路"沿线的多个海上交通要道，所以加强港口建设尤为重要。此外，除了波斯湾地区能源出口型国家较为富有外，南亚及波斯湾地区大部分国家经济发展较落后，或因政治和战争因素导致本国经济发展缓慢，港口的基础设施建设不尽如人意。因此，可以通过"海丝路"契机，加强与南亚的港口基础设施建设合作。通过分析区位优势，并请专业团队对港口建设进行科学设计与规划，对潜在投资和建设项目合理布局；以港口投资为先导，积极寻求能使双方都获益的合作方式，如收购重组、股权投资、参股分红等，逐步形成多角度、全方位的港口合作模式，同时注重港口合作项目的质量和社会效益，使对方意识到港口合作的共赢性；推动建立南亚区域性港口合作组织并加强合作，协调好矛盾和冲突，推动南亚港口合作建设的进一步发展。

（2）进一步加强和推进"两大走廊"建设。加强基础设施的互联互通是加强中国与南亚及波斯湾地区经济贸易以及人员交流的前提，应积极推进中巴经济走廊、孟中印缅经济走廊以及港口互联互通的建设。目前该区域的中巴经济走廊建设总体进展顺利，已进入全面实施阶段，应进一步加强和推进，使之建设成为

"海丝路"标志性工程。但孟中印缅经济走廊建设由于印度的误解与误判、历史原因等因素使得项目落后于预期，2018年中印领导人已经就孟中印缅经济走廊进行会晤，该经济走廊正在重新激活，我们应当努力化解中印之间的认知困境，加快互联互通的建设步伐。

此外，当前中国与尼泊尔也正积极聚焦于跨喜马拉雅互联互通建设，推动跨境铁路运输线以及新国际机场的建设，2018年6月中国与尼泊尔已经签署了关于开展铁路项目合作的备忘录，中国应当积极提供资金参与当地基础设施建设，输出中国铁路技术。

（3）加强长期稳定的能源合作。坚持共商、共建、共享原则，以共建"海丝路"为契机，推动互惠互利、长期稳定的能源合作关系的建立；加强与南亚波斯湾地区国家的外贸联系度，形成全方位的合作机制，通过推进其他市场，例如人才市场、消费品市场等市场建设来扩大在南亚波斯湾地区的影响力，从而推进能源合作；借鉴我国与非洲国家的合作项目，通过医疗援助和教育援助提高我国对外形象，有利于扫清南亚波斯湾地区能源合作中可能出现的民间障碍。

（4）推动贸易投资合作，促进设施联通。基础设施是互联互通建设的前提，交通运输网络的建设应当注重其经济效益的发挥，因此应当积极推动中国与南亚各国之间的贸易投资交流，充分发挥各国的优势，在交通便利化的基础上，利用各国在产业、技术、资源等方面的互补性，通过基础设施建设、投资参股、技术合作等多种方式，以项目为依托，推动各个领域的深化，在发挥经济效益中进一步推动设施联通建设。

3. 西亚—红海湾—东非地区

西亚—红海湾—东非地区沿线国家经济状况及资源禀赋差异较大，设施联通建设的重点领域也有所不同。从交通设施联通领域看，由于西亚—红海湾—东非地区国家大都是世界重要航线的沿线国家，港口成为该区域重点建设的内容。港口的作用不仅在于吸引航线上货轮的停靠、补给，更重要的是能够将本国与世界进行有效对接，便利化本国与世界的经贸合作。具体来说：第一，埃及、肯尼亚、坦桑尼亚和莫桑比克这四个关键国家，既有得天独厚的地理优势，又有相对稳定的政局，资源禀赋也相对较高，可以考虑以港口建设为核心，通过大力发展国内铁路、公路以及能源管道等设施联通体系将本国经济中心、资源能源中心与港口进行有效连接，并逐渐在沿线区域发展形成经济走廊，继而逐步扩大电力、通信等基础设施的联通建设，促进当地的经济发展。第二，吉布提由于面积过小，资源禀赋很弱，本国资源或经济发展状况还无法支撑其成为投资和发展的热土，但是由于其港口所在地理位置关键，因此对其设施联通的建设主要集中于港口的建设上。第三，苏丹几年来经济发展潜力巨大，但是其国内的交通基础设施水平较低，限制了其经济发展，随着本国安全局势的进一步稳定，大量外国企业在苏丹进行投资，若铁路、公路等交通基础设施建设能够提升，将能为苏丹的经济发展提供坚实支撑。第四，对于厄立特里亚、也门及索马里，本国的政治、安全或经济局势无法保证设施联通建设的有效进行，同时，由于它们地处世界航运的重要关卡地带，对这几个国家应该将重点放在保障和维护现有航道的安全运行上。

从能源设施联通领域看，该区域大部分国家并非能源大国，但是仍有一些国家拥有较大的能源发展潜力。也门、埃及、肯尼亚、莫桑比克、坦桑尼亚等国家也蕴藏着较为可观的油气资源储量。根据 BP 世界能源统计数据，2015 年也门境内已探明的可采石油储量有 40 亿桶，石油产品出口占也门出口总额的 90% 以上。埃及 2015 年石油探明储量为 34.7 亿桶；天然气探明储量为 1.85 万亿立方米。东非地区国家如肯尼亚、坦桑尼亚、莫桑比克油气勘探潜力巨大。截至 2013 年底，东非沿海地区的天然气储量可能达到 12 万亿立方米，已探明储量达 4.9 万亿立方米。[①] 而该区域天然气的勘探和开采并未大范围开展。因此，在这些国家开展能源基础设施联通建设及合作具有重要的价值。

从通信设施联通领域看，该区域周围都有国际海底光缆经过，目前应通过设施联通合作重点解决从光缆到用户这"最后一公里"通信的缺失，促进该区域通信与世界其他地方的通信联通。

（三）加强区域规划和重大项目对接及推进

推进"海丝路"设施联通的一个重要方面，就是要重点加强区域设施发展规划的对接和重大项目的合作，从而充分发挥其在"海丝路"设施联通中重要基础的作用，共同推进"海丝路"设施联通的发展。

1. 东南亚地区

东南亚地区设施联通一个最主要的区域规划和重大项目当属泛亚铁路。泛亚铁路主要是指连接中国与东盟各个国家的铁路运输网络。它是中国进行"一带一路"基础设施互联互通的重要建设内容，建成后将使中国与东盟形成一个交通便利的运输网络。泛亚铁路的规划分三条线路：东线、中线和西线，都是从中国云南出发。其中东线途经越南、柬埔寨、泰国、马来西亚至新加坡，总长度为5 520公里；中线途经老挝、泰国、马来西亚到新加坡，总长度为4 180 公里；西线途经缅甸、泰国、马来西亚到新加坡，总长度为 4 321 公里。

（1）建设进展。从东线看，国内段主要包括昆明—玉溪—通海—建水—蒙自

---

① 王涛、曹峰毓：《中非天然气合作：背景、机遇与挑战》，载于《印度洋经济体研究》2014 年第 8 期，第 137～140 页。

一河内段，总长度为 419 公里，历经 5 年的建设期，国内段已于 2014 年 9 月全线铺通，昆明至河口仅需花费 4 小时即可到达，东线出境后即与越南的铁路网相衔接。

从西线看，国内段主要指昆明至瑞丽段，总长度为 690 公里，建成后可望 5 个小时到达。主要组成部分包括：广（通）昆（明）复线、广（通）大（理）复线、新建大（理）保（山）段和保（山）瑞（丽）段。其中广昆复线已于 2014 年正式开通运行，大理至保山段已于 2008 年开工，保山至瑞丽段已于 2015 年开工，目前正在建设的保瑞段是西线中国境内的"最后一段"。西线国外段，最重要的就是中缅铁路。2011 年中国与缅甸签订了木姐—皎漂铁路项目备忘录，但工程由于各种原因，目前仍被搁浅。

从中线看，国内段主要包括昆明—磨憨段，总长度 710 公里。目前昆明至玉溪南段已建设完成，玉溪至磨憨段于 2021 年建成通车。中线的国外段，老挝部分主要是中老铁路，中老铁路主要是从磨憨至老挝首都万象一段，全长 418 公里。2015 年正式进入实施阶段，2021 年建成通车。中老铁路是我国建设的第一条以中国为主投资建设并运营（中国与老挝按照七比三的比例进行合资建设），并且与中国国内铁路直接相连接的境外铁路项目。中老铁路全面采用中国的技术标准、中国的设备进行建设，是中国在海外建设的具有重要意义的交通基础设施项目。中老铁路出老挝后将与泰国的铁路相连接。中泰铁路于 2013 年签署相关协议，但 2014 年 5 月项目被搁置，2015 年 12 月启动，2016 年 3 月又因投资问题再度延误，经历了几番波折之后，2017 年底正式动工，目前还没有开通。中泰铁路泰国段总长度约为 845 公里，第一段为曼谷—呵叻，约 253 公里；第二段为呵叻—廊开，约 346 公里；第三段为耿奎—罗勇府玛塔卜，约 246 公里。不同于泰国国内原有的米轨铁路，中泰铁路是泰国第一条标准轨高速铁路，采用中国的铁路技术进行建造。[①] 中泰铁路将与马来西亚相连，并向南延伸至新加坡。新加坡和马来西亚两国于 2016 年 12 月 13 日在吉隆坡签署新隆高铁（又称为新马高铁）双边协议，但 2018 年 5 月 28 日，马来西亚政府决定取消该计划。

综上所述，泛亚铁路东南亚段建设推进缓慢，存在着各种各样的问题，阻碍着项目的推进。主要面临的问题包括：第一，由于历史因素，中国与部分东南亚国家存在着南海问题的摩擦以及政治不互信；第二，由于中国与东盟国家铁路轨距不一样，给铁路之间的互联互通造成了很多技术难题；第三，东盟部分国家经济和建设条件较差，铁路建设难度较大。针对目前存在的一系列问题，需要制定

---

① 《中泰铁路开工！预计 2021 年开通，昆明到曼谷朝发夕至，东南亚还远吗？》新浪新闻，2017 年 12 月 12 日，http://news.sina.com.cn/o/2017－12－12/doc－ifypnqvn3491473.shtml。

科学的推进措施确保项目顺利推进。

（2）推进措施。第一，消除各国的误解，建立相互信任的铁路合作意愿。泛亚铁路贯穿东南亚多个国家，涉及多国家、多民族、多信仰、多文化，而且部分国家与中国之间存在着领土争端、宗教信仰不同、文化碰撞等问题，再加上国际政治的影响、域外大国的干预、东盟国家内政党的更迭严重阻碍着泛亚铁路的推进进程。许多泛亚铁路的构想提出都较早，但项目一直被拖延，有些项目直接被取消，很大一部分原因是各个国家之间政治不互信，相互猜疑。因此，推进泛亚铁路东盟段建设最关键的就是要与东盟国家间加强政治互信，进一步将"一带一路"的建设理念以及人类命运共同体的理念向东盟国家传播，树立只有建立互信和共同开发才能共赢的发展理念，推动更为紧密的中国—东盟命运共同体建设。应借鉴欧盟的发展经验，充分协调好各国之间的关系，消除相互之间的误解，共同合作改善国家间的基础设施，提高便利化水平。以上措施是泛亚铁路建设的前提保证。

第二，推动泛亚铁路各国协调机制的建设。泛亚铁路的三条线路都涉及多个国家，而铁路建设涉及多个环节，包括铁路的规划、实施以及运营等，为了更好地统筹建设，协调各个国家的意见，建议建立一个固定的协调机制，制定统一的准则，各国之间签署协议按准则行事，这样可以大大提升铁路建设的效率。在这个协调机制中，应该包括必要的法制化惩罚、激励措施，以及一套完整的应急方案，及时合理解决项目合同的突发情况，确保项目高效完成。

第三，运用多样化的融资手段，保障资金来源。铁路建设是一项时间长、投资大、见效慢的工程，建设所需要的人力、物力、财力相对于其他项目都较大。对于东南亚国家特别是经济相对落后的国家来说，需要权衡资金投入与收益之间的关系，如果仅仅依靠政府资金投资，将给当地政府造成比较大的压力。因此，泛亚铁路应创新融资方式，借鉴当前国际新型铁路以及泛欧交通网络的融资方式，充分引入社会资金投入到建设中。一方面，可以向亚投行、世界银行等国际金融机构寻求资金帮助；另一方面，还可以利用国家间的经济助贷来解决资金困难，如当前中国与泰国之间实行的"高铁换大米"或者承包经营的方式等。

第四，积极推介中国技术，统一技术标准。当前泛亚铁路面临的最困难的技术问题就是各国之间铁路轨距的不同（东盟国家主要采用 1 435mm 标准轨距和 1 000mm的窄轨，中国是 1 435mm 标准轨距），这使得各国之间很难实现真正意义上的通车。因此想要实现无障碍的全线通车，必须解决轨距的问题。目前来说比较可行的方式就是统一采用 1 435mm 标准轨距，这已经在中老铁路中得以实现，中国还应在泰国、马来西亚等国家宣介中国铁路技术，努力推广中国铁路，以最低的成本实现互联互通。

2. 南亚及波斯湾地区

南亚位于印度洋沿岸，是"海丝路"的交汇区，具有重要地缘战略意义，在"海丝路"设施联通建设中占有至关重要的地位。其中，南亚设施联通的重大项目主要是中巴和孟中印缅经济走廊。

（1）发展进程。中巴经济走廊是 2013 年 5 月李克强总理访问巴基斯坦时提出的，当时中巴双方还签署了《关于开展中巴经济走廊远景规划合作的谅解备忘录》，主要为推进中巴双边经济合作的发展，促进双方互联互通。随着中巴关系上升至全天候战略合作伙伴关系，中巴经济走廊建设更能凸显中巴开展互联互通建设务实合作的决心和精神。

目前，中巴双方以港口、能源、交通建设等合作作为重点。2016 年 11 月 13 日，瓜达尔港正式启用，成为中巴经济走廊项目的关键节点和重大突破。

在能源方面，电力短缺是巴基斯坦面临的最大挑战之一。目前，中巴经济走廊框架内有十多个优先实施的能源项目，预计所产生电量与巴基斯坦年均电力缺口总量相当，届时将帮助巴基斯坦缓解电力短缺问题。

在交通基础设施方面，2016 年 5 月开工的白沙瓦至卡拉奇高速公路项目的苏库尔至木尔坦段是迄今为止中巴经济走廊金额最大的基础设施项目。此外，中巴双方还就巴基斯坦一号铁路干线升级改造签署协议，建成后将有效提升巴基斯坦南北交通运输能力，带动铁路沿线经济发展。

在产业合作方面，巴基斯坦政府已确定在经济走廊沿线建设总计 29 个产业园区。[1] 中方同意尽早在中巴经济走廊框架下成立中方产业合作工作组。我国西部沿边地区也十分愿意与巴方共同开展产业合作，双方合作发展空间大且取得效果较好。

在中巴政府及企业的多方努力下，中巴经济走廊的影响逐渐扩大，其他周边国家表示希望加入该项目，推进自身对外经济发展。未来，中巴经济走廊对"海丝路"整体的影响也将逐渐释放。

孟中印缅经济走廊是 2013 年中印双方总理共同提出的倡议，随即成立了相关的工作组，并于当年底在昆明举行了四国首次工作会，表现出了强有力的推进决心。虽然 2014 年印度政权更迭后，项目推进困难重重，进展速度变慢，但项目并未石沉大海。2017 年，项目工作组召开第三次会议，主要商讨联合编制的相关问题，并且一致认同在联合研究报告通过后，开展四国政府间框架安排的磋商工作。在此期间，项目下的产业合作亦有所推进，中国企业在印度本土投资建

---

[1] 蓝建学：《"一带一路"倡议在南亚：进展、挑战及未来》，载于《印度洋经济体研究》2017 年第 8 期，第 40 页。

立了研发中心和制造基地。

同时，在此框架下的基础设施联通项目也在发展。首先，与孟、印、缅联通的公路和铁路的中国境内部分大多已经修建完毕。其次，帕德玛大桥加紧建设，这是中国在孟加拉国承包的最大工程，是连接中国及"泛亚铁路"的重要通道之一。此外，2015 年，昆明—达卡货运航班首飞，意味着该框架下我国与其他三国的航空货运通道已联通。2016 年，亚洲开发银行向孟加拉国提供 15 亿美元贷款修建孟缅铁路，从而构成范围更大的铁路网。

（2）面临挑战。整体来看，中巴经济走廊推进顺利，但常伴有各类风险和挑战。目前，中巴经济走廊推进面临的主要挑战有巴基斯坦国内政治斗争激烈、暴力恐怖势力猖獗、多重外部因素干扰等。巴基斯坦中央政府与地方政府、不同党派、不同地区、不同民族之间均存在激烈矛盾，中巴经济走廊难免成为各方势力大力争夺之地。巴基斯坦境内暴恐及分裂势力活动猖獗，中巴经济走廊在以往的建设过程中已遭遇此类威胁，今后仍将面临挑战。外部因素，如印度的反对、西方国家和非政府组织的挑战，在一定程度上削弱了巴基斯坦民众和国际社会对中巴经济走廊的信心。面对这些困难，中巴两国需要以高超的政治智慧和坚定的战略耐心合力应对。

从孟中印缅经济走廊的发展进程来看，开局很好，但是热度消减得也快，发展速度较慢，没有十分重大的进展。此前一直讨论的四方联合研究总报告仍未有结果，四国政府间合作框架也尚未谈妥。总体来看，该项目在推进过程中受政治因素影响最大，其中，以印度的不积极及消极影响为甚。此外，还受到域外大国干扰、地缘政治博弈等多因素阻碍。

（3）推进策略分析。由于中巴经济走廊与孟中印缅经济走廊建设情况不一，因此，进一步推动其设施联通的策略也应有所区别。

中巴经济走廊总体来说发展较好，因此，推进中巴经济走廊建设，首先要以"钉钉子"的精神落实好具体项目实施，尽快收获早期成果，在此基础上，进一步推动建设走深走实，实现标杆项目的目标。同时，也要注意加强针对性措施，解决出现的问题和困难。一方面，要在进一步加强政治互信、促进民心相通基础上，积极宣传和展示走廊建设的双赢效果，以事实回击某些挑衅舆论，使建设能够获得更广泛的支持；另一方面，在充分考虑合作国实际的规章制度和法律法规等政策性文件及国情以保障主体利益的前提下，协商建立多边的项目监督机制，制定能够对双方具有较强约束力的利益保护、风险预警、矛盾解决、安全施工等保障机制，确保建设顺利实施。

孟中印缅经济走廊设施联通建设进展缓慢，主要是由于互信低、基础弱和协调难，特别是印度未能实质性积极参与且对他国造成消极影响。因此，推进孟中印缅经济走廊设施联通建设，首先，应通过政治和人文交流，表达出加强合作、互利共赢的友好初衷，以"海丝路"建设的事实表明其合作性、共赢性，尽可能打消部分国家的疑虑；其次，应有效利用现有合作机制进行沟通，尽量使"一带一路"建设与该区域已有的发展方案结合起来，避免政策冲突和误解；最后，在各方战略对接、联动发展的基础上，尽快协商和完善孟中印缅经济走廊整体规划，重点打造好一个典型项目，并以此展开，整体推进孟中印缅经济走廊建设。

3. 西亚—红海湾—东非地区

非洲大陆自然资源禀赋优秀，多种矿产、能源都居于世界领先，市场巨大，同时，非洲有漫长的海岸线，近87%的贸易为对外贸易，经济对外依存度很高。非洲及东非红海湾区域各国总体上仍然处于工业化初期至中期阶段，沿海港口成为参与经济全球化的关键性基础设施，所以，港口经济对于非洲经济的发展至关重要。在非洲及东非红海湾区域中，肯尼亚和坦桑尼亚两国均为我国重要合作国家，也是"海丝路"的重要节点，而且，两国互为邻国，同时致力于成为东非地区的交通枢纽和经济中心，因此，肯尼亚和坦桑尼亚两国港口建设当属"海丝路"设施联通重大项目。

（1）建设概况及进展。肯尼亚最重要的港口是蒙巴萨港，该港有各类万吨级以上泊位21个，港口吃水9.45米以上，24小时通航，有40吨集装箱桥吊4台。[①] 近年来，蒙巴萨港逐步推进设备的现代化改造，疏浚航道及扩大转船池，以使大型现代巴拿马型船舶能够在港口停靠。目前，蒙巴萨港在集装箱世界港口中排名第117位，在非洲排名第5位。蒙巴萨港二期建设工程完工后，其吞吐量将达到250万标准集装箱。

除此之外，肯尼亚雄心勃勃地启动了拉穆港的建设，拉穆港的建成与否将直接决定未来东非的物流及经济格局。2012年3月，肯尼亚、南苏丹和埃塞俄比亚启动了"拉穆港—南苏丹—埃塞俄比亚交通走廊"。该走廊涉及交通、管道等多类项目，投资额巨大，且该项目进一步提升了肯尼亚国家形象。2014年，非洲联盟同意将东非最大的单体基础设施建设项目拉穆港—南苏丹—埃塞俄比亚交通走廊项目（LAPSSET）列为16个全非基础设施建设旗舰项目之一，赋予其跨境联合融资的优先权。而拉穆港是LAPSSET项目的重要组成部分，为东海岸的港口发展提供竞争力，在铁路对沿线地区经济带动的效益影响下，东非经济一体化的进程将被迅速推进。拉穆港港口项目计划建造多泊位的深水港，其中港口1~3号泊位由中方公司负责承建。相关的配套建设包括建设连接港口与南苏丹和埃塞俄比亚首都的高速公路、铁路与输油管道，此外，还包括在拉穆、伊西奥洛、洛基

---

① 数据来源：全球港口查询，https://gangkou.bmcx.com/KEMOM_1928_gk/。

察吉奥建设三个国际机场。

坦桑尼亚目前有三个主要的海港，即达累斯萨拉姆港、坦噶港和姆特瓦拉港。这些港口由坦桑尼亚港务局（TPA）管理。该机构是 2005 年 4 月 15 日成立的政府机构，管理港口的相关设施和海运服务。该机构还运作着一个港口系统，服务于坦桑尼亚腹地以及马拉维、津巴布韦、赞比亚、刚果民主共和国、布隆迪、卢旺达和乌干达等内陆国家，用于中转货源。

为了利用非洲大陆和国际上不断增长的贸易机会，坦桑尼亚同样雄心勃勃地启动了巴加莫约经济特区巴加莫约港项目，项目投资总额超过 100 亿美元，由坦桑尼亚政府、招商局集团与阿曼主权基金共同参与建设，预计将在 2020～2021 年间投入使用。未来将有 190 多家企业入驻该经济特区，在港口建成后，该区还会吸引更多的投资，这将极大地促进坦桑尼亚的经济发展，推动该国的工业化进程，并最终成为整个东非地区的战略投资中心。

该项目的进展也并非一帆风顺，项目曾被称作是"坦桑尼亚的深圳"，也曾被坦桑尼亚官员期望为是中方帮助坦桑尼亚打造的"非洲的深圳"，虽然早在 2015 年就启动了奠基仪式，但由于政权交替后的新政府对该项目的重视程度不足以及一些其他经济原因，在相当长的一段时期内项目都处于停滞状态。目前新政府已经意识到项目的重要意义，项目得以重新推动。巴加莫约港距坦桑尼亚首都达累斯萨拉姆约 75 公里，区位优势突出，该港口以及经济特区项目旨在解决老港口的拥堵问题，并支持坦桑尼亚成为东非主要的航运和物流中心。坦桑尼亚与八个国家接壤，其中六个是内陆国家，都依靠坦桑尼亚的港口。为了将这些内陆国家与巴加莫约港口连接起来，坦桑尼亚已经启动了连接内陆国家的铁路项目。另外，巴加莫约港很重要的一部分为工业加工区。坦桑尼亚及其接壤的非洲国家有丰富的资源，农业发展也不错，但是缺乏工业加工和生产。有了工业加工区，不仅能够满足本国市场的需要，同时能够为当地带来更多的出口。

（2）存在问题、困难与挑战。一是安全问题。尽管有长途铁路将蒙巴萨港和达累斯萨拉姆港连接到撒哈拉以南非洲的大部分地区，但基础设施和高昂的运输成本使该地区的内陆国家难以进入全球市场。武装分子和恐怖主义团体的冲突和袭击也威胁到货物运输。一旦产品到达港口，装载和卸载船舶的高成本也会导致延误。

二是劳动力素质较低，技术能力不足问题。设施联通基础设施建设是一个复杂的系统性工程，不仅需要大量资金的支持，同时也需要大量具有一定素质的劳动力以及技术能力，特别是本区域绝大多数国家在地形、气候条件等方面较为恶劣，为基础设施的建设增加了不少难度，依靠本国自身的劳动力水平及技术能力往往难以攻克这些建设难关。

三是港口管理水平不高。港口管理水平不高也是其港口发展的"瓶颈"之一。例如：推动蒙巴萨港发展的主要障碍之一是较长的集装箱停港时间。蒙巴萨港的停港时间，占港口到内陆城市陆路运输时间的 50%。达累斯萨拉姆港同样如此，集装箱船平均排队 10 天（在某些情况下最多不超过 25 天）。

四是竞争风险。本区域地理上靠近欧洲，文化和经济上也深受欧洲的影响，且对外资的限制较小，因而仍然吸引了不少欧洲企业在本地区投资。因此在一些收益较高、前景较好的设施联通项目上，我国企业需要面对不少发达国家企业的竞争，有一定的竞争风险。

（3）推进措施。一是进一步加强"海丝路"与肯尼亚和坦桑尼亚两国经济发展战略对接。肯尼亚与坦桑尼亚由于政治局势较为稳定，自然禀赋与经济条件相比非洲其他地区较好，因此在经济的发展目标上也是雄心勃勃。在此背景下，需要进一步加强"海丝路"与肯尼亚和坦桑尼亚两国经济发展战略对接，从而为设施联通建设提供更为坚实的政治和制度保障。为此，要对肯尼亚与坦桑尼亚在设施联通方面的战略进行详细研究，认真分析各国的战略考量及进展情况，寻求更有效的对接；通过高层互访，增强设施联通建设合作的意愿和信心；建立多层级的工作机制，定期不定期召开各类交流研讨工作会议，使得项目在各个层面上能够协同推进；做好东道国各利益相关者工作，如东道国各政党派别的公共关系工作，与各重要利益攸关方保持良好合作，最大限度地保障对接的稳定性。

二是尽量细化合同条款，以合同维护投资权益。设施联通建设项目的落实是以经济合作为核心的合作活动。在经济合作过程中，难免出现各类纠纷，同样也面临不少风险。在出现纠纷之时，当然可以本着友好的态度重新进行磋商和谈判，但是对于经济合作而言，这样的方式并非最低成本和高效的方式。为此，应该尽量细化项目合同的内容，对项目过程中可能出现的各类情况进行详细说明，明确双方权利义务。对于确实没有办法提前明确的一些内容或事件，要本着友好合作的态度进行磋商，以避免项目实施过程中由于纠纷导致项目进度的推迟和延期，进而造成经济损失。

三是做好舆情评估工作，及时掌握各方对该项目的态度和意见。在发展中国家进行项目投资，即使是在政治局势较为稳定的地区，也同样面临不少政治风险。例如，巴加莫约港项目启动之后，就曾因为坦桑尼亚的政权交替而被拖延。为此，要做好两方面的工作：一方面，做好舆情评估工作，及时评估项目的政治风险。要对有关该项目的舆情以及各政党派别对项目的态度进行评估，结合东道国政治变化的走向，及时对各种可能产生的结果制定相应预案。另一方面，做好在民众中的宣传工作，加强民众对项目的认可和支持。在肯尼亚和坦桑尼亚这两个政局相对稳定的国家，只要是正常的政权交替，无论是哪个执政党执政，都必定要响应民众的呼声和期望。因此，只要项目在民众中具有更高的认可度和支持度，就可以将政权交替的风险降低。

四是增强设施联通软硬件协同发展。无论是肯尼亚还是坦桑尼亚，在设施联通建设上，不仅硬件设施发展滞后，而且在包括管理能力、员工技能以及企业制度等方面的软件建设上同样差距巨大。因此，在设施联通建设中，不仅要推进硬件设施建设，同样也要加强软件建设的合作，以增强设施联通软硬件协同发展，保障高效安全的持续运行。

五是处理好竞争关系，促进合作发展。肯尼亚和坦桑尼亚互为邻国，同时均致力于成为东非地区的交通枢纽和经济中心，显然，两国在设施联通建设上是存在着竞争关系的。可以说，两国对"海丝路"倡议的欢迎和与中国合作的热情很大程度上是希望借助中国的力量促进本国目标的实现。因此，在推进"海丝路"设施联通建设过程中，要坚持互利共赢原则，在保持和巩固两国良好合作的基础上，处理好两国竞争关系，推动三方合作朝着互补合作、良性竞争、互利共赢的方向发展，共同推动"海丝路"设施联通建设的发展。

三、加强和完善"海丝路"设施联通机制建设

推进"海丝路"设施联通建设，需要进一步构建和完善机制建设，为设施联通建设的发展提供进一步的服务和保障，重点应构建和完善以下三方面的机制。

（一）协调机制

推进"海丝路"设施联通建设，应进一步加强具有法律效力的协调机制建设，主要用于项目协商和争端协调。可以定期举办"海丝路"沿线国家设施联通有关部长级特别会议，定期对"海丝路"沿线国家设施联通重大问题进行沟通协商，达成共识并提出行动方案，推动规划和重大项目的落地。推动建立"海丝路"设施联通委员会，制定科学的推进计划和工作安排，对"海丝路"设施联通的总体规划、重点领域和优先项目、统计信息发布及相关重要问题进行具体协调，落实"海丝路"设施联通建设的共识、倡议、重大项目及总体规划，并形成常态化的工作机制，有序推进各国合作和规划项目落地实施。设立专家委员会，加强咨询智库建设，推动"海丝路"沿线各国间的共同研究和跨国合作，跟踪设施联通建设过程中的典型案例，形成高质量的研究成果，为各国政府的决策提供依据；针对"海丝路"设施联通建设存在的问题，提出可行性的政策建议并制订妥善的解决方案；组织进行项目研究评估，建立科学的基础设施项目评估机制，充分完善项目实施方案，并对重大合作项目实施情况进行跟踪、评估和检查。

（二）投融资机制

一方面，"海丝路"设施联通建设项目建设资金需求量大，投资周期长；另一方面，由于大部分国家还处在相对落后的发展阶段，难以获得有效的投融资支持，资金缺口巨大。因此，推进"海丝路"设施联通建设，迫切需要加强和完善投融资机制的建设，以有效解决资金问题。

加强和完善"海丝路"设施联通投融资机制建设，要在坚持共商、共建、共享，政府引导、市场化运作，统一性与差异性相结合和可持续发展原则的基础上，充分调动政府和市场、沿线国家以及国际资本等各方资源，通过打通金融汇集渠道，充分调动各方金融资源支撑设施联通项目建设，确保设施联通建设的可持续性。

1. 多元化资本引入机制

"海丝路"设施联通建设最大的困难还是在于资金的缺乏，根本原因在于包括民间资本、国际资本在内的各类社会资本参与的积极性不高，因此，提高多元化资本参与的积极性势在必行。而资本的积极性需要依靠制度性的机制进行保证，构建多元化资本引入机制就是为了提升各类资本的积极性以"开源"资金，缓解设施联通建设资金缺口的重要机制保障。

一是要充分发挥开发性和政策性金融的引导作用。开发性与政策性金融具有显著的杠杆效应与示范引导作用，有利于引导社会私人资本参与"海丝路"设施联通投融资合作。在设施联通项目建设的不同阶段具有不同的运行特征和风险特性，因此对各类资金的吸引程度也大不相同。作为建设周期较长，回报较慢的项目，在设施联通建设的初期阶段，项目前景还不明朗、风险较大、利润较低，此时可以以开发性和政策性金融的投融资方式为主，充分发挥其杠杆效应和示范引导效应；待到项目前景较为明朗、风险系数下降、运行相对成熟、利润较为稳定时，可以更好地引导商业性资金的进入。

二是加强对国际资本和民间资本的引入。国际资本和民间资本的引入，不仅可以解决合作区域内国家资金不足的情况，也有利于引入先进的项目管理经验。具体来说，需要做好以下几点工作：首先，建立统一的区域性设施联通投融资协调机制，梳理好"海丝路"投融资合作的相关流程以及组织结构；其次，建立完善的争端解决机制，确保各个合作方在出现争端时能够无须借助外部制度性安排，在投融资合作相应的制度框架范围内进行沟通协调；最后，加强与沿线各国的政策沟通，形成积极全面的政策制度规范，保持投融资合作体系的稳定性。

三是要确立企业投资主体地位，激发市场投资动力。"海丝路"设施联通投融资体系的构建，根本上还是要以市场运行为主。对于绝大部分沿线国家而言，其经济发展较为落后，财政收入往往非常有限，并且受到诸多法律法规限制，难以满足资金需求。因此，只有积极确定企业投资的主体地位，才能激发市场投资"海丝路"设施联通建设的热情和动力，切实地解决资金缺乏问题。为此，要从制度、法律层面确保企业投资的主体地位，保障好企业投资主体的合法权益。一方面，应更多地吸引企业和民间资本投入；另一方面，要切实保障企业和民间投资主体的投资利益。例如，在投资项目的破产清算上，对优先偿还顺序进行安排，将企业投资主体放在优先偿还位置，而将各类政府资金放到较后位置，进而打消企业投资主体的顾虑与担忧，更好地激发其动力。

2. 合作服务机制

第一，促进各方金融资源整合，提升金融服务能力。一要促进金融基础设施的联通。金融基础设施的联通是促进各方金融资源整合的前提，主要包括支付结算、法律体系等金融运行的监管规则和制度安排的对接与规划。二要推动金融机构的互设。金融机构是提供金融服务的载体，要推动各国政府在减少准入限制等方面主动作为，提供相应便利，促进金融机构的互设。三要加强金融服务的对接。金融服务对接是促进各方金融资源整合的有效措施，对接的方式包括代理行关系、银团贷款、融资租赁、资金结算和清算、项目贷款、账户管理、风险管理等。另外，在金融科技的发展和带动下，沿线各国还可以推动以互联网支付、手机银行为核心的普惠金融的发展，为"海丝路"设施联通建设提供更多形式的金融支撑服务。四要加强金融市场的联动。加强金融市场联动，可以撬动更多国际资金，逐渐减少设施联通建设对传统银行贷款的过度依赖，帮助沿线国家形成层次合理、功能互补的金融市场和丰富的产品体系，进而推进各类金融衍生产品市场的发展，促进资产证券化，提供二级市场的流动性，减少资金的占用，提高资本回报率。

第二，推动沿线有关国家挖掘资源，加强服务合作，创新盈利模式，确保盈利的稳定性和可持续性。一般来说，设施联通投资的盈利主要有政府付费、消费者付费以及设施开发带来的土地升值三个方面。从目前沿线国家的国情看，由于大部分属于低收入国家行列，因此中短期内政府和消费者都很难有偿付的能力。土地升值方面，由于绝大部分国家实行的是土地私有制，也难以提供土地给建设运营方开发，以获得土地升值带来的收益，因此土地升值也难以成为设施联通投融资的盈利来源。因此，在设施联通投融资合作过程中，除了要充分运用市政债券、政府信贷计划等传统模式外，更重要的就是要不断创新盈利模式，确保盈利的稳定性和可持续性。目前来看，应当推动沿线有关国家挖掘资源，加强服务合作，创新并视情况选取如下盈利模式：由东道国政府授予项目建设方特许经营权的盈利模式；利用消费税、财产税等东道国政府税收建立偿债基金的盈利模式；

政府与项目企业共同对项目周边用地进行连片开发以补偿基础设施建设成本的盈利模式。

第三，合作建立信息披露制度。投融资机制建立的根本目的是金融资源的汇集，以解决"海丝路"资金缺口问题。金融资源汇集的重要条件之一是社会资本对项目的信任，而形成信任的根本条件就是信息的透明度。如果无法提供足够的信息对设施联通项目进行客观的评估，各类资本也将对项目望而却步，因此减少信息的不对称性对于人们对设施联通设施建设的信任尤为重要。建立信息披露制度有利于形成社会资本对设施联通建设的评估与信任，进而形成合理金融定价，有利于金融资源配置，加大对各类资本的吸引力。为此，要在加强"海丝路"沿线国家金融合作的基础上，进一步加强网络和信息合作，建立有关信息披露制度，增强信息透明度，促进金融资源汇集。

3. 建立投融资合作协调管理机构，加强投融资管控

第一，建立投融资合作协调管理机构。为了降低各国协调沟通成本、有效协调各国设施联通建设投融资的政策与行动，有必要建立"海丝路"设施联通建设投融资合作协调管理机构。这样，既能体现"海丝路"建设"共商、共建、共享"的原则，且不需要各国让渡部分国家主权，还具有较高的制度性约束和权威，有利于投融资合作更加顺利地进行。为此，可考虑与沿线相关国家在平等自愿的基础上建立设施联通建设投融资合作委员会，具体结合各国国情，总体指导并统筹与合作国的设施联通投融资合作工作，具体负责开展有关设施联通建设投融资活动；协调各合作国设施联通建设投融资的国际合作；确定项目的识别与选择原则，根据前期项目评估最终确定投融资方案；代表设施联通项目合作方与各类国际金融机构进行合作，争取更多国际资金的支持，特别是积极促进与亚投行、金砖国家新开发银行等多边银行以及世界银行、国际货币基金组织、亚洲开发银行等国际经济组织的合作。

第二，针对沿线国家的不同情况，引导和协调有关国家因地制宜选择投融资方式。根据不同国家项目的风险评估，对于风险较低的项目，设施联通建设投融资方式可以选择以市场化金融为主，开发性、政策性金融为辅的投融资框架；对于风险等级为中等的项目，可以构建市场化金融和开发性、政策性金融并重的投融资框架；对于风险等级较高的项目，可以构建以开发性、政策性金融为主，市场化金融为辅的投融资框架。当然，一个项目的风险等级并非一成不变，当项目的风险等级随着项目建设的推进而减少时，同样可以对投融资框架进行调整，基本的原则是：只要能够满足以市场化为主的项目都应该以市场化金融为主。

第三，引导东道国整肃金融纪律，增加透明度及资金利用效率。设施联通投融资合作的基础在于经济收益和经济回报，而要实现经济收益和经济回报必须提高资金使用效率。因此，进一步推动"海丝路"设施联通投融资合作，需要引导东道国整肃金融纪律，增加资金使用透明度，提升使用效率。一是应通过具有法律效力的协议管控确保东道国采取合理的财政政策，避免对扩张性财政政策的依赖，保持财政赤字和外债在相对合理规模；二是应不断改善营商环境，加大对外国直接投资的吸引，提升生产效率；三是应制定清晰的发展规划，充分利用国内资源，通过比较优势积极参与全球产业链，为实现本国经济的发展制定具体的实施步骤，为设施联通项目发挥其经济效益提供保障。

4. 促进绿色金融发展，推动设施联通建设绿色发展

促进绿色金融发展是实现"海丝路"互联互通高质量发展的应有之义，通过绿色金融推动设施联通建设绿色发展具有重大意义。绿色金融发展是指金融机构通过将绿色发展以及可持续发展的理念融入自身的发展战略、文化以及组织框架中，在投融资业务中执行绿色标准，进行种类丰富的绿色金融产品的创新以推动绿色金融的发展。除此之外，金融机构通过绿色金融还能影响基础设施建设企业的投融资决策，通过制度约束和激励手段促进企业关注环境与社会风险。

从"海丝路"沿线国家的国情看，积极发展绿色金融、开展绿色投资就非常必要：一方面，"海丝路"沿线大部分国家属于发展中国家，工业化进程仍然持续，这就决定了其能源消费和温室气体排放将会在未来较长的一段发展时间内不断增加，给全球应对气候变化带来不小的挑战；另一方面，从"海丝路"沿线国家自身来看，它们既面临着较大的基础设施投资需求，又面临着较为严峻的生态环境问题，环境较为脆弱，管理能力较弱，保护压力很大。同时，在设施联通建设的过程中，涉及大量基础设施和建筑物的建设，具有明显的"碳锁定效应"。例如，根据世界银行的测算，基础设施和建筑物在建设和运行过程中排放的温室气体占全球碳排放总量的近70%，并且建成之后每年的碳排放量也保持不变。以上种种都将使得中国与这些沿线国家的设施联通建设面临巨大的生态环境风险。因此，在此背景下，建立起绿色金融标准体系，积极发展绿色金融，开展绿色投资就非常必要。

当前，绿色发展、绿色金融已经逐渐成为国际社会的共识：一方面，许多国家已经认识到绿色金融发展是当务之急，建立绿色金融标准体系得到了国际社会的广泛支持，各国央行、监管机构和金融机构已经开始行动起来，增强金融体系抵御环境和气候风险的能力；另一方面，越来越多的金融机构意识到，绿色金融不仅仅是一项社会责任，更是金融业自身发展的重大机遇和风险防范的内在要求。例如，绿色金融的责任投资理念（ESG）已经在世界范围内获得各类养老基金、共同基金和捐助基金等投资机构的广泛认可。据全球可持续投资联盟（GSIA）统计，2018 年初，全球五个主要市场的可持续投资总额达 30.7 万亿美元。从总量来看，欧洲融入 ESG 投资理念的资产规模为 12.3 万亿欧元，占资产管理总额的 48.8%；美国的资产规模也逼近 12 万亿美元，占资产管理总额的 25.7%。这表明，机构投资者已经形成对于绿色资产的风险偏好，全球机构投资者在其持有的资产组合中愿意更多配置绿色资产。

但目前，由于绿色项目建设周期长、收益低等特点，"海丝路"设施联通方面的绿色基金、绿色保险、排放权交易等都发展缓慢，绿色金融产品种类较为缺乏，已有的产品也缺少创新，绿色金融发展仍任重道远。近年来，中国绿色金融的发展取得了举世瞩目的成绩，那么作为绿色金融引领国和"一带一路"倡议的发起国，中国理应为推进"海丝路"沿线国家设施联通建设的绿色金融发展贡献自己的力量。实际上，早在 2017 年，在首届"一带一路"国际合作高峰论坛成功举办以后，中国政府就支持发起"一带一路"绿色投资原则，积极推动"一带一路"投资绿色化，助力沿线国家和地区实现可持续发展，打造绿色"一带一路"。未来，中国可以从以下几个方面入手，促进绿色金融发展，推动设施联通建设绿色发展。

首先，协调有关各方，基于共商共建的原则，构建符合"海丝路"设施联通建设特点的绿色金融顶层设计和各项制度安排，并就绿色金融创新工具和方法学开发、绿色金融国际合作等方面加强合作，从而在国际组织、各国政府和金融机构中形成合力，进而实施全方位的绿色金融政策，共同推进"海丝路"的设施联通建设。

其次，制定详细的绿色金融激励机制，以促进更多企业与机构投资绿色设施联通项目。一是要建立一套符合国际规范的绿色金融标准，既适用于"海丝路"沿线国家特殊国情，又符合国际规范；既有利于市场主体公平有序开展绿色金融业务，又有利于各项激励约束等配套政策有效落地。二是充分评估绿色资本的价值，努力提升绿色项目的内部收益率，引导和激励各类金融机构和企业开展绿色金融业务。

最后，依托中国在绿色金融领域的领先优势和人民币国际化趋势，推动发行跨境绿色基础设施项目本币债券，设立区域性多双边绿色基础设施基金和促进绿色项目广泛应用的 PPP 模式等。这些措施不仅有利于为设施联通中的绿色项目提供资金和融资支持，也有利于沿线国家和地区借鉴中国构建绿色金融体系以及发展绿色金融市场中所积累的经验。

（三）风险防控机制

1. 加强投资风险评估

在"海丝路"投融资合作协调管理机构，如设施联通建设投融资合作委员会下设海外评估中心，加强"海丝路"设施联通投融资风险评估。一方面，通过合作构建合理的风险评估指标体系，完善风险评估框架，全面加强投融资风险评估，有效防范与规避"海丝路"设施联通建设的相关投资风险，更好地实现投资的有效性及保障投资的收益。可以从政治、经济、社会、安全和法律五大维度出发综合考虑和分析海外投资风险。在政治方面，通过分析投资国的国际环境、国际关系、国内政局、政府治理等情况剖析存在的政治风险；在经济方面，通过梳理分析经济实力、金融风险、财政风险、贸易风险等指标评估可能产生的经济风险；在社会方面，通过了解社会稳定性、民众态度等评估可能产生的社会风险；在安全方面，以传统安全及非传统安全为切入点评估可能产生的安全风险；在法律方面，从法律环境和法律运行两大视角出发评估可能存在的法律风险。另一方面，亦可加强与国际金融中心合作，借助国际金融中心先进且丰富的经验进行第三方风险评估。国际金融中心管理着庞大的资产，对于项目风险评估经验丰富、技术先进，可以为"海丝路"设施联通建设项目的风险评估提供助力。沿线国家和地区，如新加坡和中国香港地区、英国伦敦地区等，聚集了全球区域性、国际性金融中心和主要的会计、审计等金融服务机构，与其开展合作，能为"海丝路"设施联通建设项目提供各种投融资和风险管理等专业化服务，有助于有效防范各类投资风险。

2. 做好法律防控

做好"海丝路"设施联通建设法律防控工作，应从三个层面全面加强：一是国家层面，要重视"海丝路"设施联通建设过程中公共安全防控风险，做好公共安全方面有针对性的风险防控预案；通过签订政府间协议帮助中国涉外企业适应和融入本土化生存；政府有关部门要为"海丝路"设施联通建设引导方向并提供指导意见。二是中介机构层面，应当为"海丝路"设施联通建设提供政策和法律咨询，为涉外企业提供争端处理的法律服务。三是企业层面，应当深入研究并充分掌握投资地的法律法规和政策，立足于合法合规经营；树立法律风险防范意识，增强海外员工素质，充分尊重东道国的风俗习惯，注意避免主观的文化认知、价值观差异产生的"隐性风险"；在海外投资各个环节寻求中介机构相关的法律政策咨询和服务，制定各种法律纠纷处理的预案，积极应对出现的法律风险。

3. 创新项目建设模式和成本分担机制

在"海丝路"设施联通建设过程中，要树立命运共同体意识，强调共商、共建、共享的经营理念，加强政策沟通、战略对接与规划衔接，探索建立风险互担、利益共享的经营模式。一方面，要全方位推动双边、多边务实合作，在综合考虑双边、多边以及地区的地缘政治利益、经济利益与生态利益的相互关系基础上，探索建立"海丝路"设施联通项目双边、多边合作建设、开发和经营相结合的新模式，并通过构建更具执行力和稳定性的合作框架，建立各层次主体之间，包括政府与政府之间、政府与企业之间、企业与企业之间经常性的联系机制，确保信息交流与共享渠道的畅通，切实落实既得利益和保障参与主体的可得利益，保障合作的可持续性，从而通过这种各方利益捆绑下的利益分享与风险分担相结合的合作，有效降低投资和建设风险。另一方面，亦可建立成本分摊机制以降低风险。设施联通建设项目的实施，离不开各参与国的积极合作。同时，设施联通建设项目中不少具有公共产品属性的国际基础设施项目，容易产生"搭便车"现象，进而最终导致各参与国不愿意合作的"囚徒困境"。一般来说，要解决"搭便车"现象就需要设计合理的激励机制，通过奖励和惩罚来抑制各参与方"搭便车"行为的发生。但是由于沿线国家在信息化以及相关制度机制方面发展滞后，因而实施有关激励政策需要承担较高的信息收集、政策制定和实施保障等成本，不仅实施难度大，而且容易导致沿线国家总体社会福利效用的损失。为此，可以考虑使用成本分摊机制，通过同区域内与设施联通建设项目有需求、有关联的国家进行协商，确定这些国家对该项目应承担的成本比例，使得单个国家的利益与该区域内的整体利益相统一，从而有效降低建设成本和风险。

4. 构建"海丝路"设施联通建设和投资项目的识别、预警和处理机制

在"海丝路"设施联通建设过程中，海外投资和项目合作面临着法律、经济、自然、文化、政治、信用等多重风险因素的挑战。从国家到企业都应强化风险防范意识，采取措施切实降低海外投资风险，增强海外重大基础设施投资项目的抗风险能力。为此，一方面，国家应该建立健全风险评估防控机制，定期追踪中长期风险并及时发布预警；完善海外投资的保险制度体系，分散投资方的海外投资风险；通过与东道国加强沟通以及升级双边或多边投资协定，使东道国对投资方提供多重保护。另一方面，企业应建立和加强"海丝路"设施联通建设及投融资风险识别、预警的信息化建设与管理，加强预案建设，提高风险识别和处置水平，促使企业自身风险管理能力与快速发展的海外投资业务相匹配，确保风险管控体系全覆盖、安全措施落实及时到位。通过这两方面的有机结合，建立和加强"海丝路"设施联通建设和投资项目的识别、预警和处理机制，有效管控和及时处理有关风险。

第四章

推进"海丝路"建设的贸易畅通

《愿景与行动》指出，"投资贸易合作是'一带一路'建设的重点内容"。因此，贸易畅通是"一带一路"建设的重心所在，自然也就是推进"海丝路"建设的重点。"海丝路"建设以来，在贸易畅通、深化经贸合作方面虽然取得了明显成效，但由于沿线国家资源禀赋相差较大、经济发展水平参差不齐、政治环境各有特色，彼此合作的潜力和空间还有待进一步挖掘；在实现"海丝路"贸易畅通的各类措施中，产能合作是推动贸易畅通的深刻动力，而海上合作是推动贸易畅通的新抓手，自贸区建设和园区建设是推动贸易畅通的突破点。有鉴于此，本章将以"海丝路"贸易合作情况为基础，重点研究和探讨如何加强贸易合作、产能合作、海上合作，以进一步推进"海丝路"的贸易畅通。

第一节　贸易合作研究

一、"海丝路"贸易合作推进基础

（一）国内外有关问题研究

1. 国内关于中国与"海丝路"沿线国家贸易问题的研究

谭秀杰、周茂荣（2015）利用随机前沿引力模型研究了"海丝路"沿线主要国家间的贸易潜力，研究表明，"海丝路"的贸易效率在不断提升，中国对"海丝路"的出口仍有很大潜力。① 陈万灵、吴旭梅（2015）依据 HS（1992）产品编码及其数据，梳理了"海丝路"沿线各国产品进口需求及其构成的变化。"海丝路"国家总体上进口需求不断扩大，各类进口需求呈现不同变化态势，资本密集型和劳动密集型产品进口比重有所下降，资源密集型产品进口大幅度上升，技术密集型产品进口比重大幅度下降。② 周岩、陈淑梅（2016）在 GTAP 模型下研究了贸易自由化和便利化的经济影响问题，贸易自由化与便利化促进着各国经济增长与福利水平的提高，这是因为沿线国家可以借此形成一个比较优势互补与产业结构优化的贸易新格局。③ 刘镇等（2018）构建了一套完整的"海丝路"投资贸易便利化评价指标体系，并借助三维引力模型实证研究了投资贸易便利化及其分项指标对沿线贸易的影响。④ 郑军等（2017）认为地理毗邻、海域相通是贸易社团形成的纽带，东盟一体化和南亚融入区域使主体贸易社团形态向西贯通绵延，中国在其中起战略推动和社团联结的重要作用。中国产业转型和区域互联互通的努力，将对进一步优化和加强"海丝路"贸易网络产生巨大影响。⑤

2. 国外关于国际贸易便利化的研究

近年来，世界贸易组织（WTO）、世界海关组织（WCO）、经济合作与发展组织（OECD）、亚太经合组织（APEC）等都相继提出了关于贸易便利化的概念，大家对于贸易便利化的认识基本一致，即便利化要涵盖国际贸易活动的全过程，包括基础设施建设的改善、政策法规和边境管理透明度的提高、通关手续的简化和行政审批效率的提高等。

世界贸易组织（WTO）通过的《贸易便利化协定》中规定贸易便利化要做到简化货物的运输和清关程序，加强海关与有关当局高效配合，完善海关领域专业条款。世界海关组织（WCO）则侧重于海关管理效率的提高，认为贸易便利化主要指海关程序的标准化及简化，并且还要考虑贸易安全问题，要寻求贸易便利化与贸易安全两者的平衡。经济合作与发展组织（OECD）认为，贸易便利化

① 谭秀杰、周茂荣：《21 世纪"海上丝绸之路"贸易潜力及其影响因素——基于随机前沿引力模型的实证研究》，载于《国际贸易问题》2015 年第 2 期，第 3～12 页。

② 陈万灵、吴旭梅：《海上丝绸之路沿线国家进口需求变化及其中国对策》，载于《国际经贸探索》2015 年第 4 期，第 87～100 页。

③ 周岩、陈淑梅：《21 世纪海上丝绸之路贸易自由化和便利化的经济效应分析》，载于《亚太经济》2016 年第 1 期，第 50～56 页。

④ 刘镇、邱志萍、朱丽萌：《海上丝绸之路沿线国家投资贸易便利化时空特征及对贸易的影响》，载于《经济地理》2018 年第 3 期，第 11～20 页。

⑤ 郑军、张永庆、黄霞：《2000－2014 年海上丝绸之路贸易网络结构特征演化》，载于《国际贸易问题》2017 年第 3 期，第 154～165 页。

应简化和标准化货物在国与国流动过程中的各种程序，降低贸易成本。OECD 还发布了《贸易便利化指标》，用来测算贸易便利化程度，其中包括事先裁定、贸易参与度、费用与收费、治理与公正、内部边界机构合作、手续自动化、上诉程序等内容。亚太经合组织（APEC）认为贸易便利化是利用新科技和新技术，简化贸易过程中的程序，减少行政阻碍，促进成员国之间的贸易流动，降低交易成本。APEC 自成立以来一直在致力于解决贸易便利化的问题，议程中先后提出了4 个总体原则和两阶段贸易便利化行动计划（TFAP），促进了贸易便利化取得重大进展。

赫特尔、沃尔姆斯利和伊塔库拉（Hertel，Walmsley & Itakura，2001）[①]、赫梅尔斯（Hummels，2001）[②]、亚太经合组织（APEC，2002）[③]、法兰西斯和瓦恩（Francois & Van，2005）[④]、沃肯霍斯特等（Walkenhorst & Yasui，2009）[⑤] 机构和学者都通过可计算一般均衡模型（CGE）测算了贸易便利化对贸易交易成本的减少效应，而贸易交易成本下降对国际贸易的发展有着积极的作用，还能够促进贸易国福利水平的增加和 GDP 的增长。一些国外学者（Wilson，Mann & Otsuki，2003[⑥]；Kim & Park，2004[⑦]；Clark，Dollar & Micco，2004[⑧]；Shepherd & Wilson，2009[⑨]；et al.）利用引力模型实证分析了贸易便利化对国际贸易的影响，他们分析比较了单个贸易便利化指标如果发生 1% 的变化，将会对贸易产生多大的影响，结果显示有些指标，如港口效率、海关环境、法制环境、电子商务、税收效应等都会不同程度地影响贸易增长。

---

① Hertel T W，Walmsley T，Itakura K. Dynamic Effects of the "New Age" Free Trade Agreement Between Japan and Singapore [M]. Quantitative Methods For Assessing The Effects of Non – Tariff Measures And Trade Facilitation，2001：483 – 523.

② David Hummels. Time as a Trade Barrier. Indiana：Purdue University. Mimeo，2001.

③ APEC. The Benefit of Trade and Investment of Liberalization and Facilitation in APEC，2002，http：// s3. amazonaws. com/zanran_storage/www. iseas. edu. sg/ContentPages/18869404. pdf

④ Francois J，Van Meijl H，Van Tongeren F. Trade liberalization in the Doha Development Round | Economic Policy Oxford Academic [J]. Economic Policy，2005，20（42）：349 – 391.

⑤ Walkenhorst P，Yasui T. Quantitative Assessment of the Benefits of Trade Facilitation [J]. International Trade，2009，2（3）：191 – 220.

⑥ Wilson J S，Mann C L，Otsuki T. Trade Facilitation and Economic Development：A New Approach to Quantifying the Impact [J]. World Bank Economic Review，2003，17（3）：367 – 389.

⑦ Sankyo Kim S，Innwon Park. Measuring the Impact of APEC Trade Facilitation：A Gravity Analysis. Paper Printed at the APEC EC Committee meeting in Santiago Chile，2004.

⑧ Clark X，Dollar D，Micco A. Port efficiency，maritime transport costs，and bilateral trade [J]. Journal of Development Economics，2004，75（2）：417 – 450.

⑨ Shepherd B，Wilson J S. Trade facilitation in ASEAN member countries：Measuring progress and assessing priorities [J]. Journal of Asian Economics，2009，20（4）：367 – 383.

3. 有关自由贸易区建设的理论研究

自由贸易区（free trade area，FTA），源于 WTO 有关"自由贸易区"的规定，最早出现在 1947 年的《关税与贸易总协定》里。该协定第 24 条第 8 款（b）对关税同盟和自由贸易区的概念做了专门的解释："自由贸易区应理解为在两个或两个以上独立关税主体之间，就贸易自由化取消关税和其他限制性贸易法规"。目前，世界上已有的自由贸易区（以下简称"自贸区"）有欧盟自贸区、北美自贸区、中国—东盟自贸区等。

美国经济学家维纳（Viner，1950）对关税同盟建立后给一国所带来的贸易创造效应与贸易转移效应的分析即关税同盟理论，是最早的较为成熟的关于自贸区建立的理论。维纳认为，关税同盟的建立会带来两种效应：贸易创造效应是指扩大的市场与贸易给一国带来的贸易收益；贸易转移效应则属于贸易对象国的转变给一国带来的损失，而关税同盟的经济福利取决于收益与损失的差额。因此，可以用简单的数学公式来表示维纳提出的关税同盟下自由贸易给一国带来的影响：建立关税同盟的效应 = 贸易创造收益 - 贸易转移损失；若计算的结果为正，则表明关税同盟会给一国带来经济福利，反之，则带来经济损失。

下面对维纳提出的贸易创造效应与贸易转移效应分别进行详细说明。

关税同盟的特点主要为国家或者地区间为了促进贸易的自由往来，签署协议以对协议成员国双边贸易的产品进行关税减让，同时，各协议国根据协议对非协议国产品实行统一的进口关税和措施。这表明，由于各国生产某种商品劳动生产率与成本差异的存在，某种商品劳动生产率较低、成本较高的国家会从劳动生产率较高、成本较低的国家进口该商品，由此带来的进口国市场生产规模扩大与消费者消费增加的福利即贸易创造收益主要发生在关税同盟的成员国间；而贸易转移效应则主要发生在关税同盟的非成员国之间。在达成对从成员国进口的商品减免关税的协议下，会降低成员国商品在进口国的销售价格，导致成员国商品销售价格低于劳动生产率最高的非成员国商品销售价格（因为非成员国的商品销售价格包含关税成本）。因此，在价格优势下，进口国往往会倾向于从销售价格较低的成员国进口商品。贸易从劳动生产率最高、成本最低的非成员国商品转向劳动生产率较低、成本较高的成员国商品，会给进口国带来贸易转移损失。

通过图 4 - 1 的分析可以对建立关税同盟是否会给一国带来经济福利有更为清晰的认识。

假设世界市场是完全竞争的，且世界上仅存在 A、B、C 三国与一种商品 M，其中 A、B 两国为关税同盟国，C 国为非同盟国。图 4 - 1 表示 A 国 M 商品的供给与需求情况。A 国 M 商品的供给与需求曲线分别为 S、D，P_1 为 A 国 M 商品在国内市场上的销售价格，P_2、P_3 分别表示 B、C 两国 M 商品的销售价格，P_S、P_D 分别表示供给曲线与需求曲线和纵轴的交点。

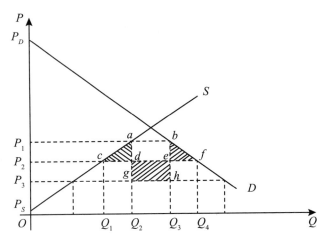

图 4-1　A 国建立关税同盟的贸易创造收益与贸易转移损失分析

在关税同盟建立前，由于在 A、B、C 三国中 A 国劳动生产率最低、成本最高（$P_1 > P_2 > P_3$），因此，为了保持本国生产的 M 商品在国内市场上的竞争优势，A 国对从 B、C 两国进口的 M 商品征收 P_1P_3 的关税。此时，由于 C 国生产 M 产品的劳动生产率最高、成本最低（$P_3 < P_2 < P_1$），在加收相同的关税后，C 国 M 产品的销售价格将低于 B 国。在销售价格的影响下，A 国将会选择从 C 国进口 M 商品，这样 A 国原本由于国内生产不足导致的供需缺口 Q_2Q_3 也将由 C 国弥补。同时，A 国将获得四边形 $abhg$ 的关税收益。

在达成关税同盟后，A 国对来自成员国 B 的 M 商品免征关税，而对 C 国依旧征收 P_1P_3 的关税。在加征关税后，C 国 M 产品的销售价格将高于没有关税的 B 国。因此，A 国 M 商品的进口贸易将从关税同盟建立前的 C 国转移到关税同盟建立后销售价格更低的 B 国。此时，A 国 M 产品的价格将从 P_1 下降到 P_2，由于价格下降导致的供给缺口 Q_1Q_2 将由 B 国提供。同时，Q_1Q_2 与 Q_3Q_4 为贸易创造的需求量，三角形 acd 的面积表示关税同盟建立后生产规模扩大带来的生产效益，三角形 bef 的面积则表示价格下降后消费者消费增加所带来的消费效应。这时，A 国国内生产与需求之间的缺口 Q_2Q_3 虽然也由 B 国弥补，但贸易从关税 C 国转移到没有关税的 B 国所带来的关税收入损失即四边形 $dehg$ 的面积却是无法弥补的。由此，关税同盟给 A 国所带来的贸易创造收益与贸易转移损失的差额为 $acd + bef - dehg$（见图 4-1 阴影部分）。

此外，从关税同盟建立前后 A 国生产者剩余与消费者剩余的变动情况来看

（见表 4 – 1），建立关税同盟后给 A 国带来的总剩余变动为：

$$P_1bfP_2 - P_1acP_2 - abhg = abfc - abhg = (acd + abed + bef) - (abed + dehg) = acd + bef - dehg$$

这与之前分析的结果是一致的。

表 4 – 1 　　　　　　　　　关税同盟对 A 国的影响

项目	关税同盟前	关税同盟后	变动
消费者剩余	P_1bP_D	P_2fP_D	增加 P_1bfP_2
生产者剩余	P_1aP_S	P_2cP_S	减少 P_1acP_2
税收收入	$abhg$	无	减少 $abhg$

以上的分析表明，关税同盟的建立是否会给一国带来经济福利要取决于 $acd + bef - dehg$ 的正负，即贸易创造收益与贸易转移损失的差额。

在维纳对关税同盟的贸易创造收益与贸易转移损失进行分析的基础上，经济学家们进一步发展并完善了关税同盟理论，将建立关税同盟的效应进一步区分为静态效应与动态效应。静态效应指贸易创造与贸易转移效应，而动态效应则主要表现在关税同盟建立后，由于自由贸易导致的市场扩大与竞争加剧等给成员国带来的增加贸易与投资、技术革新与规模经济方面。具体来说，建立关税同盟主要带来以下三方面的积极影响。

第一，成员国间签署的关税减让协议使得商品和生产要素可以在成员国间自由流动，成员国之间的市场逐步趋于统一，经济一体化进程加速以及由此带来的贸易和投资环境的改善不断吸引着厂商扩大贸易和投资。

第二，商品和生产要素的自由流通，使成员国内的垄断厂商失去其原本在国内市场上的竞争优势，厂商为了维持自身商品的竞争优势，不得不加大对商品的研究力度，进行必要的技术创新以提高商品的市场竞争力。同时，市场扩大后竞争加剧导致的技术创新也使得生产要素和资源配置更加优化。

第三，规模经济主要表现为当某种商品进行大量生产时，其成本会降低。关税同盟所实现的区域经济一体化使得成员国企业可以进入更大的世界市场，更大的市场意味着更多的贸易机会。自由贸易使得成员国可以专业化生产其具有比较优势的商品，市场分工的专业化不断深入发展，从而实现规模经济。

关税同盟理论推动了区域经济一体化理论的蓬勃发展。各种区域经济一体化理论使自贸区的建设有了更为坚实的理论基础。

（1）次优理论。经济学家利普塞和兰开斯特（Lipsey & Lancaster，1956）提出的次优理论主要是针对经济体中帕累托最优的实现条件而言的。次优理论认为，在一个想要实现帕累托最优的经济体中，如果能够达到帕累托最优的某个条件遭到破坏，那么即使这个经济体满足了其他条件，也并不能达到帕累托最优状态，这时，这个经济体将处于一种缺乏经济效率的次优状态，直到满足所有条件为止。① 换句话说，满足帕累托最优的条件缺一不可，如果不能满足全部条件，那么往往会导致次优结果的发生，并且次优结果间是否更接近于帕累托最优与所满足的条件个数并没有关系。例如，假设需要 n 个条件才能达到帕累托最优，那么满足 n−m 个条件下的次优状态未必比满足 n−m−k 下的次优状态更接近于帕累托最优（n>m>1，n−m>n−m−k，且 n、m、k 为正整数）。②

根据次优理论，区域经济一体化下的帕累托最优必须要全部满足完全竞争市场的三个条件：一是市场上的卖者和买者人数众多；二是市场上每个卖者所提供的产品没有任何差别，这意味着每个卖者的行为对市场价格都不能造成影响；三是企业可以自由地进出市场。

（2）大市场理论。大市场理论有时候也称为共同市场理论，其主要的观点为：各国所采取的贸易保护措施和政策往往仅考虑本国利益，这是狭隘且不可取的，因为这会把世界市场分割为缺乏弹性而又狭窄的市场，这样的市场将无法实现规模经济。

大市场理论主要分析的是区域经济一体化的经济效应问题。因此，大市场理论又可以表示为：区域经济一体化所带来的市场扩大效应可以使得成员国间商品贸易的竞争加剧，进而迫使厂商进行技术创新并最终实现规模经济。

（3）协议性国际分工理论。协议性国际分工理论的核心观点认为，在区域经济一体化下，各国分散的小市场得以组建成为规模较大的市场，市场规模的进一步扩大使得成员国间可以通过协议分享规模经济所带来的效益。以 A、B 两国为例，在协议性国际分工下，A、B 两国将会通过签署协议进行商品生产权限的划分：A 国将放弃某种商品的生产，以使协议国 B 国的该商品能够在 A 国具有竞争优势；与此同时，B 国也将放弃生产另一种商品，以确保 A 国的该商品在 B 国国内市场的竞争优势。

值得注意的是，协议性国际分工往往在具有同等经济发展水平、产业结构层次较高的国家之间建立。③

---

① Lipsey R G, Lancaster K. The General Theory of Second Best [J]. Review of Economic Studies, 1956, 24 (1): 11~32.

② 吴汉洪、封新建：《次优理论在国际贸易政策中的应用》，载于《中国人民大学学报》2001 年第 5 期，第 46~51 页。

③ 李锐：《协议性国际分工理论与综合发展战略理论》，载于《国际商报》2010 年 5 月 4 日。

（4）中心—外围理论。中心—外围理论的主要观点认为，世界被划分为两大体系：生产并出口工业制成品的发达国家构成的中心体系；生产并出口初级产品的发展中国家构成的外围体系。在技术与生产效率的差异下，中心体系国家往往能够实现技术革新与规模效益，而外围体系国家则需要依附中心体系国家。因此，外围国家要想实现技术革新与规模经济，必须在发展独立的民族经济的基础上，联合其他外围国家一起提高在国际贸易中的话语权。

（5）新区域主义理论。新区域主义理论的主要观点是：在进行区域经济一体化建设时，各国应考虑到区域经济的可持续发展能力、区域内经济制度、社会制度与社会环境的改善等对提高区域经济竞争力并促进区域经济一体化的影响。同时，新区域主义理论也强调跨政治力量的区域经济合作，即在进行区域经济一体化建设时，不应局限于发达经济体与发达经济体之间或发展中经济体与发展中经济体间的合作，而应进行超政治跨区域的以经济发展为核心的技术革新与经济振兴。①

（6）综合发展战略理论。针对发展中国家经济一体化建设而提出的综合发展战略理论认为，由于历史文化等因素的影响，发展中国家的政治与经济水平差异较大，政治、经济与体制等的差异往往会对发展中国家区域经济一体化建设产生重大影响。因此，发展中国家需要着重考虑如下因素对区域经济一体化建设的影响：各国经济发展水平的差异，各国政治制度的差异与国内政局的变动，各国的对外关系等。

（二）现实基础

在全球化持续推进的当下，"海丝路"沿线各国普遍大力发展国际贸易，积极融入全球经济。整体来看，"海丝路"各国在全球贸易市场中扮演着重要角色并贡献了大量的进出口。据联合国数据统计，2000～2018 年"海丝路"沿线国家地区生产总值年均增长 8.6%，同期外贸年均增长 8.75%，其中进口年均增长 8.9%，出口年均增长 8.6%。由图 4-2 计算可知，贸易顺差则由 2000 年的 10.55 千亿美元提高到 2018 年的 21.96 千亿美元，年均增长 4.15%。由于"海丝路"沿线地域广阔，经济发展水平和地缘政治都具有很大差异，外向型经济的发展在不同区域表现有所差异。按地域来看，由表 4-2 计算可知，东亚与太平洋、中东和北非地区是主要的顺差来源地，前者 2000～2018 年进口年均增长率为 7.71%，出口年均增长率为 7.49%；后者进口年均增长率为 8.51%，出口年

---

① 曹素璋：《新区域主义理论述评》，载于《企业家天地下半月刊（理论版）》2010 年第 1 期，第 156～157 页。

均增长率为 7.94%。南亚和撒哈拉以南非洲则存在一定的逆差，但整体上
2000～2018 年前者进出口年均增长率都超过 10%，后者出口年均增长率为
7.44%，进口年均增长率为 8.69%。按收入水平来看，上中等收入国家贡献了大
量的顺差，2000～2018 年进出口都保持超过 9% 的年均增长率。高收入国家增长
率略低，进口年均增长率为 5.13%，出口年均增长率为 5.28%，但庞大的进出
口基数使得高收入国家在全球贸易中处于举足轻重的地位。

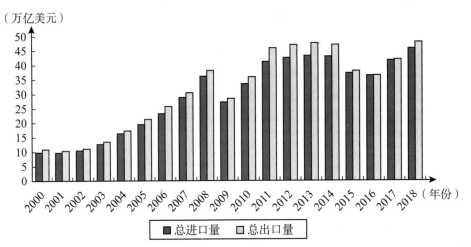

图 4-2　2000～2018 年"海丝路"沿线国家进出口额演变

资料来源：根据联合国数据整理绘制。

表 4-2 　　　　　　　 **2000 年和 2018 年分区域进出口额**　　　单位：万亿美元

划分标准	区域	2000 年		2018 年	
		出口	进口	出口	进口
世界经济论坛	东亚与太平洋	1.771	1.597	6.502	6.083
	南亚	0.064	0.081	0.403	0.680
	中东和北非	0.323	0.219	1.278	0.953
	撒哈拉以南非洲	0.097	0.083	0.353	0.372
国际货币基金组织	发达经济体	4.761	5.097	11.652	11.909
	新兴和发展中的亚洲	0.595	0.547	3.917	4.107
	中东、北非和巴基斯坦	0.294	0.192	1.099	1.083
	撒哈拉以南非洲	0.086	0.070	0.344	0.336

划分标准	区域	2000 年		2018 年	
		出口	进口	出口	进口
世界银行	高收入	5.156	5.442	13.016	13.394
	低收入	0.022	0.027	0.067	0.133
	中低收入	1.346	1.251	6.582	6.478
	上中等收入	1.050	0.952	5.236	4.686
"海丝路"沿线各国		10.890	9.834	48.025	45.829

资料来源：根据联合国数据整理而得。

以进出口总额占国内生产总值的比重计，"海丝路"沿线国家的外贸依存度较高，2000～2018 年整体的外贸依存度接近 67%，外向型经济发展态势良好（见图 4-3）。分区域看，东亚与太平洋地区、南亚以及中东和北非地区外贸依存度持续提高，分别从 2000 年的 40.68%、23.33% 和 56.09% 提高到 2018 年的 48.51%、31.37% 和 61.81%。发达经济体、新兴和发展中的亚洲及中东、北非和巴基斯坦也贡献了较高的外贸依存度，分别从 2000 年的 36.80%、16.30%、37.54% 提高到 2018 年的 45.98%、23.82%、58.10%，同样，高收入和低收入经济体的外贸依存度也分别提高，从 2000 年的 38.41% 和 35.55% 增加到 2018 年的 48.72% 和 44.93%（见表 4-3）。虽然部分国家受国内经济发展、社会环境以及国际政治形势影响，在某些年份外贸依存度有所降低，但总的看来，"海丝路"沿线各国对外贸易发展持积极态度，发展开放型经济的政策环境稳定。

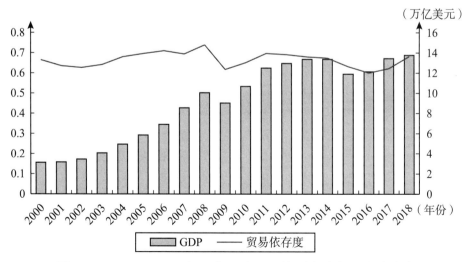

图 4-3　2000～2018 年"海丝路"沿线国家外贸依存度演变

资料来源：根据联合国数据整理绘制。

表4-3　　　　　　　　2000~2018年分区域外贸依存度演变　　　　单位：%

划分标准	区域	2000 年	2018 年	2000~2018 年
世界经济论坛	东亚与太平洋	40.68	48.51	51.40
	南亚	23.33	31.37	33.55
	中东和北非	56.09	61.81	66.40
	撒哈拉以南非洲	45.28	42.42	46.71
国际货币基金组织	发达经济体	36.80	45.98	42.75
	新兴和发展中的亚洲	16.30	23.82	21.88
	中东、北非和巴基斯坦	37.54	58.10	57.78
	撒哈拉以南非洲	38.20	40.44	43.17
世界银行	高收入	38.41	48.72	46.23
	低收入	35.55	44.93	41.63
	中低收入	43.39	41.15	44.84
	上中等收入	43.90	40.58	45.01
"海丝路"沿线各国		66.51	68.19	66.60

资料来源：根据联合国数据整理而得。

二、"海丝路"沿线各国的贸易合作

（一）全球视野下的"海丝路"贸易合作

1. "海丝路"主要贸易网络

根据联合国数据统计，"海丝路"沿线各国主要的贸易对象包括中国、日本、美国、阿联酋、新加坡、印度、韩国、马来西亚、德国等。近十年，日本、美国、中国、韩国四国牢牢占据"海丝路"沿线国家外贸对象榜首，区域内贸易也十分普遍，新加坡、马来西亚、阿联酋、沙特阿拉伯等域内国家多次进入"海丝路"前十大贸易对象排行榜。在出口方面，近年中国和韩国逐渐取代日本和美国成为前两大出口目的地，日本和美国退居三四位（见表4-4至表4-6）。在进口方面，中国于2012年取代日本成为"海丝路"沿线最大的进口来源地，日本、美国和韩国分别是前二、三、四大进口来源地（见表4-7至表4-9）。具体而言，进口方面，2017年在有统计数据的24个"海丝路"沿线国家（地区）中（部分为2015年和2016年数据），中国是15个国家（地区）的最大进口来源地，5个国家（地区）的第二大进口来源地，并进入23个国家（地区）的前五大进口来源地排行榜。日本、美国、阿联酋、新加坡、泰国分别是 14、13、11、8、6 个 "海丝路" 国家（地区）的前五大进口来源地。出口方面，中国也是 23 个国家（地区）的前五大出口目的地之一。日本、美国、阿联酋、新加坡、泰国分别是 14、13、11、8、6 个 "海丝路" 国家（地区）的前五大出口目的地。

表 4 – 4　　　　　　　　2007 年 "海丝路" 前十大出口目的地

排序	2007 年 "海丝路" 前十大出口目的地	出口额（亿美元）
1	日本	3 763. 95
2	美国	2 937. 73
3	中国	2 932. 61
4	韩国	1 844. 38
5	其他亚洲国家	1 415. 00
6	新加坡	728. 64
7	马来西亚	687. 84
8	德国	290. 26
9	阿联酋	245. 58
10	沙特阿拉伯	183. 50

注：部分国家数据不可得，未进行统计。表中 "其他亚洲国家" 为 "海丝路" 沿线主要国家（见表 4 – 10）中除中国、日本、韩国、新加坡和马来西亚外的其他亚洲国家。表 4 – 5 至表 4 – 9 同。

资料来源：根据联合国数据整理而得。

表 4 – 5　　　　　　　　2012 年 "海丝路" 前十大出口目的地

排序	2012 年 "海丝路" 前十大出口目的地	出口额（亿美元）
1	日本	4 721. 81
2	美国	4 521. 12
3	中国	4 468. 49
4	韩国	4 095. 65
5	阿联酋	1 020. 12
6	马来西亚	968. 37
7	其他亚洲国家	967. 03
8	新加坡	832. 73
9	德国	431. 90
10	沙特阿拉伯	175. 41

注：部分国家数据不可得，未进行统计。

资料来源：根据联合国数据整理而得。

表 4 - 6 　　　　　　2017 年"海丝路"前十大出口目的地

排序	2017 年"海丝路"前十大出口目的地	出口额（亿美元）
1	中国	4 479.60
2	韩国	4 265.63
3	日本	4 011.03
4	美国	2 204.35
5	其他亚洲国家	1 789.78
6	马来西亚	687.58
7	新加坡	518.39
8	阿联酋	325.00
9	泰国	258.43
10	德国	143.06

注：部分国家数据不可得，未进行统计；部分国家数据以 2016 年计。

资料来源：根据联合国数据整理而得。

表 4 - 7 　　　　　　2007 年"海丝路"前十大进口来源地

排序	2007 年"海丝路"前十大进口来源地	进口额（亿美元）
1	日本	2 422.15
2	中国	2 254.12
3	美国	1 928.47
4	其他亚洲国家	1 291.27
5	韩国	1 037.52
6	马来西亚	563.44
7	新加坡	443.85
8	阿联酋	294.71
9	沙特阿拉伯	233.72
10	德国	139.36

注：部分国家数据不可得，未进行统计。

资料来源：根据联合国数据整理而得。

表4-8 2012年"海丝路"前十大进口来源地

排序	2012 年"海丝路"前十大进口来源地	进口额（亿美元）
1	中国	4 183.08
2	日本	3 027.87
3	美国	2 744.40
4	韩国	2 230.26
5	其他亚洲国家	1 625.62
6	新加坡	847.05
7	马来西亚	784.48
8	阿联酋	662.80
9	沙特阿拉伯	376.52
10	瑞士	297.09

注：部分国家数据不可得，未进行统计。

资料来源：根据联合国数据整理而得。

表4-9 2017年"海丝路"前十大进口来源地

排序	2017 年"海丝路"前十大进口来源地	进口额（亿美元）
1	中国	3 483.32
2	日本	2 644.40
3	美国	2 548.67
4	韩国	2 069.80
5	其他亚洲国家	1 867.68
6	马来西亚	528.26
7	阿联酋	504.91
8	新加坡	435.04
9	泰国	312.31
10	沙特阿拉伯	249.69

注：部分国家数据不可得，未进行统计；部分国家数据以 2016 年计。

资料来源：根据联合国数据整理而得。

2. "海丝路"外贸中的中国

中国是"海丝路"沿线国家重要的贸易伙伴。根据联合国数据统计，2016 年"海丝路"沿线国家（除中国外）实现的 28 878.6 亿美元出口中，9.8% 出口至中国，在 27 583.1 亿美元的进口中，16.3% 来自中国。事实上，中国在大部分

"海丝路"沿线国家的外贸排位中均在前十名以内。缅甸、阿曼、也门、老挝、马来西亚等五个国家的出口中超过四分之一面向中国，而缅甸、巴基斯坦、肯尼亚、坦桑尼亚、越南等国家超过三分之一的进口源自中国。具体从中国与区域内主要国家的贸易情况看，中国与越南、马来西亚、新加坡、泰国和印度尼西亚的相互贸易在中国对东盟的贸易中占比都较大，尤其是马来西亚，已经连续五年是中国在东盟区域内的第一大贸易伙伴国，中国也成为马来西亚在世界范围内最大的贸易伙伴国，2016 年缅甸的出口中有 39.2% 针对中国，其 56.7% 的进口源自中国（见表 4－10）；南亚区域合作联盟（SAARC）内，印度是中国的第十八大贸易伙伴国，中国则是印度的第一大贸易伙伴国，中印贸易占了印度总贸易额的8.70%，其 12.5% 的进口源自中国；非洲东部的南非是中国第十四大贸易伙伴国，同时中国也是南非在世界范围内最大的贸易伙伴国；西亚的伊朗是中国的第二十五大贸易伙伴国，同时，中国也是伊朗最大的贸易伙伴国，值得关注的是，中国的十大石油进口国中，该区域就占了 6 个，分别是沙特阿拉伯、阿曼、伊拉克、伊朗、阿联酋和科威特。

表 4－10　　2016 年"海丝路"沿线主要国家进出口情况及中国占比

国家	出口		进口	
	出口额（亿美元）	中国占比（%）	进口额（亿美元）	中国占比（%）
菲律宾	852.67	20.4	1 126.13	26.5
柬埔寨	122.67	6.8	131.45	29.9
老挝	46.37	29.3	61.81	16.0
马来西亚	1 992.71	24.7	1 803.15	20.9
缅甸	104.53	39.2	144.52	56.7
泰国	2 804.46	13.7	2 204.97	16.9
文莱	56.52	3.9	43.03	11.9
新加坡	5 111.89	5.1	4 343.46	10.2
印度尼西亚	1 778.84	12.0	1 706.58	18.8
越南	1 921.88	19.3	1 869.29	32.7
孟加拉国	367.69	2.4	470.48	30.4
斯里兰卡	174.38	1.6	236.46	18.1
印度	4 333.20	2.7	4 662.66	12.5
巴基斯坦	245.63	7.8	446.96	38.6
马尔代夫	34.47	0.0	32.08	10.0

国家	出口		进口	
	出口额（亿美元）	中国占比（%）	进口额（亿美元）	中国占比（%）
伊朗	953.07	15.6	885.28	18.5
科威特	555.30	11.5	519.22	5.8
阿曼	308.45	39.0	293.01	7.3
卡塔尔	723.97	5.5	634.75	2.4
沙特阿拉伯	1 951.69	12.1	1 941.69	9.6
阿联酋	3 620.69	2.8	2 732.74	11.0
巴林	237.82	0.3	210.88	3.7
也门	5.65	29.4	81.03	20.9
埃及	279.69	2.0	529.55	19.7
吉布提	6.50	0.0	13.77	156.0
厄立特里亚	8.55	20.5	10.39	6.7
肯尼亚	102.75	0.9	164.75	33.9
坦桑尼亚	92.84	3.4	107.76	33.1
莫桑比克	37.99	12.6	84.33	15.5

资料来源：根据联合国数据整理而得。

　　加入世界贸易组织后，"海丝路"沿线国家与中国的贸易额占比逐年提高。2016 年，中国与沿线区域的贸易总额占中国贸易总额的比例为 20.36%，较 2000 年提高了 7.75%。其中"海丝路"沿线各国占中国整体进口的比重由 2000 年的15.01% 提高至 2016 年的 18.55%，占中国整体出口的比重由 2000 年的 10.8% 提高至 2016 年的 21.73%（见图 4-4），凸显出"海丝路"在中国的贸易版图中占据愈发重要的位置。从增长趋势来看，中国与"海丝路"沿线各国贸易增长态势大体相同，初期呈现较高的增长速度，但 2008 年全球金融危机爆发后增长速度急速下降，而后又快速恢复，此后各国便呈现出了不同的增长趋势（胡艺等，2017）。2000~2016 年，中国与"海丝路"沿线区域的总贸易额提高了 12.36倍，其中进口提高了 8.71 倍，出口提高了 16.93 倍，经贸合作取得了丰硕的成果。中国与沿线区域总贸易额的年均增长超过 15.94%，进、出口增长率分别为13.59% 和 18.11%。从贸易平衡看，"海丝路"沿线国家一直是中国主要的逆差来源地，但在近些年这一趋势有所逆转。2000 年中国与全世界保持 241.09 亿美元的顺差，但与"海丝路"沿线国家保持了 68.57 亿美元的逆差。相反的是，2016 年中国对"海丝路"沿线区域的总顺差超过了 1 600 亿美元，占中国整体贸易顺差的 31.66%。具体到国别，中国与许多"海丝路"沿线国家已经互为重要的贸易伙伴（李艳芳、李波，2015）。2013 年，中国排名前三十位的贸易伙伴中，"海丝路"沿线国家占了 16 个；排名前五十位的贸易伙伴中，"海丝路"沿线国家占了 26 个。从各国贸易需求来看，我国对"海丝路"沿线国家仍具有较大的出口潜力（谭秀杰、周茂荣，2015）。

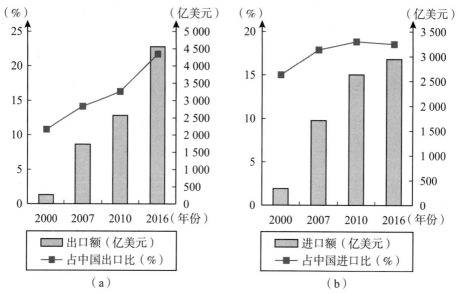

图 4 - 4　中国与"海丝路"沿线国家的贸易额及占比演变

资料来源：根据联合国数据整理绘制。

（二）中国与"海丝路"沿线国家的贸易合作

自"海丝路"倡议提出以来，中国与"海丝路"沿线国家的贸易伙伴关系不断增强，贸易规模与结构不断变化。为了进一步研究中国与"海丝路"沿线国家的贸易情况，下面从贸易总量、贸易竞争性与互补性，以及呈现出的新特征分别进行分析。

1. 贸易总量分析

从图 4 - 5 中可以看出，中国与"海丝路"沿线各国的双边贸易总额基本上呈现平稳上升趋势。2010 ~ 2018 年期间，中国与"海丝路"沿线国家的进出口总额由 5 199 亿美元增长到 9 905 亿美元，增长了 90.52%。此外，从贸易平衡的角度来看，2010 ~ 2011 年期间，中国从沿线国家进口额大于向其出口额，处于贸易逆差阶段；2012 年双边贸易基本持平；2013 ~ 2018 年期间，在"海丝路"倡议以及良好的贸易条件推动下，中国向沿线国家的出口额大于从其进口额，处于贸易顺差阶段。

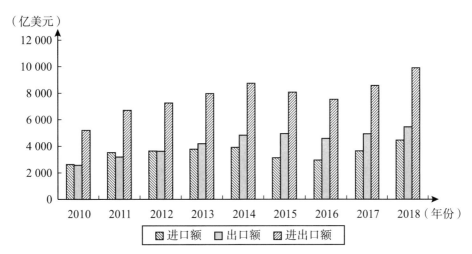

图 4 – 5　2010～2018 年中国与"海丝路"沿线国家进出口数据

资料来源：根据联合国商品贸易数据库数据整理绘制。

　　根据联合国商品贸易数据库对商品的 SITC Rev. 4 分类①，SITC0～4 属于初级产品，STIC6 和 SITC8 属于劳动密集型产品，SITC5 和 SITC7 属于资本或技术密集型产品。表 4 – 11 与表 4 – 12 分别反映了中国同"海丝路"沿线国家进出口产品的构成情况。在进口方面，2010～2018 年期间，中国从沿线国家进口主要以初级产品和资本或技术密集型产品为主，但初级产品的进口比重从 2014 年起呈现下降的态势；在出口方面，2010～2018 年期间，中国向沿线国家主要出口劳动密集型产品与资本或技术密集型产品，出口产品中初级产品的比重较低，各类产品的出口比重基本上呈现平稳趋势。

表 4 – 11　2010～2018 年中国从"海丝路"沿线国家进口产品构成　　单位：%

年份	初级产品	劳动密集型产品	资本或技术密集型产品	其他
2010	51. 57	7. 34	41. 00	0. 08
2011	55. 98	7. 38	36. 61	0. 03
2012	55. 86	8. 08	36. 04	0. 03

　　①　联合国商品贸易数据库对商品的分类主要有 HS 分类（商品名称及编码协调制度）与 SITC 分类（国际贸易标准分类）两种，本书采用 SITC 分类第四次修改版本（SITC Rev. 4）作为商品的分类标准。在该分类标准下，共将商品分为 10 类，其中，0 类为"粮食及活动物"；1 类为"饮料及烟叶"；2 类为"除燃料外的非食用末加工材料"；3 类为"矿物燃料、润滑油及有关物质"；4 类为"动物及植物油、脂肪及蜡"；5 类为"未列明的化学及有关产品"；6 类为"主要按材料分类的制成品"；7 类为"机械和运输设备"；8 类为"杂项制成品"；9 类为"未列入其他分类的货物及交易"。

续表

年份	初级产品	劳动密集型产品	资本或技术密集型产品	其他
2013	55.86	8.76	35.32	0.05
2014	53.20	12.17	34.50	0.12
2015	44.48	11.21	41.55	2.76
2016	41.09	11.44	42.93	4.54
2017	44.09	10.55	40.90	4.47
2018	46.07	9.92	40.90	3.11

资料来源：根据联合国商品贸易数据库整理而得。

表4-12 2010~2018年中国向"海丝路"沿线国家出口产品构成 单位：%

年份	初级产品	劳动密集型产品	资本或技术密集型产品	其他
2010	7.89	39.29	52.78	0.05
2011	7.28	40.81	51.78	0.12
2012	6.28	44.49	49.08	0.15
2013	6.75	46.60	46.58	0.07
2014	6.65	47.20	46.12	0.03
2015	6.03	46.97	46.90	0.09
2016	6.91	44.94	47.78	0.38
2017	7.50	42.22	49.96	0.31
2018	7.99	40.95	50.80	0.25

资料来源：根据联合国商品贸易数据库整理而得。

2. 贸易竞争性分析

根据贸易竞争力指数，计算中国与"海丝路"沿线各国主要贸易商品的竞争力水平，可以对中国与"海丝路"国家间的贸易竞争性情况有比较直观的认识。其计算公式为：

$$TC_i = \frac{X_i - M_i}{X_i + M_i} \tag{4.1}$$

其中，X_i 与 M_i 表示中国向"海丝路"沿线国家海关 SITC 分类中第 i 类产品的出口额与进口额。

$TC_i \geq 0.5$ 时，中国 i 类产品在"海丝路"沿线国家市场中出口竞争力较高，属于具有高比较优势的产品类型；当 $0 \leq TC_i \leq 0.5$ 时，表示中国 i 类产品在"海丝路"沿线国家没有明显的竞争优势，属于低比较优势的产品；当 $-1 \leq TC_i \leq -0.5$

时，表明中国 i 类产品在"海丝路"沿线国家市场上具有高比较劣势；当 $-0.5 \leqslant TC_i \leqslant 0$ 时，中国 i 类产品在"海丝路"沿线国家市场上具有低比较劣势。

根据贸易竞争性指数公式与联合国商品贸易数据库 SITC Rev.4 数据，计算分析得到的 2010 ~ 2016 年中国与"海丝路"沿线国家贸易竞争力指数见本书附录。

从中国至东南亚航线上的国家来看，2010 ~ 2018 年中国与东南亚国家的主要贸易中，中国"SITC1 + 6 + 8"三类产品的出口总体上具有高比较优势，是具有较强竞争力的产品，总体上呈现出口专业化状态，说明中国出口的劳动密集型产品（SITC6 + 8）在东南亚市场上具有较大的竞争优势。在 SITC0 上，中国的 TC 值总体上来说低于 0.5，处于无明显比较优势，但中国与文莱、马来西亚的 SITC0 TC 值在 0.5 以上，处于高比较优势，说明 SITC0 是中国高比较优势产品；而近年来，中国对这两国的 SITC0 TC 值也在下降，说明中国对这两个国家出口的 SITC0 类产品竞争优势正在下降。在 SITC2 上，中国处于比较劣势地位，且大多数国家 TC 值均低于 -0.5，其竞争力较差。在 SITC3 上，中国与柬埔寨 TC 值 2010 ~ 2018 年间均保持 1 的水平，处于完全的出口专业化状态；中国与缅甸的 TC 值一直呈现下降趋势，由 2010 年的 0.56 降为 2018 年的 -0.51，说明中国该类产品在缅甸市场上已经完全失去了原先的高比较优势转而变为高比较劣势产品；中国与老挝的 TC 值呈现先下降后上升的趋势，但总体上仍具有较高的比较优势水平；中国与印度尼西亚、文莱和马来西亚的 TC 值均低于 -0.5，说明其贸易竞争力较差。在 SITC4 上，除文莱、新加坡和缅甸外，中国在东南亚国家的 TC 值均没有大于 0.5，该类产品在东南亚市场上贸易竞争力并不高。而在 SITC5 + 7 这两类资本或技术密集型产品上，中国的比较优势并没有劳动密集型产品显著。综上，可以认为，在中国与东南亚国家的双边贸易中，劳动密集型产品的竞争力较高，这也与中国向"海丝路"沿线国家出口中劳动密集型产品比重较大的现象相一致。

在中国与南亚及波斯湾航线国家的双边贸易中，中国在"SITC0 + 1 + 6 + 7 + 8 + 9"上处于具有较高比较优势的产品，特别是在"SITC7 + 8"上，2010 ~ 2018 年间的 TC 值均十分接近于 1，部分国家甚至一直处于 1 的水平，说明中国在这两类产品上具有非常高的比较优势，处于完全的出口专业化水平。在 SITC2 上，中国的 TC 值总体上来说处于负值，属于比较劣势产品，呈现进口专业化水平。而在 SITC3 上，中国在南亚及波斯湾航线国家贸易中呈现两极分化状态，对于孟加拉国、斯里兰卡、印度、巴基斯坦和马尔代夫而言，中国的 TC 值总体上呈现较高水平，属于具有比较优势产品；而在剩余国家中，TC 值均为负值，属于比较劣势产品。在"SITC4 + 5"上，中国并没有从总体上表现出较为明显的比较优势或比较劣势，TC 值总体上而言波动较大。

对于中国至红海湾及印度洋西岸航线国家而言，中国在"SITC0 + 5 + 6 + 7 + 8"类产品上具有较高的比较优势，特别是在"SITC6 + 8"的劳动密集型产品与"SITC5 + 7"的资本或技术密集型产品上，TC 均值十分接近于 1，贸易竞争力极高，处于完全的出口专业化水平；在 SITC1 上，除坦桑尼亚的 TC 值一直在下降，并且由较高比较优势变为较高比较劣势产品外，其余国家的 TC 值水平均较高，处于具有较大比较优势的产品；在 SITC2 上，中国基本处于比较劣势水平，产品的竞争力较差；而对于"SITC3 + 4 + 9"而言，TC 值总体上来说波动较大且由于部分国家数据的缺乏，暂时无法全面分析双边贸易的竞争性问题。

综上，对贸易竞争性指数的分析说明，在中国与"海丝路"沿线国家的双边贸易中，中国具有较大竞争优势的为劳动密集型产品与资本或技术密集型产品，处于专业化出口水平，这与之前分析的中国对沿线国家出口主要产品为劳动密集型与资本或技术密集型相吻合。同时，中国出口的初级产品总体上而言竞争性不强，处于专业化进口水平，这也与之前分析的中国从沿线国家主要进口产品构成中初级产品占比较大的现象相一致。

此外，对于国家或地区间出口结构相似程度衡量的出口相似度指数也可以在一定程度上反映国家或地区间的贸易竞争性。对于中国与"海丝路"沿线国家的出口相似度指数，其计算公式为：

$$ESI_{ci} = \left[\sum_k Min \left(\frac{X_{ck}}{X_c}, \frac{X_{ik}}{X_i} \right) \right] \times 100 \qquad (4.2)$$

其中，X_{ck} 为中国 k 产品的出口额、X_{ik} 为"海丝路"沿线 i 国 k 产品的出口额；X_c、X_i 为各自的出口总额。ESI 指数值一般在 0 ~ 100 之间：两国出口中商品的构成越趋于一致、竞争越明显时该指数值越趋向于 100；反之，冲突性越小时该指数值越趋向于 0。

图 4 - 6 反映了 2010 ~ 2018 年中国与"海丝路"沿线部分国家的出口相似度指数。[①]

由图 4 - 6 可以看出，中国与泰国、越南、马来西亚和新加坡的出口相似度较高，出口产品结构也较为相似。而同属于东南亚地区的印度尼西亚、老挝、柬埔寨与缅甸的出口相似度指数也不低，说明中国与东南亚国家的出口结构最为相似，在世界市场上面临着较为严峻的竞争。值得注意的是，由于相似的经济发展水平与地理环境位置等原因，中国与东南亚国家的出口结构也较为相似，但是近年来，中国—东盟自贸区进一步发展的同时，双边贸易关系也越为紧密，因此，

① 其他国家因缺少在 SITC Rev. 4 分类下的部分数据暂时无法计算。

较高的出口相似度指数明显不利于双边贸易的发展，中国与东南亚国家间应注重各自产品的不同优势，发展互补性产业。

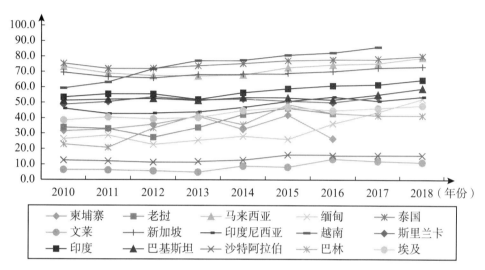

图 4 – 6 2010～2018 年中国与"海丝路"沿线部分国家出口相似度指数

资料来源：由联合国商品贸易数据库和出口相似度指数公式计算而得。

中国与南亚的巴基斯坦、印度和斯里兰卡 2010～2018 年间的出口相似度指数均值分别为 53.3%、57.7% 和 51.4%。这意味着中国与巴基斯坦、印度和斯里兰卡的出口产品结构较为相似，同样在世界市场上面临着严峻的竞争。中国与埃及和巴林的出口相似度指数均值也大于 30%，两国间的出口产品相似度也较高，竞争也较为激烈。

中国与沙特阿拉伯和文莱的出口相似度指数均值分别为 13.7% 与 8.6%，说明中国与沙特阿拉伯和文莱的竞争性不强，中国与沙特阿拉伯和文莱之间的贸易发展空间较大。

3. 贸易互补性分析

对国家或地区间贸易互补性指数的分析可以直观地反映国家或地区间贸易互补关系的强弱程度。借鉴经济学家彼得·德莱斯代尔（Peter Drysdale，1967）提出的贸易互补性指数（TCI），其计算公式为：

$$TCI_{ij} = \sum_k \left[(RCA_{xi}^k \times RCA_{mj}^k) \times (X_w^k / X_w) \right] \qquad (4.3)$$

根据 *TCI* 基本公式，对于中国与"海丝路"沿线各国而言，其综合贸易互补性指数公式分别为：

$$TCI_{ci} = \sum_k \left[(RCA_{xc}^k \times RCA_{mi}^k) \times (X_w^k / X_w) \right] \qquad (4.4)$$

$$TCI_{ic} = \sum_k \left[\left(RCA_{xi}^k \times RCA_{mc}^k \right) \times \left(X_w^k / X_w \right) \right] \tag{4.5}$$

其中：

$$RCA_{xc}^k = \left(X_c^k / X_c \right) / \left(X_w^k / X_w \right)$$

$$RCA_{xi}^k = \left(X_i^k / X_i \right) / \left(X_w^k / X_w \right)$$

$$RCA_{mc}^k = \left(M_c^k / M_c \right) / \left(X_w^k / X_w \right)$$

$$RCA_{mi}^k = \left(M_i^k / M_i \right) / \left(X_w^k / X_w \right)$$

公式中各字母符号含义如下：

TCI_{ci}——中国出口与"海丝路"沿线 i 国进口的综合性贸易互补指数；

TCI_{ic}——中国进口与"海丝路"沿线 i 国出口的综合性贸易互补指数；

RCA_{xc}^k——中国出口 k 产品的比较优势；

RCA_{mc}^k——中国进口 k 产品的比较劣势；

RCA_{xi}^k——"海丝路"沿线 i 国出口 k 产品的比较优势；

RCA_{mi}^k——"海丝路"沿线 i 国进口 k 产品的比较劣势；

X_c^k——中国 k 类商品的出口额；

X_i^k——"海丝路"沿线 i 国 k 类商品的出口额；

X_c——中国全部类别商品的出口额；

X_i——"海丝路"沿线 i 国全部类别商品的出口额；

X_w^k——世界 k 类商品的出口额；

X_w——世界全部类别商品的出口额；

M_c^k——中国 k 类商品的进口额；

M_c——中国全部类别商品的进口额；

M_i^k——"海丝路"沿线 i 国 k 类商品的进口额；

M_i——"海丝路"沿线 i 国全部类别商品的进口额。

一般而言，TCI 以 1 为临界值，当 $TCI \geq 1$ 时，意味着两国间双边贸易的贸易互补性较强；当 $TCI < 1$ 时，则意味着互补性较弱。

在 TCI_{ci} 公式的基础上，利用联合国商品贸易数据库 SITC Rev. 4 分类下各国的贸易数据，计算分析 2010 ~ 2018 年间中国出口与"海丝路"沿线部分国家进口的综合性贸易互补指数，结果如表 4 - 13 所示；[①] 在 TCI_{ic} 公式基础上的 2010 ~ 2018 年间中国进口与沿线部分国家出口综合性贸易互补指数计算结果如表 4 - 14 所示。

---

① 菲律宾、伊拉克、伊朗和苏丹等 9 个国家因缺少在 SITC Rev. 4 分类下的部分数据暂时无法计算。

表 4 - 13   2010 ~ 2018 年中国出口与"海丝路"沿线部分国家

进口的综合贸易互补性指数

国家	2010 年	2011 年	2012 年	2013 年	2014 年	2015 年	2016 年	2017 年	2018 年
柬埔寨	1.07	1.09	1.05	1.13	1.22	1.15	1.09	—	—
老挝	0.82	1.00	0.96	1.12	1.10	0.99	0.94	—	—
马来西亚	1.07	1.05	1.02	1.01	0.98	0.98	1.00	0.99	0.99
缅甸	0.87	0.87	0.92	1.03	0.88	0.97	0.92	0.89	0.89
泰国	0.96	0.93	0.97	0.94	0.94	0.97	0.99	0.97	0.96
文莱	1.10	1.14	1.15	1.15	1.09	1.07	1.00	1.05	1.12
新加坡	0.95	0.92	0.90	0.93	0.90	0.96	0.98	0.94	0.94
印度尼西亚	0.87	0.85	0.87	0.85	0.82	0.86	0.89	0.88	0.90
越南	0.96	0.96	1.02	1.07	1.05	1.06	1.06	1.08	—
孟加拉国	0.96	0.96	1.02	1.07	1.05	1.06	1.06	1.08	—
斯里兰卡	0.88	0.87	0.89	0.87	0.87	0.94	0.96	0.92	—
印度	0.62	0.60	0.56	0.57	0.58	0.65	0.71	0.71	0.70
巴基斯坦	0.64	0.61	0.60	0.65	0.67	0.72	0.76	0.75	0.71
马尔代夫	0.82	0.85	0.75	0.79	0.77	0.87	0.92	0.91	0.93
科威特	1.19	1.21	—	1.23	1.19	1.12	1.13	1.14	1.15
阿曼	—	—	0.75	0.91	1.06	0.79	0.83	0.87	1.04
卡塔尔	—	—	—	1.25	1.22	1.16	1.11	1.13	1.14
沙特阿拉伯	1.13	1.17	1.19	1.17	1.13	1.09	1.05	1.01	1.01
阿联酋	—	—	1.03	0.98	1.02	0.67	0.71	1.02	1.05
巴林	0.64	0.62	0.82	0.63	0.66	0.79	0.84	0.84	0.78
也门	0.74	0.68	0.62	0.60	0.88	0.69	—	—	—
埃及	0.85	0.79	0.76	0.79	0.82	0.82	0.83	0.77	0.81
莫桑比克	—	—	0.93	0.96	0.95	0.98	0.84	0.86	0.85

资料来源：由联合国商品贸易数据库和贸易互补性指数公式计算而得。

表 4 - 14   2010 ~ 2018 年中国进口与"海丝路"沿线部分国家

出口的综合贸易互补性指数

国家	2010 年	2011 年	2012 年	2013 年	2014 年	2015 年	2016 年	2017 年	2018 年
柬埔寨	0.81	0.80	0.78	0.77	0.72	0.72	0.73	—	—
老挝	1.55	1.51	1.20	1.53	1.55	1.50	1.53		

国家	2010 年	2011 年	2012 年	2013 年	2014 年	2015 年	2016 年	2017 年	2018 年
马来西亚	1.07	1.05	1.05	1.02	1.01	1.04	1.05	1.06	1.06
缅甸	1.10	1.11	1.45	1.14	1.02	0.98	0.95	0.96	0.89
泰国	1.02	1.06	1.01	1.02	1.00	1.01	1.01	1.03	1.00
文莱	1.01	0.99	1.10	1.01	1.07	1.17	1.28	1.38	1.51
新加坡	0.97	0.97	0.98	0.99	0.99	1.02	1.02	1.01	1.01
印度尼西亚	1.28	1.23	1.20	1.18	1.09	1.12	1.13	1.19	1.20
越南	0.87	0.88	0.88	0.90	0.87	0.89	0.89	0.88	—
孟加拉国	0.87	0.88	0.88	0.90	0.87	0.89	0.89	0.88	—
斯里兰卡	0.75	0.74	0.72	0.68	0.70	0.72	0.72	0.72	—
印度	1.02	0.95	0.99	0.93	0.94	0.91	0.91	0.93	0.95
巴基斯坦	0.78	0.75	0.78	0.74	0.77	0.72	0.70	0.70	0.69
马尔代夫	0.27	0.29	0.34	0.36	0.39	0.48	0.47	0.50	0.54
科威特	1.02	0.99	—	1.01	1.08	1.16	1.28	1.38	1.50
阿曼	—	—	1.08	1.05	1.08	1.09	1.15	1.31	1.39
卡塔尔	—	0.97	—	1.01	1.06	1.16	1.23	1.35	1.46
沙特阿拉伯	1.00	0.97	1.08	1.00	1.06	1.13	1.24	0.66	0.64
阿联酋	—	—	0.90	0.95	0.95	0.93	0.88	0.87	0.99
巴林	1.17	1.28	1.22	0.99	1.09	1.08	1.23	1.26	1.32
也门	0.97	0.94	1.06	0.98	0.96	0.75	—	—	—
埃及	0.91	0.92	0.96	0.91	0.92	0.93	0.91	0.94	0.99
莫桑比克	—	—	1.14	1.06	1.10	1.04	1.11	1.25	1.25

资料来源：由联合国商品贸易数据库和贸易互补性指数公式计算而得。

由表 4 - 13 可知，中国出口与文莱、科威特、沙特阿拉伯和卡塔尔进口的互补性最高，2010～2018 年期间均保持在 1 以上，说明其双边贸易的吻合度较好，具有较大的发展潜力；中国与越南和孟加拉国的互补性指数呈现波动上升趋势，且自 2012 年来均保持 1 以上的水平，说明两国间的贸易互补性在不断加强，双边贸易获利的空间大为增加；对于马来西亚和缅甸来说，贸易互补性指数在 2010～2018 年期间呈现波动趋势，且数值趋于下降，说明两国间的贸易吻合度不断降低，获利的可能性也在下降；中国与新加坡、印度尼西亚、斯里兰卡、马尔代夫的贸易互补性指数整体呈现上升趋势，且不断接近于 1，说明两国间的双边贸易关系也在不断增强；而对于印度、巴基斯坦、巴林、埃及和也门而言，其贸易互补性指数始终低于 0.9，接近于 0.8，说明中国出口与这些国家进口的贸易互补性关系并不明显。综上，中国出口对于"海丝路"沿线国家进口的双边贸易较为吻合的国家大多集中在东南亚与南亚地区，这说明中国与东南亚和南亚国家间的贸易基础较好，双边贸易具有较大的发展空间。

由表 4-14 可知，东南亚的老挝、马来西亚、泰国、文莱与印度尼西亚出口与中国进口的吻合程度较高，均值在 1 以上，此外，东南亚其他国家出口与中国进口的贸易互补性指数均值也在 0.8 以上，这反映出中国与东南亚国家间具有稳定的贸易互补关系，其贸易前景较为广阔；自 2012 年以来，科威特、阿曼、卡塔尔、沙特阿拉伯和莫桑比克出口与中国进口的贸易互补性指数均值也在 1 以上，双边贸易的互补性关系较为稳定；而中国与马尔代夫贸易互补性均值仅为 0.3 左右，虽然近年来指数值趋于上升，但两国间的贸易互补性关系仍较弱，未来仍具有较大的发展空间。综上，中国进口与"海丝路"沿线部分国家出口的综合贸易互补性指数总体上来说较好，双边贸易的基础也较为稳定。

对比 TCI_{ci} 与 TCI_{ic} 的结果，中国进口与沿线国家出口的综合贸易互补性指数总体上大于中国出口与"海丝路"沿线国家进口的综合贸易互补性指数，这意味着中国进口与沿线国家出口的吻合度较高，中国市场对于沿线国家出口来说具有重要意义。此外，中国与东南亚和南亚国家间的贸易互补性关系较高，其贸易基础也较为稳定，双边贸易具有较大的发展空间。

4. 贸易合作新特征

（1）跨境电子商务成为亮点，东盟成中国第九大跨境电子商务贸易伙伴。由于互联网技术的迅速发展，跨境电子商务成为国际贸易的亮点。2015 年中国互联网用户数达 7 亿户，互联网普及率超过 50%，网购用户超过 4 亿户，2017 年上半年中国电子商务交易规模达 13.35 万亿元，其中跨境电商交易规模 3.6 万亿元（出口约 2.75 万亿元，进口约 0.85 万亿元），同比增长 30.7%。[1] "海丝路"沿线区域和国家中，以东盟为例，就其互联网用户数而言，电子商务相对处于初级发展阶段，2017 年东盟电商占零售总额不到 1%。[2] 但作为全球互联网用户数增速最快的地区，东盟拥有巨大的跨境电子商务市场空间，根据预计，东盟电子商务未来每年最高可增长 25%，2018 年产值将达 345 亿美元。[3] 中国与东盟在电子商务合作领域前景广阔，市场巨大。2017 年，东盟成为中国第九大跨境电子商务贸易伙伴，具有巨大的增长潜力。

---

① 中国电子商务研究中心：《2017 年（上）中国电子商务市场数据检测报告》。

② A. T. Kearney，联昌国际（CIMB）东盟研究所，《解除东南亚电商的壁垒》，中国国际电子商务网，2016 年 7 月 20 日。

③ 《中国—东盟跨境电商平台正式启动》，新华社，2016 年 12 月 9 日。

近年来，中国和东盟各国一方面加强信息基础设施建设合作，并共同建设了中国—东盟跨境电子商务平台；另一方面积极出台相关政策促进跨境电子商务发展。2016 年，缅甸、新加坡、文莱都分别与中国三大电信运营商在电信基础设施、物联网、通信服务等方面开展合作，[①] 东盟互联网用户人数明显提高。同时，银联国际与泰国最大四家商业银行建立了银行卡转接系统和网络，为跨境电商奠定了支付基础。另外，自从 2014 年中国发布《关于跨境贸易电子商务进出境货物、物品有关监管事宜的公告》和《关于增列海关监管方式代码的公告》，中国跨境电子商务获得了合法性，之后中国又陆续出台《关于加快培育外贸竞争新优势的若干意见》等政策文件。东盟方面，越南通过了《2016～2020 年电子商务发展规划》、印度尼西亚政府将放松电子商务监管、柬埔寨拟出台《电子商务法》规范网上合法交易活动、泰国拟推出新一代电商政策，促进泰国进入 4.0 经济。这一系列政策的出台为跨境电子商务营造了良好的发展环境。

中国电商巨头在"海丝路"沿线积极布局，但受到较为严重的制约。2015 年在东盟有几十家在线运营商，但本土电商规模和实力过小，无法和大电商相抗衡。虽然苹果、亚马逊等大电商都已经进驻东盟市场，但总体上仍处于布局阶段，为中国大型电子商务平台企业提供了发展空间。2016 年，中国零售电商巨头阿里巴巴集团在东盟地区十分活跃，[②] 先是收购了东盟电商市场领头羊 LAZADA，随后与印度尼西亚官方合作推出 Inamall 线上商城，并先后在新加坡、泰国、马来西亚大力推广线上支付系统。另外，阿里巴巴还积极在东盟推进电商领域人才培训，分别与马来西亚、泰国等机构建立了合作关系。但寄递服务渠道单一、物流成本过高、海关政策差异、国际电商平台竞争激烈都对中国与东盟跨境电子商务贸易合作形成制约。

（2）中国高新技术深度走进"海丝路"。在实施创新驱动战略的背景下，中国已超过美国成为全球最大的专利申请国，2015 年国内技术市场的合同交易额达到了 1 万亿元。[③] 在技术创新能力增强的同时，中国技术"走出去"、大力支撑"海丝路"发展的能力也大大提高，技术贸易成为双方攀升全球价值链的重要手段。其中，技术对接平台的搭建极大地促进了双边技术贸易的展开。中国与东盟业已合力建成了中国—东盟技术转移中心（CATTC），致力于推动中国与东盟各国在现代农业、新能源与可再生能源、电子信息、节能环保等领域的

---

① 缅华网（2016 年 6 月 1 日）、路透网（2016 年 3 月 21 日），《诗华日报》（2016 年 4 月 21 日）。
② 资料显示，中国电子商务的蓬勃发展为东盟国家企业提供了巨大市场机遇。在阿里巴巴平台上，东盟国家已经有 100 万个真实的有货源的注册供应商跟中国发生贸易关系。
③ 《香港贸发局副总裁："一带一路"助推知识产权贸易》，新华网，2015 年 11 月 23 日。

科技合作。截至 2015 年 3 月，CATTC 协作网络成员达 1 188 家，其中，来自东盟的成员达 393 家，双方企业达成的合作金额接近 3.1 亿元。2015 年，CATTC 成功举办了中国与新加坡、柬埔寨、缅甸以及越南的技术对接会。在当年 9 月举行的第三届中国—东盟技术转移与创新合作大会上，泰国和中国决定扩大两国 2013 年签订的合作协议，加强在空间技术、遥感卫星、太阳能和电动汽车等科技领域的合作。

2017 年，中国与东盟在技术贸易方面取得新进展，以空间、新能源、高铁等为代表的中国高新技术在东盟开启了新的征程。2017 年 2 月 20 日，北斗卫星导航系统试验网在金边组成运行，中国卫星空间技术在柬埔寨首次成功落地。5 月 17 日，中国航天科技集团公司在雅加达签署了印度尼西亚 "PALAPA－N1 通信卫星项目" 合同，中国国产通信卫星首次进入印度尼西亚宇航市场。在 7 月 3 日举行的第三届东亚峰会清洁能源论坛上，中国水电水利规划设计总院和东盟能源中心共同启动了 "中国—东盟清洁能源能力建设计划"，中方计划在未来的 10 年内为东盟国家培养百位能源技术骨干。12 月 21 日，中泰铁路合作项目一期工程正式破土动工，这是泰国境内首条采用中国标准、中国技术和中国装备的标准轨高速铁路，其建成将是中国高铁第一次真正出海，也是东南亚的首条高速铁路。此外，云南能投海装新能源设备有限公司、晶澳太阳能有限公司等中国企业先后分别与泰国、马来西亚和菲律宾联合共同开发本国海装风电和光伏发电市场，中国的新能源技术在东盟得到了更广泛的应用。

（3）服务贸易增长迅速，发展潜力大。金融危机以来全球货物贸易低迷，而服务贸易则保持了较快发展势头，成为中国 "新常态" 下新的出口增长点及其实现经济转型的重要发展方向。2007 年，中国—东盟自贸区（CAFTA）《服务贸易协议》（GATS）签署并生效，此后双方互相开放服务市场，服务贸易发展迅速。2014 年，双方贸易总额为 626.6 亿美元，同比增长 44.7%。[①] 服务外包是服务贸易的一个新领域，在全球经济复苏缓慢、国内经济下行压力加大的背景下，我国服务外包产业的发展总体良好。据中国商务部统计，2015 年，中国承接东南亚国家的服务外包合同金额 89.9 亿美元，执行金额 63.2 亿美元，同比分别增长 30.6% 和 17.3%。[②] 2015 年，中国已成为东盟第四大服务贸易伙伴，而东盟也保持着中国第五大服务贸易伙伴的地位。[③]

---

① 《中国东盟自贸区完成升级：5 年后双边贸易额冲刺 1 万亿美元》，观察者网，2015 年 11 月 23 日。
② 《商务部通报 2015 年商务运行情况等发布会》，商务部网站，2016 年 1 月 20 日。
③ 《东博会促中国—东盟服务贸易大融合》，载于《中国产经新闻》2015 年 9 月 3 日。

（三）"海丝路"沿线区域和各国贸易协定签订概况

1. 签署区域贸易协定情况

国际上对区域贸易协定（regional trade agreement，RTA）的界定是指两个或者两个以上的国家或地区间为了消除各成员国之间的贸易壁垒而签署的一些关于贸易或者货物等优惠性安排的条约。世界贸易组织根据区域贸易协定组织性质与经济一体化程度的不同，将其分为优惠贸易协定、自由贸易协定、关税同盟与经济一体化协定等。[①]

根据国际贸易的相关理论，区域贸易协定将主要从以下两个方面降低各成员国间的贸易成本，进而促进各国间贸易增长：一是区域贸易协定的签署将使各成员国间的关税大幅度缩减甚至为零，并减少各种非关税壁垒，从而带来的贸易成本的降低将促使各国间贸易的增长；二是区域贸易协定的签署，特别是自贸区的建立将在关税与非关税壁垒减少的基础上同时促进各成员国间投资、经济合作交流的增加和贸易争端的解决，为各成员国间的贸易提供更为便利的条件。

表4-15是根据世界贸易组织RTA数据库梳理的"海丝路"沿线各国区域贸易协定签订基本情况。由表中数据可知，"海丝路"沿线国家共签署了198个区域贸易协定，其中新加坡、泰国、马来西亚等东南亚国家签署的协定数量较多，而索马里与吉布提并没有对外签署区域贸易协定。再从区域贸易协定的类型来看，自由贸易协定数量最多，经济一体化协定次之，关税同盟最少。这说明"海丝路"沿线各国对外签署区域贸易协定的目的主要以减少进口关税、非关税壁垒和加强经济合作交流等为主。

近年来，随着中国"海丝路"建设的进一步实施，区域贸易协定将会从经济合作、贸易服务、投资与争议解决等方面，对沿线国家经济贸易发挥更大的作用。根据世界贸易组织RTA统计，中国共签订了15个区域贸易协定，其中有4个区域贸易协定涵盖了"海丝路"14个沿线国家，占沿线国家总数的43.75%。

[①] 优惠贸易协定是指对签署协定的成员国之间的全部或部分贸易提供关税优惠，而对没有签署的国家或地区则实施较高的贸易壁垒的区域经济安排，其属于最为松散的区域经济一体化组织形式；自由贸易协定是指国家或地区间达成协议，取消进口关税与非关税壁垒，并对没有签署的国家或地区仍保留独立的贸易保护措施；关税同盟是指在自贸区的基础上，国家或地区间签署协议以减免关税并对非成员实施统一的进口关税或其他措施；经济一体化是指成员国之间在废除关税与非关税等贸易壁垒的基础上，建立统一的对外贸易政策，并在此基础上实施共同的经济政策等。

表 4 - 15 "海丝路"沿线国家区域贸易协定情况 单位：个

国家	区域贸易协定	自由贸易协定	经济一体化协定	优惠贸易协定	关税同盟
菲律宾	10	8	6	2	0
柬埔寨	6	6	4	0	0
老挝	8	6	4	3	0
马来西亚	14	13	9	1	0
缅甸	7	6	4	1	0
泰国	13	10	8	3	0
文莱	8	8	6	0	0
新加坡	24	23	21	1	0
印度尼西亚	9	7	5	2	0
越南	12	11	8	1	0
孟加拉国	5	2	0	5	0
斯里兰卡	6	4	0	4	0
印度	16	9	5	9	0
巴基斯坦	10	5	2	6	0
马尔代夫	2	1	0	1	0
伊朗	2	0	0	2	0
伊拉克	2	1	0	1	0
科威特	3	2	1	0	1
阿曼	4	3	2	0	1
卡塔尔	3	2	1	0	1
沙特阿拉伯	3	2	1	0	1
阿联酋	4	3	1	0	1
巴林	4	3	2	0	1
也门	1	1	0	0	0
埃及	9	6	0	2	2
索马里	0	0	0	0	0
苏丹	3	1	0	1	2
吉布提	0	0	0	0	0
厄立特里亚	1	0	0	0	1
肯尼亚	2	0	1	0	2

续表

国家	区域贸易协定	自由贸易协定	经济一体化协定	优惠贸易协定	关税同盟
坦桑尼亚	4	1	1	1	3
莫桑比克	3	3	0	1	0
合计	198	147	92	47	16

注：由世界贸易组织 RTA 数据库整理而得，统计时间为 2020 年 1 月 12 日。在统计区域贸易协定类型时，由于同一个区域贸易协定可能同时属于多种类型，因此协定类型的总和会大于区域贸易协定总数。

从航线上来看，中国与"海丝路"沿线国家签订的区域贸易协定主要集中在中国—东南亚航线与中国—南亚及波斯湾航线，且两条航线签订的数量相当；而中国—红海湾及印度洋西岸航线并没有签署贸易协定。表 4 - 16 反映了中国与"海丝路"沿线国家签订的区域贸易协定在航线上的分布情况。

表 4 - 16　　中国与"海丝路"沿线国家签署的区域贸易协定

与中国签署的区域贸易协定	数量（个）	占比（%）
东南亚航线国家	2	50
南亚及波斯湾航线国家	2	50
红海湾及印度洋西岸航线国家	0	0
合计	4	100

资料来源：由世界贸易组织 RTA 数据库整理而得，数据不断更新中。

综上，东南亚和南亚国家对外签署的区域贸易协定较多，中国对"海丝路"沿线国家签订的区域贸易协定主要集中在东南亚和南亚地区。因此，东南亚、南亚国家对外贸易的优惠性政策较多，贸易成本也相对较低。

为了进一步研究中国与"海丝路"沿线国家贸易成本问题，下面将在区域贸易协定视角下，从双边与多边贸易协定、关税壁垒和自贸区等角度分别进行分析。

2. 签署双边与多边贸易协定情况

根据区域贸易协定签署国家的数量，又可以将其分为双边区域贸易协定与多边区域贸易协定。中国与"海丝路"沿线国家签订的 4 个区域贸易协定中，中国—新加坡与中国—巴基斯坦贸易协定属于双边贸易协定，中国—东盟贸易协定与亚太贸易协定属于多边贸易协定。表 4 - 17 和表 4 - 18 分别概括了中国与"海丝路"沿线国家签署的双边与多边贸易协定基本情况。

表 4 – 17　　中国与"海丝路"沿线国家双边贸易协定签订情况

区域贸易协定	类型	主要内容
中国—新加坡贸易协定	自贸协定 经济一体化协定	覆盖领域包括货物贸易、原产地规则、贸易服务、自然人移动、投资、经济合作和争端解决等
中国—巴基斯坦贸易协定	自贸协定 经济一体化协定	覆盖领域包括货物贸易、原产地规则、贸易救济、技术性贸易壁垒、经济合作和争议解决等

资料来源：由世界贸易组织 RTA 数据库和中国自由贸易区服务网（http：//fta. mofcom. gov. cn）整理而得，数据不断更新中。

表 4 – 18　　中国与"海丝路"沿线国家多边贸易协定签订情况

区域贸易协定	类型	涵盖国家	主要内容
亚太贸易协定	优惠贸易协定	孟加拉国、印度、韩国、老挝、斯里兰卡	覆盖领域包括与货物贸易相关的关税、边境税费和优惠幅度等
中国—东盟贸易协定	自贸协定、经济一体化协定	菲律宾、柬埔寨、老挝、马来西亚、缅甸、泰国、文莱、新加坡、印度尼西亚、越南	覆盖领域包括经济合作、货物贸易方针、服务贸易、投资和争议解决等

资料来源：由世界贸易组织 RTA 数据库和中国自由贸易区服务网整理而得，数据不断更新中。

　　统计发现，中国与新加坡和巴基斯坦签署的双边贸易协定类型一致，协定所涵盖的范围也大体相当，均包含了商品贸易、服务贸易和投资等的优惠性措施与经济合作等方面的内容。同时，根据中国自由贸易区服务网的相关资料，随着"海丝路"建设的进一步推进与两国间贸易额的进一步增长，中国—巴基斯坦自贸协定第二阶段谈判与中国—新加坡自贸协定升级谈判正在进行。未来，升级版的自贸协定将会分别给中巴和中新间的商品贸易与服务贸易带来更多的贸易优惠与便利条件，进一步促进贸易的增长。

　　相对于仅涵盖商品贸易优惠政策的亚太贸易协定而言，中国—东盟贸易协定不仅涵盖了货物贸易、服务贸易和投资等多方面内容，协议所覆盖的国家范围也更为广泛。从世界贸易组织关于区域贸易协定发展阶段的定义来看，亚太贸易协定所包含的优惠贸易安排属于经济一体化程度较低的贸易协定。同时，在当前国际贸易已经从简单的国家或地区间货物贸易转变为国家或地区间货物、服务和投资一体化贸易的情况下，单纯涵盖货物的贸易协定已经不能完全适应现代贸易的需求。因此，相对于亚太贸易协定来说，中国—东盟贸易协定往往对成员国间贸易的促进作用更大。

3. 签署自贸协定情况

自贸协定的签署往往会带动自贸区的建立，在加强各成员国间经济文化交流的同时减少甚至消除成员国或地区间关税壁垒与包括原产地规则、技术性贸易壁垒、卫生与植物卫生措施、贸易救济措施等在内的非关税壁垒，降低成员国间贸易流动成本，进一步促进贸易自由化。表4-19列示的是中国与"海丝路"沿线国家自贸协定签署的总体情况。

表4-19　　　中国与"海丝路"国家自贸协定签署的总体情况

名称	多（双）边	建设情况	是否正在升级谈判
中国—东盟	多边	2003年8月已生效	已于2015年11月升级
中国—新加坡	双边	2009年1月已生效	是
中国—巴基斯坦	双边	2007年1月已生效	是
中国—斯里兰卡	双边	正在谈判	—
中国—孟加拉国	双边	正在研究	—

资料来源：由中国自由贸易区服务网整理而得，数据不断更新中。

在中国与"海丝路"沿线国家已签署的4个区域贸易协定中，中国—巴基斯坦、中国—新加坡与中国—东盟区域贸易协定属于自由贸易协定，占比75%。表4-20大致总结了3个自贸协定中对于消除各成员国间货物贸易主要非关税壁垒的相关规定。

表4-20　　　　自贸协定中关于非关税壁垒消除的措施分析

非关税壁垒类型	中国—新加坡	中国—巴基斯坦	中国—东盟
海关程序	简化海关程序以促进双方贸易	—	简化海关程序与制定相互认证安排等
贸易救济	对反倾销与反补贴的处理参照WTO《关于实施1994年关税贸易总协定第六条的协定》《补贴与反补贴措施协定》、GATT1994第十九条及《保障措施协定》	对反倾销和反补贴的处理参照WTO《关于实施1994年关税贸易总协定第六条的协定》与《补贴与反补贴措施协定》	参照GATT现行规则实施

非关税壁垒类型	中国—新加坡	中国—巴基斯坦	中国—东盟
原产地规则	符合完全获得、区域价值成分标准（区域内增值40%）的原产地货物可享受优惠关税待遇	符合完全获得、区域价值成分标准（原产成分比例不低于40%）的原产地货物可享受优惠关税待遇	工业品的原产地规则主要以"增值标准"（加工增值比例不得低于40%）为基础；农产品主要以"完全获得"为标准
技术性贸易壁垒和卫生与植物卫生措施	参照SPS协定和TBT协定以减少贸易障碍并保护人类、动物及植物	参照SPS协定和TBT协定以减少贸易障碍并保护人类、动物及植物	加强合作以消除技术性壁垒
自然人移动	为了保障双方的优惠贸易关系对商务访问者、合同服务提供者或公司内部流动人员出入境实施便利的措施	—	以各成员国间签订的协议为准

统计发现，关于贸易救济、技术性贸易壁垒、卫生与植物卫生措施的非关税壁垒，3个自由贸易协定的规定大体上均参照现有国际规则；同时，对于原产地规则，3个自由贸易协定均作出了原产地比例或增值比例不得低于40%的规定；在海关程序方面，中国—新加坡与中国—东盟自贸协定均约定各成员国间简化海关程序以促进双方贸易。此外，在自然人移动方面，中国—新加坡自贸协定给予了符合条件的入境人员相关便利措施；中国—东盟由于各国间的经济文化发展差异较大，情况较为复杂，并没有从总体上规定有关自然人移动的措施，而是由各成员国相互之间自行拟定。

以上的分析结果表明，3个自贸协定中关于贸易救济、原产地规则、技术性壁垒、卫生与植物卫生措施等的规定对各成员国间非关税壁垒的消除都起着积极作用，促进各成员国间的贸易自由化。同时，3个区域贸易协定在协定文本中均明确规定取消各国间的非关税措施，为贸易自由化的实现提供便利条件。

另外，目前中国与斯里兰卡正在进行建立自贸区的谈判，与孟加拉国正在进行自贸区建设的可行性研究。根据中国与斯里兰卡2014年签署的谈判协议，中国—斯里兰卡自贸协定将是一个全方位的协定，这意味着协定不仅将涵盖贸易与投资等方面的经济合作，还将涉及人文交流等文化领域方面。在2017年1月19日的中斯自贸区建设第五轮谈判中，双方在海关程序、原产地原则与经贸合作等多方面达成共识，中斯自贸区建设进程加快。若中国—斯里兰卡自贸区建立谈判成功，将为中国在"海丝路"沿线的南亚地区自贸区建设注入新的活力，给中国与南亚地区经贸合作带来重要的发展机遇。

综上，中国与"海丝路"沿线国家签署的区域贸易协定，有效地减少或消除了各成员国间的关税壁垒与非关税壁垒，减少了各国间的贸易成本。同时，贸易协定中关于投资、经济合作与争端解决机制等方面的规定对各成员国间的贸易往来同样具有重大意义。而对于没有与中国签署区域贸易协定的"海丝路"其他国家而言，关税壁垒并不是唯一的增加贸易成本的因素，各种非关税壁垒的存在对贸易的阻碍作用也不容忽视。可见，对于与中国签署了区域贸易协定的国家而言，贸易自由化程度较高，贸易成本相对较低；没有签署区域贸易协定的国家由于关税与非关税壁垒等的存在，贸易成本往往较高。

4. 关税壁垒分析

关税壁垒主要指国家或地区为了保护本国的国内商品，对进口商品征收关税以降低其竞争力，从而限制产品的进口。下面根据中国与"海丝路"沿线国家签署的4个区域贸易协定中有关货物贸易的关税减让情况来分析各国间的关税壁垒问题。

中国—巴基斯坦贸易协定中货物贸易关税的减让主要分为两个阶段：一是协议签订的五年内，中方对从巴方进口的85%的商品降税，巴方对从中方进口的83.6%的商品降税；二是从协议生效的第六年起，对其余产品逐步降低关税。对此，在中国与巴基斯坦的货物贸易中，关税壁垒虽然得到一定程度的降低，但其依然存在于部分商品中。表4-21为中国—巴基斯坦区域贸易协定货物贸易降税情况。

表 4-21　　　中国—巴基斯坦区域贸易协定货物贸易降税情况　　单位：%

类别	描述	占中国总税目比例	占巴基斯坦总税目比例
1	降至零关税（三年内完成）	35.5	35.6
2	降至0~5%（五年内完成）	34.5	19.9
3	按50%的优惠幅度缩减（五年内完成）	8.0	2.0
4	按20%的优惠幅度缩减（五年内完成）	7.0	26.1
5	例外（暂不进行关税减让）	15.0	15.0
6	禁止进口	—	1.4

资料来源：由中国自由贸易区服务网整理而得。

中国—东盟贸易协定由于涵盖的国家范围比较广，各国间的经济发展水平差异较大，因此协定对成员国间关税的减免情况也较为复杂。表4-22从总体上概括了协定中关于成员国间货物贸易关税减让的情况。由表 4 - 22 知，中国—东盟贸易协定对各成员国间的正常产品基本实施零关税，而对于各国提出的敏感产品最终关税并不为零。因此，对于中国—东盟各成员国来说，其正常产品的贸易间关税壁垒较少甚至为零，但在敏感产品的贸易上却存在着一定的关税壁垒。

表 4 - 22　　　　　中国—东盟贸易协定货物贸易关税减让情况

分类	关税减让幅度
正常产品	一轨产品最终关税降为零，二轨产品在降税达到 5% 以下时，可继续保持 5% 以下的关税一段时间后再降为零
敏感产品	一般敏感产品关税保持较低水平，高度敏感产品关税保持较高水平，各国提出的敏感产品不得超过一定数额

资料来源：由中国自由贸易区服务网整理而得。

中国—新加坡区域贸易协定是在中国—东盟区域贸易协定上的重叠，因此中国—新加坡间货物贸易关税的减让幅度远远大于中国—东盟贸易协定。中国—新加坡贸易协定规定，自 2009 年 1 月 1 日起，新方取消全部自中国进口商品的进口关税，而中方将于 2010 年 1 月 1 日前取消 97.1% 的自新方进口商品的进口关税。从协定的内容上来看，中国与新加坡间货物贸易的关税壁垒较少，对两国间的双边贸易发展具有重大的促进作用。

相对前面 3 个自由贸易协定而言，属于优惠贸易协定的亚太贸易协定只涉及部分商品一定幅度的降税，并且只有少部分商品实施了零税率。2017 年 1 月亚太贸易协定第四轮谈判结果显示，协定各成员国间共针对 10 312 个税目产品进行了一般减让，减让平均幅度达 33%，较 2006 年第三轮谈判 27% 的平均降税幅度增加了 6%。

以上的分析结果表明，中国—巴基斯坦贸易协定与中国—东盟贸易协定中有关货物贸易关税减让的规定都能使成员国间关税壁垒降低，促进各国间贸易发展；建立在中国—东盟贸易协定基础上的中国—新加坡区域贸易协定中关于货物贸易关税减让的规定使得中国—新加坡间双边贸易的关税壁垒最少，贸易成本较低；而亚太贸易协定由于只属于优惠贸易安排，对各成员国间贸易货物关税减让的幅度不高，只降低了成员间部分商品的贸易成本，因此对于关税壁垒的消除只起到了一定的作用。

同时，对于没有与中国签署区域贸易协定的"海丝路"沿线其他国家而言，货物贸易基本保持正常的关税水平，因此关税壁垒相对于签署贸易协定的国家而言较高，从而贸易成本也相对较高。

237

（四）“海丝路”沿线国家贸易便利化现状

1. 贸易便利化的概念与衡量方法

贸易便利化的概念可以从广义和狭义两个层面来理解，广义的贸易便利化指进行贸易交易的所有活动，包括完善基础设施建设、简化贸易手续和海关手续、改进行政审批效率、提高政策法规透明度和边境管理透明度。狭义的贸易便利化仅指与国际货物贸易流动直接相关的程序的所有方面，即改善港口物流的软硬件环境、简化各种跨境贸易程序和提高货物流通过程中的效率。我国一直在世界贸易组织（WTO）和关税与贸易总协定（GATT）框架下努力扩大市场的开放程度，不断推动贸易自由化。目前，世界平均关税水平已经大幅下滑，非关税壁垒不断削减，对国际贸易的影响日益减小。[①] 然而，作为一种“无形”的市场准入壁垒，“贸易低效”现象在国际贸易中普遍存在，也受到越来越多国际组织、政府和贸易界的关注。建立有效的贸易便利化体系，不仅是“海丝路”的重要内容之一，也是实施“互联互通”战略的关键。

在国际贸易的实践过程中，贸易便利化的范围十分广泛，不仅包括国内因素，还包括跨国因素。针对贸易便利化，当前缺少官方数据，这使得有关数据的收集和统计变得困难。目前，许多国际组织和机构把重点放在对贸易投资便利化的研究上，如世界贸易组织（WTO）、亚太经合组织（APEC）、世界经济论坛（WEF）、经济合作与发展组织（OECD）、世界海关组织（WCO）、世界银行（WB）等。根据世界经济论坛发布的《全球贸易促进报告》相关数据，本书进一步对“海丝路”沿线国家的贸易便利化程度进行分析。

2. 贸易便利化现状

《2016 年全球贸易促进报告》（以下简称“报告”）对全球 136 个经济体的贸易促进指数进行评估，主要从四方面衡量有关促进物跨境自由流动并运达目的地的各项制度、政策和服务的水平，一是市场准入，二是边境管理，三是基础设施，四是商业环境，并依次细分为七个分项，包括国内市场准入、国外市场准入、边境管理、交通基础设施、运输服务、信息通信技术基础设施以及运营环境。贸易促进指数及各项因素取值范围均为 1~7 分，分数越高表明相关细项的贸易便利化程度越高。

根据对报告中“海丝路”沿线相关经济体的贸易便利化水平及各具体指标进行统计，可以发现两个特点。

---

① 毛艳华、杨思维：《21 世纪海上丝绸之路贸易便利化合作与能力建设》，载于《国际经贸探索》2015 年第 4 期，第 101~112 页。

一是总体而言,"海丝路"沿线各国和地区的贸易便利化程度大都位于较低水平。按照报告7分制的评价标准,2016年"海丝路"沿线的贸易便利化平均得分仅为4.19,也门更是仅为2.95,而发达经济体的贸易便利化程度已高达5.97(见表4-23)。

表4-23 "海丝路"贸易便利化平均得分(2016年)

划分标准	区域	得分
世界经济论坛	东亚与太平洋	4.47
	南亚	3.70
	中东和北非	4.19
	撒哈拉以南非洲	3.94
国际货币基金组织	发达经济体	5.97
	新兴和发展中的亚洲	4.17
	中东、北非和巴基斯坦	4.12
	撒哈拉以南非洲	3.94
世界银行	高收入	4.76
	低收入	3.81
	中低收入	3.86
	上中等收入	4.25
"海丝路"沿线各国		4.19

资料来源:《2016年全球贸易促进报告》。

二是近三年来"海丝路"沿线各国的贸易便利化都得到了不同程度的优化。[①] 其中,越南、泰国、肯尼亚、莫桑比克、坦桑尼亚等经济体的改善程度最为明显,在世界排名中有超过7位的上升。"海丝路"沿线国家大都受益于贸易增长,并将贸易作为经济增长战略的核心组成部分。自2008年全球金融危机爆发以来,太平洋和亚洲地区成为全球经济增长最快的地区,内外部环境变化为"海丝路"沿线经济体贸易发展环境的改善提供了充足的动力。

"海丝路"沿线各国贸易便利化程度存在一定的差异。在"海丝路"各国贸易便利化得分普遍低下的同时,有六个"海丝路"沿线国家的贸易便利化水平处于世界前50位,其中新加坡、马来西亚及部分海湾国家的贸易便利化程度一直

---

① 毛艳华、杨思维:《21世纪海上丝绸之路贸易便利化合作与能力建设》,载于《国际经贸探索》2015年第4期,第101~112页。

处于世界领先水平。从区域层面来看，东盟各国及中东海湾国家的贸易便利化程度较高，而南亚国家及非洲沿海国家的贸易便利化程度则较低，中国的贸易便利化水平处于全球中等水平，还存在较大的提升空间。

进一步分析可知，得益于东盟贸易自由化，东盟国家的贸易便利化水平在近三年呈平稳上升态势，除了菲律宾外，其他东盟国家的贸易便利化排名均有不同程度的提高（缅甸无数据），湄公河区域更是展现了特别的活力，所有四个国家的排名均得到了提升：泰国（上升9位，至第63位）、越南（上升14位，至第73位）、老挝（上升7位，至第93位）和柬埔寨（上升4位，至第98位）。新加坡的贸易便利化水平连续多年排名全球第一，马来西亚、印度尼西亚分别位列37位和70位。因此，东盟区域贸易便利化进程稳步推进。

南亚目前仍然是全球最为封闭的地区，针对进口产品所征收的关税平均达到了16.7%（较2014年的15.8%有所提高）。南亚四国中除了印度的贸易便利化指数排名有一定程度的提高（由2014年的106位提高到102位）外，其他各国均有一定程度的下降，其中斯里兰卡的贸易便利化水平全球排名由2014年的96位下跌了7位，2016年的排名为103位。

中东海湾各国贸易便利化指数排名都有一定程度的下降，虽然大部分国家的贸易便利化得分有所提高；非洲各国贸易便利化指数呈大幅度上升态势，例如，作为海湾和非洲的典型新兴经济体，沙特阿拉伯和肯尼亚的贸易便利化水平排名分别从2014年的56位和86位变为2016年的67位和77位，区域贸易便利化进程得到不同程度的推进。

作为全球第一贸易大国，中国的贸易便利化还有很大的提升空间，近年来在促进贸易便利化方面也采取了相对积极的措施。但是，如表4-24所示，2016年中国的贸易便利化水平为4.49分，远低于新加坡的5.97分，排名处于136个参评经济体中的61位，较2014年提高2个位次。进入海外市场依旧比较困难，跨境管理相对低效率并缺乏透明度，物流服务也没有跟上整体发展的步伐，这些都是中国促进贸易发展面临的主要挑战。①

表4-24　　2014年和2016年"海丝路"沿线国家贸易促进指数

国家	2014年		2016年	
	排名	得分	排名	得分
新加坡	1	5.80	1	5.97

① 毛艳华、杨思维：《21世纪海上丝绸之路贸易便利化合作与能力建设》，载于《国际经贸探索》2015年第4期，第101~112页。

国家	2014 年		2016 年	
	排名	得分	排名	得分
阿联酋	23	5.05	23	5.23
马来西亚	38	4.81	37	4.90
巴林	41	4.75	42	4.79
卡塔尔	25	4.98	43	4.78
阿曼	39	4.80	46	4.67
中国	63	4.36	61	4.49
泰国	72	4.25	63	4.45
沙特阿拉伯	56	4.42	67	4.33
印度尼西亚	74	4.21	70	4.30
文莱	70	4.26	72	4.27
越南	87	4.01	73	4.26
肯尼亚	86	4.02	77	4.20
菲律宾	81	4.07	82	4.13
科威特	85	4.02	87	4.07
老挝	100	3.81	93	3.98
柬埔寨	102	3.78	98	3.96
印度	106	3.72	102	3.91
斯里兰卡	96	3.87	103	3.90
莫桑比克	113	3.65	104	3.88
坦桑尼亚	121	3.36	115	3.74
埃及	111	3.67	116	3.72
巴基斯坦	119	3.40	122	3.51
孟加拉国	120	3.39	123	3.48
伊朗	130	3.07	132	3.16
也门	134	2.84	134	2.95

资料来源:《2016 年全球贸易促进报告》。

从具体指标来看,东盟市场开放程度已超越欧盟和美国,但南亚、中东和北非国家市场准入因素的得分偏低。如表 4 - 25 所示,2016 年,中国、南亚以及北非国家的市场准入评分基本都低于 4 分,虽然较 2014 年得分有所提高,但排名基本处于全球 90 位之后。

表 4 - 25　　　　2016 年"海丝路"沿线国家市场准入指数

国家	2016 年	
	排名	得分
新加坡	5	5.49
阿联酋	118	3.60
马来西亚	85	4.35
巴林	88	4.26
卡塔尔	121	3.52
阿曼	100	4.07
中国	126	3.35
泰国	91	4.18
沙特阿拉伯	116	3.61
印度尼西亚	67	4.62
文莱	21	5.07
越南	74	4.51
肯尼亚	66	4.62
菲律宾	22	5.04
科威特	115	3.62
老挝	11	5.32
柬埔寨	23	5.04
印度	135	2.77
斯里兰卡	127	3.32
莫桑比克	12	5.31
坦桑尼亚	18	5.13
埃及	98	4.09
巴基斯坦	128	3.29
孟加拉国	84	4.35
伊朗	136	2.08
也门	49	4.79

资料来源:《2016 年全球贸易促进报告》。

国内市场准入方面,如表 4 - 26 所示,中国排在第 101 位,得分为 4.33 分,

柬埔寨、埃及、伊朗以及南亚国家中印度、斯里兰卡、巴基斯坦、孟加拉国都排
在100位以外。在国外市场准入方面，得分普遍低，中国排在124位，新加坡排
在84位，此外，阿联酋、马来西亚排在100位以外，这说明沿线国家相对于国
内市场准入，国外市场准入的提升空间更大。

表4-26　　2016年"海丝路"沿线国家国内外市场准入指数

国家	国内市场准入		国外市场准入	
	排名	得分	排名	得分
新加坡	2	6.97	84	4.02
阿联酋	70	5.09	131	2.12
马来西亚	43	5.35	107	3.35
巴林	59	5.22	109	3.30
卡塔尔	71	5.05	134	2.00
阿曼	25	5.46	118	2.69
中国	101	4.33	124	2.38
泰国	88	4.67	96	3.70
沙特阿拉伯	81	4.89	125	2.33
印度尼西亚	30	5.41	92	3.83
文莱	7	6.02	74	4.13
越南	77	4.94	79	4.07
肯尼亚	98	4.44	24	4.81
菲律宾	22	5.57	39	4.52
科威特	66	5.16	132	2.08
老挝	67	5.16	10	5.49
柬埔寨	107	4.19	5	5.90
印度	135	2.84	117	2.69
斯里兰卡	117	3.76	113	2.89
莫桑比克	79	4.91	7	5.71
坦桑尼亚	89	4.63	8	5.62
埃及	113	3.83	54	4.36
巴基斯坦	133	3.01	101	3.57
孟加拉国	127	3.37	12	5.33
伊朗	136	2.39	136	1.77
也门	95	4.47	15	5.11

资料来源：《2016年全球贸易促进报告》。

在基础设施方面，如表 4 - 27 所示，也门、老挝、莫桑比克得分都在 3 分以下，东盟国家中，老挝、柬埔寨和菲律宾的得分也较低，排名均在 90 位之后。平均而言撒哈拉以南非洲得分最低仅为 3.26 分，南亚也只有 3.64 分，这说明沿线各国交通通信设施方面的建设还有很大的空间。

表 4 - 27　　　　2016 年"海丝路"沿线国家基础设施指数

国家	2016 年	
	排名	得分
新加坡	2	6.15
阿联酋	6	6.00
马来西亚	22	5.17
巴林	34	4.94
卡塔尔	23	5.17
阿曼	41	4.64
中国	27	5.06
泰国	48	4.44
沙特阿拉伯	36	4.79
印度尼西亚	71	3.91
文莱	74	3.84
越南	64	4.11
肯尼亚	79	3.79
菲律宾	91	3.54
科威特	56	4.25
老挝	127	2.66
柬埔寨	106	3.21
印度	60	4.19
斯里兰卡	68	3.94
莫桑比克	122	2.84
坦桑尼亚	107	3.15
埃及	67	4.00
巴基斯坦	99	3.34
孟加拉国	108	3.10
伊朗	90	3.56
也门	132	2.48

资料来源：《2016 年全球贸易促进报告》。

　　基础设施建设方面（见表 4－28），关于交通基础设施，也门、老挝、莫桑比克得分都在 3 分以下，东盟国家中菲律宾、柬埔寨、老挝都排在 100 位以后。运输服务方面，老挝、也门、莫桑比克和孟加拉国四国排在 100 位以外。在信息通信技术（ICT）基础设施建设方面，也门得分仅为 2.28 分，莫桑比克仅为 2.34 分，此外，老挝、巴基斯坦、坦桑尼亚也都在 3 分以下。整体来看，信息通信技术方面沿线各国差距较大。

表 4－28　　2016 年"海丝路"沿线国家基础设施三项指标指数

国家	交通基础设施		运输服务		ICT 基础设施	
	排名	得分	排名	得分	排名	得分
新加坡	3	6.28	3	5.90	13	6.28
阿联酋	2	6.34	13	5.57	19	6.09
马来西亚	17	5.02	29	4.98	35	5.51
巴林	40	4.04	36	4.78	22	5.99
卡塔尔	25	4.63	24	5.18	29	5.69
阿曼	32	4.50	50	4.44	54	4.97
中国	12	5.58	32	4.94	64	4.66
泰国	35	4.17	49	4.46	62	4.69
沙特阿拉伯	31	4.50	47	4.49	40	5.36
印度尼西亚	64	3.59	56	4.24	90	3.89
文莱	74	3.39	77	3.90	80	4.23
越南	66	3.58	60	4.15	66	4.58
肯尼亚	77	3.33	52	4.39	97	3.64
菲律宾	116	2.55	85	3.73	76	4.33
科威特	71	3.43	65	4.00	42	5.30
老挝	125	2.41	121	3.19	128	2.36
柬埔寨	113	2.57	87	3.71	105	3.35
印度	28	4.53	44	4.60	101	3.43
斯里兰卡	45	3.91	74	3.95	87	3.95
莫桑比克	110	2.64	101	3.54	129	2.34
坦桑尼亚	101	2.75	79	3.88	117	2.82
埃及	56	3.73	54	4.30	86	3.96
巴基斯坦	70	3.49	64	4.02	124	2.50

续表

国家	交通基础设施		运输服务		ICT 基础设施	
	排名	得分	排名	得分	排名	得分
孟加拉国	109	2.66	100	3.55	112	3.07
伊朗	69	3.49	86	3.71	100	3.46
也门	134	2.12	126	3.04	131	2.28

资料来源:《2016 年全球贸易促进报告》。

相比之下,沿线各国的经营环境指标的平均分为 4.31 分,为四项得分中的最高分,表现得较基础设施等方面更好。但相比较下,西亚和南亚国家的经营环境指数排名相对靠后,有较大的提升空间(见表 4 – 29)。

表 4 – 29 　　　　 2016 年"海丝路"沿线国家经营环境指数

国家	2016 年	
	排名	得分
新加坡	2	5.81
阿联酋	9	5.58
马来西亚	26	5.10
巴林	23	5.15
卡塔尔	10	5.43
阿曼	30	4.95
中国	42	4.65
泰国	83	4.08
沙特阿拉伯	39	4.67
印度尼西亚	64	4.32
文莱	69	4.29
越南	77	4.23
肯尼亚	96	3.97
菲律宾	104	3.87
科威特	68	4.29
老挝	79	4.20
柬埔寨	94	3.99
印度	76	4.23

国家	2016 年	
	排名	得分
斯里兰卡	63	4.33
莫桑比克	124	3.53
坦桑尼亚	92	4.00
埃及	118	3.74
巴基斯坦	130	3.49
孟加拉国	128	3.50
伊朗	116	3.77
也门	136	2.83

资料来源：《2016 年全球贸易促进报告》。

在边境管理方面，如表 4 - 30 所示，除了新加坡、马来西亚、泰国、中国及大部分中东海湾国家以外，其他"海丝路"沿线国家在该指标的排名都相对靠后，问题集中于海关管理效率低下，边境管理透明度不高，致使贸易成本偏高。其中，东盟及非洲国家的边境管理透明度明显低于其他国家。

表 4 - 30　　　　　　2016 年"海丝路"沿线国家边境管理指数

国家	2016 年	
	排名	得分
新加坡	1	6.40
阿联酋	25	5.72
马来西亚	47	5.00
巴林	58	4.81
卡塔尔	46	5.01
阿曼	48	5.00
中国	52	4.91
泰国	44	5.08
沙特阿拉伯	83	4.26
印度尼西亚	79	4.35
文莱	107	3.89
越南	86	4.19

续表

国家	2016 年	
	排名	得分
肯尼亚	76	4.44
菲律宾	93	4.09
科威特	90	4.12
老挝	114	3.75
柬埔寨	116	3.59
印度	75	4.45
斯里兰卡	97	4.02
莫桑比克	111	3.85
坦桑尼亚	134	2.69
埃及	128	3.05
巴基斯坦	105	3.92
孟加拉国	130	2.98
伊朗	123	3.22
也门	136	1.70

资料来源：《2016 年全球贸易促进报告》。

总体而言，尽管"海丝路"沿线大部分经济体的贸易便利化水平不断稳步提高（见表 4 - 31），但沿线经济体在贸易便利化方面仍面临以下问题：一是基建设施薄弱，不能为扩大对外贸易提供有力的支撑；二是边境管理透明度偏低，海关手续烦琐、效率低；三是市场准入条件严格，没有相对宽松的市场环境。各项指标中，只有经营环境指数得分相对较高，但各国发展极不均衡。

表 4 - 31 2016 年"海丝路"沿线国家贸易便利化分项平均得分

区域	市场准入	边境管理	基础设施	经营环境
东亚与太平洋	4.70	4.53	4.21	4.45
南亚	3.43	3.84	3.64	3.89
中东和北非	3.74	4.10	4.42	4.49
撒哈拉以南非洲	5.02	3.66	3.26	3.84
海上丝绸之路	4.21	4.17	4.09	4.31

资料来源：《2016 年全球贸易促进报告》。

三、"海丝路"贸易合作存在的主要问题

(一) 贸易潜力亟待挖掘,贸易结构亟待优化

对中国与"海丝路"沿线国家贸易现状、贸易竞争性与贸易互补性的分析表明,中国与沿线国家贸易基础较好,双边贸易发展空间较大,但同时也存在着一些问题,主要表现在以下几个方面。

1. 贸易发展不均衡

从贸易分布上来看,主要集中在东南亚航线与南亚及波斯湾航线国家上,特别是对于与中国经济发展水平和地理位置等较为接近的东南亚航线国家而言,双边贸易额均较大且持续上升,而与红海湾及印度洋西岸航线国家的双边贸易则较少,贸易发展不均衡。"海丝路"沿线涉及 32 个国家,涵盖的范围较广,因此,随着中国与沿线国家地理位置距离的增加,经济发展水平、民族文化与交通条件等的差异在很大程度上阻碍了中国与距离较远的沿线国家贸易往来的便利性。由此,对于与中国地理位置相隔较远的红海湾及印度洋西岸航线国家而言,双边贸易额较少。然而,对中国与"海丝路"沿线国家贸易竞争性指数的分析表明,中国在对红海湾及印度洋西岸航线国家的贸易中,劳动密集型产品与资本或技术密集型产品的 TC 值接近于 1,竞争力极高。同时,中国与"海丝路"沿线国家的贸易中,劳动密集型产品与资本或技术密集型产品的占比也较大。对此,贸易发展的不均衡,特别是没有充分发挥中国在红海湾及印度洋西岸航线国家的贸易竞争优势,在一定程度上阻碍了中国与"海丝路"沿线国家双边贸易的进一步发展。

2. 中国与东南亚航线和南亚及波斯湾航线国家出口结构较为相似,不利于双边贸易的可持续发展

由出口相似度指数的分析可知,"海丝路"沿线国家中,与中国出口相似度较高的国家大多数集中在东南亚航线与南亚及波斯湾航线上,特别是与东南亚航线国家的出口相似度最高。较高的出口相似度水平表明两国间的产业结构较为相似,出口产品结构也较为相似,在世界市场上将面临较为严峻的竞争。此外,从双边贸易额来看,与中国贸易往来较为密切的也是东南亚航线与南亚及波斯湾航线国家,这意味着从长远来看,贸易竞争性较为激烈,双边贸易的可持续发展基础较为薄弱。并且,随着近年来中国—东盟自贸区的进一步建设,双边贸易关系也日益密切,中国与东南亚国家间较高的出口相似度指数明显不利于双边贸易的进一步发展。

3. 产业内贸易不断增加，贸易发展的基础受到削弱

从 2010～2018 年中国向"海丝路"沿线国家进口与出口产品构成的占比来看，资本或技术密集型的产品占比均较大，表明产业内贸易占比也较大。对东南亚航线国家而言，中国进口与出口资本或技术密集型产品的占比均较大，以产业内贸易为主；而对南亚及波斯湾航线与红海湾及印度洋西岸航线国家则以产业间贸易为主。这表明对中国与东南亚航线国家而言，产业内贸易的占比较大，自然要素禀赋的优势下降，双边贸易的产品可替代性上升，不利于双边贸易的稳定发展。

4. 中国对"海丝路"沿线国家进口额不断下降，沿线国家对中国市场的发掘力度不够

对 2010～2018 年间中国与"海丝路"沿线国家贸易互补性指数的分析表明，中国进口与沿线国家出口的综合贸易互补性指数总体上大于中国出口与"海丝路"沿线国家进口的综合贸易互补性指数，表明中国进口与沿线国家出口的吻合度较高，这意味着中国市场对沿线国家而言发展潜力较大。2010～2016 年间，中国从沿线国家进口额总体上呈现下降趋势，但出口额却呈现上升的趋势，这表明"海丝路"沿线国家对中国市场的发展空间还有待进一步发掘。

（二）贸易便利化的推进面临障碍

金融危机后，各国普遍意识到需要加强区域经贸合作，以抵御金融危机，促进经济持续发展。这对各经济体的贸易便利化合作提出了更高的要求。由于"海丝路"沿线国家属于不同的关税地区，各国发展水平、经济体制、社会制度和执法程序等方面存在很大的差异，使得推进区域经贸合作面临严峻的困难和阻碍。目前，在贸易便利化合作中，"海丝路"沿线国家主要面临以下四个障碍。

1. 经济发展水平差异大，贸易便利化合作诉求异质性强

一般来说，一个国家的贸易便利化的认知程度与其经济发展水平、人均国内生产总值、对外贸易和投资能力密切相关。经济发达、人均 GDP 高、对外贸易和投资能力强的国家积极推动贸易便利化合作。相反，由于担心贸易便利化的推进将致使国内市场过度开放，给国内产业和经济的可持续发展带来剧烈冲击，落后经济体可能不会支持本国开展贸易便利化合作（李文韬，2011）。在"海丝路"沿线国家中，阿联酋、新加坡等经济体的人均 GDP 排名进入全球前十位。但是，大多数东盟、南亚和非洲沿海地区国家都属于发展中经济体，经济发展水平依然落后，甚至有部分国家的人均 GDP 还处于全球排名末位，如非洲的莫桑比克 2012 年人均 GDP 仅为 1 169 美元。这种经济发展水平的差异不仅造成了各国贸易便利化能力的差异，也将影响各国关于贸易便利化合作的具体诉求。

2. 经济自由化程度不平衡，处于相对较低的水平

研究表明，提高贸易政策透明度、减少腐败有利于促进贸易便利化，降低贸易成本，获得贸易带来的经济社会利益（佟家栋、李连庆，2014；谢娟娟、岳静，2011）。一个国家的经济自由化程度往往决定了贸易政策的透明度，影响该国参与国际经济合作、吸引外资和经济贸易持续增长的程度。"海丝路"的开放度和市场化程度极不平衡。例如，新加坡是一个高度自由的港口经济体，而缅甸的经济相对封闭。此外，沿线国家的法律法规、海关手续、劳动标准和安全技术标准也存在差异。"海丝路"沿线国家的经济自由化水平普遍较低，政府管理效率低下，贸易政策透明度低，金融自由度低，贸易管制水平低。这些差异导致了在不同国家推广项目的巨大差距。这些问题还将导致双边贸易成本的大幅增加，给沿线国家之间的贸易便利化合作带来巨大障碍。[①]

3. 基础设施和金融支持缺乏

港口、通信等基础设施的完善是贸易便利化合作的基础。就目前来看，沿线国家在航运、港口设施、信息通信和物流等基础设施方面还处于比较落后的状态。除新加坡、马来西亚等国家之外，大部分沿线国家的基础设施非常薄弱。此外，建立、维护和更新与贸易便利化有关的信息基础设施需要大量的资金投入。例如，简化海关手续需要购买现代硬件设施，更新和升级电子数据交换系统和相应的软件，以方便海关、检验检疫和信息共享。边防检查部门也需要安全高效的互联网设施。[②] 但是，对于一些经济落后的经济体，根据自身的经济实力和技术水平，很难满足贸易便利化基础设施的要求。因此，资金短缺是制约沿线所有经济体交通和通信设施改进的关键因素。

4. 贸易便利化合作缺乏有效的法律依据和机制保障

发展贸易便利化合作的主要目标是建立一个更加透明、方便和有效的区域贸易管理体系。这就要求加强区域经济的协调与配合，使经济总量在修订有关法律法规和进行经济结构调整方面非常活跃，以加强市场体系的联动。目前，中国已经建立了不具约束力的合作机制，如中非合作论坛和中国—海湾合作委员会经贸合作论坛，并签署了中国—东盟自贸协定、中巴自贸协定和中新自贸协定，并正在与部分沿线国家进行自贸区谈判。此外，还建立了中国—东盟商品交易会、中国—东盟海运合作基金等十几个海外经济合作区的合作平台。但就区域经贸合作而言，贸易便利化合作仍仅限于口头承诺，缺乏有效的法律依据、政策协调机制和独立的日常监管机构。在目前较为宽松的合作形式中，对

---

①② 毛艳华、杨思维：《21 世纪海上丝绸之路贸易便利化合作与能力建设》，载于《国际经贸探索》2015 年第 4 期，第 101 ~ 112 页。

于促进贸易便利化缺少具体的实施纲要和行动计划，没有明确的目标和原则，有关措施不对当事人施加约束力。因此，对于政治体制、社会制度和法律框架不同的"海丝路"沿线各国来说，建立统一的贸易便利化标准和推进路线将是短期内无法完成的任务。

四、推进"海丝路"贸易合作的策略

基于以上对中国与"海丝路"沿线国家贸易便利化、贸易规模和贸易结构方面存在问题的分析，本书提出以下政策建议：

（一）挖掘贸易潜力、优化贸易结构

1. 扩展已有国际合作平台对南亚、非洲的辐射

在过去的十年间，中国一直是南亚最大的贸易合作伙伴，且双边贸易在南亚对外贸易中的占比呈持续上升的趋势。在经济全球化趋势下，中国与南亚的贸易广度、深度预计将会进一步拓展，还存在巨大的可增长空间。另外，中国和非洲在贸易往来方面互动较多，非洲目前的最大贸易对象是中国，并且还有很大的提升空间。从地图上来看，南亚不仅是"一带一路"倡议中陆上丝绸之路和海上丝绸之路的必经之处，也是连接海陆丝绸之路的节点，这意味着中国与南亚可以充分利用地理位置的优势为贸易合作发展提供更为广阔的空间。可以从中国—东盟博览会以及相关论坛和展会，如中国—东盟自贸区论坛、中国—东盟商务与投资峰会等重要区域性合作平台中汲取经验，搭建与南亚、非洲的贸易博览会及合作平台。同时，进一步扩大现有国际产业园对于南亚和非洲各国的辐射，并在条件允许的前提下，承建中国—南亚产业园、中国—菲律宾经贸合作区、中国—南亚现代农业示范中心、中非产业园区等一系列产业合作和投资贸易的重要平台，扩大对南亚和非洲的影响。

2. 充分挖掘中国与红海湾及印度洋西岸航线国家的贸易潜力

虽然经济发展水平、民族文化与交通条件等因素阻碍了中国与红海湾及印度洋西岸航线国家的贸易往来，但中国与这些国家的贸易潜力却很大。针对经济发展水平较低但需求旺盛的"海丝路"沿线国家，应加大对这些国家的市场调研，这就要求我国政府层面应当与"海丝路"沿线国家政府建立一定的信息交流机制，通过信息交流了解各自的需求，同时向国内相关企业提供这些信息。政府间也要尽量达成一定的贸易协定来继续降低双边的贸易壁垒，支持企业到这些国家进行贸易合作。

3. 结合供给侧结构性改革优化出口结构

对于中国在"海丝路"沿线国家出口方面具有高比较优势的产品,中国可以继续扩大生产和出口,如工业制成品,以此保持优势空间。对于不存在比较优势产品,中国可以相对减少该产品对该国的出口,转而寻求与具有比较优势的国家进行贸易合作。同时,从我国与"海丝路"沿线国家的贸易结构来看,初级产品是我国主要进口的商品,中国可以继续利用"海丝路"沿线国家的资源优势,加大对资源产品的进口,用于国内生产和消费。未来,中国还要继续努力完善贸易结构,结合国内供给侧结构性改革和产业转型升级,加大国际产能合作,继续挖掘贸易潜力。

4. 结合对南亚和非洲的投资挖掘贸易互补性

中国与南亚两地经济具有得天独厚的互补性与巨大的贸易发展潜力:一是中国与南亚均拥有众多人口以及迅速崛起的发展态势;二是两地不同的经济发展阶段造成了工业化进程的梯度化差异。在中国与南亚的合作中,中国可为南亚的互联互通提供资金和技术支持,发展外向型经济,而南亚可借此增加就业,发展进出口贸易,推动经济发展。另外,中国与非洲贸易不断增长,双方投资规模也不断扩大,但经济合作主要集中在原材料、能源等方面,合作模式正由贸易和承包工程逐渐扩展到产能、投资、技术、金融、服务等合作领域,工业化合作成为趋势性和战略性的重点领域。未来应充分挖掘中国与非洲的经济互补性,进一步加强和推动与南亚、非洲的合作与交流,通过对中国与南亚和非洲的贸易合作范围、商品贸易结构以及相对比较优势的研究,识别合作领域和切入点,并进一步创建多层级合作机制和新型合作模式,畅通信息传递通道,拓展中国与南亚和非洲的经贸合作。

5. 充分挖掘数字经济新机遇

以互联网为依托的数字贸易消费潜力大、发展空间广阔。随着互联网技术的迅速发展,跨境电子商务成为国际贸易的亮点,"海淘"逐渐走进"海丝路"沿线各国民众家庭中。跨境电商的发展不仅给消费者带来了便利,也给"海丝路"沿线各国中小企业充分融入国际市场,将商品直接售卖给海外消费者带来巨大机遇,这也更是进一步优化中国与"海丝路"沿线各国贸易结构的重要契机。越来越多的"海丝路"沿线企业将中国看作是极具前景的市场,希望通过电商渠道,扩大对华出口。推动跨境电商发展,一方面要进一步加强信息基础设施建设合作;另一方面要对跨境电商发展提供政策保障,进一步推动跨境支付、国际物流等的高质量发展,推进电商企业的国际布局,为跨境电子商务营造良好的发展环境。

253

（二）加强贸易便利化合作

1. 优化合作机制

贸易便利化合作指尽可能地简化行政程序并协调各方面的政策和技术标准。由于贸易的管理以及具体实操程序较为复杂，各国具体的执法人员素质以及相关主体的诚信水平不一等因素，贸易便利化的合作应重点突出政府的主导作用，促进沿线国家行政执法水平和职能部门管理水平的提高，建立以政府为主导的、多渠道的贸易便利化合作机制。此外，除加强和完善政府部门之间的联系和合作机制外，还必须扩大准政府和非政府组织在促进贸易和跨国经济合作方面的积极影响，发挥第三方的作用。重视既有合作平台功能的发挥，进一步发挥中国—东盟博览会、中国—东盟商务与投资峰会在促进贸易便利化、促进中外交流互鉴中的重要作用。

2. 明确合作重点，灵活推进

由于不同国家对于贸易便利化合作的利益诉求各有差异，又由于贸易便利化涉及多个合作领域、多个国家，行动计划和具体的项目十分复杂，甚至需要有关国家对法律法规进行修改，因此，在推进"海丝路"经贸合作的实践中应明确贸易便利化的重点领域，将重点放在贸易、投资、通关、商检、食品安全、电子商务和透明法律法规等领域，加快货物、服务、人力和资本的流动。同时建立灵活的参与机制，以助于化解贸易双方之间的分歧，激发各方合作的积极性，发挥示范作用。①

3. 创新合作方式

由于"海丝路"各经济体的市场化程度非常不平衡，且贸易便利化水平又普遍低下，因此创新体制机制是沿线各国贸易便利化合作的重要突破。借鉴发达国家经验并根据 WTO 规则，建立自贸区、海关特别管制区或保税区及出口加工区是消除贸易壁垒、促进区域经济一体化的可行之路。因此，在"海丝路"建设中，沿线国家应该加快出口加工区或保税港区的建设，探索建立双边或多边自贸区，探索实现贸易便利化的合作方式，努力消除现有的贸易壁垒，为企业创造更加有效和透明的经营环境，为开放经济的发展铺平道路。另外，应在沿线各类自贸区的基础上，按照"点—线—面"的方式推进"海丝路"经济带的建设。通过贸易便利化的合作，加强中国与各经济体的经济联系，促进"海丝路"上的要素、商品和服务的顺畅流动，从而提高资源的配置效率，共同开拓中国市场与各

---

① 毛艳华、杨思维：《21 世纪海上丝绸之路贸易便利化合作与能力建设》，载于《国际经贸探索》2015 年第 4 期，第 101～112 页。

经济体市场的资源，形成深度融合的新型经济带。

4. 妥善处理与"海丝路"国家的贸易谈判

我国目前已经加入了多个双边、区域和多边经贸组织，要加强与"海丝路"国家的合作，尤其是邻近的国家或地区，灵活利用"海丝路"中涉及的多重合作机制，统筹兼顾，主动与"海丝路"国家进行贸易谈判，对凡是能够推动贸易规模增长、优化贸易结构的合作方式均持开放的态度，不拘泥于传统的贸易政策理念和具体合作框架，深化利益合作，与贸易伙伴国之间相互支持、互利共赢。

5. 协同推进"硬联通"与"软联通"

贸易便利化内涵丰富，既包括基础设施建设，又包括贸易相关的审批、海关、边境、监管各类手续以及管理流程等，前者包括降低跨境物流成本的铁路、公路、海港、口岸、物流园区的新建与改造等，属于"硬联通"的部分，后者包括各参与主体之间的政策协调、制度完善、标准统一和规则衔接，属于"软联通"的部分。加强贸易便利化合作，就是要协同推进"硬联通"和"软联通"，最大程度降低物流成本以及其他无形的交易成本，便利贸易的展开。[①]

（三）有序推进自贸区建设

自贸区对中国与"海丝路"沿线国家之间的经济文化交流与区域经济一体化发展具有重大意义。在全球贸易保护主义蔓延与中国国际贸易环境复杂化等情况下，中国与"海丝路"沿线国家的自贸区建设应采取以下对策，以在加强交流合作的基础上更好地促进经贸发展。

1. 明确"海丝路"自贸区建设基本走向，做好路径规划

中国与"海丝路"沿线国家已签署了 3 个自贸协定，1 个正在签署，还有 1 个处在研究阶段。因此，现阶段我们应当加快正在签署和正在研究的自贸协定谈判进程，根据国际经济环境下双边贸易关系的新发展并结合实际情况不断提升已有自贸协定的自由化水平，积极推动新自贸区的建立，特别是要充分发挥我国与周边大部分国家和地区地理位置的优势对加快自贸区建立的作用。长期来看，应以点带面，逐步向整个"海丝路"沿线国家推进，形成由邻近国家和地区带动全部"海丝路"沿线国家以及辐射五大洲重要国家的全球自贸区网络，使我国与"海丝路"沿线国家的对外贸易实现自由化和便利化。

2. 科学选择建设自贸区的参与国

选择自贸区建设的参与国应从政治因素和经济因素两方面考虑。

政治方面，要选择政局稳定、政策持续性强、与中国关系友好、地缘影响力

---

① 具体见后文"（四）加强合作保障"部分。

较强的国家。这是因为，第一，从世界范围看，各大自贸区的建立和发展都是一个极其漫长的过程，从最开始的研究、前期谈判到正式生效再到后续升级，整个过程经常需要几十年时间。在这几十年中，有些国家会发生翻天覆地的变化，有时会影响自贸区推进过程中取得的重要成果，因此选择一些政局稳定、政策可持续性强的国家有利于自贸区建设的稳定性。第二，国际经济合作和政治合作从来就不分家，国家间经济合作的一个重要条件是相互的政治信任。东盟和巴基斯坦与中国外交关系较好，较早就与中国建立了自贸区，并且发展势头良好。向同我们关系友好的国家推进自贸区进程，各方相互理解，规则更容易接受，谈判更容易成功。反之，如果同关系不甚友好的国家谈合作，对方可能因不信任而存在各种各样的疑虑，会使自贸区推进进程缓慢，甚至无任何成果。第三，在建设自贸区过程中，应尽量选择一些地缘影响力较强的国家，以这些国家为圆心，逐步辐射到其周围国家或地区，这样能取得事半功倍的效果。

经济方面，要选择经济发展状况好、经济体量大、资源禀赋好、产业互补性强的国家。这是因为，第一，经济发展状况好的国家对自贸区的建设一般持积极、开放的态度，在这些国家中推进自贸区建设阻力较小。另外，在经济体量较大的国家推进自贸区建设能够带来显著的经济效益。因此，在选择自贸区参与国时可以优先选择经济发展状况好、经济体量大的国家。第二，选择资源禀赋好的国家参与自贸区建设，能够为其他国家提供充足的生产资料，与其他国家的合作关系也将相对稳固。因此，在选择自贸区参与国时可以优先考虑未来我国存在资源缺口，而对方具有大量此类资源储备的国家。但在合作过程中也要注意，不能长时间停留在低端贸易交易阶段，后期还是要进行产业合作，提升对方贸易产品附加值，使双方合作更加具有可持续性。第三，贸易合作的基础就是各国产品具有较强的互补性，对于自贸区建设而言也是这样，参与国之间产业互补性不强，贸易合作不会长久。因此，未来可以运用科学方法测算国家间的产业互补程度，以此作为选择自贸区参与国的重要依据。

3. 积极有序推进"海丝路"沿线国家自贸区协议签订

一是升级已经签署生效的自贸区。中国—东盟、中国—新加坡、中国—巴基斯坦三个自贸协定都已启动了升级。其中，中国—东盟自贸区升级版谈判成功，中国—新加坡自贸协定升级版在货物、服务贸易与经贸合作等领域取得积极进展，中国—巴基斯坦自贸协定升级版在货物贸易关税减让与海关数据交换等领域也取得了积极进展。

二是加快正在签署、正在研究的自贸区进程。目前正在谈判的自贸协定是中国—斯里兰卡自贸协定，双方从 2014 年签署谈判协议，到目前为止已经谈判了五轮，中国可适时推进谈判进程；中国与孟加拉国正在进行自贸区建设的可行性研究，中国可进一步推进可行性研究进程，同时扩大自贸区建设可行性研究的对象国。

三是发展新的自贸区建设对象国。在发展新的自贸区建设对象国时要关注重要节点国家，并采取主动出击方式。"海丝路"沿线国家众多，国家间经济发展水平参差不齐，短期内无法与所有国家达成一致的贸易协定，只能选取关键节点国家，率先与其建立双边或多边自贸协定，暂缓与非节点国家的谈判。在选取节点国家时，要综合考虑该国与中国的政治和经贸关系、经济发展水平和地缘影响力。通过对节点国家的突破，在适当时期由节点国家辐射至整个"海丝路"沿线国家。

四是由点及面，最终建立统一的自贸区网络。自贸区谈判过程中，关键节点国家突破后，由关键节点国家带动其周边国家和地区，形成区域性自贸区网络，再将这些小的贸易网络逐步融合，最终形成"海丝路"统一自贸区网络。为提高谈判效率、节省谈判时间和成本、降低谈判难度，在与关键节点国家已经签订自贸协定的基础上，可以对关键节点国家周边地区采取开放、自愿原则进行扩容。这种扩容模式，尊重了各国意愿、统一了标准要求、降低了谈判难度。例如，可以已经正式签署的 RCEP 为关键节点，RCEP 中虽有非"海丝路"沿线国家，但是由东盟主导，并且基于"海丝路"是开放的倡议，日本、新西兰等又是地缘影响力较强的国家，由此，可以将 RCEP 中的东盟各国、日本、新西兰等作为关键节点，由关键节点国家带动其周边国家和地区，为今后"海丝路"统一自贸区网络的形成打下坚实的基础。

4. 重点突破与沿线重要节点国家的自贸区建设

"海丝路"重要节点国家对"海丝路"建设的实施有重要的支撑作用，重要节点国家不仅在政治、文化等方面能够辐射和影响周边国家，在贸易经济方面更能够起到示范效应。因此，中国在发展与"海丝路"沿线国家的自贸区建设时，应重点考虑与重要节点国家的对接。

当前世界主要经济体之间贸易保护主义逐渐蔓延，国际贸易环境变得复杂恶劣，中国应避其锋芒，多渠道开拓国际贸易市场。在"海丝路"沿线国家中，东南亚航线中的十国已与中国建立了自贸区，并且在 2015 年实现升级，自贸合作水平较高。对于南亚及波斯湾航线，中国已与斯里兰卡开始谈判，并已展开与孟加拉国自贸区建设的研究，根据政局稳定性、经济发展状况、地缘影响力等条件，下一步可选择研究与印度建立自贸区的可行性。中国与印度两国都具有巨大的市场潜力可以挖掘，在经济上两国又存在互补性，建立自贸区后会使两国实现双赢，同时也能通过印度的地缘影响力带动南亚其他国家与中国的经贸合作。在红海湾及印度洋西岸航线中，2018 年前，中国尚未与非洲各国建立自贸合作，但目前中非合作意向强烈。2017 年非洲人口是 12 亿人，估计 2050 年将达到 25 亿人，拥有巨大的市场潜力。根据国际货币基金组织的报告，在 2018～2023 年间，非洲的经济增长将是世界上最快的。在 2018 年 9 月召开的中非合作论坛中，习近平主席宣布，"中国将同非洲共同实施产业促进、设施联通、贸易便利、绿色发展、能力建设、健康卫生、人文交流、和平安全'八大行动'"[①]，其中包括"开展自贸合作，中方坚定支持以世贸组织为核心的多边贸易体制，将与非方在世贸组织框架下加强合作，共同推动贸易投资自由化便利化进程，支持非洲大陆自由贸易区建设。中国与毛里求斯在北京峰会召开前结束了两国自贸协定谈判，实现了中非自贸区合作的突破，中方愿继续与非洲其他有意愿的国家或区域组织探讨开展适度雄心水平的自贸协定谈判，继续为中非经贸合作创造更好的制度环境"[②]。在红海湾及印度洋西岸航线中，中国可率先选择研究与肯尼亚的自贸区建设。2017 年在会见来华出席"一带一路"国际合作高峰论坛的肯尼亚总统时，习近平主席就指出，肯尼亚是中非产能合作先行先试试点国家之一，在中非合作中发挥着引领和示范作用，并提议将中肯关系定位提升为全面战略合作伙伴关系。[③] 肯尼亚总统也表示愿积极参与中国"一带一路"建设。双方都表达了深化合作的强烈愿望，因此，中国可以把肯尼亚作为"海丝路"自贸区建设的重点国家，以其示范效应提高非洲其他国家的参与度。

5. 制定适合中国与"海丝路"沿线国家的自贸协定合作规则

中国与其他国家的自贸区建设起步较晚，签订的很多自贸协定是借鉴甚至复制欧美国家的范本。但欧美国家范本大多是站在发达国家的角度，为维护其自身利益而设计的，标准较高，要求的自由化程度也较高，很多规则并不适合南南合作的发展中国家。随着中国经济的发展，中国要相应提高在国际上的地位，就要在国际经济规则上，特别是自贸协定规则的制定中，争取越来越多的话语权。"海丝路"倡议提出以后，中国更应主导形成适合中国与"海丝路"沿线国家的自贸协定规则，这样才能在战略层面和实践层面上有效推动"海丝路"的建设。

考虑到沿线国家多为中小发展中国家，市场容量较小且各国政治、经济发展不平衡，设计统一的规则并不可行。因此，中国在设计适合与"海丝路"沿线国家合作的自贸规则时，应更具弹性，对不同经济发展层次、不同政治情况的国家制定不同的规则。

---

① 《中非合作论坛北京峰会隆重开幕　习近平出席开幕式并发表主旨讲话》，新华网，2018 年 9 月 3 日，http://www.xinhuanet.com/world/2018-09/03/c_1123374080.htm。

② 中华人民共和国商务部，http://www.mofcom.gov.cn/article/i/jyjl/m/201809/20180902789218.shtml。

③ 《习近平会见肯尼亚总统肯雅塔》，人民网，2017 年 5 月 16 日，http://worcd.people.com.cn/GB/nl/2017/0516/C1002-29279485.html。

一是继续借鉴欧美自贸协定范本。虽然欧美标准较高，灵活性不强，但欧美形成了较为成熟的自贸合作规则，有先进的经验和成功的实践成果，值得发展中国家借鉴。长远来看，中国与"海丝路"沿线国家的自贸合作并不止步于低水平的合作，未来会向更高水平、更多领域的合作迈进。因此，在条件适合的情况下，有必要继续借鉴和参考欧美自贸协定范本。

二是针对不同国家制定差异化自贸协定。由于"海丝路"沿线国家政治稳定性、经济发展水平、资源禀赋、营商环境等方面差异很大，因此借鉴欧美范本的同时，中国与"海丝路"沿线国家谈判时，要根据不同层次、不同类型的国家形成差异化的自贸协定。待条件成熟时，再推动自贸区向更高合作层次谈判。

三是创新自贸合作方式。在自贸合作的传统领域，除了制定差异化协定外，还可以寻找创新的自贸合作方式。如在货物贸易领域，跨境电子商务是今后国际贸易合作的新亮点，为促进跨境电子商务发展，可考虑创新跨境电子商务海关、税收、进出境检验检疫、支付结算等管理制度，提高跨境电子商务的便利化水平。在服务贸易领域，优先建设一批有特色的服务出口基地，并积极探索和推进服务贸易数字化，运用数字技术促进服务贸易的发展。在投资领域，可考虑在跨境的工业园区内试点推行投资自由化和投资便利化等政策。

（四）加强合作保障

1. 加快构建基础设施的互联互通建设

交通基础设施是国家间货物运输和贸易合作的基础，交通基础设施的互联互通有利于降低贸易成本，提高贸易便利化水平、扩大货物贸易量。因此，实现基础设施的互联互通是"海丝路"建设的关键。应加强沿线基础设施互联互通建设的规划，科学评估沿线的港口、水路、公路、铁路等重点工程项目，抓住关键通道、重要节点和重点工程，集中建设重点领域和重点项目，逐步优化布局和结构，完善基础设施连通性和运输服务保障，建立良好的运输协调机制，以降低国际运输成本，提高运输的效率。由于基础设施建设需要大量的资金，如何消除这一"瓶颈"是实现"海丝路"基础设施互联互通建设的难点。应该充分发挥亚投行等机构以及中国—东盟海运合作基金、中非合作基金等已有基金在促进"海丝路"基础设施建设上的功能，并通过创新利益分配机制，引入更多的市场力量为"海丝路"基础设施建设进行融资。

2. 深化沿线各国海关和港口管理的合作

促进海关口岸管理现代化是发展中国家扩大对外经贸合作的一般方式，海关手续的整合是海关口岸现代化管理和区域贸易秩序规范化的重要基础。例如，中国实行了"网上申报"和"绿色通道"等通关和便利化改革，基本实现了无纸化贸易，大大提高了货物和商务人员的流动效率，创造了良好的通关环境。"海丝路"经济体应有计划地增加对边境口岸基础设施建设的投资，积极采用先进技术和设备对清关和口岸检验检疫等流程进行优化，降低贸易成本。在海关管理合作方面，沿海地区应建立海关通关管理政策法规，加强海关数据联网与电子通关系统的合作，及时沟通协商，解决海关数据通关带来的障碍。在海关清关制度中，应进一步提高海关监管水平和效率。在港口管理合作方面，沿海地区应加强商品检验、动植物检疫、食品安全等领域的合作，开展学术交流与合作，促进检验人员的培训与合作。

3. 加强与"海丝路"沿线国家的金融合作

中国与"海丝路"沿线国家的贸易离不开外汇结算等金融合作，金融合作在贸易合作中起到了举足轻重的作用。加强双边和多边金融合作能够提升国际贸易交易过程中货币支付的便利性，减少支付的烦琐流程，促进贸易合作效率的提升。同时，中国还可以与"海丝路"沿线国家开发一些相关的信贷产品，缓解相关贸易企业资金不足、资金周转不灵的情况，这也能在一定程度上促进贸易的发展。

第二节 加强国际产能合作 构建新型价值链

国际产能合作是"一带一路"建设的一个重要抓手和平台，是当前中国在"一带一路"倡议下与各国开展互利共赢合作的有效途径，它基于国际产业分工和产业发展的全球化内在需求，以境外经贸合作园区的建设为主要载体，实现生产要素在全球范围内的重新配置，重构全球产业链、资本链和价值链。加快推动国际产能合作，对拓展我国发展新空间、促进相关合作国家的快速发展、扩大就业、为我国与发达国家合作开拓第三方市场创造更多机遇均大有裨益。国际产能合作的发展将进一步推进"一带一路"建设。

一、中国—"海丝路"沿线国家产能合作

（一）有关国际产能合作的理论及研究

推进国际产能合作涉及国际上有关的产业转移和价值链理论，了解和研究这些相关理论，有助于进一步推进"一带一路"国际产能合作及新型价值链的构建。

1. 关于边际产业转移理论的研究

产业转移是20世纪60年代以来的一种世界性经济现象，随着生产技术的不断变革，持续、深刻影响着世界格局与全球化进程。早在1932年，日本学者赤松便在其论文《我国经济发展的综合原理》中从发展中国家的视角解读产业的空间转移，同时首次构建了"雁行模式"的产业发展理论。20世纪70年代，日本的小岛清（Kojima，1978）在赤松理论的基础上，结合产品的生命周期理论，以李嘉图的比较优势理论为根基，提出了"边际产业转移扩张理论"，试图从产业结构升级角度去研究如何进行产业转移才能更好促进经济发展。

边际产业转移扩张理论的核心观点是发达国家应首先考虑将本国处于或即将处于劣势的产业向外输出，这样既有助于本国产业结构的优化升级，同时也有利于承接国（地区）的产业结构调整，改进社会福利。此外，小岛清还主张投资国对外投资的产业与承接国（地区）在这一产业领域所具有的技术差距不能过大，这有利于投资国迅速在承接国（地区）占领该产业的市场份额。除了相对劣势的产业被列为边际产业输出外，同一产业中生产效率较低的企业也应被列为边际企业。

边际产业转移理论阐释了发达国家投资发展中国家的动机与形式，奠定了日本产业对外转移较重要的"雁行模式"理论基础（王辉堂等，2008）。在肯定边际产业转移理论的优点时，也应看到其存在的缺陷。一是依据这一理论所转移的产业对发展中国家而言仅是接受了发达国家落后甚至淘汰的产业，这不利于发展中国家的发展；二是这一理论是以投资国的劣势产业为考量对象，带有明显的国家特征，缺失了企业本身对投资影响的考量因素；三是这一理论所应用的时空范围较小，仅局限在20世纪70年代的日本，投资的方向也仅为发达国家向发展中国家，对发展中国家逆贸易导向型的直接投资却无法用该理论来解释。

结合"一带一路"建设理念和实际研究边际产业转移理论，可以给予我们这样的启示，在"一带一路"建设中，应当充分发挥我国很多装备和产能质优价廉、综合配套能力强的特点作用，以互补性为导向，积极将优质富余产能通过投资合作的方式转移到急需这些装备和产能的沿线各国，形成国际产能合作，既能拓展我国发展新空间，推动我国产业结构调整升级，又有利于加快沿线相关国家发展，还为中国与发达国家合作开拓第三方市场创造了更多机遇，在此过程中实现各方共赢，从而积极推进"一带一路"建设。

2. 关于产品生命周期理论的研究

产品生命周期理论最早源于美国博思艾伦咨询公司（Booz Allen Hamilton）的学者波兹（Booz）等出版的《新产品管理》（1957）一书，书中提出完整的产品生命周期包括产品投入期、产品生长期、产品成熟期、产品衰退期。1966年，美国哈佛大学教授雷蒙德·弗农（Raymond Vernon）提出了与波兹等的四阶段不同的三阶段观点。他以本国的产业为研究对象，研究了发达国家向发展中国家转移产业的进程，提出包括创新期、成熟期及标准化期在内的产品三阶段生命周期观点。在这三个阶段中产品应根据国际比较利益原则而选择有利于本国利益的生产（项锦雯，2015）。首先，在产品的创新阶段（也就是产品成长的初期），市场竞争更多地表现为技术竞争，而非价格竞争。而高水平的科研投入以及根据市场反馈而进行的产品调整，决定了创新阶段的产品生产和消费只能在国内进行。随着产品创新阶段的完成以及稳定的消费群体，产品逐渐由创新期进入成熟期，即大规模生产阶段，此时的产品设计趋向完善，生产的标准化工艺逐渐确立。当国内市场趋于饱和时，美国会将产品首先出口到同样具有较高消费水平和先进管理技术的其他发达国家和地区。随着生产技术的完全普及和产品标准的最终定型，产品由技术密集型转变为劳动密集型，此时企业对劳动力素质的要求大大降低。美国企业得以将该优势产业出口转移到拥有劳动力成本优势的发展中国家，并在这些国家就地进行专业化生产，最后返销回美国。

产品生命周期理论动态描述了工业发达国家从出口到对外直接投资再到进口的产业发展过程，反映了发达国家的产业经历"发展、成熟到衰退并向落后国家进行产业转移"的发展轨迹。结合"一带一路"建设实际开展国际产能合作，我们仍然应当重视产业周期理论揭示的产品周期规律，结合"一带一路"沿线国家和地区发展实际，把握好国际产能合作的国别差异和经济效益。

3. 关于价值链理论的研究

价值链理论，也称全球价值链理论，在不断研究过程中，学者们还使用了其他称谓，如商品链、生产网络、价值网络等。20世纪80年代美国企业战略家波特最早在其著作《竞争优势》（Porter，1985）中提出了价值链的概念。根据他的观点，创造价值是公司产品生产的主要目的，而创造价值的过程主要包括了基本活动和支持性活动等环节。各个环节相互关联、相互影响，一个环节的运行直接影响整个价值链的成本估测和效益产出。一个企业内部可能存在价值链，企业与企业之间同样存在着各种各样复杂的价值链形式。寇伽特（Kogut，1985）将价值链的各个行为阶段放置于整个国际商业环境来考量，得出了国家的比较优势与企业的竞争优势共同作用决定了国际商业战略的结论。国家的比较优势是国家（地区）间配置价值链具体环节的空间依据，而企业竞争优势是配置价值链具体环节的行动依据，两者结合考量决定了在何国（地区）投资价值链条上的何种环节（马海燕，2007）。

全球价值链各价值创造环节的分工给我国进入国际市场创造了更多机会，也给我国及其他发展中国家带来了新的发展契机，可以在价值链条上获得发达国家的资本、市场、先进的技术和管理等资源。过去因缺乏先进的技术及充裕的资本，我国在传统的国际分工中仅能参与低技术或低投入的环节，无法进入高技术含量的产业领域。而如今在全球价值链分工的环境下，这种高技术和高资本的门槛并非必要，只需在产品某个价值环节具有比较优势便有机会参与高科技产品的国际分工合作，这扩大了我们进入国际市场的深度和广度。

以上理论分别从不同的角度论述了国家间产业转移、跨区域企业合作、全球化资源配置等的驱动因素、作用机理及其演化趋势，对本书深入研究中国—"海丝路"沿线国家产能合作具有一定的理论借鉴和现实启示。其他诸如比较优势理论（李嘉图，1817）、雁行模式理论（赤松，1932）、国际直接投资发展阶段理论（邓宁，1988）、模块化分工理论（鲍德温和克拉克，1997；青木昌彦，2003）等相关理论在此不一一赘述。

（二）中国与"海丝路"沿线国家产能合作基础分析

国际产能合作是指一国有选择性地引入他国的先进技术、管理经验、有竞争力的装备和生产线等，以此充分发挥各国比较优势，升级产业结构、共建基础设施，提升工业化和现代化水平。国际产能合作大体可分为国家、产业和企业三个层次的合作：一是从国家层面而言，主要是指为促进生产能力合作和降低风险而进行的宏观政策协调；二是从产业层面而言，主要是指构建和深化与合作方的产业垂直分工关系，促进产业结构升级；三是从企业层面而言，是指以提高企业国际竞争优势为目标的跨国经营。"一带一路"建设以来，学术界开始聚焦中国与沿线国家间的国际产能合作研究，而产业结构互补性问题作为基础性问题，更是成为此类研究的重点。

但是，既有研究更侧重于理论的开拓和现状的分析，并且主要从整体区域的层面开展论述，而实证方面及国别方面的研究则较为薄弱。为了更好地讨论国家与国家之间的经济结构互补性，分析中国与"海丝路"沿线国家开展产能合作的最佳着力点，本书对"海丝路"主要航线起止进行梳理，具体划分为中国至东南亚航线、中国至南亚及波斯湾航线、中国至红海湾及印度洋西岸航线，并将沿线32个国家作为研究对象分别对中国—"海丝路"沿线各国间的产业互补性和产业竞争力两个维度进行测度，从而综合考量中国—"海丝路"沿线国家产能合作潜力。国家间的产能合作涉及多个产业，故选取足够数量且具有影响力的产业是研究的关键之一。因此，本书采用世界各国政府普遍采纳的商品贸易分类体系①

---

① 根据国际贸易标准分类（Standard International Trade Classification，SITC），可以将各国的产业分为10大类，分别是食品及活动物（SICT0）、饮料及烟类（SICT1）、非食用原料（燃料除外）（SICT2）、动植物油脂及蜡类（SICT3）、矿物燃料、润滑油及有关原料类（SICT4）、化学成品及有关产品（SICT5）、按原料分类的制成品类（SICT6）、机械及运输设备类（SICT7）、杂项制品（SICT8）、未分类商品（SICT9）。

作为产业分类的依据。

1. 产业互补性分析

产业互补性分析主要通过产业互补指数进行考察。产业互补指数也称为贸易互补性指数，具体指一个国家产品或产业的出口与另一个国家产品或产业进口的吻合程度，反映国家的经济贸易与产业结构的互补性，也可以用来表示国家之间产业合作的潜力。具体公式表示如下：

$$C_{xy} = RCA_{xke} \times RCA_{yki} \tag{4.6}$$

$$RCA_{xke} = \left(\frac{xke}{xTe} \right) \Big/ \frac{Wke}{WTe} \tag{4.7}$$

$$RCA_{yki} = \left(\frac{yki}{yTi} \right) \Big/ \frac{Wki}{WTi} \tag{4.8}$$

其中，C_{xy} 表示第 x 个国家和第 y 个国家之间的单个产业互补指数，RCA_{xke} 表示的是第 x 国第 k 类产品或产业的显示性比较优势指数；RCA_{yki} 表示的是第 y 国第 k 类产品或产业的显示性比较劣势指数。若 C_{xy} 的值大于 1，则表示 i 国和 j 国之间在第 k 类产品或产业具有产能合作的潜力；C_{xy} 的值大于 2，则表明两国在第 k 类产品或产业的产能合作空间更加显著；相反，若 C_{xy} 的值比 1 小，则说明两国在第 k 类产品或产业的产能合作的潜力较小。[1]

xke 表示的是第 x 国第 k 类产品或产业的出口额，xTe 表示第 x 国的产品出口总额；yki 表示的是第 y 国第 k 类产品或产业的进口额，yTi 表示第 y 国的产品进口总额；Wke 表示的是世界市场中第 k 类产品或产业的出口额；WTe 表示的是世界市场的产品出口总额；Wki 表示的是世界市场中第 k 类产品或产业的进口额，WTi 表示的是世界市场的产品进口总额。

产业或产品的显示性比较优势指数（RCA）是贸易经济研究中产品或产业比较优势的一种计算方法。该方法是目前最具说服力的一个指标，用以衡量一国产品或产业在国际贸易市场中的优势大小和竞争力强弱，最早由美国经济学家贝拉·巴拉萨（Balassa）在 1965 年提出。一般情况下，当 RCA 的值小于 1 时，理论意义表示的是该产品或产业在国家市场的出口比重小于在世界市场中的出口比重，经济意义则表示该产品或产业的国际竞争力较弱，不具有优势，反而存在劣势；当 RCA 的值等于 1 时则表示相对利益比较相当，该产品或产业相对于世界市场不存在所谓的优势或劣势；而 RCA 的值大于 1 时，理论意义表示该产品或产业在国家市场的出口比重大于在世界市场中的出口比重，经济意义则表示该产品或产业在国际市场上具有相对的优势，国际竞争力较强。当把产品的出口数据

---

① 涂庄：《中国与印尼贸易互补性和竞争性研究——基于显示性比较优势指数分析》，载于《北方经济》2012 年第 15 期，第 89～91 页。

都换成进口数据，则表示的是显示性比较劣势指数。

产业互补指数有两种计算方式，一种是采用 A 国的产业显示性比较优势指数、B 国的产业显示性比较劣势指数进行计算；另一种则是反过来，采用 A 国的产业显示性比较劣势指数、B 国的产业显示性比较优势指数进行计算。

（1）基于中国出口、外国进口侧（CXFI）计算。2016 年基于中国出口、外国进口侧计算的产业互补指数结果如表 4 - 32 所示，中国与"海丝路"沿线国家之间具有合作潜力的产业主要集中在非食用原料（燃料除外）（SICT2）、动植物油脂及蜡类（SICT3）、杂项制品（SICT8）、未分类商品（SICT9），以上几种产业的互补指数大于 1 的国家数量分别为 23、14、10、10 个。一方面，在这些产业领域中，老挝、厄立特里亚这两个国家的非食用原料（燃料除外）产业与我国最具合作潜力；文莱、卡塔尔、科威特这三个国家的动植物油脂及蜡类产业是我国合作的最佳对象；而柬埔寨的杂项制品和未分类商品这两类产业与我国的产业互补指数都远远大于 1。因此，从中国出口、外国进口侧来看，在"一带一路"沿线国家中，我国应特别加强与以上这些国家的合作。

表 4 - 32　2016 年基于中国出口、外国进口侧（CXFI）计算的产业互补指数

产业	有合作潜力的国家数量	产业互补指数处于前 10 位的国家
食品及活动物 SICT0	1	也门（1.58）、肯尼亚（0.99）、坦桑尼亚（0.88）、泰国（0.84）、缅甸（0.77）、越南（0.67）、斯里兰卡（0.66）、苏丹（0.62）、莫桑比克（0.58）、印度尼西亚（0.56）
饮料及烟类 SICT1	2	莫桑比克（2.17）、坦桑尼亚（1.79）、老挝（0.33）、印度尼西亚（0.29）、肯尼亚（0.27）、泰国（0.21）、菲律宾（0.2）、马来西亚（0.18）、斯里兰卡（0.16）、阿联酋（0.13）
非食用原料（燃料除外）SICT2	23	老挝（19.05）、厄立特里亚（17.09）、莫桑比克（8.43）、缅甸（6.97）、印度尼西亚（6.65）、坦桑尼亚（5.39）、肯尼亚（5.01）、苏丹（4.61）、柬埔寨（3.87）、伊朗（3.82）
动植物油脂及蜡类 SICT3	14	文莱（12.2）、卡塔尔（10.58）、科威特（9.48）、伊拉克（8.74）、沙特阿拉伯（6.7）、阿曼（6.04）、伊朗（5.66）、阿联酋（2.38）、巴林（2.32）、缅甸（2.16）

产业	有合作潜力的国家数量	产业互补指数处于前10位的国家
矿物燃料、润滑油及有关原料类 SICT4	0	印度尼西亚（0.059）、马来西亚（0.031）、菲律宾（0.006）、也门（0.004）、阿曼（0.003）、莫桑比克（0.003）、埃及（0.002）、斯里兰卡（0.002）、苏丹（0.001）、阿联酋（0.001）
化学成品及有关产品类 SICT5	4	沙特阿拉伯（1.84）、卡塔尔（1.3）、新加坡（1.08）、伊朗（1.04）、阿曼（0.91）、印度（0.88）、科威特（0.79）、泰国（0.79）、马来西亚（0.65）、巴林（0.63）
按原料分类的制成品类 SICT6	5	巴林（2.44）、莫桑比克（1.65）、印度（1.43）、巴基斯坦（1.34）、印度尼西亚（1.13）、泰国（0.96）、阿联酋（0.8）、老挝（0.79）、阿曼（0.73）、越南（0.71）
机械及运输设备类 SICT7	4	马来西亚（2.98）、泰国（2.05）、菲律宾（1.96）、越南（1.83）、新加坡（0.84）、印度尼西亚（0.65）、印度（0.36）、柬埔寨（0.28）、老挝（0.25）、阿联酋（0.19）
杂项制品 SICT8	10	柬埔寨（9.46）、孟加拉国（7.41）、越南（3.54）、斯里兰卡（2.9）、印度尼西亚（1.78）、缅甸（1.73）、巴基斯坦（1.55）、马来西亚（1.45）、泰国（1.17）、印度（1.01）
未分类商品 SICT9	10	也门（22.76）、老挝（9.79）、苏丹（9.17）、坦桑尼亚（7.66）、阿联酋（5.37）、柬埔寨（5.36）、卡塔尔（4.79）、伊朗（4.53）、厄立特里亚（4.06）、莫桑比克（3.10）

资料来源：根据联合国贸易数据库的数据计算而得，https：//comtrade. un. org/。

　　另一方面，在10类产业领域中，与中国的产业互补指数最高的是未分类商品和非食用原料（燃料除外），这两种产业的产业互补指数排名前十的国家的指数值都大于3，最高值分别为22.76和19.05，远远大于1。可见，这两种产业是中国在与"海丝路"沿线国家的产能合作中应重点关注的产业。

　　（2）基于中国进口、外国出口侧（CIFX）计算。2016年基于中国进口、外国出口侧计算的产业互补指数结果如表4－33所示，中国与"海丝路"沿线国家产业合作的重点集中在按原料分类的制成品类（SICT6）、杂项制品（SICT8）、机械及运输设备类（SICT7）、食品及活动物（SICT0），这些产业互补指数大于1的国家数量分别为32、32、30、13个。在这些产业领域中，劳动密集型产业中按原料分类的制成品类和杂项制品是重点合作的产业之一，这两种产业占用了我国大量的劳动力。当今中国的劳动力成本逐年上升，因此，与其他国家的产业合作可以有效降低我国的劳动力成本，缓解企业的压力，稳定我国的经济结构。此外，机械及运输设备类产业属于资本技术密集型产业，加强这类产业的国际合作，能为我国的技术型产业注入新鲜的血液，提高我国的运输水平；而食品及活动物是第一产业的重要支柱，加强该产业与其他国家的产能合作，可以拓宽我国的服务业范畴，提高居民的生活质量。

表 4 - 33   2016 年基于中国进口、外国出口侧（CIFX）计算的产业互补指数

产业	有合作潜力的国家数量	产业互补指数处于前 10 位的国家
食品及活动物 SICT0	13	吉布提（30.29）、苏丹（3.89）、柬埔寨（2.81）、也门（2.47）、埃及（2.4）、肯尼亚（1.89）、莫桑比克（1.86.）、厄立特里亚（1.76）、老挝（1.49）、缅甸（1.42）
饮料及烟类 SICT1	3	吉布提（2.66）、柬埔寨（2.02）、缅甸（1.14）、老挝（0.98）、肯尼亚（0.53）、马尔代夫（0.47）、巴林（0.46）、伊拉克（0.45）、越南（0.43）、阿曼（0.43）
非食用原料 （燃料除外） SICT2	2	巴基斯坦（1.42）、吉布提（1.12）、孟加拉国（0.86）、埃及（0.83）、巴林（0.47）、印度（0.46）、菲律宾（0.41）、莫桑比克（0.37）、肯尼亚（0.34）、印度尼西亚（0.34）
动植物油脂 及蜡类 SICT3	0	吉布提（0.52）、老挝（0.42）、埃及（0.38）、印度（0.36）、肯尼亚（0.34）、坦桑尼亚（0.31）、缅甸（0.28）、菲律宾（0.25）、柬埔寨（0.24）、巴基斯坦（0.21）
矿物燃料、润滑油 及有关原料类 SICT4	0	吉布提（0.075）、莫桑比克（0.01）、巴基斯坦（0.004）、坦桑尼亚（0.003）、埃及（0.003）、厄立特里亚（0.002）、缅甸（0.002）、肯尼亚（0.002）、孟加拉国（0.002）、苏丹（0.002）
化学成品 及有关产品类 SICT5	9	吉布提（21.63）、莫桑比克（3.43）、肯尼亚（2.39）、苏丹（2.36）、埃及（2.1）、巴基斯坦（2.09）、坦桑尼亚（1.62）、缅甸（1.17）、斯里兰卡（1.03）、菲律宾（0.98）
按原料分类的 制成品类 SICT6	32	吉布提（60.55）、莫桑比克（42.44）、柬埔寨（34.1）、肯尼亚（33.85）、斯里兰卡（26.37）、埃及（26.41）、缅甸（26.14）、巴基斯坦（25.07）、苏丹（24.9）、孟加拉国（22.59）

续表

产业	有合作潜力的国家数量	产业互补指数处于前10位的国家
机械及运输设备类 SICT7	30	吉布提（43.99）、莫桑比克（6.62）、肯尼亚（4.38）、埃及（4.27）、菲律宾（4.15）、巴基斯坦（3.76）、老挝（3.72）、苏丹（3.48）、缅甸（3.4）、坦桑尼亚（2.97）
杂项制品 SICT8	32	吉布提（375.6）、莫桑比克（52.84）、肯尼亚（28.09）、苏丹（23.78）、坦桑尼亚（17.51）、菲律宾（13.37）、伊拉克（11.7）、埃及（11.59）、巴基斯坦（10.33）、阿联酋（9.81）
未分类商品 SICT9	7	吉布提（3.73）、文莱（1.49）、印度（1.83）、阿联酋（1.31）、柬埔寨（1.27）、埃及（1.11）、巴林（1.00）、卡塔尔（0.99）、老挝（0.97）、新加坡（0.86）

资料来源：根据联合国贸易数据库的数据计算而得，https：//comtrade.un.org/。

另外，从各产业互补指数排名前十的国家来看，吉布提、柬埔寨、肯尼亚、巴基斯坦、孟加拉国这些国家的产业互补指数在多个产业领域中均排名靠前，尤其是吉布提，中国与该国的产业互补指数在十类产业中，有九类排名第一，可见，我国应十分重视与该国的产能合作，并加强与上述其他几个国家的合作。

2. 产业竞争力分析

自从"一带一路"合作倡议提出以来，中国与东南亚、欧洲等国的双边贸易流量呈现高速增长的态势，然而，如何从这么多国家中选取出适合我国，并且利于双方经济发展的重点国家和重点产业，需要科学论证。仅从产能互补指数的角度直观反映还不够严谨，因此，本书还从中国与"海丝路"沿线各国的产业竞争力的角度加以分析，即采用产业显示性比较优势指数和产业显示性比较劣势指数的值进行比较分析。

根据传统的国际贸易规则，两国某产业的产品若同时具有出口的竞争优势，则这两个国家更倾向于出口该产品，而减少进口该产品，这种情况意味着两国在该产业上不存在贸易互补性，而是存在竞争性。相反，若两国之间，有一个国家具有某产业的出口优势，而另一个国家并不具备这种优势，则处于出口劣势的国家更愿意多进口该产业产品以替代在国内的低效率生产，此时，可以认为这两个国家在该产业上具有贸易互补性，并且，这两个国家的出口竞争优势指数差距越大，则意味着贸易互补性越强，两国的产能合作更具经济效益。同理，若两国某类产业产品的显示性比较劣势指数都较高，说明这两个国家该产业在世界市场的竞争力较弱，都倾向于进口该类产品，而国内对该类产品的生产效率并不是很高，这时两国也不存在贸易互补性。但是，若一国的产业劣势明显，而另一个国家的产业劣势指数较低，则意味着两国的产能合作潜力较大，且差距越大，合作潜力越强。通过计算中国与"海丝路"沿线 32 个国家的产业数据，可得各国2016 年产业显示性比较优势指数和产业显示性比较劣势指数，具体计算结果如表 4–34 和表 4–35 所示。

表 4–34 　　　 2016 年中国与"海丝路"沿线国家产业显示性
比较优势指数

国家	SICT0	SICT1	SICT2	SICT3	SICT4	SICT5	SICT6	SICT7	SICT8	SICT9
中国	0.39	0.32	2.45	0.68	0.04	0.86	0.83	1.24	0.66	1.24
菲律宾	2.54	1.29	1.58	1.88	0.16	1.39	2.27	2.06	2.79	0.94
柬埔寨	6.44	9.18	0.79	1.81	0.08	1.05	4.81	0.99	1.66	2.76
老挝	3.40	4.46	0.46	3.19	0.04	1.17	3.11	1.84	1.03	2.11
马来西亚	0.93	0.73	0.86	1.15	0.10	0.82	0.95	1.09	1.23	0.73
缅甸	3.24	5.17	0.48	2.16	0.55	1.66	3.69	1.69	1.59	1.49
泰国	0.79	0.45	0.69	0.63	0.02	0.83	1.13	0.88	0.92	1.34
文莱	1.06	0.85	0.12	0.40	0.02	0.37	0.74	0.51	1.08	3.25
新加坡	0.33	0.95	0.15	1.43	0	0.56	0.48	0.95	1.11	1.88
印度尼西亚	1.68	0.69	1.31	1.31	0.01	1.18	1.30	0.92	0.91	0.56
越南	2.03	1.97	1.12	0.51	0.04	1.02	2.13	1.16	1.12	0.65
孟加拉国	1.64	0.10	3.30	1.12	0.46	1.28	3.19	0.81	1.07	0.92
斯里兰卡	2.68	1.20	0.97	1.58	0.15	1.46	3.86	1.34	1.72	1.45
印度	0.56	0.15	1.75	2.76	0.38	1.35	1.79	0.84	1.02	3.00
巴基斯坦	2.34	0.16	5.45	1.60	1.06	2.96	3.54	1.86	2.16	1.34
马尔代夫	1.57	2.12	0.69	0.22	0.04	0.44	0.93	0.56	1.09	0.40
伊朗	1.33	0.98	0.85	0.06	0.13	0.79	1.29	0.81	1.25	0.91
伊拉克	1.98	2.06	0.22	0.54	0.12	0.58	1.07	0.59	2.45	0.84
科威特	1.12	0.60	0.30	0.15	0.03	0.42	0.84	0.60	1.17	0.81
阿曼	1.67	1.95	1.10	1.08	0.09	0.71	1.29	1.13	1.25	1.27
卡塔尔	0.51	0.52	0.71	0.05	0.01	0.23	0.46	0.59	1.04	2.17
沙特阿拉伯	1.34	0.67	0.38	0.16	0.04	0.58	0.84	0.74	1.34	1.20
阿联酋	0.76	0.98	0.45	0.51	0.02	0.41	0.99	0.83	2.05	2.87

269

第四章　推进"海丝路"建设的贸易畅通

续表

国家	SICT0	SICT1	SICT2	SICT3	SICT4	SICT5	SICT6	SICT7	SICT8	SICT9
巴林	1.45	2.11	1.82	0.20	0.03	0.54	0.80	0.95	1.85	2.17
也门	5.65	1.52	0.38	0.68	0.25	0.96	1.74	0.37	1.49	0.14
埃及	5.49	1.58	3.20	2.91	0.75	2.97	3.73	2.12	2.42	2.43
索马里	1.48	0.38	0.12	0.04	0.13	0.14	0.36	0.09	0.50	0.04
苏丹	8.89	0.40	0.62	0.19	0.42	3.34	3.51	1.72	4.97	0.89
吉布提	69.30	12.11	4.31	3.98	18.30	30.64	62.52	21.81	78.52	8.13
厄立特里亚	4.02	0.33	0.33	0.06	0.56	1.19	1.47	0.76	0.86	0.78
肯尼亚	4.33	2.41	1.32	2.58	0.46	3.39	4.78	2.17	5.87	1.78
坦桑尼亚	2.14	0.99	0.89	2.37	0.76	2.29	3.07	1.47	3.66	0.43
莫桑比克	4.25	5.95	3.66	4.05	0.75	2.21	2.93	1.11	2.52	0.72

资料来源：根据联合国贸易数据库的数据计算而得，https：//comtrade. un. org/。

表 4 – 35 　　　　2016 年中国与"海丝路"沿线国家产业
显示性比较劣势指数

国家	SICT0	SICT1	SICT2	SICT3	SICT4	SICT5	SICT6	SICT7	SICT8	SICT9
中国	0.44	0.22	0.26	0.13	0.00	0.71	7.08	2.02	4.78	0.46
菲律宾	0.87	0.63	1.02	0.17	0.16	0.18	0.37	1.58	1.31	0.85
柬埔寨	1.26	0.30	1.58	0.00	0.01	0.07	0.31	0.22	14.27	4.32
老挝	1.25	1.03	7.78	1.33	0.00	0.28	0.96	0.20	1.01	7.89
马来西亚	0.64	0.55	1.00	2.08	0.84	0.75	0.76	2.41	2.19	0.61
缅甸	1.99	0.10	2.85	3.18	0.00	0.02	0.45	0.03	2.61	1.78
泰国	2.17	0.66	1.44	0.30	0.02	0.91	1.16	1.65	1.77	1.36
文莱	0.03	0.13	0.11	17.89	0.00	0.49	0.16	0.08	0.24	0.18
新加坡	0.25	0.33	0.18	1.36	0.02	1.25	0.21	0.68	0.84	1.24
印度尼西亚	1.44	0.91	2.72	2.73	1.61	0.60	1.37	0.53	2.68	1.38
越南	1.73	0.25	0.72	0.21	0.01	0.17	0.86	1.48	5.33	2.08
孟加拉国	0.28	0.29	0.21	0.01	0.00	0.03	0.38	0.01	11.18	0.03
斯里兰卡	1.69	0.52	0.51	0.04	0.06	0.09	0.70	0.08	4.38	0.11
印度	1.04	0.32	0.71	0.61	0.03	1.02	1.73	0.29	1.52	0.75
巴基斯坦	1.11	0.05	0.42	0.10	0.01	0.14	1.62	0.02	2.34	0.53
马尔代夫	0.14	0.00	0.00	0.03	0.00	0.00	0.00	0.00	0.00	0.00

国家	SICT0	SICT1	SICT2	SICT3	SICT4	SICT5	SICT6	SICT7	SICT8	SICT9
伊朗	0.81	0.03	1.56	8.30	0.00	1.20	0.61	0.02	0.07	3.65
伊拉克	0.05	0.00	0.03	12.82	0.00	0.01	0.00	0.00	0.00	2.16
科威特	0.13	0.10	0.19	13.90	0.00	0.92	0.07	0.02	0.11	0.15
阿曼	0.63	0.39	1.38	8.86	0.08	1.06	0.89	0.07	0.21	0.13
卡塔尔	0.02	0.01	0.30	15.52	0.00	1.51	0.50	0.03	0.19	3.86
沙特阿拉伯	0.33	0.24	0.34	9.82	0.02	2.13	0.33	0.04	0.08	0.34
阿联酋	0.42	0.40	0.47	3.49	0.03	0.42	0.96	0.15	0.43	4.33
巴林	0.83	0.31	1.04	3.40	0.00	0.73	2.95	0.09	0.78	0.31
也门	4.09	0.35	1.09	2.12	0.12	0.15	0.12	0.03	0.12	18.35
埃及	1.27	0.26	0.53	0.93	0.06	0.54	0.61	0.10	0.63	1.56
索马里	1.40	0.00	0.24	0.00	0.00	0.00	0.00	0.01	0.00	0.46
苏丹	1.61	0.14	1.88	0.55	0.04	0.02	0.03	0.01	0.01	7.39
吉布提	0.48	0.00	0.57	0.05	0.01	0.05	0.03	0.01	0.01	1.07
厄立特里亚	0.06	0.00	6.98	0.00	0.00	0.00	0.05	0.00	0.10	3.27
肯尼亚	2.57	0.84	2.05	0.27	0.02	0.20	0.19	0.04	0.57	0.27
坦桑尼亚	2.28	5.62	2.20	0.05	0.02	0.10	0.74	0.02	0.19	6.17
莫桑比克	1.50	6.83	3.44	2.82	0.07	0.13	2.00	0.02	0.10	2.50

资料来源：根据联合国贸易数据库的数据计算而得，https://comtrade.un.org/。

（1）中国出口侧贸易互补性分析。经过整理产业的显示性比较优势指数可知，我国具有出口优势的产业是非食用原料（燃料除外）（SICT2）、机械及运输设备类（SICT7）、未分类商品（SICT9）。因此，从出口侧考虑，这三类产业应该是我国与"海丝路"沿线国家开展国际产能合作的重点产业。

且从表4-36观察可知，对于SICT2类产业，产业显示性比较优势指数与我国差距值排名前五的国家是文莱、索马里、新加坡、伊拉克、科威特等国家；对于SICT7类产业，与我国贸易互补性比较显著的国家是索马里、也门、文莱、马尔代夫、伊拉克等国；对于SICT9类产业，与我国贸易互补性排名前五的国家是索马里、也门、马尔代夫、坦桑尼亚、印度尼西亚。由此，可以得出一个结论，从出口侧考虑，我国与"海丝路"沿线国家开展国际产能合作的重点国家主要是文莱、索马里、也门、马尔代夫、新加坡、伊拉克、坦桑尼亚。

表 4 - 36　　　　　　　　　中国出口侧贸易互补性国家

SICT2	RCA	SICT7	RCA	SICT9	RCA
文莱	0.1159	索马里	0.0862	索马里	0.0390
索马里	0.1216	也门	0.3654	也门	0.1377
新加坡	0.1528	文莱	0.5073	马尔代夫	0.3990
伊拉克	0.2175	马尔代夫	0.5608	坦桑尼亚	0.4302
科威特	0.3004	伊拉克	0.5860	印度尼西亚	0.5636
厄立特里亚	0.3344	卡塔尔	0.5900	越南	0.6453
沙特阿拉伯	0.3800	科威特	0.5976	莫桑比克	0.7170
也门	0.3834	沙特阿拉伯	0.7401	马来西亚	0.7251
阿联酋	0.4542	厄立特里亚	0.7595	厄立特里亚	0.7845
老挝	0.4560	孟加拉国	0.8076	科威特	0.8064
缅甸	0.4849	伊朗	0.8103	伊拉克	0.8399
苏丹	0.6246	阿联酋	0.8319	苏丹	0.8941
泰国	0.6858	印度	0.8379	伊朗	0.9116
马尔代夫	0.6866	泰国	0.8767	孟加拉国	0.9208
卡塔尔	0.7117	印度尼西亚	0.9176	菲律宾	0.9375
柬埔寨	0.7933	巴林	0.9461		
伊朗	0.8543	新加坡	0.9539		
马来西亚	0.8596	柬埔寨	0.9944		
坦桑尼亚	0.8867				
斯里兰卡	0.9707				

资料来源：根据联合国贸易数据库的数据计算而得，https：//comtrade. un. org/。

（2）中国进口侧贸易互补性分析。经过整理产业比较劣势指数可知，进口侧我国比较具有竞争力的产业主要有三类，按原料分类的制成品类（SICT6）、机械及运输设备类（SICT7）、杂项制品（SICT8）。因此，从进口侧考虑，这三类产业应该是我国寻求国际产能合作的重点产业。

另外，观察表 4 - 37 可知，对于 SICT6 类产业，与我国最具贸易互补性的国家分别是马尔代夫、索马里、伊拉克、吉布提、苏丹等国；对于 SICT7 类产业来说，与我国最具贸易互补性的国家分别是马尔代夫、伊拉克、厄立特里亚、苏丹、吉布提；对于 SICT8 类产业而言，与我国贸易互补性最为显著的国家是马尔代夫、索马里、伊拉克、吉布提、苏丹等国。由此，可以发现，从进口侧考虑，我国与"海丝路"沿线国家开展国际产能合作的重点国家主要是马尔代夫、索马里、伊拉克、吉布提、苏丹、厄立特里亚。

表 4 – 37　　　　　　　　　中国进口侧贸易互补性国家

SICT6	RCA	SICT7	RCA	SICT8	RCA
马尔代夫	0.00040	马尔代夫	0.00114	马尔代夫	0.00136
索马里	0.00477	伊拉克	0.00194	索马里	0.00273
伊拉克	0.00478	厄立特里亚	0.00255	伊拉克	0.00448
吉布提	0.02985	苏丹	0.00872	吉布提	0.01280
苏丹	0.03338	吉布提	0.00953	苏丹	0.01388
厄立特里亚	0.04788	孟加拉国	0.01211	伊朗	0.07150
科威特	0.06609	索马里	0.01217	沙特阿拉伯	0.08291
也门	0.11786	坦桑尼亚	0.01529	厄立特里亚	0.09585
文莱	0.16076	莫桑比克	0.01910	莫桑比克	0.10266
肯尼亚	0.18918	科威特	0.02014	科威特	0.10825
新加坡	0.20796	伊朗	0.02190	也门	0.11556
柬埔寨	0.30523	巴基斯坦	0.02279	坦桑尼亚	0.18575
沙特阿拉伯	0.32715	卡塔尔	0.02657	卡塔尔	0.18835
菲律宾	0.36668	缅甸	0.03145	阿曼	0.20743
孟加拉国	0.38287	也门	0.03225	文莱	0.24341
缅甸	0.45047	沙特阿拉伯	0.03630	阿联酋	0.43252
卡塔尔	0.50156	肯尼亚	0.03962	肯尼亚	0.57142
埃及	0.60614	阿曼	0.06573	埃及	0.62712
伊朗	0.61327	文莱	0.07546	巴林	0.78370
斯里兰卡	0.70253	斯里兰卡	0.07867	新加坡	0.84239
坦桑尼亚	0.74267	巴林	0.08555		
马来西亚	0.75788	埃及	0.09951		
越南	0.86086	阿联酋	0.14975		
阿曼	0.88598	老挝	0.20297		
老挝	0.96093	柬埔寨	0.22421		
阿联酋	0.96425	印度	0.28881		

续表

SICT6	RCA	SICT7	RCA	SICT8	RCA
		印度尼西亚	0.52523		
		新加坡	0.67945		

资料来源：根据联合国贸易数据库的数据计算而得，https：//comtrade. un. org/。

通过对比中国与各国的产业竞争力优势指数及劣势指数之间的差距值可知，在32个"海丝路"国家中，不管是出口侧还是进口侧，大多数都与中国存在着较强的产业合作潜力，只是侧重点有所区别。一方面，从出口侧考虑，中国与菲律宾的重点合作产业是食品及活动物、按原料分类的制成品以及杂项制品，即水果、动物、加工食品、手工制品、服装等产业，而与马来西亚的重点合作产业则是非食用原料（燃料除外）、动植物油脂及蜡类、杂项制品。与各国的重点合作产业目录如表4－38所示。

表4－38　　　　　　　　　　出口侧中国与各国重点合作产业

序号	国家	重点合作产业
1	菲律宾	食品及活动物、按原料分类的制成品、杂项制品
2	柬埔寨	食品及活动物、饮料及烟类、按原料分类的制成品
3	老挝	食品及活动物、饮料及烟类、非食用原料（燃料除外）
4	马来西亚	非食用原料（燃料除外）、动植物油脂及蜡类、杂项制品
5	缅甸	食品及活动物、饮料及烟类、按原料分类的制成品
6	泰国	食品及活动物、饮料及烟类、动植物油脂及蜡类
7	文莱	非食用原料（燃料除外）、机械及运输设备、未分类商品
8	新加坡	非食用原料（燃料除外）、动植物油脂及蜡类、未分类商品
9	印度尼西亚	食品及活动物、非食用原料（燃料除外）、未分类商品
10	越南	食品及活动物、饮料及烟类、非食用原料（燃料除外）
11	孟加拉国	食品及活动物、非食用原料（燃料除外）、按原料分类的制成品
12	斯里兰卡	食品及活动物、非食用原料（燃料除外）、按原料分类的制成品
14	巴基斯坦	非食用原料（燃料除外）、化学成品及有关产品类、按原料分类的制成品
15	马尔代夫	饮料及烟类、非食用原料（燃料除外）、动植物油脂及蜡类
16	伊朗	食品及活动物、饮料及烟类、非食用原料（燃料除外）
17	伊拉克	非食用原料（燃料除外）、动植物油脂及蜡类、杂项制品
18	科威特	食品及活动物、非食用原料（燃料除外）、机械及运输设备类

序号	国家	重点合作产业
19	阿曼	食品及活动物、饮料及烟类、非食用原料（燃料除外）
20	卡塔尔	非食用原料（燃料除外）、动植物油脂及蜡类、未分类商品
21	沙特阿拉伯	食品及活动物、非食用原料（燃料除外）、杂项制品
22	阿联酋	非食用原料（燃料除外）、杂项制品、未分类商品
23	巴林	食品及活动物、饮料及烟类、杂项制品
24	也门	食品及活动物、饮料及烟类、非食用原料（燃料除外）
25	埃及	食品及活动物、动植物油脂及蜡类、化学成品及有关产品类
26	索马里	非食用原料（燃料除外）、动植物油脂及蜡类、未分类商品
27	苏丹	食品及活动物、按原料分类的制成品、杂项制品
28	吉布提	食品及活动物、化学成品及有关产品类、杂项制品
29	厄立特里亚	食品及活动物、非食用原料（燃料除外）、动植物油脂及蜡类
30	肯尼亚	食品及活动物、按原料分类的制成品、杂项制品
31	坦桑尼亚	食品及活动物、饮料及烟类、按原料分类的制成品
32	莫桑比克	食品及活动物、饮料及烟类、按原料分类的制成品

资料来源：根据计算结果整理而得。

　　另一方面，从进口侧考虑，中国与各国重点合作产业如表 4 - 39 所示，主要集中在按原料分类的制成品、动植物油脂及蜡类、机械及运输设备类、杂项制品等产业，例如，中国与孟加拉国的重点合作的是按原料分类的制成品、机械及运输设备类、杂项制品等产业，而与缅甸合作的重点则是非食用原料、动植物油脂及蜡类、按原料分类的制成品等产业。并且，从区域分布来看，东南亚航线各国与中国在进口侧合作的重点主要在于按原料分类的制成品、杂项制品、未分类商品、食品及活动物等产业；南亚及波斯湾航线各国与中国在进口侧合作的重点集中在动植物油脂及蜡类、按原料分类的制成品、机械及运输设备类、杂项制品等产业；红海湾及印度洋西岸航线各国与中国在进口侧合作的重点则在按原料分类的制成品、机械及运输设备类、杂项制品、未分类商品等产业。

表 4 - 39　　　　　　　　　进口侧中国与各国重点合作产业

序号	国家	重点合作产业
1	菲律宾	非食用原料（燃料除外）、按原料分类的制成品、杂项制品
2	柬埔寨	按原料分类的制成品、杂项制品、未分类商品

续表

序号	国家	重点合作产业
3	老挝	按原料分类的制成品、杂项制品、未分类商品
4	马来西亚	动植物油脂及蜡类、杂项制品、未分类商品
5	缅甸	非食用原料、动植物油脂及蜡类、按原料分类的制成品
6	泰国	食品及活动物、按原料分类的制成品、杂项制品
7	文莱	动植物油脂及蜡类、按原料分类的制成品、杂项制品
8	新加坡	按原料分类的制成品、机械及运输设备类、杂项制品
9	印度尼西亚	非食用原料、动植物油脂及蜡类、按原料分类的制成品
10	越南	食品及活动物、按原料分类的制成品、未分类商品
11	孟加拉国	按原料分类的制成品、机械及运输设备类、杂项制品
12	斯里兰卡	食品及活动物、按原料分类的制成品、机械及运输设备类
13	印度	按原料分类的制成品、机械及运输设备类、杂项制品
14	巴基斯坦	按原料分类的制成品、机械及运输设备类、杂项制品
15	马尔代夫	动植物油脂及蜡类、按原料分类的制成品、杂项制品
16	伊朗	动植物油脂及蜡类、按原料分类的制成品、杂项制品
17	伊拉克	动植物油脂及蜡类、按原料分类的制成品、杂项制品
18	科威特	矿物燃料、润滑油及有关原料、按原料分类的制成品、杂项制品
19	阿曼	动植物油脂及蜡类、按原料分类的制成品、杂项制品
20	卡塔尔	动植物油脂及蜡类、按原料分类的制成品、杂项制品
21	沙特阿拉伯	动植物油脂及蜡类、按原料分类的制成品、杂项制品
22	阿联酋	按原料分类的制成品、杂项制品、未分类商品
23	巴林	动植物油脂及蜡类、按原料分类的制成品、杂项制品
24	也门	按原料分类的制成品、杂项制品、未分类商品
25	埃及	按原料分类的制成品、机械及运输设备类、杂项制品
26	索马里	按原料分类的制成品、机械及运输设备类、杂项制品
27	苏丹	按原料分类的制成品、杂项制品、未分类商品
28	吉布提	按原料分类的制成品、机械及运输设备类、杂项制品、
29	厄立特里亚	按原料分类的制成品、杂项制品、未分类商品
30	肯尼亚	按原料分类的制成品、杂项制品、未分类商品
31	坦桑尼亚	按原料分类的制成品、杂项制品、未分类商品
32	莫桑比克	非食用原料、按原料分类的制成品、杂项制品

资料来源：根据计算结果整理而得。

在进行产业互补性和产业竞争力分析后可知，中国与"海丝路"沿线 32 个国家产能合作潜力巨大，应将资源及劳动密集型、资本及技术密集型产业作为我国与"海丝路"沿线国家产能合作的重点领域。在资源与劳动密集型产业领域，我国可以加大食品加工、能源资源和农产品加工的合作。例如可与资源丰富的国家进行矿产资源的合作开发并扩展至上下游产业，农产品可以输出到当地再进行加工合作。对于资本及技术密集型产业领域，我国可根据各国的优势在水泥、核电、钢铁等资源领域进行合作，扩大该类资本和技术领域的国际市场占有份额。

因此，综合考虑各国的经济发展水平、资源优势、产业结构及市场等因素，我国和"海丝路"沿线国家可以在基础设施、工程机械、电力、建材、通信、工业园区等领域共同开展合作，通过产能合作的形式将国内的优质富余产能输出到"海丝路"沿线国家。将我国现有优质富余产能输出，可以提高我国的国际分工地位，优化国内产业结构，也可以进一步帮助周边国家加快基础设施建设，实现共同发展，互利共赢。中国与"海丝路"沿线国家重点合作产业如表 4 - 40 表示。

表 4 - 40　　　中国与"海丝路"沿线国家重点合作产业

产业	国家
食品及活动物 SICT0	也门、肯尼亚、缅甸、苏丹、莫桑比克、吉布提、柬埔寨、埃及、厄立特里亚、老挝
饮料及烟类 SICT1	莫桑比克、坦桑尼亚、吉布提、柬埔寨、缅甸
非食用原料（燃料除外） SICT2	老挝、厄立特里亚、莫桑比克、缅甸、印度尼西亚、坦桑尼亚、肯尼亚、苏丹、柬埔寨、伊朗、巴基斯坦、吉布提
动植物油脂及蜡类 SICT3	文莱、卡塔尔、科威特、伊拉克、沙特阿拉伯、阿曼、伊朗、阿联酋、巴林、缅甸
矿物燃料、润滑油及有关原料类 SICT4	印度尼西亚、吉布提
化学成品及有关产品类 SICT5	沙特阿拉伯、卡塔尔、新加坡、伊朗、吉布提、莫桑比克、肯尼亚、苏丹、埃及、巴基斯坦、坦桑尼亚、缅甸、斯里兰卡
按原料分类的制成品类 SICT6	巴林、莫桑比克、印度、巴基斯坦、印度尼西亚、吉布提、莫桑比克、柬埔寨、肯尼亚、斯里兰卡、埃及、缅甸、苏丹、孟加拉国
机械及运输设备类 SICT7	马来西亚、泰国、菲律宾、越南、吉布提、莫桑比克、肯尼亚、埃及、巴基斯坦、老挝、苏丹、缅甸、坦桑尼亚

产业	国家
杂项制品 SICT8	柬埔寨、孟加拉国、越南、斯里兰卡、印度尼西亚、缅甸、巴基斯坦、马来西亚、泰国、印度、吉布提、莫桑比克、肯尼亚、苏丹、坦桑尼亚、菲律宾、伊拉克、埃及、阿联酋
未分类商品 SICT9	也门、老挝、苏丹、坦桑尼亚、阿联酋、柬埔寨、卡塔尔、伊朗、厄立特里亚、莫桑比克、吉布提、文莱、印度、埃及、巴林

资料来源：根据计算结果整理而得。

（三）中国与"海丝路"沿线国家产能合作的进展

根据"海丝路"沿线各国情况，结合中国《关于推进国际产能和装备制造合作的指导意见》，中国重点在钢铁、建材、铁路、电力、化工、轻纺、汽车等12个行业与"海丝路"沿线国家开展国际产能和装备制造合作，在发挥资金、技术、装备等比较优势的前提下，与"海丝路"沿线国家对接产能供给与需求，谋求实体经济与国家基础设施的共同发展，从而实现优势互补、互利共赢。

1. 产能合作增长迅速

从直接投资方面来看，2013～2018年，我国企业对"一带一路"沿线国家直接投资超过900亿美元，年均增长5.2%。在沿线国家新签对外承包工程合同额超过6 000亿美元，年均增长11.9%。其中2018年全年对外直接投资1 298亿美元，增长4.2%。对外投资结构持续优化，主要流向租赁和商务服务业、制造业、批发和零售业、采矿业，对"一带一路"沿线国家直接投资156亿美元，增长8.9%，占比升至13%。对外投资方式不断创新，实施并购405起，实际交易额703亿美元，实物投资、股权置换、联合投资、特许经营等方式呈良好发展态势。对外承包工程带动东道国经济社会发展和我国出口，全年完成营业额1 690亿美元，主要集中在交通、运输、建筑、电力行业，占比2/3，既促进了东道国基础设施建设，创造当地就业岗位84万个，又带动了我国设备材料出口170亿美元，增长10.4%。

从进出口方面来看，2013～2018年，我国与"一带一路"沿线国家货物贸易总额超过6万亿美元，年均增长4%，高于同期中国对外贸易增速，占我国货物贸易总额的比重达到27.4%。"丝路电商"正在成为国家间经贸合作的新渠道。中国已经和17个国家建立了双边电子商务合作机制，在金砖国家等多边机制下，形成了电子商务合作文件，企业对接和品牌培育等实质性步伐加快。同时，跨境电商等新业态、新模式也为"一带一路"贸易畅通提供了新的动力。

从对外承包工程来看，一批铁路、公路、港口等重大基础设施项目建成，比如马尔代夫的中马友谊大桥通车、亚吉铁路开通运营，瓜达尔港具备完全作业能力，受到当地人民的普遍欢迎。能源、资源合作、制造业领域大项目顺利推进，部分已经竣工投产。

2. 产能合作机制逐步增强

从国家政策层面来看，《愿景和行动》为开展国际产能合作提供了全面的顶层设计思路，对中国与"海丝路"沿线国家在产业合作、产业链国际布局分工、跨境产业园区建设等领域指明了方向和重点。国务院印发的《关于推进国际产能和装备制造合作的指导意见》明确了国际产能和装备制造合作的任务和领域，指明要坚持企业主导，重点发展钢铁、有色金属、建材、铁路、电力、化工、轻纺、汽车、通信、工程机械、航空航天、船舶和海洋工程等12大产业。到目前为止，中国政府在金融服务、中国制造"走出去"、"一带一路"建设等多个方面出台了至少11份与产能合作相关的政策文件，为国际产能合作提供了有力的政策支持。

从产能合作机制建立的层面来看，中国建立了三个层面的产能合作机制。一是国家级双边及多边产能合作机制。通过对接东盟、非盟、欧盟等区域组织建立多边合作机制，由国家发展改革委牵头与17个国家建立双边产能合作机制，与法国、韩国等发达经济体建立第三方合作机制。二是建立中央与地方协同联动机制。为调动地方积极性，国家发展改革委与江西、河北等10多个省委协同联动，分别签署合作协议推进各项政策落地实施。三是建立央企与民企、各类协会协同推进机制。由政府牵头与各行业的专业协会建立协同机制，发挥行业协会的桥梁作用，组织推动央企、民企"走出去"，推进国际产能合作的全面实施。

目前，中国对外双边产能合作机制步入正轨，多边产能合作机制得到极大扩展。在双边层面，中国同37个国家签署了产能合作协议，"海丝路"沿线有26个国家包含其中（见表4-41），占比超过70%。中国与这些国家依托重大工程项目和园区建设，巩固了双边产能合作机制的基础。在多边层面，中国积极推动《澜湄国家产能合作联合声明》《中国—东盟产能合作联合声明》等区域、次区域合作重要文件的联合签署，邀请相关国家共同推进产能合作的重点领域和重大项目，打造多方共赢的新局面。

表4-41　　　　"海丝路"沿线国家与中国的产能合作协议

航线	国家	产能合作协议
中国至东南亚	菲律宾	2016年10月《中国国家发展改革委和菲律宾国家经济发展署关于开展产能与投资合作的谅解备忘录》
	柬埔寨	2016年10月《关于共同推动产能与投资合作重点项目的谅解备忘录》

续表

航线	国家	产能合作协议
中国至东南亚	老挝	2016 年 5 月《中老关于促进产能与投资合作的谅解备忘录》
	马来西亚	2015 年 11 月《关于加强产能与投资合作的协定》
	缅甸	2017 年 5 月《中国商务部与缅甸商务部关于建设中缅边境经济合作区的谅解备忘录》
	文莱	2014 年 9 月《文莱—广西经济走廊经贸合作备忘录》
	印度尼西亚	2015 年 3 月《中印尼基础设施与产能合作谅解备忘录》
	越南	2015 年 11 月《关于促进产能合作的谅解备忘录》，2016 年 9 月《关于中越产能合作项目清单的谅解备忘录》
中国至南亚及波斯湾	孟加拉国	2016 年 10 月《中国与孟加拉国关于开展"一带一路"倡议下合作的谅解备忘录》
	斯里兰卡	2016 年 4 月《中国商务部与斯里兰卡发展战略与国际贸易部关于全面推进投资与经济技术合作谅解备忘录》
	印度	2014 年 7 月《中国商务部与印度共和国商工部关于在印度开展产业园区合作的谅解备忘录》
	巴基斯坦	2013 年 5 月《关于开展中巴经济走廊远景规划合作的谅解备忘录》；2015 年 4 月中巴两国在习近平主席访问期间达成总值 460 亿美元的能源、基础设施投资计划
	马尔代夫	2014 年 12 月《中国和马尔代夫关于在中马经贸联委会框架下共同推进"21 世纪海上丝绸之路"建设的谅解备忘录》；2017 年 12 月《中国和马尔代夫关于共同推进"一带一路"建设的谅解备忘录》
	伊朗	2016 年 1 月签署《中国和伊朗伊斯兰共和国关于共同推进丝绸之路经济带和 21 世纪海上丝绸之路建设的谅解备忘录》及《中国与伊朗伊斯兰共和国工业、矿产和贸易部关于加强产能、矿产和投资合作谅解备忘录》
	科威特	2014 年 6 月，中国石化集团公司与科威特石油公司在北京人民大会堂签署合作谅解备忘录，继续深化在原油贸易及储备、炼化项目、石油与炼化工程服务等领域的合作
	阿曼	2016 年 5 月签署《中国—阿曼（杜古姆）产业园投资协议》，该产业园是中国宁夏回族自治区主导的境外产业园区，阿曼是"一带一路"交汇节点国家，产能平台在当地设立可以依托阿曼辐射周边国家，如阿联酋、也门、沙特阿拉伯和科威特等
	卡塔尔	2008 年 3 月《中国国家发展改革委与卡塔尔能源工业部关于加强能源合作的谅解备忘录》

航线	国家	产能合作协议
中国至南亚及波斯湾	沙特阿拉伯	2016 年 1 月《中华人民共和国政府与沙特阿拉伯王国政府关于共同推进丝绸之路经济带和 21 世纪海上丝绸之路以及开展产能合作的谅解备忘录》
	阿联酋	2017 年 7 月签署《中阿（联酋）产能合作示范园投资协议》，由中国江苏省主导
	巴林	2015 年 9 月巴林经济发展委员会与中国国际贸易促进委员会签署谅解备忘录，推动银行与金融业、制造业和信息通信技术业等领域投资项目的发展
中国至红海湾及印度洋西岸	埃及	2015 年 9 月签署《中埃产能合作框架协议》
	苏丹	2016 年 5 月中国中核集团与苏丹水电部签署了合作框架协议
	吉布提	2015 年 3 月中国招商国际与吉布提自贸区签署《吉布提自贸区项目合作框架协议》
	肯尼亚	2015 年 9 月《中国广核集团有限公司与肯尼亚核电局关于肯尼亚核电开发合作的谅解备忘录》
	坦桑尼亚	2015 年 4 月中国与坦桑尼亚草签《关于产能合作框架协议》
	莫桑比克	2016 年 5 月《中国石油天然气集团公司与莫桑比克国家石油公司合作框架协议》

资料来源：根据中国政府网站公开信息整理而得。

3. 产能合作项目与园区建设稳步推进

中国与"海丝路"沿线国家在钢铁、有色、建材等领域开展了重大项目合作，利用中国装备和技术解决当地困难（见表 4 - 42）。例如东南亚的铁路建设订单与水电站合作项目，南亚及波斯湾航线诸国的油气合作与港口、码头建设项目，非洲国家的水电、铁路项目等。截至 2018 年，中国企业在"一带一路"沿线 24 个国家建立了境外经贸合作区 82 个（其中"海丝路"沿线国家 23 个）[1]。截至 2019 年 9 月，境外经贸合作区带动投资累计 300 亿美元，带动东道国就业近 30 万人，成为当地经济增长、产业集聚的重要平台[2]。当前中国已经把"海

---

[1] 杨挺、郭思文、李明彦：《2018 中国对外直接投资的特征》，载于《中国贸易报》2019 年 2 月 21 日。

[2] 《中国企业对"一带一路"沿线国家投资累计超 1 000 亿美元》，新华社，2019 年 9 月 30 日。

丝路"沿线国家作为装备、技术、服务和品牌的重要海外市场和对外投资的重要目的地,同时也给当地带来了民生福祉的改善,例如升级基础设施、提升生产能力、创造就业机会、带动产业发展与转型等。

表 4 – 42   中国与"海丝路"沿线国家的重大工程与园区建设

航线	国家	重大工程	中国境外经贸合作区
中国至东南亚	柬埔寨	亚非欧 1 号(AAE – 1)海底光缆竣工、中国援建 62 号公路修复项目	西哈努克港经济特区
	老挝	老挝南乌江流域、南康 3 水电站开发协议、中老铁路	万象赛色塔综合开发区
	马来西亚	马来西亚南部铁路	马中关丹产业园
	缅甸	中缅皎漂油气管道项目、水津水电站	
	泰国	泛亚铁路泰国段将得到改造、升级	泰中罗勇工业园
	印度尼西亚	雅万高铁	中国·印尼经贸合作区、中国·印尼综合产业园区青山园区、中国·印尼聚龙农业产业合作区、华夏幸福印尼卡拉旺产业园
	越南	平顺省永新燃煤电厂	越南龙江工业园中国·越南(深圳—海防)经贸合作区
中国至南亚及波斯湾	孟加拉国	帕德玛大桥、中国内燃动车组项目牵引及网络控制系统出口孟加拉国	
	斯里兰卡	建设中的南亚第一大港汉班托特港、首都科伦坡南港码头	
	马尔代夫	中马友谊大桥(通车)	
	印度		特变电工(印度)绿色能源产业园
	巴基斯坦	瓜达尔港(具备完全作业能力)、"中巴友谊路"喀喇昆仑公路改扩建工程	巴基斯坦海尔—鲁巴经济区、巴基斯坦开普省拉沙卡伊特别经济区
	伊朗	首都德黑兰地铁	
	沙特阿拉伯	沙特阿拉伯延布炼厂	
	阿联酋	中国公司石油仓储合资项目	中国—阿联酋产能合作示范园区

航线	国家	重大工程	中国境外经贸合作区
中国至红海湾及印度洋西岸	埃及	EETC500 千伏输电线路项目	埃及苏伊士经贸合作区
	苏丹	非洲目前在建的最大水电项目麦洛维大坝	
	吉布提	埃塞俄比亚的斯亚贝巴—吉布提铁路（开通运营）	吉布提国际自贸区
	肯尼亚	蒙内铁路建成通车、东非第一大港蒙巴萨港	

资料来源：重大工程项目数据来源于网络，园区数据来自中国商务部。

以基建、能源合作为重点，中国在境外建立的经贸合作区是重要的产能合作载体，是中国企业在海外打造产业集群的"走出去"平台。当前"一带一路"沿线项目陆续进入落地密集期，能源、资源合作、制造业领域大项目顺利推进，部分已经竣工投产，中国推动的产能合作将在未来成为中国大型企业"走出去"的主要方向。中国央属企业与"一带一路"沿线 20 多个国家和地区承建了包括中俄、中哈、中缅原油管道，中俄、中亚、中缅的燃气输送管线等在内的 60 多个能源项目和油气合作项目。近些年来，央属企业还在"一带一路"沿线国家和地区承建了大批火电站、水电站、核电站以及电网等。

4. 产能合作支撑平台初步建成

"海丝路"沿线国家大多处于工业化进程初期，市场潜力较大，吸引外资意愿强烈。中国充分利用进出口银行和国家开发银行等政策性银行、丝路基金、国际产能合作基金、亚投行等金融机构的支撑作用，通过《关于协同推进"一带一路"产能合作框架协议》，创新融资渠道，推动各类金融机构采取多种方式支持产能合作项目，使得中国与"海丝路"沿线国家在资金层面获得保障。中资银行机构 2015～2017 年对"一带一路"相关建设项目发放贷款超过 2 000 亿美元，累计授信近 4 000 亿美元。其中，中国国家开发银行截至 2016 年底累计发放贷款超过 1 700 亿美元，余额超过 1 100 亿美元，与"一带一路"相关合作方签署 140 余项协议。中国出口信用保险公司对产能合作重大项目应保尽保，2018 年上半年与 257 家银行合作，支持企业获得保单融资约 193 亿美元，其中对"一带一路"沿线国家和地区的承保规模占到总承保金额的 1/4。[①] 与此同时，中国自 2008 年以来先后与 22 个"一带一路"沿线国家签署了本币互换协议，与 8 个

---

① 安永会计师事务所：《共商共建共享"一带一路"五年：中国是否可让世界更美好？》，载于《引航》第二期报告，2018 年 9 月 21 日。

"一带一路"沿线国家实现了货币的直接交易，在 7 个 "一带一路" 沿线国家建立了当地的人民币清算安排，指定了当地的人民币清算行。[①] 这些举措极大地推动了中国国际产能合作进程，为合作提供了有力的金融支撑。中国充分发挥各类政府机构和派出驻外机构以及行业协会的作用，为产能合作提供政策服务支撑，为企业国际产能合作的顺利开展提供外交、信息、商事等综合全面的服务。

5. 产能合作的投资环境逐步改善

尽管区域投资仍存在不稳定因素，但是中国与 "海丝路" 沿线国家已经通过共同努力逐步加强了机制建设，逐步改善了投资环境，中国企业对外投资所面临的法律和责任风险已经通过加强机制建设得到改善。截至 2016 年底，中国与 56 个沿线国家签署了双边投资协定，为企业跨国合作和投资提供法律保障；与 54 个沿线国家签署了避免双重征税协定，有效地促进了资本、技术、人员等要素的有序流动和优化配置。此外，中国大力推广被广泛认为是保护外国投资者最重要且最有效方式的国际投资协定（BIT）。截至 2018 年 2 月，我国已和 57 个 "一带一路" 沿线国家签订 BIT。同时，中国积极促成商务签证标准化合作协议、签证便利化协议等各类合作文件，营造良好的产能合作政策环境。中国与 "海丝路" 沿线国家的国际产能合作已经在不少领域取得了突破性进展，比如，中国政府通过不断深化简政放权、放管结合改革，已经有 95%以上的外商投资项目和 98%以上的境外投资项目实现网上备案管理，企业跨境投融资和对外贸易便利化程度持续提高。

（四）中国与 "海丝路" 沿线国家产能合作中遇到的困难和障碍

产能合作是一种全新的国际合作方式，目前属于合作探索初期，产能合作的界定、实施以及相应的制度体系建设都需要时间。"海丝路" 沿线的战略伙伴国家对中国提出的产能合作尚处于初步尝试的审视期，因此国际产能合作的双边及多边管理体制出台需要一定磨合期。中国企业 "走出去" 海外投资产能合作项目仍然面临着当地产业配套能力弱、市场化程度不高或政策法规缺失以及差异性文化等带来的一系列社会问题，市场需求和生态链条都处于培育之中。国际产能合作在推进过程中仍然存在诸多的不确定因素，存在许多困难和阻碍。

1. 国际国内宏观环境错综复杂

中国经济正处于一个从数量提升到质量提升的转型时期，前期政策的消化、经济转型调整的阵痛以及经济增长速度的缓滞造成了这个特定阶段的特殊性。中

---

① 田国立：《打通 "一带一路" 金融大动脉》，人民网，2017 年 9 月 18 日。

国亟须一个突破口来解决经济增速下行、增长动力不足、新旧动能转换、技术创新增长缓慢等矛盾。国际上全球经济增长动力疲软，美国经济复苏迹象不明朗，欧洲、日本、俄罗斯经济出现萎缩迹象，主要新兴经济体增长放缓，资源依赖型经济体受国际市场影响较大，"海丝路"沿线国家对产能合作的需求很大程度上并未释放。

（1）主要经济体增长乏力导致国际产能合作竞争激烈。高铁、核电等技术、资金密集型产业以及油气等资源密集型产业，是中国对外产能合作的重点发展领域，同时也是发达国家争相逐鹿的领域。例如，高铁市场上当前形成了"中、日、欧"三足鼎立的局面。在东南亚市场上，中泰高铁、印度尼西亚雅万高铁等，中日之间的竞争非常激烈。印度高铁全球招标，中国与德、法等国企业竞争激烈。核电是敏感技术，东道国招标除了考虑技术问题往往还连带考虑政治因素。法国、俄罗斯等在核电市场上不遗余力，例如南非政府招标800亿美元的核电站项目，吸引了中、法、俄、美等多国公司的竞标。

（2）政治与经济环境变化导致风险的不确定性。复杂的政治因素诸如分裂主义、部族矛盾、民族矛盾、党派斗争等，不同的宗教信仰甚至经济法规政策的不同，都会埋下一些安全隐患，导致投资合作的风险存在不确定性。"海丝路"沿线部分国家区位优势明显、资源丰富、要素成本低、市场潜力大，中国有许多重大的建设项目投资额较大、周期较长，一旦受到上述政治、经济风险因素干扰，会对项目造成较大的损失，尤其是中国对外产能合作前期着重投资的基础设施建设等重要领域。例如，中国在缅甸水电站项目的搁置、中国公司在墨西哥高铁项目遭反对党质疑中标被取消、中泰铁路因为泰国政局变化出现周折等。此外，"海丝路"沿线部分国家经济欠发达，工业化程度和发展水平低，市场化程度不高，市场规则薄弱、政策不连续不稳定等都会成为产能合作的阻碍。

2. 产能合作机制体制不完善

目前，关于国际产能合作的体制机制以及政策支持体系尚待完善，对外投资合作的市场运作和合作机制也尚未成熟，政府服务转型也稍显滞后，地方与中央的促进政策并不完全成体系，这导致中国企业的海外投资和合作项目可能面临偏高的风险。

（1）国内体制机制不健全。中国关于国际产能合作的政策出台时间不长，各种政府支持政策并未及时到位，关于推动国际产能合作的机制不清晰，目前仍然在探索中。先期去海外开展产能合作的企业都是大型国有企业，但是涉及国有企业的海外投资管理体制机制一直处于"放"与"管"的摸索之中。仅仅国内投资项目审批监管都涉及16个中央部委，更别提海外投资项目，审批程序的烦琐以及多重管辖，使得产能合作机制在短期内不可能实现明晰的框架。国际产能合作需要政府推动，也需要企业配合参与，更离不开市场化运作，一个有效的运转机制是必不可少的。中国在促进对外投资体制机制、政策支持体系、公共服务体系等方面都不是很完备，很多政策和措施还处于试错阶段，支持服务体系建设滞后于海外产能合作的推进。

（2）国际合作机制断层缺位。中国提出的国际产能合作是一种全新的合作方式，目前中国与37个国家签订了产能合作协议，但是各国对产能合作都有不同的看法。由于"海丝路"沿线的国家制度环境及人文环境各有不同，因此接受产能合作的管理体制和政策规划，并将产能合作付诸现实，需要更多的时间。中国推动国际产能合作，需要面对"海丝路"沿线国家的滞后反应，也要认真调研东道国在产能合作中可能出现的产业配套能力弱、政策法规缺失、当地民众抵触、市场需求尚未激发等一系列困难。目前，中国与"海丝路"沿线国家的产能合作以培育生态链为主，并没有统一的国际合作机制推动。"海丝路"沿线国家大部分并没有产能合作的发展规划，因此相关政策较为滞后。尽管中国推进产能合作结合了地区国家的实际需求，为这些国家带去了新的发展机会，但却并不能完全保证产能合作务实有效地推进。另外，产能合作是在尊重市场需求的前提下以企业为主体开展的，因此，企业开展国际产能合作需要的政策支持和指导、企业合法权益的维护以及企业积极性的调动，都需要相应的制度保障。

3. 产能合作方式不规范，技术标准不统一

制度环境和技术标准的差异使得中国对外产能合作各环节均面临诸多障碍，例如项目投建的土地问题、矿产开采、交通设施配套建设问题、项目运营期的税收分成和人员雇用、人口安置等属地化的管理问题。由于当前中国对外开展产能合作并没有形成统一的合作方式，各国之间的经济实力、生产能力参差不齐等原因的存在，使得产能合作的推进亟须规范并统一各种项目的技术标准。

（1）产业合作技术标准不对接。拉丁美洲、中亚地区、东南亚地区等不同地理位置的国家，在产能合作方面所涉及的法律、环保理念、劳工保护等政策的差异较容易形成属地化障碍。一些国家尽管本身技术能力不强，却习惯套用欧美的工业技术和标准来要求外来项目和企业。比如部分国家在电力、石化、交运及基建等领域已形成欧洲技术标准体系，在当地也存在庞大的既得利益集团，甚至部分国家明确规定电力项目采用日韩或欧美标准，不能使用中国标准。

（2）中国自身与发达国家的技术水准有差距。德国、日本在高铁、核电、造船等领域有国际先进的技术和工艺；法国、美国在大飞机、通信装备方面拥有先进的技术。中国对外产能和装备合作的质量与技术服务水平同最发达国家仍有一定的距离，在工业多个领域没有掌握最高国际标准。另外，中国公司对国际项目运作和工程承包的经验不足，在国际合作的风险方面缺乏判断力和经验。

4. 境外经贸合作区海外投资生态系统不健全

产能合作是一项庞大且非常复杂的系统工程，需要复杂的系统性思维和较强的适应性。通过建立境外开发区来保证产能合作的顺利推进已成为一种重要手段，因此确定境外开发区的"七通一平""九通一平"非常重要。"一带一路"沿线很多国家在建设境外经贸合作区初期，承诺了许多配套工程和优惠政策，但真正落地实施的时候都存在不能及时到位的问题，这给境外经贸合作区内的招商引资带来了许多负面影响。即使是建设运营较好的境外经贸合作区，例如埃塞俄比亚东方工业园，也存在不少类似问题。

海外建设得较为先进的园区多位于产业基础好、社会稳定的国家，例如泰国罗勇工业园、越南龙江工业园、华夏幸福印尼产业新城、中国·印尼聚龙农业产业合作区、埃及苏伊士经贸合作区等，上述这些海外园区位列"一带一路"沿线国家45个海外园区的前五名。建设较为落后的园区多位于产业基础较差、多种风险并存的国家，例如中塔工业园、中哈边境合作中心、格鲁吉亚华凌自由工业园、中老磨憨—磨丁经济合作区、中缅边境经济合作区等海外园区。由于可借鉴国际经验的匮乏，境外经贸合作区的扩张建设在当前处于"瓶颈"状态，存在园区定位不明确、盈利模式不可持续等突出问题。

5. 国际产能合作公共服务平台和体系建设滞后

当前中国产能合作公共服务平台和体系建设较为滞后，既不能满足企业的需求，也无法完全成为政府的决策支撑。这类公共平台和体系建设存在诸如信息服务网络不完善、统计跟踪系统不健全等问题。尽管中国商务部提供了与投资地相关的信息服务，但是海外投资目的地详细的产能情况、市场容量和需求、投资规则、配套产业、基础设施完备程度和政治环境等方面的信息建设却相对滞后，不能完全支撑企业对当地市场和产业环境进行深度剖析的需求，信息分类粗略。中国目前的信息统计范围大多集中在发达国家，对产能合作重点地区所涉及的发展中国家和新兴市场各类信息的统计和信息分类不完善。此外，中国政府对企业在海外进行产能合作的各类统计及跟踪系统不健全，只对国有企业的相关项目和投资动向进行了较为全面的统计，对民营企业的对外产能合作投资经营情况并没有进行持续全面的跟踪监测，不利于中国在海外投资所涉产业集群和产业链的布局。

（五）推进"海丝路"产能合作思路

推进"海丝路"国际产能合作，要在开展合作的基础上，进一步坚持把握好"共商、共建、共享"的理念和原则，推动与沿线国家构建合作共赢的利益共同体，共同推动产能合作的发展。为此，要加强沟通和协调，加强自贸区建设，推动自贸区合作朝着加强产能和服务合作的高层级方向发展，并建立健全产能合作机制，为产能合作营造更好的条件和氛围；要进一步加强互补性合作，针对不同国家资源禀赋选择和加强产能合作项目，形成优势互补；要加强重点合作，重点围绕重要节点国家港口、基础设施优先领域和重点境外经济园区平台加强合作，以点推动线面；要进一步增强海外综合投资信息系统，推动中国标准融入国际标准体系，构建高效便利的投融资机制，加强风险评估与防控，建立和完善国际产能合作服务保障与风险防控体系。

特别应该指出的是，进一步推进"海丝路"国际产能合作，更需要加强作为产能合作重要平台和抓手的境外经贸园区建设，努力构建"一带一路"新型价值链。为此，我们将在下文中重点阐述。

二、中国境外经贸合作园区建设

中国境外经贸合作园区是指根据中国与东道国或地区的合作意愿，国内企业以国家的统筹规划为指导、按照市场机制运作、在境外建设或者参与建设的各类经贸合作区域，具有基础设施完备、主导产业明确、产业链较完整、集聚与辐射效应较强等特点。"一带一路"倡议提出以来，尤其是"海丝路"建设全面推进以来，境外经贸合作园区已经成为加强"一带一路"建设和国际产能合作，推动新型价值链构建的重要平台和抓手，发挥了积极的作用，但与此同时，境外经贸合作园区的发展也存在一些亟须解决的困难和问题。本部分拟从梳理中国境外经贸合作园区的发展历程入手，总结中国境外经贸合作园区建设情况及其存在的问题，并针对所存在的问题探寻进一步加强中国境外经贸合作园区建设路径和对策，以期在进一步推动国际产能合作、构建新型价值链的进程中更好地推动"海丝路"的建设。

（一）中国境外经贸合作园区的建设概况

1. 中国境外经贸合作园区的发展历程和阶段

中国境外经贸合作园区（以下简称"境外园区"或"园区"）的建设始于20世纪90年代企业的自发探索，其发展经历了企业自发行动、政府扶持和政府支持企业市场运作三个阶段。

第一阶段（2005年年底之前）——企业自发行动阶段。从20世纪90年代末开始，海尔、福建华侨实业、天津市保税区投资公司等为标志性先行者，开始自发探索境外园区的建设。1998年福建华侨实业公司在古巴创办了合资企业；

1999 年海尔集团在美国南卡罗来纳州卡姆登市兴建工业园；2001 年我国企业在巴基斯坦兴建拉合尔工业园；2004 年在阿联酋兴建了龙市场贸易中心。在这一阶段，境外园区主要为企业服务，是"企业自发 + 企业自用平台"为主的探索期。

第二阶段（2006 ~ 2013 年）——中国政府扶持的"机制化"阶段。这一阶段是"政府引导 + 公共平台建设"为主的快速发展期，也是境外园区各项建设初见成效的阶段。这一时期中国的开放正处于"引进来"与"走出去"并重的战略深化期，我国政府开始积极倡导并加快推进与扶持境外园区的建设。2005 年底，国家出台了多项鼓励企业在境外建立园区的政策措施；2006 年，商务部颁布了《境外中国经济贸易合作区的基本要求和申办程序》，扶持企业建设境外园区的工作正式启动；2008 年，《关于同意推进境外经济贸易合作区建设意见》的颁布标志着通过建设境外园区促进中国企业"走出去"上升到国家战略层面；而后，商务部又相继颁发了《境外经济贸易合作区确认考核暂行办法》和《境外经济贸易合作区确认考核和年度考核管理办法》，明确了基本要求和申办程序，扶助对象的申报和评标工作随之正式启动。[①] 至此，政府引导的公共型境外园区平台兴起并快速发展，境外园区数量从 19 家增至 57 家，其中经由商务部确认的国家级境外园区达 9 家，共计吸引 1 600 多家企业进驻，中国境外园区在"政府引导 + 公共平台建设"的推动下快速发展。

第三阶段（2014 年至今）——政府支持企业市场运作阶段。此阶段为高速推进阶段，其特征主要体现在两个方面：一是政府支持和服务企业主体；二是结合推进"一带一路"倡议，境外园区高速发展。在这一阶段，随着"一带一路"倡议的提出，中国政府进一步规划和建设境外园区，商务部连同多个部委、机构建立了境外园区的合作机制，包括境外园区的确认与考核管理办法、风险防范、服务机制、项目协调和信息共享等，从扶持转向支持和服务，企业成为境外经贸合作园区的真正主体，推动了境外合作园区进入高速发展期。在"一带一路"倡议提出后，新增境外园区数量已达 20 家，仅 2016 年我国境外园区新增投资就高达 54.5 亿美元，占累计总投资的 22.5%，入园企业共达 413 家，新增国家级境外园区 5 个，对"一带一路"倡议的落实起到了至关重要的推进作用。

2. 我国境外经贸合作园区的发展

自 20 世纪 90 年代建立第一个境外园区后，我国政府就对其予以了高度重视，不断加大政策支持力度，引导、支持和服务境外园区，近几年得益于"一带一路"建设的推动，我国境外园区更是取得了迅猛的发展。

---

① 2012 年又提出合作区建设方式的改变，不再采用招标形式，政府作用由扶持企业变为服务企业，而企业作为园区主导先行进行建设，达标后再经过商务部和财政部确认考核。

（1）建成了一批颇具规模、成效显著并具国际影响力的境外经贸合作园区。截至 2017 年底，我国企业共在 44 个国家建成 99 个初具规模的境外园区，其中，半数以上为服务于国际产能合作的加工制造类园区，有 20 个通过商务部确认考核的国家级境外园区；入园企业 4 364 家，累计投资已逾 307 亿美元，创造产值总额高达 186.9 亿美元，上缴东道国税费共计 24.2 亿美元，为当地创造了约 26 万个就业岗位。

我国境外园区在"一带一路"沿线国家的发展尤其引人关注，具体表现为：与沿线 20 个国家合作共建园区 56 个，占我国境外园区总数量的 70% 以上；几乎所有的国家级境外园区都位于"一带一路"沿线国家；入园企业共 1 082 家，累计投资约 186 亿美元，创造的产值总额约 507 亿美元，上缴东道国税费约为 10.7 亿美元，为当地创造了约 18 万个就业岗位。境外园区已成为中国企业"走出去"的全新举措，同时也成为推进"一带一路"倡议、落实"国际产能合作"战略的重要载体。

（2）全面探索并形成了多种建园投资类型和发展模式。我国境外园区在建设和发展过程中，全面探索并形成了多种建园投资类型和发展模式，见表 4-43。

表 4-43　　　　　　　　　我国多种园区代表

园区类型	主要特征	典型代表
自主品牌创建型	企业坚持自主品牌，通过创新研发符合海外市场特点的产品，争取获得当地消费者认同，最终实现市场拓展	海尔—鲁巴工业园区
加工制造型	以加工制造业市场为主，通过延伸与拓展传统优势产业实现国内优质富余产能的转移，形成优势互补，规避贸易壁垒，开拓国际市场，实现企业的产业升级和价值链攀升	埃及苏伊士经贸合作区、泰中罗勇工业园
资源利用型	以开发当地富集的资源与能源为导向，以弥补国内短缺资源、向外转移富余产能为目的，对资源开发产业链上的相关产业进行投资	赞比亚—中国经贸合作园区
农业开发型	以开发当地特色农业产业为主要导向，发展适合当地环境的农业产业	北大荒绿色食品产业园、泰国浙江中泰农业示范园区
商贸物流型	以东道国独特的地理区位优势为依托，以物流为主导，发展多种产业（如商贸会展、仓储物流、金融及信息服务等）及其配套功能于一体的现代化物流园区	中欧商贸物流合作园区

续表

园区类型	主要特征	典型代表
技术研发型	以境外技术研发为主导，以合作学习为特征，以提高自主创新能力、推动实现产业和产品结构创新升级为目标，对资本技术密集型产业进行投资，以东道国先进的技术和管理水平为依托，最大限度地利用国外的科技人才、发达的技术创新网络和丰富的技术创新资源，主动引进、学习并吸收国外核心技术，最终实现资源创新	韩中国际产业园区
综合发展型	综合原料开采、加工制造、贸易金融、旅游等产业所形成的多元化产业集群	

3. 境外经贸合作园区建设成效初步显现并积累了一些成功经验

（1）以政策沟通为抓手，取得东道国政府的大力支持。自 2006 年以来，特别是"一带一路"倡议提出后，我国政府在引导和主导境外园区建设的过程中，给予了全方位的政策支持与服务配套，如发展资金支持、所得税政策落实、审批审查手续简化、通关便利、合法权益维护、保险服务、培训工作等。与此同时，我国政府以政策沟通为抓手和先导，与东道国政府对接和磋商，促使许多东道国政府先后出台相应优惠政策，以促进境外园区发展的互惠共赢，具体为：

第一，一系列税收优惠。《柬埔寨王国投资法和特区管理法》规定，进入西哈努克港经济特区的企业一律享受特殊贸易优惠政策及额外关税减免优惠；泰国泰中罗勇工业园在一定期限内享受企业所得税、关税的减免；赞比亚中国经贸合作区享受产品出口的特殊优惠待遇；中俄托木斯科木材工贸合作区入园企业享受俄罗斯法律规定的一切财政及税收优惠。

第二，全方位投资配套设施及服务。从 2014 年起，西哈努克港经济特区设立海关、劳动、税收等部门入驻的一站式服务中心，为入园企业相关手续的办理提供了极大的便利。中国国家开发银行、中非发展基金以及天津市政府对赴苏伊士经贸合作区投资的企业给予财政金融支持。

第三，其他政策性支持。泰国泰中罗勇工业园享受泰国最优惠的第三区政策，园区给予外籍技工、专家及其配偶土地所有权及外汇汇出权；俄罗斯政府对中俄托木斯科木材工贸合作区企业的安全、财产和权利予以保证，凡入园企业一律享受俄罗斯法律规定的所有财政及税收优惠，为符合条件的工作人员提供工作居留申请绿色通道。

（2）形成境外开发优势。第一，建设主体实力较强。我国境外园区的建设主体一般为资金实力雄厚、管理水平较高、技术设施完备、国际化程度高、海外投资经验丰富的大中型企业，它们善于利用东道国的资源优势，转移国内优质富余产能，园区内的产业集聚效应因此初步形成。例如，在海尔集团的带动下，大批国内知名家电品牌入驻海尔—鲁巴经济区，在一定程度上促进了我国家电产业链的形成。

第二，具有明显的区位优势。截至目前，我国的境外园区绝大多数分布于东南亚、非洲等地区的发展中国家。东南亚国家与我国有紧密的地缘关系，人口密集且劳动力成本较低廉，可以降低园区的生产成本；凭借丰富的自然资源，非洲国家可以成为缓解我国企业所面临资源约束的重要市场。除此之外，绝大多数东南亚和非洲地区的国家均与我国长期保持着良好的经济往来，它们为中方企业所提供的各种优惠政策有利于投资风险的规避，也在一定程度上化解了园区内企业发展可能面临的阻碍。总而言之，区位优势在为园区的发展奠定了良好产业基础的同时，也为园区内企业的成长与转型升级提供了和谐稳定的环境。

第三，产业日趋多元，产业集聚效应初现。我国境外园区涉及的产业领域较为广泛，既集中在纺织、建材、机电等传统资源密集型产业，又包括金融、物流等现代服务业，还有信息处理、节能环保等新兴产业，园区内呈现出明显的产业多元化趋势。与此同时，园区与东道国的发展诉求还形成了良好的对接，推动了产业链的外延和园区内企业的上下游整合，实现了集群式投资和链条式发展，初步形成产业的集聚效应。

（3）形成推动国际产能和装备制造合作的重要平台和载体。点、线、面、带是"一带一路"的重要架构，境外园区则是扩点为面的有效模式，这种模式对于打造若干国际经济合作走廊、推动形成区域经济合作共赢发展新格局至为关键，因此，我国境外园区发挥着日趋重要的作用，具体为：

第一，建立了境外综合公共服务平台。园区为入园企业提供全方位的园区管理服务，如建立规范园区管理制度，提供法律和投融资服务咨询、优惠政策申请、商业注册、规划设计、物流清关等"一站式"服务，搭建起企业集群发展的国际化平台，完善了公共体系建设。

第二，完善了基础设施条件。园区承担区内的主要基础设施的建设，并提供配套服务用房以及工业厂房"孵化器"，这为企业节约了大量的基建投资，使其能将精力集中于主业经营，为企业的生产创造了良好的"微观环境"。

第三，帮助企业"集体出海"，实现"抱团取暖"。境外园区的建设，帮助企业从"各自为战"转向"集体出海"，企业的整体影响力得到提升，增强了企业在园区建设过程中的风险抵御能力。此外，园区搭建政策沟通平台，增强与东道国政府谈判的能力，有利于争取更有利的优惠政策。

第四，建立了高效开发和利用境外资源的方式。在境外园区的建设过程中，有效利用境外各类资源的渠道也被相应打开并拓宽，这是海外资源长期稳定供应的有力保障。此外，境外园区还定位于综合开发利用资源、发展生产加工、增加资源产品附加值，带动东道国产业升级和经济发展，给当地社会带来更多的实惠。

（4）承担了社会责任，树立了国家形象。境外园区的建设有力地促进了当地社会福利的提高和经济的发展，实现了互利共赢。据商务部统计数据显示，截至2016年9月，中国境外园区上缴给东道国的税费共计25.3亿美元，为当地创造的就业岗位将近20万个。此外，境外园区还积极投身于东道国社会公益活动，履行社会责任，促进两国间经济、政治、社会等领域的深入合作，既巩固和深化了我国与相关国家间的友好关系，也树立了中国企业负责任的形象，成为我国软实力输出的重要渠道，为"走出去"打造了重要名片。

（二）我国境外经贸合作园区存在的主要问题

虽然境外园区建设取得了较快的发展，但也存在着影响其可持续发展的问题和困难，主要体现为：

1. 投资布局缺乏顶层设计和科学规划

（1）区位布局欠合理。首先，境外园区绝大多数集中于东南亚、非洲、东欧等发展中地区，相比西欧、北美等经济水平和科技水平较高的发达经济体，它们在资金、技术、管理等高级要素上具有明显的劣势，缺乏帮助中国实现产业转型升级与可持续发展的能力；其次，由于国家层面战略布局的缺乏，出现了多个园区集中于部分国家、同一国家内投资园区主导产业定位相似等现象，不利于园区的规划及招商引资；[①] 最后，境外园区与"海丝路"节点建设、国际产能合作缺乏规划上的统一，存在着脱节的现象，与重要节点建设和国际产能合作需求差距甚远。

（2）一哄而上，盲目建设。首先，市场秩序存在一哄而上的趋向。我国政府出台的一系列优惠政策极大地激发了国内企业的对外投资热情，但企业并不重视对自身发展的定位与发展实力的科学评估，对在实际操作中将面临的问题及困难

---

① 国家开发银行跨境开发区发展模式及其投融资研究课题组：《关于促进境外经贸合作区可持续发展的相关建议》，载于《港口经济》2017年第7期，第10～13页。

也认识不够，一哄而上，招致损失。① 其次，存在"急躁""冒进"现象。国内某些地方将"走出去"指标化，出现了一些盲目鼓励企业创建境外园区的倾向，导致了一定程度的重复建设，没有实现资源的合理配置，甚至可能引发园区间及园区内企业间的无序竞争，阻碍本国和东道国产业的规范化、科学化发展。

（3）园区定位与主导产业不明确，产业集群效应不明显。首先，园区定位不明确。多数境外园区缺乏整体布局规划，园区主导产业和产业特色不突出，行业覆盖过大过全，忽视东道国国情和实际需要，导致资源浪费。其次，园区主导产业类型单一。当前中国境外园区的主导产业相对集中于传统的劳动密集型产业和资源密集型产业，产业发展层次不高，因此，园区类型和功能狭窄的问题就难以避免，② 这既归咎于东道国的资源状况，亦与中国产业自身的不足密切相关。最后，产业集群效应不明显。虽然境外园区内部的产业链初见端倪，但其主导产业仍然以加工制造业为主，领导企业向上下游延伸拓展的程度尚浅，产业链上游的供应商与下游缺乏辅助支持机构，园区内只是相关企业的简单聚合，产业链链条短且不完善，尚未形成显著的产业集群效应。

2. 管理困难

首先，管理困难体现为缺乏顶层管理机制。随着我国境外园区在全球众多国家和地区的陆续建成，园区间的恶性竞争在所难免，而又有部分园区在建设之初未进行充分的可行性论证，造成后期招商和运营困难重重，也会在一定程度上损害国家形象。其次，管理困难体现为沟通机制不健全。绝大多数的境外园区都由公司以市场化方式独立运作，入驻企业与东道国政府地位不对等，进而导致政府间、政府与企业间沟通不顺畅，加之双方在开发理念、服务意识等方面存在较大的差异，使得项目协调难度倍增。③ 最后，管理困难还体现在配套服务体系的缺陷上。我国境外园区投资所在地大多为经济欠发达的国家，其经济、基础设施、制度、信用等都存在一定的缺陷，这些问题会加大园区的建设难度。④ 另外，在一定程度上，建设境外园区就等同于开发境外工业商贸或科技地产，这与土地运营紧密相关，因此，能否处理好与土地相关的问题就成为能否建园成功的关键，而境外园区常常因为政府官僚主义严重、办事效率较低下而无法承诺和兑现土地

① 胡江云、赵书博、王秀哲：《"一带一路"构想下的境外经贸合作区研究》，载于《发展研究》2017 年第 1 期，第 8～12 页。

② 尤宏兵、成楠、杨蕾：《境外产业园区建设特点与发展建议》，载于《国际经济合作》2017 年第 2 期，第 36～41 页。

③ 刘爱民、马霞、宋彩岑：《境外经贸合作区开发模式的优化和提升》，载于《国际工程与劳务》2017 年第 10 期，第 44～48 页。

④ 李志鹏：《境外经贸合作区的发展实践探索》，载于《国际工程与劳务》2016 年第 9 期，第 30～33 页。

开发，使得土地开发不顺畅甚至搁置，最终导致项目失败。[①]

3. 资金压力

（1）内部收益慢的资金压力。第一，收益渠道单一且周期过长。境外园区的投资国经济发展水平相对落后，基建水平无法满足入园企业的基本要求，为此，为了引进企业入驻，境外园区在建设上不仅要提供达标的基础设施建设，而且要配备招商引资所需要的其他配套设施，这便导致了境外园区出现前期投资额巨大、资金周转周期过长、项目整体获利能力不足等一系列现象。有别于国内的开发区，境外园区没有政府的指引和扶持，若没有东道国政府的税收优惠或资金扶持，高额的基建和配套设施费用均需自己承担。境外园区的收益主要来自变卖土地收益、园区物业经营收益等，收益来源相对单一，而且，境外合作园区的投资项目多处于偏远的非城区地段，很难实现开发销售商业地产的盈利模式。[②] 此外，在园区建设初期，水电设施、道路交通和港口建设等基建工程量巨大且资金多为一次性投入，在园区运行后期，收入仅靠土地租售、物业服务管理、公共设施开发以及少量商业地产销售等，回收资金渠道单一，跨期较长，这些都给境外园区的建设带来了不少的运营风险。[③]

第二，经营模式单一且盈利水平不高。通常来讲，境外园区的投入期一般为13年左右，之后需要5～10年的时间形成规模并进入保本经营，还需要10年或者更长的时间才能进入盈利期。现阶段，中国境外园区大多数处在建设初期阶段，重点凭借出租工业地产盈利，总体盈利能力不强，还不能完全独立经营并产生客观的市场收益，而且，大部分的园区基建水平相对落后，抗风险能力不足，尚未形成核心竞争力，仍需大量的资金投入。漫长的资金回收期和巨额的资金投入需求将进一步带来诸如负债金额过大的财务经营风险，仅仅依靠园区企业自身支撑很难解决问题。[④]

第三，投资和收益不成正比。在众多的境外园区中，投资与收益不成正比是普遍现象。比如，赞比亚中国经贸合作区投资高达1.4亿美元，但盈利能力却与这样的投资额度无法匹配；据2016年10月相关报道显示，苏伊士中国经贸合作平均利润仅为41.8万美元，但为之付出的是高达8 000万美元的资金投

---

① 李志鹏：《境外经贸合作区的发展实践探索》，载于《国际工程与劳务》2016年第9期，第30～33页。

② 刘爱民、马霞、宋彩岑：《境外经贸合作区开发模式的优化和提升》，载于《国际工程与劳务》2017年第10期，第44～48页。

③ 刘英奎、郭志刚：《中国境外经贸合作区的发展特点、问题与对策》，载于《区域经济评论》2017年第3期，第96～101页。

④ 国家开发银行跨境开发区发展模式及其投融资研究课题组：《关于促进境外经贸合作区可持续发展的相关建议》，载于《港口经济》2017年第7期，第10～13页。

入，投资回报率不到 1 个百分点。据估算，如果没有政府的政策扶持，合作园区需要近 200 年才能收回投入的资金。由此可见，盈利能力低下是制约经贸合作区进一步发展的重大问题之一。

第四，获利模式不明晰。中国在境内开发区的投建上具有丰富的实践经验，但这些经验却不能搬到境外园区的建设上，特别是中国境内开发区土地开发和财税捆绑的资金循环模式无法运用到境外园区。这主要是因为，在境外合作园区的建设过程中，需要投入大量的基建和配套设施建设资金，园区自身面临着资金回收不足且回收周期过长的问题。[①]

（2）境外融资难度大的压力。第一，企业境外融资困难。即使中国政府在对外合作园区的建设上给予了一定的财政扶持，但这远不能满足境外园区基础设施和配套设施建设的需求，园区企业融资难成为中国境外园区建设所面临的主要问题。[②] 正如前文所言，境外园区在建设初期一般需要大量的资金投入而后期又存在盈利水平不足的问题，中国政府最多给予境外园区 20 万元人民币的信贷补助，而且获得补助的企业多为实力较强的带头企业，大量的中小型企业在难以获得政府信贷支持的前提下很难凭借自身实力入驻境外园区。另外，即便大中型企业在得到政府信贷扶持的情况下进入境外园区，在其后续经营中也面临着很大的可持续性隐患。因此，一方面，境外园区会出现大中型企业投资项目由于资金后续不足而半途而废的现象；另一方面，大量想"走出去"的中小企业又因为得不到国家扶持而对入驻境外园区望而却步。

第二，缺乏与对外投资相匹配的政策措施。现阶段，中国境内银行在境外的分支行数量过少，发展水平不足，境外企业融资渠道和融资工具相对匮乏，无法满足企业生产经营的需求。中国商业银行的境外业务起步较晚，境外分支机构的规模、布局和经营能力还十分有限，难以为境外园区的企业提供有力的金融支持，并且中国商业银行的全球授信体系尚未形成，境外分支机构很难通过境内母体银行中企业的信誉和授信额度为境外企业提供金融服务。与此同时，中国境外园区多建设在经济水平尚不发达的发展中经济体，这些经济体落后的金融环境和制度体系也给中国企业在外融资带来了困难。此外，中国政府与东道国政府沟通不畅也会阻碍境外企业引进外资，造成境外园区建设外资引进不足。[③] 由于我国"外保外贷"和"外保内贷"等服务的缺乏，境外资产难以在国内获得贷款，加

---

① 李志鹏：《境外经贸合作区的发展实践探索》，载于《国际工程与劳务》2016 年第 9 期，第 30 ~ 33 页。

② 刘英奎、郭志刚：《中国境外经贸合作区的发展特点、问题与对策》，载于《区域经济评论》2017 年第 3 期，第 96 ~ 101 页。

③ 尤宏兵、成楠、杨蕾：《境外产业园区建设特点与发展建议》，载于《国际经济合作》2017 年第 2 期，第 36 ~ 41 页。

上园区建设周期相对较长，先期投入较大，企业盈利方式单一，大部分园区开发企业都面临融资难的问题。①

第三，无法有效盘活境外资产。境外园区投入资金大、投资回收时间长且投资报酬率不确定等原因导致了园区企业融资难的问题。一方面，由于投资项目东道国的金融市场体系和配套法律政策不完善，外加项目融资风险和成本高、审批流程烦琐等原因，境外园区在东道国融资渠道匮乏，融资难以满足经营需求；另一方面，国内商业银行对境外资产的抵（质）押贷款审批严格，境外园区运营商的大量资产无法被盘活，外加基建投资占压大量资金，资金周转慢，导致园区投资运营企业资金压力巨大。②

4. 人才和知识的缺乏

缺乏善经营、懂技术、晓外语、通法律的复合型人才也是境外园区面临的又一困境。一方面，中国企业"走出去"仍处在初级阶段，没有丰富的境外投资经验，现阶段的境外园区建设中，严重缺乏具备跨国经营管理经验、精通国际化经济准则、通晓东道国法律规章及政策的高端复合型人才，驾驭国际生产经营的能力相对较弱，成为建设园区的障碍，影响了对外直接投资活动的顺利进行；另一方面，由于园区多位于欠发达地区，对高级人才的吸引力较弱，不利于引进国际化人才，加上尚未制定必要的配套政策，不具备行之有效的人才供应机制，外加语言文化、风俗习惯的差异和东道国教育与科技水平的落后，境外园区在当地融入性差，这进一步地阻碍了园区对高端人才的引进。③④ 因此，大部分园区的建设在财务、法律、公共关系等方面都缺乏合格的国际化人才，不但对境外直接投资的区位选择和发展规划造成了制约，而且限制了中国对外直接投资参与模式的多样性。⑤⑥

5. 境外经贸合作的可能风险

（1）政治风险。中国境外园区多数处于欠发达经济体或地缘政治的中心国家，非常容易面临政局动荡及文化、宗教冲突，这使得境外园区的经营环境复杂

---

① ⑥　叶尔肯·吾扎提、张薇、刘志高：《我国在"一带一路"沿线海外园区建设模式研究》，载于《中国科学院院刊》2017 年第 4 期，第 355 ~ 362 页。

②　刘爱民、马霞、宋彩岑：《境外经贸合作区开发模式的优化和提升》，载于《国际工程与劳务》2017 年第 10 期，第 44 ~ 48 页。

③　刘英奎、郭志刚：《中国境外经贸合作区的发展特点、问题与对策》，载于《区域经济评论》2017年第 3 期，第 96 ~ 101 页。

④　刘佳：《建设境外经贸合作区加速融入"一带一路"》，载于《宏观经济管理》2016 年第 8 期，第58 ~ 61 页。

⑤　李志鹏：《境外经贸合作区的发展实践探索》，载于《国际工程与劳务》2016 年第 9 期，第 30 ~33 页。

多变，存在着较大的政治风险和环境不确定性。[1]

（2）法律和政策风险。境外园区入驻国大多存在政出多门且连续性差的现象，吸引外资的法律规章难以保持稳定，这在一定程度上增加了境外园区招商和运营的风险。[2] 我国的境外园区多分布于发展中国家，它们不管是在区位优势还是政治环境及合作区的功能上都极为相似，容易导致境外园区之间形成恶性竞争，加之这些国家的政策法规变动较快且基建水平落后，很难给予园区企业持续性的政策优惠，我国企业投资风险随之增加。[3] 我国境外园区进驻的国家或地区经济发展较为落后，一旦入驻国的优惠政策发生较大变动，相应的发展风险则需合作国共同承担，这使得境外园区在发展上也面临着不容忽视的风险。[4] 比如，赞比亚在 2006 年颁布了《发展署法》并据此成立了外部投资服务机构，与此同时也实施了一系列引进外资的优惠政策，但这种支持外资引进手段的持续性令人担忧；又如，埃及 2016 年的政局变动使得中国在苏伊士的经贸合作园区受到了巨大冲击，园区企业一度无法正常经营，经济损失巨大。

（3）投资风险。中国境外园区的入驻地多为欠发达的经济体，这些经济体不仅在诸如金融、市场等各类环境上存在着缺陷，[5] 而且需求能力也相当有限，与出口匹配的相关服务性产业发展落后，这在一定程度上阻碍了园区企业产品的销售与出口。另外，文化及意识形态的不同使得园区内部分企业无法融入当地市场环境，罢工现象时常出现，诸如此类问题都会在不同程度上增加中国企业的直接对外投资风险。[6] 除了投资环境欠佳外，汇率的大幅度波动也会增加企业的投资风险。

（三）加强中国境外经贸合作园区建设的对策建议

随着"海丝路"建设的不断深入和发展，需要针对"海丝路"建设中境外园区存在问题，探寻进一步加强境外园区建设的路径，以便更好地推动"海丝路"建设的深入发展。

---

① ② 刘爱民、马霞、宋彩岑：《境外经贸合作区开发模式的优化和提升》，载于《国际工程与劳务》2017 年第 10 期，第 44~48 页。

③ 朱妮娜、范丹：《中国境外经贸合作区研究》，载于《北方经贸》2017 年第 11 期，第 11~17 页。

④ 雷丽娜：《"一带一路"构想下的境外经贸合作区研究》，载于《辽宁科技学院学报》2017 年第 5 期，第 87~88 页，第 101 页。

⑤ 刘佳：《建设境外经贸合作区加速融入"一带一路"》，载于《宏观经济管理》2016 年第 8 期，第 58~61 页。

⑥ 刘伟：《我国境外经贸合作区的发展与对策研究》，载于《中国证券期货》2013 年第 1 期，第 144 页。

1. 加强和完善境外经贸合作园区发展规划

随着"海丝路"倡议的提出和实施，应围绕其建设的总体要求，在原有基础上加快编制"海丝路"建设境外园区发展规划和行动方案，加强发展的战略布局和规划指导，使境外园区真正成为推动"海丝路"建设的重要平台和载体。对此，要重点解决几个问题：

（1）贯彻"创新、协调、绿色、开放、共享"的新发展理念，坚持"政府引导、企业运作、因地制宜、分类政策"的原则，把握好"互利共赢、统筹规划、集约发展、发挥优势、辐射带动"的发展方向。要将"海丝路"境外园区的建设与重要节点建设、国际产能合作、新型价值链构建相结合，统筹考虑"海丝路"沿线国家的资源禀赋、合作意愿、发展诉求、产业基础、投资环境等，建立国别有重点、产业有主导的衔接互补的园区体系，战略性规划布局境外园区发展，引导园区合理布局、有序发展，更好地发挥平台作用，推动"海丝路"建设。[1][2] 要规划建设一批以国际产能合作为基础，与"海丝路"重要节点建设相结合的产业聚集、服务全面的高水平境外园区，并以此推动园区平台建设，加快新型价值链构建，进一步推动"海丝路"建设（邹昊飞、杜贞利、段京新，2016）。

（2）结合地域与产业重点搞好布局规划。在区位选择上，应实现宏观布局与具体区位的有机结合。在宏观布局上，应以"海丝路"建设和国际产能合作需求为主线，以东盟为优先发展方向，深耕非洲，拓展中东欧区域，逐渐延伸至发达国家，通过与"海丝路"重要节点建设相结合，建立起重点区域凸显，有层次、有重点的境外园区体系。[3] 在具体区位选择上，应结合重要节点建设，优先选择区位条件优越的区域，尤其是各种交通较通畅的地区，抓紧和加强对目标国地缘条件、政治环境、产业环境和人才环境进行全面深入的了解与考察，分析经济、政治、文化、资源禀赋等各种投资合作条件，对合作的优劣势、投资的前景与风险进行评估，科学合理地选择园区的具体地域布局。[4]

在产业选择上，规划应结合国际产能合作和新型价值链构建，积极引导投资企业合理评估境外园区的政治环境、经济条件、人才优势和招商资源等因素，并

---

[1]　叶振宇：《中国建设高水平海外产业园区的战略思考》，载于《中国发展观察》2016年第1期，第29～30页。

[2]　刘佳：《建设境外经贸合作区加速融入"一带一路"》，载于《宏观经济管理》2016年第8期，第58～61页。

[3]　刘英奎、郭志刚：《中国境外经贸合作区的发展特点、问题与对策》，载于《区域经济评论》2017年第3期，第96～101页。

[4]　苟克宁：《"一带一路"时代背景下境外园区发展新契机》，载于《理论学刊》2015年第10期，第46～51页。

基于东道国特定的要素优势，结合企业自身业务，紧密围绕企业在东道国主营业务和产业链上下游环节，将区位条件与自身比较优势相结合，优先选择当地具有资源优势、政策支持和发展潜力较大的产业，确定境外园区的产业结构和主导方向，并配备相应的周边产业，形成完整的产业体系，促进园区特色发展。

"海丝路"沿线各区域的产业定位大致可做如下细分：东南亚充分发挥人口密集、劳动力成本低、投资环境较好、农业资源较丰富的优势，并结合工业化、城镇化的发展诉求，将轻纺、建材及电子通信产业作为重点发展方向，并辅以粮食和经济作物开发；南亚地区重点利用港口建设和运营以及廉价的劳动力成本，集中精力发展建材、轻纺、机械、电子、化工等产业，推动与之相关的国际产能合作；非洲地区则要突出国别特色，推动"三网一化"的合作，加快发展以矿产、油气、建材、轻纺、汽车、家电、机械和经济作物、渔业、畜牧业等为主导产业的资源利用型、加工制造型和农业产业型园区；中东欧地区重点借助"海外仓"模式，建设和发展装备制造和商贸物流型园区，与欧美发达地区实现商贸对接；针对欧美发达国家，要加强科技合作，摸索海外研发新模式，推动建立科技研发园区，而且，要注重先进技术的引进和利用，以技术合作推动产业合作，走技术创新发展之路。①②

（3）配套制定推进"海丝路"境外经贸合作园区建设的行动方案，以保证规划的实施和落地。第一，加强引导和指导。结合"海丝路"倡议和国际产能合作进展，提出境外园区产业导向和国别指导政策，积极引导企业优先选择"海丝路"重要节点国家和地区建设一批具有战略意义的境外园区，促进其在围绕重点国家、地区、项目加强建设中优化园区布局，搭建"海丝路"建设和国际产能合作优势平台，引导企业链条式、集群式参与"海丝路"建设和开展国际产能合作，促进产业集群和价值链的发展。③④

第二，加强机制建设。一方面，建立和完善推动境外园区建设的国内协调机制，加强统筹规划、部门协调、分类指导，完善并落实服务与风险防控；另一方面，与境外园区驻在国政府建立沟通、对接和协调机制，协调落实双边投资保护协定，解决双重征税、园区建设土地、税收、劳工政策、基础设施配套、投资争端、风险防范等问题，在明确境外园区建设权益、为境外园区建设和发展提供法

①④ 林俐、翟金帅：《"一带一路"沿线境外经贸合作区运行机制及空间布局——以东南亚区域为例》，载于《当代经济》2017年第2期，第112～114页。

② 刘英奎、郭志刚：《中国境外经贸合作区的发展特点、问题与对策》，载于《区域经济评论》2017年第3期，第96～101页。

③ 刘佳：《建设境外经贸合作区加速融入"一带一路"》，载于《宏观经济管理》2016年第8期，第58～61页。

律保障的基础上，引导境外园区建设企业积极主动利用好驻在国优惠政策。[1]

第三，完善相关的组织保障。建立和完善统一领导机制，在推进"海丝路"工作领导小组之下成立相应领导机构，并将协调办公室设置于国际合作署，进一步加强工作的领导和统筹协调。一方面，整合有关部委力量和政策资源，完善境外园区服务、支持和风险防控体系，并统一组织实施和落实；另一方面，协调好相关部委和驻外机构，对境外园区开发、建设以及营运过程中存在的问题予以及时妥善地解决。[2]

2. 整合资源，努力建立和完善境外经贸合作园区双向政策扶持、服务和支持体系

（1）加强政策沟通，建立健全政府合作机制，落实驻在国扶持政策。作为"海丝路"建设的重要平台和抓手，境外园区的建设迫切需要充分发挥政策沟通的先导作用，加快与驻在国的战略对接，加强政府间的合作，从政府层面解决好境外园区建设和发展的相关问题。

第一，要以加强与驻在国的政策沟通和战略对接为基础，建立健全与驻在国政府间有关境外园区建设的合作沟通和协调磋商机制。通过建立和完善有效的合作沟通和协调磋商机制，促进两国产业衔接和互补基础上的国际产能合作，努力优化园区的发展环境。[3]

第二，要在政策沟通和战略对接基础上，由中国政府与东道国政府就园区建设签署政府间的框架协议。政府间的框架协议要对权利和责任做出细化，从而以国家间合作协议的方式为境外园区提供法律保障，也为投资争端及风险防范提供支持。[4] 同时，还要最大限度地争取驻在国给予的优惠政策和便利化服务，优化合作园区公共服务条件，激发园区活力与效率，为境外园区的建设和发展创造良好的政策环境。[5]

第三，要在政府间合作框架下完善相关的组织保障，探索建立政策落实协调机制。组建"园区双边工作委员会"，负责协调与落实合作框架协议的政策或解决园区建设中遇到的重大问题，并协调处理合作区有关日常事务和具体问题，形

---

① 刘佳：《建设境外经贸合作区加速融入"一带一路"》，载于《宏观经济管理》2016 年第 8 期，第 58 ~ 61 页。

② 叶振宇：《中国建设高水平海外产业园区的战略思考》，载于《中国发展观察》2016 年第 1 期，第 29 ~ 30 页。

③ 马霞、宋彩岑：《中国埃及苏伊士经贸合作区："一带一路"上的新绿洲》，载于《西亚非洲》2016 年第 2 期，第 109 ~ 126 页。

④ 雷丽娜：《"一带一路"构想下的境外经贸合作区研究》，载于《辽宁科技学院学报》2017 年第 5 期，第 87 ~ 88 页。

⑤ 荀克宁：《"一带一路"时代背景下境外园区发展新契机》，载于《理论学刊》2015 年第 10 期，第 46 ~ 51 页。

成政府协调长效机制和风险应对机制。①

（2）整合资源，建立和完善境外园区国内服务和支持体系。境外园区的建设也离不开我国政府的资源整合，通过完善引导、管理和防控三大机制，建立起覆盖境外园区建设整个过程的服务与支持体系。

第一，建立和完善境外园区建设的引导和服务机制。在完善境外园区建设引导机制方面，应编制国别和产业指引、投资服务指南、招商推介等，推动智库对目标国的宏观环境研究和政经趋势、产业投资导向分析，帮助入驻园区的企业了解东道国国情，为其投资决策提供科学的指导和建议。完善公共服务体系，一方面，政府要全面落实新的境外投资管理办法，加快境外投资便利化的推进进程，逐步对境外投资管理制度进行优化和完善，最大限度简化项目审批手续，提高办事效率，努力提供优质高效的全程式服务；另一方面，要大力发展专业服务机构和中介服务体系，完善园区服务。另外，还要组建海外协会并发挥其在信息交流、应对纠纷、规避风险等方面的作用，推动境外园区与海外协会合作，为企业提供风险评估、信息咨询、法律援助等方面的服务。此外，还要积极引导企业在境外设立中介服务公司，就地为企业提供综合服务，②鼓励并支持高校与相关培训机构培养有利于园区建设的国际化复合型经营管理人才。③

第二，建立和完善境外园区建设的管理机制，完善产业服务体系。集中力量培养发展一批专业开发境外园区的企业，鼓励国内实力较强、经验丰富的企业率先组建园区专业开发企业，并大力支持该类企业以国际化视野来运作园区；充分整合园区选址、规划建设、运营管理、招商引资、项目融资等业务方面的经验，指导其他企业结合东道国的国情特点引入适合的商业模式，为企业打造体系化、菜单式、便捷性的套餐服务。④

第三，建立和完善境外园区建设的风险防控机制，包括引导、防控、预警、维权等机制。要进一步加强政府的规划引导、信息发布、风险预警、协调监督等公共服务职能，一方面，要建立并完善对东道国投资环境客观评价的指标体系，根据评估体系的分析和评估结果，结合有关规划，协调指导园区的设立和建设；另一方面，要帮助企业全面强化风险意识，指导企业对入驻国的投资环境进行充分调研和项目可行性论证分析，或鼓励企业聘请优秀的专业机构提前对入驻国的

---

①④　叶振宇：《中国建设高水平海外产业园区的战略思考》，载于《中国发展观察》2016 年第 1 期，第 29～30 页。

②　刘英奎、郭志刚：《中国境外经贸合作区的发展特点、问题与对策》，载于《区域经济评论》2017 年第 3 期，第 96～101 页。

③　张广荣：《中国境外经贸合作区发展政策探析》，载于《国际金融合作》2013 年第 3 期，第 40～42 页。

国别营商风险进行研究，并制定突发事件应急预案，以利科学而慎重决策。[①]

要注重防范国际经营风险。充分利用政府间合作框架所达成的协议，对适用的园区优惠政策予以明确并生成"稳定条款"，最大程度保证企业权利免受签约后颁布法律的影响；要充分了解土地购置与租用的法律程序，确保土地使用的合法性与经济性；加大对多国企业共建园区的重视，增强园区的国际性，遵循"利益共享、风险共担"的原则，使"企业国际化、股权利益多元化"得到最大程度的保证，打造命运共同体，化解政治风险。[②③]

要建立健全境外园区风险防控预警机制。建立和完善园区风险预警系统、防控平台，建立风险观测指标体系和预警模型，科学评估并研判东道国的政治经济发展动向、经济制度和相关法律制度变化，及时发布安全预警，指导园区制定应对方案，提高企业应对风险能力；保持与驻外使领馆的联系和顺畅沟通，借助驻外使领馆的力量收集和评估东道国的安全信息，以此为依据，对投资企业进行一线指导、管理与巡查，帮助企业进行风险规避和应对；指导园区制定突发事件应急预案，应对园区建设过程中可能的一切风险，[④] 还要建立和完善园区维权机制，维护好园区合法权益。

需要指出的是，上述机制及服务大部分已经建立和设立，但作为构建和完善体系而言，存在两个问题，一是内容尚需健全和完善，使之体系化；二是分散于各部门，尚未整合成为完整的体系。因此，应当由"一带一路"主管部门牵头，整合资源，协调有关部门，明确各自职责，统一编制园区建设指南。通过统一编制园区建设指南，在梳理和完善服务项目及内容并使之系统化的基础上，为企业提供完整、统一的政策支持和配套服务。

（3）强化投融资支持。第一，拓展多元化融资渠道。在鼓励和引导企业用好"丝路基金""中国—东盟投资合作基金""中非发展基金"等国家级优惠贷款和基金的基础上，从以下四个方面重点发力：

一是加大政府对境外园区投融资支持力度，对于"一带一路"沿线的重点大型境外园区，应按一定比例投入建设资金，尤其是要加大支持承接国际产能合作的园区和科技类园区；要加快建立和完善境外园区发展专项基金和有关配套的奖励与补助制度；适当提高中央财政对"一带一路"沿线国家级境外园区补贴标准（邹昊飞、杜贞利、段京新，2016）。

---

①② 国家开发银行跨境开发区发展模式及其投融资研究课题组：《关于促进境外经贸合作区可持续发展的相关建议》，载于《港口经济》2017年第7期，第10～13页。

③ 刘佳：《建设境外经贸合作区加速融入"一带一路"》，载于《宏观经济管理》2016年第8期，第58～61页。

④ 路红艳：《中国境外经贸合作区发展的经验启示》，载于《对外经贸》2013年第10期，第7～10页。

二是要加快以 PPP 模式多方共建境外园区的探索，探索成立国家境外园区引导基金，以国家引导基金作为杠杆撬动社会资本、产业基金加入境外园区的基础设施投资和固定资产投资。

三是要创新海外融资方式，想方设法盘活海外资产，如以国家级境外园区资产为抵押，企业则可以将境外资产、土地、股权、采矿权等作抵押，进行"外保外贷""外保内贷"等试点工作。

四是充分发挥我国的对外援助职能，将对外援助与境外园区建设相结合，将部分对外援助资金转为定向投入园区援助资金，作为企业前期投入资金或产业、孵化基金，将外援变输血为造血。①

第二，构建完善的投融资支撑体系。首先，在结合国家战略导向的基础上充分发挥政策性金融机构的作用，为境外园区开发建设提供优质的投融资服务；其次，设立境外园区风险基金，引导商业性保险机构为高水平的境外园区项目提供保险服务；最后，引导国内各类投资公司与境外园区开发企业合作，为进驻园区的企业提供各类融资服务，在一定程度上缓解企业对外投资的资金压力。②

第三，创新金融服务方式。一是鼓励国内金融机构在境外园区开设分支机构，加大国内金融机构对境外园区的支持，为入园企业提供境外融资渠道和本地化金融服务，③ 鼓励各类金融机构为入园企业提供资金支持。二是加快推动产融结合，积极推动重点境外园区与国内金融机构建立长期稳定的战略合作关系，④ 推广"产融通"产品，为入园企业切实解决融资难题。⑤ 三是拓展双边金融合作，完善双边金融合作机制，提高境外园区融资能力。不断完善双边金融的合作机制，全面拓展跨境贸易的人民币结算业务，降低贸易与投资的汇率风险与结算成本，打造有利于园区建设的融资品牌；不断深化与东道国银行的同业合作，例如，可由中方金融机构、企业及东道国合作银行签订三方合作协议，中方金融机构向企业发放贷款，园区企业将资产作为抵（质）押，东道国银行向中方金融机构出具保函，以此提高园区投融资能力。

第四，注重防范国际化投融资风险。一是境外园区要始终以"利益均沾、风

---

① 马霞、宋彩岑：《中国埃及苏伊士经贸合作区："一带一路"上的新绿洲》，载于《西亚非洲》2016 年第 2 期，第 109～126 页。

② 叶振宇：《中国建设高水平海外产业园区的战略思考》，载于《中国发展观察》2016 年第 1 期，第 29～30 页。

③ 刘英奎、郭志刚：《中国境外经贸合作区的发展特点、问题与对策》，载于《区域经济评论》2017 年第 3 期，第 96～101 页。

④ 刘佳：《建设境外经贸合作区加速融入"一带一路"》，载于《宏观经济管理》2016 年第 8 期，第 58～61 页。

⑤ 沈铭辉、张中元：《中国境外经贸合作区："一带一路"上的产能合作平台》，载于《新视野》2016 年第 3 期，第 110～115 页。

险共担"为发展原则，将"企业国际化、股权利益多元化"作为发展目标；在始建之初，园区要尽可能与东道国企业进行合资，最大限度地规避风险；中资企业要保持一定股权比例的占有，以此作为增加话语权的有力砝码，以便在运营过程中遇到困难时降低协调难度。① 二是要不断扩大信用保险和投资保险的覆盖面，建立境外商务纠纷和突发事件的应急处理机制，建立"政企联手、国内国外、事前事后"全方位的监督机制，最大程度实现园区投资风险和信用风险的有效规避（邹昊飞、杜贞利、段京新，2016）。三是要强化风险防范措施。一方面，由政府牵头设立园区风险基金，引导商业保险机构共同为园区提供保险；建立海外投资损失准备金制度，允许企业在规定的年限内每年免税提取一定比例的资金计入准备金，用于弥补风险损失，期满后准备金余额按比例逐年计入应税收入。② 另一方面，完善风险防控体系，推动建立境外投资信用风险管控"4＋1"综合服务机制，创新企业信用风险管控合作模式，搭建由政府、中国出口信用保险公司、银行、法律服务机构四方共同参与的风险监控服务平台，建立境外投资项目监测评价体系，制定有效的安全防护措施，建立突发事件应急处理机制，切实维护境外企业的合法权益。

3. 创新园区发展模式，培育高水平特色境外园区

随着"海丝路"建设的不断深化，作为其建设重要平台和抓手的境外园区，也迫切需要围绕国家"海丝路"倡议的部署，结合国际产能合作和全球价值链重构以及"海丝路"重要节点建设，通过促进国家重点园区升级和加快培育重点园区的途径，在"海丝路"沿线国家和地区布点建设一批高水平、有特色的境外园区，以发挥其示范和引领作用，推动"海丝路"建设行稳致远。加快建设高水平特色境外园区，应重点解决几个问题：

（1）创新办园模式。第一，在建园模式上探索创建资源整合型产业园。由专业开发境外园区的团队牵头，叠加政府的战略安排、资源支持和政策导向，由原先的单一企业主导开发转变为"园区＋"的全新形态，逐渐形成境外园区开发新的"飞雁模式"，推动境外园区高水平发展。③

第二，在园区发展模式上探索"全结合化模式"创新，实现多层次结合发展。全结合化园区模式主要是指采取"异地研发、远程孵化和资源供给、本地配置，搭建平台、全球要素"的创新手段，实体园区和云端园区结合、本地园区与远程园区相结合的发展，推动园区朝"创新驱动＋智慧型""生产＋生活＋生态＋

---

① ② 刘英奎、郭志刚：《中国境外经贸合作区的发展特点、问题与对策》，载于《区域经济评论》2017 年第 3 期，第 96 ～ 101 页。

③ 刘爱民、马霞、宋彩岑：《境外经贸合作区开发模式的优化和提升》，载于《国际工程与劳务》2017 年第 10 期，第 44 ～ 48 页。

生命"的产业新城发展。该模式强调重资源导入,轻资产运营。既注重土地开发、基建等的导入,也重视运营科技、金融服务战略咨询等,将促进原有产业升级与孵化新产业紧密结合。通过这样的全结合发展模式,使低碳、环保、科技含量高的产业成为主流,促使园区产业不断升级。[①]

第三,在盈利模式上探索多元化的盈利模式。要注重从土地和物业出售向资产持有转变,开展股权投资,成立专项投资基金,促成园区物业资本化,联合政府或其他企业,以股权投资的方式盈利;由专注工业地产开发到全产业链服务,从园区土地开发、产业培育、园区运营等方面制定流程化的价值实现模式,在此基础上通过服务增值、商业地产开发等方式,进一步拓宽园区的业务领域,并在招商引资时,注重将合作区与高成长、高营利性项目相捆绑,实现资金的良性循环;还可以探索从产城融合发展中获得收益,分享人口和产业集聚后产生的经济效益。通过这些探索,逐步建立成熟稳定的盈利模式,促进园区的可持续发展。[②③]

(2)培育特色,提升境外园区集群化。第一,以培育产业特色,强化境外园区产业集聚的基本功能,形成规模效应和竞争实力。培育特色产业首先要明确产业发展定位,鼓励企业根据自身优势和园区具备的条件,紧密结合"海丝路"沿线国家的资源禀赋和产业合作需求,确定合作的重点领域,有侧重地选择适合的产业作为支柱产业加以培育,并为其配套完整的产业环境和上下游环节,在此基础上带动相关产业的共同发展,形成既特又强的产业体系和集群,打造园区的规模效应和竞争实力。[④]

第二,以构建产业链推动产业的高效集聚。以"构建产业链、形成产业集群、构建产业生态"为目标,创新发展模式,努力构建跨国产业链,培育跨国型产业。鼓励国内龙头企业,尤其是创新型领军企业牵头组建"产业技术创新战略联盟",携手相关机构共同投资建设主导产业特色突出、产业链条完整、配套服务协同发展的境外高水平园区,以产业链引企,带动国内中小企业"抱团出海"甚至"编队出海",进一步完善产业链条,以构建跨国产业链,形成跨国型产业经济,推动产业有效集聚。

第三,以资本、技术、服务带动产业集聚。以资本、技术、服务带动产业集聚是未来跨境园区得以繁荣及可持续发展的关键,因此,高水平境外园区应建设

---

① 李继凯:《产业园区发展模式需要全面创新》,载于《经济参考报》2018年1月17日。

② 路红艳:《中国境外经贸合作区发展的经验启示》,载于《对外经贸》2013年第10期,第7~10页。

③ 温灏:《推动境外园区合作共赢的战略思考》,载于《国际工程与劳务》2017年第10期,第20~25页。

④ 荀克宁:《"一带一路"时代背景下境外园区发展新契机》,载于《理论学刊》2015年第10期,第46~51页。

成为以资本、技术、服务带动产业集聚的合作平台，充分发挥汇聚技术、资金和资源的平台作用。要强化产业孵化培育，注重以创业投资孵化和资本运作带动产业集聚。要整合科技资源，加强技术创新，重视创新体系的构建，建立多元创新渠道。一方面，要加大境外园区的科技创新力度，鼓励引进技术含量高、将研发中心放在园区的企业，推进园区产学研用合作，提高企业的自主研发创新能力，畅通科技成果的快捷化渠道，培育技术特色，带动跨境产业集群式发展；另一方面，要注重吸引跨国投资和技术转移，通过技术引进、消化及吸收，保持产业技术的持续开发与更新，提升园区创新能力，带动产业集聚。[①] 要做好高端服务，强化"引导化服务"，创新产业服务体系，重点发展科技研发、港航服务、信息服务、卫星应用、跨境电子商务物流配送、服务外包、商品展示和金融服务等现代高端优势服务业，引导和促进产业集聚，推动高水平园区发展。

（3）打造"海丝路"境外经贸合作园区的综合环境竞争力，促进高水平境外园区高起点建设和转型升级，实现可持续发展。构建高水平境外园区，还需要打造境外园区的综合环境竞争力，促进高水平境外园区高起点建设或转型升级，实现可持续发展。

第一，努力优化境外园区环境建设，助推高层次园区建设和升级。努力优化园区环境建设以提升园区的综合竞争力，推动高水平园区建设和发展。

一是要打造现代化的基础环境。要引入先进理念和现代技术高定位、高起点建设或升级园区基础设施，支持海外产业园区根据当地实际条件优化并升级园区功能，如促进产业与城市融合，建设多元生产空间等，打造便利化的适宜当地企业进入的产业配套环境，为产业发展提供良好的商务环境。[②]

二是要营造绿色生态环境。注重绿色导向，坚持"生态立区、环保为先"的建园理念，在建设中兼顾环境保护，同时注重经济与生态两大效益，以形成环境建设的生态化可持续模式。[③]

三是要构建和完善园区公共服务和产业服务体系。要大力发展专业服务机构和中介服务，引进多元化的产业服务主体，推动海外商会与园区建立合作关系，整合资源，完善园区公共服务、产业服务体系和优质高端现代化服务，打造园区良好软环境，提升园区的投资吸引力和产业集聚度。

第二，坚持"海丝路"境外园区建设的本土化战略。本土化战略是推动境外园区可持续发展的重要战略举措，高水平特色境外园区更应加强本土化战略，以

---

①③　荀克宁：《"一带一路"时代背景下境外园区发展新契机》，载于《理论学刊》2015 年第 10 期，第 46～51 页。

②　叶振宇：《中国建设高水平海外产业园区的战略思考》，载于《中国发展观察》2016 年第 1 期，第 29～30 页。

取得更大发展机遇，实现可持续发展。

一是要在坚持互惠互利，共商、共建、共享原则，加强战略沟通基础上，注重园区在投资意向、主体产业合作内容的选择上与东道国的发展诉求相符，寻求共同的合作价值，与东道国切实建立起有效的园区运作机制和利益互动机制，提高当地政府政策支持和配合度。①②

二是采取园区建设、经营的本土化经营策略。在建园时要注重本土化，尽量以东道国的公司或机构为优先选择；注重引进当地产业，并选择具有比较优势的企业入驻园区，充分利用境外园区的劳动力价格优势和原材料等生产要素优势，这不仅有利于降低园区的营业成本，而且可以在带动当地经济结构调整和完善、促进产业协调有序发展的同时，为当地企业提供发展机遇，增加当地的就业机会，从而促使园区与当地社会发展和环境更快融合，为园区持续发展提供良好的发展环境；注重产品的本土化，有针对性地开发融入当地元素与民族特色的园区特色产品，推动园区产品顺利进入当地市场；注意加强园区与当地政府的沟通以及与当地公安、消防、税务、工会、海关、金融等部门的协调，及时掌握政策法规的变化，保障园区的顺利运营和持续稳定发展。③

三是注重行为、管理、人才的本土化。园区企业要学会运用本土思维方式，充分了解和尊重当地民风民俗，尊重驻在国法律与文化，根据当地政治、经济、文化、社会风俗选择适宜的企业合作规划和管理模式，充分融入当地环境，构建融洽关系；加强当地人才培养、培训和开发，注意任用本土人才参与园区招商、管理和技术等方面的工作，更多地培养和接纳本地员工，加大员工本地化比例，维护劳工合法权益，发挥地利与人和优势，与当地建立密切的联系，尽可能地减少沟通障碍与文化差异造成的误会或摩擦，增强当地对园区的认同和归属感，促进园区与当地社会融合。④⑤⑥

第三，加强社会服务，彰显园区的人文色彩，履行好社会职责，以软实力促进园区的可持续发展。园区在建设和经营中要切实承担起相应的社会责任，将追求对当地人文社会有利的目标纳入企业发展战略；要在遵守东道国的法律法规、

---

① 国家开发银行跨境开发区发展模式及其投融资研究课题组：《关于促进境外经贸合作区可持续发展的相关建议》，载于《港口经济》2017年第7期，第10～13页。

②⑥ 尤宏兵、成楠、杨蕾：《境外产业园区建设特点与发展建议》，载于《国际经济合作》2017年第2期，第36～41页。

③ 温灏：《推动境外园区合作共赢的战略思考》，载于《国际工程与劳务》2017年第10期，第20～25页。

④ 刘伟：《我国境外经贸合作区的发展与对策研究》，载于《中国证券期货》2013年第1期，第144页。

⑤ 荀克宁：《"一带一路"时代背景下境外园区发展新契机》，载于《理论学刊》2015年第10期，第46～51页。

尊重当地习俗和宗教信仰、劳动者权益保护、生态环境保护和社会道德守护等方面做出积极贡献；要积极参与当地的慈善公益活动和商业及民间团体，塑造良好的社会形象，提升当地人民对园区的认可度；要注重园区文化建设与交流，要在展现我国仁义礼智信、以邻为伴、诚信为先等优秀传统文化风采的基础上，根据驻在国主流文化特点寻求文化触碰的交集点，融入驻在国国别文化特色，不断扩大文化相通优势，促成新的文化共识与融合，形成全新的园区文化，成为园区合作良好的人文基础，从而以软实力促进园区的可持续发展。①

三、构建"一带一路"新型价值链

随着全球生产网络以及新一轮产业革命与新一代信息技术革命的推动，全球价值链（global value chain）正在成为世界经济的一个显著特征。全球价值链是全球经济循环中最关键的链条之一，国际经济的现状及发展走势日益显示未来全球的竞争将是价值链的竞争，而其重要特征就在于全球价值链的重构。在这一时代背景下，一方面，全球价值链的重构已成为趋势；另一方面，"一带一路"建设，特别是以基础设施、境外园区建设和第三方合作为主渠道的国际产能合作为构建"一带一路"新型价值链创造了条件。因此，在加强"一带一路"国际产能合作的基础上，积极探寻重构全球价值链的路径，以创新思维推动新型价值链构建也就势所必然。

（一）构建"一带一路"新型价值链的背景和条件

1. "一带一路"新型价值链构建的背景特征

金融危机后的世界经济衰退明显，并发生结构性变化，世界经济进入"后危机时代"。在这一时期，国家间力量消长调整，现行全球价值链中的"发达国家—较发达发展中国家—较落后发展中国家"链条出现解构，世界经济结构和治理格局也开始变化，这些都动摇了全球价值链的各个链段，全球价值链重构势所必然。

（1）后危机时代世界经济结构。世界经济结构变化的主要特征表现为发达国家经济下滑衰退和新兴经济体力量增强。

从主要经济体经济规模的变化来看，金融危机使大多数发达经济体陷入衰退。IMF 的统计数据显示，2008 年美国、欧盟和日本的经济增速分别为 − 0.34%、

---

① 荀克宁：《"一带一路"时代背景下境外园区发展新契机》，载于《理论学刊》2015 年第 10 期，第 46 ~ 51 页。

0.5%和–1%，2009年则下降至–3.5%、–4.2%和–5.5%，[①] 而后爆发的"欧债危机"再次重挫全球经济，西方七国集团（G7）的经济规模占世界经济的比重由2001年的48.4%下降到2011年的38.5%；[②] 在传统发达经济体经济乏力之际，中国、印度以及其他发展中国家和新兴经济体则一枝独秀，其国内生产总值占全球国内生产总值的比重、对世界经济增长的贡献及贸易量均稳步攀升，这一区域经济规模的世界占比已由2001年的37.7%增至2011年的48.9%。[③]

从各大经济体出口的世界占比来看，虽然发达经济体仍主导着国际贸易，但地位相对被削弱，由2009年的65.99%下降至2017年的62.14%，新兴经济体则由2009年的32.77%上升至2017年的37.15%。[④]

从外商直接投资（FDI）流出和流入的变化情况来看，受金融危机波及，世界范围内的FDI流入量在2009年跌至11 900亿美元，跌幅约为37.7%，其中发展中经济体跌幅为11.9%，发达经济体跌幅高达49.02%，随后发展中国家在国际投资中的重要性不断提升，其FDI流入的世界占比由2006年的29.2%上升至2016年的37%，同期发达国家FDI流入的世界占比却从66.6%下降至59.1%；发达经济体的FDI流出也出现了显著下滑，在2014年一度跌至7 076亿美元，FDI流出规模的世界占比也逐渐走低，同期发展中国家的FDI流出规模却在逐年上升，其世界占比在2014年达到37.72%。[⑤] 新兴经济体开始崛起为重要的国际直接投资源，或将成为未来国际性竞争的新引擎。

（2）全球经济治理格局发生变化。金融危机前，全球经济治理的基本格局为以美国、欧洲各国、日本等发达国家间的经济合作为主，发展中国家居于外围；金融危机后，尽管发达经济体仍把控着全球经济治理的主导权，但随着发展中经济体（尤其是新兴亚洲各国）的发展，现行国际经济协调中的非多元化和发达国家主导遭到挑战。基于此，主要发达国家开始联手发展中国家建立应对金融危机的有效机制，二十国集团（G20）首脑峰会应运而生。通过G20的平台机制，新兴经济体处理国际事务的话语权日益提升，成为全球治理结构中的平等主体，在全球经济中扮演着愈加重要的角色。G20机制预示着一种新国际经济协调模式的孕育走向，是全球经济多元治理新格局的有效尝试。

（3）后危机时代经济变化的趋势及对价值链的影响。后危机时代的种种变化不仅削弱了传统发达国家和经济体在全球市场中创造与投资集聚的单级超强局面，世界经济的发展趋势也深受影响，全球经济增长动力、生产分工体系等发生了相应转变，全球价值链面临新一轮分解与重构。

---

①③　陈继勇、郭夏杰、黎珊：《后危机时代中国在世界经济格局演变中的战略应对》，载于《世界经济研究》2012年第12期，第3~9页。

②④⑤　资料来源：IMF, Direction of Trade Statistics（DOTs），经笔者计算整理所得。

第一，发展中国家和新兴经济体成长为世界经济增长的重要引擎。一是全球经济增长的重心逐步向亚洲发展中国家和新兴经济体转移。IMF 在 2010 年就曾预言"未来，世界经济增长的中心将从西方国家转移到亚洲，尤其是亚洲新兴国家，改变世界经济格局"。① 事实上世界经济重心确实正在向亚洲转移。目前亚洲在全球贸易总额中所占份额接近 1/3，亚洲发展中新兴经济体对全球经济复苏及后续增长的引擎作用得到普遍认同。欧美国家竞相调整其对亚洲的经济政策，美国加大"重返亚洲战略"的实施力度，与亚洲的贸易总额占美国全球贸易总额的 40%，对亚洲地区的直接投资已逾千亿美元，亚洲已取代欧洲成为美国最大的贸易伙伴；欧洲提出"欧盟向东看策略"，试图加强与亚洲国家全方位的合作，促进双边经贸关系更深入、更全面地发展。

二是"金砖国家"成为新兴经济大国。危机后的"金砖国家"经济迅速崛起，其经济增长部分占世界经济增长近五成，在近年世界各国 GDP 前 20 的排名中，巴西、俄罗斯、印度和中国均榜上有名，"金砖国家"在 IMF 中的整体表决权已上升至 11.21%。"金砖国家"在世界经济发展问题上有诸多共同的利益诉求，相互间的联系与对话不断增加，日渐成为世界经济中一支不可忽视的力量。危机后"金砖国家"已逐渐走向全球决策的中心，并将从各个领域改变世界。②

三是中国迅速崛起，引领世界产业格局。金融危机爆发至今，中国的总体经济实力不降反升，一大批企业集团在"走出去"的过程中提升了自身核心技术、品牌效益，所有权优势、内部化优势和区位优势不断凸显，国际竞争力有所增强，由过去被动参与国际分工转变为积极分享国际产品市场，并更多地整合全球资源，产业竞争力开始引起国际社会的高度关注。中国厂商在苹果手机的供应链中不再是单纯的组装者，而是其中数十种重要元器件的提供者；"中国制造"的一大批成果填补了国际空白，自有品牌和专利产品表现出了强大的竞争力；在互联网领域，目前全球唯独中国互联网公司三巨头（BAT）能够与美国互联网巨头抗衡，中国网络企业在技术转移方面更有反超之势；在服务外包领域，中国逐步向 IT 咨询、数据分析、研发设计等高附加值业务拓展。商务部统计数据显示，2016 年中国对全球 164 个国家和地区的非金融类直接投资达 1 701 亿美元，中国企业"走出去"的领域更多地涉及智能装备、高端制造等，给世界经济带来巨大的外溢红利，成为引领世界产业格局和价值链重塑的重要力量。

第二，世界分工体系出现新的调整。危机前的全球价值链大致表现为"以高端生产和服务出口的欧美链条顶端、以普通生产制造业为主的东亚及东南亚地区

---

① IMF. Asia is Moving into a Leadership Role in the World Economy. Finance & Development，2010.

② 吉姆·奥尼尔：《"金砖四国"有望提前统领世界经济风骚》，载于《21 世纪经济报道》2009 年 12 月 28 日，第 19~20 版。

链条中端和以大宗商品为主的链条底端"的分工格局。① 危机后的世界经济变化打破了传统的国际分工体系——高端制造业开始向发达国家回流，低端制造业进入更具成本优势的新兴经济体，发展中国家面临"高挤低压"的困境，总体呈现出发达国家竭力把控价值链高端，发展中国家努力向上游争取，新兴经济体力争跻身全球价值链的结构性调整。

一是发达国家试图继续主导全球价值链。一方面，发达国家致力于建立高水平的贸易、投资自由化规则体系（如 TPP、TTIP 和 TISA），旨在强化跨国公司在知识产权、服务贸易、对外投资上的利益，并削弱新兴经济体的国际竞争优势；另一方面，为了修正因制造业过度外包所引发的实体经济产业"空心化"问题，发达国家纷纷提出复兴制造业的战略和计划，如美国的"制造业复兴计划"、英国的"高价值制造计划"、德国的"工业 4.0 战略"、法国的"新工业战略"、日本的"产业复兴计划"，发达经济体对外投资步伐大幅放慢，高端制造业及资本开始逐步回流。从多边协定的快速发展到"再工业化"战略的相继出台，国际贸易保护主义抬头趋势尽显，发达国家力图夺回和保持制造业全球价值链的制高点，从而继续掌控未来全球价值链规则制定的主导权和话语权。

二是全球价值链中低端的发展中国家面临"双重夹击"，努力向上游争取。一方面，在发达国家相继提出"再工业化战略"后，处于全球价值链中低端的发展中国家原有的低成本优势逐渐消失，主导着产业链的跨国公司开始调整分工布局，重新寻找价值洼地，将产品的生产端转移至更具成本优势的新兴经济体，全球价值链中低端的发展中国家面临"高端封锁"和"低端锁定"双重夹击，其利用传统优势继续参与全球价值链的扩展空间越来越小；不仅如此，这些国家还面临着"国内经济下行"和"产业结构调整"的双重压力，相当一部分的优质富余产能亟待转移和消化，如中国的钢铁、水泥、电解铝、平板玻璃等 22 个制造行业自 2010 年起开始面临产能相对过剩的问题（储殷、高远，2015），众多产业也亟须升级换代。另一方面，经济的迅速发展使得这些发展中国家的购买力不断增强，成为世界主要消费市场，跨国公司又不得不扩大符合这些发展中国家市场需求的投资。基于此，处于价值链中低端的发展中国家一面大规模去产能，一面积极支持发展一批跨国公司，通过全球资源利用、业务流程再造、产业链整合、资本市场运作、加大科研投入等方式，提升核心竞争力，推动产业转型升级，努力向全球价值链上游进取。

---

① 王玉柱：《"一带一路"倡议下中国及世界经济"再平衡"的实现机制》，载于《现代经济探讨》2016 年第 12 期，第 10 ~ 14 页。

　　三是全球价值链外部的新兴经济体加速嵌入，并日益发挥积极的作用。随着跨国公司将劳动密集型生产环节转移，以越南、缅甸、老挝等东盟国家和孟加拉国、巴基斯坦等南亚国家为代表的区域性经济体进一步扩大开放，积极出台优惠政策，利用低廉的生产要素承接国际产业转移，力图培育制造业的国际竞争优势，加速嵌入全球价值链。

　　第三，全球价值链的分解与重构。长期以来，发展中国家凭借资源禀赋、人口红利等要素优势在加工装配等劳动密集型生产环节所形成的比较优势逐步嵌入欧美、日本等发达国家主导的全球价值链，[①] 获得专业化分工生产时"干中学效应"带来的利益，优化了劳动生产率和产业技术水平，实现了制造业的规模化生产能力、产业配套能力以及贸易规模扩张和贸易顺差累积，产业竞争力得到了很大的提升。但是，这种贸易规模扩张、贸易顺差积累的背后却是出口企业极为有限加工费的获取，具体而言，发达国家凭借在技术创新能力和人力资本积累方面的先发优势所发展出的高级要素禀赋占据且控制着全球价值链中的核心技术研发、产品设计、品牌和销售等高端环节，如此一来，以代工者身份嵌入全球价值链的发展中国家所获取的技术外溢规模就必然有限，以至于被锁定在全球价值链的低端。[②] "低端锁定"所导致的贸易利得不足与发达国家的压榨使发展中国家陷入贫困式增长的困境，形成发达国家与发展中国家的"中心—外围"格局。与此同时，在发展中国家内部，较发达地区压制较落后地区的原材料和劳动力等生产要素供应商地位形成竞争优势，这在一定程度上抑制了较落后地区发展劳动密集型产业的空间，使其滑入"自然资源诅咒"中，双方的发展差距逐渐拉大，也形成一个"中心—外围"格局。这两个"中心—外围"格局互相嵌套，发达国家占据高端位置，较发达发展中国家专业化于低附加值的代工环节，较落后发展中国家则沦为低端要素的供应地，最终形成"发达国家—较发达发展中国家—较落后发展中国家"的链条。在该链条中，较发达发展中国家是连接发达国家和较落后发展中国家的中间节点和关键枢纽，它们在融入全球价值链的基础上，亟须重构双环流价值链结构，将依靠别国的"外围受控关系"升级为自我主导的"核心控制关系"，由价值链的低端上升为高端，链条开始出现解构之势。

　　世界经济增长引擎的转变和世界分工体系的调整意味着不同生产环节的收缩与地理迁移，即各国比较优势的变迁，全球价值链开始出现相应的分解。进

---

　　① 储殷、张沛喆：《权力、市场与文化：人类命运共同体的三重构建》，载于《当代世界与社会主义》2018 年第 3 期，第 30～39 页。

　　② 张杰、刘志彪：《需求因素与全球价值链形成——兼论发展中国家的"结构封锁型"障碍与突破》，载于《财贸研究》2007 年第 6 期，第 1～10 页。

一步而言，发展中国家和新兴经济体崛起成为世界经济增长新引擎、与世界分工体系调整密切相关的产业转移促使价值链在纵向与横向的分解。纵向上，随着发展中国家和新兴经济体的崛起，它们或者努力向全球价值链高端攀升，或者加快嵌入全球价值链，充分利用技术外溢效应，学习先进的产品技术、工艺技术和组织管理技术，再通过加大研发投入，进行消化吸收后的再创新，提升技术水平，逐步走出初级产品出口加工阶段，打破全球价值链高端被发达国家垄断的格局；横向上，在新的国际分工体系下，一国越来越难以凭借一个具体产业、行业或特定产品上的比较优势在全球价值链中布局，国家间的竞争更多体现为整个价值创造链条上某一环节组织要素投入、生产能力、交易效率及专业化分工的程度，国家或产品主导的全球价值链被深入产品内部的产品价值链所替代。这些变化都将打破全球价值链各个链段的现有状态，全球价值链重构已是大势所趋。

2. 中国主导构建"一带一路"新型价值链的机遇和条件

在全球价值链重构的大趋势下，中国开创性地提出"一带一路"倡议，为新型价值链的构建提供了机遇和条件。

（1）构建"一带一路"新型价值链的机遇。"一带一路"倡议涉及 65 个国家，总人口约 44 亿人（约占全球人口总数的 62.5%），年生产总值约 21 万亿美元（约占全球年生产总值的 28.6%）。1990~2013 年，全球贸易和跨境投资年均增速为 7.8% 和 9.7%，而同期"一带一路"沿线国家的年均增速达 13.1% 和 16.5%，特别是在太平洋贸易中心和大西洋贸易中心核心区域深受经济危机影响的 2010~2013 年，"一带一路"区域对外贸易和跨境投资年均增速高达 13.9% 和 6.2%，高于全球 4.6% 和 3.4% 的平均水平。[①] 显然，"一带一路"沿线是经济潜力巨大的新兴市场，将形成以亚欧为核心的全球第三大贸易轴心，成为亚欧地区乃至世界贸易的新增长源（李丹、崔日明，2015），而位于太平洋和亚欧两大贸易轴心关键区位的中国或许在未来全球贸易格局中大有可为。"一带一路"区域这种巨大的经济与市场潜力为构建新型价值链带来了多重机遇：一是"一带一路"新兴市场的形成和发展将为"一带一路"新型价值链的构建提供市场基础和强劲驱动力；二是将"一带一路"经济潜力转化为新兴市场的基础设施建设和以优质富余产能转移为基础的国际产能合作，将成为"一带一路"新型价值链构建的主要基础和路径；三是中国与"一带一路"沿线国家在产业间和产业内互补性较强，拥有形成新型区域价值链的决定性条件，为通过转移优质富余产能进行国际产能合作，构建新型价值链提供了广阔的合作平台。

---

① 资料来源：UNTAD，经笔者计算整理所得。

（2）中国具备主导构建"一带一路"新型价值链的条件与能力。第一，具备较为完整的工业体系和制造能力，处于价值链快速升级阶段。中国凭借 41 个工业大类、201 个中类以及 581 个小类形成了独立完整的现代工业体系，是拥有联合国产业分类中全部工业门类的国家，而且在全球 500 多种主要工业品中，中国有 220 多种产量居世界第一。中国制造业在 2010 年的总产值逾 70 万亿元，占全球制造业总量的比重将近 20%，居世界之首，中国作为制造业大国融入全球价值链的程度不断加深，多个行业也在发生重构，[①] 有能力通过产能合作在地区范围内建立国际性区域价值链。同时，中国对全球价值链的贡献也逐年增加，逐步向全球价值链高端攀升，如电子和光学产品、化学及化学品、机械设备等制造业在亚太价值链上的地位提升明显。[②]

第二，具备成熟的生产能力和一定的研发能力。中国制造业通过核心部件和技术的引进、学习、模仿和吸收，实现了必备技能的掌控和高端产品生产经验的累积，创新水平日益提高，具备了成熟的生产能力和一定的研发能力，能够从事加工、组装以外的高附加值环节的作业，相当部分的产业还具备强大的国际竞争力，部分技术甚至全球领先。[③] 目前，通信、高铁、核电、工程机械等行业快速崛起；航空航天、新能源汽车等领域也取得了重大突破，高附加值行业所占的国际份额不断攀升；水电、炼油化工、轨道交通等高端装备产品已成为"中国制造"的新名片，行业发展水平步入国际先进行列；北斗系统、超级计算机等领域的制造水平已站在世界前沿。由此可见，中国制造业拥有促进创新的产业基础，将创新成果转化为市场应用的能力也在不断提高，中国已经具备建设制造强国的基础和条件，"中国制造"有望在第四次工业革命中迎头赶上，甚至弯道超车。

第三，具备了投资和产业转移能力。在对外投资和产业转移方面，中国制造业具备了构建"一带一路"新型价值链的基础。2014 年，中国装备制造业的出口总额为 2.1 万亿元，约占全部产品出口收入的 17%，首次超过外商直接投资。我国凭借拥有大量外汇储备积累了对外投资的资本能量，以对外直接投资 17% 的增速赶超日本成为亚洲最大的对外投资国，并牵头组建亚洲基础设施投资银行、金砖国家新开发银行、上海合作组织开发银行以及丝绸之路发展基金等支持性金融机构，为调动各方的资金力量创造了条件。"先进适用"和"性价比高"

---

① 田文、张亚青、佘珉：《全球价值链重构与中国出口贸易的结构调整》，载于《国际贸易问题》2015 年第 3 期，第 3 ~ 13 页。

② 樊茂庆、黄薇：《基于全球价值链分解的中国贸易产业结构演进研究》，载于《世界经济》2014 年第 2 期，第 50 ~ 70 页。

③ 刘中伟：《东亚生产网络、全球价值链整合与东亚区域合作的新走向》，载于《当代亚太》2014 年第 4 期，第 126 ~ 156 页。

的中国产能符合"一带一路"沿线发展中国家的现实需要和承载能力，有利于发挥沿线发展中国家的资源和劳动力成本优势，具有国际竞争力。以上所述均反映了中国已具备大规模对外直接投资的条件，可以通过输出资金、优质产能、技术和管理经验，携手"一带一路"沿线发展中国家共同构建"一带一路"新型产业链和价值链，在推动周边国家发展与繁荣的同时，也带动自身经济的转型升级，最终实现区域发展的再平衡。

（二）积极探寻中国主导构建"一带一路"新型价值链的路径

构建"一带一路"新型价值链，可以从基础设施建设、国际产能合作和第三方合作三个方面分析其具体实施路径。

1. 加强基础设施建设

基础设施建设作为"一带一路"建设中的优先方向，在"一带一路"新型价值链的构建中具有重大意义，其在"一带一路"新型价值链构建中具有基础性、先行性和带动性作用，充分发挥基础设施建设基础性、先行性和带动性作用，是推动"一带一路"新型价值链构建的重要路径。

（1）发挥好基础设施建设的基础性作用，奠定"一带一路"新型价值链的市场与产业基础。基础设施建设对构建"一带一路"新型价值链的基础性作用主要集中在奠定"一带一路"新型价值链的市场与产业基础上。"一带一路"基础设施建设正是在挖掘和转换市场条件而形成新兴国际大市场的进程中，进一步扩大市场规模并创造新的市场需求，实现分工的深化和经济的持久发展，从而带动沿线国家社会进步，为当地工业化和融入全球价值链创造良好的环境，借助分工链条的延长使市场需求和市场规模螺旋式上升，最终实现发展的良性循环。"一带一路"基础设施建设通过进一步扩大市场规模、创造新的市场需求形成构建新型价值链的重要驱动力，并为价值创造和价值交换奠定重要基础。

基础设施建设还发挥着完善沿线国家基础工业化能力、促进产业发展从而融入全球价值链的作用。"一带一路"基础设施建设所推动的将是一种创造型的价值链，所要解决的是从区域到全球的经济长期发展问题，"一带一路"基础设施建设将以其基础性作用推动新型价值链的构建与发展。[①]

（2）发挥好基础设施建设的先行性作用，以优势产能率先构建"一带一路"新型价值链。我国目前参与"一带一路"基础设施建设的产业以高铁、

---

① 秦升：《"一带一路"重构全球价值链的中国方案》，载于《国际经济合作》2017年第9期，第11~16页。

核电、电子信息等高端装备制造业为主，在广阔市场的推动下，我国这些以世界高端技术为基础的全产业链优势产能事实上已经具备了主导构建"一带一路"新型价值链的条件。在此基础上，具体可从三方面进一步推动和拓展"一带一路"新型价值链：一是创新工程模式。加快实现业务升级，打造并完善策划、设计、融资、采购、施工、运营、维护为一体的能力，主导构建国际生产经营网络并发展新型区域价值链。二是推动中国标准"走出去"。在参与国际标准制（修）订的过程中逐步提高主导制定国际标准比例，充分利用国际平台推动中国标准成为国际标准，并结合海外工程承包、重大装备设备出口、"建营一体化"项目推广中国标准，以中国标准"走出去"带动产能合作和产业链、价值链的"落地生根"及持续发展。三是丰富服务贸易的提供手段，增强服务的可贸易性。向基础设施运营维护服务升级，加强"一带一路"电子商务合作，打造"网上丝路"，发展基础设施建设领域的服务型制造，实现基础设施建设领域制造业与服务业、服务环节的融合发展，以服务的发展推动价值链的巩固及延伸。

（3）发挥好基础设施建设的引领性和带动性作用，推动"一带一路"新型价值链的构建。发挥基础设施建设的引领性与带动性作用，带动成套装备和装备制造"走出去"，助力我国优质富余产能向"一带一路"区域转移，推动工程及相关企业"出海"，依托基础设施建设开展多种形式的国际产能合作，推进以"网"状为特点的新型复合产业链的建设，构建"一带一路"新型价值链，具体为：深入参与沿线国家的能源资源、产业等层面的资源配置与合作，持续整合和延伸产业链；充分整合并利用资源优势，积极参与整体区域的规划与综合开发；以市场资源对接国际产能合作、装备合作的发展要求，积极参与境外经贸合作园区投资与建设；以港口为依托，在推动资源自由流动与市场贯通融合的基础上加强国际产能合作，实现我国优质富余产能出海转移并顺利落地，在发挥产业集聚效应和规模效应的进程中，通过临海产业园区建设和临港经济发展实现跨国产业链完整配置。

总体来说，基础设施建设在"一带一路"新型价值链构建中不仅奠定了市场和产业基础，形成了强有力的市场驱动力，而且还带动了整个"基础设施产业链"沿着"一带一路"走出去，先行构建了基础设施产业链和价值链，并以此为基础引领相关产业和企业规模出海并参与"一带一路"框架下的国际产能合作，正是在这种广泛的国际产能合作进程中，推动了"一带一路"以"网"状为特点的新型复合产业链和新型价值链的构建。

2. 以优质富余产能转移为抓手，开展国际产能合作

2015 年 5 月，国务院印发的《关于推进国际产能和装备制造合作的指导意见》提出国际产能合作，列举了电力、航空航天、铁路、工程机械、通信、船舶和海洋工程等重点行业，以非洲和亚洲周边国家为主要方向进行产能合作。[①] 因此，构建"一带一路"新型价值链在加强基础设施建设的同时，还应以优质富余产能转移为抓手，积极开展国际产能合作。为此，中国应当基于东亚各经济体之间的区域生产网络基础，并以中国自身作为全球供应链亚太中心的优势地位为基础，一方面，发挥中国优势，选择一些具有较好发展基础和前景的领域，将"中国标准""中国设计""中国制造""中国服务"有机整合，联为一体，稳步构建中国发挥关键作用的新价值链分工体系，建构一条自主掌控的价值链、产业链、供应链，通过共建高质量"一带一路"，加强产能合作，向全球铺展，逐步形成由我主导的新型全球价值链。[②] 另一方面，以优质富余产能转移为抓手，联合沿线产业互补性强的新兴国家或地区，积极开展国际产能合作，连接生产、销售、回收处理（魏龙、王磊，2016），实现商品或服务价值。这不仅有利于以中国为核心的"一带一路"分工体系得以形成并将众多发展中国家纳入全球价值链，还将有利于形成以中国为主导的"一带一路"区域性跨企业网络组织。

众所周知，中国产能具有"先进适用"和"性价比高"的特点，与"一带一路"沿线国家制造业具有较高的互补性，符合其现实需要和承载能力。[③] 以这些优质富余产能的转移为抓手，通过与沿线国家开展国际产能合作，发挥沿线发展中国家的资源和劳动力成本优势，形成国家间产业互通有无、调剂余缺、优势互补、互利共赢的新型国际合作关系。具体而言：中国应当注重加强与沿线国家以互补性和合作共赢为基础的优势产能转移与合作，通过技术溢出、逆向跨国并购等途径，凭借从发达国家承接、吸收、转化、创新与扩散高新产品和技术作为"一带一路"新型价值链内的主导国，通过区域产能合作、对外直接投资等方式对区域的分工与利益进行合理分配；通过项目合作和产业园区共建与沿线发展中国家形成产业链对接，延伸国内产业链并占据产业链中高端；同时，加强服务业发展，布局和创新有关服务网络，促进我国产业向"微笑曲线"的两头攀升，形成"一带一路"新型价值链。通过构建"一带一路"新型价值链，不仅将因经

[①] 国务院：《关于推进国际产能合作和装备制造合作的指导意见》，新华网，http：//news. xinhuanet. com/politics/2015 - 05/16/c_1115304415. htm。

[②] 李晓、王斯敏、姚同伟：《向全球价值链高端攀升，中国在行动》，载于《光明日报》2019 年 8 月 13 日。

[③] 沈铭辉、张中元：《"一带一路"背景下的国际产能合作——以中国—印尼合作为例》，载于《国际经济合作》2017 年第 3 期，第 4~11 页。

济发展落后而无法融入现行全球价值链的"一带一路"多数发展中国家带入全球价值链，开辟世界经济振兴的新市场，形成新的经济发展区域，还将使中国摆脱"低端锁定"状态，从被发达国家引领而转化为主动引领发展中国家融入全球价值链，并为发挥双向"嵌套型"全球价值链分工新体系"核心枢纽"作用，带动"一带一路"沿线国家融入全球价值链，甚至构建新型全球价值链分工体系创造了条件。

3. 开展第三方市场合作，发挥双向"嵌套型"全球价值链分工新体系"核心枢纽"作用

主导构建"一带一路"新型价值链不仅需要加大基础设施建设、进行国际产能合作，还需要处于全球产业链核心和枢纽环节的中国积极开展第三方市场合作。所谓第三方市场合作，是指中国发挥双向"嵌套型"全球价值链分工新体系的"核心枢纽"作用，联合相关发达国家共同开发作为第三方的发展中国家市场，其实质是中国与发达国家在第三方市场更高效的资金、技术等资源配置，促进市场深度融合，实现双赢、多赢、共赢。具体而言，在"一带一路"途经区域，比较优势不尽相同，如发达国家具有资金、装备和技术优势，中国具有中端产能优势，其他国家则有着需求市场优势，第三方市场合作将三大市场有机结合，即中国优质的中端产能与发达国家的资金、技术及理念相结合，为市场需求广阔但发展较落后第三方发展中国家提供兼具水平、性价比和竞争力的产品与服务，这有利于中国产能和工业产品的输出以及国际市场的扩展，也有利于发达国家发掘新的经济增长点，还有利于带动发展中国家工业化以促进其经济发展，实现"1＋1＋1＞3"的效益最大化。不仅如此，第三方市场合作可为金融危机后世界经济发展低迷的有效解决提供新思路，并有助于高效配置全球资源、重塑全球分工体系，推动全球治理体系的新一轮改革，这是中国推动"一带一路"建设的创新之举，符合合作共赢的核心要义，在提高相关国家建设意愿、积极性和效率的同时，也通过合作把各方利益紧密联结，从而形成真正的"命运共同体"。

第一，开展第三方市场合作，实现"三方共赢"。第三方市场合作关注世界经济复苏乏力之难，"南北合作"和"南南合作"的巧妙结合将改变"能源国提供原材料、中国组装制造和欧美发达国家消费"的传统产业链格局，衔接不同发展阶段国家的切实之需，推动全球产业链高中低端的融合，挖掘全球经济增长潜在力量，既能为世界经济增长添加新动力，又能为各国的合作共赢创造新机遇，实现"三方共赢"。

第二，开展第三方市场合作，使中国成为事实上的主导者。在"一带一路"的背景下开展第三方市场合作，中国易于以主导者的身份构建"一带一路"新型价值链。具体而言，在开展第三方市场合作的过程中，中国处于两个特殊的地

319

位：一是"一带一路"建设的倡议者和市场的开拓者。中国可以通过基础设施建设开拓市场，形成"一带一路"新市场的主要驱动，主导构建新型全产业链和新型全球价值链。二是现阶段全球产业链的核心。中国与发达国家形成了以产业分工、贸易、投资、资本流动为载体的循环体系，也与亚、非、拉等广大发展中国家形成了以贸易、直接投资为载体的循环经济体系，在该双循环经济体系中，一面是掌握先进装备与技术的发达国家由于产能不足、成本过高而难以有效开发第三世界市场，一面是拥有广阔市场的大量第三世界国家苦于技术和资金的缺乏无力提振当地经济，而中国恰好处于两个循环体系的中间环节，是连接发达国家和第三世界国家的"天然桥梁"，发挥着难以替代的连接与枢纽作用，承担了"一带一路"新型价值链实际发起者的角色。上述两个地位的结合，使中国具备了开展第三方市场合作的优势，也具备了以主导者的身份构建"一带一路"新型价值链的潜在动力。

第三，开展第三方市场合作，推动中国产业向全球价值链高端攀升。在"一带一路"的背景下开展"第三方市场合作"，使中国在三方合作共赢中推动产业向价值链高端攀升。具体而言，要注重以技术和资本密集型行业为主导，将"走出去"与"引进来"紧密结合，利用国外先进技术和理念反哺国内市场，推动国内制造业的转型升级，大力提升国内制造能力和水平，以此为基础，通过合作进一步延伸国际产业链，促使其在全球价值链中地位的提升。

在第三方市场合作中，中国将与发达国家通过企业间强强联合、政府间密切合作，以优质富余产能转移和国际合作的方式对接发展中国家低端产能，共同开拓第三方市场，开辟新的合作空间，培育新的经济增长点。这一过程逐渐形成了以中国为核心枢纽的"一带一路"全新产业链和生产网络，这正是构建"一带一路"新型价值链的重要基础，而中国又在延长其产业链的过程中实现了向"微笑曲线"两端的攀升，这在一定程度上也改变了全球分工体系，重塑了全球价值链格局。总之，中国应当在"一带一路"建设中把握这一重要机遇，增强主导者意识，将第三方市场合作与双循环经济体系对接，充分发挥处于两个循环体系的中间环节、产业链核心、连接发达国家和第三世界国家的"天然桥梁"枢纽优势，推动产业向全球价值链高端攀升，主导"一带一路"新型价值链的构建。

（三）努力以创新推动"一带一路"新型价值链的构建

在"一带一路"的背景下所构建的价值链是一种新型的价值链，之所以称其为新型价值链，主要在于它的构建实现了理论和实践的创新，并以新的方式重塑世界经济开放与全球价值链格局。

1. 以利益共享、合作共赢为核心理念

"一带一路"新型价值链以利益共享、合作共赢为核心理念，主要体现在以下五个方面：第一，以平等为合作基石，在合作过程中坚持机会、权利与规则的平等性；第二，创造合作的安全新格局，参与"一带一路"新型价值链构建的各国共同应对威胁，维护系统性安全，携手打造政治安全、经济稳定的合作氛围；第三，以开放包容为导向，共建新型开放的世界经济，增强经济的包容性，极力推进贸易与投资便利化；第四，实现文明的交流，将不同文明纳入新型价值链中，各国互学互鉴，丰富价值链的文化内涵；第五，以合作为新动力，"一带一路"新型价值链下各个链条以共享为基本目标，共商机制、共迎挑战。正是在"利益共享、合作共赢"的核心理念指导下，"一带一路"新型价值链打破了以往全球价值链利益分配的两极化特征，以沿线后进国家的发展诉求为主要出发点，充分考虑亚、非、拉部分长期被排除在现今国际分工体系外的发展中国家的发展权益，通过基础设施建设、国际产能合作和第三方市场合作，共同开拓国际新兴市场，以此为基础共同打造区域整合的新国际分工框架，既带动了发展中国家工业化的发展并将其纳入全球分工体系中共享全球化红利，也推动了中国在价值链段的攀升，拓展了发达国家的市场，从而使共建各国实现了各得其所的发展。因此，以"利益共享、合作共赢"为核心理念构建"一带一路"新型价值链，最大程度上体现了共商、共建、共享、共赢的价值观，践行了共同发展、绿色发展、持续发展的发展观，是一条可靠的安全之链。[①]

2. 以基础设施建设、拓展新兴市场为构建的动力基础

有别于发达国家跨国公司较少向基础设施领域投资，"一带一路"新型价值链的构建提倡基础设施建设，并通过丝路基金和亚投行为相关国家和地区提供有针对性的金融支持，使其早日改善发展环境，尽快融入全球价值链的增值过程，为国际大市场的形成夯实基础。在此进程中，一方面，通过带领"一带一路"沿线国家共建交通、电力、通信等基础设施，特别是以创造性的思维将基础设施和数字技术联结起来，通过数字信息技术和基础设施网络改善发展环境，实现国家、区域之间的互联互通，进一步促进商品的流通和贸易的发展，强化发展中国家与世界市场之间的联结纽带，构建新的贸易和消费市场，形成一个可以产生新的市场分工体系和强劲市场驱动力的新经济发展区域，并使之成为构建"一带一路"新型价值链的强劲推手；另一方面，基础设施建设还发挥着完善沿线国家基础工业化能力、促进产业发展，从而融入全球价值链的作用，它将帮助发展中国

---

① 王亚军：《"一带一路"倡议的理论创新与典范价值》，载于《世界经济与政治》2017 年第 3 期，第 4 ~ 14 页。

家提高自主发展能力，建设和完善自身的基础工业生产能力，提升工业化水平，使其能够成为全球价值链中公平的参与者。因此，以基础设施建设为动力基础所构建的"一带一路"新型价值链是一种创新、创造型的价值链。

3. 以优势互补的国际产能合作为构建的主要渠道

"一带一路"新型价值链的构建提倡优势互补的国际产能合作，即从各个国家和地区的实际出发，以产业需求和产业优势为基础进行资源的优化配置和产业的优先发展。进一步而言，"一带一路"新型价值链通过利用国家间明显的比较优势差异以及在产业、商品和贸易结构上较强的互补性，将我国优质富余产能按"雁行分工模式"依次转移到沿线发展较为落后的国家，以资源与技术整合的方式对接当地低端产业，带动当地产业结构的调整升级和工业化水平的提升。与此同时，中国凭借完备的国民经济体系和大国规模经济优势，利用层级化市场空间承接来自发达国家的产业转移与技术溢出，并以嵌入大量不同种类、不同档次产品价值网络的方式实现规模效应和效率提升，形成新的产业链对接以及新价值链条联结，更为重要的是，合作各方均在其所处的价值链段位上获得各得其所的利益和发展。由此可见，以优势互补的国际产能合作作为"一带一路"新型价值链的基本推进方式，实质上就是以优势互补为导向，推动中国与"一带一路"沿线发展较为落后的国家进行产业链合作，增强世界经济产业和价值链条联结，重构产业布局，优化要素配置，在全球范围内进行生产力的重新布局，培植国际价值链和价值网络，由此形成联动效应，实现全球经济联动、均衡和可持续增长。显然，以优势互补的国际产能合作为主渠道构建"一带一路"新型价值链，是利益共享、合作共赢理念在全球价值链重构这一实践过程中的创新，实实在在地起到平衡全球经济治理、促进产业结构升级、实现国际互利共赢的作用。

4. 以新型开放合作为基本方式，重塑全球经济开放和全球价值链格局

构建"一带一路"新型价值链，实际上是以共商、共建、共享、共赢的新型开放合作为基本方式，实现共建各方的共赢。既开辟了世界经济振兴新市场，形成了新的经济发展区域，帮助因经济发展落后而无法融入现行全球价值链的"一带一路"沿线多数发展中国家融入全球价值链；又使中国通过主导"一带一路"新型价值链的构建，从被发达国家引领转化为主动引领发展中国家融入全球价值链，跳出和摆脱"低端锁定"状态，实现价值链段的攀升；还将中国优质中高端产能与发达国家的现金、技术、装备相结合共同开发发展中国家市场，有利于发达国家寻找新的经济增长点。

这种以共商、共建、共享、共赢的新型开放合作实现各方共赢的基本方式，一方面，探索并形成了全球价值链的开放建构路径——目前全球的区域性价值链主要有北美价值链、欧洲价值链、亚太价值链等，它们主要表现出"以核心经济

体为轴心，域内经济体相互依赖成为一个整体，外部经济体很难融入，封闭性强"的特点，而"一带一路"倡议则打破了传统地域限制的固有模式，既强调核心国家的引领带动，亦重视价值链内各经济体的联系互动，更提倡域外经济体积极参与，形成全球价值链的开放建构路径，加快了全球价值链新格局的重构和深化；[①]另一方面，既抵制了反全球化的逆流，又突破了传统全球化背景下世界发展不平衡、不合理的弊端，弥补了全球治理的不足，彰显了建立公平、合理、开放的全球治理模式是重振世界经济的必由之路，从而通过新型价值链的构建引导世界开放合作的走向，推动全球经济治理模式向更公平、合理、开放的方向迈进，重塑世界开放合作的新格局。

总之，"以利益共享、合作共赢为核心理念，以基础设施建设拓展新兴市场为动力基础，以优势互补的国际产能合作为构建主要渠道，以新型开放合作为基本方式"所构建的"一带一路"新型价值链，一方面，帮助沿线发展较为落后的国家推动工业化，是中国与沿线国家命运共同体和利益共同体的外在表达；另一方面，提高了中国产业的国际位势，为中国推行对外战略奠定了微观基础；与此同时，还为发达国家寻找了新的经济增长点。"一带一路"新型价值链将以创新的方式重构价值链格局，更有力地推动了世界经济开放合作新格局的形成与发展。

第三节　推动"海丝路"海上合作

海上合作是"海丝路"建设应有的题中之义。"海丝路"建设以来，中国与沿线各国努力构建新型蓝色伙伴关系，积极开展海上合作，进行了大量有益探索，取得了可喜成绩。但随着世界多极化、经济全球化、文化多样化深入发展，海上合作所面临的环境更加复杂多变，如何积极推进"海丝路"海上合作，建立全方位、多层次、宽领域的蓝色伙伴关系，已然成为亟待解决的问题。为此，本书以"海丝路"海上合作现状为基础，深入探讨海上合作中存在的问题，并结合落实《"一带一路"建设海上合作设想》提出有效对策。

一、"海丝路"建设海上合作的积极行动

自"海丝路"建设以来，中国政府始终秉持互学互鉴、开放包容、互利共

---

① 王亚军：《"一带一路"倡议的理论创新与典范价值》，载于《世界经济与政治》2017 年第 3 期，第 4～14 页。

赢、和平合作的"海丝路"精神,以海洋为载体和纽带,在生态环境保护、资源开发利用、海上互联互通、海洋公共服务等领域,开展全方位、多领域的合作,构建新型海上合作关系,铸造可持续发展的"蓝色引擎",取得了显著成效。具体如下:

(一)"海丝路"海洋合作战略对接

借着"海丝路"建设的东风,在中国高层引领推动下,我国与"海丝路"沿线各国广泛开展战略对接,签署海洋合作备忘录、合作协议、发表联合声明等(见图4-7)。例如与东盟的新加坡、文莱、泰国、越南、印度尼西亚,南亚的印度、斯里兰卡、孟加拉国、巴基斯坦,海湾及印度洋地区的坦桑尼亚和也门等签署大量海洋合作协议。中国与"海丝路"国家加强战略对接、共同搭建平台、建立合作机制,增进互信理解、凝聚共识,建立了广泛的新型海上合作伙伴关系。

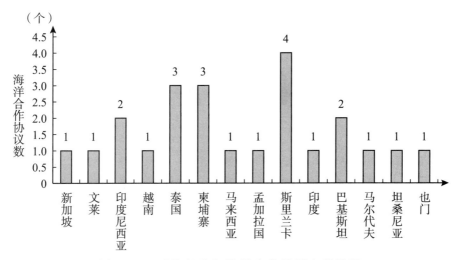

图4-7 "海丝路"海洋合作签署文件情况

资料来源:根据新闻报道收集整理,截至2018年10月。

中国除了与"海丝路"国家签订联合声明和合作备忘录外,还高度重视海上合作机制的建设和合作平台的搭建,成功举办海洋环保研讨会、蓝色经济论坛、海洋合作论坛,推进东亚海洋合作平台,建设中国—东盟海洋合作中心,特别是随着中国与东盟海洋合作日益频繁,泛北部湾经济合作正逐步被打造成中国—东盟海上合作的新机制。

（二）海上互联互通建设

其一，合作建设一批重要港口，"海丝路"海上大通道基本打通。港口是"海丝路"建设的重要节点，在"海丝路"建设中具有重要的支撑作用。目前中国在"海丝路"沿线国家港口年投资额超百亿美元，[①] 投资建设了吉布提港、皇京港、皎漂港、吉大港、汉班托塔港、科伦坡港等。总体而言，中国已经合作建成或正在修建的港口码头，系统布局航运要道，海外港口数目逐渐增多，海上合作网络进一步得到拓展。[②]

其二，合作建设数据通信网络，"海丝路"信息通信网已见雏形。比如缅甸和中国联通合作建设的"中国—缅甸国际陆缆"、中国和越南、中国和老挝的跨境陆缆工程项目、亚太直达海底光缆系统开通等，特别是中国与泰国、印度尼西亚、缅甸、越南等东盟十国共同建设的"中国—东盟信息港"，已经成为"海丝路"沿线国家信息通信合作的典范和标志性工程。[③] 当前中国与"海丝路"沿线国家通信网络建设正在全面铺开，逐步由东南亚向西亚、南亚、中亚以及非洲等地拓展，基本形成全方位、多层次的通信设施建设格局。

（三）海洋产业合作

一是"海丝路"海洋渔业合作。中国结合自身现代化渔业技术和"海丝路"各国渔业资源现状，采取多种远洋渔业合作方式，积极参与各区域渔业养殖、捕捞、管理组织等活动。如中国已与文莱、菲律宾、越南、马来西亚、印度尼西亚、泰国、毛里塔尼亚、伊朗等国家兴办合资企业和签订许可协议，实现海洋产业优势互补，优化产业链分工，拓展海洋渔业链条，发挥产业竞争优势，共同实现海洋渔业快速发展。再如2016年中国与文莱共建1.6万公顷的卵形鲳鲹鱼养殖场，投资32亿元与马来西亚共创虾类产业养殖基地；2017年中国在菲律宾沃达投资30亿元建造海水养殖加工厂。[④] 此外，中国各省市与沿线各国也开展了大量远洋渔业合作。

---

① 刘宗义：《21世纪海上丝绸之路建设与我国沿海城市和港口的发展》，载于《城市观察》2014年第6期，第5~12页。

② 梁颖、陈乔：《加强政策沟通 推动21世纪海上丝绸之路建设》，载于《宏观经济管理》2018年第10期，第69~75页。

③ 何帆、朱鹤、张骞：《21世纪海上丝绸之路建设：现状、机遇、问题与应对》，载于《国际经济评论》2017年第5期，第116~133页。

④ 于康震：《在2018年渔业转型升级推进会上的讲话》，载于《中国渔业报》2018年1月29日，第2版。

二是"海丝路"海洋油气业合作。中国石油企业是"海丝路"建设的重要力量。中国三大石油公司已进军海洋领域，通过购买股份、技术入股、总包合同等多种形式，与东盟国家开展海洋油气合作，取得了显著成绩。2017年中国海油在外原油产量3 273万吨，天然气产量116亿立方米，其中与东盟国家的石油贸易高达243.4亿美元，占中国石油进口的10%左右；与东盟国家的天然气贸易高达100亿立方米，占中国天然气进口21%左右。[①] 另外，中国、菲律宾、越南建立了南海海洋油气资源联合调查组，与东盟签订亚洲地区反海盗及武装劫船合作协定维护能源通道安全，以及东盟地区论坛的顺利召开等，都为中国—东盟海上油气合作提供了重要的政治、军事保障和对话平台。[②] 截至目前，中国海油已与非洲11个国家开展了油气资源投资、工程技术服务和原油贸易等合作，造福当地居民，实现互利共赢。

三是"海丝路"海洋装备制造业。2014年中国南车收购英国SMD公司，标志着吹响了中国进军深海应用领域的号角，推动了中国深海装备制造技术国际化、产业化和高端化进程，深海装备业已经成为国家战略性新兴高端装备产业。[③] 目前中国已在浅水油气装备设计与建造方面取得突破，部分海洋工程机械已经形成品牌，深海装备制造也取得积极进展。特别是中国自行设计、自主集成研制的蛟龙号载人潜水器等，打破多项世界纪录。中国远洋渔船装备也实现了整体升级，标准化、专业化和现代化捕捞船队初具规模，作业海域由南海逐步扩展到太平洋、印度洋、大西洋以及南极海域，经营内容也逐步由单一捕捞向捕捞、加工和贸易于一体的综合性转变。中国已与东盟、南亚、非洲、欧洲等区域的20余个国家签署诸多海洋装备制造业合作协议，设立近100多家驻外代表处，建立40多个海外生产加工基地，建设30余个海外基地，加入8个政府间国际渔业组织。[④] 诸多成效标志着中国海洋装备制造业，逐步从"中国制造"向"中国创造"转变。

四是"海丝路"海上航运业合作。"海丝路"倡议给中国及沿线国家航运企业布局带来重大机遇，良好的陆上交通运输网络为"海丝路"海洋航运合作奠定了坚实的基础。"海丝路"海上航运的合作主要反映在两方面：其一，与希腊的合作。希腊是中国进入欧洲的重要门户。海上航运是中国与希腊经济合作的重要

① 乔丹：《"21世纪海上丝绸之路"贸易自由化便利化及其经济效应研究》，华侨大学硕士学位论文，2018年。
② 张越、陈秀莲：《中国与东盟国家海洋产业合作研究》，载于《亚太经济》2018年第2期，第19~27页。
③ 国家开发银行"海上丝绸之路战略性项目实施策略研究：重点国家的战略评估与政策建议"课题组：《"21世纪海上丝绸之路"背景下的我国海洋产业国际合作》，载于《海洋开发与管理》2018年第35期，第3~8页。
④ 资料来源：2019年《中国—东盟统计年鉴》。

领域，双方在船舶制造、船舶注册、维修、运输等领域开展全方位合作。比如2016 年中国中远集团收购比雷埃夫斯港股权，有利于中国对比雷埃夫斯港的开发建设，符合双方共同利益，同时该项目也成为"海丝路"远洋航运合作的良好典范。其二，与东盟的合作。中国和印度尼西亚合作建设和运营的雅万高铁，以及作为泛亚大铁路网络重要组成部分的中泰铁路、中老铁路，必将为中国—东盟海洋航道、港口建设以及铁海联运创造条件。① 同时，中国与"海丝路"国家海上航运合作，在一定程度上也推动了中国与沿线国家港口合作。

五是"海丝路"滨海旅游业合作。"海丝路"沿线国家滨海旅游资源十分丰富，随着旅游基础设施的日益完善，中国与沿线国家在旅游产品开发、市场对接、线路推广等方面，开展了大量卓有成效的交流与合作，滨海旅游业已成为推动"海丝路"海上合作的新亮点。为推动"海丝路"滨海旅游合作，国家发展改革委、外交部、商务部联合发布的《愿景与行动》明确指出："加快推动 21世纪海上丝绸之路邮轮旅游合作"，更是将"海丝路"滨海旅游合作上升到新的战略高度。② 东盟国家特别是马来西亚、新加坡、泰国、越南等国，作为中国重要的出境地和客源国，与中国签订诸多滨海旅游合作协议，已然成为"海丝路"旅游合作的典范。随着中国与"海丝路"沿线国家滨海旅游合作逐步深入，各国间次区域旅游合作也在不断深化，举办了大湄公河次区域旅游部长会议、中国—东盟博览会旅游展、中国—东盟旅游部门工作组会议，中国云南、广西等省区与东盟国家签订了旅游合作项目、旅游合作谅解备忘录，这些都为"海丝路"滨海旅游合作奠定了良好的基础。

（四）海上科技合作

中国先后与"海丝路"沿线各国共同发起海上科技合作伙伴计划，开展海洋异常预测与影响评估、季风—海洋相互作用、海洋科学调查等重大项目。中国主动与东盟各国寻求合作，签署海洋合作协议和谅解备忘录。目前已经与东盟国家实施了超过 1 000 个政府间科技合作项目，并取得丰硕成果，特别是在海洋环境监测、污染治理、海洋生物制药、海水淡化、海上无人机等领域。中国积极推进中国—东盟海洋合作中心、中国与印度尼西亚海洋与气候联合研究中心、中马海洋科学与技术联合研究中心，以及中泰气候与海洋生态系统联合实验室等建设，承担建设南中国海海啸咨询中心，与东盟各国海洋部门建立高层领导人对话和互访机制，共同提高海洋科技创新能力。

---

①② 张越、陈秀莲：《中国与东盟国家海洋产业合作研究》，载于《亚太经济》2018 年第 2 期，第 19 ~27 页。

（五）海洋环保与安全合作

其一，破解海岸侵蚀方面的合作。中国与斯里兰卡共同成立海洋领域合作委员会，建立中斯海岸带与海洋研究发展中心，设立海洋奖学金计划资助斯里兰卡青年科学家来华学习，制定《海平面观测与灾害预警合作工作计划》和《中斯海岸和海洋合作框架计划》，签署《共建中斯联合海岸带与海洋研究与开发中心的谅解备忘录》等，双方在海岸侵蚀、海洋生物、海洋医药等诸多领域达成共识。其二，海水淡化处理方面的合作。中国与马尔代夫在海水淡化方面签署多项合作协议。马尔代夫是典型的岛屿国家，岛内无内陆湖，仅有少量湿地，淡水资源严重缺乏。中国多次应马尔代夫要求，派遣技术人员赴马尔代夫对其海水淡化进行技术援助，同时向马尔代夫提供海水淡化设备和备件，得到马尔代夫政府的高度赞赏，为后续与沿线国家海水淡化处理合作奠定了坚实基础。其三，海上安全搜寻与救助合作。2015 年 5 月中国参加东盟地区论坛救灾演习，提高了中国—东盟共同合作应对海上突发事件的能力，进一步检验了中国—东盟海上搜救援助合作机制。① 同时，成立了中国—东盟海洋合作中心，推动中国与东盟各国海上搜寻与援助合作，对切实保障海上生命财产安全、促进海上经济合作产生了积极影响。

二、"海丝路"海上合作存在的问题及挑战

"海丝路"建设以来，中国与沿线国家在海上合作方面取得了积极的进展，但仍然面临严峻的挑战，存在亟待解决的问题，具体如下：

（一）政策沟通和战略对接不够

一是"海丝路"海上合作伙伴不够广泛。与"海丝路"国家建立广泛的合作伙伴关系是推进海上合作的重要基础，自"海丝路"建设以来，中国虽然积极开展与沿线国家战略对接，推动海上合作关系的建立，但是纵观已有合作，我们不难发现，这些国家主要集中于东南亚地区，而南亚及波斯湾地区，以及红海湾及印度洋地区的国家极少，在数量上也仅占"海丝路"沿线国家的 1/4 左右，海上合作的广泛性明显不足。

二是"海丝路"海上合作内容较为单一。目前，"海丝路"沿线海上合作主

---

① 余珍艳：《中国—东盟海洋经济合作的现状、机遇和挑战》，华中师范大学硕士学位论文，2016 年。

要集中在东盟。但是，一方面，中国与东盟各国间现有的合作框架和协议，不仅较少涉及海上合作的内容，即便涉及也主要集中于物流交通、港口投资、国际贸易等传统领域，对于高、精、尖领域，如海洋生物医药、海洋油气勘探开采、海洋机械加工制造等领域少有涉及；另一方面，虽然中国与东盟签订和发布了《南海各方行为宣言》《南海及其周边海洋国际合作框架计划（2011－2015）》等，[①] 旨在加快中国与沿线国家海上合作，但其内容多是体现了政治性的纲领，要发挥其具体推动海上合作的作用，还有待于纲领性框架内容的细化和深化。

三是"海丝路"海上合作平台和机制不足。"海丝路"海上合作项目的逐步落实，需要中国及沿线诸国依托现有双边或多边合作机制，借助有效的海上合作平台，共谋发展，互利共赢。[②] 但从目前情况看，海上合作的平台与机制显然不足。以东盟为例，虽然中国与东盟举办了一些相关论坛和会议，也与一些国家签订了海上合作协议、合作备忘录和联合声明，但一方面，所能搭建的有效合作平台极为有限；另一方面，所产生的合作机制不仅粗放，而且尚处于低级阶段，因此，在推动日趋紧迫的海上合作方面，仍觉乏力。

（二）海上合作"走出去"能力不足

总体上看，中国海洋工程产业仍未处于全球海工产业链的高端行列，还面临诸多技术和政策方面的"瓶颈"制约，海上合作"走出去"仍显能力不足。一是海洋技术水平较低。当前中国海洋经济"走出去"主要集中在海洋基础设施、海洋渔业、海洋运输等为主的传统海洋产业，整体技术层次偏低，对于高附加值和高技术含量的海洋新兴产业"走出去"能力不足。此外，在深海油气开发技术方面，我国与美国、日本和欧洲国家还存在不小差距，中国与"海丝路"国家进行海洋资源开发合作，依旧面临着诸多技术"瓶颈"。二是金融机构数量和经验缺乏，国家政策制度滞后。由于涉海企业面临较大的自然灾害、政治因素、军事战争等风险，使得"海丝路"海上合作需要更加专业化的金融机构，提供支撑和服务。而当前中国极为缺乏专门针对"海丝路"海上合作服务的综合性金融机构，如海洋合作开发银行、海上合作保险公司等，因此，无法做到充分整合各种资源和渠道，很难开展更为广泛的涉海金融业务。此外，海上合作金融服务尚缺乏系统、完整的政策思路或指导文件，金融行业对海上合作支撑力度不够。比如以银行为主的金融机构发放的贷款，多为担保和质押的方式，由于海上合作项目投资大，周期长，诸多涉海企业，特别是民营企业，没有足够的固定资产抵押，

---

① 余珍艳：《中国—东盟海洋经济合作的现状、机遇和挑战》，华中师范大学硕士学位论文，2016 年。
② 周亚黎：《中国的新海权观与实践路径》，吉林大学硕士学位论文，2016 年。

而且海域使用权、收益权受到当地国家政策法规的限制，金融机构也有意无意地回避涉海金融业务，使得海洋企业融资较同等资产规模陆域经济企业而言，融资难度要大很多。三是"走出去"风险防范能力薄弱。与陆地经济相比，海洋经济面临着更大的投资潜在风险。海洋经济具有自然环境复杂多变、远离陆地经营、周期长、投入大等特点；海洋气候变化无常，海浪、海冰、赤潮、海啸和风暴潮等自然灾害频繁发生；更重要的是，海洋资源的开发利用，又常与国家海洋边界划分、海洋权益争端、自然环境保护等问题联系在一起，海洋产业发展夹杂着更多的地缘政治风险。例如，中国与东盟的海上合作，就受到领土争端和域外强国无端干涉等影响，导致南海地区局势紧张，增添了许多不确定性，使得海洋经济面临更高的风险。而长期以来，我国高度重视陆地经济发展，忽视海洋经济，使得涉海企业"走出去"风险防范意识不强、能力较弱。

（三）南海问题依然敏感严峻

"海丝路"海上合作主要涉及东南亚地区、南亚及波斯湾地区、海湾及印度洋地区，由于这些区域政治体制各不相同，社会文化、经济水平、宗教信仰等差异较大，更重要的是各国在海上合作中的利益诉求矛盾，使得"海丝路"各国海上合作面临更大的挑战。特别是南海问题，虽然中菲南海争议事件后，南海安全局势基本得到有效控制，但是岛礁主权归属及海域划界问题依然敏感严峻。另外，中美贸易摩擦短期内难以消除，中美关系已经发生新的变化，美国视中国为主要竞争对手，势必会做"海丝路"海上合作麻烦制造者，挑拨周边国家与中国的和谐稳定关系，给"海丝路"沿线国家间海上合作设置障碍。敏感严峻的南海问题，给"海丝路"海上合作带来新的挑战。

（四）部分国家合作的突出问题

其一，"海丝路"沿线港口设施落后。据世界银行关于港口基础设施的质量调查①结果显示，"海丝路"沿线各国港口基础设施水平差距较大。东盟、南亚地区港口基础设施优势明显，但是非洲港口基础设施落后，亟待改造升级。② 具体而言，新加坡、阿联酋为代表的港口城市基础设施质量相对发达，分别为 6.7 分和 6.2 分，而卡塔尔、马来西亚、巴林、印度等分别为 5.6 分、5.4 分、5.1 分、

---

① 港口基础设施质量用于衡量本国港口设施可用性程度，主要采用行业加权平均值汇总成"海丝路"港口基础设施质量指数，分数从 1（港口基础设施十分不发达）至 7（根据国际标准，港口基础设施十分发达高效），括号内数据是该国基础设施建设水平的世界排名，文莱未列入该报告统计范围。

② 宗康、胡志华：《海上丝绸之路沿线港口的连接性分析》，载于《广西大学学报（自然科学版）》2016 年第 41 期，第 23～31 页。

4.6 分（见图 4 - 8），其他"海丝路"沿线港口基础设施质量发展相对缓慢，特别是非洲国家，有待进一步提升。

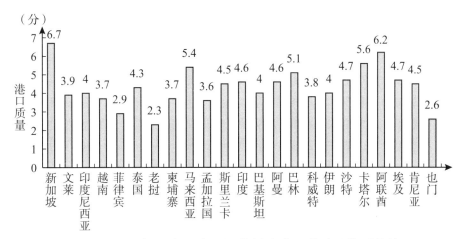

图 4 - 8 2017 年"海丝路"沿线国家港口基础设施质量情况

资料来源：2017 年《全球竞争力报告》。

其二，"海丝路"外部安全问题依旧严峻。沿线部分国家除了政局动荡、军事冲突等传统安全问题以外，还面临着海盗侵扰。[1] 部分国家政局不稳，经济基础薄弱，军事装备落后，对海盗打击力度不够，从中国沿海港口经南海到印度洋，延伸至欧洲的商船，货物和人员安全受到严重影响。虽然中国海军护航使得索马里海盗有所收敛，但是若索马里海盗再度猖獗，那么"海丝路"海上贸易势必会"如鲠在喉"，中国与"海丝路"国家海上合作项目也将面临搁置的风险。

其三，"海丝路"建设资金与技术"瓶颈"。"海丝路"沿线国家经济发展水平普遍较低，除了少数国家如马来西亚、新加坡、文莱等经济水平稍高外，其他国家经济依旧不容乐观，特别是苏丹、吉布提、肯尼亚等非洲国家，依旧处于贫困范围内。"海丝路"海上合作迫切需要大量资金对港口航道、码头、塔吊、通关系统等港口基础设施进行建设。[2] 虽然中国政府统筹国内资源，设立了丝路基金、中国—东盟海上合作基金、中国—印尼海上合作基金等，对沿线国家重大海上合作项目提供资金支持，但是面对庞大而严峻的基础设施建设环境，这些资金还不足以全面覆盖。

---

① 赵亮：《我国企业参与 21 世纪海上丝绸之路沿线港口项目的现状研究》，外交学院硕士学位论文，2018 年。

② 赵旭、梁雪娇、周巧琳：《海上丝绸之路沿线港口体系的空间布局演化》，载于《上海海事大学学报》2017 年第 38 期，第 43～48 页。

三、落实《"一带一路"建设海上合作设想》，推动海上合作

2017年，国家发展和改革委员会、国家海洋局制定并发布了《"一带一路"建设海上合作设想》（以下简称《设想》），系统提出中国政府推进"一带一路"建设海上合作的思路和蓝图。围绕构建包容、共赢、和平、创新、可持续发展的蓝色伙伴关系的愿景，全方位推动与沿线国家在各领域的务实合作。推动"海丝路"建设背景下的海上合作，要具体落实好《设想》的思路，重点应该采取以下对策。

（一）制定落实《设想》的具体方案，构建新型合作机制

要具体落实好《设想》的思路，推动"海丝路"背景下的海上合作，一个重要和紧迫的任务就是要依托《设想》，制订具体的海上合作方案，进一步规划落实好《设想》提出的海上合作思路和目标，重点考虑几个方面的问题：（1）分类和分级确定"海丝路"海上合作支点。深入分析"海丝路"沿线国家政治环境、经济发展、文化宗教等，确定"海丝路"海上合作的重点国家、重点地区、重点港口，提前研究重点国家政治形势、解读国家法律政策，对海上合作重点领域和海上支点布局开展详细论证和专题研究，做好顶层设计，明晰海上合作的短、中、长期任务和目标。（2）制定详细的"海丝路"海上合作支点投资建设计划路线详细规划。结合中国已建成的境外合作园区和建设运营的港口码头，统筹规划形成集远洋补给、产业园区、运输港口等为一体的综合性海外支点，并提出具体实施步骤及综合保障措施，政府、金融机构和企业各司其职、联合推进。（3）确定沿线各国合作重点领域，并制订详细合作计划。结合"海丝路"沿线国家发展现状和需求，量体裁衣，一国一策，协商制订合作计划、实施方案和路线图，签订并落实双边和多边协议，通过具体合作方案，赢得沿线国的理解和积极参与。（4）加强规划和指导，进一步推动新型海上合作关系和机制的发展。要进一步发扬丝路精神，基于共商、共建、共享、共赢合作理念，以共享蓝色空间、发展蓝色经济为主线，以海洋为纽带增进共同福祉、发展共同利益，推动与沿线国家建立更广泛的新型海上合作关系。在此基础上，进一步构建和完善"海丝路"海上合作新型合作机制：一是构建和完善高层引领的海上合作多层次、多渠道的沟通磋商与对话机制。加快沿线国家间海洋合作计划及实施方案制订，加快重大海洋合作项目对接和落实。二是构建和完善蓝色经济合作机制。搭建"海丝路"蓝色经济合作平台，推广蓝色经济新理念，分享合作成功经验。三是构建和完善海上合作双边、多边合作机制。"海丝路"建设是包容、开放、互利、共

赢的合作平台，欢迎沿线国家广泛参与、加强合作，充分发挥现有双多边组织和对话机制，与沿线国家和组织建立具有"海丝路"特色的双边和多边合作机制，共同推动形成新海洋合作秩序。

（二）加快推进"海丝路"海上互联互通建设

其一，加强国际海运合作，完善"海丝路"国家间航运服务网络。结合沿线国家经济水平和港口现状，以重要港口为节点，打造成一系列"海丝路"国际和区域性航运中心，[①] 构建中国高效、安全、通畅的海上运输大通道，提供完善的航运服务，为"海丝路"海上合作提供坚实保障。其二，利用信息技术，加强海上联合执法、监管互认和信息共享等领域合作。充分利用中国在物联网领域的技术优势，打造覆盖"海丝路"港口物流信息的公共服务平台。其三，加强沿线口岸互联互通，共同建设通畅、安全、高效的运输大通道。以运输大通道主要航线为导向，精心选择一批重要节点港口和国家加强合作，形成"海丝路"建设和海上合作的支点及支撑框架，并以此为基础，加强"点—线—面"相结合的发展模式，以点连线，以线拓面，逐步推进通畅、安全、高效的运输大通道建设，[②] 在海上大通道的建设中推进海上合作的发展。其四，鼓励中资企业以多种方式参与"海丝路"沿线港口建设与运营，[③] 推广中国成功经验、中国模式及中国标准，不仅给中国企业发展带来经济效益，而且将对"海丝路"国家当地乃至全国经济发展起到巨大推动作用。

（三）加强"海丝路"海洋产业合作和园区建设

一是继续推进传统海洋产业合作。所谓传统海洋产业是指由海洋捕捞业、海盐业和海洋运输业等组成的生产和服务行业。[④] "海丝路"沿线国家应该加快传统产业改造升级，提高产品技术含量和附加值，增强市场竞争力，重点加强与非洲国家在传统海洋产业领域的合作，比如海水淡化、养殖、盐业等[⑤]，将远洋渔业养殖和捕捞作为中非共建"海丝路"的优先领域和重点任务。以毛里塔尼亚伊斯兰共和国为例，由于该国地处西部非洲北部，是加那利寒流和赤道暖流交汇

---

① 姚芳芳、周昌仕、翁春叶：《中国与海上丝绸之路沿线国家海洋产业合作模式研究——基于 BCG Matrix – AHP 的实证分析》，载于《资源开发与市场》2018 年第 34 期，第 471～478 页。

② 梁颖、卢潇潇：《加快"21 世纪海上丝绸之路"重要节点建设的建议》，载于《亚太经济》2017 年第 4 期，第 18～22 页。

③⑤ 国家开发银行"海上丝绸之路战略性项目实施策略研究：重点国家的战略评估与政策建议"课题组：《"21 世纪海上丝绸之路"背景下的我国海洋产业国际合作》，载于《海洋开发与管理》2018 年第 35 期，第 3～8 页。

④ 邓昭：《中国海洋产业就业结构演进轨迹及影响因素分析》，辽宁师范大学博士论文，2018 年。

处，极其适合鱼类生长繁殖，拥有丰富的渔业资源，是世界三大渔场之一。因此，应该将其作为"海丝路"传统远洋渔业合作的领先、示范性国家重点项目推进。比如可以在毛里塔尼亚建立"中国—毛里塔尼亚海洋渔业技术示范中心"，开展鱼苗繁育、疾病预防、育种驯化、饵料施肥等，不仅为后期中国筹建大型海洋渔业产业园奠定了基础，也可以促进毛里塔尼亚经济增长，实现"海丝路"互利共赢。

二是加快海洋战略性新兴产业合作。海洋战略性新兴产业是指以海洋高新科技发展为基础，以海洋高新科技成果产业化为核心内容，具有重大发展潜力和广阔市场需求的海洋产业。[1] 加强"海丝路"海洋战略性新兴产业合作，必须鼓励中资企业"走出去"，积极承建沿线国家海洋风电、海水淡化、海洋能源、海洋生物等项目；鼓励科研院所参与沿线国家工程设计、技术研发、项目咨询等，开展多种形式的学术交流和技术研讨，适时制定行业标准体系。

三是加强各区域的互补性海洋产业合作。东盟地区：当前深海油气产业日益成为"海丝路"海洋经济的重要增长点。东盟国家在深水油气勘探和开发方面起步晚，技术、经验不足，而中国在深海和超深海海洋设备上取得了显著成绩，比如 2017 年中国自主研发制造的蓝鲸 1 号作业水深可达 3.6 千米，钻井深达 1.5 万米，实现了中国首次天然气水合物试采，是世界上最大的双塔式半潜平台，还有海龙号、海狮号深海潜水器已经实现万米深水探查。因此，中国应该在油气勘探、油气开发技术、设备制造以及南海深海油气勘探、开采项目上，与东盟国家在深水油气产业开展互补性合作。[2] 比如中国和文莱、中国和马来西亚能源合作可实现优势互补，有助于破解文莱和马来西亚开采能力不足、资金短缺的制约，提升其海洋油气业的生产效率，也有助于提高中国海洋油气企业的市场竞争力。

南亚地区：其一，海水综合利用产业合作。中国海水综合利用起步较早，发展速度较快，但是目前与国外合作项目寥寥可数，为此应该从互补性的角度加强与南亚国家的海水综合利用产业合作。以南亚的马尔代夫为例，该国由近 1 900 个面积较小的珊瑚岛组成，岛内陆河和水流极少，淡水资源严重匮乏。中国应该以马尔代夫海水淡化市场为突破口，积极开展海水淡化技术研发合作，选择适合马尔代夫实际情况的海水淡化技术，降低海水淡化成本，助推中国海水淡化企业走出国门，促进中国"海丝路"海水淡化项目落实。其二，滨海旅游业合作。随着邮轮旅游的逐渐兴起，"海丝路"国家可以与中国开通"海上丝绸之路"邮轮

---

① 刘海朋：《海洋战略性新兴产业支撑条件时空差异与障碍因素分析》，青岛大学硕士学位论文，2018 年。

② 姜秉国：《中国海洋战略性新兴产业国际合作领域识别与模式选择》，载于《中国海洋大学学报（社会科学版）》2013 年第 4 期，第 7～12 页。

推进21世纪海上丝绸之路建设研究

度假旅游航线，独具特色的旅游项目势必会吸引更多的游客。具体而言，依托"海丝路"沿线国家滨海旅游资源，打造不同主题的国际邮轮旅游线路，利用资源优势互补、互惠互利，有利于"海丝路"旅游资源重新进行空间配置，进而推动区域合作，维系和改善"海丝路"各国间关系。比如印度、巴基斯坦、孟加拉国、斯里兰卡、马尔代夫等国与中国的滨海旅游产业结成优势战略联盟，结合"海丝路"各国滨海旅游资源禀赋，运用差异化策略，进行滨海旅游产品开发与设计，重点打造"海丝路"滨海旅游圈，各区域实现优势互补，各具特色；同时加快中国旅游服务水平提升，对接国际旅游服务标准，吸引海内外游客前来参观游览，使滨海旅游业成为"海丝路"建设的领军产业。

非洲地区：非洲的海洋经济发展还处于较低的水平，对国家经济的贡献较低。但值得我们注意的是，非洲部分国家具有很好的海洋经济发展资源，如海洋渔业、临港工业、滨海旅游业、海洋油气等。中国与非洲国家在上述领域存在显著的战略合作需求，开展上述领域合作可实现优势互补、互利共赢，合作空间广泛，合作潜力巨大。以南非为例，中国与南非在海洋油气和海洋渔业产业拥有巨大的互补优势，面对新一轮南非油气勘探热潮，中国必须全力以赴，充分发挥70余年的油气开采经验和技术优势，抢占市场先机。即依托伊丽莎白港、托德班港等大型港口，加快推进油气开采、精炼、运输等，转移国内优质产能，与南非实现优势互补。再如海洋养殖领域，中资企业拥有成熟的养殖技术和先进的养殖设备，可与南非合作开展龙虾、鲍鱼、鳍鱼等具有当地特色的海产品养殖；在海洋渔业捕捞领域，中资企业应该尽快申请获批南非海洋捕捞权，开展高品质鱼类捕捞业务，亦可与南非本土企业联合开展对西非海域的捕捞，实现捕捞、加工、运输、销售于一体的高品质海洋渔业生产销售体系。一方面，能促进南非水产养殖业的发展；另一方面，中资企业也能够依托南非高质量海产品的贸易网络，拓展全球市场，进而实现优势互补，互利共赢。

欧洲地区：其一，海洋新能源产业合作。当前以海洋潮汐、海洋风能、海洋波能为典型代表的海洋能源，已经成为全球能源开发的重点，特别是全球气候变暖和能源危机背景下，世界海洋强国对海洋新能源开发进行了长期不懈的研究。[①]目前中国除了在海洋风力发电和潮汐发电领域技术较成熟外，其他海洋发电技术仍处于攻坚阶段，因此，应该加快与欧洲各国在新能源领域的产业合作。其二，海洋生物医药产业合作。相比陆地资源而言，海洋生物种类繁多，已然成为未来医药开发的重要领域。当前海洋生物医药产业发展迅猛、潜力巨大，已经成为医

---

① 姜秉国：《中国海洋战略性新兴产业国际合作领域识别与模式选择》，载于《中国海洋大学学报（社会科学版）》2013 年第 4 期，第 7 ~ 12 页。

药行业中最为活跃的领域。欧美各国纷纷将海洋生物医药研发纳入国家计划，并制定详细的发展规划，以加快海洋药物研发进程。[①] 比如 2017 年中国海洋产业约 8 万亿元，但是海洋生物医药却不足 400 亿元，海洋生物医药产值占主要海洋产业比重不足 1%，与世界海洋经济强国间的差距极为明显。当前"海丝路"海洋生物医药合作的重点应该是以互补性为切入点，充分结合中国南海的海洋资源优势和欧美国家的海洋医药技术优势。一要加强与欧美国家科研机构合作，加快海洋生物医药科研人才培养，尽快缩短海洋医药基础领域与海洋强国的差距；二要引导海洋生物医药科研机构、制药企业"走出去"，积极参与国际竞争与合作，树立全球化、多元化、市场化发展观，积极与德国、美国、荷兰等国家进行密切科研合作，吸纳全球最尖端的生物制药研发力量，加快集聚创新项目和尖端人才，尽快掌握海洋医药核心技术，实现海洋生物医药高、精、尖领域技术突破。

四是建设专项性的海上合作园区。以中国已经建成的海外产业园区、港口码头等为基础，鼓励发展海洋油气业、远洋渔业、海洋工程装备制造业、海洋工程建筑业以及远洋航运业等海洋产业的专项性海上合作园区，提升海洋产业合作水平，提高中国海洋产业国际竞争力。具体而言，应借助海外建设和运营的港口为支点，逐步形成"港前作业综合区、临港产业聚集区、腹地辐射拓展区"，建立一批专门的海上合作经济示范区、海洋科技合作园和海洋人才培训基地等，优化产业链条，提升配套能力，促进产业集群发展。[②] 总而言之，"海丝路"的持续发展，需要沿线港口经济区作为支撑，以共建专项性海上合作经济园区为着力点，为"海丝路"海上合作提供先行先试的载体。

（四）加强"海丝路"环境保护和海洋科技合作

其一，推动区域海洋环境保护。"海丝路"不仅是沿线国家"经贸合作之路"，更是"绿色发展之路"。[③] 中国应加快与"海丝路"各国在海洋赤潮、海洋酸化、海洋垃圾处理等领域的合作；加快建立海洋环境监测预警系统，与沿线国家联合开展海洋环境评价、发布海洋环境报告，共同提升陆海污染综合防治和海洋环境保护能力。特别是中国和东盟国家，要尽快建立中国—东盟海洋环境保护合作机制，出台一系列涉及海洋生态环境保护、海洋资源开发、海洋权益保护、

---

① 姜秉国：《中国海洋战略性新兴产业国际合作领域识别与模式选择》，载于《中国海洋大学学报（社会科学版）》2013 年第 4 期，第 7～12 页。

② 刘赐贵：《发展海洋合作伙伴关系 推进 21 世纪海上丝绸之路建设的若干思考》，载于《国际问题研究》2014 年第 4 期，第 1～8 页。

③ 陈武：《发展好海洋合作伙伴关系——深入学习贯彻习近平同志关于共建 21 世纪"海上丝绸之路"的战略构想》，载于《东南亚纵横》2014 年第 1 期，第 3～5 页。

海洋灾害以及应对气候变化等的政策。其二，共建海洋科技合作平台。中国与"海丝路"国家除了以往海洋与气候变化、海洋环境保护、海洋防灾减灾等海洋环境保护合作外，还要加快在海洋生命科学、海洋医药、海洋生物、海洋纳米科学等高科技领域的务实合作，拓宽海上科技合作领域，共同提高海洋科技创新能力。

（五）健全"海丝路"海上合作支撑服务体系

其一，加强政府对涉海企业指导服务。建立"海丝路"海上合作信息库，重点监测海洋产业海外投资项目，定期发布沿线国家投资信息，引导涉海企业开展海上合作投资；出台有利于涉海企业"走出去"的税收、财政、金融政策，对于有战略意义的收购或投资，政府应该提供专项资金予以支持，如丝路基金、国开行、亚投行等可对涉海企业提供低息或免息贷款；各驻外大使馆应主动了解中资企业生产运营状况，全力协助企业与当地政府解决合作问题；高等院校、科研机构、咨询机构以及商会，应该对企业所在国进行前瞻性和深层次的研究，[①] 为企业重大决策提供智力支持，共同为"海丝路"涉海企业保驾护航。

其二，壮大"海丝路"海洋金融服务。由于"海丝路"海上合作具有资金投入大、回收周期长的特点，所以应该建立有别于陆地经济合作的"海丝路"海洋金融服务体系。具体而言，以银行为核心的金融机构，应该整合资源，综合利用保险、基金、信托等，为"海丝路"海上合作企业提供融资、债券发行、汇票业务等金融服务，不仅可以助推中国及"海丝路"沿线各国海洋经济发展，增强涉海企业的风险抵御能力，而且还能挖掘海洋经济蕴含的巨大业务拓展空间，拓展自身金融业务范围。另外，值得注意的是，"海丝路"海上合作不应忽视民间资本的重要作用，除了鼓励专业金融机构参与"海丝路"海上合作外，还应该鼓励和引导民间资本参与海洋产业发展，形成多元化的投融资机制。

其三，完善"海丝路"中介服务体系。完善"海丝路"对外投资社会中介服务体系，逐步完善海洋法律咨询、金融税务咨询、市场调研咨询、会计审计等服务功能，特别是法律咨询和援助服务。长期以来中国以陆域经济为核心，海洋经济发展相对落后，对沿线国家海洋法律掌握不够，面对复杂的国际贸易环境，还不能灵活运用法律武器，维护中国涉海企业合法权益。因此，应该尽快完善海

---

① 国家开发银行"海上丝绸之路战略性项目实施策略研究：重点国家的战略评估与政策建议"课题组：《"21世纪海上丝绸之路"背景下的我国海洋产业国际合作》，载于《海洋开发与管理》2018年第35期，第3~8页。

337

外投资保险业务，支持和引导国有或民营保险机构结合自身发展实际，自主开发出符合"海丝路"沿线各国需求的涉海企业海外投资风险险种，降低中国涉海企业海外投资风险。此外，"海丝路"海上合作还应高度重视高层次人才培养和智库建设，为"海丝路"海上合作发展提供智力支持。

第五章

推进"海丝路"建设的资金融通

资金融通是"一带一路"建设的重要支撑。在"一带一路"建设的进程中，发挥好资金融通的重要支撑作用，既需要"深化金融合作，推进亚洲货币稳定体系、投融资体系和信用体系建设"，还需要"加强金融监管合作"。为此，本章将围绕推进金融发展与合作、亚洲货币稳定体系建设、人民币国际化、投融资体系建设、信用体系建设和加强金融监管合作等方面，探索如何进一步发挥资金融通重要支撑作用，推进"海丝路"建设。

第一节 "海丝路"金融发展与合作

一、各国金融的发展

"海丝路"沿线各国主要是指从中国沿海港口过南海到印度洋，延伸至欧洲；从中国沿海港口过南海到南太平洋两个重点方向，包括中国至东南亚航线、中国至南亚及波斯湾航线、中国至红海湾及印度洋西岸航线这三条航线沿线的 32 个国家。本书将按航线从各国经济金融环境、经济发展状态和金融系统特征三个方面对其金融状况进行概括和分析。

（一）中国至东南亚航线：东盟 10 国

东盟 10 国包括印度尼西亚、马来西亚、菲律宾、新加坡、泰国、文莱、越南、老挝、缅甸、柬埔寨 10 个国家。

1. 经济金融环境

东南亚航线的东盟 10 国，经济发展水平参差不齐。其中，新加坡和文莱属于高收入国家；马来西亚、泰国属于中高等收入国家；其余国家属于中低等收入国家。东盟 10 国经济发展的支柱各不相同，部分以农业为主，部分以制造业和服务业为主，这有赖于其国家资源禀赋特征。基于此，各国的经济和金融发展也是各有特色。

印度尼西亚属于中低等收入国家，以农业立国。该国奉行开放的投资政策，矿产资源丰富，人口众多，内需强劲，国内营商环境也持续好转。印度尼西亚的金融体系较为完善，遭受 1997 年金融危机重创后进行了金融改革，金融市场恢复良好。印度尼西亚对于银行、证券、保险的分业监管是由一家金融机构，即印度尼西亚金融服务管理局（OJK）监管。

马来西亚位列中高等收入国家，制造业与服务业是其支柱性产业。马来西亚以伊斯兰教为国教，由于历史的原因，马来西亚长期以来形成了独特的传统金融与伊斯兰金融共存的"二元金融结构"，现已形成以商业银行为主体，投资银行（证券公司）、保险公司、信托投资公司、政策性金融机构及各种中介机构并存的金融组织体系。

菲律宾属于中低等收入国家，国内劳动力供给大于需求，劳务输出创汇是国家收入重要来源。菲律宾基本按照美国模式建立了较为先进、完善的金融市场制度体系。整体而言，菲律宾金融业发展起步早、起点高，相对大多数东南亚国家而言，其金融业较为发达。

新加坡位列高收入国家，曾被誉为"亚洲四小龙"之一，经济发达，是亚洲乃至全球金融中心，金融开放度很高，金融体系完善，其银行业集中度很高，以星展银行、华侨银行、大华银行为前三大银行，前五大银行资产集中度接近 1。

泰国位列中高等收入国家，在东盟国家中经济发展位居前列，旅游业和农业发达。泰国金融市场在 1997 年遭受金融危机重创后，在寻求国际货币基金组织援助的同时对经济和金融进行重组，金融部门竞争力和抵御风险能力逐步增强。

文莱位列高收入国家，油气资源产业是国民经济的绝对主导，实行马来伊斯兰君主制，是典型的政教合一君主制国家。在文莱独特的经济特征和文化特征下，形成了与之相适应的以银行业为绝对主导、传统金融与伊斯兰金融并驾齐驱的金融发展结构，金融发展整体状况较好。

越南是东盟 10 国中较为发达的国家，农业是其国民经济的支柱产业。近年来，越南宏观经济总体趋势向好，经济总量保持较高增速，产业结构不断得到优化，对外经贸合作的广度和深度均有显著提高，但其银行和金融业仍处在严格的管制中。

老挝位列中低等收入国家，农业为国民经济支柱，工业基础薄弱。目前老挝实行开放的外商投资政策，极力引进外资，老挝金融业尚不发达。

缅甸位列中低等收入国家，20 世纪 90 年代，随着内政趋于稳定和经济的持续发展，缅甸逐渐走进国际视野，成为亚洲各国的经贸合作伙伴，并被视为重要的潜在市场。总体来看，缅甸初步建立了以银行、保险、证券为主体的金融体系，形成了以银行为主导的金融结构，但缅甸政府对不同主体的金融活动界定严格，对外开放程度较低，金融发展水平有待进一步提高。

柬埔寨的经济以农业为起点和支撑点，长期以来一直是一个落后的农业国家。近年来，随着外资企业在柬埔寨的发展，原有的农业人口在自然资源丰富的土地上从事农业劳动，而部分劳动力则进入大中城市从事制造业、建筑业和服务业等方面的工作，经济结构正悄然发生着改变。金融业发展基础薄弱，主要体现在：银行体系功能完备，但保险业起步较晚，且是亚洲最后一个建立证券市场的国家。长期官方援助贷款是其来源稳定的政府债务资金，且利率较低，短期偿债压力较小，有助于其着力发展本国经济。

东盟 10 国在东南亚国家联盟的基础上，开展着各项合作，以期尽快完成东盟共同体的建设。尽管东盟国家在经济和金融上存在较大差距，但整体来看，东盟 10 国的发展潜力巨大，可以作为"海丝路"建设中的优先合作伙伴。

2. 经济发展状态

关于东盟 10 国的经济状态，我们可以从生活水平对比和储蓄率两个角度图示并分析。

从图 5 – 1 中可以看出，东盟 10 国的生活水平参差不齐，新加坡作为东盟国家中的发达国家，收入水平最高，且一直处于上升趋势，2019 年人均 GDP 接近60 000 美元。文莱作为东盟国家中生活水平第二高的国家，自 2012 年后人均GDP 有所下降，2019 年其人均 GDP 约为 33 000 美元。紧随其后的是马来西亚，其人均 GDP 在 12 000 美元左右。剩下的国家生活水准逐步降低，但可以看出其均有一个上升的趋势，只是其上升速度较为缓慢，这与其国家经济增长状况有关。

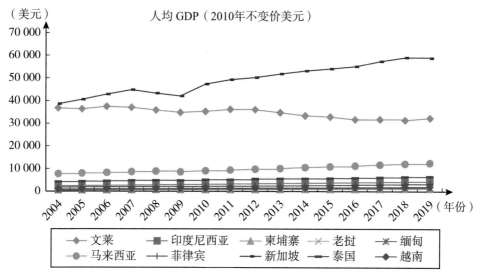

图 5-1　2004~2019 年东盟 10 国生活水平对比

资料来源：世界银行。

经济增长的重要来源即国民总储蓄。从图 5-2 中可以看出，文莱和新加坡分别位列东盟国家中储蓄率最高的两个国家，这与其人均生活水平的结果一致，这两个国家的储蓄率均在 40% 以上。紧随其后的是菲律宾，但是菲律宾的人均生活水平在东盟国家中排名较为靠后，这可能与其国家内部储蓄向投资转化中的

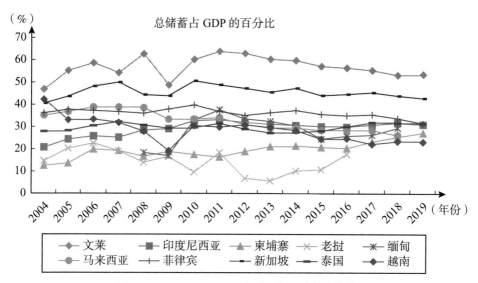

图 5-2　2004~2019 年东盟 10 国储蓄率

资料米源：世界银行。

相关环节有关。印度尼西亚、缅甸、马来西亚和泰国近些年的储蓄率相差不大，均围绕在30%左右徘徊。老挝和越南的储蓄率相对较低，均低于20%，尤其是老挝，储蓄率一度在10%以下，这说明其国民收入水平相对较低，造成储蓄水平相对较低，储蓄在发挥支撑经济增长作用中功能受限。

3. 金融系统特征

东盟10国金融系统特征可通过其商业银行分支机构数量、上市公司数量和股票市场交易额百分比三个角度图示并分析。

一般而言，每10万成年人商业银行分支机构数量体现了该国内部金融机构基础设施和金融可及性的状态。从图5-3中可以看出，除了印度尼西亚的商业银行分支机构在2010年后有一个增长状态外，其他东盟国家的商业银行分支机构数量变动不大。如果以每10万成年人10家商业银行分支机构为界，东盟国家中金融基础设施情况较好的国家和金融可及性相对较为便利的国家有文莱、印度尼西亚、菲律宾和马来西亚。其他东盟国家每10万成年人的商业银行分支机构数量在10家以下，缅甸、老挝和越南的情况甚至不足5家，说明其金融基础设施较为不足，而这一金融基础设施的不足状态对于金融对经济发展的支持作用发挥有较大限制，同时经济和社会环境也是金融发展较为缓慢的重要原因。

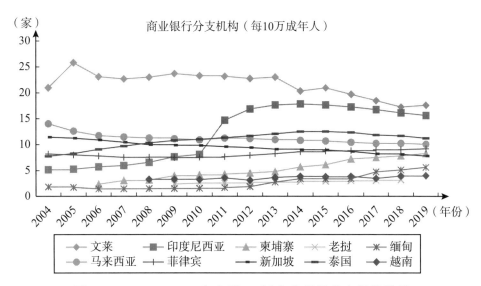

图5-3 2004~2019年东盟10国商业银行分支机构数量

资料来源：世界银行。

上市公司数量是证券市场发展的重要基础，上市公司数量越多，能够参与到证券市场中的主体也会越多，证券市场的交易频繁度也会增加，对于证券市场在实体经济中的支持作用也会更大。因此，上市公司数量是一国金融市场发展状态的重要体现。东盟国家多数还处于发展中国家状态，金融市场在不断完善中，上市公司数量大多也在不断增加。从图 5 - 4 中可以看出①，马来西亚是东盟国家中上市公司数量最多的国家，其次是泰国，再次是印度尼西亚、新加坡、越南和菲律宾。这一方面与国家的经济体量有关，另一方面也与国家的相关经济发展政策和上市公司监管政策相关。

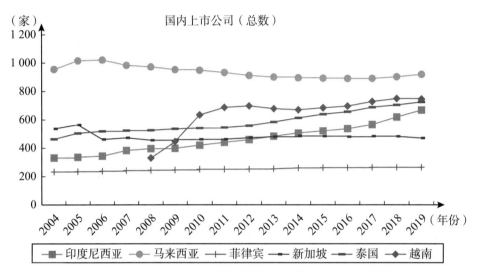

图 5 - 4　2004～2019 年部分东盟国家上市公司数量

资料来源：世界银行。

股票市场交易额体现了国家证券市场的绝对体量情况。从图 5 - 5 中可以看出②，部分东盟国家的证券市场相对来说规模较小，如印度尼西亚、越南和菲律宾的股票交易总额占 GDP 的比重还不足 20%，新加坡和泰国的股票交易总额占 GDP 的比重基本达到 80%，2019 年有所下降。马来西亚的股票交易总额占 GDP 的比重约为 50%。这说明东盟国家的证券市场普遍不够发达，还有较多的发展空间。但证券市场的发展与其实体经济发展息息相关，东盟国家还需从发展自身经济入手，来完善金融市场建设。

从上述分析可以看出，东盟国家的经济发展状况参差不齐，这种状况一方面造成了其金融发展状态，包括商业银行分支机构和证券市场发育程度；另一方面也限制了金融对实体经济支持作用的发挥。

---

① 鉴于数据可得性，东盟国家上市公司数量指标中老挝、缅甸、柬埔寨和文莱没有相关数据，故在图中未能显示。

② 由于金融市场发育情况不同，这里依然有几个国家没能有数据包含在内。

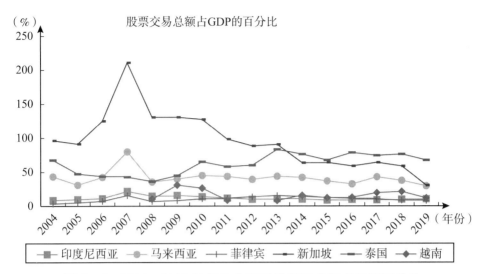

图 5-5　2004～2019 年部分东盟国家股票市场交易额百分比

资料来源：世界银行。

（二）中国至南亚及波斯湾航线：13 国

中国至南亚及波斯湾航线包括阿曼、卡塔尔、沙特阿拉伯、阿联酋、巴林、孟加拉国、斯里兰卡、印度、巴基斯坦、马尔代夫、伊朗、伊拉克、科威特 13 个国家。

1. 经济金融环境

中国至南亚及波斯湾航线 13 国在经济发展特征上各有千秋，既有较为富裕的国家，也有较为贫穷的国家。从整体来看，贫富差距较大，这是其经济发展差距较大的主要原因，同时也是金融环境各不相同的原因，造成了不同金融环境对实体经济服务能力的不同。各国的具体情况如下：

阿曼是一个较富裕的阿拉伯国家，自然资源丰富，石油开采也带来了较高收入。但是由于其还属于传统的农业社会，居民主要从事第一产业，经济基础薄弱，以生产初级产品为主，故国内的经济发展较为缓慢。

卡塔尔是一个绝对君主制的酋长国，自然资源相当丰富，以石油和天然气资源闻名，尤其是天然气，其储量在全世界排名第三。卡塔尔拥有很高的生活水准，经济和金融发展水平很高。

沙特阿拉伯作为老牌"石油王国"，其国内经济发展主要依托石油发展石化工业，石化工业已成为其国民经济的关键部门和收入来源。对外，出口石油构成外汇的一大来源。与经济发展相对应，沙特阿拉伯的金融发展状况良好，已经形成了包括银行业、保险业、资本市场在内的比较完善的金融体系。

阿联酋是一个以产油著称的中东沙漠国家，是美国《环球金融》（Global Finance）杂志发布的世界最富裕的 25 个国家和地区之一。2016 年 3 月 22 日，亚洲经济体竞争力排名第 16 名。金融市场发达，已建立金融自由区，并拥有独立的监管体系。

巴林也是石油产量较高的国家之一，其经济发展模式向多元化靠近，主要的产业是炼油、石化和铝制品工业，该国当前着力推动金融业发展，目标是成为海湾地区的金融中心。巴林的金融业发展显著优于地区内其他国家。

孟加拉国属于最不发达国家行列，纺织服务业是其支柱产业。该国奉行自由化的投资政策，以外向型经济为主导，能源相对短缺，经济发展落后。孟加拉国的金融发展水平与其经济发展水平相当，发展程度较低。

斯里兰卡属于中低等收入国家，经济体量小，奉行开放的经济政策。但是，近几年由于政局变化带来政策变动的风险，经济增长持续放缓。斯里兰卡的金融发展水平也相对落后。

印度属于中低等收入国家，农业是其经济命脉，制造业占比较低，仅占其GDP 的 20% 左右。不过，印度资源丰富，是世界人口大国，平均年龄仅为 26 岁，有显著的人口红利，因此，印度的经济增长势头良好，2015 年实际 GDP 增长率达 7.3%，不但高于全球平均增速，也高于亚洲新兴经济体的平均增速。另外，印度的金融市场较为健全，形成了以银行为主导，股票、债券、保险、金融衍生品柜台市场等并存的金融组织体系。

巴基斯坦属于中低等收入国家，经济以农业为主，工业基础薄弱，近几年能源结构性矛盾突出，出现"财政与贸易"双赤字现象，经济增长乏力。与其经济发展水平相似，巴基斯坦的金融市场发展水平也相对落后。近年来，巴基斯坦着力推进金融改革，金融系统已经搭建起较为完整的框架，但仍属于银行主导型国家，其他金融行业在经济发展中的作用力显著不足。

马尔代夫较为开放，但是由于其银行法尚未完善，故不利于其他金融机构进驻马尔代夫，不确定性风险较大。金融系统相对较小，主要有几家金融机构，马尔代夫货币局为马尔代夫中央银行，当地只有一家商业银行——马尔代夫银行，该银行还部分承担发展银行的职责。

伊朗"抵抗型经济"的内涵是扩大国内生产，降低对原油和天然气出口的依赖，旨在提升伊朗经济自主能力。

伊拉克由于战争原因，经济增长和金融发展等数据较少，曾经存在过巴格达证券交易所，但查询相关资料后，并没有数据。

科威特拥有丰富的石油资源，但近年来强调多种经济协调发展，使得石油化工、建筑材料、食品加工等工业类型协调发展，其银行系统在区域内发展属中等，资本市场不够发达。

从上述资料中可以看出，这些国家基本已经存在了较为完整的金融体系，只是部分国家的金融体系结构发展上还存在缺陷。

2. 经济发展状态

关于中国至南亚及波斯湾航线 13 国的经济状态，我们仍可从生活水平对比和储蓄率两个角度图示并分析。

从图 5-6 中可以看出，南亚及波斯湾航线 13 国的收入水平相差较大，从人均 GDP 几百美元至约 65 000 美元均有涉及。人均收入较高的国家有卡塔尔、科威特和阿联酋三国，但近些年，科威特和阿联酋的人均 GDP 有所下降，在 40 000 美元左右徘徊。其他国家中，除阿曼、巴林、沙特阿拉伯和伊拉克的人均 GDP 约为 20 000 美元外，其余国家均处在低于 10 000 美元的水平，更有甚者只有几百美元。这一航线的国家中多有丰富的自然资源，或油气，或港口，或海洋资源等，这些资源也吸引着各国到这里来投资，甚至在历史上有争抢资源的事件发生。

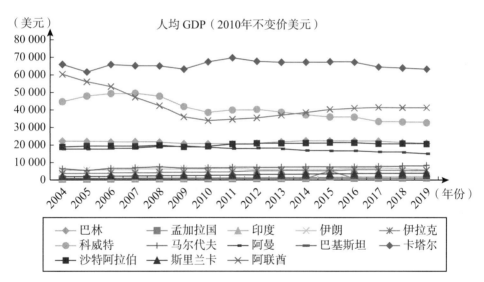

图 5-6　2004~2019 年南亚及波斯湾航线 13 国生活水平对比

资料来源：世界银行。

从图 5-7 中可以看出，这 13 国的储蓄率呈现出一定的规律性：（1）2009年储蓄下降同时发生在科威特、马尔代夫、阿联酋和阿曼等国家，且这几个国家的储蓄率有着相同的走势，又在 2012 年后呈现出相同的下降趋势，目前在 25%~40%，仍处于这 13 个国家中储蓄率的高位水平。（2）孟加拉国和印度的储蓄率水平及趋势基本相同，且近年来变动不大，维持在 30%~40%。（3）伊拉克的储蓄率自 2011 年后有较大幅度的下降，由 45% 左右跌至 11% 左右。（4）整体来看，这一航线的储蓄率相对来说均不低，但变动幅度较大。

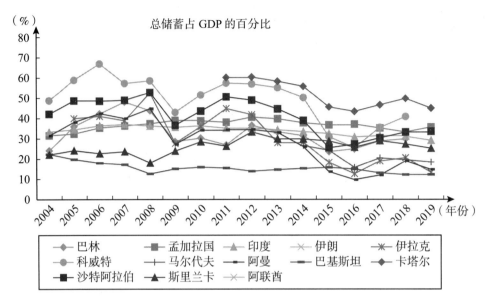

图 5 - 7 2004~2019 年南亚及波斯湾航线 13 国储蓄率

资料来源：世界银行。

结合人均 GDP 和总的国民储蓄情况，可以发现，中国至南亚及波斯湾航线 13 国的国家资源禀赋情况相对较好，故其在储蓄率出现较大波动的情况下，并未对人均 GDP 造成太大影响。相反，我们看到这一航线的人均生活水平相对来说有较为稳定的增长或维持不变。这与其资源状态和国际需求密切相关。

3. 金融系统特征

关于中国至南亚及波斯湾航线 13 国的金融系统特征也可以通过其商业银行分支机构数量、上市公司数量和股票市场交易额百分比三个角度图示并分析。

从图 5 - 8 中可以看出，（1）伊朗是这 13 个国家中金融基础设施相对较好，且金融可及性较高的国家，每 100 000 人的商业银行分支机构数量在 30 个左右，超出了东盟国家的最高值。（2）斯里兰卡和阿曼紧随其后，且斯里兰卡自 2004 年后在金融基础设施建设和金融可及性方面有了较大的进展，每 10 万成年人的商业银行分支机构数量从不足 10 家增长至超过 20 家，这一进展与斯里兰卡重要的地理位置有关。（3）其余国家从整体上看，在金融基础设施建设和金融可及性方面进展较为缓慢且稳定，2004 年至 2017 年间进展不大。这说明这一地区的金融基础设施建设可能存在较大的资金缺口，且在人员专业性和金融可及性等方面还有待提高。

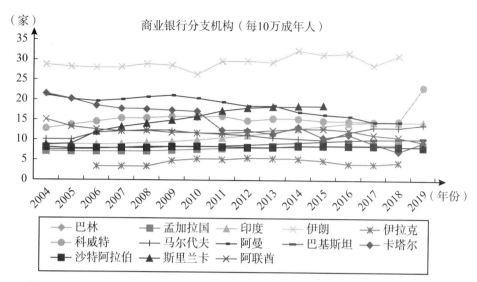

图 5 - 8 2004 ~ 2019 年南亚及波斯湾航线 13 国商业银行分支机构数量

资料来源：世界银行。

如图 5 - 9 所示，印度是南亚及波斯湾航线 13 国中上市公司数量最多的国家，2015 ~ 2019 年，其上市公司数量最高时接近 6 000 家，2019 年约为 5 000家。其他国家的上市公司数量相对较少，均不超过 1 000 家。整体上看，中国至南亚及波斯湾航线上各国的实体经济发展情况不容乐观，金融资源较为匮乏，金融服务十分缺乏，导致了上市公司数量较少，且存在较多弊端。

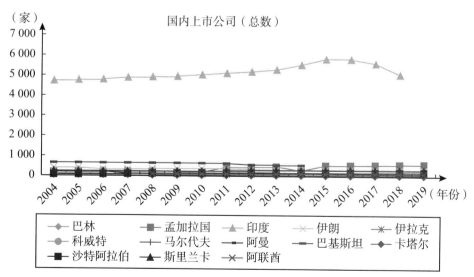

图 5 - 9 2004 ~ 2019 年南亚及波斯湾航线 13 国上市公司数量

资料来源：世界银行。

第五章 推进"海丝路"建设的资金融通

另一个反映金融市场发展状况的指标是股票市场交易额。由图 5 - 10 可知，从交易额的角度更加印证了这一区域金融市场发展不完善的说法。自 2007 ~ 2008 年金融危机以来，这一航线各国的金融市场均未能从其影响中摆脱出来，至今，各国的股票交易总额占 GDP 的比重均不超过 50%。

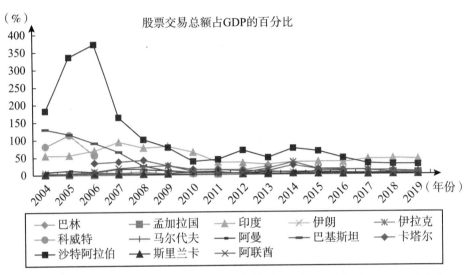

图 5 - 10 2004 ~ 2019 年南亚及波斯湾航线 13 国股票市场交易额百分比

资料来源：世界银行。

可以说，中国至南亚及波斯湾航线这 13 个国家在自然资源上的优势，并未能真正转化成引导其经济发展和金融进步的推动力，反而在一定程度上引来了其他国家的"关注"，阻碍了其在国际合作中的优势地位，未能为其经济发展贡献力量。同时，这一地区的金融发展整体程度相对较低，除两三个发展较好的国家外，大多数国家的金融市场还不完善，其金融基础设施建设严重不足，金融可及性相对较低，金融系统仍有较大的发展空间，这一空间也制约了其经济发展。

（三）中国至红海湾及印度洋西岸航线：9 国

中国至红海湾及印度洋西岸航线包括也门、埃及、索马里、苏丹、莫桑比克、吉布提、厄立特里亚、肯尼亚、坦桑尼亚 9 个国家。

1. 经济金融环境

中国至红海湾及印度洋西岸航线 9 国在世界上均属于中低收入国家，资源匮乏，经济发展乏力，金融环境较为恶劣，金融基础设施相对较差，具体情况如下所述。

也门是世界上经济最不发达的国家之一，粮食不能自给，约 1/2 依靠进口。也门的银行大多是私人股份制银行，普遍资信较差。

埃及经济处于欠发展阶段，多年来产业结构没有显著变化，从传统的农业和资源生产国向工业化国家转型的速度缓慢。

索马里经济以畜牧业为主，工业基础薄弱。20 世纪 70 年代初，由于国有化政策过激，加上自然灾害等因素，经济发展面临严重困难。

苏丹国内经济以第一产业为主，主要是农牧业，第二产业尤其是重工业相对较少。这一方面归咎于其在资源禀赋上的不足，另一方面则主要是因为军方对国家政治的深度参与。政局的不稳定使得其在经济、金融等各个方面的发展受到较大限制。

莫桑比克是联合国宣布的世界最不发达国家和重债穷国。其国内经济发展主要依靠农业，但独立后受连年内战、自然灾害等因素的影响，经济长期困难。

吉布提国内有美军在非洲最大的军事基地和法军在海外最大的军事基地，但其自然资源匮乏，工农业基础薄弱，95% 以上的农产品和工业品依靠进口，90% 以上的建设资金依靠外援，服务行业在经济中占据主导地位，政局不稳，是世界上最不发达国家之一。

厄立特里亚以雨育农业为主，80% 的人口从事农牧业，生产落后，丰年粮食自给率仅为 60%~70%，是世界上最不发达国家之一。

肯尼亚属于中低等收入国家，2015 年 GDP 增长率为 5.4%，在撒哈拉以南非洲地区属于经济基础较好的国家，但由于恐怖主义和战争等因素，肯尼亚当前的经济增长速度低于规划目标。

坦桑尼亚属于低等收入国家，农业是国民经济的基础，农村人口约占总人口的 69%。具体来说，坦桑尼亚经济以农牧业为主，结构单一，基础薄弱，发展水平低下，工业主要以农产品加工和进口替代型轻工业为主，制造业和加工工业发展滞后，是世界上最不发达国家之一。

可以看出，这 9 个国家多为世界上最不发达国家或者中低等收入国家，经济的发展来自实体经济的发展、劳动生产率的提高和资本的投入等要素，可以预见，这些国家的经济状况和金融状况也不容乐观。

2. 经济发展状态

关于中国至红海湾及印度洋西岸航线 9 国的经济状态，本书继续从生活水平对比和储蓄率两个角度图示并分析。

如图 5-11 所示，中国至红海湾及印度洋西岸航线 9 国的经济发展水平均较差，从其人均 GDP 数值上来看，埃及的人均 GDP 不超过 3 000 美元，是这 9 国中的最高值，最低的也门不足 500 美元。

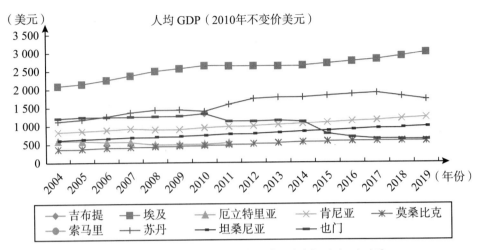

图 5-11 红海湾及印度洋西岸 9 国生活水平对比

注：部分国家无数据或数据不完整，图 5-12~图 5-15 同。
资料来源：世界银行。

如图 5-12 所示，从储蓄水平来看，这 9 国的储蓄水平也相对较低，均不超过 30%，苏丹甚至出现了 -10% 以下的储蓄率。且这些国家的储蓄率水平较为平稳，除苏丹 2013 年的极端情况外，没有出现较大的波动。这一较低的储蓄率也与其较低的生活水平相一致。

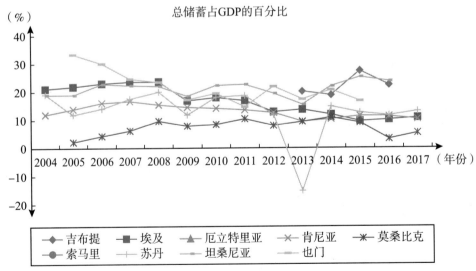

图 5-12 红海湾及印度洋西岸 9 国储蓄率

资料来源：世界银行。

3. 金融系统特征

关于中国至红海湾及印度洋西岸航线 9 国的金融系统特征，我们可继续通过其商业银行分支机构数量、上市公司数量和股票市场交易额三个角度图示并分析。

与经济发展水平缓慢和储蓄率水平较低相一致，其金融基础设施建设水平相对较差，金融可及性也相对较低。从图 5 - 13 中可以看出，每 10 万成年人的商业银行分支机构数量均不超过 10 家，最低的甚至不足 2 家，较差的金融基础设施建设严重地限制了金融服务实体经济的作用。

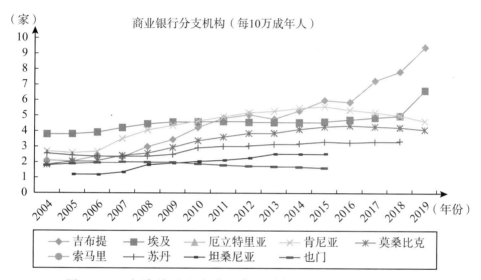

图 5 - 13 红海湾及印度洋西岸 9 国商业银行分支机构数量

资料来源：世界银行。

从图 5 - 14 中可以看出，这 9 个国家中只有埃及和肯尼亚在世界银行有上市公司数量的数据，且埃及的上市公司数量自金融危机后一直维持在 250 家左右，与危机前的 800 家左右上市公司数量相去甚远，说明金融危机对埃及的影响至今还未恢复。而肯尼亚由于上市公司数量太少，且金融市场相对较为封闭，并未受到危机的较大影响，但多年来金融市场和实体经济进展缓慢。

从图 5 - 15 中可以看出，与上市公司数量一致，这 9 个国家中仍然只有埃及和肯尼亚在世界银行保有股票市场交易额的相关数据。同时我们看到，埃及受到金融危机的影响是巨大的，其金融市场的交易情况目前与肯尼亚相差不大，均占 GDP 的 10% 以下。

从上述分析中可以看出，中国至红海湾及印度洋西岸航线的 9 个国家经济增长状况存在较大问题，且其金融系统发展较不完善，金融基础设施建设还有很长的路要走，金融市场的发展亦有赖于其实体经济的发展和较为稳定的经济社会环境。

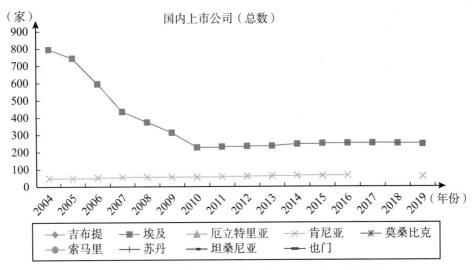

图 5－14　红海湾及印度洋西岸 9 国上市公司数量

资料来源：世界银行。

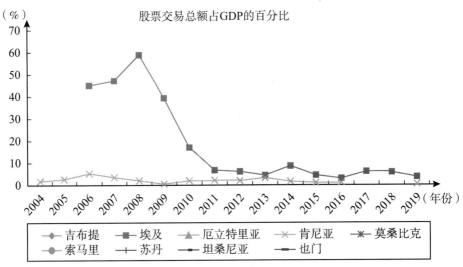

图 5－15　红海湾及印度洋西岸 9 国股票市场交易额百分比

资料来源：世界银行。

二、各国金融状况的分类

（一）各国金融状况特征

从前述介绍和分析来看，"海丝路"沿线国家金融发展状况呈现出较大差异性。东盟 10 国的大部分国家（除老挝、柬埔寨、缅甸外）以及南亚和波斯湾沿线的个别国家（印度、科威特、巴林、阿联酋）经济发展水平相对较高，金融基础设施建设也相对完善，金融市场较为完整，市场流动性也较高；南亚和波斯湾沿线的部分国家虽然经济发展有限，但其国内大多拥有丰富的自然资源，为经济发展打下良好基础；而红海湾及印度洋西岸航线的国家以及南亚和波斯湾沿线的部分国家，基本都属于中低等收入国家行列，资源匮乏，经济发展水平低，金融市场也不完善，有的国家甚至没有金融市场，或者金融市场不具有流动性，很难发挥其对实体经济的支撑作用，甚至一些国家还饱受战乱动荡之苦，经济发展严重受阻，金融环境也极其恶劣。

（二）各国金融状况分类标准

为了加强针对性的金融合作，我们有必要以金融市场的完整程度和市场的流动性为主要考察因素，同时，综合考察各国的银行系统、股票市场、债券市场和保险市场，将各国金融状况分为下面三类：

Ⅰ类为有三个及以上市场发育较好，且市场具有较好的流动性。

Ⅱ类为有一到两个市场在发育中，市场流动性一般。

Ⅲ类为没有或只有一个市场在发育中，市场流动性较差或不具备流动性功能。

（三）各国金融类型划分

根据上述标准，我们将沿线国家进行如下划分：

Ⅰ类为金融发展较好的国家，如印度、科威特、印度尼西亚、马来西亚、菲律宾、新加坡、泰国、文莱、越南、巴林、阿联酋。

Ⅱ类为金融发展一般的国家，如孟加拉国、斯里兰卡、巴基斯坦、伊朗、肯尼亚、坦桑尼亚、老挝、缅甸、柬埔寨、也门、埃及、莫桑比克、卡塔尔、沙特阿拉伯。

Ⅲ类为金融发展较差的国家，如马尔代夫、吉布提、厄立特里亚、索马里、苏丹、阿曼、伊拉克。

具体见表 5-1。

表 5-1　　　　　　　"海丝路"沿线国家金融发展划分

金融发展划分	国家
Ⅰ类（三个及以上市场发育较好，市场流动性较高）	印度、科威特、印度尼西亚、马来西亚、菲律宾、新加坡、泰国、文莱、越南、巴林、阿联酋

续表

金融发展划分	国家
Ⅱ类（一到两个市场在发育中，市场流动性一般）	孟加拉国、斯里兰卡、巴基斯坦、伊朗、肯尼亚、坦桑尼亚、老挝、缅甸、柬埔寨、也门、埃及、莫桑比克、卡塔尔、沙特阿拉伯
Ⅲ类（没有或只有一个市场在发育中，市场流动性较差或不具备流动性）	马尔代夫、吉布提、厄立特里亚、索马里、苏丹、阿曼、伊拉克

三、加强具有针对性的金融合作

根据"海丝路"沿线国家金融发展呈现出较大差异性特征的状况，深化与"海丝路"沿线各国的金融合作，重点应加强具有针对性的金融合作。

（一）探索深化"海丝路"金融合作的路径

从前述"海丝路"沿线国家金融状况分类来看，可以发现，三种类型的国家大致上均呈线状据点而布，特别是Ⅰ类即金融发展较好的国家在三条线路上均有分布，以在东南亚航线居多、南亚至波斯湾航线较少、红海湾及印度洋西岸航线最少。这就使得我们在推进"海丝路"金融合作进程中，应当结合重要节点建设布局，探索"遍地开花"与"以点带线"相结合的金融合作路径，即首先重点加强和深化中国与各沿线金融发展较好的国家间的金融合作，推动金融支撑建设，形成"海丝路"金融支撑点的布局；在此基础上，以金融支撑点国家影响和带动线内和区域内其他国家的金融市场发展，推动形成更好地参与"海丝路"建设的内部条件和外部环境，进一步加强与中国的金融合作，最终形成"海丝路"建设金融支撑网络。

（二）加强类型针对性金融合作

1. 金融发展较好的国家

根据这一类型的国家金融市场发展相对完善，大多数也和中国有较好的合作基础的情况，这些国家大多数可作为"海丝路"建设中金融支撑重点发挥作用的国家。具体来说，新加坡和阿联酋金融发展程度较高，印度、科威特、印度尼西亚、马来西亚、菲律宾、泰国、越南稍微欠缺，金融风险指标稍高，但都属于具有良好合作基础的"海丝路"国家，因此，对这些国家可从以下几个方面推进金融合作支撑建设：（1）继续深化中国与其的金融合作，结合"海丝路"建设的需要，加大与这些国家开展项目合作和技术合作的力度，加快共同开发既有利于当地金融发展，也有利于支持"海丝路"建设的金融产品。（2）由于这些国家与中国的贸易和双边关系相对较好，可考虑在双边本币互换协议的基础上扩大规模，实现在与当地企业投资贸易过程中的人民币结算。（3）加强项目执行合作，由中国和当地派出专门人员成立项目组，共同执行项目的管理工作。（4）加强项目融资和资金管理合作，在中国投资、区域金融机构提供资金的基础上，鼓励当地政府资本和民间资本的加入；在资金退出过程中，可优先让民间资本退出，保证其投资的收益性。

2. 金融发展一般的国家

对于这类国家，可通过金融合作帮助其完善金融市场功能，如通过中国投资、政府支持和区域金融机构帮助的形式增加其金融市场的流动性；其中，对于一些和中国已经有良好金融合作基础的国家，可以借助双边良好的经贸关系，开展在当地的基础设施工作。但应注意的是，在项目实施前，应与当地政府签订风险保障协议，以预防其国家风险影响项目实施和区域建设。

3. 金融发展较差的国家

这些国家的金融发展水平较低，国家经济环境也面临不同风险，因此，应通过金融合作重点扶持其金融市场发展，具体措施有：（1）经过与对方政策协商后，允许在一定额度下中国指定金融机构与其开展战略投资合作和银行间市场业务，以增加其银行系统的流动性。（2）在风险可控的情况下，鼓励中国企业到当地投资建厂，提高其国内产业的工业化发展速度，增加其经济增长，为金融市场的发展创造外部环境；以技术和人才支持的方式鼓励这些国家尝试建立和完善股票市场和证券市场，以增加其社会资金的利用效率，扶持本国经济和金融发展。（3）在可行的方面从双边贸易入手，对其经济增长和金融基础设施建设提供资金支持，使贸易成为促进其金融市场发展的抓手，通过不同品类的贸易合作所产生的金融需求刺激金融供给。（4）在开展合作的过程中关注其经济增长和政局变动，关注其信用违约风险。

第二节　亚洲货币稳定体系与人民币国际化

一、最优货币区理论的内涵及其应用

最优货币区理论，也称为最优通货区方案，20 世纪 60 年代由蒙代尔和麦金农提出后，经众多经济学家不断完善和发展。该理论指出，一般来说，在最优地理区域内采用单一的共同货币支付或采用几种货币支付，这几种货币之间可实现无限兑换，在经常交易以及资本交易的过程中均不变，但区域内外国家间汇率应处于浮动状态，所谓最优主要是实现内外部间的动态平衡。

（一）最优货币区理论的最初框架

最优货币区理论的创始人是曾获得过诺贝尔经济学奖的加拿大经济学家罗伯特·蒙代尔（Mundell，1961）。蒙代尔假设不对称性发生在 A 与 B 两个国家的不同区域之间，当这两个国家发生外部冲击时，会产生如下变化，如表 5-2 所示。

表 5-2　　　　　　　　　　最优货币区理论假设示例

国家	影响	需求	货币政策	价格工资	生产要素（含劳动力）	总价格和就业水平
A 国	增加	减少	不需调整	下降	流出	不变
B 国	减少	增加	不需调整	上涨	流入	

根据上述变化情况，蒙代尔认为，当不同的地区和国家间生产要素流动性大，工资弹性强，又有一定的财政转移支付渠道时，它们之间就可以成为最优货币区，实行固定汇率，甚至是单一货币从而获得减少交易成本、增加福利的好处。[①]

蒙代尔的这一基本结论得到了众多经济学家们的认可，其中肯农、麦金农等学者对此做了进一步深化和拓展，提出最优货币区形成的前提条件。

（二）最优货币区理论的进一步发展

1970 年以后，人们认为总体上最优货币区的收益要大于成本。随着布雷顿森林体系固定汇率制的瓦解，欧洲共同体兴起最优货币区时，人们对最优货币区讨论重点发展到讨论最优货币区的成本和收益问题，其中菲利普斯曲线相关汇率政策调节成为人们最早讨论的对象，学者们对此分别持肯定或怀疑态度。

1990 年以后，最优货币区进入了实证化的讨论阶段，尽管各学者的分析重点各不相同，但讨论的内容涉猎广泛，涵盖工资和物价的灵活性、通货膨胀相似度、劳动力流动性、生产的多样化程度、消费的多样化程度、财政一体化程度、资本市场一体化程度及开放度等。他们从理论上分析出货币区的各种特征性能，

[①] 转引自徐明棋：《最优货币区理论：能否解释东亚货币合作?》，载于《世界经济研究》2003 年第 10 期，第 63~69 页。

并对其条件进行指数化，对所选择的一系列国家进行回归分析，得出适宜加入最优货币区、最具特性价值的国家，推动了最优货币区理论的发展。

（三）最优货币区的五个衡量标准

总结前人关于最优货币区的研究成果，得出最优货币区的衡量标准主要有以下几种：

一是要素流动性标准。这是早在 1961 年由欧元之父蒙代尔提出的。他认为，在要素不能自由流动的前提下，若一国的需求转移到另一国，将导致转出国和转入国供需失衡，最终导致一国出现外部失衡。二是经济开放性标准。1963 年，最优货币区理论的继承者麦金农认为，将一国的社会总产品分为贸易商品和非贸易商品，贸易商品占的比例越大，说明该国的开放程度越高，越有利于建立最优货币区。三是产品多样化标准。1969 年，彼得·凯南在长期的研究中总结出，一个出口产品多样化的国家受外部经济的冲击影响较小，也有利于其汇率保持相对稳定；而反之，如一国出口产品单一，则会受到外部经济较大的冲击。四是国际金融一体化标准。1973 年，詹姆斯·依格拉姆提出，如果全球市场范围的金融一体化程度较低，将会导致金融市场交易的不充分，全球金融市场将表现出以大量短期证券交易的方式，而由于各国市场利率结构存在较大差异，这样的交易方式将进一步带来汇率的较大波动。因此，国际金融一体化程度越低，越不利于最优货币区建立。五是通货膨胀率相似性标准。1970～1971 年，哈伯勒和弗莱明在研究中提出，由于各国的经济政策、货币政策、增长模式、工会力量等存在不同，从而引发的通货膨胀率差异也较大，而较大的通货膨胀率差异又会引发投机资本的国际流动和汇率波动，给最优货币区的建立带来障碍。

（四）最优货币区理论的实践

建立欧元区是实践最优货币区理论的最佳形式。欧元的功能主要包括货币的基本功能价值尺度、支付手段、流通手段、世界货币和价值储藏，除此之外，减少国与国交易成本也被增加进欧元的功能。欧元的实践成功印证了可以组建区域货币，开创了国际货币体系。除欧元外，世界也开始关注到亚洲的货币。

从根本上来说，最优货币区理论至今仍在不断发展中，不断扩大其包容性，实质上变成了货币一体化理论。但它并不能经过检验后直接应用，欧元诞生使该理论面临诸多挑战并被重塑，也使最优货币区理论有存在的价值。同时，最优货币区理论是一个经济理论，而成立一个货币区不仅仅是经济问题，更多地取决于政治因素，所以，仅仅根据最优货币区理论作出的分析，并不能完全解释货币区

359

的形成和存在。[①]

二、基于最优货币区理论的亚洲货币稳定体系

（一）亚洲货币体系的内涵

亚洲作为全球第一大洲及人口第一大洲，总面积 4 400 多万平方公里，总人口超过 40 亿人，共有 47 个国家（地区）。[②] 由于政治体制、经济基础、历史积淀、地理位置、资源禀赋、种族特性、宗教信仰以及民族文化等诸多方面存在显著差异，导致亚洲各国经济发展十分不均衡。2017 年，亚洲地区人均 GDP 最高的卡塔尔（约 78 521 美元）是最低的阿富汗（约 629 美元）的近 125 倍，全亚洲人均 GDP 为 6 902 美元，远远落后于人均 GDP 近 11 000 美元的世界人均水平。因此，亚洲虽然是人类文明的重要发源地，但总体经济发展水平比较落后，且各国经济发展十分不均衡。

目前，亚洲国家和地区均有独立发行的纸币以及名义上独立的货币体系，这些国家的纸币大部分与美元挂钩。除东亚国家、东南亚部分国家币值比较稳定外，其他国家由于受到战乱、自然灾害以及西方国家的干扰，导致币值波动较大，稳定性较差。同时，由于亚洲幅员辽阔、人口众多、国家众多，诸多国家之间缺乏沟通与互动，凝聚力也严重不足，除东南亚地区的区域一体化程度相对较高以外，其他幅员辽阔的中东、西北亚大部分国家和地区处于封闭状态，经济也比较落后，各国货币的区域流通也不够通畅，基本以美元作为国际结算货币。因此，截至目前，亚洲还没有形成相对稳定的货币一体化体系或货币同盟。

（二）亚洲货币一体化进程的现状分析

20 世纪 90 年代末亚洲金融危机后，亚洲特别是东南亚多数国家货币体系受到不同程度破坏，而区域经济一体化仍在不断发展，各国的货币上下浮动程度需要控制在一定范围内。

1. 亚洲货币一体化的雏形

亚洲货币一体化随着亚洲区域一体化进程的不断深化，被人们逐步关注。亚

---

① 徐明棋：《最优货币区理论：能否解释东亚货币合作？》，载于《世界经济研究》2003 年第 10 期，第 63～69 页。

② 资料来源：中华人民共和国外交部。

洲货币一体化主要体现在关于建立亚元区的设想。该设想最早由时任马来西亚总理马哈蒂尔在 1997 年东盟国家首脑会议上提出。这一设想一经提出，与会各国和有关国家纷纷支持。随后，各国财政部长在亚洲开发银行 2000 年 5 月的年会上签订了"清迈协议"，为今后建立亚元区做准备。2001 年 10 月，亚太经合组织领导人非正式会议（APEC）首次在中国上海召开，其间"欧元之父"蒙代尔就未来世界货币格局的变化发表了自己的看法，他认为，"未来 10 年，世界将出现三大货币区，即欧元区、美元区和亚洲货币区（亚元区）。"① 这一论断为亚元区的建立带来了生机勃勃的希望。

2. 亚洲货币一体化的进展

亚洲货币一体化的最终目标是建立亚洲货币单位（Asian currency unit，ACU）。ACU 将参照欧元的前身欧洲货币单位设计，计划组合进日本、韩国、中国以及东盟 10 国等 13 个国家的货币，采用"一篮子货币"方式，这一方式最具影响力的是日元、人民币和韩元。东盟 10 国及中、日、韩的央行和财政部官员们协商建立 ABG 组织，进而建起亚洲地区金融货币组织，创立亚洲货币体系，实现地区内与新兴经济体货币一体化，从而在国际市场中增加亚洲货币体系的实力。

3. 亚洲货币一体化的阻力

亚洲货币一体化过程中，面临诸多阻力。首先，亚洲国家中，普遍意义上的"市场经济国家"极少，基本可以忽略不计。即使日本，国家对经济的干预程度也不低，尤其是关于"经济要素"或者"市场要素"方面的干预。而独立货币的稳健能力主要是基于经济要素的市场体现。要素在市场上的流通性越好，其市场的稳健能力也就越高，一旦为更广阔的市场所认可，独立货币的价值也就必然得到货币市场的认可。

其次，关于亚洲货币一体化进程中主导权问题，有可能在日元、人民币和韩元这三种货币中产生，或者是在这三者基础上的一种联盟。按照参加国的经济权重配置其在"货币单位"中的权重，并由此搭建起影子般的货币指数体系。也就是说，参加国的经济分量越重，其本国货币在指数体系中分量越重，影响也就越大，反之则相反。而目前，亚洲货币一体化进程中谁成为主导至关重要。

最后，根据"欧洲货币一体化"或"欧洲货币单位"的经验，货币一体化，要求其货币政策独立，国内经济稳定，国别间贸易密度大，甚至劳动力能自由流动。但是，亚洲各国的经济发展水平极不均衡，经济开放程度、经济政策的偏好

---

① 徐明棋：《最优货币区理论：能否解释东亚货币合作?》，载于《世界经济研究》2003 年第 10 期，第 63~69 页。

等经济指标差异也较大，地区和经济差距较大，经济一体化程度严重偏低，将严重阻碍亚洲货币一体化的进程。

此外，亚洲货币一体化进程中还有一个不容忽视的问题，即以美国为首的西方国家的干扰。由于美国的霸权思想及其"重返亚太"战略，亚洲货币一体化或亚元区的建立会受到西方国家的干扰，不会一帆风顺。

4. 亚洲货币一体化的展望

尽管亚洲货币一体化过程面临着诸多阻力，但只要亚洲建立起自己的共同货币——"亚元"，扩大其影响力，人民币、日元等亚洲国家汇率逐步趋于稳定，就能同美元、欧元一起成为世界货币。由此可见，亚洲货币一体化的前景一片光明。

三、"一带一路"背景下人民币国际化的发展现状分析

人民币国际化是指人民币在国际范围内发挥货币功能，成为国际贸易计价结算货币、国际金融投资货币以及国际储备货币。[①] 近年来人民币逐渐国际化，进口贸易结算主要采用人民币，但出口贸易结算仍是其他国际货币，人民币与美元、欧元、英镑、日元、加拿大元等国际货币在跨国结算使用比例上差距巨大，具体如图 5 - 16 所示。

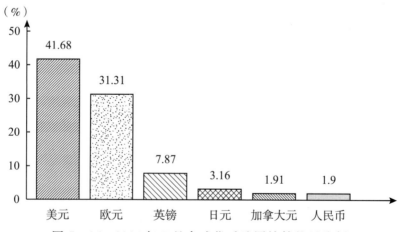

图 5 - 16 2016 年 5 月全球货币跨国结算使用比例

---

① 王凯、庞震：《人民币国际化：现状、挑战及路径选择》，载于《西安电子科技大学学报（社会科学版）》2016 年第 6 期，第 23~29 页。

人民币目前在全球外汇储备中所占比例不高，只是少数周边国家或地区进行了人民币储备。截至 2016 年第一季度，全球外汇储备比例如图 5 – 17 所示。

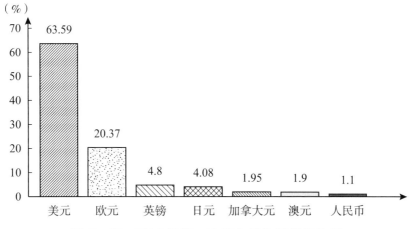

图 5 – 17　2016 年第一季度全球外汇储备比例

由此可见，人民币要想实现国际储备货币的目标依然需要不断努力。

随着"一带一路"建设逐步深入，人民币国际化水平逐渐提高，但在这一过程中，人民币国际化的机遇和挑战同时并存。一是"一带一路"建设过程中，为了便于贸易，人民币就会作为其他国家的外汇储备，人民币外汇储备越多，其国际化认可程度越高，人民币国际化程度也就越高；二是国际上仍然采用美元等作为国际化货币，人民币与之仍然保持紧密联系，人民币的计价和结算难以发挥世界货币职能，人民币成为国际化货币的目标依然需要努力。

四、人民币国际化及亚洲货币体系的稳定性

根据前文理论基础及现状分析，我们可以就人民币国际化的推进与亚洲货币体系稳定性的关联性进行分析和探讨，并进而对基于亚洲货币稳定体系推进人民币国际化的策略展开讨论。

（一）稳定性的定义

在分析人民币国际化与亚洲货币体系的稳定性之间的关系之前，我们有必要先对国际货币体系的稳定性定义进行探讨。

相较于单一化的国际货币体系，多元化的国际货币体系在稳定性上是否更胜一筹，研究者们对此问题的研究自 20 世纪 70 年代初就开启。关于货币体系

稳定性的内涵，学者们持不同的看法。斯卡梅尔（Scammell，1987）认为，稳定性的内涵是指国际货币体系应对来自外生及内生冲击的能力。哈特曼（Hartmann，1998）在《货币竞争与汇率市场》一书中从另一个角度探究，认为不稳定是指贸易、投资或是金融市场的微小变化会给贸易规模以及汇率的波动带来巨大波动。① 蒙代尔（Mundell，1998）的观点是，从美元区、欧元区和日元区的经验来分析，国际货币体系的稳定会带来物价的稳定、汇率的稳定，从而给经济增长带来正面而长远的影响；反之，从亚洲危机的起因来看，与美元兑日元的汇率不稳定脱不开干系。② 周小川（2009）认为，作为国际储备货币，第一，币值应稳定并有明确的发行规则，以此保证货币供给有序进行；第二，货币供给量可根据需求进行调节；第三，货币供给总量的调节应不受他国的经济状况或利益影响和控制。③ 熊爱宗、黄梅波（2010）提出，基于汇率波动的视角来看，周小川对理想国际货币体系的构想可以作为较全面的稳定性定义，此外，他们提出稳定性还应以国际货币的供给是否可满足世界经济的发展要求为考量。④

基于这样的定义，本书旨在探究人民币国际化对亚洲货币体系是否有增强稳定性的作用。笔者考虑到人民币对亚洲货币体系的作用可引申至对国际货币体系的作用，故从全球可收集到数据的样本国货币与我国人民币进行实证分析。

（二）人民币国际化及亚洲货币体系的稳定性实证分析

亚洲货币体系的稳定性对人民币国际化的发展有着助推作用，在为人民币国际化提供域内经济金融合作机遇的同时，可为人民币离岸市场的建设提供更广阔的平台。那么相应地，人民币国际化是否能给亚洲货币体系的稳定性带来积极影响，从而达到相互促进的作用呢？下文将对此疑问进行研究，即探讨人民币国际化对亚洲货币体系的稳定性是否有增强作用。通过文献收集，发现研究者通常通过汇率波动来对国际货币体系的稳定性进行测度。蒙代尔（1998）在研究中通过汇率波动性（exchange rate volatility）来衡量国际货币体系的稳定性（the "stability" of the international monetary system），雷贝舒（Liebscher，

---

① Hartmann，P. Currency Competition and Foreign Exchange Markets［M］. Cambridge：Cambridge University Press，1998.

② Mundell，R. The Euro and the Stability of the International Monetary System［C］. Paper Presented at a Conference Sponsored Jointly by the Luxembourg Institute for European and International Studies and the Pierre Werner Foundation on "The Euro as a Stabilizer in the International Economic System"，December 3 - 4，1998.

③ 周小川：《关于改革国际货币体系的思考》，载于《中国金融》2009 年第 7 期，第 8 ~ 9 页。

④ 熊爱宗、黄梅波：《国际货币多元化与国际货币体系稳定》，载于《国际金融研究》2010 年第 9 期，第 21 ~ 28 页。

2002）研究欧元作为国际金融架构的稳定锚，对国际金融体系稳定性的影响，也提及相关观点。[①] 肯恩（Kenen，2005）也在研究中以汇率波动来测度国际货币体系稳定性。[②] 本书通过面板数据，以样本国（地区）的有效实际汇率波动性来衡量国际货币体系的稳定性，并通过测度其与样本国（地区）货币与人民币汇率的相关程度、样本国（地区）的 CPI 增加值、出口增长率、进口增长率、进出口差额及利率水平的关系来对人民币国际化及亚洲货币体系的稳定性进行实证分析。

在变量数据选取方面，本书在可搜寻的范围内最大限度地收集全球公布相关数据的国家（地区）作为样本数据，数据主要来源于 IMF、国际清算银行（BIS）及 Wind 数据库。收集到的样本区间为 1994 年 1 月至 2017 年 12 月的月度数据，包括中国在内的 27 个国家和地区，月度数据经过处理后共得到 500 个观测值，剔除缺失值及无效样本后，有 464 个观测值，样本有效率达到 92.8%。

1. 描述统计

由于本书研究的是样本中的国家（地区）的汇率与中国汇率之间的相关性对本国（地区）汇率的稳定是否有统计意义上的显著性，笔者以各国（地区）每年度兑换美元的汇率波动程度作为本国（地区）汇率的稳定性衡量，以各国兑换美元汇率和中国兑换美元汇率之间的相关性作为各国（地区）与中国之间的汇率联系代表，最终在控制其他因素的前提下，通过探寻这两者之间的关系进而判断在汇率上与中国联系紧密的国家（地区）是否拥有更加稳定的汇率表现。值得注意的是，本书采用了两种方法计算各国（地区）与中国汇率之间的相关性程度，分别为线性相关性和秩相关性。在下文的分析中，笔者选择了线性相关性作为主要的实证对象，而以秩相关性作为稳健性检验的代表。表 5 - 3 给出了上述涉及变量的具体含义及计算方法。

表 5 - 3 变量定义及计算标准

变量	含义	计算方法
VOL	汇率波动程度	$VOL_{i,t} = \sqrt{\dfrac{1}{T-1}\sum_{t=1}^{T}(ER_{i,t} - \overline{ER_{i,t}})^2}$

[①] Liebscher, K. The Euro – an Anchor of Stability in the international Financial Architecture [J]. BIS Review 64，2002.

[②] Kenen, P. Stabilizing the International Monetary System [J]. Journal of Policy Modeling，2005，27（4）：487 – 493.

续表

变量	含义	计算方法
$CORR$	本国（地区）与中国汇率的线性相关程度	$CORR_{i,t} = \dfrac{\sum\limits_{t=1}^{T} (ER_{1,i,t} - \overline{ER_{1,i,t}})(ER_{2,i,t} - \overline{ER_{2,i,t}})}{\sqrt{\sum\limits_{t=1}^{T}(ER_{1,i,t} - \overline{ER_{1,i,t}})^2 \sum\limits_{t=1}^{T}(ER_{2,i,t} - \overline{ER_{2,i,t}})^2}}$
$CORRs$	本国（地区）与中国汇率的秩相关程度	$CORRs_{i,t} = 1 - \dfrac{6 \times \sum\limits_{t=1}^{T}\left[Rank(ER_{1,i,t}) - Rank(ER_{2,i,t})\right]^2}{T \times (T^2 - 1)}$
$dCPI$	CPI 增加值	$dCPI_{i,t} = CPI_{i,t} - CPI_{i,t-1}$
$ExGR$	出口增长率	$ExGR_{i,t} = \ln\left(\dfrac{EX_{i,t}}{EX_{i,t-1}}\right)$
$ImGR$	进口增长率	$ImGR_{i,t} = \ln\left(\dfrac{IM_{i,t}}{IM_{i,t-1}}\right)$
NX	进出口差额	$NX_{i,t} = EX_{i,t} - IM_{i,t}$
I	利率水平	

注：汇率的相关程度计算中，两国（地区）汇率均以兑换美元为标的，表中"Rank"代表对应变量的秩。

针对表 5 - 3 中的研究变量，为了解其具体的数值特征，笔者对样本进行了描述统计，给出了不同变量的样本均值 Mean、标准差 SD、变异系数 CV、最大值以及 25%、50% 和 75% 水平下的分位数，表 5 - 4 为研究涉及变量的详细统计特征。

表 5 - 4　　　　　　　　　　描述统计

变量	Mean	SD	CV	Min	P25	P50	P75	Max
VOL	2.8106	2.2191	0.7895	0.3962	1.4309	2.2037	3.4213	13.4515
$CORR$	− 0.0015	0.6199	− 400.0414	− 0.9691	− 0.5894	− 0.0134	0.5611	0.9740
$CORRs$	0.0014	0.5812	411.5959	− 0.9545	− 0.5175	0.0140	0.5245	0.9406
I	7.1032	9.6343	1.3563	− 0.3011	1.8489	4.6540	8.2338	59.9608
$dCPI$	3.3460	3.3678	1.0065	− 13.4478	1.2695	2.7589	4.9805	20.3639
$ExGR$	0.0459	0.1744	3.7967	− 1.7613	− 0.0228	0.0606	0.1481	0.3779
$ImGR$	0.0471	0.1870	3.9725	− 1.8333	− 0.0141	0.0673	0.1575	0.3932
NX ($\times 10^4$)	− 2.7061	14.1580	− 5.2320	− 89.2109	− 1.3249	− 0.0863	1.5958	16.2952

注：（1）Mean 和 P50 均是样本平均水平的反应，两者越接近说明样本偏移性越小；（2）CV 代表变异系数，具体为样本均值与标准差的比值，CV 越大变量内部差异越大；（3）P25、P50 以及 P75 分别代表样本 25%、50% 和 75% 分位数。

如表 5-4 所示，本书所关注的汇率波动程度 VOL 均值为 2.8106，50% 分位值为 2.2037，均值大于 50% 分位值，说明样本分布有偏，变异系数 CV 值为 0.7895。本国（地区）与中国汇率的线性相关程度 CORR 均值为 -0.0015，本国（地区）与中国汇率的秩相关程度 CORRs 均值为 0.0014，均接近 0，二者的 50% 分位值分别为 -0.0134 和 0.0140，样本分布同样有偏。再来看二者的变异系数 CV 值较大，分别为 -400.0414 和 411.5959，变异系数可对变量内部的离散情况进行衡量，变异系数的大小与变量内部差异程度成正比。此外，利率水平、CPI 增加值、出口增长率、进口增长率、进出口差额等变量的数值特征均如表 5-4 所示，不再赘述。

2. 相关分析

下文用皮尔逊相关分析对解释变量及其之间的相关关系进行考察，如表 5-5 所示，对相关系数及显著水平进行展示，可得：汇率波动性指标与汇率相关性、利率、CPI 增加值、出口增长率以及进口增长率之间表现出了显著性的线性相关关系，其相关系数分别为 -0.155（$p < 0.01$）、0.346（$p < 0.01$）、0.227（$p < 0.01$）、-0.119（$p < 0.05$）和 -0.177（$p < 0.01$），其中利率和反映通货膨胀情况的物价增量与汇率波动指标显著正相关，而汇率相关性、进出口增长率等则与汇率波动指标有着显著的负向相关关系。从经济学现实意义上来说，汇率波动性指标和样本国与中国汇率相关性为负值，即表示样本国汇率与中国汇率相关性越大，则汇率波动性就越小，这在一定程度上说明了与人民币相关关系越紧密，该国的货币汇率越有稳定的趋势，进一步引申，可说明人民币国际化给国际货币体系的稳定性带来正向作用。此外，利率 I 和 CPI 增量 dCPI 与汇率波动性的相关关系大于零，一定程度上说明随着利率或通货膨胀增长率的上升，汇率波动性会随之增加。而随着出口增长率和进口增长率的上升，汇率波动率趋于稳定。

表 5-5 　　　　　　　　　　　　　**相关分析**

解释变量	1	2	3	4	5	6	7
1. VOL	1.000						
2. CORR	-0.155 ***	1.000					
3. I	0.346 ***	0.050	1.000				
4. dCPI	0.227 ***	-0.113 **	0.353 ***	1.000			
5. ExGR	-0.119 **	0.090 *	0.017	-0.056	1.000		
6. ImGR	-0.177 ***	0.121 ***	-0.027	-0.067	0.568 ***	1.000	
7. NX	0.064	-0.182 ***	0.095 **	0.066	0.018	0.002	1.000

注：*、** 以及 *** 分别代表相关系数在 10%、5% 以及 1% 的显著性水平下显著。

此外，解释变量间的相关关系分析如表 5－5 所示，解释变量间不存在严重共线性问题。

3. 面板单位根检验

在单位根检验方法上，本书根据面板数据的特征选择了 IPS、LLC 以及 Fisher ADF 等检验模型。在检验形式上，考虑到样本数据的长时间序列特征，并根据各变量的时间序列趋势图，本书采用带截距和趋势项的检验形式，各个面板单位根检验结果均在 1% 的显著性水平下拒绝了存在面板单位根的原假设，而表现出平稳特征，说明研究所要纳入模型中的变量均不存在单位根过程，为平稳变量。

4. 面板回归分析

本部分为面板回归分析，下文所描述的不同假设的验证，其模型的基本形式见式（5.1）。

$$VOL_{i,t} = \alpha + \gamma CORR_{i,t} + \sum_{k=1}^{K} \beta_k OtherVar_{k,i,t} + \sum YEAR_{i,t} + \sum Country_{i,t} + \varepsilon_{i,t}$$

$$(5.1)$$

其中，VOL 代表的是被解释变量汇率波动程度，$CORR$ 代表的是重要解释变量，$OtherVar$ 代表的是其他解释变量，$Country$ 代表的是国家（地区）截面效应，$YEAR$ 代表的是时间截面效应，两者可控制不同国家（地区）和时间截面上不可观测的异质性。当 $CORR$ 的系数 γ 显著为负的时候，说明与中国汇率的正相关性程度越高，本国（地区）汇率越稳定。此外，考虑到面板数据模型的估计分为随机效应和固定效应，为得到合适的模型设定，本书还利用 Hausman 检验考查了模型设定问题，比较了控制时间和国家（地区）因素的固定效应模型与随机效应模型何者更优。根据模型基本形式，本书分别对时间界面效应和国家（地区）界面效应进行控制，分别设计了 3 个模型，具体如表 5－6 所示。

表 5－6　　基于面板固定效应模型下汇率稳定性的影响因素分析

解释变量	模型（1）	模型（2）	模型（3）
$CORR$	－ 0.6799 *** （－ 3.6699）	－ 0.7510 *** （－ 4.2238）	－ 0.6689 *** （－ 4.3426）
$I\_$	0.0844 *** （4.0897）	0.1018 *** （2.9907）	0.0824 ** （2.1738）
$dCPI$	0.0490 （1.4370）	0.0405 （1.1181）	0.0065 （0.2419）

解释变量	模型（1）	模型（2）	模型（3）
ExGR	0.8786	1.9927*	1.8471
	(0.7051)	(1.8575)	(1.5823)
ImGR	−2.3479*	−2.9189**	−2.9010**
	(−1.8558)	(−2.7088)	(−2.5041)
NX	−0.0011	−0.0067	−0.0114
	(−0.2652)	(−0.7662)	(−0.8628)
Constant	2.1304***	2.0015***	2.4702**
	(15.6573)	(7.0264)	(2.6319)
时间效应	未控制	未控制	控制
国家效应	未控制	控制	控制
样本观测	464	464	464
调整后的 R^2	0.2072	0.2082	0.3451
豪斯曼检验卡方统计量	—	—	35.8788 ($p < 0.01$)
F 统计量	9.8021	7.2426	7.9500

注：括号内数值为系数估计值的自相关和异方差稳健型标准误，*、**以及***分别表示系数估计值在 10%、5% 和 1% 的水平下显著不等于 0。

表 5-6 列出了具体的面板固定效应估计结果，可以看出：在随机效应与固定效应的比较上，模型（3）的 Hausman 检验结果显示应当在 1% 的水平下拒绝随机效应优于固定效应的原假设，而接受固定效应估计量更优的备择假设，即采用固定效应估计量能够更好地拟合样本数据。从各模型调整后的拟合优度结果上，也能发现模型（3）的拟合优度达到最大值，为 0.3451。基于上述检验结果，本书认为模型（3）能够较好地拟合样本数据，作为最终的解释模型。

在同时控制国家（地区）和时间效应的模型（3）中，可以看出：样本国（地区）货币与我国人民币汇率的线性相关程度指数的系数估计值为 −0.6689（$p < 0.01$），即在 1% 的水平下，样本国（地区）货币与中国人民币汇率之间相关性的提升有利于降低样本国（地区）货币的汇率波动程度，即样本国（地区）货币与人民币的关系越紧密，汇率波动趋势越小，越趋向于稳定。此外，样本国（地区）货币汇率的波动程度还受到本国（地区）进口增长率的影响，其系数估计值为 −2.9010（$p < 0.05$），反映出随着本国（地区）进口增长速度的加快，其汇率更加趋于稳定。但值得注意的是，相较于前两种因素，本国（地区）利率的上升则在很大程度上加剧了本国（地区）汇率的波动性，其影响程度为

0.0824（p < 0.05）。

5. 稳健性检验

考虑到上述结论的稳健性问题，本书采用随机效应估计量对上述模型进行了进一步的估计。需要注意的是，在稳健性检验中本书还采用样本国（地区）货币与人民币汇率的秩相关指标代替线性相关指标进行稳健性考查，以验证上述结论的稳健性，表 5 - 7 给出了稳健性回归的具体结果。

表 5 - 7　　　　　　　　　稳健性检验结果

解释变量	模型（4）	模型（5）
CORR	- 0.7364 *** （ - 3.9384）	
CORR_s		- 0.6788 *** （ - 3.8925）
I_	0.0951 *** （2.8714）	0.0943 *** （2.8244）
Dcpi	0.0475 （1.5163）	0.0499 （1.6040）
ExGR	1.1899 （1.1334）	1.2698 （1.2041）
ImGR	- 2.4038 ** （ - 2.3456）	- 2.4872 ** （ - 2.4286）
NX	- 0.0033 （ - 0.5516）	- 0.0026 （ - 0.4519）
Constant	2.0193 *** （8.5361）	2.0252 *** （8.6165）
样本观测	464	464
调整后的 R^2	0.2060	0.1986
卡方统计量	46.7260	45.5018

注：括号内数值为系数估计值的自相关和异方差稳健型标准误，* 、** 以及 *** 分别表示系数估计值在 10% 、5% 和 1% 的水平下显著不等于 0。

由表 5 - 7 可以看出，采用随机效应估计的模型（4）中，样本国（地区）货币与人民币汇率之间的相关指标依旧表现出了对样本国（地区）货币汇率波动指标的显著性负向影响关系。此外，本国（地区）利率以及进口增长率等因素对样本国（地区）货币汇率波动指标的影响方向及显著性情况也和前文相同。在更换样本国（地区）货币与人民币汇率之间的相关性测度指标之后的模型（5）中，各变量系数估计值的符号和显著性程度也与前文基本一致，表现出了与模型（4）类似的结论。因此整体而言，笔者认为前文基于面板固定效应模型而做出的统计推断具备相当的稳健性。

6. 实证分析小结

经过上文的实证分析，我们可以得出结论：在对国家（地区）截面效应和时间截面效应同时进行控制的模型（3）中，样本国（地区）货币与我国人民币汇率的线性相关程度指数的系数估计值为负值，即样本国（地区）货币与人民币汇率之间相关性的提升有利于降低样本国（地区）货币的汇率波动程度，也就是说，样本国（地区）货币与人民币的关系越紧密，汇率波动趋势越小，越趋向于稳定。随着与人民币的联系加强及人民币国际化的推进与发展，人民币币值趋稳，样本国（地区）货币汇率波动随之减小，国际货币体系理论上可趋于稳定。即回答了前文的疑问，人民币国际化的发展对亚洲货币稳定体系的建设有着积极作用。因此，我们可以得出结论：亚洲货币稳定体系与人民币国际化的发展有着相互促进的作用，基于稳定的亚洲货币来推进人民币国际化，将能更好地发挥"海丝路"建设资金融通的重要支撑作用，并带来直接且深远的积极影响。

五、推进人民币国际化以增强亚洲货币体系稳定性

上文实证分析证明，人民币国际化对国际货币体系的稳定性具有积极作用。因此，在现实实践中，我们应当基于"一带一路"倡议的背景，通过人民币国际化的推进和发展，打造亚洲货币稳定体系。

（一）在贸易上增强人民币在亚洲各国和地区间的使用

随着我国在亚洲乃至世界经济发展中地位的攀升，中国已成为许多亚洲国家，同时也是很多"一带一路"沿线国家的第一贸易交易国。2017 年，我国与"一带一路"沿线各国的贸易额高达 7.4 万亿元，同比增长 17.8 个百分点。[①] 在日益增长的贸易中，若能增强人民币在亚洲各国和地区间的使用，则可以进一步加快我国人民币国际化的发展进程，同时也能使得沿线国家之间的贸易安全获得更大保障。具体可以通过以下几点措施来推进：

第一，扩大人民币与"一带一路"沿线国家的直接交易。应积极推进人民币

---

① 资料来源：《去年中国与"一带一路"沿线国贸易额达 7.4 万亿元》，中国新闻网，2018 年 1 月 25 日，http://news.ifeng.com/a/20180125/55463694_0.shtml。

与"一带一路"沿线国家货币的报价以及直接交易,扩大在与沿线国家贸易时人民币的使用范围,由此相应减少他国货币对双边贸易国在贸易往来中的负面影响。同时,丰富人民币在银行间外汇市场的衍生交易品种。

第二,进一步促进中国与"一带一路"沿线国家的货币互换合作。截至2017年5月,我国已与21个沿线国家签署了货币互换协议。签署双边货币互换协议对金融市场的运行而言,可以维护其稳定,并提供紧急的流动性支持;对贸易国双边贸易和直接投资而言,也可以起到促进作用。

第三,通过发展开发性金融推进中国和"一带一路"沿线国家的贸易和投资。商业性金融和政策性金融不同,对于"一带一路"倡议而言,开发性金融是其建设的重要资金来源,可促进投资和融资的合作,因此,应促进政府与市场的对接,整合相关资源,带动相关资金的投入,提升项目信用;还应为特定项目提供中长期信用支持,发挥其积极的引领和示范作用。

第四,促进外汇衍生品发展。由于受到资本管制的限制,众多"一带一路"沿线国家的金融市场发展尚未成熟,也缺乏广泛成熟的外汇衍生品市场以及有效的汇率风险管理工具。由此我们应从多角度来发展和完善外汇衍生品市场,开发汇率避险工具,降低在合作中面临的不确定性。

(二)深化金融合作以促进人民币国际化

通过深化我国与"一带一路"沿线国家的金融合作,从服务贸易和投融资两方面来促进人民币国际化的进程。

1. 以服务贸易促进人民币国际化

"海丝路"建设在增加中国与沿线国家或地区贸易量的同时也伴随着货币流动增加,在贸易过程中以人民币进行支付,则人民币会随着商品和服务贸易的流通流出境外,从而使得境外人民币储备量上升。反向地,人民币的境外储备可通过以人民币投资国内或是购买人民币债券等途径由境外回流至国内,通过这样的方式使人民币形成国际循环流动,随着商品和服务贸易以及金融交易的活跃,这种跨国循环流动速度也将不断加快,其间人民币计价结算及投资功能将得到提升,从而使人民币国际化程度得到逐步深化。

2. 以投融资服务促进人民币国际化

"海丝路"建设的推进,涉及基础设施、能源资源、制造业等众多沿线国家合作领域投资,这些投资将逐步实现以稳定的人民币作为主要结算货币,并且投资所产生的收入也将使用人民币进行计价,从而既能降低汇率风险,又能使得人民币在结算中的使用水平得到相当程度的提高。因此,应当扩大"海丝路"建设中人民币的直接投资,以投融资服务促进人民币国际化。在投融资服务过程中直接使用人民币来投资，将为技术和资本等生产要素的跨国流动带来很大的推动作用，从而增加人民币在中国与"海丝路"沿线各国或地区间的流通速率，客观上形成人民币良好的回流机制，引致人民币的庞大需求，发挥人民币的投资价值和储备价值功能，并产生投资乘数效应和不可替代效应，加速人民币国际化进程。

（三）积极推进人民币国际化进程，增强亚洲货币体系稳定性

人民币已具备发展为国际货币的基本条件，人民币国际化亦势在必行。然而，从亚洲各经济体的经济实力和发展潜力角度来看，能在国际货币体系中代表亚洲的货币尚未明朗。一方面，在亚洲货币中，目前作为世界储备货币较有竞争力的是日元，但日元目前尚未具备替代美元的潜力，日后能否作为储备货币的地位尚未可知；另一方面，2016 年 10 月 1 日，人民币也正式加入了特别提款权（special drawing right，SDR），虽然人民币国际化是大势所趋的发展方向，但当下国际货币体系的发展仍以美元为中心，短期内撼动其地位可能性较小。在这样的情况下，我们应当借助"一带一路"建设的机遇，积极推进人民币国际化的发展，可以丝路基金和亚投行的构建为依托，以人民币在大宗商品结算、打入基础设施融资体系、产业园区的贸易创新以及电子商务的计价等为切入点，一方面，借助"一带一路"建设需要庞大且长期稳定的资金投入的机遇，积极推动人民币在资本项目下对外输出，并在经常项目下通过跨境贸易形成回流，借助与日俱增的商品和服务方面进（出）口的需求，通过以资本输出带动产品输出的方式扩大人民币使用范围，推动人民币国际化；另一方面，在积极推动人民币国际化的基础上，让人民币主动加入国际货币的竞争，加快完善金融市场环境，提升人民币在亚洲各国的影响力，使得人民币在亚洲货币体系乃至国际货币体系中占据一席之地，发挥应有的作用。增强人民币国际化对亚洲货币体系的影响，不仅对解决目前国际储备货币的供给难题和维持偿付能力等有帮助，而且能对维持亚洲货币体系的稳定性起到重要作用。

第三节　建立和完善"海丝路"投融资体系

"海丝路"建设以来，沿线国家和地区的基础设施建设、文化交流、贸易与金融合作等取得了显著的成效。但也存在一些问题和风险，其中重要的问题就是投融资问题。由于沿线多为发展中国家，建设资金需求与供给缺口大的矛盾严重存在，因而，建立和完善投融资体系是目前亟待解决的一个重要问题。本节主要

通过分析"海丝路"投融资的情况，发现投融资存在的问题，并对建立和完善"海丝路"建设投融资体系进行探索。

一、"海丝路"投融资概况

关于"海丝路"投融资的状况，本节主要通过投融资供需关系和融资模式两个方面进行分析概括。

（一）"海丝路"投融资供需关系

1. 资金需求规模分析

"海丝路"沿线国家大部分为发展中国家，经济水平落后，交通、通信、网络等公共设施水平亟须提高，但限于本国经济水平，资金不足现象极为普遍，严重阻碍了基础设施的建设与提高。因此，"海丝路"资金的需求，目前和相当长一段时间内，主要是"海丝路"沿线国家对基础设施建设庞大的投资需求。

那么，"海丝路"基础设施建设投资需求多大？目前似无专门数据。为此，本书拟使用比例估算法尝试对"海丝路"沿线基础设施投资需求进行估算。① 根据比例估算法，我们首先根据货币基金组织对各国经济预测增长率测算国内生产总值（GDP），之后根据具体情况将国家进行分类计算各国基础建设投资占 GDP 比重，最后将"海丝路"基建资金需求加总。具体估算思路和方法如下：

首先，测算"海丝路"沿线国家未来五年 GDP 与增幅。本书使用国际货币基金组织 2017 年 10 月以及 2018 年 1 月发布的《世界经济展望》中关于各国经济发展的预测，测算出各国 2018 年至 2020 年的 GDP。在此基础上，根据《世界经济展望》，将"海丝路"沿线的 32 个国家分为亚洲新兴经济体和发展中国家②，中国与新加坡③，中东、北非、阿富汗和巴基斯坦④以及撒哈拉以南的非洲国家⑤四个组。通过对沿线各国 GDP 预测值的分析可知，"海丝路"沿线国家的经济总量有望从 2017 年的 208 403.0 亿美元增长至 277 115.6 亿美元（见

---

① 袁佳：《"一带一路"基础设施资金需求与投融资模式探究》，载于《国际贸易》2016 年第 5 期，第 52～56 页。

② 亚洲新兴经济体和发展中国家包括柬埔寨、印度尼西亚、老挝、马来西亚、缅甸、菲律宾、泰国、文莱、越南、印度、孟加拉国、斯里兰卡 12 个国家。

③ 由于中国的经济体量较大，新加坡是东南亚唯一的发达国家，因此将中国与新加坡独立为一组，以区别于亚洲新兴经济体和发展中国家。

④ 中东、北非、阿富汗和巴基斯坦包括阿富汗、巴基斯坦、马尔代夫、伊朗、伊拉克、科威特、阿曼、卡塔尔、沙特阿拉伯、阿联酋、巴林、也门、埃及、索马里、苏丹、吉布提等国家。

⑤ 撒哈拉以南的非洲国家包含：厄立特里亚、肯尼亚、坦桑尼亚、莫桑比克。

表 5 - 8 ）。

表 5 - 8 **"海丝路"沿线国家（地区）GDP 预测** 单位：亿美元

国家（地区）	2017 年	2018 年	2019 年	2020 年	2021 年	2022 年
亚洲新兴经济体和发展中国家	53 684.0	57 103.1	60 864.0	65 005.7	69 445.6	74 206.2
中国与新加坡	125 616.1	133 777.2	142 212.6	150 351.9	158 960.3	168 065.2
中东、北非、阿富汗和巴基斯坦	27 709.3	28 632.3	29 644.0	30 682.6	31 763.8	32 889.4
撒哈拉以南的非洲国家	1 393.6	1 476.8	1 583.1	1 697.7	1 821.3	1 954.8
总计	208 403.0	220 989.4	234 303.7	247 737.9	261 991.0	277 115.6

资料来源：2017 年 GDP 为世界银行现价美元，2018～2022 年数据由《世界经济展望》计算而得。

其次，预测未来五年沿线国家投资基础设施建设金额占 GDP 之比，计算每年所需融资的规模。世界银行在其相关报告中提出：一国基础设施投资占 GDP 的比重应高于 5%，亚太国家的基础设施建设投资平均已达到 GDP 的 7.2%，[1] 2017 年菲律宾基础设施建设投资约占 GDP 的 5.3%，菲律宾政府致力于 2020 年提高至 7.4%；[2] 中国和印度的基建投资比例已分别于 2005 年和 2007 年达到 7%，而部分其他亚洲国家基础设施投资比远低于 5%。根据上述情况，将"海丝路"沿线国家基础设施投资比重分为三种情况，即高、中、低三种方案的当年基础设施投资额分别占 GDP 的 9%、7%、5%。在上文 GDP 估计值的基础上与相应的比例相乘，则得出表 5 - 9 的"海丝路"沿线国家基础设施投资资金需求。

最后，将各个国家的投资需求加总即为"海丝路"沿线国家的基础设施建设总需求。将表 5 - 9 所列"海丝路"沿线国家基础设施投资资金需求加总后可知，2018～2022 年，"海丝路"沿线国家需要的基建投资总额按最低方案至少也需要 62 107.0 亿美元，年均投资约为 12 421.4 亿美元。这个估算结果，与国务院发展研究中心金融研究所副所长张丽平 2017 年所测算的 2016～2020 年"一带一路"沿线国家基础设施投资需求至少为 10.6 万亿美元，年均资金需求为 2.12 万

---

[1] 资料来源：《专访刘弘：在基础设施领域中国企业如何"走出去"?》，载于《第一财经》2014 年 12 月 22 日，https://www.yicai.com/news/4055038.html。

[2] 资料来源：《菲律宾推进基础设施建设》，人民网 - 人民日报，2017 年 5 月 31 日，http://world.people.com.cn/n1/2017/0531/c1002 - 29307805.html。

亿美元①基本符合，也与亚洲开发银行和亚洲开发银行研究院 2009 年联合发布的《亚洲基础设施建设》所提及的 2010～2020 年亚洲基础设施资金需求约为 8.28 万亿美元的结论基本一致。

表 5－9 "海丝路"沿线国家（地区）基础设施建设资金需求估计值

单位：亿美元

方案	国家（地区）	2018 年	2019 年	2020 年	2021 年	2022 年	总计
低方案 5%	亚洲新兴经济体和发展中国家	2 855.2	3 043.2	3 250.3	3 472.3	3 710.3	16 331.3
	中国与新加坡	6 688.9	7 110.6	7 517.6	7 948.0	8 403.3	37 668.4
	中东、北非、阿富汗和巴基斯坦	1 431.6	1 482.2	1 534.1	1 588.2	1 644.5	7 680.6
	撒哈拉以南的非洲国家	73.8	79.2	84.9	91.1	97.7	426.7
	总计	11 049.5	11 715.2	12 386.9	13 099.6	13 855.8	62 107.0
中方案 7%	亚洲新兴经济体和发展中国家	3 997.2	4 260.5	4 550.4	4 861.2	5 194.4	22 863.7
	中国与新加坡	9 364.4	9 954.9	10 524.6	11 127.2	11 764.6	52 735.7
	中东、北非、阿富汗和巴基斯坦	2 004.3	2 075.1	2 147.8	2 223.5	2 302.3	10 753.0
	撒哈拉以南的非洲国家	103.4	110.8	118.8	127.5	136.8	597.3
	总计	15 469.3	16 401.3	17 341.6	18 339.4	19 398.1	86 949.7
高方案 9%	亚洲新兴经济体和发展中国家	5 139.3	5 477.8	5 850.5	6 250.1	6 678.6	29 396.3
	中国与新加坡	12 039.9	12 799.1	13 531.7	14 306.4	15 125.9	67 803.0
	中东、北非、阿富汗和巴基斯坦	2 576.9	2 668.0	2 761.4	2 858.7	2 960.0	13 825.0
	撒哈拉以南的非洲国家	132.9	142.5	152.8	163.9	175.9	768.0
	总计	19 889.0	21 087.4	22 296.4	23 579.1	24 940.4	111 792.3

资料来源：课题组根据相关数据估算。

---

① 张丽平：《"一带一路"基础设施建设投融资需求及推进》，载于《中国经济时报》2017 年 4 月 18 日，第 5 版。

2. "海丝路" 建设资金目前供给渠道及情况

（1）沿线国家内部金融资源供给。"海丝路"沿线国家经济发展水平尽管参差不齐，但沿线国家在一定程度上都为金融资源的供给做出了贡献。一方面，政府会将国家财政收入的一部分用于基础设施建设与维护、公共服务领域以及基础性领域，这些投资在造福于本国的同时，也有益于"海丝路"的建设；另一方面，沿线各国个人、集体及企业等可将储蓄、信贷等通过直接性生产投资或者购买债券、股票等方式进入融资市场，形成本国金融资源有效供给。

截至 2016 年底，"海丝路"沿线国家的总储蓄（美元现价）为 7.455 万亿美元，[①] 共有 18 个国家的净国内信贷占 GDP 之比超过 50%，甚至有 8 个国家超过 100%，[②] 中国、卡塔尔、马来西亚、越南和新加坡的净国内信贷占 GDP 比重分别为 215.03%、147.05%、145.26%、140.06% 和 135.13%（见表 5-10）。除此之外，根据世界银行数据，"海丝路"沿线国家的股票交易总额已于 2016 年超过 20 万亿美元。综上所述，"海丝路"沿线仅有少数几个国家资金充足，有能力实现本国资金的自给自足，大部分国家的金融资源供给不足。

表 5-10　　　　"海丝路"沿线国家 2016 年金融资源状况

国家		GDP（亿美元）	外国直接投资净额（亿美元）	国内总储蓄（亿美元）	净国内信贷占 GDP 比重（%）
低收入国家	厄立特里亚	NA	NA	NA	NA
	坦桑尼亚	473.40	-13.65	101.81	20.14
	索马里	62.17	NA	NA	NA
	莫桑比克	110.15	-30.93	0.29	43.94
高收入国家	卡塔尔	1 524.52	71.28	779.03	147.05
	巴林	321.79	NA	122.03	NA
	新加坡	2 969.76	-377.08	1 521.12	135.13
	沙特阿拉伯	6 464.38	11.50	2 037.48	33.98
	科威特	1 108.76	61.10	319.29	94.47
	阿联酋	3 487.43	NA	959.14	110.15
	阿曼	662.93	-13.24	NA	70.10
	文莱	114.01	1.51	52.96	37.34

---

① 根据世界银行数据计算而得，7.455 万亿美元不包括数据缺失的文莱、厄立特里亚、吉布提、索马里、缅甸、阿曼、马尔代夫 7 个国家。

② 根据世界银行数据计算而得。

国家		GDP （亿美元）	外国直接投资净额 （亿美元）	国内总储蓄 （亿美元）	净国内信贷占 GDP 比重（％）
中低等 收入国 家	也门	273.18	NA	−55.40	NA
	印度	22 637.92	−394.11	6 546.36	75.38
	印度尼西亚	9 322.59	−159.43	3 269.20	43.07
	吉布提	NA	−1.60	NA	NA
	孟加拉国	2 214.15	−18.68	553.49	60.62
	巴基斯坦	2 789.13	−22.72	242.37	52.31
	斯里兰卡	813.22	−6.61	193.71	72.27
	柬埔寨	200.17	−21.66	36.67	58.83
	缅甸	632.25	−32.78	NA	39.30
	老挝	158.06	−9.97	34.17	NA
	肯尼亚	705.29	−2.36	59.39	42.78
	苏丹	955.84	−10.64	161.67	22.46
	菲律宾	3 049.05	−58.67	466.91	63.49
	越南	2 052.76	−116.00	598.17	140.06
	埃及	3 327.91	−79.00	190.09	119.65
中高等 收入 国家	伊拉克	1 714.89	1.58	215.02	NA
	伊朗	4 189.77	NA	1 562.55	77.65
	泰国	4 070.26	103.46	1 494.93	126.54
	马尔代夫	42.24	−4.48	NA	55.39
	马来西亚	2 965.36	−34.53	965.64	145.26
	中国	111 991.45	466.46	52 120.10	215.03

注：NA 表示数值缺失或没有找到相关记录。

资料来源：世界银行。

（2）国际金融资源可供给分析。国际金融资源是"一带一路"建设的有力支撑，主要通过亚投行、世界银行等区域或多边开发性金融机构以及丝路基金等形式提供融资。2017 年 5 月，中国财政部与 26 国财政部共同核准了《"一带一路"融资指导准则》，同时与亚投行、亚洲开发银行、金砖国家新开发银行、世界银行、欧洲投资银行、欧洲复兴开发银行共同签署加强"一带一路"合作备忘录。可见，对"海丝路"提供资金援助或贷款的多边金融合作机构主要为上述机构。

亚投行是"一带一路"倡议的重要金融支柱。亚投行是全球第一个由发展中国家倡议设立的多边金融机构，项目多位于亚洲以及亚洲周边发展中国家，在助力"海丝路"建设过程中功不可没。亚投行自成立以来，已在国际金融市场上树立良好的信誉，获得国际机构的 3A 评级，因此能在国际金融市场上获得更多低成本融资，吸引全球的资金弥补亚洲基础设施建设的资金缺口。自成立至 2017 年底，亚投行由 57 个成员国增加至 87 个，项目投资批准超 53 亿美元。① 2017 年，亚投行董事会通过了向埃及太阳能项目提供 2.1 亿美元贷款以及向中国北京天然气输送管网项目提供 2.5 亿美元贷款的融资决定，为"海丝路"沿线国家解决了大型民生项目融资难的问题。

世界银行的成员机构国际复兴开发银行（IBRD）和国际开发协会（IDA）是向"一带一路"建设提供资金的主要机构。2016 年通过向发展中国家的政府和由政府担保的公私机构提供优惠贷款的方式提供贷款高达 459 亿美元，分别向东亚和太平洋地区、欧洲和中亚、南亚等"一带一路"沿线地区提供 75 亿美元、72.7 亿美元、83.6 亿美元的贷款，其中对"海丝路"的投资占比超过 25%。②

亚洲开发银行总部设在菲律宾首都马尼拉，由联合国亚洲及太平洋经济社会委员会赞助成立，68 个成员国中有 48 个来自亚太地区，因此"海丝路"建设融资一定程度上可寄希望于亚洲开发银行。亚洲开发银行可与各国商业银行展开联合性担保融资合作，最大限度地提高增信，降低融资成本，融资性价比高。

金砖国家新开发银行于 2015 年在上海由中国、俄罗斯、巴西、印度、南非五国发起成立，除了来源国的资本金外，主要依靠发行绿色债券筹集资金用于金砖国家及其他发展中国家的基础设施建设，其中大部分服务对象为"一带一路"沿线国家。金砖国家新开发银行于 2016 年 7 月在上海发行第一笔绿色债券，成功筹集 30 亿元人民币，为中国、印度等国的能源项目提供融资。

综上所述，区域或多边开发性金融机构对"一带一路"建设，尤其是"海丝路"建设提供的融资方式越来越多样化，规模也越来越大，受资国涉及面更广，且多边开发性金融机构间的合作也越来越密切，集合国际上闲置的金融资源，撬动更多可用资本，共同支持"一带一路"建设。表 5 – 11 列出了多边开发性金融机构为"海丝路"沿线国家基础设施项目提供融资的典型案例。

---

① 王义桅：《打通"一带一路"建设金融血脉》，载于《光明日报》2018 年 9 月 26 日，第 10 版。

② 资料来源：《"一带一路"资金支持再盘点》，网易财经，2017 年 5 月 17 日，http://money.163.com/17/0517/10/CKKNKTP9002580S6.html。

表 5-11　多边开发性金融机构对"海丝路"建设融资典型案例

项目名称	贷款额度	资金来源机构
印度尼西亚国家贫民窟项目	5.32 亿美元	亚投行提供贷款 2.165 亿美元和世界银行 2.165 亿美元联合融资
巴基斯坦 M4 高速公路（绍尔果德至哈内瓦尔段）	2.34 亿美元	亚投行 1 亿美元、亚洲开发银行 1 亿美元和英国国际开发部 3 400 万美元
孟加拉国电力输送升级和扩容项目	1.65 亿美元	亚投行独自融资
巴基斯坦水电站扩建工程	3 亿美元	亚投行提供贷款并与世界银行联合融资
缅甸 225 兆瓦联合循环燃气轮机发电厂项目	0.2 亿美元	亚投行和其他多边开发银行、商业银行
阿曼杜库姆港商用码头终端建设项目	2.65 亿美元	亚投行独自融资

资料来源：课题组根据新华网、新华丝路网、搜狐网、中新社等新闻报道整理。

（3）中国是"海丝路"的主要投融资国家。中国自提出"一带一路"倡议以来，一直是"一带一路"的主要投融资国家。2018 年 3 月时任商务部部长钟山表示，2017 年中国对"一带一路"沿线国家在基础设施、农业、制造业等众多领域的累计对外直接投资达 600 亿美元以上。铁路、公路、港口等基础建设以及能源与资源型合作项目进展势头喜人，一部分海外项目已开始投入使用。此外，中国与"一带一路"沿线国家以设立境外经贸合作区的方式开展双边投融资与经贸合作，目前已建成 75 个，累计投资逾 270 亿美元。[①] 本书将中国对"海丝路"的投资主体分为政府和企业个体投资者两类。

一是政府投融资。中国政府是"一带一路"倡议的提出者和主要引领者，在"海丝路"投融资建设资金供给方面主要通过国家政策性银行提供项目资金支撑。政府以组织建立专项投资资金以及国家金融企业投资等方式支持"海丝路"投融资建设，主要包括：

第一，国家开发银行设立了基础设施专项贷款、产能合作专项贷款和金融合作专项贷款三个"一带一路"项目储备库，储备额分别为 1 000 亿元、1 000 亿元和 500 亿元人民币。2017 年 9 月，专项贷款项目首次落地埃及。

---

① 资料来源：《去年"一带一路"国家进出口额 1.1 万亿美元》，新华丝路，2018 年 3 月 12 日，http://silkroad. news. cn/2018/0312/87861. shtml。

据统计，国家开发银行于 2017 年底在"一带一路"沿线国家累计发放贷款超过 1 800 亿美元，贷款余额超过 1 100 亿美元，占其国际业务余额 30% 以上。[①]

第二，中国进出口银行分别设立"一带一路"专项贷款和"一带一路"基础设施专项贷款，额度分别高达 1 000 亿元和 300 亿元人民币。此外，中国进出口银行于 2014～2016 年向"一带一路"沿线国家发放相关项目贷款逾 4 500 亿元，签约金额达到 6 000 亿元，累计签约合同金额超过 3 600 亿美元。[②] 2018 年第一季度末，中国进出口银行为"一带一路"建设贡献的贷款资金余额逾 8 300 亿元。[③]

第三，中国出口信用保险公司（以下简称"中国信保"）作为我国唯一的政策性保险公司，为"海丝路"的建设提供了安全保障，对"海丝路"的资金融通发挥了导向和撬动作用。2013～2017 年，中国信保对"一带一路"沿线国家出口和投资超过 4 400 亿美元，累计项目超过 1 097 个，累计向企业和银行支付赔款 16.7 亿美元。[④] 此外，为了弥补"海丝路"建设的资金缺口，中国信保利用其全球化网络、专业化产品和多元化平台优势，为"海丝路"融资搭建桥梁，提供保单融资等多种金融产品及服务，为"海丝路"建设的资金供给做出了极大的贡献。

第四，专项投资基金也是中国政府助力"一带一路"建设的主要资金来源，目前主要包括中国—东盟投资资金、中非发展基金、中拉合作基金、丝路基金、中国—欧亚经济合作基金等，具体情况如表 5－12 所示。对于"海丝路"的建设来说，最具有针对性的是丝路基金与中国—欧亚经济合作基金。丝路基金于 2014 年 11 月成立，中国政府出资额度为 400 亿美元，主要的融资方式为股权融资，筹集到的资金主要用于"一带一路"沿线地区和国家的基础设施建设、产业与金融合作、资源开发等。丝路基金目前累计签约项目 20 余个，承诺投资金额超过 80 亿美元。2017 年 5 月，习近平主席在"一带一路"合作高峰论坛上宣布向丝路基金新增资金 1 000 亿元人民币，表明了大力建设"一带一路"的决心。

---

①③　温源：《资金融通让"一带一路"行稳致远》，载于《光明日报》2018 年 9 月 26 日，第 10 版。

②　资料来源：《"一带一路"资金支持再盘点》，网易财经，2017 年 5 月 17 日，http：//money.163.com/17/0517/10/CKKNKTP9002580S6.html。

④　资料来源：《王毅：中国信保支持"一带一路"资金超 4 400 亿美元》，凤凰财经，2017 年 5 月 8 日，http：//finance.ifeng.com/a/20170508/15361356_0.shtml。

表 5 – 12　　　　助力 "一带一路" 建设主要专项投资基金情况

基金名称	发起时间	发起机构	资金规模	详细介绍
中国—东盟投资资金	2010 年 4 月	中国进出口银行	100 亿美元	出资人包括中国进出口银行、中国投资有限公司、中国银行、国际金融公司、中国交通建设集团，基金主要投资于东盟地区的基础设施、能源和自然资源等领域
中非发展基金	2015 年 11 月	中国国家开发银行	50 亿美元	中非发展基金设立的目的是支持和鼓励中国企业对非投资，支持中非贸易，2015 年 12 月习近平主席在中非合作论坛约翰内斯堡峰会上宣布为中非发展基金增资 50 亿美元，基金总规模提升为 100 亿美元
中拉合作基金	2016 年 1 月	中国进出口银行和国家外汇管理局	100 亿美元	主要以债券、股权等方式促进中国与拉美各国间的合作，对拉美各国的基础设施建设、科技创新、信息技术、制造业、产能与能源合作等领域的支持力度更大
丝路基金	2014 年 12 月	中国政府	400 亿美元	融资方式主要以股权为主，对 "一带一路" 沿线国家与地区的基础设施建设、产业合作、资源开发合作与金融合作等项目设立中长期开发投资基金，丝路基金总规模为 400 亿美元，首期资本金 100 亿美元，其中外汇储备、中国投资有限责任公司、国家开发银行、中国银行分别出资 65 亿美元、15 亿美元、5 亿美元和 15 亿美元
中国—欧亚经济合作基金	2014 年 9 月	中国进出口银行和中国银行	50 亿美元	中国—欧亚经济合作基金是深入推进 "一带一路" 倡议的重要股权投资平台之一，基金以深化上海合作组织区域经济合作，推动丝绸之路经济带建设，提升中国与欧亚地区国家经济合作水平为己任，全力支持中国企业 "走出去"，促进区域内产业资本与金融资本的密切合作

资料来源：课题组根据相关资料整理。

第五，目前已有 11 家中资银行设立 71 家一级机构，[1] 尤其是中国银行、中国农业银行、中国工商银行、中国建设银行四大国有银行加大了对"一带一路"建设项目的支持力度，纷纷在沿线国家建立分支机构和代理行，提供了一揽子贷款和信贷资助"一带一路"项目的进行，具体情况如表 5 - 13 所示。

表 5 - 13　　中国四大国有银行助力"一带一路"建设项目一览

银行名称	海外机构建立情况	"一带一路"沿线机构建立情况	"一带一路"建设项目	授信额度（亿美元）	累计项目储备额（亿美元）
中国银行	644 家分支机构	已在 20 多个国家建立分支机构，500 家境外代理行	500 多项	1 000	4 600
中国工商银行	419 家境外分支机构，1 600 家境外代理银行	在 20 个国家设立近 130 家分支机构	393 项	674	3 372
中国建设银行	130 多家分支机构，1 491 家代理行	已在 9 个国家建立分支机构	180 多项	900	1 100
中国农业银行	17 家境外机构	7 家境外机构，600 家境外代理行	100 多项	650	不详

资料来源：课题组根据搜狐网、中国金融网、环球网、中国金融信息网等新闻报道整理。

二是企业个体投融资。2017 年 8 月，国务院发布了《关于进一步引导和规范境外投资方向的指导意见》，把企业对外投资项目分成三类：禁止开展、限制开展和鼓励开展，而对"一带一路"沿线和周边基础设施等境外投资则重点推进，鼓励境内企业积极参与"一带一路"建设和国际产能合作。中国企业在国家的带领下，积极拥护国家的政策，不断加大对"一带一路"沿线各国的投资。2018 年 1 月商务部发布数据显示，2017 年全年中国企业对"一带一路"沿线的 59 个国家新增投资与上年同期相比增加 3.5%，合计金额达 143.6 亿美元，占总额的 12%，[2] 投资目标国家主要包括印度尼西亚、新加坡、老挝、马来西亚、巴基斯坦、越南、柬埔寨和阿联酋等"海丝路"沿线国家。此外，2017 年中国企业与"一带一路"沿线国家新签署对外承包合同金额同比增长 14.5%，达 1 443.20 亿美元，占同期总额的 54.4%。除此之外，海外并购也是中国企业对外投融资的一种重要方式，中国驻哈萨克斯坦经济商务参赞处报道表明，截至

---

① 温源：《资金融通让"一带一路"行稳致远》，载于《光明日报》2018 年 9 月 26 日，第 10 版。

② 资料来源：商务部网站。

2017 年底，中国境内企业对"一带一路"沿线成功通过的各类型并购高达 62
起，并购投资金额高达 88 亿美元，同比增长率为 32.5%，其中涉及金额最大的
项目为阿联酋阿布扎比石油公司 12% 股权的收购项目，收购方为中国华信投资
与中石油集团，金额高达 28 亿美元。① 中国企业对"海丝路"沿线国家直接投资
流量一直以来稳步增长，尤其是 2015 年《愿景与行动》提出后，实现了 192.50 亿
美元的增长额，是自 2003 年以来增量最多的一年，具体如图 5 – 18 所示。

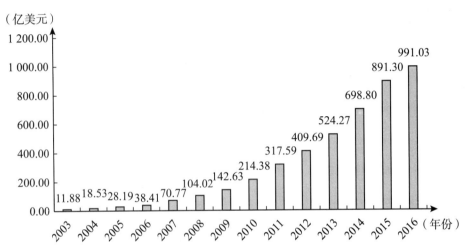

图 5 – 18　2003 ~ 2016 年中国对"海丝路"沿线国家对外直接投资存量总额
资料来源：商务部网站及 Wind 数据库。

根据以上估算分析，"海丝路"投融资目前资金状况是金融机构与中国政府、
社会的投融资供给大概为 5 000 亿美元；而 2018 ~ 2022 年沿线仅基础设施建设这
一大项的资金最低需求就达 6.21 万亿美元，目前资金供给仅能满足需求的 1/10，
若加上产能合作、双边贸易以及人文科技交流等实现"海丝路"五通的资金需
求，资金缺口将更大。这是"海丝路"投融资最大的问题。

（二）"海丝路"投融资模式

目前，"海丝路"主要通过贷款、股权投资、债券、基金、赠款、银团贷款
或境外保险等方式进行融资，各种融资模式的主要介绍及典型案例如表 5 – 14 所
示。在融资模式的比较选择上，世界银行、亚投行、亚洲开发银行以及国内的政
策性银行的优惠力度大，融资期限相对更长，利率更低，还有一些专门针对"一

---

① 资料来源：中国驻哈萨克斯坦经济商务参赞处，http：//kz. mofcom. gov. cn/article/jmxw/201803/
2018 0302717955. shtml。

推进21世纪海上丝绸之路建设研究

带一路"项目的优惠款项。此外，在上述基本融资模式的基础上，为了适应市场的需要，开始陆续尝试进行组合创新，出现了联合融资担保、夹层融资、过桥性质融资、高级别债券、公私合营模式（PPP）、各国主权基金和伊斯兰债券等多元化投融资模式，但这种多元化投融资模式的发展进程慢，还处于最初的阶段，距离真正推广和在"海丝路"投融资中发挥作用还有一段距离。

表 5 – 14　　　　　现阶段"海丝路"基本融资模式一览

融资方式	使用该模式的机构名称	融资模式简介	典型案例
信贷	国家开发银行、中国进出口银行、世界银行、亚洲开发银行、亚洲基础设施投资银行、中国银行、中国农业银行、中国工商银行、中国建设银行、丝路基金	信贷是主要的融资模式，各机构提供的利率、期限不一，又可分为商业贷款、开放性贷款、政策性优惠贷款等，并且一般通过能源与资源的抵押贷款以及担保机构或政府担保贷款	中国进出口银行为肯尼亚加里萨 50 兆瓦光伏发电站项目提供优惠贷款 8.6 亿元
股权投资	丝路基金、世界银行	通过购买项目或投资企业一定比例的股份为其建设和维护期提供一定量的资金，适用于资本金投入巨大的项目，通常需要多个投资者担当出资人	丝路基金对巴基斯坦卡洛特水电站项目主要投资方式为股权投资
债券发行	金砖国家新开发银行、亚洲基础设施投资银行、中国银行、中国农业银行、中国工商银行、中国建设银行、丝路基金	通过发行海内外债券募集资金，满足海丝路沿线的资金需求，具有风险低、成本低、期限长、筹集资金量大的特点	金砖国家新开发银行发行绿色债券，中国银行发行"一带一路"债券和首只境外主权机构熊猫债券
基金/中外合作基金	国家开发银行、中国进出口银行	通过设立多/双边合作基金的方式参与国际投资	国家开发银行设立中国—阿联酋共同投资资金与中非发展基金
国际银团贷款	中国银行、中国农业银行、中国工商银行、中国建设银行	由一家或数家银行牵头，共同采用同一贷款协议，向"海丝路"建设项目提供融资，筹款金额大，贷款期限长，并能分散贷款风险	由中国银行牵头的中国银团为同江中俄铁路项目贷款 13.21 亿元

续表

融资方式	使用该模式的机构名称	融资模式简介	典型案例
赠款	世界银行、亚洲开发银行	主要向贫困国家或地区的项目提供无息贷款和赠款，向沿线贫困国家在医疗卫生、公共管理和交通等领域提供融资	亚洲开发银行在宁夏六盘山地区公路改造项目中，为妇女养护队提供赠款，负责项目所有支线的日常维护
境外保险	中国银行、中国出口信用保险公司	为海外投资提供出口信用保险，是海外投资的"定心丸"	中国出口信用保险公司承保孟加拉国 330 兆瓦 Shahbazar 发电厂项目 95% 的政治和商业风险

资料来源：课题组根据搜狐网、新华丝路网、晨哨网等新闻报道整理而得。

通过对"海丝路"投融资现状的分析可知：目前，"海丝路"投融资供需关系严重失衡，投融资资金缺口大，资金来源渠道窄，投融资的成本与风险均较高。因此，应当紧紧围绕投融资主体多元化、投资成本分担合理化、投资收益最大化和投融资风险最小化四大目标，抓紧建立和完善"海丝路"投融资体系，以确保投融资的健康与稳定发展，为"海丝路"建设提供坚强的后盾。

二、"海丝路"投融资存在的问题

在中国政府及社会的推动下，"海丝路"建设取得了喜人的成绩，获得了沿线国家的认可，得到了国际各方的赞赏与资金支持，但投融资目前还存在一系列亟待解决的困难和问题。

(一)"海丝路"建设资金缺口大，对外投资主体缺位

《愿景与行动》提出了建设"海丝路"的整体目标，而这些目标的实现都需要资金带动与运作，前期资本投入很大。正如上文所预测的，2018～2022 年，"海丝路"建设仅基础设施建设的资金量最低就达 6.21 万亿美元，而亚洲开发银行前顾问肖光锐甚至预测，2030 年仅亚太地区基础设施建设的资金缺口就高达 26 万亿美元。尽管目前有亚投行、亚洲开发银行、金砖国家新开发银行、丝路基金、中国—东盟投资基金等多边金融合作机构、基金以及中国政府、社会个体为"海丝路"建设提供融资，但是这些机构的注册资本金以及增资全部加总，约为

5 000 多亿美元。按照银行的乘数效应，放大 10 倍，资金量将达到 5 万亿美元。即使这部分资金全部用于"海丝路"建设，仅基础设施建设仍存在 1 万亿美元以上的资金缺口，远远不能满足"海丝路"沿线国家基础设施建设以及其他产业合作投资所需要的融资量。另外，目前"海丝路"建设的投融资特征是以政府资本为主，但政府的资金是有限的，要保证"海丝路"建设的持续推进，投资主体应该为社会个体与企业。由于私人部门的投融资渠道畅通性差，未能充分调动企业资本与社会储蓄参与建设"海丝路"的积极性，因此投资主体的缺位导致一些建设项目因政府资金有限而被迫搁浅。所以，资金缺口大，投资主体缺位是"海丝路"建设亟待解决的难题之一。

（二）沿线国家发展程度差异大，合作程度低

"海丝路"沿线国家经济发展水平各异，既有高收入国家，也有众多中低等收入、低收入国家，中低等收入及低收入国家占比超过 50%，因此沿线国家发展程度的差异会引发一系列的投资风险，在建设"海丝路"的前期阶段易陷入国家间的磨合"瓶颈"期。首先，由于沿线国家文化、市场化程度以及投融资法律法规差异的存在，相当部分国家相关法律不健全、非市场化运作的观念严重以及相应的配套政策缺失成为"海丝路"建设项目的制度障碍。其次，由于沿线国家对"一带一路"倡议的态度不完全一致，一部分国家的认同感不高，目光具有一定的局限性，只考虑现阶段的收益，却不愿意共同承担风险。最后，投资国政府与沿线国家沟通与交流不到位情况时有发生，政府在促进"海丝路"投融资建设的过程中没有最大程度发挥支持和引导作用，因此磨合期的投融资水平亟待政府作用的发挥。总体来说，现阶段由于各国发展程度差异、理念观念上的偏差，以及"一带一路"建设前期阶段的收益局限性，使得对"海丝路"沿线各国的投资不确定性更大；投融资涉及多个利益主体，因此协调各个利益主体的诉求难度系数增大，这就使得我们与"海丝路"部分国家处于磨合的"瓶颈"期。

（三）模式单一使投融资缺乏可持续的盈利模式

一方面，沿线项目融资成本尤其是主要资金来源方——中国金融市场的融资成本偏高。中国资本账户的管制政策使得国际资本融资的难度加大，并且中国国内银行美元信贷利率普遍比外资高 1.5% ~ 2%，甚至政策性贷款利率也高于国外主要国家的利率水平。尽管可以申请"一带一路"建设优惠贷款，但是贷款严格限制了资金的使用方向、利率和期限等。优惠贷款的使用范围缩小，可获得性降低，融资成本平均水平偏高将导致营利性水平走低。另一方面，融资的模式比较

单一。尽管多元化融资模式发展较快，各种创新性融资方式不断兴起，但现阶段"海丝路"沿线项目融资的主要方式仍以贷款、股权投资、发行债券、基金、赠款为主，创新型以及多元化融资模式还需要进行不断完善、推广及应用。此外，"海丝路"建设的重点以及难点为沿线国家的基础设施建设，而基础设施建设属于公共品范畴，投资期限长，投资回报率低，回收周期长，投资成本高。总而言之，"海丝路"沿线的项目大部分属于基础设施建设，投资金额大，投资周期长，投资收益的不确定性高，而融资成本偏高又进一步影响了项目的营利能力以及对预期收益的评估，使得"海丝路"建设难以形成可持续的营利模式，影响建设的动力和热情。

（四）风险防控系统不成熟，缺少保险市场投融资主体

"海丝路"沿线各国投融资活动的过程中，往往涉及两个甚至多个国家，而投融资风险防范和控制却存在主体缺位的现象。首先，"海丝路"沿线各国投融资风险管理系统不完善，绝大部分国家的金融市场处于初级阶段，银行业的不良贷款率居高不下，存在较大的信贷风险；有些较落后的国家融资风险管理的法律法规缺失，尤其是针对跨国投融资的管理制度更是未成熟，因此"海丝路"国家的境外融资难，投资风险高。其次，由于历史、宗教以及国家政治体制的差异以及现阶段大国博弈、地缘政治冲突短期内难以平复，社会动荡现象时有发生，投融资的信贷风险、政治风险与政府违约风险显著增加。再次，为了降低融资风险，融资都要求有相应价值的抵押担保物，但中国国内众多金融机构对于海外资产的抵押担保限制诸多，并设置了国家主权担保的硬性条件，导致"外保外贷"和"外保内贷"等服务缺乏，中国海外投融资担保缺乏相应的国际合作基础，投融资主体获得担保的门槛高，风险无法分散。最后，现阶段参与"海丝路"建设投融资的主体集中布局于银行体系，因而海外投融资项目可投保的险种少，金融机构未能与保险机构进行充分的合作以分散风险，作为投融资重要手段以及推动力量的保险市场没能发挥应有的作用。

三、推进和完善"海丝路"多元化投融资体系建设

实现"海丝路"资金融通，一个重要的问题是要推进和完善投融资体系建设。要秉持"共商、共建、共享"的理念，在第二届"一带一路"国际合作高峰论坛提出的"企业为主体、市场化运作、互利共赢"的原则下，针对"海丝路"建设过程中存在的投融资困难和问题，拓展和整合多元化投融资渠道，搭建投融资平台并创新服务手段以促进参与者多元化，建立多元化风险分散机制以防

范国际化投融资风险，构建开放、市场导向的投融资体系，从而进一步推进和完善多元化投融资体系建设。

（一） 加强双边和多边金融合作

"海丝路"沿线国家经济发展水平差异大，约有20个沿线国家的外国直接投资净额为负数，因此"海丝路"沿线大部分国家不同程度上获得他国的投资，而由于地理位置的优越性以及金融资源流动的便利性，"海丝路"沿线各国具有较大的金融合作潜力。"海丝路"沿线各国总储蓄金额差距较大，中国国内总储蓄高达5.21万亿美元，占"海丝路"沿线国家总储蓄额的69.91%，也门是沿线各国中国内总储蓄最低的国家，为−55.4亿美元。净国内信贷占GDP比重最高的中国（215.03%）是坦桑尼亚（20.14%）的10倍多，表明国家间金融资源差异悬殊一些沿线国家存在较严重的投资不足等问题。[①]

鉴于此，"海丝路"沿线各国间应以"海丝路"建设为契机，通过加强各国金融资源的整合与互通，拓宽投资空间，实现投融资效率的提高，以达到金融资源的最优配置。例如，对于"海丝路"建设的重大项目，尤其是与本国相关的跨国别项目，应推动和吸引当地国与项目相关国实现互相投资，以此拓宽资金来源渠道与分担风险。

由于一国财力资源有限，大多数国家没有足够的财政资源长期扶持投资规模大、回收时间长的基础设施建设项目。因此，除了双边的金融合作，还应充分借助其他多边金融机构的力量，形成多方参与、相互补充的发展态势，同时与国际金融公司、欧洲复兴开发银行、非洲开发银行、亚洲发展银行、泛美开发银行以及欧洲投资基金等多家机构开展联合融资。

（二） 创新多元融资模式

目前"海丝路"项目的融资主要靠银行贷款，融资模式单一，缺乏长期股权资金投入，项目融资较少，债券融资发展缓慢。因此，进一步推进和完善"海丝路"投融资体系，需要以创新金融服务的方式最大限度整合多渠道的金融资源，实现多渠道资金汇集。要拓展和整合多元化投融资渠道，把国内资金和国际资金、主导国资金和东道国资金、政府资金和社会资金、外币资金和本币资金、融资渠道和资金管理机制结合起来。一方面，可以壮大资金规模，提高资金使用效率；另一方面，可以增强对资金的掌控能力，引导资金对"海丝路"建设的投入效果。

[①] 根据世界银行数据计算而得。

首先，引入 PPP 发展模式，带动私人资本投入"海丝路"建设，有效弥补项目建设中的资金缺口问题。在引入私人资本的同时，也引入私营部门的监督管理机制，改善项目建设质量和提高项目建设效率。同时引入建设—运营—移交（BOT）模式，以此来提高经济效率和时间效率，提高公共部门和私营机构的财务稳健性。还应适当的改进和使用移交—经营—移交（TOT）、资源—补偿—项目（RCP）等新兴的多元融资模式，根据政府与社会资本方的具体情况选择设定投融资模式，提高可行性与经济效益。

其次，推进股权融资市场和本币债券市场，形成组合金融工具。加快股票市场国际板块的推出，[①] 增设"海丝路"投融资平台，便于吸纳世界各国的投资者。可依托上海、深圳证券交易所与新三板市场，通过循序渐进或点线面的方式设立国际板块，增设"海丝路"投融资平台。在此基础上，通过相应机制吸引"海丝路"沿线国家的重点企业在国际板挂牌上市，并以人民币计价，境内境外投资者都可以参与该市场。此外，国际板发展至一定程度时，可以在一定程度上允许该市场同时发行与交易境外上市企业的证券或证券产品，进一步拓展投融资平台，实现"海丝路"沿线国家社会资金的集聚与参与者的国际化、多元化。

（三）坚持市场导向，创新盈利模式

为了保障贸易投资的商业可持续性，要坚持建立市场导向的投融资体系，保持企业的主体地位。资金支持中逐步减少政府的减让式资金，以此来撬动私人部门资金顺应建设市场化运作的需求。

一方面，注重降低投融资成本。一是有必要促进各方金融资源整合，提升金融服务能力，通过各国金融机构的互设，实现支付结算、代理、账户管理等服务的规范化与产业化，降低资金结算与清算成本。二是以金融科技的发展为基础，推动沿线各国以互联网支付、手机银行为核心的普惠金融和各类金融衍生产品市场的发展，促进资产证券化，提高二级市场的流动性，进而减少资金的占用，提高资本回报率。三是加强金融市场的联动，撬动更多国际资金，逐渐减少设施联通建设对传统银行贷款的过度依赖，帮助沿线国家形成层次合理、功能互补的金融市场和丰富的产品体系，形成投融资资源的大量累积以增加供给，降低成本。

另一方面，在"海丝路"建设尤其是基础设施建设投融资中，除了要充分运用市政债券、政府信贷计划等传统模式外，更重要的是要不断创新营利模式，如由东道国政府授予项目建设方特许经营权；利用消费税、财产税等东道国政府税收建立偿债基金确保盈利的稳定性和可持续性；政府与项目企业共同对项目周边

---

① 张红力：《金融引领与"一带一路"》，载于《金融论坛》2015 年第 4 期，第 8~14 页。

用地进行连片开发以补偿基础设施建设成本等模式，通过营利模式的创新确保项目盈利的稳定性和可持续性。

（四）加强投融资项目规划，改革投融资项目管理模式

"海丝路"建设所需资金总量大，目前资金还存在巨大缺口，在此背景下，应该加强投融资的项目规划，使之与"海丝路"整体目标和中国的发展规划相匹配。中国社会科学院财经战略研究院院长何德旭指出，应该"确定沿线国家投资优先次序，明确沿线具有支点作用的重要国家、具有重要地缘意义的重大基础设施项目，加大对其资源投入力度，争取在关键地点、核心领域取得早期收获，并产生示范效应吸引更多资金投入，形成'海丝路'建设投融资良性循环局面，最终实现中国的战略目标。"①

首先，根据"海丝路"建设不同阶段的侧重点，按照行业性质及政策性质划分项目，可划分为重大、重点、一般与次要等项目。例如现阶段可将基建、能源、新兴产业等作为重大项目，机械、通信等行业作为重点项目，正确划分各项目重要程度，把项目等级作为筛选投融资对象的重要考虑因素。其次，对"海丝路"企业可进行分层管理。在参与"海丝路"建设的企业中，以企业的资金实力、社会形象以及参与"海丝路"建设的活跃度等为重要依据，将企业库中的企业分为九个等级。等级越高，投资"海丝路"项目的可能性越高，或者获得"海丝路"特设资金优惠及补助的概率越高。在结合上述两个分级的基础上，综合等级越高，投融资的项目越大、对"海丝路"建设的贡献将会更大，在投融资上可给予重大的支持和帮助，从而最大程度匹配"海丝路"建设的投融资需求。

现阶段的投融资项目多为国家开发银行、五个大型国有银行或者省级层面分散型，项目重复入库的现象时有发生。项目管理所采取的国别限额和国别集中度管理模式常导致各自为战、互相抢业务或以邻为壑的现象。因此，为了加大信息对称程度，更合理有效地对接资金供应方和需求方，实现高速的资金运营效率与利用率，中国应在原有项目库的基础上，充分整合国内项目，并联合"海丝路"沿线国家，组建项目库与企业库，引导"海丝路"投融资走向。建议政府协调统一集中管理国别限额和集中度。所有中资金融机构统一使用一个总限额，分配给每个机构一个合理的子限额，每年或每两年调整一次。② 从而防止某些国家利用恶性竞争而坐收"渔翁之利"。

---

① 孙榕：《如何构建"一带一路"多元化投融资体系——访中国社会科学院财经战略研究院院长何德旭》，载于《中国金融家》2019 年第 5 期，第 65～67 页。

② 肖刚：《加强软联通、共建软环境 建立"一带一路"投融资新体系》，载于《国际金融》2019年第 1 期，第 95～121 页。

与此同时，建议政府制定进入"海丝路"投融资的项目库与企业库的标准。现阶段"海丝路"建设涉及的项目与企业众多，一部分企业为了获得国家或相关机构的支持，谎报"一带一路"项目，因此，国家应在原有分散的项目库的基础上，制定具体的入库标准。可以采用先有投融资事实发生，才可进入项目库的规定，避免有些企业为了盲目入库而虚设未来的投资规模与投资项目，但入库后却没有实际投融资行为等情况发生。

（五）完善投融资担保与纠纷解决机制

进一步推进和完善"海丝路"投融资体系，还需要建立多元化的风险分散机制，以避免发生系统性风险，从而保障投融资体系的稳定与可持续性发展。由于目前"海丝路"项目的海外投融资担保硬性要求国家主权担保，因此中国应侧重构建发展"海丝路"沿线国家与信保机构之间的风险联合分摊机制，并尝试建立国际联合信用担保体系，与各国政府间就两国间的投融资担保问题达成国际合作。一是要签订、修订或重谈双边投资保护协定，加大投资保护的力度，完善海外投资框架。二是借鉴国外在这方面的先进制度与理念，鼓励设立私人投融资信保机构，丰富"海丝路"投融资体系担保产品，在一定程度上实现担保市场的自由化竞争，实现海外投融资担保的市场化；通过渐进式改革或是逐步试点的方式，尝试开放短期出口信用担保市场私人主体的设立，提高担保水平与力度。三是可以采取特殊项目特殊照顾的担保形式。"海丝路"建设的初期，较多的项目投资效益比较低，这些政策性较强的项目难以获得担保，因此，沿线各国可以共同制定相应的政府对这些项目提供特殊担保支持的规则，并与国际投资担保机构共同对特殊的项目进行特殊的担保，设立投融资体系的特殊担保系统。

中国政府应与"海丝路"沿线国家共同协商，签署投融资体系法律合作框架，保护投融资的主体。由于私人部门在投融资过程中发生争议时，处于相对弱势地位，因此，中国政府可以与东道国根据两国的具体情况，制定相应的法律法规，并在处理相关问题时实现两国法律机构的交流与协作。一方面，需要对现有的涉及投融资的法律进行梳理，增加关于海外投融资的条款，尤其是对涉及面广的社会资本各方的保护，例如对 PPP 项目进行保护，避免因法律法规不到位给私人部门带来损失。另一方面，在政府的支持和引导下，或在"海丝路"项目东道国成立专门的协会，或为"海丝路"项目争议开辟绿色通道，以确保在投融资风险出现时，投融资主体能够求助有门，通过法律途径实现自身的合理诉求。另外，两国政府应加强政策沟通与交流，在两国的人员中组合配备专业的法律执行队伍，提高有关机构的执行力，建设和完善投融资法律机制，共同为"海丝路"

投融资体系保驾护航。

（六） 加强投融资风险评估与预警

鉴于"海丝路"沿线国家经济发展水平不一，国家整体风险水平较高，应当加强对"海丝路"投融资项目的风险研究与评估，完善风险监测与预警的基础性工作。一是运用科学的投融资风险评估方法，及时解读政府政策、文件，做好所在国的政治、经济与法律等风险预警。二是要为企业提供法律、会计、审计等咨询服务平台，将风险预防与监控贯穿项目的整个实施过程，增强企业抵御风险的能力。三是注意选择与沿线各国合作合资的方式实施投融资项目，通过项目与项目所在国合作者形成利益风险与共关系，利用沿线国家保险机构为企业提供商业性和政策性风险保障，并依靠项目所在国合作者与政府的良好关系，及时实现风险信息的对称性，共同应对风险，最大限度地降低风险与损失。

第四节 "海丝路"信用体系建设

中国建设"海丝路"的倡议使沿线国家再次紧密连接起来，沿线各国的经济、政治、文化发展需要综合考虑世界政治经济形势的新变化。由于"海丝路"沿线国家众多，所以应通过国家风险参考评级、主权信用风险评级，阐明主要国家政治经济演变格局，了解某一国家的信用体系，为对外贸易和投资提供风险成本的参考。本节将引用中国出口信用保险公司的数据，具体分析"海丝路"沿线32个国家的国家风险参考评级、国家风险展望、主权信用风险评级和主权信用风险展望，以此来分析"海丝路"沿线国家的信用体系现状、存在问题以及解决对策。

信用体系是以相对完善的法律、法规体系为基础，以建立和完善信用信息共享机制为核心，以信用服务市场的培育和形成为动力，以信用服务行业主体竞争力的不断提高为支撑，以政府强有力的监管体系作保障的国家社会治理机制。它是一种社会机制，具体作用于一国的市场规范，旨在建立一个适合信用交易发展的市场环境，保证一国的市场经济向信用经济方向转变，即从以原始支付手段为主的市场交易方式向以信用交易为主的市场交易方式的健康转变。这种机制会建立一种新的市场规则，使社会资本得以形成，保证一国的市场经济走向成熟，扩大一国的市场规模。信用体系一般包括公共信用体系（政府信用体系）、企业信用体系和个人信用体系，三者共同作用，构成了完整的社会信用体系。① 根据研究需要，本部分重点分析"海丝路"沿线国家的政府信用体系，即国际惯例中所说的国家主权信用。

一、"海丝路"信用体系建设现状分析

（一）沿线国家风险分析

国家风险，是指在国际经济交易活动中所面临的，由于受特定国家层面或区域层面事件的直接或间接影响，导致债务人暂时或永久丧失履约能力，或丧失履约意愿，从而给国外债权人造成经济损失或其他相关损失的可能性。② 中国出口信用保险公司在借鉴和参考国际风险参考评级模型的基础上，运用定量和定向方法相结合的方式，以中国视角建立了各国国家风险参考评级体系。"国家风险参考评级"共划分为 9 级（见表 5 - 15），主要从四个方面，即政治风险、经济风险、商业环境风险和国家法律风险评价一个国家的国家风险水平。表 5 - 16 为国家风险展望说明，表 5 - 17 为"海丝路"沿线国家风险评级以及风险展望。

表 5 - 15　　　　　　　　　国家风险参考评级说明

级别	政治风险和经济风险	商业环境风险	国家法律风险
1	非常好	优异	非常低
2	很好	稳定高效	很低
3	良好	稳定，但有改进空间	较低
4	较好	稳定，但需要改进	中等偏低
5	中等	不太稳定	中等
6	稍有动荡	有待改善	中等偏高
7	不稳定	不太好	较高
8	非常不稳定	较差	显著
9	面临极高风险	差	很高

---

①②　中国出口信用保险公司：《国家风险分析报告 2016》，中国金融出版社 2016 年版。

推进21世纪海上丝绸之路建设研究

表 5 - 16   国家风险展望说明

评价	含义
正面	未来一年内一国国家风险水平可能相对下降
稳定	未来一年内国家风险水平可能保持稳定
负面	未来一年内国家风险水平可能相对上升

资料来源：中国出口信用保险公司，《国家风险分析报告 2016》，中国金融出版社 2016
年版。

表 5 - 17   "海丝路"沿线国家风险评级以及风险展望

序号	国家	国家风险评级	国家风险展望
1	索马里	9	无
2	柬埔寨	8	稳定
3	缅甸	8	稳定
4	也门	8	无
5	厄立特里亚	8	无
6	伊拉克	7	稳定
7	埃及	7	稳定
8	苏丹	7	稳定
9	孟加拉国	7	正面
10	莫桑比克	7	无
11	吉布提	7	无
12	巴基斯坦	6	稳定
13	马尔代夫	6	稳定
14	肯尼亚	6	正面
15	菲律宾	6	稳定
16	越南	6	正面
17	老挝	6	稳定
18	坦桑尼亚	6	稳定
19	伊朗	6	稳定
20	巴林	5	负面
21	斯里兰卡	5	负面
22	印度	5	稳定
23	印度尼西亚	5	稳定
24	泰国	5	稳定

续表

序号	国家	国家风险评级	国家风险展望
25	阿曼	4	稳定
26	沙特阿拉伯	4	稳定
27	科威特	4	稳定
28	马来西亚	4	稳定
29	文莱	3	稳定
30	卡塔尔	3	稳定
31	阿联酋	3	稳定
32	新加坡	1	稳定

资料来源：中国出口信用保险公司，《国家风险分析报告2016》，中国金融出版社2016年版。

结合表5-15至表5-17的数据可以看出，"海丝路"32个沿线国家中，索马里的风险最高，其次是柬埔寨和缅甸两个东盟成员国以及也门和厄立特里亚。主要是因为党派之间关系紧张、地区冲突等原因，这些地区冲突给本国和周边国家带来一些不利影响。经调查，柬埔寨经济持续增长较快，但结构缺乏多样性，对欧美服装出口过度依赖，同时房地产信贷又进行扩张，威胁到金融的稳定性。财政方面主要依赖外部援助和贷款来弥补财政赤字，经常账户逆差规模较大。不过，双边贸易快速增长。中国对柬埔寨直接投资仍然有很大的潜力。缅甸全国民主联盟赢得大选之后，首次上台执政，将面临诸多挑战。据世界银行2016年营商环境指数显示，柬埔寨的营商环境排名同比有所上升。缅甸新政府奉行独立、积极、不结盟的外交理念，坚持打破平衡政策，因此预计中缅的务实合作关系将继续保持。

伊拉克、埃及、苏丹、孟加拉国、莫桑比克、吉布提六国的国家风险评级为7，表明这六个国家的政治经济形势不稳定，商业环境不好，国家风险水平较高。其中，孟加拉国未来一年的国家风险水平预计降低，是因为2016年孟加拉国政局趋于稳定，执政党执政有力，基本能够掌控社会局势，并且整体经济发展势头较好，国际储备较充裕，外债偿付压力不大，未来有望保持6%的增长率。

巴基斯坦、马尔代夫、肯尼亚、菲律宾、越南、老挝、坦桑尼亚、伊朗8个国家的政治经济形势比较严峻，商业环境需要进行改善，并且，未来这些国家的国家风险基本稳定在高风险水平。所以，对这些国家进行投资，需要关注随之而来的风险成本。其中，肯尼亚和越南两国的国家风险未来可能会下降。原因是，肯尼亚2013年开始执政的新政府继续重视发展与中国等国的友好合作关系，保持政局稳定，所以，未来风险成本会下降。越南的国家风险下降的原因主要是，政局基本保持稳定，政策延续性有保障。经济呈现复苏趋势，通货膨胀问题得以解决，并且政府大力进行银行体系和国有企业改革，经济结构的稳定性得以增强。

巴林、斯里兰卡、印度、印度尼西亚、泰国的政治和经济形势中等，商业环境不太稳定，国家风险水平中等。

阿曼、沙特阿拉伯、科威特、马来西亚四个国家的国家风险中等偏低，拥有较好的政治和经济形势、稳定的商业环境，但仍需改进。这些国家风险偏低的原因是，战争与武装冲突风险较低，政治局势基本稳定。在国际关系方面，这些国家与各国关系稳步推进。总体而言，这些国家的投资环境比较稳定，增加了一定的投资便利性，税收体系和基础设施有待加强，行政效率较好，但仍有待改善。

文莱、卡塔尔、阿联酋三个国家的经济水平相对比较发达。旅游业是文莱的支柱产业。而卡塔尔、阿联酋同时拥有石油和旅游业作为其支柱产业。这三个国家的国家风险水平较低，拥有良好的政治和经济形势、稳定的商业环境，但尚有改进空间。政府制定了全面的发展战略，努力发展各种产业，具有经济增长的空间能力。

新加坡的国家风险评级非常低，这与该国政局稳定，法律环境和营商环境非常好，并且国家风险未来展望较为稳定相符。因此，在对该国进行投资经营时，企业所承担的风险成本非常低。

通过分析国家风险可知，对世界政治局势产生影响的关键因素在未来将会是地缘政治危机。在西亚、北非地区，国际社会对伊朗的制裁能否解除，对此地区态势有着重大影响。在亚太地区，个别国家可能继续围绕南海争端问题制造"话题"和矛盾。此外，恐怖主义和极端主义袭击对一国乃至全球政治经济和国际关系也会产生负面影响。

（二）沿线国家主权信用分析

在推进"海丝路"建设的过程中，尤其是海外投资过程中，作为主权借款人的东道国政府需要为大部分重大项目提供主权信用担保。根据 IMF 统计，2000 ~ 2010 年主权债务违约导致债权人的平均损失高达 70%。2016 年以来全球主权信用风险呈现上升趋势，引发各投资国的关注。在希腊债务危机持续不断时，IMF 也发出了警告——警惕主权信用风险。2016 年 4 月 20 日，IMF 在《全球金融稳定报告》中指出，政府借债正对世界金融体系构成越来越大的风险。表 5 - 18 至表 5 - 20 是以"海丝路"沿线国家为观察对象，通过中国出口信用保险公司编著的《国家风险分析报告》和《紫荆》杂志总结的国家主权信用风险评级。

表 5 – 18　　　　　　　　　　　主权信用风险评级说明

级别	含义
AAA	主权债务规模最低，主权债务可持续性最好，主权信用风险水平非常低
AA	主权债务规模很低，主权债务可持续性很好，主权信用风险水平很低
A	主权债务规模较低，主权债务可持续性较好，主权信用风险水平较低
BBB	主权债务规模中等偏低，主权债务可持续性偏好，主权信用风险水平中等偏低
BB	主权债务规模中等，主权债务可持续性一般，主权信用风险水平中等
B	主权债务规模中等偏高，主权债务可持续性偏差，主权信用风险水平中等偏高
CCC	主权债务规模较高，主权债务可持续性较差，主权信用风险水平较高
CC	主权债务规模很高，主权债务可持续性很差，主权信用风险水平显著
C	主权债务规模最高，主权债务可持续性最差，主权信用风险水平很高

表 5 – 19　　　　　　　　　　　主权信用风险展望

评价	含义
正面	未来一年内一国主权信用风险水平可能相对下降
稳定	未来一年内主权信用风险水平可能保持稳定
负面	未来一年内主权信用风险水平可能相对上升

表 5 – 20　　　　"海丝路"沿线国家风险评级以及风险展望

序号	国家	主权信用风险评级	主权信用风险展望
1	苏丹	C	正面
2	马尔代夫	CC	稳定
3	老挝	CCC	稳定
4	斯里兰卡	CCC	稳定
5	埃及	CCC	稳定
6	缅甸	B	正面
7	孟加拉国	B	正面
8	巴基斯坦	B	稳定
9	肯尼亚	B	稳定

序号	国家	主权信用风险评级	主权信用风险展望
10	坦桑尼亚	B	稳定
11	柬埔寨	B	稳定
12	伊拉克	BB	稳定
13	越南	BB	稳定
14	伊朗	BB	稳定
15	巴林	BB	负面
16	阿曼	BB	负面
17	菲律宾	BBB	正面
18	印度	BBB	正面
19	科威特	BBB	负面
20	印度尼西亚	BBB	稳定
21	文莱	BBB	稳定
22	泰国	BBB	稳定
23	阿联酋	A	负面
24	沙特阿拉伯	A	负面
25	马来西亚	A	稳定
26	卡塔尔	A	稳定
27	新加坡	A	稳定
28	吉布提	数据缺乏	数据缺乏
29	厄立特里亚	数据缺乏	数据缺乏
30	也门	数据缺乏	数据缺乏
31	索马里	数据缺乏	数据缺乏
32	莫桑比克	数据缺乏	数据缺乏

资料来源：中国出口信用保险公司，《国家风险分析报告2016》，中国金融出版社2016年版。

通过表5-18至表5-20的数据，我们发现，除了吉布提、厄立特里亚、也门、索马里、莫桑比克这5个风险较大的国家数据缺乏以外，其余"海丝路"沿线国家的主权信用风险评级有5个国家为A级别，有17个国家在B、BB、BBB三个级别，另有5个国家在C、CC、CCC级别。主权信用风险并非集中在某一个国家或几个国家，需极力避免发生新一轮全球性经济危机。

在"海丝路"建设过程中，预计未来主权信用风险水平下降的国家有：缅甸、孟加拉国、菲律宾、印度。这些国家的主权债务负担将会相对下降，偿债压力相对减轻，主权债务可持续性增强，未来发生主权债务风险事件的概率会下降。[①]

预计未来国家主权信用风险水平上升、评级下降的国家主要有：巴林、阿曼、阿联酋、沙特阿拉伯。这些国家主权信用风险变动的原因或是受大宗商品价格调整影响较大或是经济增长陷入困境，主权债务负担相对上升，偿债压力相对增加，未来发生主权信用风险事件的概率上升。全球金融业虽然已经开始复苏，但仍然十分脆弱，金融机构持有大量主权债券，一旦主权信用风险集中爆发，金融机构将面临巨大资产减记压力。市场参与者应该意识到各个国家财政状况变化的重要性并区别对待不同的政府发债者。[②]

二、"海丝路"沿线国家信用体系存在的问题

（一）沿线国家主权信用普遍较低

东道国政府主权信用对投资国的投资安全影响重大。近年来，全球主权信用风险呈上升趋势，并越发引起各投资国的关注，国家主权债务风险对金融合作的威胁越来越大。从表 5-20 可以看出，除了新加坡、卡塔尔、马来西亚、沙特阿拉伯、阿联酋 5 个国家主权信用水平较高外，其他国家的主权信用都不高，且有接近 1/5 的国家未来的主权信用也是负面向下的。因此，在推进"海丝路"建设的过程中，沿线国家的主权信用是一个非常值得重视的问题。

（二）沿线国家主权信用等级跨度较大

根据《国家风险分析报告》（中国出口信用保险公司 2015 年 8 月 22 日发布）显示，"海丝路"沿线涉及国家众多，基础设施建设等项目投资金额巨大，周期较长，部分国家存在国家主权信用下调的风险（见图 5-19）。一是中国至东南亚航线 10 国金融体系相对成熟，国家主权信用级别较高，除老挝获得较低的 CCC 评级外，其他国家均获得 B 级以上评级，新加坡和马来西亚还获得 A 评级。二是中国至南亚及波斯湾航线 13 国中，阿联酋、沙特阿拉伯及卡塔尔由于油气资源丰富，金融市场较为发达，获得 A 级评级；马尔代夫由于政局不稳、财政赤字严重，斯里兰卡由于经济落后，两国获 CC 评级；其他 8 国获得 B ~ BBB 评级。三是中国至红海湾及印度洋西岸航线 9 国主权信用风险评级普遍较低，仅肯尼亚

---

①②　中国出口信用保险公司：《国家风险分析报告 2016》，中国金融出版社 2016 年版。

和坦桑尼亚两国获得 B 级评级，其他 7 国均无数据或获 C 级及以下评级。可见，"海丝路"沿线国家的主权信用评级等级跨度较大，给推进"海丝路"建设带来重重障碍。

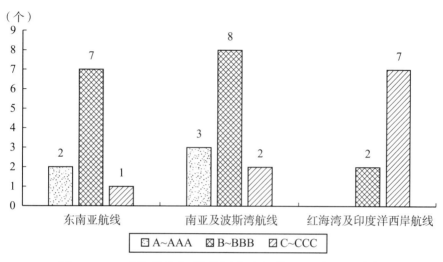

图 5−19　"海丝路"沿线国家主权信用风险评级分布

（三）沿线国家主权信用体系基础薄弱

"海丝路"沿线国家因受政治、经济、文化、习俗等因素影响而对国家主权信用的重视程度不一样。在沿线国家中，新加坡、马来西亚的国家主权信用体系较为完备，其他国家主权信用意识淡薄，主权信用体系基础薄弱且影响力有限，主要表现为三个方面：一是这些国家对国家主权信用的重要意义认识不足而没有主动有效的建设和维护本国的主权信用体系；二是这些国家因没有厚实的经济基础和多样化的经济结构、其经济也缺乏弹性和韧性且过度依赖国外市场，区域外经济波动容易对本国经济造成冲击，无法建立有效的主权信用；三是这些国家财政实力薄弱，有较高的财政赤字，经常账户逆差，有一定的财政风险，无法建立有效的国内主权信用。

（四）沿线国家主权信用受政治风险影响比较大

世界大国施加影响的核心区域主要是有重要地理位置、国家资源丰富的国家，而"海丝路"沿线国家大部分是新兴经济体，再加上自身内部政局不稳定，政治体制矛盾很多，宗教问题严重，这些政治因素都会影响到沿线国家主权信用，造成这些国家主权信用评级低，宏观经济滑坡，商业环境不景气，甚至引发法律风险。因此，沿线国家主权信用受政治风险影响比较大。

三、构建并完善"海丝路"信用体系

健全的金融信用体系可以有效防范投融资风险，完善金融信用体系建设是增强国家、企业和个人间信任与合作不可或缺的重要环节。"海丝路"建设过程中的资金融通在给各国发展带来机遇的同时也不可避免地带来各种风险与隐患，亟须建立一个沿线国家普遍认可的信用体系，规范市场秩序，防范金融信用风险，为"海丝路"建设保驾护航。因此，我国在积极推进完善国内信用体系建设的同时，应主动与"海丝路"沿线国家及地区的有关信用主管部门和组织进一步加强交流与合作，共同致力于"海丝路"金融信用体系建设，促进各国资金融通，为"海丝路"建设的长远稳定发展打下坚实的基础。

（一）完善国内信用体系，为"海丝路"信用体系建设奠定基础

1. 健全金融信用法治建设

党的十九大报告指出，加快推进信用立法、完善信用法律法规体系作为社会信用体系建设的基础工程，具有重大而深远的意义。[1] 现阶段我国已初步设立金融领域相关的法律法规，但是与西方发达国家相比，我国的金融信用立法已滞后于市场需求，完善金融信用法治建设十分迫切。首先，可以借鉴发达国家与地区已有的立法经验，如美国、欧盟各国等，立足于我国信用法治建设的现状与实际需求，充分考虑我国国情，制定出一套统筹金融信用的基本法律制度。当前我国部分省份（上海、河北、湖北和浙江）已在试行地方信用法规，在构建全国层面的信用法律时可吸纳地方经验，弥补地方立法的不足之处。其次，完善现行法律，随着金融改革的发展以及"海丝路"的深入推进，现有的法律规定已无法适应当下的市场需求，应加强对小微企业、互联网金融的平台行为、第三方支付、第三方存管等方面的立法，着重完善关于对外贸易和对外投资的相关法律法规，与时俱进，结合目前已出现的问题，将国际经贸规则的新变化吸纳入我国立法，完善现有法律规定的不足之处。最后，我国亟须加强对信息管理与信息安全以及守信激励和失信惩罚的立法建设，尽早设立隐私保护、信息安全和信用奖惩机制的相关法律。完善的金融信用法律体系可以促进我国金融与经济的发展，为与"海丝路"各国开展深入合作打下基础。

2. 营造良好社会环境

诚信是中华民族的传统美德，但当前存在着部分企业与个人信用意识淡薄的

---

[1] 廖永安、谭曼：《以信用立法推进社会信用体系建设》，载于《光明日报》2018年2月19日，第3版。

现象，金融欺诈、逃套骗汇、逃废银行债务、非法集资等金融失信行为不仅给社会造成了极大的损害，而且对对外合作产生了不良影响，需要政府积极引导、社会成员共同努力，营造一个良好的社会环境，为信用体系建设奠定基础。政府作为先行者和引导者，应积极弘扬诚信文化，进行信用宣传教育，开展多种形式的诚信文化教育。比如，出台诚信建设实施意见和工作方案；开展"6·14"信用记录关爱日、"诚信周""诚信兴商宣传月"等宣传活动；举办信用体系建设培训班与研讨班；组办相关知识竞赛；利用传统媒体与网络新兴媒体共同开展宣传教育。从思想的源头抓起，树立起"诚信为本"的良好信用观念，对政府工作人员严格要求，建设诚信政务；对企业开展信用法律法规教育学习，让其意识到良好的信用是企业的无形资产；对金融从业人员加强金融信用文化建设，建立健全评估系统与信用记录；对个人加强诚信教育，尤其是青年人，可设置相关专业、开设相关课程或提供线上学习，将诚信文化贯彻到学校教育中，营造一个良好的社会信用环境，不仅有利于资源配置，而且有助于在对外合作中建立双边互信关系、深化双方合作。

3. 完善金融信用体系构建

目前，我国金融信用体系建设仍处于起步阶段，需不断完善金融体系构建。加强金融信用基础设施建设，政府应主动发挥在建立征信机构和规范征信机构运行中的主导作用，可考虑设立专门负责金融信用监管的信用管理局，完善构建科学、完备的信息数据库所需的软、硬件设备条件，利用现有信用信息平台，打破"信息孤岛"，打造统一、操作性强的公开共享的信用信息发布与查询平台；银行应自觉承担维护金融信用的责任，完善自身风险控制管理系统，建立银行同业自律体系和联合制裁逃废债制度。[1] 要构建信用中介体系，设立多形式的征信系统以及担保系统，由政府牵头或市场自发形成科学合理的征信评价机构，完善金融信用服务体系，政府可积极发挥信用产品消费的引导作用，扶持信用中介机构的建立与成长，制定标准规范信用服务行业的发展；提供信用服务的企业应规范自身业务，利用大数据等先进技术并开发高质量的信用产品。要完善信用监管机制，政府负责统一领导与综合监管，致力于打通目前处于信息隔离状态的信用监管部门，建立起联合监管机制，设立专门供社会成员发挥监管职能的渠道和平台，实现社会监督和政府监管有机结合；企业应完善内部监管机制，注重信用风险管理，建立起部门间、员工间的互信监督机制；社会成员可以通过专用投诉渠道、信用监管平台或网络发挥自身的监督补充作用。一个发达完善的金融信用体系可以有效防范金融信用风险，是对外经济合作的强大后盾，可以为"海丝路"

---

① 游占芬：《我国金融信用体系建设的思考》，载于《前沿》2006 年第 2 期，第 30 ~ 31 页。

建设保驾护航。

4. 提升对外合作能力

资金融通是"海丝路"建设的血脉与重要支撑。在不断完善自身信用体系建设的同时，我国需要提高与他国开展信用管理合作的能力。一是要加强对外合作的意识，"海丝路"沿线国家金融发展水平不一，国家信用水平不一，仅靠我国的力量无法满足对外金融信用管理的需求，需要积极开展合作，吸纳各方力量参与信用体系建设。对于金融信用体系比较完善的国家，我国应抓住共建"海丝路"机遇积极与其开展合作，学习其经验；对于发展水平较为落后的国家，我国可在开展合作的过程中发挥优势，向其传授经验。二是可组建信用管理合作机构，专门处理信用合作相关事宜。目前我国金融机构正在逐步设立海外分支机构，海外金融信用监管机构尚未设立，2018 年 10 月 20 日成立了"一带一路"国际合作城市信用联盟，旨在搭建国际城市信用交流与合作平台，推进诚信体系建设，弘扬诚信文化，优化营商环境，助力"一带一路"沿线城市互联互通与投资贸易合作。① 可借鉴该联盟，加强与不同国家、不同机构间的合作，搭建信用信息共享交流平台和信用互认识别系统，设立专门的信用管理机构和信用服务机构。三是应学习国际经验并积极培育大量专业化、复合型人才。美国作为世界上信用体系建设最发达的国家，拥有业务遍布全球的信用服务机构，欧盟在跨境征信体系建设和风险控制方面也有丰富的经验，"海丝路"连接三大洲多个国家，中国可在构建"海丝路"信用体系时吸取其经验。人才对于国家的发展十分重要，目前我国国内的高水平金融信用风险监管人才仍处于紧缺状态，能用于对外金融合作信用管理的人才就更加稀缺。一方面，可先提升目前负责处理国外项目相关人员的能力素质，加强其信用风险识别和应对能力；另一方面，可在国内挑选一批优秀人才进行培育，或者在有条件的高校开设专门的学习班和专业，模式化培育专业人才。只有先提升自身的对外合作能力，才能更好地与"海丝路"沿线国家开展合作，为构建"海丝路"信用体系奠定基础。

（二）加强信用合作，建立合作机制，推动共建"海丝路"信用体系

1. 建立和完善"海丝路"信用合作机制

"海丝路"信用体系的构建需要沿线各国的共同合作与努力。因此，有必要在"海丝路"国家之间建立起金融信用合作机制，以机制化的合作促进各国在信

---

① 《"一带一路"国际合作城市信用联盟成立》，信用中国，2018 年 10 月 23 日，http：//www.cred-itchina.gov.cn/toutiaoxinwen/201810/t20181022_128762.html。

用领域的互动交流，深化各国在金融信用方面的务实合作，推动构建"海丝路"金融信用体系。

我国应主动与"海丝路"各国政府信用机构和社会组织建立起多层次的金融信用合作机制。政府应提供对应的合作框架和方向指引，建立信用监督等部门的合作协调机制，为"海丝路"金融信用交流合作搭建更多平台。此外，信用机制需要相应的法律机制进行支撑，而"海丝路"沿线国家法律基础相对还比较薄弱，需要各国政府进行主导，出台信用相关法律进行支持。同时，社会组织和相关金融机构也是金融信用体系建设的重要力量。"海丝路"金融信用体系的建设将会是一个长期的过程，需要社会组织和金融机构共同参与，组合"海丝路"国家各方信用力量，不断拓展和深化金融信用体系合作。总之，各国政府和社会组织以及信用服务机构应共同发力，逐步建立起多层次的"海丝路"金融信用体系合作交流机制。

"海丝路"金融信用体系要与各国情况相适应，能被沿线国家广泛接受和认可，这就需要各国一起来共商和共建。鉴于我国金融信用体系建设还处于起步阶段，"海丝路"大部分沿线国家主权信用体系基础也很薄弱，可以考虑由点、线到面逐步发展形成立体化全覆盖的"海丝路"金融信用建设体系和运行机制。具体来说，可以根据"海丝路"沿线国家具体情况先进行城市之间、国家之间的金融信用体系机制合作，比如中国和新加坡等信用体系相对成熟的国家可以先开展深入的交流与合作。在此基础上，积极引导其他各国信用机构参与进来，建立持续投入、有效运行、不断完善的金融信用体系发展机制。依托现有的国际合作机构，完善"海丝路"信用组织的机构建设，充分发挥中国—东盟博览会、中非合作论坛等地区间的对话机制和交流平台作用，建立健全"海丝路"信用合作机制。

在"海丝路"金融信用合作机制构建的过程中，要重视信用合作的典型示范，以成功有效的典型范例引领"海丝路"信用体系的创新发展。目前，我国正在积极推进"一带一路"国际合作城市信用联盟建设，以搭建信息共享、资源共享、成果共享的交流合作平台，建立联盟成员间信用信息共享机制，共建信用互信互认体系和信用识别系统。[1] 未来，我国要加快建设信用合作的典型规范，为推进金融信用合作提供借鉴，吸引"海丝路"沿线各国积极参与，不断完善"海丝路"信用合作机制，构建更全面的金融信用体系。

2. 开展跨境征信合作，共建"海丝路"信用征信体系

我国要和"海丝路"国家加强在金融信用领域的互联互通，广泛开展信用合

---

[1] 《"一带一路"国际合作城市信用联盟成立》，信用中国，2018 年 10 月 23 日，http：//www.creditchina.gov.cn/toutiaoxinwen/201810/t20181022_128762.html。

作，构建"海丝路"金融信用征信体系。征信作为信用行业的首要环节，是目前我国和"海丝路"国家比较务实的合作内容。各国应注重培育和发展征信、评级等金融信用服务机构，加强合作，促进各国之间的金融信用信息互通以及信用产品互认，构建"海丝路"金融信用信息通道。具体可从以下几个方面进行：

一要加强"海丝路"各国征信管理部门之间的交流与合作。各国征信管理部门要积极开展在培育征信市场、加强征信机构监管、保护信息主体权益和防范金融信用风险等方面的沟通交流，及时了解各国金融领域的征信立法情况，增进相互理解和认识，为建设"海丝路"金融信用体系奠定基础。由于"海丝路"沿线只有中国、新加坡、泰国和菲律宾等少部分国家建立了较完整的征信管理制度，其他大部分国家征信行业发展则比较落后，可以由征信制度较好的国家带头开展征信合作，在此基础上不断拓展合作范围。

二要推动"海丝路"各国征信机构和信用评级机构之间的交流与合作。我国要鼓励国内公信力较高的征信机构和评级机构与"海丝路"其他国家及地区的同类机构之间进行沟通与交流，积极开展在金融信用产品设计、金融信用领域服务以及信用信息安全保障等方面的合作。根据"海丝路"沿线国家的实际情况确定合作的范围和深度，推进"海丝路"国家金融信用信息的交流和沟通，分区域和分阶段建立并完善跨境征信合作机制，在推动信用行业较好的国家和地区深入开展信用合作的同时，倒逼落后国家国内信用体系的发展，加快"海丝路"金融信用体系的建设。

三要促进"海丝路"各国金融信用信息的跨境流动。各国要广泛开展合作，在保障信用主体权益的前提下进一步开放信用信息，加快建设"海丝路"国家金融信用数据库，加强沟通交流，促进"海丝路"国家金融信用信息共享。解决投融资过程中遇到的信用信息不完善和信用共享不充分等现实问题，满足跨国经贸投融资活动的信用服务需求，帮助投融资企业正确判断有关国家主体信用情况，防范金融信用风险，助推"海丝路"金融信用体系建设。

3. 制定和优化信用评级标准，建立"海丝路"信用评级机构

信用评级的标准和结果对"海丝路"各国金融合作企业具有至关重要的作用。信用评级是构建信用关系的媒介和桥梁，在一定程度上主导了信用资本的流向。目前，"海丝路"各国的信用评级机构还不具备跨国作业能力，普遍缺乏国际评级话语权，难以满足跨国投融资活动的金融信用服务需求。各国对信用评级标准存在很大差异，不便于"海丝路"各国投融资者使用信用服务。中国和"海丝路"国家要优化信用评级，共同建立起公信力足够强的国际评级机构，实现评级互认，推动建立"海丝路"沿线国家普遍认可的金融信用体系。

中国要和"海丝路"沿线国家共同制定新型的信用评级标准和信用制度体

系。统一的信用标准制度是"海丝路"信用体系建设的必要前提。我国要在不违背国际惯例和国际法的基础上与沿线各国共同协商信用建设原则，加强政府部门和征信机构的沟通与交流，建立新型的评级理论、评价指标和评级方法，制定适用于"海丝路"不同地区和行业的统一信用标准，规范"海丝路"金融信用体系。

同时，加强各国信用机构交流与合作，加快建设"海丝路"沿线各国认可和参与的信用评级机构和体系。"海丝路"不同国家具有不同的政治经济制度，急需与之相适应的全新信用评级体系，以满足大规模项目和融资的信用服务需求。可以借鉴穆迪、标普、惠誉三大国际信用评级公司的经验，建立"海丝路"信用研究评价中心，客观评价"海丝路"沿线国家的主权信用，建立起满足资金融通信用服务需求的"海丝路"信用评级体系。

4. 加强国家信用支持，培育良好法治环境

习近平主席在深入推进东北振兴座谈会上强调指出，要以优化营商环境为基础，全面深化改革，通过构建以信用为核心的社会治理新秩序，营造稳定、公平、透明、可预期的营商环境，让信用建设与经济发展产生共振，实现共赢。[①]中国要和"海丝路"国家加强信用法律制度方面的沟通交流，互相学习借鉴，共同提高和完善。加强国家信用支持，培育良好的法治环境，为"海丝路"金融信用体系建设提供保障。

第一，加强"海丝路"国际合作中的国家信用支持。"海丝路"建设要落实到各个具体项目上，对于一些重大的合作项目，国家要给予信用支持。国家信用是最高信用，在各国的经济合作中十分重要。"海丝路"沿线各国法律基础还比较薄弱，很多重要的合作项目需要各国政府共同担保，以最大限度降低投融资活动过程中的金融信用风险，确保合作顺利进行。必要情况下，各国政府之间可以进行协商，出台新的法律，构建新的金融信用合作体系。

第二，要增强政策沟通合作中的法治化。"海丝路"国家主权信用普遍较低，信用体系薄弱，各国之间在政策沟通和开展合作时应加强法治管理，降低金融信用风险。具体来说，合作的国家可以签订相关契约，构建有效的沟通合作渠道和争端解决机制。或在已有的国际或地区合作机制框架下，利用国际法最大限度地解决合作风险，提高"海丝路"各国的金融信用风险意识、增强金融风险应对能力。通过政府之间政策沟通合作的法治化，营造良好的法治环境，推动构建"海丝路"国家金融信用体系。

---

① 黄勇：加强信用国际合作，携手共筑诚信"一带一路"，国家发展改革委国际合作中心，2018 年 10 月 28 日，https：//mp. weixin. qq. com/s？src＝11&timestamp＝1612760210&ver＝2877&signature＝38gcF2x－al4GnTa2nketxvfX－ax7Lhg5D4hLuwHSbOGTdY4QkZO﹡g5mbFJGhr67wOnPQqHWU03kV－qq8mkE－BpXcyLFy9FM8G3BfO5JTBHMujcMo41fYwusKFA3AFplI9&new＝1。

第三，推进"海丝路"各国司法体系互联互通。"海丝路"金融信用体系正常运行需要解决的一个重要问题，就是保证一国的司法判决能得到其他国家司法体系的认可和执行。对于违法失信行为，如果不加以惩罚，合同契约就无法履行，项目工作就难以继续开展。因此，需要各国检察院、法院等司法机关协调合作，共同采取有效措施惩罚失信者。借助各国司法体系的力量，打造法治化的营商环境。随着"海丝路"各国经贸合作关系的不断深化，中国可以考虑主导设立适用于"海丝路"国家的国际商业仲裁机构，通过与沿线各国签署司法协议达成共识，支持"海丝路"金融信用体系的建设。

第五节　加强金融风险预警和监管合作

随着全球经济不确定因素日益增多，"一带一路"沿线国家政治经济形势也越发复杂多变，这些变化逐渐波及该国金融系统的稳定性，同时也给中国在沿线国家的投资带来更多的不确定性和风险。除了地缘政治、宗教、文化等风险外，金融风险也是企业对外投资过程中难以避免的主要风险之一（Gemayel，2004）。由于国内外金融和市场制度差异，东道国经济复苏较慢，各类金融风险潜伏，加之国内企业投资方式较为单一、对沿线国家风险了解不充分等因素，中国企业在国际化、多元化投资中面临着不同东道国金融风险敞口。东道国的金融风险包括了筹融资风险、投资风险、利率风险、汇率风险、衍生金融工具风险等。一方面，受政治、宗教、文化等复杂因素影响，这些金融风险复杂多样又具有其特殊性；另一方面，随着东道国以及国际金融市场条件变化，各项金融风险之间既相互联系，又相互作用，甚至还可以相互转化。金融风险直接涉及中国企业在海外投资的经济利益，不仅影响海外投资的投向及资本流动方向，也影响着海外投资的持续健康发展及扩大再生产。因此，中国企业搭接"一带一路"政策红利的同时，准确追踪并度量东道国金融风险状况，对于跨国资本运作风险决策而言是不可或缺的环节，也是学术界更是实业界关注的重要问题。

长期以来，学术界对金融与对外直接投资的关系进行了大量讨论，大部分学者是从金融发展角度对投资发展理论做进一步探索，发现金融市场的发达程度会影响到东道国对 FDI 溢出效应的吸收能力（Javorcik & Spatareanu，2008；李辉，2008；Azman‑Saini et al.，2010；余官胜，2015）。然而，2008 年金融危机爆发之后，部分研究发现，金融发展和对外直接投资之间并非简单的线性关系，并且两者的非线性关系还受到国家风险的复杂影响（Dutta et al.，2011）。一些学者开始尝试从金融风险的角度探讨对外直接投资的影响，但却得出了不同的结论：一种观点认为东道国汇率风险、债务风险等金融风险会抑制母国的海外投资（Udomkerdmongkol et al.，2009；赵明亮，2017），可能会引发"多米诺骨牌"效应（魏琪佳，2015），而金融危机的爆发致使金融风险在全球蔓延，更是导致对外直接投资规模明显下滑（马光明，2011）；另一种观点认为较高的金融风险反而吸引了更多的外商投资，例如在非洲国家投资的中国企业就属于风险偏好者（张娟等，2013；沈军、包小玲，2013）。由此可见，现有研究对金融风险与对外直接投资关系的看法并不一致。

综上所述，对外直接投资中金融风险因素并未得到充分研究，在已有文献中关于"一带一路"国家的金融风险研究更是匮乏。首先，现有研究主要从定性角度进行描述，很难对不同国家的风险进行比较，对金融风险的定量分析仍然较少且较为简单；其次，大多数定量研究主要采取汇率风险、债务风险等单一维度指标，难以全面刻画"一带一路"进程中的金融风险；最后，已有对两者关系实证研究中使用的多是传统的经典计量经济学模型，未考虑区域间的空间相关性，事实上，"一带一路"不同沿线国家之间在空间上存在着关联性，而忽略了这种相关性则会导致传统的计量方法在研究区域经济问题时存在偏误。

基于以上分析，本书采用2003~2016年中国对47个"一带一路"沿线国家直接投资的面板数据，构建动态空间计量模型实证检验中国对外直接投资与东道国金融风险之间的关系，探究"一带一路"沿线国家的金融风险在短期和长期上如何影响中国在该国的直接投资规模。与现有研究相比，本书主要有以下几个方面的边际贡献：第一，与现有"一带一路"投资风险的相关研究不同，本书主要是从金融风险的视角探讨中国对沿线国家投资规模的影响和机制，进一步补充了对外投资理论的不足；第二，本书综合考察了东道国汇率风险、债务风险等因素的ICRG金融风险指数作为东道国金融风险的衡量指标，避免单一维度指标带来的片面性；第三，本书创新性地整合了金融风险和金融开放的交互效应的影响，探讨不同金融开放水平下东道国金融风险对中国企业对外直接投资的影响；第四，已有中国对外直接投资相关文献多数是基于简单的两国特性研究，而未能考虑"第三国效应"，少数研究者将空间效应纳入分析框架，但他们多采用的是静态空间面板模型，本节拟通过动态空间面板模型的新思路，探究金融风险对中国对外直接投资的长短期效应及其动态影响机制。

一、理论应用和模型设定

从已有文献来看，对外直接投资模式主要有四种：水平型、垂直型、出口平台型以及混合垂直型。前三种模式是两国之间传统的对外直接投资模式，第四种模式则考虑了"第三国"的加入。混合垂直型对外直接投资模式是跨国公司除了在东道国设立生产工厂，还将价值链进行"切割"，在第三个国家生产，从而形成了产品生产供应链（Baltagi et al.，2007）。以"一带一路"国家举例来说，中国的跨国企业在泰国投资设厂，同时发现泰国的邻国越南也具备与泰国相类似的生产网络，并且越南的人力成本低廉，则中国企业会考虑将原先在泰国的生产供应链切分一部分到越南。这时候，中国企业对泰国和越南直接投资的行为形成了一种空间互补关系，即存在"第三国效应"（Nwaogu & Ryan，2014）。

那么，如何判别一个国家的对外直接投资模式？布朗尼根等（Blonigen et al.，2007）提供了一种基于空间计量经济学的验证方法，他通过模型回归后空间滞后系数和市场潜力系数的系数符号判断一国对外直接投资模式（见表 5－21）。依照布朗尼根等（2007）的方法，如果一国对外直接投资具有正的"第三国效应"，即东道国与第三国存在互补效应，则空间滞后系数为正；相反，若东道国与第三国之间是替代效应，则此时"第三国效应"为负，即空间滞后系数为负。除此之外，市场潜力代表的是投资的集聚效应，假如不仅东道国市场会影响母国的投资决策，东道国周边国家的市场也会影响母国投资，形成了一种空间集聚，那么市场潜力系数则为正；反之，海外投资市场不具有集聚效应，则市场潜力系数为 0（或不显著）。针对中国对外直接投资模式研究，国内学者也开始采用空间计量模型，检验出来的空间滞后系数显著为正，证明了中国的对外直接投资（OFDI）存在"第三国效应"（谢杰、刘任余，2011；范硕、何彬，2017）。然而，这些学者在探讨中国对外直接投资模式选择的时候并没有引入国家金融风险变量。因此，本书将在其基础上考察东道国金融风险对中国在当地的对外直接投资模式和规模影响。

表 5－21　　　　对外直接投资模式与空间变量系数预期符号

OFDI 模式	空间滞后系数符号	市场潜力
水平型	0	0
垂直型	－	0
出口平台型	－	＋
混合垂直型	＋	＋ 或 0

资料来源：Blonigen et al.（2007），Baltagi et al.（2007）.

（一）假设提出

已有研究发现，国际资本流入会受到东道国国家风险的阻碍。金融作为现代经济的核心，在"一带一路"倡议中，无论是国家间产能合作，还是区域内贸易投资等，均对资金有着大量需求。伴随着"一带一路"整体建设的深化和"一带一路"沿线国家金融部门的快速发展，金融风险问题逐渐凸显。金融风险的传染路径是随着时空的演变，以不同的渠道在区域间、市场间进行空间溢出。例如在欧债危机期间，惠誉对希腊信贷评级进行了下调，这一事件发生后，金融危机风险迅猛地通过不同的空间路径实现投资转移，金融风险在其他区域市场进一步扩散和传染，导致危机爆发。部分学者研究发现，金融危机后外商直接投资（FDI）的动机也将会转变（Broadman & Recanatini，2001），从而会影响对外直接投资的模式和规模。有的学者研究发现由于金融危机导致俄罗斯卢布贬值，因此在危机后期提出了进口替代和出口导向型产业的增长，这些产业可能对 FDI 更有吸引力（Gavrilenkov，2002）。有的学者发现东道国市场稳定性将会影响跨国公司的对外投资区位选择（Aizenman，2002）。有的学者利用中东和北非地区的数据进一步探讨了东道国政府管制、金融风险和货币危机三大因素对其吸引外资流入的抑制作用（Gemayel，2004）。因此，针对金融风险与对外直接投资的关系，本书提出如下假设：

假设 1：东道国金融风险增加将抑制中国在"一带一路"沿线国家的对外直接投资。

那么，金融风险通过何种渠道影响对东道国的直接投资？部分学者从金融溢出渠道研究了金融溢出机制和路径，发现金融风险的溢出渠道主要存在两种形式：一种是通过实体经济渠道实现溢出，另一种是通过虚拟经济渠道进行扩散（Diebold et al.，2000；杨谊等，2012；Dimitriou & Simos，2013；杜晓蓉等，2014）。其中，金融风险的实体经济溢出渠道主要是贸易渠道，是以两国的投资贸易往来为基础的一种溢出方式。在一国发生金融危机时，该国相关资产价格暴跌和进出口贸易量的变化，会对贸易伙伴国的经济市场形成外部冲击，以此类推，也将对与贸易伙伴国有紧密贸易关系的国家市场形成冲击，从而致使多个经济体发生危机。而虚拟经济溢出渠道则主要是基于金融资本渠道，也就是各国之间的金融风险传染主要通过股票市场、债券市场、信贷市场等金融市场进行链接，在多个国家之间形成一种跨市场、跨区域的金融风险空间溢出与传播（Diebold ed al.，2000）。李立（2016）在研究欧债危机时曾指出，欧债危机的根本溢出渠道就是金融资本渠道，在金融风险的空间扩散过程中往往伴随着资本流动的突变，一国的金融市场开放程度越大，则其遭受金融危机冲击的概率越高。综合现有文献，本书从溢出渠道角度分析东道国金融风险对中国的对外投资影响，并提出假设：

假设 2：在金融资本开放程度越高的东道国，东道国金融风险增加对中国对外直接投资规模的抑制效应更显著。

（二）模型设定与变量说明

在新的经济全球化背景下，金融风险的空间相关性越来越突出，扩散路径具有显著的空间网络特性和空间聚集性。传统的计量经济学分析方法忽视了金融市场这种空间属性，近年来，越来越多的学者开始借鉴空间计量经济学的分析框架来研究金融市场风险传染过程及其空间效应（程棵等，2012；Tam，2014），即使现在金融科技发展迅速，金融市场风险溢出仍旧表现出较强的空间相关性（Wied，2013）。

1. 模型设定

较早的空间计量经济模型主要应用于截面数据，包括两种模型：一种是空间滞后模型（SAR），另一种是空间误差修正模型（SEM）。后来，有学者将模型引入面板数据处理，提出并不断完善了动态空间面板模型等（Lee & Yu，2010；Elhorst et al.，2010a，2010b）。中国 OFDI 存量具有滞后效应，也就是说本年的 OFDI 存量规模依赖于上一年的存量规模。这是因为 OFDI 项目完成或撤资的调整需要时间，另外，上一年的投资存量反映出了中国在东道国投资的经营经验和能力（韦军亮、陈漓高，2009），从而能成为一种积极信号促进本年度的投资。综上分析，考虑到对外直接投资具有时间滞后性和空间相关性的二维属性，参考范硕、何彬（2017）做法，本书将采用动态空间面板模型（Dynamic Spatial Panel Model）来研究东道国金融风险对中国 OFDI 的影响。动态空间面板模型的优势在于：一方面，动态空间面板模型考虑了解释变量对被解释变量的动态效应和空间溢出效应（Anselin et al.，2004）；另一方面，动态空间面板模型还可以采用被解释变量的滞后项来呈现这种时间滞后性，以检验未列入计量模型的潜在因素对被解释变量的影响，在一定程度上避免内生性问题（Elhorst，2014）。为了检验假设 1，本书构建了如下动态空间面板模型：

$$\ln OFDI_{it} = \tau \ln OFDI_{it-1} + \rho \sum_{j=1}^{N} W_{ij} \ln OFDI_{i,t} + \beta FR_{it} + \theta \sum_{j=1}^{N} W_{ij} FR_{it}$$
$$+ \eta X_{it} + \alpha_i + \nu_t + \varepsilon_i \tag{5.2}$$

$$\varepsilon_{it} = \lambda \sum_{j=1}^{N} W_{ij} \varepsilon_{it} + \mu_{it} \tag{5.3}$$

其中，i、t 分别代表"一带一路"沿线国家和样本观测年度；$\ln OFDI_{it}$ 代表中国对沿线国家 i 在 t 年的对外直接投资规模对数值；FR_{it} 代表"一带一路"沿线国家 i 的金融风险指数；X_{it} 为控制变量集；α_i 和 ν_t 分别为空间效应、时间效应和随机干扰项；ρ、λ 和 θ 分别为被解释变量 $\ln OFDI_{it}$、解释变量 FR_{it} 以及误差项的空间滞后系数；ε_{it} 和 μ_{it} 均是服从正态分布的随机干扰项；W_{ij} 为空间权重矩阵。

为了检验假设 2，即东道国金融风险与金融开放程度的交互效应，本书在式（5.2）的基础上加入了东道国金融风险与金融开放程度的交叉项 $FR \times KAOPEN$。

$$\ln OFDI_{it} = \tau \ln OFDI_{it-1} + \rho \sum_{j=1}^{N} W_{ij} \ln OFDI_{i,t} + \beta FR_{it} + \theta \sum_{j=1}^{N} W_{ij} FR_{it}$$
$$+ \gamma FR_{it} \times KAOPEN_{it} + \eta X_{it} + \alpha_i + \nu_t + \varepsilon_i \tag{5.4}$$

$$\varepsilon_{it} = \lambda \sum_{j=1}^{N} W_{ij} \varepsilon_{it} + \mu_{it}$$

2. 变量说明

（1）被解释变量 $\ln OFDI$，衡量的是取对数后的中国在"一带一路"沿线国家的对外直接投资存量。对外直接投资规模分为流量数据和存量数据，两种指标在现有的文献中均有使用。部分学者指出，对外直接投资流量指标适用于解释短期行为，并且流量指标容易受到外部偶然因素的影响，相对来说，该指标存在较大的波动性，对于解释长期行为存在缺陷，因此，使用存量指标更适合（陈德铭、鲁明泓，2000；Chou et al.，2011）。此外，存量数据还反映了对外直接投资的累积效应（郑展鹏，2015）。因此，本书选择对外直接投资存量数据。

（2）核心解释变量 FR，代表了东道国金融风险指数，主要反映的是东道国外债偿还能力、汇率波动等因素所带来的不确定性。国家风险度量十分复杂，国际上出现了标准普尔（Standard & Poor）、穆迪（Moody's）、惠誉（Fitch）、经济学人信息社（EIU）、国际国别风险评级指南机构（ICRG）以及环球透视（GI）等有关国家风险的评级机构，虽然评级方法有差异，但其评级结果大体一致。综合考虑多种因素，本书采用国际国家风险指南机构发布的金融风险指数（FR）为东道国金融风险的衡量指标，主要有以下几点原因：第一，ICRG 自 1980 年起便开始定期发布国际国家风险指南，该指南的国别风险分析覆盖了全球近 140 多个国家，时间跨度较长，评估对象覆盖率较广，能为本书实证研究提供足够的样本数据；第二，ICRG 主要考察的是直接投资风险，还将金融因素从经济因素中抽离出来，从偿债能力、汇率稳定等多重属性进行更细致的评估，并公开了计算综合指数的真实原始数据、权重设定、评分方法等信息，基本满足本书对金融风险的度量需求；第三，ICRG 金融风险指数普遍被学者们认可（Hein & Yi，2012；Cristina et al.，2013；孙晓蕾等，2014；戴翔、金碚，2014），在国际货币基金组织、世界银行、联合国等国际组织也得到了较广泛应用，具有一定权威性和可借鉴性。

ICRG 的金融风险指数 FR 综合考虑了外债、经常项目、国际资本流动和汇率等金融风险因素。其中，外债占 GDP 比重和外债占出口商品与服务比重分别衡量了一国的长期和短期偿债能力，是对主权国家政府足额、准时偿还债务的能力和意愿进行综合性评估；经常项目占出口商品与服务比重衡量了一国为其贸易债务提供资金的能力；国际资本流动比率衡量了一国流动性风险；汇率稳定状况则是衡量一国的汇率风险。金融风险指数（FR）对每一个金融因素数据在一个特定范围内赋予一个数值，指数每个要素所允许的特定取值范围反映了该要素的权重，最终加权计算得出金融风险指数 FR。如表 5 - 22 所示，FR 取值范围为 0 ~ 50，指数的数值大小与该国宏观金融风险高低成反比，金融风险指数越高，则代表金融风险越低；金融风险指数越低，则代表金融风险越高。

表 5 - 22　　　　　　　　　金融风险指数（FR）

金融风险指数各项因素	金融因素分值	金融风险指数（FR）范围	代表风险程度
外债占 GDP 比重	10	0.0 ~ 24.5	非常高风险
外债占出口商品与服务比重	10	25.0 ~ 29.5	高风险
经常项目占出口商品与服务比重	15	30.0 ~ 34.5	中等风险
国际资本流动比率	5	35.0 ~ 39.5	低风险
汇率稳定状况	10	40.0 ~ 50.0	非常低风险

资料来源：根据 The International Country Risk Guide（ICRG）整理得来。

（3）关键解释变量 $OPEN$，代表东道国的金融开放程度。$OPEN$ 主要采取 Chinn & Ito（2018）测算的世界各国资本账户开放度（Chinn - Ito 指数）。

（4）控制变量 X，代表一系列东道国的宏观变量。参考相关文献，本书最终选取了东道国 ICRG 的政治风险指数（PR）、经济风险指数（ER）、金融发展指数（FD）、东道国人均国内生产总值（$rGDP$）、贸易开放度（$trade$）、投资开放度（FDI）、劳动力供给（$labor$）、基础设施综合指数（$stdindex$）和自然资源（$resource$），[①] 变量含义及数据来源见表 5 - 23。

表 5 - 23　　　　　　　　　变量含义及数据来源

变量	含义	数据来源
$OFDI$	中国对东道国直接投资存量（万美元）的对数值	历年《中国对外直接统计公报》
FR	东道国金融风险指数	ICRG
PR	东道国政治风险指数	ICRG
ER	东道国经济风险指数	ICRG

---

① 为消除量纲并减少异方差的影响，将中国 OFDI 和东道国人均 GDP 统一成美元单位后取了对数，其余变量均为综合指数或者比值的形式，故不再作对数处理。

变量	含义	数据来源
OPEN	东道国金融开放程度	Chinn – Ito 指数，Chinn & Ito（2018）
labor	15 岁以上就业人口占总人口的比例	世界银行世界发展指标数据库（WDI）
resource	从东道国进口初级产品占从东道国进口总额的比重	联合国贸易和发展数据库（UNCTADstat）
FD	金融发展指数	国际货币基金组织（IMF）
rGDP	东道国人均 GDP（现价美元）取对数值	世界银行世界发展指标数据库（WDI）
stdindex	基础设施综合指数	世界银行全球治理指数数据库（WGI）、联合国贸易和发展数据库（UNCTADstat）、老挝能源矿产部、东盟统计年鉴
Indist	东道国政治制度质量	世界银行全球治理指数数据库（WGI）
Eindist	东道国经济自由度	美国传统基金会（The Heritage Foundation）
Investcon	投资便利程度，经济自由度相关指标的算术平均值	美国传统基金会（The Heritage Foundation）
trade	东道国商品进出口总额占 GDP 的比重	联合国贸易和发展数据库（UNCTADstat），世界银行世界发展指标数据库（WDI）
FDI	东道国对外投资和吸引外资的存量之和占 GDP 的比重	联合国贸易和发展数据库（UNCTADstat），世界银行世界发展指标数据库（WDI）
Bitrade	中国与东道国双边货物贸易额占东道国商品进出口总额的比重	联合国贸易和发展数据库（UNCTADstat）

（三）数据描述

根据中国"一带一路"网公布的名单[①]，截至 2017 年末，共有 71 个国家加入"一带一路"倡议。由于部分国家数据缺失较为严重，最终选取 2003～2016 年 47 个"一带一路"沿线国家作为全样本进入实证分析[②]，同时，这些国家也是中国对外直接投资（OFDI）热点地区。表 5 – 24 是模型中变量的描述性统计分析结果。

① 中国"一带一路"网，网址：https：//www.yidaiyilu.gov.cn/。
② 47 个"一带一路"沿线国家包括：阿尔巴尼亚、阿联酋、阿曼、阿塞拜疆、埃及、埃塞俄比亚、爱沙尼亚、巴基斯坦、巴拿马、白俄罗斯、保加利亚、波兰、俄罗斯、菲律宾、哈萨克斯坦、韩国、柬埔寨、卡塔尔、科威特、克罗地亚、拉脱维亚、黎巴嫩、立陶宛、罗马尼亚、马来西亚、蒙古国、孟加拉国、缅甸、摩尔多瓦、摩洛哥、南非、沙特阿拉伯、斯里兰卡、斯洛伐克、斯洛文尼亚、泰国、土耳其、乌克兰、新加坡、新西兰、也门、伊朗、以色列、印度、印度尼西亚、约旦和越南。

表5-24　　　　　　　　　　描述性统计

变量	样本量	均值	标准差	最小值	中位数	最大值
OFDI	658	8.846	2.870	0.000	9.144	15.009
FR	658	38.354	4.963	4.500	38.500	48.500
PR	658	64.126	13.660	23.000	64.500	94.500
ER	658	34.713	6.372	0.000	35.000	50.000
kaopen	658	0.570	0.343	0.000	0.560	1.000
FD	658	0.367	0.173	0.071	0.341	0.854
rGDP	658	8.711	1.258	5.267	8.824	11.194
trade	658	80.223	47.021	20.069	69.808	345.419
FDI	658	51.752	66.712	2.401	37.831	598.946
labor	658	56.356	11.851	33.700	55.300	86.100
resource	658	44.259	27.647	2.704	36.158	97.956
stdindex	658	40.000	26.613	0.000	38.110	100.000

从数据的描述性统计来看，金融风险指数 *FR* 的最小值为 4.500，最大值为 48.500，但中位数为 38.500，说明在样本观测期内"一带一路"沿线国家的金融风险指数分布呈左偏特征，即部分国家具有极高的金融风险。表 5-25 详细列出了这些具有较高风险的国家及其所在年份，从中可以看出，在 2004 年，韩国和摩洛哥都发生了极端金融风险，尤其是摩洛哥 *FR* 值仅为 4.5。

表5-25　　　　"极高风险"和"较高风险"的国家和年份

金融风险指数	国家	年份
极高风险（0.0～25.0）	摩洛哥	2004
	韩国	2004
	白俄罗斯	2011
高风险（25.0～30.0）	爱沙尼亚	2009、2012、2013、2014
	拉脱维亚	2008、2012、2013、2014
	黎巴嫩	2003、2008、2009、2010
	斯洛文尼亚	2011、2013、2014
	乌克兰	2014、2015
	韩国	2003

续表

金融风险指数	国家	年份
高风险（25.0～30.0）	土耳其	2008
	新西兰	2008
	哈萨克斯坦	2009
	埃塞俄比亚	2010
	埃及	2016

二、中国对外直接投资与东道国金融风险实证检验

（一）空间权重矩阵

考虑到空间单元在更远距离上也存在空间联系，本书采用基于距离公式计算的空间权重矩阵，见式（5.5）。W_{ij}是矩阵i行和j列的元素，行和列都对应相关的空间单元，即"一带一路"沿线国家；对角线上的空间权重都为0。d为国家i和国家首都之间的欧氏地理距离。

$$W_{ij} = \begin{cases} 1/d_{ij} & , \ if \quad i \neq j \\ 0 & , \ if \quad i = j \end{cases} \tag{5.5}$$

在进入模型实证前，空间权重矩阵需要进行标准化处理。现有文献的流行做法会采用行标准化或列标准化，行标准化的效应是将其他空间单位对空间单位i的影响进行均等化，列标准化的效应是把空间单位i对其他空间单位的影响进行均等化。虽然这些做法是一个惯例，但对于反距离空间权重矩阵来说，有可能导致模型误设问题（Elhorst，2001；Kelejian & Prucha，2010）。一方面，反距离空间权重矩阵进行行或列标准化后会改变空间权重矩阵的主要特征，主对角线元素不再为0，且可能变成非对称矩阵，则空间单位i对空间单位j的影响与空间单位j对空间单位i的影响是不同的；另一方面，行或列标准化可能会使处于偏远位置的空间单位i和中心位置的空间单位j各自的邻居对其具有相同的空间效应。因此，对反距离矩阵进行行或列标准化会导致其不能满足地理学第一定律，即越远的地方空间作用相应降低，如此，根据距离衰减的经济解释将不再有效（Anselin，1988）。因此，借鉴埃尔霍斯特（Elhorst，2001）的做法，本书将W_{ij}中的每一个元素除以其最大的特征根$r_{0,max}$，则可得到标准化后的距离空间权重矩阵W_{ij}^*：

$$W_{ij}^* = (1/r_{0,max}) W_{ij} \tag{5.6}$$

(二) 空间自相关检验

全局莫兰指数 (Global Moran's I) 主要是检验空间自相关, 对于时期 t, Moran's I 的计算公式如下:

$$I_t = \frac{n \sum\limits_{i=1}^{n} \sum\limits_{j=1}^{n} w_{ij}(x_{it} - \overline{x_t})(x_{jt} - \overline{x_t})}{\sum\limits_{i=1}^{n} \sum\limits_{j=1}^{n} w_{ij} \sum\limits_{i=1}^{n} (x_{it} - \overline{x_t})^2} = \frac{\sum\limits_{i=1}^{n} \sum\limits_{j\neq i}^{n} w_{ij}(x_{it} - \overline{x_t})(x_{jt} - \overline{x_t})}{S_t \sum\limits_{i=1}^{n} \sum\limits_{j=1}^{n} w_{ij}} \quad (5.7)$$

其中, n 为空间单元的数量, 在这里是指样本内的国家数量; x_{it} 代表国家 i 在第 t 年的观测值, $\overline{x_t}$ 衡量的是所有国家观测值在第 t 年的平均值, S_t 为第 t 年观测值的方差, w_{ij} 是空间权重矩阵中对应的元素。

表 5 - 26 给出了 2003 ~ 2016 年中国在 "一带一路" 沿线国家 OFDI 和东道国金融风险 FR 的全局 Moran's I 指数检验结果。结果显示, 中国在 "一带一路" 沿线国家 OFDI 的 Moran's I 指数都为正值且均在 1% 水平上拒绝了 "不存在空间自相关" 的原假设, 这意味着中国在 "一带一路" 沿线国家的 OFDI 存在显著的空间正相关性。从时间上观察, 2003 ~ 2006 年东道国金融风险指数 FR 的 Moran's I 虽为正值, 但除了 2005 年, 其余年份都不显著, 说明这一时期金融风险不存在明显的空间相关性; 而 2007 年美国次贷危机爆发之后, 金融风险的 Moran's I 指数至少在 5% 水平上均显著为正, 说明金融风险在不同国家间存在着明显的空间效应, 这与现有的金融集聚相关文献结论一致。

表 5 - 26 全局 Moran's I 指数检验结果

年份	OFDI	FR
2003	0.189***	0.026
2004	0.216***	0.012
2005	0.307***	0.089**
2006	0.300***	0.049
2007	0.264***	0.171***
2008	0.292***	0.137***
2009	0.279***	0.074**
2010	0.324***	0.192***
2011	0.331***	0.384***
2012	0.313***	0.251***
2013	0.344***	0.304***

年份	OFDI	FR
2014	0.323 ***	0.293 ***
2015	0.298 ***	0.107 ***
2016	0.242 ***	0.068 **

注：***、** 和 * 分别表示数据样本通过显著性检验，其显著性水平小于 1%、5% 和 10%。

（三）实证分析结果

为了考察将静态的空间计量模型扩展为动态的空间计量模型能否增加模型的解释力度，借鉴一些学者（Federico et al.，2017）的做法，本书采用 LR 检验和改进后的 Akaike's 信息准则对动态空间计量模型进行初步选择。LR 检验是对数似然函数的似然比检验，主要用来评估无约束模型（复杂模型）与有约束模型（简单模型）哪个更适合当前数据分析。LR 检验统计量的计算公式为：

$$LR = -2 \times (\ln L_R - \ln L_U) \sim \chi^2(k) \tag{5.8}$$

其中，$\ln L_R$、$\ln L_U$ 分别为有约束模型和无约束模型的最大似然函数值；k 为自由度，表述约束条件的个数。通常认为 LR 检验服从自由度为 k 的渐进 χ^2 分布或者混合 χ^2 分布，如果 LR 统计量大于临界值，则拒绝原假设，约束条件不成立，检验结果倾向于使用复杂的模型；否则，接受原假设，约束条件成立，检验结果倾向于使用简单的模型。

表 5 - 27 为东道国金融风险与中国对外直接投资规模的模型选择检验结果。由表中第 1 行检验结果可知，LR 检验在 1% 水平上拒绝原假设，即动态的空间滞后模型（dynamic SAR）比静态的空间滞后模型（SAR）更适合；类似地，我们从第 2 ~ 第 4 行结果可知，动态的空间杜宾模型（dynamic SDM）要优于静态的空间杜宾模型（SDM）、动态的空间滞后模型以及空间误差模型（SEM）。进一步，我们通过 Akaike's 信息准则发现，动态的空间杜宾模型同样优于空间滞后误差模型（SAC）。由此可知，dynamic SDM 较为理想，本书后续研究将以此为基准模型。

表 5 - 27　　　　　　　　　　**空间计量模型选择检验**

序号	检验对象	χ^2 值	p 值	Akaike's 信息准则
1	SAR vs dynamic SAR	430.87	0.000	
2	SDM vs dynamic SDM	524.39	0.000	
3	dynamic SAR vs dynamic SDM	35.93	0.001	

续表

序号	检验对象	χ^2 值	p 值	Akaike's 信息准则
4	SEM vs dynamic SDM	465.02	0.000	
5	SAC			1 611.2
6	dynamic SDM			1 180.4

为了对比传统计量模型和空间计量模型的估计效果，本书还采用了固定效应模型（FE）作为对比，实证结果如表 5 - 28 所示。表 5 - 28 中第（1）~第（2）列为固定效应模型估计结果，模型中同时控制了时间固定效应和个体固定效应。在第（1）列中，东道国金融风险 FR 回归系数为 0.159，东道国金融开放指数 $KAOPEN$ 系数为 - 0.562，但两者在统计上均不显著。第（2）列进一步加入东道国金融开放程度 $KAOPEN$ 及其与东道国金融风险指数的交乘项 $FR * KAOPEN$ 后发现，东道国金融风险 FR 回归系数为 - 1.844，并在 5% 水平上显著，而交乘项系数在 1% 水平上显著为 5.745，将 $KAOPEN$ 均值 0.570 代入则容易计算出东道国金融风险 FR 的综合系数为 1.431。FR 值越高，说明该国的金融风险越低，因此，第（2）列的实证结果初步证明了中国 $OFDI$ 与东道国金融风险呈负相关关系，呈现出风险厌恶特征，这与张娟等（2013），沈军、包小玲（2017）的研究结果正好相反，本书假设 1 得到了验证。同时，交乘项系数为正，说明随着东道国金融开放程度的增加，中国 $OFDI$ 与东道国 FR 之间的这种负相关关系也将进一步增强，与本书假设 2 一致。

表 5 - 28 实证结果

变量	(1) FE	(2) FE	(3) dynamic SDM	(4) dynamic SDM
Main				
$\ln FR$	0.159 (0.32)	- 1.844 ** (- 2.60)	0.179 (1.10)	- 2.249 ** (- 2.35)
$FR * KAOPEN$		5.745 *** (3.15)		6.406 ** (2.56)
$KAOPEN$	- 0.562 (- 0.99)	- 21.450 *** (- 3.23)	- 0.189 (- 1.58)	- 22.965 ** (- 2.49)
$\ln PR$	- 0.276 (- 0.26)	- 0.184 (- 0.19)	0.800 *** (5.26)	- 0.834 (- 1.01)

变量	（1） FE	（2） FE	（3） dynamic SDM	（4） dynamic SDM
lnER	0.041***	0.037**	0.034***	−0.021
	（2.85）	（2.64）	（4.46）	（−0.75）
FD	−0.759	−0.452	2.710***	8.634***
	（−0.50）	（−0.30）	（6.91）	（5.89）
rGDP	0.213	0.186	−0.174**	−0.601*
	（0.31）	（0.28）	（−2.43）	（−1.66）
indist	−0.693***	−0.775***	−0.067	−0.187
	（−3.32）	（−3.87）	（−1.44）	（−1.01）
econdist	−0.317***	−0.308***	0.028	−0.136
	（−3.14）	（−3.06）	（0.71）	（−0.78）
trade	0.008	0.009	0.006***	−0.001
	（1.21）	（1.36）	（6.57）	（−0.22）
FDI	0.004	0.005*	−0.003***	0.001
	（1.25）	（1.86）	（−4.18）	（0.33）
labor	0.115***	0.103***	0.002	0.041***
	（3.08）	（2.84）	（0.68）	（2.60）
resource	0.006	−0.001	0.009***	0.023***
	（0.60）	（−0.06）	（5.49）	（2.71）
stdindex	0.004	0.003	−0.003	−0.003
	（0.26）	（0.20）	（−0.84）	（−0.17）
L.lOFDI			0.963***	
			（34.19）	
L.WlOFDI				−0.898***
				（−4.14）
Wx				
lnFR			5.239***	8.934**
			（7.37）	（2.12）
FR*KAOPEN				−7.078
				（−1.07）

续表

变量	(1) FE	(2) FE	(3) dynamic SDM	(4) dynamic SDM
KAOPEN			−0.228 (−0.56)	20.062 (0.84)
ln*PR*			4.064*** (5.67)	−1.718 (−0.56)
ln*ER*			0.051*** (2.77)	−0.058 (−1.54)
FD			11.051*** (9.85)	11.917*** (3.29)
rGDP			−2.043*** (−8.11)	−2.587*** (−2.67)
indist			0.049 (0.35)	0.099 (0.19)
econdist			−0.028 (−0.25)	−0.482 (−1.48)
trade			0.012*** (6.02)	0.003 (0.37)
FDI			0.000 (0.16)	0.009* (1.82)
labor			0.003 (0.30)	0.077* (1.89)
resource			0.031*** (6.81)	0.053*** (2.80)
stdindex			0.038*** (3.79)	0.046 (1.14)
Spatial				
rho			0.492*** (8.66)	0.186*** (5.36)
Variance				
sigma2_e			0.407*** (6.32)	1.915*** (9.78)

变量	(1) FE	(2) FE	(3) dynamic SDM	(4) dynamic SDM
constrains	3. 358 (0. 59)	11. 289 * (1. 86)		
N	658	658	611	611
R^2	0. 786	0. 800	0. 894	0. 218
logL	−793. 324	−771. 460	−559. 710	−1. 0e + 03
AIC	1 638. 647	1 596. 921	1 281. 419	2 267. 864
BIC	1 755. 366	1 718. 129	1 639. 042	2 651. 977
Time − fixd	√	√	√	√
Individual − fixd		√		

注：*、**、***分别代表在 10%、5%、1% 的显著性水平下显著；LogL 为对数似然值。

表 5 - 28 中第（3）~ 第（4）列为动态的空间杜宾模型估计结果，可以看出，中国对外直接投资和东道国金融风险的空间相关系数都至少通过了 5% 的显著性检验，说明各国之间的空间关联是客观存在的，因而本书选择空间计量模型分析中国与"一带一路"沿线国家的直接投资情况是适宜的。在控制了时间效应的第（3）~ 第（4）列回归结果中，OFDI 的空间相关系数分别为 0. 492 和 1. 915，且均在 1% 水平上显著，充分表明中国对外直接投资存在正向的空间相关效应，在空间上倾向于向高投资份额的国家集聚，也就是说对于东道国 i 而言，中国对其邻国的投资将显著地增加中国在东道国 i 的投资。这种显著的空间正相关关系说明中国在"一带一路"沿线国家的 OFDI 属于"集聚垂直复合型"（Baltagi et al.，2007），说明中国对第三国的 OFDI 与中国对东道国的 OFDI 形成互补，即存在第三国效应（Nwaogu & Ryan，2014）。此外，第（3）列中 OFDI 的一期滞后项显著为 0. 963（$p < 1\%$），说明中国对外直接投资存在时间滞后效应，上一期的中国投资投入的增加能通过累积叠加效应反映于当期的 OFDI 上，使得当期 OFDI 规模呈现上升趋势。

在第（3）列中东道国 FR 的回归系数为 0. 179，但并不显著；而 FR 的空间滞后项系数为 5. 239，并通过了 1% 的显著性检验，也就是说，东道国的邻国金融风险的减少也明显地促进了中国在东道国的投资。在第（4）列加入东道国金融开放程度及其与金融风险的交乘项 FR * KAOPEN 后，FR 的空间滞后项系数仍在 5% 水平上显著，说明区域内金融风险也显著存在空间依赖性。同时，FR 的主回归系数为 −2. 249（$p < 5\%$），FR * KAOPEN 系数为 6. 406（$p < 5\%$），粗略计算 FR 综合系数为 1. 402，与固定效应模型类似，东道国金融开放程度的增加，

强化了中国对外直接投资与东道国金融风险之间的负相关关系。

综上所述，在不考虑东道国金融开放程度的情况下，东道国金融风险对中国的对外直接投资规模无显著影响；而在加入东道国金融开放程度作为控制变量，并考虑东道国金融开放程度和金融风险的交互效应之后，发现东道国金融风险明显抑制了中国对该国的对外直接投资规模，并且这种抑制效应在金融开放程度越高的国家越明显。

控制变量中，东道国金融发展水平、政治风险 PR、经济风险 ER 的系数显著为正，说明东道国金融发展水平越高，政治风险、经济风险越低，越容易吸引中国企业的直接投资。这是因为在互联互通的倡议下，中国帮助"一带一路"沿线国家建立健全国家基础设施体系，这些项目大多数集中于发展中国家，而这些发展中国家的经济发展水平较低，金融市场发展缓慢，多数国家还存在着政治不稳定因素，潜在的风险促使中国企业注意规避在风险较高的国家投资。同时，近几年，在国家政策鼓励和地方政府的支持下，中国的对外直接投资企业越来越多倾向于民营企业，相较于资金雄厚的国有企业来说，风险承担能力更低，因而出于对东道国风险的考量会减少在风险较高国家的投资规模。

由于全局识别出来的估计系数并不能对区域内各国彼此比较（Vega & Elhorst，2015），应进一步从直接效应、间接效应以及总效应层面对空间系数作出分析（姚鹏、孙久文，2015）。相较于静态的空间计量模型而言，动态的空间计量模型的一个重要优势就在于它可以用来计算解释变量的短期效应，如表 5 - 29 所示。

表 5 - 29　　　　　　　　动态空间杜宾模型效应估计结果

变量	（1）dynamic SDM	（2）dynamic SDM
短期直接效应		
lnFR	- 0.246 （- 1.25）	- 2.569 *** （- 2.75）
ln$FRkopen$		6.897 *** （2.79）
ka_open	- 0.163 （- 1.29）	- 24.587 *** （- 2.72）
短期间接效应		
lnFR	3.853 *** （7.23）	8.288 ** （2.22）

变量	(1) dynamic SDM	(2) dynamic SDM
ln$FRkopen$		−7.463 (−1.28)
ka_open	−0.114 (−0.36)	22.097 (1.05)
短期总效应		
lnFR	3.607*** (7.58)	5.719 (1.51)
ln$FRkopen$		−0.566 (−0.10)
ka_open	−0.277 (−1.01)	−2.490 (−0.12)
长期直接效应		
lnFR	8.600 (0.69)	−5.655*** (−3.35)
ln$FRkopen$		10.846*** (2.73)
ka_open	−1.196 (−0.10)	−37.350*** (−2.60)
长期间接效应		
lnFR	1.734 (0.14)	8.900*** (2.72)
ln$FRkopen$		−11.154** (−1.97)
ka_open	0.415 (0.03)	35.885* (1.76)
长期总效应		
lnFR	10.334*** (6.23)	3.245 (1.52)
ln$FRkopen$		−0.307 (−0.10)
ka_open	−0.782 (−1.00)	−1.465 (−0.13)

囿于篇幅，表5-29仅报告了部分关键解释变量的直接效应和间接效应的估计结果，它包括了短期效应和长期效应。从短期效应来看，第（1）列东道国金融风险系数并不显著，即不存在直接效应；而在第（2）列中计算得到的东道国金融风险综合系数为1.362且显著，说明短期内东道国的金融风险越大，越不利于中国投资。需要注意的是，此处与表5-28的第（4）列结果略有不同，此处的直接效应既包含了东道国本国的金融风险对中国在该国的投资的直接影响，还包含了通过东道国邻国所传回来的反馈效应。同时，第（2）列中东道国金融开放程度 KAOPEN 系数显著为负，说明东道国金融开放程度越高，东道国金融风险通过资本渠道的传染能力也就越强，则会打击中国企业此时进入东道国投资的信心。而第（1）列和第（2）列短期间接效应中东道国的金融风险指数 FR，系数均显著为正，说明东道国邻国的金融风险越低，则区域内整体金融风险较低，短期内越有利于吸引中国在东道国的投资。总体而言，短期内东道国金融风险增加将会抑制中国对东道国的直接投资。与短期效应不同，从长期效应来看，东道国金融风险的直接效应和间接效应都不显著，而考虑金融开放程度因素之后，金融风险的直接效应和间接效应均显著为正，这说明从长期来看，金融风险在空间上的交互效应需要以金融开放为基础，一国金融开放程度越低，其本国的金融风险对邻国产生的影响则越小。

三、中国与沿线国家金融监管合作现状

2018年4月11日，中国人民银行行长易纲在博鳌亚洲论坛上宣布了12条中国金融开放政策，未来将在银行业、证券业、保险业等领域推进中国金融业的对外开放，同时在金融双向开放过程中也强调了"要重视防范金融风险，要使金融监管能力与金融开放度相匹配"。在这样的政策背景下，依托于"一带一路"框架的中国与沿线国家金融双向开放将得到进一步发展和推进，如何加强金融监管合作，降低对外投资中的金融风险也成为各界关注的热点。本部分主要针对中国与"一带一路"沿线国家金融监管合作现状和存在问题进行分析，为探究"一带一路"框架下双边以及区域内有效的金融监管合作路径提供分析基础。

（一）双边金融监管合作现状

1. 银行业监管合作

双边金融监管机构为了加快助推"一带一路"银行业双边监管合作建设，截至2017年12月末，原中国银行业监督管理委员会按照巴塞尔委员会确定的跨境银行监管规则，陆续与32个"一带一路"沿线国家的金融监管当局签署了双边

监管合作谅解备忘录（MOU）或合作换文①，其中包括多个"海丝路"沿线国家（见表5－30），以促进双边在市场准入、信息交换与共享等领域的金融监管合作。

表5－30　　与中国签署双边监管合作谅解备忘录（MOU）或合作换文的
沿线国家（截至 2017 年 12 月）

序号	生效时间	境外机构名称	国家
1	2004 年 5 月 14 日	新加坡金融管理局	新加坡
2	2004 年 10 月 15 日	巴基斯坦国家银行	巴基斯坦
3	2005 年 10 月 18 日	菲律宾中央银行	菲律宾
4	2006 年 9 月 18 日	泰国中央银行	泰国
5	2007 年 5 月 11 日	卡塔尔金融中心监管局	卡塔尔
6	2007 年 9 月 24 日	迪拜金融服务局	阿联酋
7	2008 年 5 月 5 日	越南国家银行	越南
8	2009 年 11 月 11 日	马来西亚中央银行	马来西亚
9	2010 年 7 月 15 日	印度尼西亚中央银行	印度尼西亚
10	2010 年 12 月 16 日	印度储备银行	印度
11	2011 年 7 月 13 日	阿联酋中央银行	阿联酋
12	2013 年 2 月 19 日	伊朗中央银行（CBI）	伊朗
13	2013 年 4 月 8 日	柬埔寨国家银行	柬埔寨
14	2014 年 11 月 3 日	卡塔尔中央银行	卡塔尔
15	2015 年 3 月 28 日	科威特中央银行	科威特
16	2015 年 6 月 4 日	印度尼西亚金融服务局	印度尼西亚
17	2016 年 4 月 28 日	阿布扎比金融服务监管局	阿联酋
18	2016 年 9 月 8 日	老挝人民民主共和国银行	老挝
19	2017 年 7 月 25 日	泰国中央银行	泰国

注：仅统计原中国银行业监督管理委员会与"海丝路"沿线国家之间签署的 MOU；2013 年 1 月，印度尼西亚新设立金融服务管理局，接管原来由印度尼西亚中央银行履行的银行监管职能。

资料来源：原中国银行业监督管理委员会。

随着科技日新月异以及金融服务业全球化，国际资金流动更加自由，洗钱犯罪日益猖狂，不仅会扰乱金融秩序，也会影响国际资本流动，存在潜在的金融风险。中国与部分"海丝路"沿线国家签署了金融情报交流合作谅解备忘录（见

① 资料来源：中国"一带一路"网，https：//www.yidaiyilu.gov.cn/xwzx/bwdt/60574.htm。

表 5 – 31），将基于互惠原则在涉嫌洗钱、恐怖融资及其他相关犯罪的信息收集、研判和协查方面开展合作。

表 5 – 31　与中国签署金融情报交流合作谅解备忘录的沿线国家
（截至 2018 年 2 月）

年份	"21世纪海上丝绸之路"沿线国家	"丝绸之路经济带"沿线国家
2006	马来西亚、印度尼西亚	格鲁吉亚
2008	泰国	—
2011	亚美尼亚	土库曼斯坦
2012	新加坡	—
2013	—	捷克、哈萨克斯坦
2014	—	塔吉克斯坦、尼泊尔
2015	孟加拉国	—
2016	老挝、柬埔寨	—
2017	斯里兰卡	—
2018	缅甸	—

注：仅统计中国证券监督管理委员会与"一带一路"沿线国家之间签署的备忘录。
资料来源：中国人民银行历年发布的《中国反洗钱报告》，中国反洗钱监测分析中心网站。

2. 证券业监管合作

在证券业方面，截至 2018 年 6 月，中国证券监督管理委员会已相继同 62 个国家和地区的证券期货监管机构签署了 68 份监管合作谅解备忘录，其中包括新加坡、马来西亚、印度尼西亚等 13 个"海丝路"沿线国家（见表 5 – 32）。

表 5 – 32　与"海丝路"沿线国家签署证券期货监管合作谅解备忘录情况
（截至 2018 年 6 月）

序号	时间	境外机构名称	备忘录名称	签署地/方式
1	1995 年 11 月 30 日	新加坡金融管理局	《关于监管证券和期货活动的相关合作与信息互换的备忘录》	新加坡
2	1997 年 4 月 18 日	马来西亚证券委员会	《证券期货监管合作谅解备忘录》	北京
3	2003 年 12 月 9 日	印度尼西亚资本市场监管委员会	《关于相互协助和信息交流的谅解备忘录》	雅加达
4	2004 年 10 月 14 日	印度尼西亚商品期货交易监管局	《期货监管合作谅解备忘录》	北京

续表

序号	时间	境外机构名称	备忘录名称	签署地/方式
5	2005 年 6 月 27 日	越南证券委员会	《证券期货监管合作谅解备忘录》	北京
6	2006 年 9 月 15 日	印度共和国证券交易委员会	《证券期货监管合作谅解备忘录》	北京
7	2006 年 11 月 21 日	印度远期市场委员会	《商品期货监管合作谅解备忘录》	新德里
8	2006 年 12 月 6 日	阿联酋证券商品委员会	《证券期货监管合作谅解备忘录》	邮寄方式
9	2007 年 4 月 12 日	泰国证券交易委员会	《证券期货监管合作谅解备忘录》	孟买
10	2010 年 5 月 5 日	科威特股票交易所委员会	《证券期货监管合作谅解备忘录》	科威特城
11	2010 年 12 月 17 日	巴基斯坦证券交易委员会	《证券期货监管合作谅解备忘录》	伊斯兰堡
12	2011 年 4 月 7 日	卡塔尔金融市场管理局	《证券期货监管合作谅解备忘录》	北京
13	2011 年 9 月 19 日	老挝证券交易委员会	《证券期货监管合作谅解备忘录》	北京
14	2014 年 2 月 17 日	文莱金融管理局	《证券期货监管合作谅解备忘录》	斯里巴加湾
15	2018 年 6 月 10 日	伊朗证券和交易组织	《证券期货监管合作谅解备忘录》	青岛

注：仅统计中国证券监督管理委员会与"海丝路"沿线国家之间签署的备忘录。
资料来源：中国证券监督管理委员会。

3. 保险业监管合作

在保险业监管合作方面，中国与 14 个国家和地区保险监督官于 2005 年 5 月讨论并通过了《亚洲区域保险监管合作北京宣言》，这些国家之中就包含有印度、约旦、马来西亚、尼泊尔、巴基斯坦、菲律宾、新加坡、泰国和越南。在此之后，原中国保险监督管理委员会又与新加坡等沿线国家签署了《保险监管谅解合作备忘录》。"一带一路"框架下各国之间的贸易投资往来从客观上存在区域保险监管合作机制，这就要求各国应该加强沟通，促进保险机构和相关业务之间的交流合作，以此推进区域内保险业的发展，为"一带一路"保驾护航。

（二）多边金融监管合作现状

1. 中国倡导设立的多边金融监管合作机构

在多边和区域监管合作层面，中国在"一带一路"愿景下牵头设立了丝路基

429

金、金砖国家新开发银行和亚投行等多边金融机构，不仅为"一带一路"投资项目建设提供资金支持，还构建了成员国之间的多边监管合作机制。

丝路基金成立于 2014 年 12 月，主要致力于沿线国家发展战略规划的有效衔接，从而为"一带一路"提供跨国协商平台，促进各国监管机构的互补。金砖国家新开发银行成立于 2015 年 7 月，设立了应急储备安排以应对投资过程中发生的风险，该安排的初始规模为 1 000 亿美元，同时，金砖国家新开发银行组建了跨国金融安全网，以提高未来金砖国家的金融监管合作。亚投行成立于 2015 年 12 月，是与"一带一路"沿线国家关联性最为紧密的多边国际金融机构，亚投行以创新多边开发金融机构的形式为沿线国家基础设施项目提供资金，推动沿线国家的产业升级，帮助各国金融监管体制改革与国际接轨，提升经济发展的稳定性。①

2. 国际金融监管合作组织

在传统的国际金融监管合作组织中，世界三大传统金融组织为国际货币基金组织、世界银行和经济合作与发展组织，在金融监管合作层面，已与"一带一路"沿线国家和地区主要相关的国际金融组织包括巴塞尔银行监管委员会（BCBS）、国际清算银行（BIS）、国际保险监督官协会（IAIS）、国际证监会组织（IOSCO）、全球金融体系委员会（CGFS）、支付与结算体系委员会（CPSS）、国际会计准则理事会（IASB）等开展合作。

在反洗钱方面，中国与大部分"一带一路"沿线国家加入了国际反洗钱金融行动特别工作组（FATF），通过发展区域性的反洗钱机构，监督内部国家成员履行"四十项建议"和"九项特别建议"的执行情况。此外，中国与部分沿线国家还共同参加了国际性反洗钱组织，主要有埃格蒙特集团（EG）、亚太反洗钱集团（APG）、欧亚反洗钱与反恐融资小组（EAG）等。

在保险监管合作方面，相关监管部门充分利用国际保险监督官协会（IAIS）、国际养老金监督官协会（IOPS）、亚洲保险监督官论坛（AFIR）等国际多边保险监管合作平台，进一步跟踪全球金融发展动态和风险变化，防范国际风险跨境传递，通过国际保险信息交流和监管合作完善保险监管，及时防范和化解市场风险。

（三）监管合作主要存在问题

虽然中国与"一带一路"沿线国家在银行、证券、保险等领域开展了许多政府层面、部门层面的金融监管合作，但是由于各国具体情况差异，在实施层面仍旧存在许多问题。

---

① 资料来源：丝路基金官网、金砖国家新开发银行官网、亚洲基础设施投资银行官网。

一是双边或多边金融监管合作覆盖的"一带一路"沿线国家较少，并且多边和区域的监管合作协议相对比较松散。在表示参与"一带一路"倡议的100多个国家中，却只有未及半数的国家与中国签署了双边监管合作谅解备忘录，并且这些合作协议的内容要求相对松散。同时，中国与沿线国家的监管合作多是基于金砖国家新开发银行、亚投行等新成立的多边金融机构，尚未成熟的运行方式也将会导致政策的可操作性降低。虽然沿线国家响应"一带一路"号召，也频繁出台了一些相关政策，但总体来说，这些政策支持力度较小，往往只是停留在文件层面，而未能落实下去。

二是有关金融监管合作协议多停留在意向性、宣言性层面，不利于提高区域合作的广度与深度。虽然近年来中国与沿线国家签署了一系列的双边或多边金融监管合作协议，围绕区域金融监管合作的各种会议也频频召开，但是这些协议多停留在意向性和宣传性层面，在金融监管各个领域或相关事务上较少开展有效的实质性合作。

三是"一带一路"沿线国家金融监管体制存在一定差异，这就使得金融监管合作机制的构建存在一定的体制障碍。在"一带一路"沿线国家中，大多数东盟国家与中国类似，采用的是分业监管体制。而波兰和捷克等中东欧国家却实行的是统一监管体制，并且主要采取的是市场监管方式，独立性较强。部分中亚国家虽然也采取统一监管体制，但缺乏一定的独立性。监管体制上的差异将会使得"一带一路"沿线各国不能在监管合作中采用统一口径，致使监管协调过程中出现真空和重叠的现象，大大地降低了监管合作效率。

四是"一带一路"沿线国家金融监管法律制度复杂多样，存在一定的冲突。"一带一路"沿线各国所建立的金融监管法律体系差别很大，尤其是法律体系的不同侧重也在一定程度上加大了金融监管合作和处理金融问题的难度。

针对"一带一路"沿线国家的金融监管合作和风险应对机制尚存在缺陷，主要是因为受到以下因素的制约。

首先，"一带一路"沿线国家金融市场运行机制和金融监管体制存在差异。"一带一路"沿线国家的金融市场发展水平迥异，金融基础设施完善程度参差不齐，总体金融服务能力、风控能力有待加强。其中，俄罗斯和其他中亚国家的监管主体独立性较弱，主要采取行政手段参与金融监管；欧洲国家金融市场较为发达，以市场化监管手段为主；东盟国家中新加坡、马来西亚、印度尼西亚等国家的金融发展活跃，国际资本流入较多，除了新加坡采取混业监管外，其他国家多数实行分业监管，以行政手段为主。差异较大的市场在中国企业的对外投资活动中势必会带来各种不匹配、不适应和风险管控上的困难。

其次，中国金融机构国际化程度偏低，其金融风险分担功能的发挥受到一定制约。一方面，中国金融机构"走出去"步伐严重滞后于实体经济。截至 2015 年末，仅有 9 家中资银行在"一带一路"沿线 24 个国家（地区）设立 56 家一级分支机构，其中，子行 16 家，分行 32 家，代表处 8 家；从地域分布来看，中资银行在俄罗斯、东南亚和西亚国家设点较多，但在其他地区则存在较大空白，约 40 个"一带一路"沿线国家（地区）尚无中资银行业金融机构。[①] 除开发性金融机构、政策性金融机构外，国内其他非银行类商业性金融机构如民间资本、保险公司、证券公司也都较少参与海外业务。另一方面，中国金融机构参与国际市场的广度与深度仍然有限，普遍业务范围较窄，尚未从总行层面与当地金融机构建立深层次战略合作机制，外汇管理和风险应对环节未能良好配合。

最后，中国在国际金融市场上定价权较低，导致金融避险工具无法充分发挥作用，同时海外投资保险机制、风险补偿机制存在一定缺陷。尽管中国与多数沿线国家签订了双边或多边保护协定，但是这些保护协定存在较多的实施问题，例如保护协定中对合格海外投资的要求较为严格烦琐、担保申请难度大等现象（王卉，2012）。中国在金融市场定价权的丧失将会使得中国企业面对金融风险时举步维艰，难以利用金融衍生工具来对冲汇率波动、物价上涨等金融风险，例如，东航、国航和南航的航油期权，深南电的油价期权等均以失败告终。中国海外投资保险制度主体以中国进出口信用保险公司等政策性金融为主，保险覆盖面相当低，而民间性保险、国际性保险参与度较低。此外，与发达国家促进企业境外投资措施相比，中国的税收、贴息等风险补偿制度也较为欠缺。

四、建立并完善金融风险预警和监管体系

本书从金融风险角度出发，借鉴空间计量经济学的研究方法，利用 2003 ~ 2016 年 47 个"一带一路"沿线国家的面板数据，通过构建动态空间杜宾模型实证检验东道国金融风险对中国在"一带一路"沿线国家直接投资中的影响。模型分析结果表明，中国在"一带一路"国家的 OFDI 存在显著的空间正相关关系，说明中国 OFDI 属于集聚垂直复合型对外直接投资模式。同时，研究发现东道国金融风险也存在着显著的空间效应，并且在不考虑东道国金融开放程度的情况下，东道国金融风险对中国的对外直接投资规模无显著影响；而在加入东道国金融开放程度作为控制变量，并考虑东道国金融开放程度和金融风险的交互效应之后，发现东道国金融风险明显抑制了中国对该国的对外直接投资规模，并且这种抑制效应在金融开放程度越高的国家越明显。因此，应从建立健全"一带一路"

[①] 资料来源：原中国银行业监督管理委员会官网。

框架下的金融风险预警和应对系统，加强沿线各国的金融监管合作机制建设入手，探索防范和应对未来对外直接投资金融风险的可行路径。

（一）建立健全金融风险预警和应对系统

国家层面。第一，金融体系必须加快国际化步伐，进一步推动国内金融机构开展业务创新，设立海外投资发展基金，为企业"走出去"提供适合的个性化融资。第二，建立风险识别与评估体系，建设多边投资安全保障机制，应该汇集"一带一路"沿线各国主要的政府、金融部门，探讨设立专门的区域性风险预警、分担和补偿机制。第三，推动区域内货币金融合作，积极推进人民币在"一带一路"沿线国家中的使用，双方合作层面不仅停留在货币互换层面，还需要不断完善货币金融环境，进一步开发金融避险工具以应对区域内货币金融风险。从政府层面大力推动货币合作，不仅可以有效降低贸易投资中的汇率波动风险及国际收支风险，并且有助于维持金融稳定性，防范合作区域内的系统性金融的发生。

金融机构层面。第一，金融机构应实施差异化经营和管理，"一带一路"沿线国家的国家风险不同，应该在借鉴现有信用评级机构标准的基础上建立符合"一带一路"国家贸易投资项目特色的、科学合理的风险评价体系，例如基础设施投资风险评级、国际贸易往来风险评级等，针对具体的风险分别设立不同的风险管理制度，从而采取相应的经营和管理战略。第二，构建金融机构金融安全网。一是国内银行、保险、证券等金融机构，包括其海外子机构应该加强合作，及时有效地强化在岸和离岸金融市场之间的联通，通过银团贷款、再保险等手段分散风险；二是国内金融机构还应该进一步加强与东道国金融机构之间的合作，利用东道国金融机构的本土信息优势以及运营成本优势，防范中国对外投资中的信息不对称、盲目投资带来的金融风险；三是中国的金融机构应进一步强化与亚投行、上海合作组织、世界银行等多边、国际性金融机构的合作，利用这些多边金融机构的国际优势和强大的实力背景共同抵御风险，并能利用其争端解决和内部管理制度进行风险处理过程中的协商机制。

企业层面。第一，建立跨国经营风险管理制度，在企业对外投资过程中可以综合运用金融市场各种避险工具，防范和分担金融风险。例如，采用利率互换、利率期权、货币互换、外汇资金管理、外汇期权等衍生产品规避有可能遇到的汇率风险和利率风险，也可以采用外债长期化管理降低外债成本，采用贸易融资、差别定价等手段规避财务风险。第二，充分利用行业协会、海外商会等中介机构共享风险信息，防患于未然。相对于政府部门而言，行业协会或海外商会更能及时有效地获取行业动态信息，并且可以利用协会机制协调行业内出现的利益冲突，同时海外的华人商会更具有本地资源，在风险处理过程中与当地政府、当地行业企业的沟通谈判占有一定优势。第三，利用产业链上下游关系分担风险，例如企业可以充分整合东道国与邻近国家的产业链优势，发挥产业空间集聚效应，在行业内部实现将风险分散化。第四，企业可以采取PPP、BOT等合资方式进入东道国，实现风险共担、收益共享式海外扩张模式，从而在一定程度上规避由于东道国意识形态或者文化差异带来的金融风险冲击。第五，进一步完善跨国企业退出机制。企业对外投资过程中如果遇到难以克服的风险会选择退出东道国市场，以切断风险从问题发生的海外子公司向母公司蔓延，因此，完善市场退出机制能够帮助企业降低退出成本，可以有效减轻公众恐慌心理，避免OFDI市场上不必要的动荡。当跨国企业发现潜在的较高的金融风险的时候，应该及时开展内部整顿，将风险遏制在萌芽状态。如果问题仍旧未能得到解决，应联合相关国家、多边金融机构等外部救助力量共同解决或者选择退出东道国市场。

（二）加强金融监管合作机制建设

有效防范和应对金融风险，还需要通过与沿线国家的相互沟通和政策协调，及时排除隐患，加强金融监管合作，搭建信息共享平台，完善区域监管协调机制，维护区域金融稳定。

首先，搭建海外投资项目金融风险数据库，完善金融风险预警机制。应该建立"一带一路"投资大数据基础支撑中心，基础数据库涵盖国际宏观金融数据、东道国金融环境数据、跨国企业微观数据等，在此基础上构架金融风险预警指标体系，搭建海外投资项目金融风险数据库，为金融风险预警机制提供各类风险信息，以便于有效分析、监测和预警潜在的金融风险。

其次，健全相关法律体系。由于"一带一路"沿线国家的社会制度、政治制度不同，各国的金融监管法律体系也不尽相同，因而，其实际操作标准存在差异。例如，新加坡法律特点更趋向于判例法，中国、越南等国家则采用的是大陆法系，而菲律宾则属于混合法系。因此，在"一带一路"沿线各国金融监管合作法律冲突时，应该重视各国的差异因素，共同协商风险解决机制，防止监管真空。同时，沿线国家对于金融准入问题应该尽量放宽条件，保持基本一致，统一管理金融行业，避免由于管理混乱带来的金融风险。

最后，建造金融风险防火墙，进一步完善金融危机救助机制。在跨国企业退出东道国市场的过程中，金融机构应发挥最后贷款人和存款保险的作用，在企业退出市场时尽量避免企业遭受更大的债权债务关系损失。"一带一路"沿线国家的企业退出救助机制，应该建立在高效的制度安排基础上，及时迅速地处理金融风险，减缓金融危机传染，维持区域内金融市场的长期稳定运行。因此，一方面，中国与沿线国家应该加快在双边金融监管合作谅解备忘录中进一步细化相关具体措施，明确双边的监管职责和救助责任，就金融风险发生后如何协调和处理涉及的企业资金、金融机构救助、政府救助等事项达成共识。另一方面，"一带一路"沿线国家应该加强与亚投行、上海合作组织、国际货币基金组织等多边或国际性救助机构合作，共同制定多国多部门的金融风险防范和处置联动机制，最大限度降低相关国家和投资企业的利益损失。此外，中国的金融机构应该加强监督管理合作，构筑金融安全网，避免东道国金融风险通过企业贸易投资渠道扩散，以降低金融风险对母国的负面影响。

第六章

推进"海丝路"建设的民心相通

国之交在于民相亲，民相亲在于心相通。因此，民心相通是"一带一路"建设的社会根基。自 2013 年"一带一路"倡议提出以来，为传承和弘扬丝绸之路友好合作精神，中国及沿线国家围绕增进民心相通这一目标，广泛开展文化交流、学术往来、人才交流、媒体合作、志愿者服务等，初步奠定了"一带一路"建设的社会根基，但也存在一些亟待解决的问题。随着"海丝路"建设的推进并行稳致远，更是需要以"民心相通"为支撑和保障，进一步增进各国人民的理解和支持，为深化双多边合作奠定坚实的民意基础，促进建设项目有效落实。为此，本章从民心相通合作重点出发，深入分析民心相通的具体内容，探讨推进"海丝路"建设中民心相通发展现状，形成以教育、文化、科技、旅游、公共外交为重点内容的研究框架，提出推动"海丝路"民心相通的对策建议，丰富和完善民心相通研究内容，为"海丝路"民心相通研究提供新思路，力图取得一定的创新意义和实践价值。

第一节　推进"海丝路"教育合作

教育是知识传承和人才培养的主要载体和途径，是不同文明之间互学互鉴的重要桥梁和纽带，更是文化交流的强力支撑。因此，教育在促进民心相通中起着至关重要的作用。随着"海丝路"建设的不断推进，沿线许多国家和地区纷纷向

436

我国发出境外办学的邀请，这不仅体现了"海丝路"沿线国家对中国教育水平的认可，更表达了其与中国进行国际教育合作的迫切需求。如何克服各种困难与阻碍，实现"海丝路"沿线国家教育合作，通过教育合作推动各国民心相通，进一步夯实"一带一路"建设根基，将成为推动"海丝路"发展所需要解决的重要问题。

一、"海丝路"国家间教育合作现状

（一）"海丝路"沿线国家来华留学教育的发展

留学教育是国际教育中不可或缺的一部分，更是推动国际教育交流的主要动力，在高等教育国际化发展中扮演着越来越重要的角色。就现状而言，我国境外留学主要集中在欧美等发达国家，而来华留学生则主要来自"海丝路"沿线国家。因此，充分了解和分析"海丝路"沿线国家来华留学教育的发展趋势，对于推动和发展中国与"海丝路"沿线国家的教育合作具有重要意义。

1. "海丝路"沿线国家来华留学生人数区域差异

全球来华留学生数量急剧攀升，由 2005 年的 14.11 万人次增加到 2015 年的 39.76 万人次，10 年时间增长近 2.8 倍，年均增速达 11.54%，已远高于《留学中国计划》中列明的年均增速 6.94% 的预期目标。根据《2015 年来华留学生简明统计》和《2013 年来华留学生简明统计》，整理得到"海丝路"沿线国家不同区域的来华留学生人数。

由表 6-1 可知，东盟国家 2015 年来华留学生人数为 71 101 人，比 2013 年增加了 2 654 人，人口基数大，但增速较小。其中，来华留学生人数最多的国家为泰国，2015 年有近两万名来华留学生；来华留学生人数排名第二、第三的分别是印度尼西亚和越南；文莱 2015 年仅有 62 名学生来华留学，是东盟国家中来华留学生人数最少的国家。

表 6-1　　　　　　　　　　**东盟国家来华留学生数量**　　　　　　　　单位：人

国家	2015 年来华留学生	2013 年来华留学生
文莱	62	29
柬埔寨	1 829	1 390
印度尼西亚	12 694	13 492
老挝	6 918	3 999

续表

国家	2015 年来华留学生	2013 年来华留学生
马来西亚	6 650	6 126
缅甸	4 733	2 299
菲律宾	3 343	2 917
新加坡	4 865	5 290
泰国	19 976	20 106
越南	10 031	12 799
总计	71 101	68 447

资料来源：《2015 年来华留学生简明统计》《2013 年来华留学生简明统计》。

由表 6 - 2 可知，2015 年南亚及波斯湾航线国家来华留学生人数为 42 853 人，比 2013 年增加了 12 238 人，虽然人口基数要小于东盟国家，但是增速比东盟国家大得多。其中，来华留学生人数最多的国家为印度，2015 年有 16 694 人来华留学；其次是巴基斯坦，仅比印度少了 1 040 人；人数最少的为卡塔尔，2015 年仅有 15 名来华留学生。

表 6 - 2　　　　　南亚及波斯湾航线国家来华留学生数量　　　　单位：人

国家	2015 年来华留学生	2013 年来华留学生
孟加拉国	3 765	1 964
斯里兰卡	2 109	1 331
印度	16 694	11 781
巴基斯坦	15 654	10 941
马尔代夫	179	207
伊朗	1 390	1 165
伊拉克	605	502
科威特	74	46
阿曼	47	65
卡塔尔	15	12
沙特阿拉伯	1 584	2 089
阿联酋	66	72
巴林	671	440
总计	42 853	30 615

资料来源：《2015 年来华留学生简明统计》《2013 年来华留学生简明统计》。

由表 6 - 3 可知，红海湾及印度洋西岸航线国家 2015 年来华留学生人数达 12 618 人，比 2013 年增加了 4 181 人，是留学人口基数最小的区域。其中，2013 年来华留学生人数最多的国家是也门；2015 年坦桑尼亚来华留学生超过了也门，成为红海湾及印度洋西岸航线国家中来华留学生人数最多的国家；来华留学生人数最少的国家为厄立特里亚，2015 年仅有 162 名留学生来华。

表 6 - 3　　　　　红海湾及印度洋西岸航线国家来华留学生数量　　　　单位：人

国家	2015 年来华留学生	2013 年来华留学生
也门	2 686	1 817
埃及	1 067	745
索马里	1 320	1 324
苏丹	2 002	1 329
吉布提	535	257
厄立特里亚	162	157
肯尼亚	1 714	1 319
坦桑尼亚	2 804	1 167
莫桑比克	328	322
总计	12 618	8 437

资料来源：《2015 年来华留学生简明统计》《2013 年来华留学生简明统计》。

总体来看，来华留学生主要集中在东盟国家。中国与东盟的合作发展随着"海丝路"构想的提出，也由发展的"黄金十年"迈向发展的"钻石十年"，伴随着中国—东盟经济贸易合作的进一步推进，对人才的需求也不断增加。同时，东盟国家华人华侨居多，世界华人华侨数量最多的三个国家便是印度尼西亚、泰国和马来西亚。华人华侨有利于拉近中国同东盟间的文化交流，具有"中华文化情结"的来华留学生日益增多。

2. "海丝路"沿线国家来华留学生结构存在差异

"海丝路"沿线各国来华留学生，不仅在人数上存在区域差异，在结构上也存在区域差异。根据《2015 年来华留学生简明统计》和《2013 年来华留学生简明统计》，整理得到"海丝路"主要航线沿线国家来华学历生和非学历生的数量，学历生中本、硕、博数量以及奖学金留学生数量，以分析不同国家和地区来华留学生在结构上的差异。

由表 6 - 4 可知，东盟国家 2015 年来华留学学历生人数为 36 394 人，比 2013 年增加了 4 493 人；非学历生人数为 34 707 人，比 2013 年减少了 1 839 人。

439

除此之外，东盟国家来华留学生中学历生和非学历生的比例接近 1∶1，相较于南亚及波斯湾航线国家、红海湾及印度洋西岸航线国家而言，其非学历生占比最高。

表 6-4　　　　　东盟国家来华留学学历生和非学历生　　　　单位：人

国家	2015 年学历生	2015 年非学历生	2013 年学历生	2013 年非学历生
文莱	8	54	14	15
柬埔寨	1 185	644	718	672
印度尼西亚	6 564	6 130	5 389	8 103
老挝	4 329	2 589	2 271	1 728
马来西亚	3 972	2 678	3 527	2 599
缅甸	1 659	3 074	1 262	1 037
菲律宾	536	2 807	367	2 550
新加坡	1 602	3 263	1 859	3 431
泰国	9 568	10 408	7 656	12 450
越南	6 971	3 060	8 838	3 961
总计	36 394	34 707	31 901	36 546

资料来源：《2015 年来华留学生简明统计》《2013 年来华留学生简明统计》。

由表 6-5 可知，南亚及波斯湾航线国家 2015 年来华留学学历生人数为 37 721 人，比 2013 年增加了 11 181 人；非学历生人数仅有 5 132 人，比 2013 年增加了 1 057 人。除此之外，南亚及波斯湾航线国家来华留学生中学历生和非学历生的比例高达 7∶1，相较于东盟国家、红海湾及印度洋西岸航线国家而言，其学历生占比最高。

表 6-5　　　南亚及波斯湾航线国家来华留学学历生和非学历生　　　单位：人

国家	2015 年学历生	2015 年非学历生	2013 年学历生	2013 年非学历生
孟加拉国	3 222	543	1 714	250
斯里兰卡	1 477	632	1 062	269
印度	15 240	1 454	10 848	933
巴基斯坦	14 395	1 259	10 020	921
马尔代夫	160	19	182	25
伊朗	919	471	656	509
伊拉克	475	130	306	196
科威特	51	23	31	15

国家	2015 年学历生	2015 年非学历生	2013 年学历生	2013 年非学历生
阿曼	33	14	40	25
卡塔尔	10	5	8	4
沙特阿拉伯	1 077	507	1 213	876
阿联酋	23	43	25	47
巴林	639	32	435	5
总计	37 721	5 132	26 540	4 075

资料来源:《2015 年来华留学生简明统计》《2013 年来华留学生简明统计》。

由表 6 - 6 可知，2015 年红海湾及印度洋西岸航线国家来华留学学历生人数
为 8 815 人，较 2013 年增加 3 115 人；非学历生人数为 3 803 人，比 2013 年增加
1 066 人。红海湾及印度洋西岸航线国家来华留学生中学历生和非学历生的比
例约为 2 : 1，其中坦桑尼亚留学生中学历生占比和也门留学生中非学历生占比
相对较高。

表 6 - 6　　红海湾及印度洋西岸航线国家来华留学学历生和非学历生　　单位：人

国家	2015 年学历生	2015 年非学历生	2013 年学历生	2013 年非学历生
也门	1 543	1 143	969	848
埃及	643	424	400	345
索马里	1 173	147	1 036	288
苏丹	1 344	658	978	351
吉布提	285	250	172	85
厄立特里亚	115	47	93	64
肯尼亚	1 198	516	865	454
坦桑尼亚	2 247	557	958	209
莫桑比克	267	61	229	93
总计	8 815	3 803	5 700	2 737

资料来源:《2015 年来华留学生简明统计》《2013 年来华留学生简明统计》。

由表 6 - 7 可知，东盟国家 2015 年来华留学生中，越南为硕士生占比最高的
国家，硕士生占比约为 34%，博士生占比约为 15%。对东盟国家总体而言，硕
士生占比超过 25%，博士生占比约为 6.7%。

表 6-7　　　　　　　东盟国家来华本科、硕士和博士留学生　　　　　单位：人

国家	2015 年本科留学生	2015 年硕士留学生	2015 年博士留学生	2013 年本科留学生	2013 年硕士留学生	2013 年博士留学生
文莱	6	1	1	12	1	1
柬埔寨	669	448	50	399	291	26
印度尼西亚	4 706	1 068	113	4 024	911	72
老挝	2 533	1 047	127	1 230	682	66
马来西亚	2 972	721	190	2 651	680	158
缅甸	856	241	111	753	215	50
菲律宾	369	82	19	242	66	16
新加坡	1 188	281	133	1 438	262	158
泰国	6 455	2 339	467	5 107	1 944	359
越南	3 477	2 344	1 062	5 219	2 547	984
总计	23 231	8 572	2 273	21 075	7 599	1 890

资料来源：《2015 年来华留学生简明统计》《2013 年来华留学生简明统计》。

由表 6-8 可知，在南亚及波斯湾航线国家中，2015 年巴基斯坦为来华博士生人数最多的国家，博士生占比约为 71.8%。2015 年南亚及波斯湾航线国家来华留学生中，硕士生占比约为 9.7%，博士生占比约为 12.0%。

表 6-8　　南亚及波斯湾航线国家来华本科、硕士和博士留学生　　单位：人

国家	2015 年本科留学生	2015 年硕士留学生	2015 年博士留学生	2013 年本科留学生	2013 年硕士留学生	2013 年博士留学生
孟加拉国	2 440	458	312	1 309	220	175
斯里兰卡	1 251	100	98	893	65	61
印度	14 414	616	208	10 273	446	127
巴基斯坦	9 276	1 878	3 238	7 590	908	1 522
马尔代夫	140	18	2	167	13	1
伊朗	256	223	434	228	186	238
伊拉克	179	155	141	83	91	132
科威特	50	1	0	26	5	0

国家	2015 年本科留学生	2015 年硕士留学生	2015 年博士留学生	2013 年本科留学生	2013 年硕士留学生	2013 年博士留学生
阿曼	13	14	4	26	12	2
卡塔尔	8	2	0	8	0	0
沙特阿拉伯	826	179	72	950	207	56
阿联酋	20	2	1	22	1	2
巴林	633	4	2	428	2	3
总计	29 506	3 650	4 512	22 003	2 157	2 319

资料来源:《2015 年来华留学生简明统计》《2013 年来华留学生简明统计》。

由表 6 - 9 可知,2015 年红海湾及印度洋西岸航线国家来华留学生中,本科生人数为 5 345 人,比 2013 年增加了 1 805 人;硕士生人数为 2 164 人,比 2013 年增加了 855 人;博士生人数为 1 216 人,比 2013 年增加了 388 人。总体而言,2015 年红海湾及印度洋西岸航线硕士生占比约为 25%,博士生占比约为 14%。

表 6 - 9　　　　　　红海湾及印度洋西岸航线国家来华
本科、硕士和博士留学生　　　　单位:人

国家	2015 年本科留学生	2015 年硕士留学生	2015 年博士留学生	2013 年本科留学生	2013 年硕士留学生	2013 年博士留学生
也门	907	447	181	577	259	128
埃及	107	243	243	43	165	192
索马里	1 034	131	8	992	42	2
苏丹	567	318	453	421	235	312
吉布提	216	66	3	142	27	3
厄立特里亚	28	68	18	17	67	9
肯尼亚	701	348	140	585	199	81
坦桑尼亚	1 586	483	163	565	286	100
莫桑比克	199	60	7	198	29	1
总计	5 345	2 164	1 216	3 540	1 309	828

资料来源:《2015 年来华留学生简明统计》《2013 年来华留学生简明统计》。

由表 6 - 10 可知,东盟国家 2015 年来华留学生中,获奖学金的人数为 6 647 人,比 2013 年增加了 1 094 人,其中,2015 年获奖学金留学生占学历生的比例超过18%。总体而言，东盟国家获奖学金留学生人数最多，但是其占学历生的比例，要低于红海湾及印度洋西岸航线国家。

表6-10　　　　　　　　　　东盟国家来华获奖学金留学生　　　　　　　单位：人

国家	2015年获奖学金留学生	2013年获奖学金留学生
文莱	3	5
柬埔寨	586	438
印度尼西亚	521	425
老挝	1 156	860
马来西亚	264	297
缅甸	249	165
菲律宾	63	49
新加坡	104	107
泰国	1 555	1 215
越南	2 146	1 992
总计	6 647	5 553

资料来源：《2015年来华留学生简明统计》《2013年来华留学生简明统计》。

由表6-11可知，2015年南亚及波斯湾航线国家来华留学生中，获奖学金的人数为5 295人，比2013年增加了2 240人。其中，2015年获奖学金留学生占学历生的比例约为14%。总体而言，南亚及波斯湾航线国家是奖学金受惠最低的地区。

表6-11　　　　　　南亚及波斯湾航线国家来华获奖学金留学生　　　　　单位：人

国家	2015年获奖学金留学生	2013年获奖学金留学生
孟加拉国	567	363
斯里兰卡	252	236
印度	400	334
巴基斯坦	3 635	1 780
马尔代夫	29	29
伊朗	267	159
伊拉克	119	114
科威特	0	0
阿曼	12	18

国家	2015 年获奖学金留学生	2013 年获奖学金留学生
卡塔尔	0	1
沙特阿拉伯	6	7
阿联酋	1	1
巴林	7	13
总计	5 295	3 055

资料来源:《2015 年来华留学生简明统计》《2013 年来华留学生简明统计》。

由表 6 - 12 可知,红海湾及印度洋西岸航线国家 2015 年来华留学生中,获奖学金的人数为 2 832 人,比 2013 年增加了 545 人。其中,2015 年获奖学金留学生占学历生的比例约为 32%,总体而言是获奖学金留学生占比最高的地区,说明红海湾及印度洋西岸航线国家来华留学受奖学金的影响较大。

表 6 - 12　红海湾及印度洋西岸航线国家来华获奖学金留学生　　单位:人

国家	2015 年获奖学金留学生	2013 年获奖学金留学生
也门	703	558
埃及	264	198
索马里	140	129
苏丹	592	456
吉布提	76	79
厄立特里亚	72	75
肯尼亚	406	339
坦桑尼亚	487	335
莫桑比克	92	118
总计	2 832	2 287

资料来源:《2015 年来华留学生简明统计》《2013 年来华留学生简明统计》。

(二) 中国与 "海丝路" 沿线国家的合作办学

1. 中国与 "海丝路" 沿线国家学历互认逐步推进

教育部已与 7 个 "海丝路" 沿线国家建立了学历学位互认机制,包括:东南亚 5 国 (泰国、越南、菲律宾、马来西亚、印度尼西亚)、南亚 1 国 (斯里兰卡)、北非 1 国 (埃及)。与此同时,我国境外办学也在稳步推进之中,截至

2016年，我国高校已在境外14个国家创办了4个机构，开展了98个办学项目，大部分集中在"海丝路"沿线地区。[①]

2. 孔子学院在"海丝路"沿线国家的布局逐渐扩大

根据国家汉语国际推广领导小组办公室（以下简称"国家汉办"）[②] 官网统计数据，整理得到"海丝路"沿线国家孔子学院与孔子课堂数量，具体如表6－13所示。

表6－13　　　　　东盟国家孔子学院创办数量和孔子课堂数量

国家	孔子学院创办数量	孔子课堂
文莱	0	0
柬埔寨	1	3
印度尼西亚	6	2
老挝	1	1
马来西亚	2	0
缅甸	0	3
菲律宾	4	3
新加坡	1	2
泰国	15	20
越南	1	0
总计	31	34

资料来源：原孔子学院总部/国家汉办官网，数据不断更新中。

由表6－13可知，东盟国家创办了31所孔子学院，开设了34个孔子课堂，其中在泰国创办的孔子学院数量为15所，约占东盟国家的一半，而缅甸和文莱还没有创办孔子学院。

由表6－14可知，南亚及波斯湾航线国家创办的孔子学院数量为15所，开设的孔子课堂数目为6个，其中在巴基斯坦创办的孔子学院数量为4所，其成为南亚及波斯湾航线国家中创办孔子学院数量最多的国家，而马尔代夫、伊拉克、科威特、阿曼、卡塔尔和沙特阿拉伯还没有创办孔子学院。

---

① 中华人民共和国教育部，"一带一路"上的中国教育行动，2017年5月25日，登录时间：2018年3月3日，http://www.jsj.edu.cn/n2/7001/12107/974.shtml。

② 现为"教育部中外语言交流合作中心"。

表 6-14　南亚及波斯湾航线国家孔子学院创办数量和孔子课堂数量

国家	孔子学院创办数量	孔子课堂
孟加拉国	2	1
斯里兰卡	2	1
印度	2	2
巴基斯坦	4	2
马尔代夫	0	0
伊朗	2	0
伊拉克	0	0
科威特	0	0
阿曼	0	0
卡塔尔	0	0
沙特阿拉伯	0	0
阿联酋	2	0
巴林	1	0
总计	15	6

资料来源：原孔子学院总部/国家汉办官网，数据不断更新中。

由表 6-15 可知，红海湾及印度洋西岸航线国家创办 11 所孔子学院，开设 6 个孔子课堂。其中，在肯尼亚创办的孔子学院数量为 4 所，其成为红海湾及印度洋西岸航线国家中创办孔子学院数量最多的国家，而也门、索马里和吉布提还没有创办孔子学院。

表 6-15　　　红海湾及印度洋西岸航线国家孔子学院
创办数量和孔子课堂数量

国家	孔子学院创办数量	孔子课堂
也门	0	0
埃及	2	3
索马里	0	0
苏丹	1	0
吉布提	0	0
厄立特里亚	1	0
肯尼亚	4	2

国家	孔子学院创办数量	孔子课堂
坦桑尼亚	2	1
莫桑比克	1	0
总计	11	6

资料来源：原孔子学院总部/国家汉办官网，数据不断更新中。

总体上看，"海丝路"沿线国家孔子学院布局不均衡。截至 2018 年底，"海丝路" 32 个国家和地区共建有 57 所孔子学院，开设 46 门孔子课堂。东盟区域的孔子学院数量最多，达到 31 所，孔子课堂数量达 34 个。原因是中国海外孔子学院多布局在基础条件好、合作模式全的国家和地区，而"海丝路"沿线国家基本是发展中国家和不发达国家，一定程度上给孔子学院发展布局造成了影响。

3. 合作办学不断成熟

2004 年国务院出台《中华人民共和国中外合作办学条例》后，我国中外合作办学正式迈入法治化轨道，进入良性发展阶段。随着"海丝路"倡议不断落实，中国致力于同"海丝路"沿线国家在青年就业、创业培训、职业技能等领域开展教育合作，现已就互拓留学规模、合作办学、奖学帮扶等制定相应措施；同时，许多地方政府和高校也积极开展合作办学、加强培训等教育合作并取得积极成效。另外，中国积极同"海丝路"沿线国家共建联合实验室（研究中心）、国际技术转移中心、海上合作中心，以促进区域间科技人才交流，协力提升区域间科技创新能力。

二、推进"海丝路"国家间教育合作的困难

（一）以传统民族语为主的语言体系影响教育合作

语言是文明的重要载体和标志，语言交流有助于促进不同文化的交融发展。目前，"海丝路"沿线国家众多，语言存在差异，各国多以本地区主要民族语言、葡萄牙语、阿拉伯语等为官方语言，不利于"海丝路"沿线各国间的教育合作。

1. "海丝路"沿线国家汉语言师资供不应求，影响教育合作

据教育部统计，汉语学习呈现出蓬勃发展的趋势，部分国家，如日本、泰国等国，已将汉语列入大学升学科目。据国家汉办资料显示，截至 2015 年 9 月，共开设了 495 所孔子学院和 1 000 个孔子课堂，分布于全球 134 个国家和地区。海外学习汉语的人数已超过 1.2 亿人，且以 50% 的幅度在增长。预计 2020 年海

外学习汉语的人数将达 2 亿人，届时全球至少需要万名汉语教师，海外汉语教师缺口极大，老师与学生的比例最高达到 1：20，师资数量严重不足，能达到合格标准的汉语教师人数更少。

除了海外汉语教师供不应求，专职、兼职教师流动性大等问题外，现有海外汉语师资规模不能与其高标准严要求相匹配，海外汉语教学作为中国文化对外传播的有效渠道，对专业性、教学质量要求较高，高质量海外汉语教师尚存在较大缺口。

2. "海丝路"沿线国家语言多样化，影响教育合作

"海丝路"沿线国家众多，语言存在差异，不利于扩大留学生规模。首先，不能灵活运用中文会对来华留学生在学习和生活上产生影响，语言上的差异限制了"海丝路"沿线国家来华留学生的积极性。其次，语言差异不利于中国留学生去"海丝路"沿线国家学习和交流，由于"海丝路"沿线国家语言众多，而我国小语种教育体系又相对不完善，阻碍了中国留学生"走出去"。最后，语言差异增加了我国非通用语教师的培养成本，也给孔子学院汉语教学增加了难度，不利于集中教学以及学生管理工作，如针对初级汉语水平的学生讲授汉语时，缺乏对方国家的语言能力就很难达到良好的教学效果。

（二）区域性经济差距、教育水平参差不齐状况影响教育合作

1. "海丝路"沿线国家教育水平不均影响留学教育

"海丝路"沿线国家中发达国家不多，经济水平和整体教育水平在国际上处于落后地位，且各区域及各国之间教育水平均存在差异。"海丝路"沿线国家教育水平不均对留学教育的影响主要体现在以下两方面。

其一，"海丝路"沿线国家整体师资队伍国际化水平偏低，影响教育教学质量，相对阻碍教育水平提升，不利于教育合作持续性开展和稳健发展。现阶段，"海丝路"沿线部分国家缺乏完整的教育教学配套硬件设备，教育制度亟待完善，较低的薪资待遇使得师资力量匮乏，科研教学平台等教育合作硬件支持尚处于空白状态或在建状态，所以，"海丝路"沿线国家的教育人才支撑与教育硬件支撑在国际上并没有很强的竞争力。

其二，"海丝路"沿线国家教育领域的法规体系建设滞后，影响教育体系合规化。国家内教育立法水平较低，全民的教育法律意识淡薄，教育监督体系不完善，会在一定程度上阻碍本国教育发展，进而影响国家间教育合作。随着"海丝路"倡议的推进，教育市场逐步开放是各国亟须攻破的难关，而各国现有的教育法规体系尚难以为教育市场开放提供制度保障，教育合作存在一定困难。

2. "海丝路"沿线国家经济水平不均影响教育合作

经济与教育虽然是两个完全不同的领域，但却有着十分密切的联系。区域经济的发展可以为其他领域的进步提供丰厚的物质基础和财力支持，是其他领域发展的重要支撑。可以说，区域经济发展对高等教育有深远的促进作用，如经济水平较高的东盟国家平均教育水平要高于红海湾沿岸大多数国家，来华留学生数量也明显高于其他地区。东盟 10 国中，经济发展呈现地域差距，在地理上表现为"南富北穷"，可以按经济发展水平分为四类层次：第一层次为发达国家新加坡和石油富国文莱；第二层次为新兴工业化国家马来西亚、泰国、菲律宾和印度尼西亚；第三层次为发展中的越南；第四层次为发展程度较低的柬埔寨、老挝、缅甸。南亚波斯湾航线及红海湾沿岸大多数为阿拉伯国家，大多为高收入的产油国，如海湾合作委员会六国的沙特阿拉伯、阿联酋、阿曼、卡塔尔、巴林、科威特，这些国家社会稳定，经济增长迅速；也有低收入的非产油国，如也门，北非的苏丹、埃及，部分国家社会局势动荡，经济甚至出现负增长。

各地区间经济发展不均，即各地区教育发展的资金支持与薪资待遇存在差异，具体表现为发展教育所需的硬件配备设施差异较大，且优秀师资人员的分布存在明显差异，而教育合作需遵循平等、独立并保持各方教育体系完整的原则，经济差异下可能存在非公平公正的合作，即可能存在政策倾斜或资金倾斜，这不利于长期与全面的教育合作。因此，由经济水平不均引致的教育差距过大会相对阻碍"海丝路"沿线国家间的教育合作。

（三）对教育合作心存疑虑，合作意识不强

1. "海丝路"沿线国家对教育交流与合作心存疑虑

"海丝路"沿线国家对教育交流与合作存在疑虑，目前"海丝路"沿线国家中仅 7 个国家与我国签订学历学位互认协议，并且作为"海丝路"的重要国家——印度始终反应冷淡，其既希望借助中国的援助资金来发展本国教育，培养专业人才，又害怕会对中国产生更大的依赖，充分反映了部分国家对开展文化教育交流存有顾虑。

2. "海丝路"沿线各国对教育交流与合作的重要性认知不足

"海丝路"倡议发端于推动经济发展，落脚在政策、产业、贸易、金融、科技、人文、教育等社会发展的多个方面。在"海丝路"建设中，我国从中央到地方均积极参与，相继提出诸多新概念，以强化丝路建设，各省市均希望把握政策机遇，大力发展经济，而对开展同"海丝路"沿线国家间教育交流的认知明显不足。可见，无论是从国内还是国际来看，对教育合作的重视程度远低于对经济发展的重视，这势必会阻碍教育合作的有序有效展开。

三、推进"海丝路"教育合作的对策

（一）扩大留学生规模，以留学教育促民心相通

扩大留学生规模，对"海丝路"沿线国家实现教育合作具有重要意义。留学生是国家优秀人才的重要组成部分，是各国之间友谊的纽带，能在促进两国民心相通中起到关键性作用，扩大留学生规模，既能推动教育合作交流，又对推进各国民心相通具有深远意义。

1. 完善留学生管理机制

其一，应完善留学生奖学金体系，为留学生提供资金支持。留学生奖学金是吸引高层次留学生生源必不可缺的因素，2014～2015 学年自费留学生占比高达 75.86%，而受益于中国政府资助的留学生占比仅为 10.83%，说明我国在留学生奖学金的机制建设上仍不完善。究其原因是留学生攻读硕士学位和博士学位的周期一般为 5～8 年，时间较长，即使学费全额资助，食宿方面也存在经济压力，而且"海丝路"沿线国家的来华留学生，本身经济状况就存在局限性，对政府奖学金的需求更多。

其二，提高"引智"水平，建立高水平的留学生管理队伍。留学生教学与管理紧密相关，通过完善"引智"政策设计，完善人才吸纳机制体系，改变单一交流访问的格局，在更深一层的互学互鉴中，实现多边人才流动，引导一批高学识、重纪律的优秀人才进入到留学生教学与管理体系中来。由于留学生文化背景、生活习惯等方面的差异，学校管理工作难度较大。高校要培养留学生管理者的工作能力，健全有关制度，打造优质的教育管理队伍，引进先进的教育管理模式和办学理念，利用国际教育资源，提高高校的国际化教育水平。此外，仍要通过换位思考来了解留学生精神文化需求，激发留学生的主观能动性，帮助其主动适应当地环境。

2. 完善留学生培养体系

其一，应建立完善的留学生招生、培养和服务体系。如加强校际交流以及与境内外的教育机构和中介机构的合作，扩大留学生招生与交流渠道；通过中外合作办学渠道，招收外国留学生，扩大学校影响力。

其二，重点加强国际化人才培养，设置适合国外留学生的学科。积极吸纳"海丝路"沿线国家中优良的教学模式和学科设置，以此来优化国内的教育教学工作，促进教育合作良好展开。此外，还要抓紧来华留学生教学和生活资源的建设，逐步建立健全全英文授课专业。

3. 联合培养国别和区域研究的专门人才

基于时代背景,国别与区域研究意义重大,通过培养国别和区域研究的专门人才,有助于推进"海丝路"建设和落实全球治理的开放格局,有利于丰富对相关国家的认知,对国际关系有一定的科学研判。为此,"海丝路"教育合作要高度重视培养国别和区域研究的专门人才。应结合"海丝路"各国经济社会发展需要,从全球治理、"海丝路"建设的要求和沿线各国人类学、民族学、地理学、语言文学和历史社会学等不同学科领域发展现状出发,形成区域国别研究的顶层设计,将语言文化研究、历史比较研究与政治社会研究等方法有机结合,加强对重点国家、重点区域、重点内容的研究,合作培育具有高技能的国别和区域研究专门人才。

(二)增强教育援助,以教育援助促民心相通

教育援助是在教育领域的一种援助方式,是发展援助的重要组成部分。作为重要的人文交流方式,对外教育援助既可显著改善受援国的教育基础,又可改善援助国的国家形象,提高其文化亲和力和吸引力,提升国家软实力。同时,教育援助也有助于促进民心相通,有助于带动援助国内部的各教育要素向受援国进行多层次的扩散和渗透,表现为援助国与受援国独特的文化、意识形态、政治价值观等的融合,使国家间民众相互了解,逐步实现在价值观念上的交流和互动。以下就如何增强对"海丝路"沿线国家实施教育援助提出对策。

1. 加强政府引导与管理

第一,明确教育援助原则。一是遵循平等的援助原则,对受援国的意愿保持尊重,不附加任何政治条件;二是强化受援国教育建设,即引导受援国的教育自主性建设,使其逐步摆脱对援助的依赖性。

第二,完善教育援助法律以及建立科学的教育援助评估机制。从法律政策规章层面,完善教育援助规范标准,增强教育援助的透明度,同时,可进一步规范项目评估工作,建立项目评估并进行年度披露。

第三,优化教育援助工作管理。一是项目前期评估教育援助项目的可行性;二是实现教育资源合理分配与有效利用,实现教育市场最优分配;三是设置双重目标导向,针对中等和低收入国家,既要重绩效也要重目标,使得教育援助保持可持续性。

第四,逐步形成分类绩效评价体系。基于多重绩效指标,构建多元化教育援助分类绩效评估体系,并有效运用大数据和云计算技术弥补传统评估监测的弊端,全面了解教育援助境况,以期后续采取更具针对性的行动来促进教育援助。

2. 以教育合作带动教育援助

第一，要丰富教育援助模式。目前，我国对"海丝路"沿线国家援助模式按内容和方式可分为基础建设、提供物资援助等常规援助和在当地进行各类技术合作、邀请受援国人员来中国参加培训等"软援助"两种类型，缺少教育解决方案的输出，缺少一体化的教育援助。2016 年末援外项目"中国援南苏丹教育技术合作项目"给予了我们新的启示，即重视加强教育解决方案的输出，重视加强一体化的教育援助，是我国对"海丝路"沿线国家进行教育援助需要努力的新方向。

第二，加强对来华留学生的培养。首先，拓展奖学金来源，将中国政府奖学金和地方政府奖学金结合起来，为来华留学生提供资金支持；其次，构建和完善留学生服务体系，充分考虑留学生家庭婚姻、子女教育、就业等各方面的需求，完善留学生社会化的支持体系；最后，建立完善的留学生档案，记载留学生的背景和学习期间的各类信息，尊重留学生个人经历，进一步促进教育文化交流。

3. 发展非官方教育援助组织

非政府组织形式的民间和社会力量同样是"海丝路"国际教育援助的坚实支撑。为此，需倡导民间和社会力量参与"海丝路"沿线国家教育援助项目，从基层层面携手推进"海丝路"沿线国家的教育援助。应设立独立的教育援助机构，一方面，可以提高援助管理效率；另一方面，可以有效避免部门间重复援助，实现资金充分利用、合理分配。应发挥孔子学院的独特作用，各地孔子学院可因地制宜开展教育援助或其他援助活动，通过援助活动实现汉语的推广与两国文化交流，为教育的互联互通打下坚实的基础。

（三）推动教育交流，以教育交流促进民心相通

受地缘、人文环境、经济发展水平和教育体系等因素影响，我国与"海丝路"沿线国家的教育交流合作还有较大提升空间。为此，结合各国差异化发展的现状以及地理语言等因素，我国与"海丝路"沿线各国开展教育交流合作应采取区别化、多层次、多样化的策略。具体如下：

1. 加快推进"海丝路"教育交流

政府在合作初级阶段应发挥主要作用，进一步扩大高层交流对话，搭建更多教育交流平台，为进一步深入合作奠定基础。对于交流基础薄弱的国家，需要政府牵头搭建教育合作平台，才能进一步深入交流。比如现阶段广西、贵州、海南、云南、新疆和宁夏的对外交流，主要还是由政府主导的教育对外交流。

随着各国政治经贸往来日益密切，我们面临新问题和新机遇，政府还需针对具体情况，创新合作交流新模式，进一步促进教育交流合作，为"海丝路"建设注入新动力。其一，要加强设计和战略的部署，完善合作的具体规划内容，同时加强机制体制建设，健全监督管理体系；其二，实现信息的有效对接，强化国家政府间信息共享，积极开展教育交流，分享教育领域的相关信息与战略规划；其三，遵从互惠互利的基本原则，共同致力于打造良好的中外教育环境，共同推动中国和"海丝路"沿线国家的教育合作。

2. 逐步提高境外办学能力

境外办学将有效服务于"海丝路"建设，通过人才互通促进文化交流，进一步推动"海丝路"设施联通、政策沟通、资金融通、贸易畅通等领域的合作，为深层次合作奠定基础。当前我国境外办学恰逢难得的历史发展机遇。一是具备良好的经济条件与国际环境，中国经济持续发展和国家影响力快速提升为境外办学提供了有力的支撑；二是随着对教育水平的高标准严要求，我国高校竞争能力不断提升，教育质量逐渐受到其他国家认可；三是国家层面"亲诚惠容"的周边外交理念和援外战略，特别是"海丝路"倡议的提出，为中国高校赴境外办学发展提供了有力的制度保障。为此，中国应该抓住机遇，逐步提高境外办学能力，具体措施如下：

第一，转变观念，提高认识。在重点合作国家开展境外办学，应当进行系统性研判，做好前期调研和能力评估，评估发展初期阶段境外办学在政策规划、学校能力建设等方面的优劣，避免盲目性发展。

第二，完善相关政策法规，尽快出台因地制宜的境外办学管理办法。我国《高等学校境外办学暂行管理办法》颁布已十余年，但其内容规范已明显滞后于现实发展的需要，亟须进一步补充完善。

第三，积极推动非学历生教育"走出去"。广大发展中国家面临就业率与经济发展不平衡问题，希望借鉴中国经验，培养非学历生，解决就业问题。为此，我国高校应充分利用自身优势，通过对外供给满足国外需求，探索互惠共赢的境外教育模式，对外输出中国教育服务，打造中国教育品牌。

第四，适当引入民间资本。境外办学面临诸多财务风险，投融资缺口较大，可鼓励民间资本进入境外办学以解决经费不足的难题。

第五，随着"海丝路"建设的稳步推进，我国国际地位、国际影响力不断提升，与之相伴的是国际教育交流合作的拓宽与深化，进而实现国家间不同文化的交流与碰撞，增强各国人民之间的相互了解和信任，推动"海丝路"沿线国家实现民心相通。

第二节　推进"海丝路"文化交流

　　2017 年 5 月，习近平主席在"一带一路"国际合作高峰论坛开幕式上的演讲中再次强调，"'一带一路'建设要以文明交流超越文明隔阂、文明互鉴超越文明冲突、文明共存超越文明优越，推动各国相互理解、相互尊重、相互信任"。[①] 文明是文化的内在价值，文化承载着一个国家的精神，是民族灵魂的核心体现。民心相通，本质上是要实现人与人之间心灵上的相通，其中最核心的是价值观的相通。而文化凝聚着国家民族的精神价值，是不同国家人民心灵沟通的最好媒介。以文化相通推进民心相通，是中国与"海丝路"沿线国家开展文化交流的要义所在。"海丝路"相关国家分布着不同种族、不同信仰、不同文化背景及生活方式的人民，文化差异巨大，但是具有特殊性的同时也存在着普遍性。我国应以尊重文化的多样性为前提，以开放包容的态度积极与"海丝路"国家开展不同文化、不同价值观念之间的交流对话，找到互通共鸣的情感，增进对彼此文化的了解，促进双方在价值理念上的沟通、理解和认同。通过文化交流，挖掘具有共性的核心价值观，加深各国人民对"海丝路"利益共同体的认识，增强对利益共同体的"归属感"，让"和平合作、开放包容、互学互鉴、互利共赢"的理念深入人心。中国与"海丝路"沿线国家需要共同努力，以文化交流促进文化认同，促进精神相通，进而实现国家之间真正意义上的民心相通。

一、"海丝路"文化交流现状分析

　　2013 年以来，中国与"海丝路"相关国家的文化交流不断加深。随着文化互联机制的构建，文化产业贸易的开展以及遗产保护、艺术交流等方面的合作，中国与"海丝路"沿线国家之间的文化交流与合作日益升温，民众间的相互了解程度不断提高，各国心相通，民相亲。本节将围绕机制互联建设、交流平台建设、文化产业和文化贸易、文化遗产合作、文化交流品牌建设及传媒交流合作等方面具体阐述中国与"海丝路"相关国家文化交流的现状。

（一）机制互联建设

　　2013 年以来，我国与"海丝路"相关国家的文化交流互联机制不断健全。

---

　　① 习近平：《携手推进"一带一路"建设》，载于《人民日报》2017 年 5 月 15 日，第 3 版。

据文化和旅游部《2017 年文化发展统计公报》显示，截至 2017 年底，中国已与 157 个国家签署了文化合作协定，累计签署文化交流执行计划近 800 个。目前，我国已与 20 个"海丝路"沿线国家签署文化合作谅解备忘录及文化合作协定，初步形成了覆盖"海丝路"主要国家和地区的政府间文化交流与合作网络。此外，文化和旅游部正在积极建立健全五大联盟——丝绸之路国际剧院、博物馆、艺术节、图书馆、美术馆联盟，其成员规模分别达到了 89 家、146 家、129 家、25 家、21 家，为中国与"海丝路"相关国家文化交流开辟了新渠道。①

（二）交流平台建设

中国文化中心是进一步促进中国与"海丝路"相关国家民心相通的重要平台，其主要职能围绕文化活动、教学培训、思想交流以及信息服务等四大方面展开。文化中心的设立旨在加强中国与"海丝路"各国文化交流与合作，促进民众之间的相互了解，增进友谊。中国已在非洲、欧洲、亚洲、北美洲以及大洋洲建立了 35 个中国文化中心，其中包括了坦桑尼亚、马耳他、泰国、斯里兰卡、老挝、新加坡、巴基斯坦、缅甸、越南等"海丝路"相关国家。②

（三）文化产业和文化贸易

文化产业的发展可以为文化交流提供广阔的舞台和无限机遇。早在 2005 年，中国和东盟签署的《中国—东盟文化合作谅解备忘录》就已提出缔约方积极开展文化产业领域的合作。2014 年，我国政府颁布《国务院关于加快发展对外文化贸易的意见》，极大地推动了文化产业的蓬勃发展，我国对"海丝路"相关国家文化贸易额逐年攀升。据统计，2017 年我国文化产品和服务进出口总额 1 265.1 亿美元，同比增长 11.1%；与"一带一路"沿线国家进出口额达 176.2 亿美元，增长 18.5%。③ 此外，原文化部于 2017 年 12 月印发了《2018 年文化部"一带一路"文化贸易与投资重点项目名单》，公示了"一带一路"文化贸易与投资重点项目，培育了一批重点文化企业和文化项目，为进一步推进与"海丝路"沿线国家文化交流合作和文化贸易发展作出指导。以文化产品为载体，中国和"海丝路"沿线各国民众进一步加深了对彼此价值观的沟通和了解，推动了双方价值理念的认同。

---

① 叶飞：《促进民心相通 铺就文明之路》，载于《中国文化报》2018 年 9 月 11 日，第 1 版。

② 中国文化中心：中国文化中心介绍，2015 年 2 月 10 日，http：//cn.cccweb.org/portal/pubinfo/001002011/20150210/0c793f933c364d4c90f8fffb54771d00.html。

③ 鲍雨：《发挥文化"走出去"在"一带一路"建设中的引领作用》，载于《公共外交季刊》2018 年第 1 期，第 12~16 页。

（四）文化遗产合作

"海丝路"相关国家现存的大量文化遗产，是丝绸之路精神和民心相通的历史见证。开展文化遗产合作，是促进我国和"海丝路"相关国家文化交流的有效方式。目前，我国已与柬埔寨、缅甸、越南和菲律宾等11个国家签署了12份文化遗产与文物安全方面的双边协定和谅解备忘录。与"海丝路"相关国家开展的联合申遗工作也有了新的进展，尼泊尔震后文物古迹、缅甸蒲甘佛塔和柬埔寨吴哥古迹保护修复等重大文化援助工程在国内外都取得了很好的社会效益。此外，我国国家文物局印发的《国家文物事业发展"十三五"规划》提出建设"一带一路"文化遗产长廊，也将进一步促进中国和"海丝路"相关国家文化遗产的交流合作。

（五）文化交流品牌建设

2013年以来，原文化部和国家旅游局大力推进对外文化交流品牌建设，在"海丝路"沿线国家相继举办了中国—东盟和中国—中东欧等多个文化年和旅游年。2015年，我国开始以"美丽中国——丝绸之路旅游年"为主题开展中华文化宣传推广活动，成功打造了"欢乐春节""中华文化讲堂""青年汉学研修计划""千年运河"和"天路之旅"等近30个中国国际文化和旅游品牌。2017年，"欢乐春节"在全球多个国家和地区举办了2 000多项文化活动，极大地丰富了中国和"海丝路"相关国家文化交流的内容。

除此之外，丝绸之路国际艺术节、国际民歌艺术节、丝绸之路（敦煌）国际文化博览会、戏曲艺术节、海上丝绸之路国际艺术节、文化年及文化周活动也打出了中国品牌，赢得了国外艺术界的认可。"丝绸之路文化使者"和"丝绸之路文化之旅"等重大文化交流品牌活动也进一步加深了中国和"海丝路"相关国家的文化交流。中央广播电视总台的"丝路名人中国行"等活动品牌在"海丝路"国家影响力更加凸显，深受相关国家媒体和受众好评。

（六）传媒交流合作

传播媒体是推动中国和"海丝路"相关国家文化传播和文化交流的重要平台，对促进各国"民心相通"具有十分重要的作用。2013年以来，中国与"海丝路"相关国家的传媒交流合作取得了开拓性的进展。

在广电传媒方面，"一带一路"倡议提出以来，中国与"海丝路"相关国家签订了一系列合作协议，中国广电传媒与"海丝路"相关国家媒体在异地采访、交换节目、人员沟通、技术培训、高层互访、影视合作等方面的交流取得了极大的突破。双方媒体跨境联合采访工作也有了很大进展，其合作模式在本土化、公司化的基础上有所创新，合作主体也由中央媒体拓展到各地广电机构，合作范围更加广泛。此外，中国围绕着"海丝路"主题举办了众多与"海丝路"相关国家有关的广播电视媒体合作论坛，充分发挥了地方媒体作为重要合作主体参与媒体合作的作用，不断扩大合作范围，创新合作方式，开辟合作新方向。在翻译出版方面，我国版权输出规模不断加大，输出内容也不再局限于中医药等传统文化，而是更多地介绍中国政治经济制度等内容，极大满足了国外读者的需求。世界各国翻译出版中国图书所涉及的语言，除了英文、法文、俄文、西班牙文、阿拉伯文5种联合国工作语言外，还有如孟加拉语、马拉塔语、越南语、泰语、马来语、柬埔寨语、波斯语、旁遮普语、古吉拉特语、僧伽罗语等主要"海丝路"沿线国家的语言。

此外，在传统报业杂志方面，中国也与"海丝路"相关国家积极展开合作。如2012年，广西广播电视台与越南相关机构合办《荷花》中越双语杂志；2013年，中国云南报业集团分别与马来西亚星洲传媒集团、印度尼西亚《国际日报》、缅甸《金凤凰》报社签署协议，积极开展新闻资讯交流互换合作，推出《美丽云南》新闻专刊等；2015年9月，人民日报社与印度尼西亚、老挝、缅甸、巴基斯坦、菲律宾、泰国6个"海丝路"相关国家的主流媒体机构在北京签署双边合作谅解备忘录，积极建立新闻产品互换机制。报业杂志与新闻产品互换的合作在一定程度上弥补了中国媒体对"海丝路"相关国家的知识储备与信息积累不足的问题，促进了各国民众的相互了解与民心相通。

二、"海丝路"文化交流的影响因素

（一）宗教文化冲突影响文化交流

1. "海丝路"沿线国家宗教种类繁多，文化习俗差异明显

宗教作为文化的一个重要元素，是存在于文化中深层次的东西，会影响人们的思维方式与价值观。任何一个宗教，经历了千百年的发展沿袭，已经形成一个庞大的体系。宗教不同，教徒的信仰、礼仪和戒律等都存在差异。因此，对宗教文化了解的缺乏轻则误导交流沟通，重则会引发民族纠纷。世界上存在着很多的宗教，如佛教、基督教、伊斯兰教、犹太教等。"海丝路"沿线国家的宗教信仰分布极广，据统计，沿线32个国家中，以佛教、伊斯兰教和基督教居多。在地理分布上，佛教主要分布在东南亚国家和南亚的斯里兰卡，其中泰国把佛教定为国教；南亚以及红海湾印度洋西岸的国家多信奉伊斯兰教，32 个国家中共有 13 个国家以伊斯兰教为国教；基督教在 3 条航线的国家中均有分布，有 14 个国家信奉天主教、基督教。佛教、伊斯兰教与基督教各有其特色，也有其相应的宗教禁忌（见表 6 - 16 至表 6 - 18）。

表 6 - 16　　　　　东盟国家宗教信仰

国家	宗教信仰情况
越南	主要宗教：佛教、天主教、和好教与高台教
泰国	90% 以上的民众信仰佛教，马来族信奉伊斯兰教，还有少数民众信仰基督教、天主教、印度教和锡克教
新加坡	主要宗教为佛教、道教、伊斯兰教、基督教和印度教
菲律宾	85% 信奉天主教，4.9% 信奉伊斯兰教，少数人信奉独立教和基督教新教，华人多信奉佛教，原住民多信奉原始宗教
缅甸	85% 以上的人信仰佛教，大约 5% 的人信仰基督教，8% 的人信仰伊斯兰教，约 0.5% 的人信仰印度教，1.21% 的人信仰泛灵论
老挝	居民多信奉佛教
马来西亚	伊斯兰教为国教，其他宗教有佛教、印度教和基督教等
柬埔寨	85% 以上的人信仰小乘佛教，大约 0.22% 的人信奉基督教，大约 2% 的人信奉伊斯兰教
文莱	伊斯兰教为国教，少数人信奉佛教、基督教等
印度尼西亚	约 87% 的人口信奉伊斯兰教，是世界上穆斯林人口最多的国家，6.1% 的人口信奉基督教，3.6% 信奉天主教，其余信奉印度教、佛教和原始拜物教等

资料来源：中华人民共和国外交部，查询时间为 2021 年 1 月 24 日。

表 6 - 17　　　　　南亚及波斯湾航线国家宗教信仰

国家	宗教信仰情况
孟加拉国	伊斯兰教为国教，穆斯林占总人口的 88%
斯里兰卡	70.1% 信奉佛教，12.6% 信奉印度教，9.7% 信奉伊斯兰教，7.6% 信奉天主教和基督教
印度	80.5% 为印度教教徒，13.4% 为穆斯林
巴基斯坦	95% 以上的居民信奉伊斯兰教（国教），少数信奉基督教、印度教和锡克教等
马尔代夫	伊斯兰教为国教，属逊尼派
阿联酋	居民大多信奉伊斯兰教，多数属逊尼派
阿曼	伊斯兰教为国教，85.9% 人口为穆斯林，大多为伊巴德教派

续表

国家	宗教信仰情况
巴林	85%的居民信奉伊斯兰教，其中什叶派占70%，逊尼派占30%
卡塔尔	居民大多信奉伊斯兰教，多数属逊尼派中的瓦哈比教派，什叶派占全国人口的16%
科威特	伊斯兰教为国教，居民中85%信奉伊斯兰教，其中约70%属逊尼派，30%为什叶派
沙特阿拉伯	伊斯兰教为国教，逊尼派占85%，什叶派占15%
伊拉克	居民中95%以上信奉伊斯兰教，少数人信奉基督教等其他宗教
伊朗	伊斯兰教为国教，98.8%的居民信奉伊斯兰教，其中91%为什叶派，7.8%为逊尼派

资料来源：中华人民共和国外交部，查询时间为2021年1月24日。

表6-18　　　　　　　　红海湾及印度洋西岸航线国家宗教信仰

国家	宗教信仰情况
也门	伊斯兰教为国教，什叶派占20%~25%，逊尼派占75%~80%
埃及	84%的人信奉伊斯兰教，为逊尼派，约16%的人信奉科普特基督教和其他宗教
厄立特里亚	国民信仰东正教和伊斯兰教的约各占一半，少数人信奉天主教或传统拜物教
吉布提	伊斯兰教为国教，94%的居民为穆斯林（逊尼派），其余为基督教徒
肯尼亚	45%信奉基督教新教，33%信奉天主教，10%信奉伊斯兰教，其余信奉原始宗教和印度教
莫桑比克	信奉天主教的教徒约有28.4%，伊斯兰教教徒约17.9%，其他多信仰原始宗教和基督教新教
苏丹	居民大多信奉伊斯兰教，属逊尼派
索马里	伊斯兰教为国教，穆斯林占总人口的99%
坦桑尼亚	居民中32%信奉天主教和基督教，30%信奉伊斯兰教，其余信奉原始拜物教

资料来源：中华人民共和国外交部，查询时间为2021年1月24日。

2. "海丝路"沿线国家呈宗教多样化，宗教隔阂掣肘文化交流

国家都倾向于追随文明相似的国家，抵制与它们没有文明共性的国家。[1] 古

---

① ［美］塞缪尔·亨廷顿著，周琪等译：《文明的冲突与世界秩序的重建》，新华出版社2010年版，第135页。

丝绸之路曾经极大地推动了中国与沿线各国人民的交流，中国的儒道思想西渐，起源于异域的佛教、景教、摩尼教等也相继传入中国。以丝绸之路为媒介拓展开来的中西文化交流，在明末清初耶稣会传入中国后达到顶峰。[①] 就宗教方面来看，中国在宗教文化的传播中本就与"海丝路"沿线各国紧密相连，所以两国民众在精神和信仰层面的沟通有着天然的优势。例如佛教，汉朝开始时就有不少中国僧人经东南亚去印度取经学法，也有许多外国僧人来中国传教译经。而明朝郑和七下西洋，将中国的佛教、妈祖和伊斯兰教带到他所经之地，尤其是为伊斯兰教在东南亚的传播做出了重要贡献。

但是，各国在地理、历史、民族等各方面存在差异，为宗教文化带来了多元性，与此同时一些分歧和矛盾也在特定条件下变得更加突出，对人文交流产生了一些负面影响。虽然当今已是信息时代，但是由于一些宗教特定的习俗和传统，对于初次接触异文化的民众而言仍然存在不适应性。人类社会在文化和宗教上的差异并没有随着全球化的快速发展以及信息技术的重大突破而消除，相反，在一些国家和地区仍然可以看到表现得十分激烈的文化及宗教上的排斥性与对抗性。有的沿线国家过分强调本土文化的独特性，十分抵触异质文化，加上一些宗教极端势力插手其中，这就使得文化交流难以开展。"海丝路"沿线国家文化及宗教方面的隔阂已然成为中国开展对外人文交流时的掣肘。

（二）多元语言形成沟通障碍影响文化交流

1. "海丝路"沿线国家呈语言多样化，语言人才匮乏

民心相通依赖于人的沟通，而人沟通的基础是语言互通。"海丝路"最长的航线可将中国与欧洲发达经济圈连接起来，横穿亚非欧数国，可以算得上是世界跨度最长的文化线路。由于民族种类众多，涉及的民族语言和方言数不胜数，"海丝路"沿线国家使用的官方语言的种类也较多。目前，我国高校教学尚未完全覆盖这些国家的语言，仍有多种语言未开设相关课程，人才储备状况堪忧。非通用语种覆盖面窄，语言专业布局不合理，关键国家和地区语言人才匮乏等问题将限制"一带一路"的建设。"海丝路"沿线国家官方使用语言情况具体如表 6-19 至表 6-21 所示。

---

① 邢丽菊：《推进"一带一路"人文交流：困难与应对》，载于《国际问题研究》2016 年第 6 期，第 5~17 页。

表6-19　　　　　　　　　东盟国家官方语言

国家	官方语言
越南	越南语
泰国	泰语
新加坡	英语、华语、马来语和泰米尔语
菲律宾	他加禄语和英语
缅甸	缅甸语
老挝	老挝语
马来西亚	马来语
柬埔寨	柬埔寨语
文莱	马来语
印度尼西亚	印度尼西亚语

资料来源：根据相关新闻资料整理。

表6-20　　　　　　南亚及波斯湾航线国家官方语言

国家	官方语言
孟加拉国	英语
斯里兰卡	僧伽罗语和泰米尔语
印度	印地语和英语
巴基斯坦	英语
马尔代夫	迪维希语
阿联酋	阿拉伯语
阿曼	阿拉伯语
巴林	阿拉伯语
卡塔尔	阿拉伯语
科威特	阿拉伯语
沙特阿拉伯	阿拉伯语
伊拉克	阿拉伯语和库尔德语
伊朗	波斯语

资料来源：根据相关新闻资料整理。

表6-21　　　　　　红海湾及印度洋西岸航线国家官方语言

国家	官方语言
也门	阿拉伯语
埃及	阿拉伯语
厄立特里亚	英语
吉布提	法语和阿拉伯语
肯尼亚	斯瓦希里语和英语
莫桑比克	葡萄牙语
苏丹	阿拉伯语
索马里	索马里语和阿拉伯语
坦桑尼亚	斯瓦希里语和英语

资料来源：根据相关新闻资料整理。

2. "海丝路"沿线国家语言互通程度低，阻碍民心互通

"海丝路"所经之地是全世界民族（族群）数量最多、分布最密的地带。据统计，仅东南亚地区的印度尼西亚就有150个民族，语言多达200种。[1] 南亚的印度有几百个民族，宪法承认的部落212个，语言和方言总数约1 652种。"海丝路"可以当之无愧地被称为"民族大通道"和"语言大长廊"。

一个国家文化的魅力、一个民族的凝聚力主要通过语言表达和传递，掌握一种语言就掌握了通往一国文化的钥匙。学会不同语言，才能了解不同文化的差异性，进而客观理性地看待世界，包容友善相处。[2] 虽然有些沿线国家的语言主体是汉藏语系，与汉语有着相似性，但是在特定民族或族群的长期历史发展过程中，已经与中国现在使用的汉语有很大的差别，而且汉藏语系内部本身就极其复杂，还分为汉语族、苗瑶语族、壮侗语族和藏缅语族。此外，沿线语言主体还有南岛语系、达罗毗荼语系、闪—含语系、印欧语系等，每种语言的语音、词汇、含义、语法差别都很大，致使语言双向直接沟通不仅数量倍增若干次方，实际也极其困难。[3] 目前，我国高校的外语语种教学设置比较单一，非通用语言人才匮乏，培养的专用语言人才数量远远不及市场需求。

---

① 约翰·W.亨德森、翁文章：《印度尼西亚的民族和语言》，载于《民族译丛》1981年第3期，第50～56页。

② 汪小丽：《"一带一路"亟需语言互通——以促进新疆民族语言互通为例》，载于《边疆经济与文化》2017年第12期，第106～110页。

③ 余玲、麻三山：《21世纪海上丝绸之路的语言交流互动平台构筑》，载于《学术论坛》2015年第11期，第68页。

（三）政治体制差异制约"海丝路"文化交流

1. "海丝路"沿线国家政治体制概况

每个国家在其发展过程中都会不断根据其独特国情调整自身管理模式与政治体制，以发展自己、增强自身实力。国际社会文明多样性的重要组成部分之一就是政治体制的多样性，中国倡导的"海丝路"建设是一个开放包容的平台，欢迎不同政治体制与发展模式的国家参与其中。"海丝路"沿线各国政治体制如表 6 – 22 所示。

表 6 – 22　　　　　　"海丝路"沿线各国政治体制

政治体制	国家
人民代表制	越南、老挝
议会共和制	新加坡、印度、伊拉克、孟加拉国、巴基斯坦
总统共和制	印度尼西亚、缅甸、菲律宾、斯里兰卡、马尔代夫
君主立宪制	泰国、柬埔寨、马来西亚、卡塔尔、巴林
君主专制	文莱、阿曼、科威特、沙特阿拉伯
贵族共和制	阿联酋
政教合一	伊朗

资料来源：根据商务部《对外投资合作国别（地区）指南》整理。

中国是社会主义国家，"海丝路"沿线国家既有社会主义国家（如越南、老挝），也有西方政体的国家（如实行君主立宪制的泰国、马来西亚、卡塔尔等，议会共和制的新加坡、印度等，总统共和制的斯里兰卡、印度尼西亚等），还有特殊的实行政教合一的伊朗，君主专制的文莱和沙特阿拉伯等。政治体制的多样性体现了沿线国家多元化的发展道路和治理模式，为有关国家政治上相互借鉴、模式上取长补短提供了有利条件。[①]

2. 政治体制差异制约"海丝路"文化交流

虽然不同的文化可以相互借鉴，但客观事实却是：国家间关系的建立受到政治体制差异不同程度的影响，正常友好的人文交流也因此受到了制约。首先，对一些沿线国家而言，殖民历史让这些国家对于国家主权十分敏感，反对外来政治的干涉。政治体制的差异使相互间理解与认同增加了难度，虽然中国一直以来倡

---

① 邢丽菊：《推进"一带一路"人文交流：困难与应对》，载于《国际问题研究》2016 年第 6 期，第 5～17 页。

导以和平共处五项原则为主的外交政策，但是这些国家仍然担心会受到来自中国的政治影响。其次，由于中国的语言和文化在这些国家的普及度不高，中国的政治制度还有待进一步被其他国家认识，这是个循序渐进的过程，人文交流只能慢慢推进。总之，由于政治体制的差异，"海丝路"沿线国家间的文化交流受到一定程度的影响。

（四）经济发展与文化贸易影响"海丝路"的文化交流

1. "海丝路"沿线国家经济发展水平影响文化交流

经济全球化背景下经济发展不平衡的问题日益凸显，虽然合作更加紧密，但是发展水平的差距并未因此缩小，反而愈演愈烈，并且带来一些政治和安全上的问题。当今世界，中心与外围的国际体系结构依然存在，"西方中心主义论"依然在世界政治、经济、文化等各个领域发挥着作用。世界体系中的中心国家一般通过经济优势、政治强力以及文明辐射等因素将周边或外围国家纳入自己主导的大格局中。[①] 在 32 个"海丝路"沿线国家中，大多数国家是中低等收入和低收入国家，其中还有 12 个国家被联合国列为最不发达国家，分别是：柬埔寨、老挝、孟加拉国、吉布提、厄立特里亚、莫桑比克、缅甸、尼泊尔、索马里、苏丹、坦桑尼亚、也门。按照世界银行的分类，各国经济发展水平如表 6 – 23 所示。

表 6 – 23　　　　　　"海丝路"沿线各国经济发展水平

经济发展水平	国家
高收入国家	新加坡、文莱、科威特、巴林、阿联酋、阿曼、卡塔尔、沙特阿拉伯
中高等收入国家	泰国、马来西亚、马尔代夫、伊朗、伊拉克
中低等收入国家	老挝、越南、柬埔寨、印度尼西亚、菲律宾、缅甸、尼泊尔、孟加拉国、巴基斯坦、印度、斯里兰卡、吉布提、埃及、也门、肯尼亚、苏丹
低收入国家	厄立特里亚、坦桑尼亚、莫桑比克

资料来源：世界银行，数据不断更新中。

两国商品（或服务）交换的过程，是商品（或服务）经济价值的实现过程，也是两国文化交流的过程。国家间进行商业往来，除了交易商品货物，一国同时也将本国的文化带入了另一国，而经济发达国家与经济不发达国家的经济合作使经济不发达国家很容易接受经济发达国家的文化，这是一种富强国家对贫穷国家

---

① 翟昆：《超越边缘化：世界体系论下的东盟共同体》，载于《人民论坛·学术前沿》2016 年第 9 期，第 33 ~ 43 页。

的吸附作用。

中国实行改革开放 40 多年来，经济发展水平突飞猛进，综合国力不断提升，不少国家希望通过与中国的文化交流来学习和借鉴中国的经验。中国与"海丝路"沿线国家近年来经济往来频繁，无疑对促进文化交流产生了积极的影响，但经济发展的不平衡仍对文化交流有一定的负面影响。

2. "海丝路"沿线国家文化贸易影响文化交流

随着"海丝路"建设的全面展开，中国同"海丝路"沿线国家间文化产业贸易日益频繁，显著促进了沿线国家间文化交流。首先，文化贸易合作促进各类商品的流通，比如中国同"海丝路"沿线国家主要就设计制品、工艺品进行贸易合作，设计制品、工艺品具有深厚的地域色彩，在一定程度上反映了该国的文化风貌，通过这些实物可以更实际地了解各国文化，这些产品成为文化的载体；其次，随着"海丝路"沿线国家文化产业贸易的全面展开，各国商业往来不断，货物运输的效率和运量亟须加强，各国纷纷强化陆路运输和海上运输路径建设，如中泰铁路建设、中巴经济走廊建设，海陆运输新线路的构建，有效衔接了"海丝路"沿线国家，为"海丝路"沿线国家文化交流搭建起桥梁；最后，贸易合作带动商务往来，因商务活动出入境人数显著增加，跨国文化产业企业数量也会增多，经销商还会针对贸易活动举办具有针对性的特色文化节，这些人员的流通本身就属于文化交流的一种形式。此外，随着中国同"海丝路"沿线国家间文化产业贸易的发展，视觉艺术、新媒体等新型文化交流形式得到进一步发展，文化交流形式逐步扩展。但是，我国的文化产业在"走出去"过程中也面临着缺乏顶层设计、创新力不足、缺乏文化品牌等问题，要进一步推动同"海丝路"沿线国家的文化交流，促进各国经贸、文化的发展及提升我国文化实力，依然有很长的路要走。

三、"海丝路"文化交流路径

（一）构建中国与"海丝路"国家文化交流机制

1. 加强政府沟通合作

目前，我国与"海丝路"相关国家之间的文化交流尚处于起步阶段，缺乏健全的文化交流机制，相关制度法律法规及风险管理办法还不完善。因此，有必要建立健全中国和"海丝路"相关国家文化交流机制，解决文化交流过程中沟通不畅、频繁受阻的困难，推动双方文化交流。我国应积极与"海丝路"相关国家开展政府间文化交流方面的沟通与合作。成立中国和"海丝路"沿线国家政府间合作委员会，统筹规划和协调国家文化交流工作。建立文化部长会晤机制，签订政府间文化交流合作协定、谅解备忘录以及年度执行计划等文件，指导和落实文化交流项目。建设并深化中国和"海丝路"沿线国家人文合作委员会、文化联委会等合作机制，推动中国与"海丝路"沿线国家建立文化遗产保护和世界遗产申报长效合作机制。同时要完善区域性文化交流合作机制，中国各省区市应充分利用自身优势与"海丝路"相关国家开展遗产保护、文艺创作等方面的文化交流，积极搭建地区文化交流合作平台。

2. 促进文化机构合作

中国与"海丝路"相关国家构建文化交流机制，不仅需要政府间的沟通，还需要双方文化机构的合作。目前，文化和旅游部正在积极推动建立丝绸之路国际图书馆联盟、丝绸之路国际美术馆联盟、丝绸之路国际剧院联盟、丝绸之路国际博物馆联盟、丝绸之路国际艺术节联盟以及丝绸之路国际艺术院校联盟。[①] 在推动联盟建设的同时，要进一步加强同"海丝路"各国文化机构的直接合作，建立与"海丝路"沿线国家城际文化交流合作机制，为推动中国与"海丝路"相关国家文化交流合作提供更多平台，为"一带一路"建设夯实民意基础。

3. 鼓励民间文化交流

民间文化交流是构建中国与"海丝路"沿线国家文化交流机制的重要一环，对促进民心相通具有十分重要的作用。加强中国与"海丝路"各国民间团体文化交流，可以为国家间关系的发展奠定社会基础。我国政府应该主动引导和邀请"海丝路"相关国家民众与社会各界人士来中国参观访问，接触中华优秀文化，同时鼓励中国民间文化人士积极"走出去"，促进双边文化交流。

在民间文化交流过程中要充分发挥企业的作用。要鼓励中国企业"走出去"，同时组织国外相关企业界社会人士来中国参观交流，促进经济文化的良性互动，推动各国企业界人士开展文化交流。要重视"海丝路"相关国家华人华侨企业家在文化交流中的作用，通过华人华侨来促进中国同"海丝路"相关国家民间文化交流，往往能够取得更好的效果。

（二）加强中国与"海丝路"文化产业合作

1. 打造国内文化产业

文化产品是一国文化中价值精神的载体，通过文化产业合作促进"文化相通"，是实现中国与"海丝路"沿线国家民心相通更切实有效的途径。我国要积极打造国内文化产业，为双方文化交流奠定基础。要以企业为主体，以市场为动

---

① 应妮：《五大联盟构筑"一带一路"文化交流合作机制》，中国新闻网，2018 年 8 月 21 日。

力，进一步推进同"海丝路"沿线国家企业间的文化产业合作。第一，调整文化产业结构。目前中国文化产品对"海丝路"沿线国家出口的内容单一，主要是有形商品，且具有原创内容的文化产品出口并不顺利。我国应根据"海丝路"相关国家市场情况，调整文化产业结构，推动文化产业点对点贸易和发展。第二，促进国内文化产业均衡发展。目前中国文化产业发展水平较高的地区主要集中在北京和东部沿海地区，而与"海丝路"沿线国家合作的重点区域——中西部地区则相对比较落后，这无疑会影响中国同"海丝路"沿线国家文化产业合作的深度和广度。因此，有必要整合国内文化资源，给中西部地区提供一定的政策支持和人才支撑，促进国内地区文化产业均衡发展。

2. 建设"海丝路"沿线国家文化产业园

"海丝路"沿线大部分国家相对闭塞，基础设施薄弱，文化产业发展落后，我国在打造国内文化产业的同时，也要弘扬国际援助精神，积极帮助"海丝路"沿线国家建设具有时代文化产业特征的文化产业园。这不仅可以提高"海丝路"沿线各国文化产业发展水平，而且有助于实现各国的文化产业贸易对接，形成点对点的文化交流与互助产业基地。具体来说，我国可以为"海丝路"沿线国家文化产业园的建设提供必要的人力、物力和财力的支持，切实帮助"海丝路"沿线国家实现文化与经济同步发展。在帮助"海丝路"沿线国家建设文化产业园的过程中，我国可以获取更加宝贵的经验，为进一步丰富文化交流内容创造条件。同时也可以提高我国在"海丝路"沿线国家中的友好形象，传播中国在文化交流中的"和文化"理念，增加国家互信，让文化产业园成为推动中国和"海丝路"沿线国家民相近、心相通的有力支撑。

3. 健全文化产业"走出去"机制

文化产品蕴含着国家文化和价值理念，通过健全文化产业"走出去"机制，可以为文化产业合作贸易提供更多渠道，进而促进中国同"海丝路"沿线国家文化思想交流，发挥文化产业在促进民心相通方面的关键作用。因此，我国应完善文化产业发展相关法律法规，严格管理"走出去"的文化产品质量，规范文化产品"走出去"工作，监管文化产品市场秩序，积极引导国内文化产业向"海丝路"国家"走出去"工作有序开展；注重培养文化产业相关人才，"海丝路"沿线国家语言和文化方面的差异是限制我国对外文化交流的重要因素，因此急需培养一批外语娴熟、业务精通的人才队伍，为我国文化产业"走出去"提供人才保障；增加对"海丝路"沿线国家文化产业投资的政策指导和扶持，创新文化产业激励机制，鼓励发展创意文化，打造我国文化产业品牌效应，提高我国文化产品"走出去"的能力和水平。

（三）促进中国与"海丝路"民族文化互鉴

1. 坚持文化自觉和自信

中国与"海丝路"相关国家开展文化交流，前提是要充分认识和了解自己本国的文化，发现自身发展规律，也就是"文化自觉"。我国与"海丝路"沿线国家开展文化交流要始终坚持文化自觉，明确自己的位置，在保持本国文化特质，保障文化安全的同时，积极适应"海丝路"多元文化，取长补短，共同走向文化繁荣。文化自觉是文化自信的基础，而我国的文化自信又来源于中华文化的源远流长和博大精深。"海丝路"沿线国家文化的多样性势必会导致交流过程中文化的交汇和碰撞，我国要充分发扬传统文化中兼容并蓄的包容精神，凝聚各国力量，深化交流，促进各国文化共同发展。坚定文化自信，展现中华文化的魅力，以中国风范和民族精神赢得"海丝路"沿线国家对我国文化的价值认同，增加文化互信，促进心灵相通。

2. 主动学习和借鉴各族文化

文明是一个国家和民族的灵魂，"海丝路"相关国家的文明和文化具有多样性，每个国家的民族文化都有其自身特点和长处，不同国家间的文化文明互鉴可以促进文化交流。我国在同"海丝路"沿线国家文化交流过程中，既要保持文化自信，同时也要承认和尊重其他国家的思想文化。中国自古以来就是东方大国，随着国力的不断增强，大国形象更加明显。这不免让"海丝路"沿线部分国家在同中国合作交流过程中产生担忧。为打消这些国家的疑虑，提升信任感，我们要以虚心和包容的态度进行文化交流，主动学习和借鉴"海丝路"各民族优秀文化，塑造亲切友好的国家形象。在交流的过程中要考虑到其他国家的思维习惯和表达方式，提高交流的有效性，营造良好互动氛围。同时要注意的是，我国与"海丝路"沿线国家之间的文化和文明互学互鉴要以本民族实际为基础，坚持取长补短、去粗取精、去伪存真。

3. 加强文化对话与交流

文化对话与交流是中国和"海丝路"沿线国家民心相通的重要方式。"海丝路"不同国家和民族文化上的巨大差异往往会导致其对中国文化认知不足，甚至存在误解。而开放包容的文化对话交流可以提高"海丝路"沿线国家对中国文化的兴趣，增进双方之间的了解和友谊，形成相互欣赏、相互理解、相互尊重的人文格局。因此，中国应以开放包容、兼收并蓄的态度与"海丝路"沿线各国开展语言、宗教、文学、艺术、科学、教育等方面的文化对话与交流，鼓励各国积极参与，让其对我国文化有更深的认识，促进友好互信。

（四）推动中国文化向"海丝路"国家传播

1. 创新文化传播理念

一直以来，中国文化的对外传播主要以"单向宣传"为主，缺乏双向沟通，这种传播模式不利于提高我国文化在"海丝路"沿线国家中的被接受度和认可度，可能还会造成"强制灌输"的印象而遭到抵制。我国应该创新中国文化传播理念，改变传统的主导和灌输的思想，由"宣传本位"转换成"传播本位"和"受众本位"，由"单向宣传"变为"双向交流"，增强和"海丝路"沿线国家的文化互动，避免"自说自话"。要尊重"海丝路"沿线不同国家和民族的文化心理，根据不同的文化特征进行有针对性的精准化传播交流，选择合适的表达方式和沟通理念，建立双向平等的文化传播交流模式。坚持平等、真诚、客观、实在的文化交流态度，以赢得"海丝路"沿线国家发自内心的理解、尊重和好感，促进中国和"海丝路"沿线国家民众真正的心与心沟通和交流。

2. 丰富文化传播内容

我国历史悠久，文化资源丰富，但在对外传播中存在着重形式轻实质、重传统轻现代的问题，以致"海丝路"沿线不少国家对中国文化的印象仍然停留在唐诗宋词、戏剧旗袍和中国功夫等文字符号，未能真正了解中国文化的精神价值所在。事实上，我国现代文化充分吸收融合了传统文化的有益内容，具有更强的包容性和创新性，而且与"海丝路"沿线国家文化有更多共同点，更容易被他们所接受。因此，在向"海丝路"沿线国家文化传播过程中，我国应注重将文化资源转变成文化优势，丰富文化传播内容，坚持传统与现代并举，充分挖掘文化符号背后蕴含的精神文明，全面展现中国文化的真正内涵和价值。要积极寻找中国同"海丝路"沿线国家的文化共性，避免文化冲突，根据"海丝路"沿线不同国家的意识形态和文化背景，选择特定传播内容，满足不同受众的文化需求，促使中国文化有效传播。通过进一步丰富中国文化传播的内容，让"海丝路"沿线各国对中国睦邻、安邻、富邻以及"亲、诚、惠、容"的理念和价值观有更深的理解，开启我国和"海丝路"沿线国家民众心灵相通的理解之门。

3. 拓宽文化传播渠道

目前，我国对外文化传播渠道建设远远不够，传播渠道的匮乏不利于扩大中国与"海丝路"沿线国家的文化交流。未来我国应继续建设和发展中国文化中心和孔子学院等文化传播平台，传播中国的文化、理念和价值观。支持培养面向"海丝路"的传媒企业，发展网络媒体，提高文化传播技术，为中国向"海丝路"沿线国家文化传播提供更多渠道。民营媒体、智库机构也要在与"海丝路"沿线国家文化合作交流中展示中华文化的魅力。同时，鼓励海外华人华侨和港澳台同胞积极传播中华优秀文化，发挥"海丝路"沿线国家来华官员、学生、游客潜在的传播力量。通过建立起多元化的文化传播渠道，进一步推动中国文化"走出去"，显示中国主动和"海丝路"沿线各国开展文化交流的积极态度，促进中国和"海丝路"沿线国家民众之间的相互了解和认识，切实推动民心相通。

第三节　推进"海丝路"科技合作

科技合作是推进"海丝路"建设最直接、最有效的民心相通路径之一，起着引领和导向的作用。科技合作指不同国家间的科技组织、科技型企业和科研人员以共同的科研目的而开展的合作活动，有不同的合作层次、多样化的合作形式和较强的现实针对性等特点，多以技术转让、科技援助、开展联合培训、建立联合实验室和举办科技学术会议为主。通过技术转让和科技援助能最直接、最有效地解决合作对象国所面临的现实问题，改善民生，增强双边互信；通过开展联合培训能更直接地输送优秀的科技人才，服务国家发展；通过建立联合实验室和举办科技学术会议能更有效地开展高层次的科技合作，探讨双边科技合作的重点和未来合作的方向，充分利用中国与"海丝路"沿线各国的科技优势，加深彼此间的理解和互信，促进民心相通。

当前中国与"海丝路"沿线各国的科技合作内容多涉及以农业科技、生物医药、生态环境和防震减灾为代表的科技合作，农业、医药、环境和防灾等都是涉及民生之本的合作内容，中国与"海丝路"沿线国家通过开展以双边民生为根本的科技合作，以技术转让、联合培训等形式开展合作能最大限度地带给合作国人民"看得见""感受得到"的福利。因此，通过科技合作能最直接、最有效地实现互帮互助、互惠互利，从而进一步促进中国与"海丝路"沿线国家的民心相通。

一、科技合作的基本研究

（一）科技合作的基本内涵

科学是一种实践活动，是人类为探求自然本质和规律而开展的活动。技术是一种技能体系，体现为人类为满足自身需要和掌握该技能体系而充分认识和运用自然规律。① 根据一般情况下合作的定义，本节将国际科学合作定义为：两个及以上不同国家（或地区）的研究人员（或组织、企业）因共同的科研目的而共同发现学习新的科学知识。国际技术合作是指两个及以上的不同国家（或地区）的科学技术研究人员（或组织、企业）通过技术合作，共享科技资源。② 国际科技合作通常是指两个及以上的不同国家（或地区）间进行科技的交流与合作，从而实现科技资源共享，以达到合作方之间在科技上的优势互补或强强联合；在法律层面是指两个及以上不同国家（或地区）间的法律主体就相关科技活动依照相互间约定、国际条约和相关惯例所进行的相互配合、交流与合作。国际科技合作内容和形式多种多样，可以是科学合作，也可以是技术合作；可以是正式合作，也可以是非正式合作；可以是双边合作，也可以是多边合作。（1）合作形式多种多样，包括国际学术（交流）会议、学者互访、联合培训、项目合作与论文发表、技术转移和转让、科技援助、产品联合研究开发、建立联合研究机构和联合实验室、科技信息共享、建设科技网络共享平台等；（2）合作内容广泛，包括人才交流、资金支持、信息共享、技术合作、设备购买、产品和项目研发以及相关贸易合作等。科技合作的层次也很多样：包括科研人员间合作；科研企业和科研机构间的对接合作以及政府间的对等合作。综上可知，当下，国际科技合作从研究层次来讲，其深度越来越深入；从研究规模来看，变得越来越大；而具体到研究内容来分析，则是逐渐日趋前沿。

（二）国际科技合作特征

当前国际科技合作表现为以下几个突出的特征：

一是国际科技合作不断深入发展。随着各国对科技发展的日益重视，国际科技合作正在逐步深化，科技合作的规模不断扩大、层次不断扩展、领域不断增多、形式和内容日益多样化，发达国家和发展中国家都在积极推动国际科技合作，如国际热核聚变实验反应堆计划（ITER）、《世界科学联盟协议》、平方公里阵列射电望远镜（SKA）等。而且，当下的科技合作并不仅局限在发达国家之间，发达国家与发展中国家、发展中国家间，乃至区域经济体间的科技合作都在不断加强。同时，合作层次除了政府间的科技合作外，大学、科研机构、科研组织（或企业）以及产业集群间的科技合作也正在迅速发展，多样化的合作格局已逐渐显现。

---

① 王文平：《基于科学计量的中国国际科技合作模式及影响研究》，北京理工大学博士论文，2014 年。
② 陈健雄、徐翔：《国际技术合作的动因及其理论解释》，载于《国际经济合作》2009 年第 12 期，第 19～23 页。

二是发达国家在国际技术贸易中依旧是主导者。在当前的国际科技合作中，不可忽视的是发达国家间开展的多层次、多领域的科技合作。发达国家通过实行对外援助，签订科技外交协定和备忘录等措施，获取对发展中国家的资源和能源的掌控权，从而获得相关利益。通过积极参与国际重大科技项目和计划，推动全球科技资源的整合和有效配置。

三是战略性新兴产业合作成为国际科技合作的新重点。随着经济社会发展的需求不断变化，在不同发展时期，世界社会经济发展需求所面对的问题日益多样化，新能源、航空航天、低碳、生物医学等新兴产业已成为当前国际科技合作的新关注点。

四是跨国公司在科技合作中的作用逐渐显现。在国际科技合作发展过程中，跨国公司是不可忽视的一方面，其掌握着十分丰富的科技资源，并且其全球研发进程也在不断加快，这些跨国公司在发达国家的对外科技合作中有着十分重要的影响。目前全球范围内大约有 6 万多家跨国公司，在生产方面，占比达 1/3；在技术转让方面，占比达 70%；在国际贸易方面，占比达 2/3；在对外直接投资方面，覆盖了 90% 的外商直接投资。

（三）"海丝路"背景下科技合作的机遇

随着"海丝路"倡议的不断推进，沿线国家接连在不同领域进行了多方面的合作，合作主要集中在科技、人才、投资、旅游、文化交流等方面。当前，世界经济结构和竞争格局正在发生着明显的改变，这与当前的产业变革以及新一轮科技革命有着密不可分的关系。突出表现就是全球化日益深入、信息化不断加快和网络化不断拓展，创新要素的开放性日益加强、流动性日益加快，使得世界经济日益变成紧密相关、密不可分的整体，科技作为推动经济发展和社会进步的根本动力已成为国际共识。面对当前国际经济形势的深刻变化，我国在"海丝路"建设中应持续推进科技创新和科技合作，推动"海丝路"科技合作建设也是沿线各国应对社会发展形势和对外合作的必要条件。因此"海丝路"背景下科技合作机遇已逐渐显现，具体表现在：

1. 科技创新型成果的输出

整体来看，我国近年来在科技和创新能力等方面得到了很大提升，开始步入世界科技研究中心。从研发的投入来看，我国已经成为研发经费投入大国，投入额仅次于美国，研发投入在全球的占比不断增加。2016 年我国研发支出为 15 677 亿元，较 2012 年上涨 52.5%；科技人员也已经超过 8 000 万人，约占全球科技人员总量的 31%，居全球首位；从科技创新的主体来看，"自然指数"排行榜是国际公认学科实力排行榜，中国科学院独占鳌头，已连续 5 年综合实力居世界首位。此外，我国重要科技成果不断涌现，通过"一带一路"倡议的进一步推进，将不断实现科技成果输出，改善"海丝路"沿线国家的民生问题和实现产业转型升级。

2. 产业的发展、转型和升级

"海丝路"倡议的逐步推进会产生难以估量的商品需求、产业合作与科技合作空间，这将给国内经济社会发展带来不可忽视的影响，"海丝路"建设给当前国内产业创造了规模较大的市场发展空间，能明显地推动制造业、通信、新能源、航天等新兴技术产业的进一步提升，也有助于国内产业的转型升级，增强我国的国家竞争力和竞争优势。"海丝路"沿线国家对基础设施等的建设、对环保标准的要求，以及对高新技术产业的巨大需求都将给我国产业升级转型带来新的发展机遇。

3. 重大科技合作的联合攻关

我国的科技创新将在"十三五"时期加大对外合作，逐步深化国际性合作，科技创新的推进和计划将以更加宽广的全球视野稳步进行，将在主动融入世界科技创新网络的同时参与世界创新网络的建设，积极寻求科技创新开放式合作的新方法。从整体来看，我国与"海丝路"沿线国家在经济社会的当前现状和未来需求等方面存在较多的共通的地方，在环保、卫生、医疗、防灾减灾等多方面也都有着需要共同应对的问题，因此，深入科学合作研究十分必要。当前，我国同大多数沿线国家已经具备了较为积极、稳定的双边政府，企业和相关组织间科技创新合作关系的建立、一系列科技创新型平台的建立、各种类型技能培训班的广泛举办，以及沿线国家来华工作杰出青年科学家数量的不断增加等都体现了双边科技合作取得的成果。从长远来看，双边应加强在基础设施、新材料、环境保护、农业技术、人口与健康、航空和航天等方面的国际科技合作深度，逐步舍弃"传统产能"的合作，发挥各自优势，逐步转为"新产能"合作。

二、中国与"海丝路"沿线国家的科技合作

（一）科技合作现状

当前，全球经济发展在逐步调整中实现缓慢复苏，新一轮产业变革和科技革命发挥着不可忽视的作用，世界各国一致认为创新是推动可持续发展的根本动力。通信、生物医学、新能源、新材料等技术不断深入发展，同时实现了群体性技术的有效突破，群体性技术往往具备绿色智能的特点。全球发展态势实现了经济转型发展和科技产业变革相互影响、相互促进的局面。在全球新的发展态势

下，合作共赢是当前国际关系的核心，促进构建新型国际关系是实现创新性科技合作的重要方法，这也将作为一种有效途径保障我国外交战略顺利实施，同时还有利于我国参与全球治理，融入全球科技创新合作网络。从"十二五"到"十三五"，我国科技创新的整体能力得到飞速提升，国际科技合作实力和影响力逐步增强，形成了全方位、多层次的国际科技合作体系。我国加大了对科技合作的投入力度，从而显著提升了科技合作的能力。在政府推动引导下，民间组织积极参与，在这种多角度合作下，较为完整的国际科技合作的网络初步形成。据中华人民共和国科学技术部数据显示，截至 2017 年，我国已建立了 642 家国家级国际科技合作基地，其中包括 29 个国际创新园、169 家国际联合研究中心、39 家国际技术转移中心及 405 家示范型国际科技合作基地。我国已经与超过 160 个国家和地区建立了科技合作关系，政府间科技合作协定的签订超过了 120 项，同时也已经加入了超过 200 个政府间国际科技合作组织，较为稳定的政府间合作机制初步形成。在"科技伙伴计划"框架下，国家间不断开展各项务实合作，拓展了科技合作新格局，与发展中国家的科技合作值得关注。科技合作在支撑和引导企业"走出去"方面效果显著。中国同"海丝路"沿线国家的科技合作进展迅速，选取重点领域科技合作项目，开展国家、企业和民间等多层次、多领域的科技合作项目。2018 年 11 月，"一带一路"国际科学组织联盟成立。联盟由中科院倡议并与沿线国家在"一带一路"倡议框架下共同发起成立，将有利于进一步开展科技合作、聚焦面临的共同挑战、促进科技政策沟通、开展重大科技合作计划，进一步促进人文交流和实现民心相通。

1. 中国同东盟国家科技合作的发展

2012 年 9 月 22 日，"中国—东盟科技伙伴计划"正式启动。该计划的主要目的是通过开展中国和东盟成员国间的各项科技与创新合作，分享科技发展经验，增强中国与东盟各国的科技能力，加速实现地区经济、社会和文化协调发展的局面、实现东盟宗旨，加速双边在科技领域的密切融合，造福各国人民。"中国—东盟科技伙伴计划"深入综合了东盟及其成员国各自科技发展规划的侧重点。[①] 根据科技伙伴计划，中国和东盟国家将在政策咨询、技术服务、人力资源开发合作研究、合作载体共建和中国—东盟技术转移平台网络建设等重点领域开展合作。中国与东盟国家科技合作发展现状如表 6 - 24 所示。

---

① 中华人民共和国科学技术部：《科技部启动中国—东盟科技伙伴计划》，2018 年 1 月 16 日，http：//www. most. gov. cn/kjbgz/201210/t20121017_97278. htm。

表6-24   中国与东盟国家科技合作发展现状

对象国	科技合作现状
新加坡	合作主要集中在绿色技术、资讯科技、生物医药和水资源管理等领域，已举办13次中新双边合作联委会会议
文莱	合作集中在卫星导航、传统草药、电子商务、新能源和可再生能源及海洋养殖等领域，中国—文莱技术转移中心的建立、中国与文莱重点技术合作领域以及人才交流计划等项目正在进行中
印度尼西亚	合作集中在信息通信、海洋科学、生物技术、防灾减灾、太空科学、现代农业、节能环保、新能源、机械制造和生物制药等领域，已举办6次中国—印尼科技合作联委会会议，中国—印尼技术转移中心也在计划建设实施中
越南	合作集中在信息通信、气候变化、技术应用和转移、农业、生物、新能源与可再生能源等领域，已举办10次中越科技合作联委会会议，中国—越南技术转移中心也在计划建设实施中
菲律宾	合作集中在新能源、健康与生物医药、农业、水产养殖与海洋科技、卫星数据共享服务以及人才培养交流等重点合作领域，已举办15次中菲科技合作联委会会议、5次中菲农业合作联委会会议
缅甸	合作集中在共建遥感卫星数据共享与服务平台，将数据应用于农业估产、环境监测、灾害防治、城市管理等方面
泰国	合作集中在共建高铁联合研究中心、中泰双边技术转移中心、共享遥感卫星数据与建设相关应用平台、实施青年科学家交流计划，已举办3次中泰科技部合作联委会会议
老挝	合作集中在可再生能源开发利用、农业技术推广应用、热带经济作物研究、电子商务和技术转移系统的平台搭建
柬埔寨	合作集中在农业技术、海洋科技、水资源安全、医疗卫生等领域
马来西亚	合作集中在清真食品联合实验室、技术转移中心建设，实施青年科学家交流计划，遥感卫星数据合作以及相关技术培训

资料来源：根据中华人民共和国科学技术部、商务部网站整理。

由表6-24可知，（1）中国与东盟国家科技合作主要集中在农业、医疗、新能源与可再生资源以及现代通信技术等方面；（2）中国与东盟国家科技合作存在较大差异性，中国与新加坡、文莱、泰国等国开展了如卫星导航和绿色技术等高新技术合作，而与越南、缅甸、老挝和柬埔寨等则主要集中在农业、灾害防治和城市管理等基础科技合作；（3）中国与东盟国家科技合作整体上稳步推进，合作紧密，已形成合作机制，如中国与新加坡、印度尼西亚、越南、菲律宾和泰国等不定期举行双边科技合作联委会会议；（4）中国与东盟国家科技合作在推进民心相通方面已发挥了重要作用，双边合作的领域广，深入双边急需解决的科技前沿。合作开展频率大，能及时根据双边需求调整合作方向。

2. 中国同南亚及波斯湾航线国家科技合作的发展

由表6-25可知，（1）中国与南亚及波斯湾国家的科技合作主要在基础领域开展，如农业合作、电力合作、医疗合作和油气开采合作等领域，并未进行较为深层次的高新技术合作；（2）中国与南亚及波斯湾国家的科技合作与地区资源条件密切相关，为进一步解决地区资源开发利用进一步开展科技合作，巴林、卡塔尔、伊朗和科威特等的油气开采技术合作具有很强代表性；（3）科技合作在中国与南亚及波斯湾航线国家间推进民心相通发挥了一定作用，但是作用并不明显，有待进一步加强沟通和交流，扩大交流范围，增加交流渠道。

表6-25　　　　　　中国与南亚及波斯湾国家科技合作发展现状

对象国	科技合作现状
孟加拉国	合作集中在能源、生物技术、灾害防治、农业技术等领域
斯里兰卡	合作集中在农业技术、气候变化、安全供水、公共卫生等领域
印度	合作集中在地震和自然灾害减灾与管理、天文学和天体物理学、气候变化技术研究、海洋科学技术、传统知识和医药等领域
巴基斯坦	合作集中在技术转移、生物技术、防灾减灾、海洋科学等领域
马尔代夫	合作集中在海洋合作、电力、医疗科技合作等领域
阿联酋	合作集中在农业科技、现代节水等领域
阿曼	合作集中在资源评价与利用、环境监测与修复、节水技术与装备、环境规划与管理等领域
巴林	合作集中在油气、太阳能等领域
卡塔尔	合作集中在生物、建筑科技等领域
科威特	合作集中在现代节水、盐碱地治理和农业物联网技术等领域
沙特阿拉伯	合作集中在海水淡化、太阳能、医疗等领域
伊拉克	合作集中在油田开采等领域
伊朗	合作集中在纳米、信息、生物、医疗健康、农业等领域

资料来源：根据中华人民共和国科学技术部、商务部网站整理。

3. 中国同红海湾及印度洋西岸地区国家科技合作的发展

由表6-26可知，（1）中国与红海湾及印度洋西岸地区国家科技合作主要集中在水资源开发和利用、医疗卫生健康领域，这与该地区自然环境和经济发展水

477

平有很明显的关系；（2）科技合作领域多为相关政府文件达成的初步意向，具体实际行动较为滞后；（3）当前科技合作在中国与红海湾及印度洋西岸地区国家间推进民心相通方面发挥了一定的作用，通过技术援助改善了当地环境卫生情况。

表6－26　　中国与红海湾及印度洋西岸地区国家科技合作的发展

对象国	科技合作现状
埃及	合作集中在新能源、水、农业与粮食、健康等领域
厄立特里亚	合作集中在基础设施建设等领域
吉布提	合作集中在水资源开发利用、旱区农作物种植及可再生能源等领域
肯尼亚	合作集中在生物多样性保护、生态环境、荒漠化防治和现代农业示范以及基础设施等多领域
莫桑比克	合作集中在医药等领域
苏丹	合作集中在农业、能源、医药、卫生等领域
索马里	合作集中在医疗卫生等领域
坦桑尼亚	合作集中在科技政策与创新管理、信息与通信技术、农业、生物、新能源与可再生能源、环境、海洋科技、卫生与医药等领域
也门	合作集中在医疗领域

资料来源：根据中华人民共和国科学技术部、商务部网站整理。

4. 中国与"海丝路"沿线国家整体科技合作的特点

中国与"海丝路"沿线国家整体科技合作现状呈现以下几个特点：（1）中国与"海丝路"沿线国家已经开展了大量的科技合作，合作领域从基础到高新技术等多种多样，但存在较大的地区差异。从整体来看，中国同东盟国家的科技合作较为多样化、制度化，与南亚及波斯湾国家和红海湾及印度洋西岸地区国家科技合作较为基础化，根据地区资源、地理环境开展的科技合作较为普遍。（2）中国与"海丝路"沿线国家科技合作具有援助性、公益性和区域性的特点，中国对"海丝路"沿线国家开展了很多无偿的技术转移、人才培训和交流以及医疗援助等。（3）中国与"海丝路"沿线国家科技合作的趋势是从政府主导向机构、企业和高校主导转化，民间科技合作所占的比例越来越大。（4）中国与"海丝路"沿线国家科技合作和经济合作相互促进。

（二）中国与"海丝路"沿线国家科技合作影响因素

中国与"海丝路"沿线国家开展科技合作受到多方面因素的影响。在科技人才层面，沿线国家都较为缺乏特定的科技类专业化人才；在社会文化层面，中国和"海丝路"沿线国家历史发展、文化传统等存在一定的隔阂和差异；在地理距离层面，双方交流存在相应障碍；在经济利益层面，以美国为代表的发达国家为维护自身在"海丝路"沿线国家的利益，会对中国与"海丝路"沿线国家科技合作有所干预；在合作主体层面，双边都缺乏具体的政策措施和相关手段拓展相互间的合作领域和合作深度。以下具体从科技人才、社会文化和合作主体三个层面展开讨论：

1. 科技人才层面

发展人才和实现技术应用是科技合作的主要影响因素。人才是技术创新和产品研发的核心，中国与"海丝路"沿线国家的部分合作在具体实行阶段往往遇到"瓶颈"，从而无奈停止，究其原因，同参与到该科技合作项目的专业化人才数量太少密不可分，也与双方缺乏对彼此合作领域人才的培养有直接关系。在中国与"海丝路"沿线国家的一些科技合作中，一方面，人才储备和供给不充足；另一方面，科技合作的推广和相关科技成果的应用水平也相对较低，这些因素极大影响了双方科技合作深层推进和更高层次的转型升级。因此，人才流动、人才培养和科技成果的应用和推广显得尤其关键。

2. 社会文化层面

"海丝路"背景下的社会文化是指中国与"海丝路"沿线国家的文化交流和思想观念，其对中国与"海丝路"沿线国家的科技合作有着较强的影响力，双边科技合作积极性也主要是由社会文化所影响的。多年来，中国与"海丝路"沿线国家积极呼吁加强双边合作的重要性和影响力，把彼此当作重要合作伙伴的观念十分强烈。但"海丝路"沿线很多国家有着根深蒂固的民族主义观念，其特有的"爱国主义"和"民族自豪感"往往表现在对自身文化的过分认同。除此之外，中国与"海丝路"沿线国家之间的部分基础设施十分落后，使得中国与"海丝路"沿线国家开展更加深入的文化认知遇到"瓶颈"，极大地限制了科技合作的深入开展。综上可知，实现文化认同、改善基础设施建设、调整消费观念是社会文化建设的重要方面。

3. 合作主体层面

对于合作主体，从不同层面的具体影响入手分析，最主要的影响一方面是合作主体本身，另一方面是合作主体间的竞争。合作主体有很多类型，合作形式也各不相同。从双边的资源水平、交流能力以及其他相关能力综合来看，大部分合作主体与世界整体水平相比还存在较大的差距，这也成为阻碍中国与"海丝路"沿线国家科技合作进一步提升的关键因素。与此同时，有些合作主体在科技合作前期，因为科技合作相关经验和能力的不足，对相关跨国科技合作法律法规的理解认识不到位，问题处理不合理，而造成很多科技合作停滞甚至失败。合作主体间的竞争关系也是影响科技合作的关键一环，合作和竞争并存是常态，并且合作和竞争应相互促进。合作主体间应避免恶性竞争，提倡双赢的良性竞争。综上，合作能力、合作经验和合作竞争性是合作主体层面的主要影响因素。

三、推进中国与"海丝路"沿线国家科技合作

（一）中国与"海丝路"沿线国家科技合作路径选择

1. 加强基金支持，与"海丝路"沿线国家开展全方位科技合作

中国与"海丝路"沿线各国的科技合作不断增多，但同发达国家相比，差距依旧很大。事实上，中国与"海丝路"沿线国家发展阶段相近，发展的现实需求和条件有互补之处，容易在科技合作路径的选择上达成共识，有充分开展全方位科技合作的基础。本书通过文献检索分析发现，国家自然科学基金在中国与"海丝路"沿线各国开展科技合作方面发挥了举足轻重的作用，基金支持有效地推动了国际科技合作的顺利开展，并且成效显著。因此，应进一步加强基金支持，除国家自然科学基金外，国家重点基础研究发展计划（"973"计划）和国家高技术研究发展计划（"863"计划）等在立项和资助时，也应当向"海丝路"沿线各国的科技合作方面进行适当倾斜。[①] 另外，"丝路基金"也应当为中国国际科技合作提供专项资金支持，鼓励中国与"海丝路"沿线各国积极开展学术和人才交流，建设一批国际科技创新合作平台，如联合实验室、科技园区、技术转移中心以及相关科技示范基地等，积极鼓励相关企业或组织在"海丝路"沿线国家组建研究开发中心。[②]

2. 注重优势互补，与"海丝路"沿线国家加强特色领域科技合作

由于"海丝路"沿线国家在历史传统、风俗习惯、人文地理、资源禀赋等方面各有差异，使得各国都拥有属于自己的特色研究领域。在与"海丝路"沿线各国开展全面科技合作的同时，更应注重各国的特色学科发展特点，采取有针对性的国别合作政策和合作模式，取长补短、优势互补，秉承"和平合作、开放包容、互学互鉴、互利共赢"的丝路精神，逐步深化中国与"海丝路"沿线各国在特色领域的科技合作。此外，在巩固特色研究领域科技合作的同时，还需关注

---

① 孟婵：《中国与"21世纪海上丝绸之路"沿线国家科技论文合作分析——基于 Web of Science 的研究》，载于《国际研究参考》2018年第8期，第40~46页。

② 科技部等四部委：《推进"一带一路"建设科技创新合作专项规划》，2016年9月8日。

中国与"海丝路"沿线各国在新兴交叉领域的合作与交流，并注重借鉴发达国家的先进科技资源。[1]

3. 加强多国合作，提升中国在"海丝路"沿线国家的主导地位

在中国与"海丝路"沿线国家的科技合作中，应加强对多国合作项目的支持力度，并鼓励中国研究人员积极参与国际合作项目。当前，国际重大科技合作项目基本是由发达国家来主导，并在其主导下开展实施。因此，在中国相关资金支持和相关政策的积极引导下，开展并实施一批由中国引领并与"海丝路"沿线国家密切相关的合作项目迫在眉睫。中国可将中国的优势领域与"海丝路"沿线国家的实际需求相结合，在基础设施建设（高铁）、医疗水平改善等方面开展多国科技合作，提升中国在"海丝路"沿线国家科技合作中的主导地位。

（二）加强中国与"海丝路"沿线国家科技合作具体行动

1. 增进科技人文交流

科技人文交流包括科技人员交流、技术合作、科技培训，"海丝路"沿线国家科技人文交流的最终目的是加强中国与"海丝路"沿线国家间在科技领域的合作交流，通过不断的沟通、交流和知识共享，从而探讨不同国家在彼此的目标间的共同之处、最大化地实现科技资源的优化和不同国家间科技资源的互惠互利，以及双边科技发展的协同创新等。通过科技人文交流更好地解决双边一致需要讨论和解决的科技问题，将在一定程度上迅速提升科技发展能力。因此，人文交流，尤其是科技人文交流的逐步深化有利于增进沿线国家科技界的互信和理解，增强中国与"海丝路"沿线国家科技创新合作的基础；有利于发挥科技创新在"海丝路"建设中的引领和支撑作用；有利于推动"海丝路"科技创新共同体建设；有利于增进沿线国家的社会共识。具体可以从以下几方面采取具体行动，深化"海丝路"科技人文交流：

（1）构建"海丝路"沿线国家科学家联盟，加速提升科技创新能力。"海丝路"建设不可忽视的推动力之一是科技创新能力。"海丝路"沿线各国在政治、经济、文化和自然环境等方面存在着较大差异，但在人口、资源、环境和安全等方面面临着共同挑战，这些挑战不是一国所面对的，也不是一国所能解决的。科学家联盟可以从多角度提升科技创新能力，其一，"海丝路"沿线国家相关科研机构和科研组织的合作积极性将极大提升，网络研究平台和相关数

---

① 孟婵：《中国与"21世纪海上丝绸之路"沿线国家科技论文合作分析——基于Web of Science的研究》，载于《国际研究参考》2018年第8期，第40~46页。

据可以实现共享,有利于双边集中资源开展国际科学考察,签署相关科技合作协议,开展重大科技攻关;其二,科学家联盟有利于国际培训班的顺利、有效、长期性举办,实现国际科技人才的全方位培养,以及中国与"海丝路"沿线各国间机制建设。

(2)建立创新型科技人才交流机制。人才是创新的原动力,科技人才对"海丝路"建设的决定性作用不言而喻。"海丝路"建设的发展离不开科技人才的有力支持。"海丝路"沿线国家近年来在科研投入方面的力度逐渐加强,也产生了一大批科研成果,但因为相关创新创业型人才的缺失,使得市场和研发之间产生了很大的脱节。因此,应通过以下途径加强"海丝路"科技人才的培养。一是通过国内外高校的合作,设立满足国际发展需求的创新型专业,不断拓宽科研工作者的国际视野;二是国内外高校不断开展合作办学,值得关注的一点是职业教育的培训合作愈发重要,我们要与"海丝路"沿线国家建立多角度、多形式的人才交流合作机制,积极举办相关科研人员的交流活动和培训,打造更加充足的人才基础储备,更好地服务"海丝路"科技合作发展;三是建立持续高效的科研人才交流的长效合作机制,这将为"海丝路"建设提供充足的科技人才储备,从而形成新的"海丝路"科技人才发展格局。

(3)加强科技民间组织交流与合作,共建科学共同体。科技人文交流的有效载体之一是科学共同体。科技民间组织在国际科技创新合作中有着独特优势,可以更好地实现学科互鉴、人才交流,做到跨学科、跨部门的科技合作。因此,在推动"海丝路"建设过程中,应充分发挥其特征优势。一是吸引"海丝路"沿线国家民间组织参与的积极性,充分释放民间科技组织的潜力,与"海丝路"科技合作充分对接,建设"海丝路"区域科技组织联盟。二是围绕"海丝路"建设中的重点区域,加强沿线国家民间科技组织之间的交流合作,打破固有的框架和相关经济利益链条,共建命运共同体。

2. 共建联合实验室

组建联合实验室等科技研发机构,有利于各国共同研究解决发展中所面临的重大挑战,有利于长期稳定的科技创新合作平台的搭建,有利于联合攻关能力的迅速提升,更有利于实现"海丝路"建设的共同愿景。应通过在合作国建立高水平的联合实验室,帮助合作国相关机构与中国研究机构建立长期、稳固的合作关系;依托联合实验室开展高水平联合研究,促进青年人才的交流与培养,促进中国适用技术向合作国转移;通过联合实验室的建设,共享经验,提高合作国某一领域科技能力,提升行业技术水平,服务相关行业发展。

中国应与"海丝路"沿线国家加强校企共建联合实验室、高校间共建联合实验室、企业间共建联合实验室,以进一步推进各领域科技合作。

3. 开展科技园区合作

当前，创新成果和高科技人才的主要集中地之一就是科技园区，科技园区在实现科技合作中发挥着重要作用，可以有效培育高新技术企业，同时是发展创新产业集群的基地，也是构建"海丝路"区域经济增长极的关键载体。"海丝路"沿线很多国家愿意在这方面与中国合作。长城战略咨询与泰国已经进行了三年创新合作，与蒙古国也进行了科技园区规划的合作；印度尼西亚提出要发展100个科技园区，可见各国对发展科技园区建设的需求较大。经验表明，开展科技园区合作是"海丝路"沿线国家急切的需求之一。为了加强我国科技园区的建设，提升我国科技发展竞争力，应采取以下几个措施加以推动：

（1）加快进行科技体制的改革。加快科技体制改革是加强我国科技园区建设的关键一步。当前，我国的经济体制改革逐步深化，但是在科技体制改革方面的力度却严重不足，因此，当务之急是加快科技体制改革。在宏观管理机制方面，要在提升效率的同时，改善协调性；在科学管理体制方面，应尽快完善相关法律法规；在科技资源配置方面，应积极通过市场"看不见的手"对资源进行合理配置。竞争机制也是科技活动的关键因素，竞争机制可以提升科技活动的效率，推动科技园区更好发展。

（2）大力改善科技园区的投资环境。在我国，政府是研究和开发的主要投资源，而国外则主要是以民间投资为主。在我国，研究开发的途径和投资的途径都较为单一，在投资的相关政策环境方面也存在阻碍，这导致我国科技园区的研发创新能力较差。在市场竞争方面，与其他发达国家的科技园区相比，我国科技园区的竞争力也较差。由此可见，研发投资环境对科技园区的重要性。因此，调整我国在科技园区建设方面的相关政策是当务之急，尤其是税收、金融以及财政等方面相关优惠政策的调整应尽快落实，从而改善我国科技园区投资环境不佳的局面，保证科技园区的投资得到最大限度增加。

（3）加快改革科技人才管理制度。良好的科技人才管理制度对科技人才的培养和发展十分必要，应加大培养的力度，并为科技人才创造自由竞争的环境，促使优秀的科技企业家能够最大限度发挥潜能，施展才华。当前现代化企业，尤其是跨国企业对主管及相关经理人的能力要求极高，作为培养和造就新时代科技人才的关键场所，科技园区应加快改革相关科技人才制度。同时还应当积极开展科技园区和高校对人才的联合培养，通过多形式的园区—高校合作模式进行人才综合培养，还可以将各领域的优秀人才培养与科技园区发展规划相结合，这将在很大程度上增加我国科技人才的储备。

4. 开展技术转移合作

开展全方位的技术转移区域合作，是"海丝路"科技创新合作的重要一环。技术转移合作不断深入开展，有利于深入发掘中国与"海丝路"沿线国家的合作潜力，发现合作需求；有利于双方在重点区域资源共享，优势互补；有利于创建技术转移协作网络；有利于推动区域科技创新一体化的持续稳定发展。

（1）设立国际技术转移及科技成果交易会。设立国际技术转移及科技成果交易会，可以充分探讨中国与"海丝路"沿线国家最佳的科技实践形式和最佳合作模式，为创新型高新技术企业组织搭建交流平台。还可以借由技术转移与科技成果交易会聚集中国与"海丝路"沿线各国的产业政策、专业服务和科研资源网络，从而促进"海丝路"沿线各国在不同领域和行业有序、和谐合作，实现技术转移协作发展。

（2）共建技术转移线上对接服务平台。通过建立线上对接服务平台，可以充分为"海丝路"沿线国家各高校、企业、创新人才提供更加便利化的服务，使之成为统筹沿线国家技术转移合作机制的管理信息系统与信息发布平台，设计技术转移项目线上对接与交易等功能，促进沿线国家技术转移合作与市场化发展。通过资源网络整合中国与"海丝路"沿线国家相关合作组织的优势资源，有利于拓宽技术合作和交流渠道，提升意向国科技合作的效率；有利于充分提升中国与"海丝路"沿线各国参与科技合作的积极性。

第四节　推进"海丝路"旅游合作

旅游业作为"海丝路"沿线各国共同融合发展的"黏合剂"，是实现"民心相通"的重要途径。旅游带来人口流动、信息流通、资金流通，既可以将中国的优秀文化带出去，也可以把他国文化融进来，创造和谐共生的文化生态。值得注意的是，与其他领域合作不同，旅游因其本身就是最便捷、最民间、最广泛的民心相通，使得"海丝路"沿线国家旅游合作的社会效应远超经济属性，旅游已然成为推动"海丝路"民心相通的重要内容。一方面，随着各国通关手续日益便捷，航空运输能力日益提升，跨境旅游越来越普遍，旅游日益成为最便捷的"民心相通"方式；另一方面，游客在游览过程中，深入了解当地风俗习惯，品尝当地特色美食，领略极具特色的民族文化，进而实现最民间的"民心相通"。此外，旅游的内涵极为丰富，"食、住、行、游、购、娱"作为旅游六要素自然而然参与促进"民心相通"，旅游不仅实现了最广泛内容的"民心相通"，而且实现了最广泛阶层的"民心相通"。因此，利用好"海丝路"沿线的地文景观、水域风光、生物景观等自然旅游资源，以及文化遗址、军事遗址、民风民俗等人文旅游资源，强化中国与"海丝路"沿线国家旅游合作，对促进"民心相通"非常关键。中国与"海丝路"沿线国家应植根于"海丝路"肥沃的历史土壤，加强旅游资源开发、旅游扶贫、景区建设等领域合作，增进人文交流与文明互鉴，实现旅游业自主、平衡、多元、可持续发展，让旅游成为"海丝路"沿线各国民心相通的重要纽带。

一、"海丝路"国家旅游业发展现状

（一）"海丝路"沿线国家旅游资源禀赋

"海丝路"沿线具有丰富的自然、人文等旅游资源，为开发世界级的旅游产品提供了良好的基础条件。从数量来看，旅游资源较多的是印度、伊朗、斯里兰卡等国，其中，印度作为"四大文明古国"之一被批准列入《世界遗产名录》的世界遗产数量最多。如表6-27所示，"海丝路"沿线国家旅游资源分布主要集中在南亚及波斯湾地区。

表6-27 "海丝路"沿线国家旅游资源状况

区域	对象国	主要旅游资源
东南亚地区	印度尼西亚	婆罗浮屠佛塔、乌戎库隆国家公园、科莫多国家公园、巴兰班南寺院群、桑吉兰早期人类化石遗址、洛伦茨国家公园、苏门答腊热带雨林、巴厘文化景观
	越南	班清阿考古遗迹、顺化历史建筑群、圣子修道院、会安古镇
	菲律宾	图巴塔哈群礁、巴洛克教堂群、科迪勒拉山水稻梯田、美岸历史城镇、普林塞萨港地下河国家公园、汉密吉伊坦山野生动物保护区
	缅甸	古骠国遗址、贝德诺遗址、室利差呾罗遗址
	泰国	素可泰及邻近历史文化城市、班清考古遗址、阿瑜陀耶历史公园
	老挝	琅勃拉邦古城、占巴塞文化风景区
	柬埔寨	吴哥窟、柏威夏寺

区域	对象国	主要旅游资源
南亚及波斯湾地区	孟加拉国	巴凯尔哈特清真寺历史名城、帕哈尔普尔的佛教毗诃罗遗址、孙德尔本斯国家公园
	斯里兰卡	阿努拉德普勒圣城、锡吉里亚古城、丹布勒金寺、康提圣城、波隆纳鲁沃古城、加勒老城、辛哈拉加森林保护区、斯里兰卡中央高地
	印度	阿旃陀石窟群、埃洛拉石窟群、亚格拉古堡、泰姬·玛哈尔、科纳拉克太阳神神庙、默哈伯利布勒姆古迹群、果阿教堂和修道院、卡杰拉霍遗址群、汉皮古迹群、法塔赫布尔西格里、帕塔达卡尔建筑群、埃勒凡塔石窟、坦贾武尔的布里哈迪斯瓦拉神庙、桑吉佛教古迹、德里的胡马雍陵、顾特卜塔、大吉岭喜马拉雅铁路、菩提伽耶的摩诃菩提寺、比莫贝卡特石窟、贾特拉帕蒂·希瓦吉终点站、尚庞—巴瓦加德考古公园、简塔·曼塔天文台（斋普尔天文台）、盖奥拉德奥国家公园、卡齐兰加国家公园、孙德尔本斯国家公园、楠达戴维山国家公园和花谷国家公园
	巴基斯坦	摩亨佐达罗考古遗迹、塔克希拉、塔克特依巴依寺庙和萨尔依巴赫洛古遗址、塔塔城的历史建筑、拉合尔古堡和夏利玛尔公园、罗赫达斯要塞
	阿曼	巴赫莱要塞、巴特·库特姆和艾因考古遗址、乳香之路、阿夫拉贾灌溉体系
	巴林	巴林贸易港考古遗址、采珠业
	伊朗	恰高·占比尔古建筑、波斯波利斯、伊斯法罕王侯广场、塔赫特·苏莱曼考古遗迹、帕萨尔加德、巴姆古城、苏丹尼叶城、比索通古迹、亚美尼亚庙宇群、舒什塔尔古代水利系统、阿尔达比勒的萨菲丁谢赫长老陵园和圣殿建筑群、大不里士的古老的大集市、波斯花园、卡布斯拱北塔、伊斯法罕的聚礼清真寺、德黑兰格列斯坦皇宫、沙赫里索克塔遗址
	沙特阿拉伯	石谷考古遗址（玛甸沙勒）、德拉伊耶遗址的阿图赖夫区、吉达古城——通向麦加之门
	伊拉克	哈特拉古城、亚述古城、萨迈拉古城、埃尔比勒城堡
	卡塔尔	祖巴拉考古遗址
	阿联酋	阿布扎比古城艾因、迪拜河

486

区域	对象国	主要旅游资源
红海湾及印度洋地区	埃及	孟菲斯及其墓地金字塔、底比斯古城及其墓地、努比亚遗址、开罗伊斯兰古城、阿布米那、圣凯瑟琳修道院、鲸鱼峡谷
	肯尼亚	乞力马扎罗山、东非大裂谷、安博塞利国家公园、莱瓦保护区
	坦桑尼亚	孔多阿岩画遗址、桑给巴尔石头城、基尔瓦和松加姆纳拉遗址、恩戈罗恩戈罗自然保护区、乞力马扎罗国家公园、塞伦盖蒂国家公园、塞卢斯禁猎区
	莫桑比克	莫桑比克岛
	苏丹	博尔戈尔山及纳巴塔地区
	厄立特里亚	阿斯马拉皇宫、阿斯马拉大教堂
	吉布提	阿尔都巴火山、阿萨勒湖
	也门	希巴姆古城与城墙、萨那古城、扎比德历史城镇、索科特拉群岛

资料来源：中华人民共和国国家旅游局编，《一带一路旅游概览》，中国旅游出版社 2015 年版。

（二）"海丝路"沿线国家的旅游交通

旅游交通是指旅游者利用某种手段和途径，实现从一个地点到达另一个地点的空间转移过程。它既是抵达目的地的手段，同时也是在目的地内活动往来的手段。[①] 旅游交通常见的类型有：公路交通、铁路交通、航空交通、水运交通以及特种旅游交通。本节主要以公路、铁路、航空、水运四种常见的旅游交通为研究对象，比较"海丝路"沿线国家旅游交通发展现状。

1. 公路发展

公路旅游交通是最普遍、最重要的短途运输方式，公路旅游交通所占比重高达66%~69%，其优点是灵活、方便、成本较低，能够进入旅游景点内部，而且公路建设投资少、工期短、见效快。但是公路交通面临着运载量小、受气候变化影响较大、安全性能较差等缺点，对大气也有污染。由表6-28可知，"海丝路"沿线绝大多数国家公路建设相对完善，主要运输方式为公路，其中肯尼亚、莫桑比克、伊朗等国公路建设较好。但是，经济发展较为落后的老挝、柬埔寨等国，公路交通发展极为落后。

---

① 汪正元：《论我国旅游交通的几个特性及其发展方向》，载于《旅游学刊》1999 年第 3 期，第 31 ~ 36 页。

表 6 – 28　　"海丝路"沿线国家旅游交通（公路）状况

区域	对象国	公路发展状况
东南亚地区	新加坡	公路干线长约 3 356 公里，其中一级公路约 613 公里，高速公路约 163 公里
	文莱	公路总长约 3 000 公里
	印度尼西亚	公路担负国内近 90% 的客运和 50% 的货运
	越南	截至 2014 年 12 月，中国与越南边境共有 8 个国家一类公路口岸
	菲律宾	交通以公路和海运为主，公路总长约 200 000 公里
	缅甸	有 515 条公路，总长约 222 089 公里
	泰国	公路里程约 160 000 公里，各府、县都有公路相连
	老挝	截至 2014 年 12 月，中国与老挝边境共有 1 个国家一类公路口岸、3 个国家二类公路口岸
	柬埔寨	全国公路总长约 15 000 公里，主要有 1 号公路、4 号公路、5 号公路、6 号公路
	马来西亚	全国有良好的公路网，公路主要干线贯穿马来半岛南北
南亚及波斯湾地区	孟加拉国	公路总里程约 30 000 公里，承担了 76% 的货运及 73% 的客运
	斯里兰卡	全国约有公路 12 165 公里
	印度	公路运输发展较快，是世界第二大公路网
	巴基斯坦	公路全长约 260 000 公里，国内客货运输以公路为主，占客运总量的 90% 左右
	马尔代夫	陆上交通运输仅限于首都马累，主要是自行车、汽车
	阿曼	运输主要依靠公路
	巴林	首都和主要城镇有公路相连
	科威特	交通运输十分发达，全国公路总长约 4 万公里
	伊朗	公路总长约 1 580 000 公里
	沙特阿拉伯	建成了一个"陆、水、空"立体交通网，其公路已达世界领先水平，国内交通运输以公路为主，高度发达的交通业使庞大的人群集中在麦加和麦地那
	伊拉克	国内交通运输以公路为主，公路网遍布全国，总长约 3.97 万公里
	卡塔尔	主要城市之间由现代化公路网相连，全国公路总长约为 900 公里
	阿联酋	各酋长国间由现代化高速公路相连，公路总长约 4 080 公里

区域	对象国	公路发展状况
红海湾及印度洋地区	埃及	公路总长约 49 000 公里
	肯尼亚	公路总长约 150 000 公里
	坦桑尼亚	公路总长约 90 000 公里，主要以公路运输为主
	莫桑比克	公路总长约 30 300 公里
	苏丹	公路总长约 11 900 公里，其中 4 320 公里铺有沥青
	厄立特里亚	公路总长约 4 000 公里，主要有马萨瓦至特瑟内、阿斯马拉至默克莱（埃塞提格雷首府）、阿斯马拉至阿克苏姆三条柏油路
	吉布提	全国约有公路 3 067 公里，其中沥青路面 412 公里
	索马里	整体上交通运输能力弱，境内以公路为主，公路全长约 15 215 公里，其中柏油路 2 880 公里，而且绝大多数都年久失修
	也门	公路总长约 69 263 公里

资料来源：中华人民共和国国家旅游局编，《一带一路旅游概览》，中国旅游出版社 2015 年版。

2. 铁路发展

中国已建成世界上最庞大的总里程高达 7 547 公里的高速铁路网，到 2020 年里程数扩至 1.8 万公里。"一带一路"沿线国家中共有 9 个国家与中国实现了铁路联通、28 个国家与中国有直航城市、58 个国家与中国实现了海路联通。[①] 由表 6 - 29 可知，"海丝路"沿线国家铁路交通发展依然相对较慢，老挝 2010 年以前全国仅有一条全长约 3.5 公里的铁路，2015 年老挝与中国达成协议，以建立合资公司的方式在老挝修建连接中国的高速铁路，而阿曼、巴林、科威特、也门境内甚至无铁路。由此可见，"海丝路"沿线国家铁路建设差距显著。

表 6 - 29　　　"海丝路"沿线国家旅游交通（铁路）状况

区域	对象国	铁路发展状况
东南亚地区	新加坡	主要以铁路为交通运输，此外还建有轻轨，与地铁相连，交通便利
	文莱	未铺设铁路设施
	印度尼西亚	铁路设施相对落后，仅在爪哇和苏门答腊岛建有铁路
	越南	有 6 条干线和一些支线，总长约 3 220 公里，干线全长约 2 700 公里
	菲律宾	铁路总长约 1 200 公里
	缅甸	铁路总长约 4 600 多公里，铁路多为窄轨

---

① 中华人民共和国国家旅游局编：《一带一路旅游概览》，中国旅游出版社 2015 年版。

续表

区域	对象国	铁路发展状况
东南亚地区	泰国	全国共47府通铁路，总长约4 451公里，窄轨
	老挝	截至2014年12月，中国与老挝之间尚未开通国际客运铁路，但泛亚铁路中线将通过老挝
	柬埔寨	全国有两条铁路：其一，金边—波贝，可通曼谷，全长约385公里；其二，金边—西哈努克市，全长约270公里，是交通运输的大动脉，但铁路年久失修，运输能力较低
	马来西亚	铁路主要干线贯穿马来半岛南北
南亚及波斯湾地区	孟加拉国	铁路总里程约3 000公里
	斯里兰卡	铁路总里程约1 640公里
	印度	铁路为最大国营部门，拥有世界第四大铁路网
	巴基斯坦	铁路全长约7 791公里
	马尔代夫	基于环境因素，境内无法建设铁路
	伊朗	铁路总长约9 508公里
	沙特阿拉伯	主要铁路是利雅得到达曼的铁路（约590公里）；另外，正在建设南北铁路（约2 400公里）；规划建设的铁路有吉达、麦加、麦地那、拉比格等城市间的朝觐铁路（约444公里）
	伊拉克	铁路总长约2 027公里，主要有以巴格达为中心的3条干线
	阿联酋	铁路项目尚在修建完善期
红海湾及印度洋地区	埃及	拥有28条铁路线，总长约10 008公里，有796个客运站，另外，开罗共有两条地铁线路，总长约64公里
	肯尼亚	铁路总长约2 765公里
	坦桑尼亚	铁路总长约3 667公里，中国援建的坦赞铁路全长1 860.5公里，是坦桑尼亚由首都达累斯萨拉姆贯通西南边境的运输大动脉
	莫桑比克	铁路总长约3 372公里
	苏丹	铁路总长约5 978公里
	厄立特里亚	全国原本只有约306公里的窄轨铁路，在战争中遭到破坏，被废弃停用，后在马萨瓦地区修复铁路2 400米，其中在阿基恩和梅—阿塔间将610米铁路换为铁轨
	吉布提	吉布提与埃塞俄比亚首都有铁路相通，吉布提境内铁路长约106公里
	索马里	境内有一条20世纪70年代中国援建的铁路
	也门	境内无铁路

资料来源：中华人民共和国国家旅游局编，《一带一路旅游概览》，中国旅游出版社2015年版。

490

推进21世纪海上丝绸之路建设研究

3. 航空发展

"海丝路"沿线国家中越南与中国开辟了16条国际航线，分别为：北京、上海、杭州、广州、南宁到胡志明；上海、广州、南宁到河内；南京、南宁、杭州、温州、深圳、广州、昆明、西安到岘港。另外，柬埔寨已与中国开辟了17条国际航线。通过东南亚、南亚及波斯湾、红海湾及印度洋三个地区对比（见表6-30），可以看出，整体上与中国开通航线最多的国家主要集中在东南亚地区，而红海湾及印度洋地区的国家，无论是航空线路开辟还是航空基础设施建设都有待进一步加强。

表6-30 **"海丝路"沿线国家旅游交通（航空）状况**

区域	对象国	航空发展状况
东南亚地区	新加坡	新加坡拥有8个机场，其中两个民用机场（樟宜机场和实里达机场），有200多条航线连接世界600多个港口，剩下6个机场属于军用机场
	文莱	已开辟1条国际航线，斯里巴加湾—上海
	印度尼西亚	航空业近十年发展迅速，截至2014年12月，中国与印度尼西亚已开辟13条国际航线，分别为：北京、厦门、天津、上海、福州、广州到雅加达；北京、杭州、上海、长沙、广州、深圳、成都到巴厘岛
	越南	截至2014年12月，中国与越南已开辟16条国际航线，分别为：北京、上海、杭州、广州、南宁到胡志明；上海、广州、南宁到河内；南京、南宁、杭州、温州、深圳、广州、昆明、西安到岘港
	菲律宾	有机场163个，国内航线遍及40多个城市，与30多个国家签订国际航运协定
	缅甸	截至2014年12月，中国与缅甸已开辟7条国际航线，分别为：北京—仰光、北京—昆明—内比都、广州—仰光、成都—昆明—仰光、昆明—南宁—仰光、昆明—曼德勒、昆明—仰光
	泰国	全国共有37个机场，其中国际机场8个
	老挝	截至2014年12月，中国与老挝已开辟7条国际航线，分别为：昆明—琅勃拉邦、北京—昆明—万象、昆明—南宁—万象、昆明—万象、景洪—琅勃拉邦、广州—万象、成都—琅勃拉邦
	柬埔寨	截至2014年12月，中国与柬埔寨已开辟17条国际航线，分别为：北京—暹粒、北京—广州—金边、天津—暹粒、上海—暹粒、上海—金边、广州—暹粒、广州—金边、杭州—暹粒、福州—暹粒、厦门—暹粒、济南—重庆—暹粒、济南—重庆—金边、南宁—暹粒、成都—暹粒、贵阳—暹粒、昆明—南宁—金边、昆明—暹粒
	马来西亚	航空业发达，截至2014年12月，中国与马来西亚已开辟21条国际航线

续表

区域	对象国	航空发展状况
南亚及波斯湾地区	孟加拉国	有 3 个国际机场，分别是达卡、吉大港、锡莱特，国内机场 5 个，飞机 17 架，国际航线 26 条，国内航线 7 条
	斯里兰卡	2 个国际机场，分别为：科伦坡机场、汉班托塔（马塔拉）机场，截至 2014 年 12 月，中国与斯里兰卡已开辟 9 条国际航线，分别为：北京—科伦坡、北京—汉班托塔—科伦坡、上海—汉班托塔—科伦坡、上海—科伦坡、广州—曼谷—科伦坡、重庆—曼谷—科伦坡、成都—科伦坡、昆明—科伦坡、昆明—科伦坡—马累
	印度	截至 2014 年 12 月，中国与印度已开辟 7 条国际航线，分别为：北京—德里、北京—上海—德里、上海—成都—孟买、上海—德里—孟买、武汉—马德拉斯—德里、广州—德里、昆明—加尔各答
	巴基斯坦	有 4 个国际机场，分别位于伊斯兰堡、卡拉奇、拉合尔和白沙瓦，中国与巴基斯坦已开辟 4 条国际航线，分别为：北京—成都—卡拉奇、乌鲁木齐—伊斯兰堡、拉合尔—伊斯兰堡—北京—东京、喀什—伊斯兰堡
	马尔代夫	截至 2014 年 12 月，中国与马尔代夫已开辟 5 条国际航线，分别为：成都—马累、广州—马累、上海—马累、北京—马累、昆明—科伦坡—马累
	阿曼	民用机场主要有萨拉拉机场和首都西卜国际机场，另外阿曼与巴林共同投资成立"海湾航空公司"，主要经营国际航线
	巴林	巴林是连接东西方的空中交通枢纽，有 5 个机场
	科威特	有 1 个国际民用机场、2 个军用机场
	伊朗	共有机场 83 个，有通往中东、亚洲及欧洲的航空网络，中国与伊朗已开辟 4 条国际航线，分别为：北京—乌鲁木齐—德黑兰、北京—德黑兰、上海—德黑兰、广州—德黑兰
	沙特阿拉伯	建成了一个"陆、水、空"立体交通网，其航空运输已达世界领先水平，中国与沙特阿拉伯已开辟 3 条国际航线，分别是吉达—利雅得—广州、利雅得—广州、吉达—广州
	伊拉克	巴格达和巴士拉有国际机场，埃尔比勒、基尔库克、摩苏尔有较小的民用机场，中国与伊拉克已开辟 2 条国际航线，分别是北京—巴格达、广州—巴格达

续表

区域	对象国	航空发展状况
南亚及波斯湾地区	卡塔尔	有 5 个机场，多哈国际机场连接欧洲和亚洲 20 余条航线。中国与卡塔尔已开辟 6 条国际航线，分别为：多哈—北京、多哈—浦东、多哈—广州、多哈—重庆、多哈—杭州、多哈—成都
	阿联酋	境内共有机场 39 个，其中包括阿布扎比、迪拜等 6 个国际机场、5 个直升机场。中国与阿联酋已开辟 9 条国际航线，分别为：北京—迪拜、广州—迪拜、上海—迪拜、兰州—乌鲁木齐—迪拜、上海—昆明—迪拜、阿布扎比—北京—名古屋、成都—阿布扎比、上海—阿布扎比、乌鲁木齐—沙迦
红海湾及印度洋地区	埃及	中国与埃及已开辟 2 条国际航线：北京—开罗、广州—开罗
	肯尼亚	共有 4 个国内机场和 3 个国际机场，目前已经开设 16 条国际航线，与 30 多个国家通航
	坦桑尼亚	目前有 46 个机场，乞力马扎罗、达累斯萨拉姆以及桑给巴尔属于国际机场
	莫桑比克	截至 2014 年，航空公司拥有大小飞机近 14 架，大小机场 10 余个，其中有 5 个国际机场
	苏丹	苏丹航空运输相对发达，90% 左右的运输通过空运进行，拥有民航机场 63 个，航空运输在苏丹占有重要地位
	厄立特里亚	阿斯马拉机场是唯一的国际机场，后成立厄立特里亚航空公司，开通飞往西欧、东非和中东航班
	吉布提	已经开设 10 余条国际航线，其中吉布提国际机场是非洲内陆国家前往法国的中转站
	索马里	虽然拥有 61 个机场，但是设施简陋，跑道未经铺垫，其中，柏培拉和摩加迪沙属于国际机场
	也门	主要有 6 个国际机场：萨那、亚丁、塔兹、穆卡拉、赛永和荷台达，国内机场 7 个

资料来源：中华人民共和国国家旅游局编，《一带一路旅游概览》，中国旅游出版社 2015 年版。

4. 水运发展

由表 6-31 可知，就各国内河航道里程而言，发展较好的是菲律宾，其水运总长约 3 219 公里，大小港口约 100 个，而老挝等内陆国家，水运发展则相对较慢。值得注意的是新加坡毗邻马六甲海峡南口，北隔狭窄的柔佛海峡与马来西亚紧邻，并在北部和西部边境建有新柔长堤和第二通道相通，是"海丝路"沿线国家中最具水运优势的国家。

表 6 - 31　　　　"海丝路"沿线国家旅游交通（水运）状况

区域	对象国	航运发展状况
东南亚地区	新加坡	新加坡是亚洲重要的交通枢纽，已经开通 200 多条航线，连接着世界 600 余个国家港口
	文莱	水运是重要的运输渠道，其中穆阿拉深水港是主要港口，另有斯里巴加湾市港、马来弈港、诗里亚港和卢穆港等
	印度尼西亚	水路运输较发达，拥有水运航道约 21 579 公里，港口约 670 个，其中主要港口 25 个
	越南	水路总长 1.1 万公里，内河水运运输能力约 163 万吨，海运运输能力 84 万吨，重要的国际货运港口有海防市和胡志明市
	菲律宾	水运总长约 3 219 公里，大小港口约 100 个，其中以宿务、怡朗、马尼拉、三宝颜为主要港口
	缅甸	内河航道约为 1.48 万公里，仰光港是缅甸最大的海港
	泰国	湄公河和湄南河为泰国两大水路运输干线，全国共有 47 个港口，其中海港 26 个，国际港口 21 个，廉差邦港是泰国最大的物流枢纽，海运线可达中、日、美、欧和新加坡
	老挝	内河航道总长约 4 600 公里，客运量可达 157 万人次，货运量约 62.1 万吨
	柬埔寨	内河航运以湄公河、洞里萨湖为主，其中西哈努克港为国际港口
	马来西亚	马来西亚内河运输不发达，海运 80% 以上依赖外航
南亚及波斯湾地区	孟加拉国	运输能力 19.6 万吨左右
	斯里兰卡	主要港口有科伦坡、高尔、亭可马里等
	印度	主要港口有 12 个，承担 3/4 货运量，孟买为最大港口，1/5 海运和 1/2 集装箱运输经此港，海运能力居世界第 18 位
	巴基斯坦	卡拉奇和卡西姆是两个国际港口，承担巴基斯坦国际货运量的 95%
	马尔代夫	以船舶运输为主，目前拥有 250 多艘商船
	阿曼	拥有集装箱港、海港卡布斯港、赖苏特港以及石油运输专用港法赫尔港等
	巴林	萨勒曼深水港有 14 个泊位、2 个集装箱轮泊位和一个滚装轮泊位，可停泊 6 万吨级轮船
	科威特	主要港口是舒威赫港和舒艾巴港

区域	对象国	航运发展现状
南亚及波斯湾地区	伊朗	拥有轮船 112 艘，货物运输能力 3 069 万吨，旅客运输能力 263 万人次，此外，伊朗是中东和波斯湾地区最大的油轮拥有国，有 20 万吨级以上油轮 26 艘，油轮总吨位超过 450 万吨，哈尔克岛是伊朗最大的原油输出港
	沙特阿拉伯	其进出口贸易主要以海运为主，海运占沙特阿拉伯进出口总额的 95% 左右，每年可装卸总量 200 万个标箱，年均到访沙特阿拉伯港口的船舶高达 1 200 艘
	伊拉克	主要有底格里斯河、幼发拉底河和夏台阿拉伯河及人工运河（萨达姆河）等部分水道，主要港口有乌姆盖斯尔港和贝克尔港
	卡塔尔	海港主要有乌姆赛义德港、多哈港、拉斯拉凡港等，其中拉斯拉凡港为世界上最大的天然气运输及处理港
	阿联酋	阿联酋有 15 个港口，308 个码头（总长约 45 公里），年货物吞吐量达 7 亿吨，迪拜拉希德港是中东第二大深水港
红海湾及印度洋地区	埃及	有 7 条国际海运航线，内河航线总长约 3 500 公里，年吞吐总量为 800 万集装箱，另外，苏伊士运河是埃及连接亚、非、欧的主要国际航道
	肯尼亚	蒙巴萨港是东非最大的港口，有 21 个深水泊位、2 个大型输油码头，可停泊 2 万吨级货轮，总吞吐量可达 2 200 万吨
	坦桑尼亚	沿海有四大港口，其中达累斯萨拉姆为主要天然深水港，年吞吐量 1 010 万吨
	莫桑比克	马普托是莫桑比克最大的港口，有 25 个泊位，年吞吐能力为 1 200 万吨；贝拉港为莫桑比克第二大港，有 10 个泊位，水深 8～10 米，年吞吐能力为 500 万吨，可容纳 5 万吨级货轮；纳卡拉港为莫桑比克第三大港，有 6 个泊位，年吞吐能力 80 万吨
	苏丹	内河航线约 5 310 公里，拥有远洋船只 10 余艘，另外，苏丹港是该国最大的商港，每年吞吐量可达 800 万吨
	厄立特里亚	有马萨瓦和阿萨布两个重要港口，马萨瓦港为红海天然良港，拥有 6 个泊位，可停靠万吨级远洋货轮，马萨瓦港日吞吐能力达 850～1 500 吨，可同时存储 1 000 个集装箱
	吉布提	吉布提港是东非优良海港之一，拥有 15 个泊位，其中 13 个为远洋深水泊位，港口外有 5 个加油加水泊位，港内可停靠大型船 15 艘

续表

区域	对象国	航运发展现状
红海湾及印度洋地区	索马里	索马里海上运输占重要地位，主要港口有南方的摩加迪沙和基斯马尤，北方的柏培拉和博萨索马里
	也门	也门海岸线长达 2 200 多公里，有 7 个港口，主要港口包括亚丁、荷台达和穆卡拉，亚丁港是世界闻名的天然良港，有 30 个泊位，可停靠万吨级货轮，除了普通货物码头，还有油轮码头和集装箱码头，是也门货物吞吐量最大的港口；荷台达港年吞吐量 150 万吨；穆卡拉港年吞吐量 35 万吨

资料来源：中华人民共和国国家旅游局编，《一带一路旅游概览》，中国旅游出版社 2015 年版。

（三）"海丝路"沿线国家旅游收支状况

1. 国际旅游收入情况

2001 年泰国、马来西亚、印度尼西亚、新加坡、埃及国际旅游收入排名较高，经过多年的发展，2015 年泰国、马来西亚、新加坡等国排名依然较高，但是埃及被印度所取代，入境旅游热度明显下降（见表 6 - 32）。表 6 - 32 中沿线国家国际旅游收入总额从 2001 年的 429.43 亿美元，增长到 2015 年的 1 853.87 亿美元，增长了约 3.32 倍。

表 6 - 32　　　"海丝路"沿线部分国家国际旅游收入状况　　单位：亿美元

国家	2001 年	2003 年	2005 年	2007 年	2009 年	2011 年	2013 年	2015 年
新加坡	46.41	38.42	62.09	90.66	92.25	179.3	192.09	167.43
文莱	1.55	1.24	1.91	2.33	2.54	—	0.96	1.40
印度尼西亚	52.77	44.61	50.94	58.31	60.53	90.38	103.02	120.54
越南	—	14.00	23.00	37.50	30.50	57.10	72.50	73.50
菲律宾	20.11	18.21	28.63	55.23	29.16	40.53	55.99	64.18
缅甸	1.32	0.7	0.83	0.97	0.75	3.34	9.64	22.66
泰国	93.78	104.56	121.03	206.25	198.11	309.24	457.38	485.27
老挝	1.08	0.77	1.43	1.90	2.71	4.13	6.13	6.80
柬埔寨	4.29	4.41	9.29	11.69	14.63	22.58	28.95	34.11
马来西亚	76.27	67.99	103.89	179.48	172.31	196.49	215.00	176.14
孟加拉国	0.48	0.59	0.82	0.80	0.95	0.97	1.31	1.48

国家	2001 年	2003 年	2005 年	2007 年	2009 年	2011 年	2013 年	2015 年
斯里兰卡	3.47	7.09	7.29	7.50	7.54	14.21	25.06	39.78
印度	33.42	45.60	76.59	112.34	111.36	177.08	190.42	214.72
巴基斯坦	5.33	6.20	8.28	9.12	9.50	11.27	9.38	9.06
马尔代夫	3.27	4.02	8.26	15.15	14.73	19.66	24.22	26.64
阿曼	5.38	5.46	6.27	9.05	10.92	15.15	18.88	22.47
巴林	8.86	12.06	16.03	18.54	18.73	17.66	18.65	—
科威特	2.86	3.28	4.13	5.30	6.60	6.44	6.19	9.31
伊朗	11.22	12.66	10.25	19.50	22.59	24.89	32.12	—
沙特阿拉伯	—	34.18	46.26	69.07	67.44	93.17	86.90	111.83
伊拉克	0.15	—	1.86	5.55	14.32	15.57	21.88	40.76
卡塔尔	2.72	3.69	7.60	—	—	44.63	84.52	121.31
埃及	41.19	47.04	72.06	103.27	117.57	93.33	67.47	68.97
肯尼亚	5.36	6.19	9.69	15.14	11.24	18.44	18.29	—
坦桑尼亚	6.26	6.54	8.35	12.15	11.92	13.83	19.39	22.53
莫桑比克	0.64	1.06	1.38	1.82	2.17	1.71	2.28	2.02
苏丹	0.03	0.17	1.14	3.90	2.31	1.79	7.73	9.49
厄立特里亚	0.74	0.74	0.66	0.61	0.26	—	—	—
吉布提	0.09	0.07	0.07	0.07	0.16	0.19	0.22	0.31
也门	0.38	1.39	1.81	4.25	8.99	9.10	10.97	1.16

资料来源：2002～2016 年世界银行数据库。

2. 国际旅游支出情况

2001～2015 年"海丝路"沿线国家国际旅游支出持续增长，由 2001 年的391.2 亿美元，增长到 2015 年的 1 740.5 亿美元，其中 2007 年增长率最高，达到 45.6%，但是受经济危机影响，2008 年增长率仅为 3.7%，2015 年增长率仅为 0.7%。可见，经济危机对"海丝路"沿线国家国际旅游支出影响非常大。由表 6-33 可知，从各国旅游支出来看，2001 年排名前三位的分别是新加坡、印度、印度尼西亚，由于这些国家经济发展较快，人民生活水平相对较高，因此在出境旅游方面需求大，支出占比高。2015 年新加坡、沙特阿拉伯、印度占据前三名，印度尼西亚被沙特阿拉伯所取代。另外，不同国家间国际旅游支出差异较大，如 2015 年新加坡国际旅游支出为 220.56 亿美元，而吉布提仅为 0.35 亿美元。

表6-33　　　　"海丝路"沿线部分国家国际旅游支出状况　　　　单位：亿美元

国家	2001年	2003年	2005年	2007年	2009年	2011年	2013年	2015年
新加坡	66.00	83.82	100.70	135.03	157.04	215.05	245.06	220.56
文莱	4.56	4.69	3.74	4.30	4.77	—	6.24	4.59
印度尼西亚	34.06	44.27	47.40	65.78	69.08	86.53	102.80	98.00
越南	—	—	9.00	12.20	11.00	17.10	20.50	35.00
菲律宾	19.18	16.49	32.86	33.51	40.56	60.55	84.00	100.91
缅甸	0.32	0.36	0.34	0.39	0.52	1.32	1.31	1.44
泰国	33.34	35.38	49.20	68.89	57.44	75.34	82.38	95.39
老挝	0.04	0.05	0.10	0.14	0.91	2.48	4.01	5.28
柬埔寨	0.59	0.60	1.37	1.94	1.63	3.44	4.69	6.21
马来西亚	33.91	34.01	43.39	66.00	71.96	101.80	122.36	105.89
孟加拉国	3.41	3.89	3.71	5.78	6.61	8.19	13.08	8.25
斯里兰卡	4.02	4.62	5.52	7.09	7.35	9.26	18.08	21.52
印度	43.67	43.85	82.77	106.90	93.10	136.99	138.84	176.86
巴基斯坦	5.55	11.63	17.53	20.75	10.98	18.57	16.38	23.33
马尔代夫	0.59	0.60	0.94	1.52	2.12	2.31	2.52	2.96
阿曼	7.03	8.04	8.63	9.52	12.95	14.93	18.24	21.78
巴林	4.23	4.92	5.74	6.71	5.97	8.99	8.73	—
科威特	32.07	37.50	49.97	72.67	67.99	88.79	105.67	131.48
伊朗	7.14	41.20	41.12	73.35	85.03	105.55	93.80	—
沙特阿拉伯	—	41.65	90.87	210.31	213.12	182.02	186.48	217.45
伊拉克	0.31	—	6.27	7.05	12.21	18.79	34.16	49.66
卡塔尔	3.66	4.71	17.59	—	—	78.13	117.29	116.41
阿联酋	—	—	61.86	112.73	103.47	132.06	161.88	166.37
埃及	12.48	14.65	19.32	28.86	29.41	25.75	32.61	36.36
肯尼亚	1.83	1.27	1.24	2.65	2.27	1.97	2.33	2.17
坦桑尼亚	3.63	3.75	5.77	6.16	8.06	9.28	11.01	13.29
莫桑比克	1.32	1.41	1.87	2.09	2.47	2.64	3.13	3.22
苏丹	0.74	1.19	6.67	14.77	8.68	9.37	4.60	1.95

国家	2001 年	2003 年	2005 年	2007 年	2009 年	2011 年	2013 年	2015 年
吉布提	0.13	0.10	0.14	0.14	0.18	0.34	0.31	0.35
厄立特里亚	—	—	—	—	—	—	—	—
索马里	—	—	—	—	—	—	—	—
也门	1.36	1.34	2.24	2.47	2.77	2.58	1.61	0.79

资料来源：2002～2016 年世界银行数据库。

二、中国与"海丝路"国家旅游合作现状及规划

（一）"海丝路"沿线区域国际旅游合作走廊

"海丝路"旅游合作主要是依托各国重点旅游景区、国际交通枢纽、世界遗产等资源，陆上依托国际大通道，海上则依托重要港口节点。具体而言，"海丝路"沿线旅游合作在空间格局上，大致可以分为两大走廊。其一，中南半岛旅游合作，主要是依托海口、广州、南宁、昆明等城市，加强与老挝、缅甸、越南、柬埔寨等国家，特别是对接万象、仰光、胡志明市、金边等地市的旅游合作。其二，孟中印缅旅游合作，重点依托昆明、南宁等国际交通枢纽，打造云南昆明，途经缅甸、孟加拉国以及印度等国的滨海邮轮旅游。

（二）"海丝路"背景下国内旅游合作空间格局

国内"海丝路"建设有关省区市积极参与旅游合作，依托各自地理区域位置优势，合作共赢，共同打造精品旅游线路和具有"海丝路"特色的旅游合作区，全面提升旅游合作和对外开放水平，具体如表 6 - 34 所示。

表 6 - 34   "海丝路"背景下国内旅游合作

合作格局	合作依据与布局	节点地区
西南地区	依托广西和云南与东盟地理位置邻近优势，强化中国西南各地市与东盟各国的旅游交流与合作，加快推进云南与越南、缅甸等东盟国家的旅游通关便利化，重点打造大湄公河次区域旅游合作，发挥广西和云南在中国西南地区旅游合作的战略支点作用，力争把广西和云南打造成中国对接东盟旅游合作的桥头堡，逐步打通中国西南地区与东盟各国的旅游合作通道	云南、广西

续表

合作格局	合作依据与布局	节点地区
沿海和港澳台地区	其一，依托福建在海洋运输的交通区位优势，重点规划一批具有"海丝路"特色的旅游精品线路；其二，依托海南热带旅游资源优势，将海南打造成具有典型热带旅游风情的国际旅游目的地；其三，重点规划上海、天津、宁波、广州、深圳、福州、海口、三亚等"海丝路"中国沿海城市，打造具有"海丝路"特色的旅游景区景点；其四，充分发挥香港和澳门特别行政区的独特优势，鼓励香港和澳门特别行政区以及台湾地区积极参与"海丝路"旅游合作	珠三角、长三角、环渤海、海峡西岸等

（三）跨境旅游合作区与"海丝路"国际旅游港

目前，中国正与有关周边国家抓紧建设"海丝路"跨境旅游合作区，借助邮轮旅游的快速发展，依托"海丝路"沿线重要港口和城市，积极打造一批"海丝路"国际旅游港，为"海丝路"旅游合作提供重要保障。在跨境旅游合作方面，重点加强中国与东盟、南亚边境国家旅游合作，依托广西东兴、云南瑞丽等边境地市，重点发展跨境旅游合作，打造跨境旅游合作示范区。在"海丝路"国际旅游港方面，依托"海丝路"沿线国家重要交通枢纽城市和港口，建设一批重要的"海丝路"国际旅游港，为"海丝路"旅游合作提供支撑。

三、中国与"海丝路"国家旅游合作潜力测度

"海丝路"背景下采取建设国际旅游大通道、开展区域旅游合作、推进旅游便利化等重大举措，将进一步促进沿线国家文化的交流互鉴和民心相通。而在此进程中，通过构建"海丝路"沿线国家旅游合作潜力评价指标体系，厘清阻碍旅游合作的主要因素，寻找更多的双赢或多赢的旅游合作项目和旅游便利化制度来促进区域旅游进一步融合发展，已经成为亟待解决的问题。

（一）旅游合作潜力测度

初步选取变量：经济发展实力、旅游业发展资源、旅游业收益、旅游资源、公共设施资源、旅游人力资源、社会经济支持力、生态环境支持力、教育发展程度，运用主成分分析和因子分析法，对各国旅游竞争潜力进行研究

（见表 6 - 35）。

表 6 - 35　　　　　　　"海丝路"沿线国家利益竞争力评价

一级指标	二级指标	三级指标	四级指标
旅游竞争力评价	Factor1 旅游资源竞争力	旅游资源	世界遗产数量（个）
		公共设施资源	航空客运量（人）
			港口基建质量（1 十分欠发达 ~ 7 十分发达高效）
		生态环境支持力	可替代能源和核能（占能源使用总量百分比）
			能源使用量（人均千克石油当量）
	Factor2 经济竞争力	经济发展实力	GDP（现价美元）
			人均 GDP（美元）
			服务贸易占 GDP 比重（%）
			GDP 增长率（%）
		社会经济支持力	固定资本形成总额（美元）
	Factor3 旅游业发展竞争力	旅游业发展资源	国际旅游，入境人数（人）
		旅游业收益	国际旅游项目收入（美元）
			国际旅游项目支出（美元）
	Factor4 支持竞争力	旅游人力资源	服务业就业人员占就业总数（%）
		教育发展程度	教育公共开支总额，总数（占 GDP 的比例）
			公共教育支出，总数（占政府支出的比例）
			入学率，高等院校（占总人数的百分比）

资料来源：世界银行。

1. 指标体系检验（见表 6 - 36）

表 6 - 36　　　　　　　　　　KMO 检验

变量	X1	X2	X3	X4	X5
KMO	0.4370	0.5408	0.3084	0.4565	0.5059
变量	X6	X7	X8	X9	Overall
KMO	0.5166	0.4501	0.2977	0.5183	0.4659

2. 累计方差贡献率与特征值（见表 6 – 37）

表 6 – 37 　　　　　　　　　累计方差贡献率与特征值

因素	特征值	方差贡献率（%）	累计方差贡献率（%）
Factor1	2.8934	0.3991	0.3991
Factor2	2.3462	0.3236	0.7227
Factor3	1.1650	0.1607	0.8834
Factor4	0.7049	0.0972	0.9806

3. 因子载荷旋转（见表 6 – 38、表 6 – 39）

表 6 – 38 　　　　　　　　旋转后的累计方差贡献率与特征值

因素	特征值	方差贡献率（%）	累计方差贡献率（%）
Factor1	2.2087	0.3046	0.3046
Factor2	2.1476	0.2962	0.6008
Factor3	1.4156	0.1953	0.7961
Factor4	1.3376	0.1845	0.9806

表 6 – 39 　　　　　　　　　　　旋转成分矩阵

变量	Factor1	Factor2	Factor3	Factor4
X_1	– 0.0691	0.9910	0.0805	0.0602
X_2	0.3454	0.2408	0.7418	0.4391
X_3	– 0.0503	0.0497	0.8551	– 0.1526
X_4	– 0.7332	0.2692	– 0.2561	– 0.0532
X_5	0.9191	0.0247	0.0810	0.2391
X_6	0.6499	– 0.1018	– 0.1516	0.6666
X_7	– 0.0338	0.9918	0.0721	0.0256
X_8	– 0.4970	0.0541	– 0.0289	0.2332
X_9	0.1713	0.1876	0.1627	0.7473

4. 计算因子得分与综合得分（见表 6 - 40、表 6 - 41）

表 6 - 40 各主因子得分系数

变量	Factor1	Factor2	Factor3	Factor4
X_1	− 1.8158	0.7537	− 0.0503	2.0780
X_2	− 0.1899	− 0.2016	0.8356	0.5248
X_3	0.0227	0.0698	0.2868	− 0.2279
X_4	− 0.1136	− 0.0596	0.0178	− 0.0027
X_5	1.0159	0.0203	− 0.0321	− 0.8080
X_6	− 0.1628	0.0714	− 0.3682	0.9662
X_7	1.8246	0.3205	− 0.1960	− 2.0816
X_8	− 0.0232	− 0.0250	− 0.0325	− 0.0099
X_9	0.0630	0.0121	0.0440	0.1231

表 6 - 41 各国因子得分排名与综合得分排名

国家	Factor1		Factor2		Factor3		Factor4		F	
	得分	排序	得分	排序	得分	排序	得分	排序	得分	排序
新加坡	2.6087	1	0.0686	4	− 0.8347	1	0.3951	1	0.7392	1
印度尼西亚	− 0.7221	2	1.1912	2	− 0.1179	2	0.3769	2	0.1830	2
越南	− 0.3014	10	− 0.4546	13	0.4877	5	− 0.4047	10	− 0.2099	11
菲律宾	− 1.5993	18	− 0.2741	10	− 0.7822	17	1.6458	4	− 0.4257	13
泰国	− 0.1242	9	− 0.1485	6	3.0719	3	0.4224	8	0.6078	5
柬埔寨	− 0.3381	11	− 0.6959	18	0.2151	6	− 0.9758	15	− 0.4560	16
马来西亚	1.1641	4	− 0.3252	11	1.3958	4	0.5633	7	0.6473	4
孟加拉国	− 0.4300	13	− 0.1887	7	− 0.5315	15	− 0.6941	14	− 0.4270	14
斯里兰卡	0.0785	7	− 0.5085	14	− 0.5177	14	− 0.6704	13	− 0.3584	12
印度	− 0.0411	8	3.5423	1	0.1492	7	− 1.0087	16	0.8972	3
巴基斯坦	− 0.5542	14	− 0.2376	9	− 0.4626	13	− 0.5611	12	− 0.4416	15
阿曼	0.8506	5	− 0.3606	12	− 0.8614	18	− 0.4859	11	− 0.1077	9
巴林	1.2318	3	− 0.6312	15	− 0.0411	9	0.0856	9	0.1999	7
伊朗	− 0.6093	15	0.0310	5	− 0.6848	16	0.9688	5	− 0.1340	10
沙特阿拉伯	0.4767	6	0.5318	3	− 0.2991	12	1.9001	3	0.6066	6

续表

国家	Factor1		Factor2		Factor3		Factor4		F	
	得分	排序	得分	排序	得分	排序	得分	排序	得分	排序
埃及	− 0. 6228	16	− 0. 2044	8	0. 0581	8	0. 7552	6	− 0. 1016	8
坦桑尼亚	− 0. 7077	17	− 0. 6576	16	− 0. 0680	10	− 1. 1681	18	− 0. 6518	18
莫桑比克	− 0. 3602	12	− 0. 6780	17	− 0. 1770	11	− 1. 1445	17	− 0. 5673	17

因子得分函数：

Factor1 $= -1.8158X_1 - 0.1899X_2 + 0.0227X_3 - 0.1136X_4 + 1.0159X_5 - 0.1628X_6 + 1.8246X_7 - 0.0232X_8 + 0.0630X_9$

Factor2 $= 0.7537X_1 - 0.2016X_2 + 0.0698X_3 - 0.0596X_4 + 0.0203X_5 + 0.0714X_6 + 0.3205X_7 - 0.0250X_8 + 0.0121X_9$

Factor3 $= -0.0503X_1 + 0.8356X_2 + 0.2868X_3 + 0.0178X_4 - 0.0321X_5 - 0.3682X_6 - 0.1960X_7 - 0.0325X_8 + 0.0440X_9$

Factor4 $= 2.0780X_1 + 0.5248X_2 - 0.2279X_3 - 0.0027X_4 - 0.8080X_5 + 0.9662X_6 - 2.0816X_7 - 0.0099X_8 + 0.1231X_9$

依据因子得分，可计算出各国的综合得分：

F $= (0.3046$Factor1 $+ 0.2962$Factor2 $+ 0.1953$Factor3 $+ 0.1845$Factor4$)/0.9806$

（二）结果分析与总结

由表 6 – 41 可知，对主因子 1 进行分析，主要代表该国自有旅游资源和公共设施资源，其中新加坡、印度尼西亚、巴林、马来西亚、阿曼、沙特阿拉伯旅游资源与公共设施条件相对较好；斯里兰卡、印度、泰国、越南、柬埔寨、莫桑比克等公共设施配置有待加强，旅游资源较为匮乏；而孟加拉国、巴基斯坦、伊朗、埃及、坦桑尼亚、菲律宾等国的旅游资源尚待挖掘，并且国内交通、住宿等设施建设并不完善。对主因子 2 进行分析，主要代表该国经济发展现状，其中新加坡、印度尼西亚、印度、沙特阿拉伯、伊朗、泰国经济实力较佳，并且颇为重视对国内旅游业的投资，依托经济支持，国内旅游业有较长远的发展潜力。对主因子 3 进行分析，主要代表该国旅游业发展现状，其中新加坡、印度尼西亚、泰国、马来西亚、越南、柬埔寨等国表现出国内旅游业发展现状较优。对主因子 4 进行分析，主要代表该国旅游业发展人力支持因子，行业的发展同该国教育水平以及行业专业人才有关，新加坡、印度尼西亚、菲律宾、沙特阿拉伯、伊朗、埃及等国在旅游业人力资源支持方面表现较优，具备较好的旅游发展潜力。

整体来看，从国内旅游业发展现状，旅游业发展经济、资源、人力支持等角度分析，大致可按旅游竞争发展潜力将 18 个国家分为三个梯度，其中，旅游竞争发展潜力较优的国家有新加坡、印度尼西亚、印度、马来西亚、泰国、沙特阿拉伯，这些国家大都具备较优的经济支持，并且国内旅游资源较为丰富、国内各项公共设施建设较为全面，由此表现为稳健上升的旅游发展潜力；旅游竞争发展潜力一般的国家有巴林、埃及、阿曼、伊朗、越南、斯里兰卡；旅游竞争发展潜力欠佳的国家有菲律宾、孟加拉国、巴基斯坦、柬埔寨、莫桑比克、坦桑尼亚，这些国家或因国内战乱，或因国内经济、交通发展不佳，或因国内旅游资源匮乏等表现出旅游业并不发达，并且发展潜力有限。

四、进一步推动"海丝路"旅游合作发展

（一）"海丝路"沿线旅游合作发展路径

1. 合作发展与政策协调

"海丝路"沿线国家旅游合作的实现，不但需要良好的政策环境，还需要相关的组织载体来配合实施具体合作事宜。旅游合作政策体系制定与合作引导可从两方面着手：一方面，在体制内注重宏观调控，对沿线区域旅游合作中的不合理行为立即指正和调整，督促沿线各国制定合乎实情的区域旅游产业合作发展规划，对于严重违反区域旅游合作条款的行为严厉禁止，并监督落实责任方承担相应的责任，确保沿线各国区域旅游合作发展的公平和有序；另一方面，兼顾各方利益不受损失，在区域旅游合作过程中，建立区域旅游利益补偿原则，通过资本融资、税收调控等多种手段，设立区域旅游专项发展基金，用于发展旅游产业相关的公共服务配套设施、交通基础设施，扶持旅游发展相对缓慢的地区，增强其参与区域旅游开发合作的积极性，倡导合作个体利益服从整体利益，一定程度上协调区域旅游合作各方的关系。

2. 旅游基础设施建设合作

旅游基础设施是旅游业赖以运行的物质基础，主要包括住宿、交通以及各种文化娱乐休闲等物资设备。随着旅游业发展的日趋完善和多样化，旅游基础设施的标准要求日益提高，该标准不仅是衡量地区旅游业发展的重要指标，而且对于吸引游客具有一定的指导意义。旅游交通主要有铁路、公路、航空、水运等方式，方便快捷的交通方式能够促进旅游业的发展。通过开展地区间旅游合作，完善基础设施互联互通，实现港口、机场、铁路和公路等基建项目的对接规划和建设，可促进各要素在"海丝路"沿线国家间自由流通，有利于现有旅游业升级转

型，并带动境内外游客流动与数量扩充，对于全面深化推进旅游合作是较优切入点；就餐饮、娱乐、住宿等旅游设施合作来说，在因地制宜反映地方特色的基础上，也应当考虑其他地区游客的需求，融合不同地区的风俗习惯，真正做到合作共赢。"海丝路"沿线国家开展的基础设施项目的建设与对接，一方面可以推动该地区自身经济结构的整合；另一方面也使旅游合作区域的经济发展格局发生重大调整，人员的流动和经济的互通使得区域间生产总值差距缩小，促进了旅游产业结构升级。

3. 旅游市场互通共融合作

旅游市场与普通商品市场存在显著区别，一般市场上销售的是具体的物质产品，而旅游市场销售的则更多的是旅游服务，表现为旅游供给与消费过程同步进行，而且还具有很强的季节性。"海丝路"沿线国家旅游业发展境况不同，旅游产品差异并存，旅游客源需求不同、消费层次不同，应通过旅游市场互通共融，如加强市场宣传促销、促进旅游管理经验与人才交流、推动两地民间旅游组织往来等形式，进一步加深"海丝路"沿线国家间的旅游合作，实现各区域间旅游产品互通，旅游客源互动。

4. 旅游要素全面融合发展

旅游六要素"食、住、行、游、购、娱"全面贯穿旅游过程，六个方面应该相互联系，只有六个层面的需求同时满足，才能取得消费者效用最大化。就"食"而言，在强调地方特色的基础上，还应融合不同地区旅客的品位偏好；就"住"而言，应打造独具地区特色的住宿环境，提供宾至如归的人性化服务；就"行"而言，应构建完善的交通体系，根据地区优势，选择空运、航运、铁路、公路，重点打造地区便捷交通出行方式；就"游"而言，应打造地区旅游特色品牌，通过各地区联动发展，实现精品旅游路线构建，全方位多角度推进地区旅游业发展；就"购"和"娱"而言，可通过展示地方非物质文化遗产表演、建设艺术展示中心、开办民族文化博览会等形式，弘扬地区文化，展示地区魅力。总之，为了推进"海丝路"沿线各国旅游要素全面融合，应实现交通互通，并在此基础上开设特色旅游规划，注重基础设施建设，丰富增设旅游购物、娱乐休闲方式等，步步推进，实现物资设备支持与人性化服务的结合，达成六要素的全面融合，共同推进地区旅游合作建设，夯实"海丝路"建设民心基础，促进沿线各国民心相通。

（二）"海丝路"沿线旅游合作重点发展方向

1. 精品旅游线路和项目开发是合作重点

建设精品旅游线路和项目开发，即构建以旅游资源为主体，政府引导、市场运作旅游产业集群发展的规模区域，让美景聚点成区、连点成线，让企业牵手抱团，不断放大旅游产业的规模效应和辐射效应，对于加快"海丝路"沿线国家旅游建设、促进经济社会发展、促进乡村振兴具有重大的意义。进行旅游项目开发，建设精品旅游线路具有如下作用：其一，有利于加快产业集聚，推动旅游产业向高级阶段发展；其二，有利于打造特色品牌，由粗取精，提升旅游合作竞争力；其三，有利于扩大旅游产业的带动效应，促进区域经济社会发展。由此可见，进行旅游项目开发，并建设精品旅游线路，是旅游合作的重点内容。在微观引导层面，可以充分利用本地资源优势、改善投资环境、努力招商引资、坚持市场导向、发挥企业优势、促进合理布局、转变增长方式；在宏观调控层面，通过扩大旅游产业的带动效应，可以促进乡村振兴，加快实现现代化的步伐。

2. 边境旅游成为旅游合作的重要突破口

我国边境县大约有 100 多个，其中大部分位于"海丝路"区域范围内，这些区县既有毗邻国家的地理位置优势，也有民俗、文化、语言等方面的相通性，是开展国际旅游合作的最佳前沿阵地。从区域分布来看，西南的云南和广西沿边旅游发展都在"海丝路"旅游业发展中扮演着重要角色。在"海丝路"倡议引导下，部分地区已经开始着重加强沿边旅游合作，如广西壮族自治区已经开辟了涵盖东兴、防城、宁明、凭祥等 8 个县市区的沿边旅游合作，这对于促进与大湄公河沿线区域的各国旅游合作起到了重要作用。总之，促进沿边地区旅游开发开放不仅对"海丝路"旅游发展具有重要意义，对"海丝路"建设的实施同样具有重大意义。

3. 出境旅游成为"海丝路"旅游合作热点

2016 年我国居民出境旅游消费持续火热，部分热门线路随团出行人数是2015 年的 2.3 倍。其原因在于：一是人均可支配收入的增加，使旅游已经成为居民常态化的生活选择；二是国内旅游仍停留在高门票经济模式，旅游环境不尽完善；三是国外各国为了吸引中国游客，旅游优惠政策频出，签证便利、价格门槛降低、出境游的外部环境空前利好等加速了中国出境游人次的增加。2016 年出境游也成为旅游企业竞争的焦点，线上线下的旅游企业与旅行社纷纷把竞争重点放在了出境游业务领域。泰国、马来西亚、新加坡、日本、韩国、俄罗斯、英国、澳大利亚、新西兰、美国、加拿大等国呈大幅增长趋势。未来五年，"海丝路"沿线国家将迎来高达 1.5 亿人次中国游客，超过 2 000 亿美元旅游消费；我国也将吸引沿线国家 8 500 万人次的游客，带动 1 100 亿美元的旅游消费。

4. 旅游减贫成为国际旅游经验交流热点

2017 年 7 月 25 日，"第十一届中国—东盟社会发展与减贫论坛"在柬埔寨暹粒召开，各国代表围绕"中国与东盟：减贫创新与实践"的主题进行热烈研讨，就中国与东盟国家在减贫理念及政策方面的创新及成功实践、如何推进中国——东盟减贫合作、中国与东盟国家如何实现2030年可持续发展目标等展开讨论，并提出依托旅游合作实现脱贫攻坚的有效途径，自此旅游减贫成为国际旅游经验交流的热点话题。旅游扶贫是产业扶贫和精准扶贫的重要组成部分，"海丝路"沿线国家大多表现为相对贫困，但有着优质的旅游资源和生态环境，据此，旅游业可以成为很好的媒介，带动国家地区内部旅游发展，走上脱贫之路。因此，应通过旅游合作，推动"海丝路"沿线国家充分借鉴中国经验，大力发展旅游业，健全旅游交通建设，做好旅游基础设施建设，弘扬旅游文化理念，形成地区旅游特色，以初步实现地区减贫，并在这样的进程中，进一步推动"海丝路"建设的发展和各国间的民心相通。

第五节　推进"海丝路"公共外交

唯以心相交，方成其久远。[1] 民心相通作为推进"海丝路"建设的基础性工程，在构筑国际共识，凝聚民心民意方面发挥着不可替代的作用。"海丝路"倡议提出以来，引发了国际社会的积极反响和热烈讨论，但受文化差异与潜在利益冲突等多方面因素的影响，部分沿线国家对"海丝路"倡议的认识仍心存误解与怀疑，这给"海丝路"民心相通建设造成了一定阻碍。积极开展面向"海丝路"沿线国家的公共外交，发挥民意舆论的引导作用，一方面有利于全面准确地阐明"海丝路"倡议的正确意涵，另一方面有助于消除域内外国家对"海丝路"倡议的误解与疑虑，对于营造适宜"海丝路"倡议开展的国际环境，深化域内外国家公众对"海丝路"倡议的理解、信任与支持，实现与"海丝路"沿线国家公众的民心相通具有重要意义。

一、"海丝路"公共外交研究综述及新内涵

（一）"海丝路"公共外交研究综述

"公共外交"一词最初由美国"爱德华·默罗公共外交研究中心"的创始者

---

[1]　习近平：《共创中韩合作未来　同襄亚洲振兴繁荣》，新华网，2014年7月4日，http：//www.xinhuanet.com/world/2014 - 07/04/c_1111468087. htm。

古利恩教授提出并定义为"政府向国外公众提供信息并施加影响的行为"①，在"一带一路"背景下，国内学者就以下三点展开探讨：（1）公共外交在"一带一路"建设中的作用。有学者认为，"一带一路"建设与命运共同体高度相关，牢固民意基础意义深远②，开展公共外交对塑造中国形象③、夯实"一带一路"建设的民意基础④、维护中国海外利益⑤等具有重要意义，有助于为民心相通构建基础（杨荣国，2017），取得"春风化雨""润物无声"的效果⑥。（2）"一带一路"公共外交的参与主体。国内专家指出，要在政府的统筹规划下，发挥媒体、城市、高校、智库、宗教、非政府组织及华人华侨等主体的作用⑦，不断提高民间主体参与公共外交的意识和能力⑧，与沿线各国公众进行平等交流、双向互动，以争取民意支持⑨。（3）"一带一路"公共外交的推进策略。有学者提出，开展公共外交要把握与周边国家历史渊源及双边社会现实做出差异规划⑩，培养语言人才，培育企业的社会责任感和品牌意识⑪，加强国际公关能力建设⑫。此外，要整合历史资源，借助多平台、多路径建立沟通机制。

（二）"海丝路"公共外交新内涵

传统公共外交的开展一方面致力于弥补政府外交话语传递能力和范围的有限性，另一方面则是为了弥补民间外交缺乏政府公信力支持的不足，其作用对象是一国公众而非政府，这也是公共外交区别于传统政府外交的最大特点。

"海丝路"强调与沿线国家公众构筑民心相通，其关键在于寻找与沿线国家的共同历史记忆，构建与沿线国家的共同身份，创造与沿线国家的共同辉煌，而不只在于加强与沿线国家的相互了解，这也从侧面反映出推进"海丝路"民心相通建设的艰巨性和长期性。"海丝路"公共外交与民心相通有着共通之道，对

---

① 曲星：《公共外交的经典含义与中国特色》，载于《国际问题研究》2010年第6期，第4~9页和第70~71页。

② 秦玉才、周谷平、罗卫东：《"一带一路"读本》，浙江大学出版社2015年版，第133~134页。

③ 苏淑民：《公共外交与中国国家形象的塑造》，载于《教学与研究》2008年第1期，第73~77页。

④⑨⑪ 王秋彬：《开展"一带一路"公共外交的思考》，载于《理论视野》2015年第6期，第67~70页。

⑤ 周鑫宇：《公共外交与国家的海外利益保护》，载于《世界知识》2015年第3期，第74页。

⑥ 郭晓勇：《"一带一路"公共外交需着重做好五个结合》，中国网，http://news.china.com.cn/world/2016-06/23/content_38731591.htm。

⑦ 陈杰：《公共外交推进"一带一路"建设》，载于《中国社会科学报》2015年3月30日，第4版。

⑧ 赵启正：《由民间外交到公共外交》，载于《外交评论》2009年第5期，第1~3页。

⑩ 唐小松、张自楚：《中国对周边"一带一路"沿线国家的公共外交》，载于《教学与研究》2016年第6期，第55~58页。

⑫ 沈雅梅：《"中国梦"的公共外交：挑战与机遇》，载于《国际问题研究》2015年第6期，第89~103页。

"海丝路"公共外交而言，其精髓在于发掘、传播、阐释好 21 世纪的丝路文明，努力做好复兴、包容、创新分三步走的战略路线，其自觉内涵了人文交流的使命和构建与沿线国家民心相通的战略目标。① "海丝路"公共外交不仅强调国际公关，亦注重发挥人文交流在传播丝路文化、传递丝路友谊、讲好丝路故事、弘扬丝路精神等方面发挥的凝聚民心民意的作用。② 与推进民心相通建设相一致，"海丝路"公共外交开展的重点在于构建沿线国家公众对"海丝路"倡议及对我国对外交往政策的理解、信任与支持，其关键在于唤醒共同历史记忆，塑造共同身份，创造共同辉煌未来。③ 以国际公关为主要形式，以人文价值理念和科教文化成果传播和共享为内涵，寻求与"海丝路"沿线不同国家人文精神的内在共性，从而实现与"海丝路"沿线国家的民心相通。

传统公共外交更注重发挥政府的话语传播作用，与传统公共外交不同，"海丝路"公共外交强调构建多元化的交流渠道和双向性的信息管理机制④，在客体选择上注重内、外两个层次，这与推进民心相通建设的要求不谋而合。"海丝路"公共外交注重对话与沟通，强调信息传递的双向性，将公众视为意义的共同创造者和信息的共同传递者⑤⑥，其目标对象不仅包括他国地方政府与精英群体，亦包括社会团体、社会经济主体和公众，在外交主体上强调多元性与开放性，调动政府与非政府两个主体积极参与，从而在外交渠道上实现了由"政府—公众"到"公众—公众"的转变。同时，"海丝路"公共外交亦注重对国内公众的舆论引导，加强与国内公众的沟通与交流，推动国内公众增进对"海丝路"倡议及国家政策的理解，培育中国公众自觉参与公共外交的意识和能力，从而在开展"海丝路"公共外交的实践中客观准确地传递中国声音。具体来说：第一，"海丝路"公共外交的开展要求拓宽现有交流渠道，在政府外交的统一领导下，充分调动城市、高校、宗教、企业、非政府组织及个人等各社会主体参与，积极开展学术交流、友好城市建设、教育交流与合作、人才交流与合作、宗教往来等公共外交活动。第二，"海丝路"公共外交强调信息管理的双向性，

---

① 王义桅：《"一带一路"：机遇与挑战》，人民出版社 2015 年版。

② 王义桅：《如何讲好"一带一路"故事》，载于《公共外交季刊》2017 年第 2 期，第 15～21 页、第 172 页。

③ 王义桅：《"一带一路"建设的民心相通之道》，新华网，2016 年 8 月 5 日，http：//opinion. peo-ple. com. cn/n1/2016/0805/c1003 - 28613917. html。

④ 王秋彬：《关于中国公共外交发展的思考》，载于《吉林大学社会科学学报》2015 年第 3 期，第 34～39 页、第 171～172 页。

⑤ ［美］小约瑟夫·奈：《新公共外交：非政府组织与网络》，载于《公共外交季刊》2010 年第 2 期，第 58～61 页。

⑥ 廖建国：《危机事件的舆论国际化趋势及应对模式转换》，载于《新闻界》2012 年第 11 期，第 10～15 页。

以对话和沟通为主,形成信息传递——信息反馈的完整信息管理机制。其要求发挥公共外交的信息传播作用,运用媒体、互联网等多种信息传播媒介,向"海丝路"沿线国家公众阐明"海丝路"倡议及我国外交政策的本质和目标,宣传中华民族的优秀文化,促进与"海丝路"沿线国家的文化交融。在传播的基础上,亦要注重对沿线国家社会状况及舆论信息的搜集。要充分把握沿线国家公众民俗、宗教信仰及生活方式等各方面的内容,关注其对于"海丝路"倡议及项目进展、中国外交政策的整体看法,并据此及时调整公共外交开展的方针与政策,有针对性地面向不同社会群体开展公共外交;要充分理解沿线国家公众的需求,对其困惑及时解答,面对舆论风险不应回避,要以合理的方式主动化解;要增强与沿线国家公众及社会组织的互动,从而增进沿线国家公众对"海丝路"倡议的理解与支持,为实现与沿线国家公众的民心相通创造有利条件。第三,"海丝路"公共外交要注重交流客体的双重性,不仅要把沿线国家的政府、社会团体和公众作为我国开展"海丝路"公共外交的客体,亦要注重对国内公众的正确价值引导,向国内公众讲述真实生动的丝路故事,从而推进其理解国家对外交往政策的开展与实施,与国家公共外交行为保持一致,最终实现其从"海丝路"公共外交客体向主体的转变。

二、"海丝路"公共外交的开展现状

(一)"海丝路"政府公共外交

2013 年 10 月以来,党和国家领导人在出访与接见外宾时多次就"海丝路"倡议的内涵做出阐释,以公开演讲、在到访国媒体发表署名文章等形式向沿线国家公众表达愿与各方共建"海丝路"的深切愿望。如 2013 年 10 月,习近平主席在访问印度尼西亚时首提愿同东盟国家加强海上合作,共同建设"海丝路";2014 年 6 月,李克强总理出席中国与希腊海洋合作论坛时强调愿在"海丝路"倡议下推进海洋合作;2014 年至 2015 年上半年,习近平主席先后在中阿合作论坛和出访巴基斯坦时发表题为《弘扬丝路精神,深化中阿合作》和《构建中巴命运共同体 开辟合作共赢新征程》的重要演讲,并强调愿与阿拉伯和南亚国家共同弘扬丝绸之路精神,共建"海丝路";2018 年 11 月 15 日,李克强总理在新加坡出席第二十一次中国—东盟(10 + 1)领导人会议暨庆祝中国—东盟建立战略伙伴关系 15 周年纪念峰会时再次强调在《中国—东盟战略伙伴关系2030 年愿景》指导下,推动共建"一带一路"倡议与《东盟 2025:携手前行》愿景深入对接。除公开演讲外,在国外媒体发表署名文章亦成为习近平主席和李克强总理开展"海丝路"公共外交的重要形式,如 2014 年对马尔代夫进行国事访问期间,习近平主席在《今晚报》和太阳在线网同时发表题为《真诚的朋友,发展的伙伴》的署名文章,欢迎马方积极参与"海丝路"建设;① 同年 11 月,李克强总理在东盟多国主流媒体上发表题为《携手开创中国—东盟关系美好未来》的署名文章,阐述中国积极发展与东盟关系的政策主张;2016 年 1 月 18 日,在对沙特阿拉伯进行国事访问期间,习近平主席在《利雅得报》发表题为《做共同发展的好伙伴》的署名文章,并寄望沙特阿拉伯成为"一带一路"的重要参与者、建设者、受益者;② 2018 年 11 月 17 日,习近平主席又在对文莱进行国事访问前夕在《婆罗洲公报》《诗华日报》《联合日报》《星洲日报》发表题为《携手谱写中国同文莱关系新华章》的署名文章,倡导推动"一带一路"走深走实。

我国外交部及其驻外机构亦面向"海丝路"沿线国家开展了形式多样的公共外交活动。2013 年 9 月 ~2016 年 6 月,时任中央外事工作领导小组办公室主任杨洁篪先后三次访问印度尼西亚,均提及"一带一路"建设中的合作问题;2013 年 12 月,中柬友谊台开播 5 周年庆祝活动在金边奥林匹克运动场举行,时任驻柬埔寨大使布建国及柬埔寨新闻部大臣乔干那烈出席活动并致辞;2015 年 4 月,中印尼建交 65 周年庆祝招待会在北京凯宾斯基酒店隆重举行,招待会由中国人民对外友好协会与印度尼西亚驻华使馆共同举办,来宾们欣赏了精彩的印度尼西亚舞蹈表演及中国传统音乐演奏,并品尝了地道的印度尼西亚美食,加深了两国人民之间的情感和友谊;2015 年 5 月,由中国驻印度尼西亚登巴萨总领事馆组织的印度尼西亚媒体团一行,现场讲解福建建设"21 世纪海上丝绸之路核心区"、自由贸易试验区等进展情况;2016 年 9 月,中国驻泰大使馆同泰国"邮报"集团在曼谷共同举办"'一带一路':中泰合作新机遇"论坛,时任驻泰大使宁赋魁指出,东盟是"一带一路"建设的重点地区,泰国是中国可以信赖的朋友和伙伴,中泰关系长期领跑中国—东盟关系;③ 2017 年 2 月,时任中国驻印度尼西亚大使谢锋在印度尼西亚《福布斯》杂志发表《中印尼永远做好邻居、好朋友、好伙伴》一文,就中国与印度尼西亚关系、两国投资贸易、技术合作和在印度尼西亚中国劳工等问题进行探讨,该文具有"一带一路"新闻焦点效应,在一定程度上有利于树立"一带一路"倡议在印度尼西亚民众心中积极、正面形象;2017

---

① 《习近平在马尔代夫媒体发表署名文章——真诚的朋友,发展的伙伴》,中国共产党新闻,2014 年 9 月 15 日,http://cpc.people.com.cn/n/2014/0915/c64094-25658787.html。

② 《习近平在沙特媒体发表署名文章——做共同发展的好伙伴》,中国共产党新闻,2016 年 1 月 19 日,http://cpc.people.com.cn/n1/2016/0119/c64094-28065201.html。

③ 中华人民共和国驻泰王国大使馆:《中国驻泰国大使馆同泰国"邮报"集团共同举办"一带一路"论坛》,2016 年 9 月 23 日,https://www.mfa.gov.cn/ce/ceth/chn/dszl/t1400029.htm。

年 12 月，中国驻菲律宾大使馆在马尼拉举办 2017 年媒体圣诞沙龙暨"我眼中的中国与东盟"摄影比赛颁奖典礼，并指出要在"一带一路"倡议的框架下进一步深化务实合作。

（二）"海丝路"人文公共外交

人文外交营造了我国人民与沿线国家公众之间交流的契机，拓展了民间交往的力量和平台，促进了与沿线国家在人文价值理念等方面的交流，有利于建立起沿线国家公众对中国的信任和好感。现阶段中国面向"海丝路"沿线国家开展的人文外交主要包括教育交流与合作、文化交流与合作及传媒合作等。

教育交流与合作是"海丝路"公共外交的重要内容。自"海丝路"倡议提出以来，中国与沿线各国积极开展教育交流与合作并取得一系列丰富成果，交流范围不断拓展，交流机制和平台不断完善。中国通过与"海丝路"沿线国家高等院校的交流，向"海丝路"沿线国家高校师生传递中国话语，讲解中国历史，宣扬中国文化，阐明中国价值观，有力促进了沿线国家公众对中国发展的理解及对中国文化的认同；设立孔子学院亦成为中国与沿线国家开展教育交流与合作的重要形式之一，截至 2018 年底，"海丝路" 32 个国家和地区共建有 65 所孔子学院，开设 46 门孔子课堂，而作为孔子学院品牌项目的"汉语桥"活动，每年亦吸引数万名国外青年参与，极大地提高了中国文化在沿线国家的影响力；汉语教育课程亦成为中国与"海丝路"沿线国家教育交流与合作的重要形式，泰国和菲律宾等国家都开设了针对汉语教学的课堂。除孔子学院和汉语课堂教学外，我国与"海丝路"沿线国家积极开展合作办学，并就青年就业、创业培训、职业技能等领域开展国际合作。广西、福建以及陕西等部分高校已经开展了与"一带一路"沿线国家间的教育合作，合作项目覆盖人才培养和技术合作，有力促进了中国教育理念的传播与推广，改善了沿线部分教育落后国家的教育质量和办学层次，加深了沿线国家公众对中国科教文化的理解与支持，推动了中国与"海丝路"沿线国家民心相通事业的发展。

文化交流与合作方面，中国和多数沿线国家已签署政府间文化合作协定，文化交流活动有序进行，如积极开展宗教交流与合作、宗教圣物巡展、宗教艺术展览、艺术团交流和文艺界学者互访等活动。中国与部分沿线国家还会定期举办一系列机制化的文化交流活动，如中国—东盟文化论坛、中国—东盟旅游论坛、中国—东盟博览会、中国—东盟文化交流年、中国—阿拉伯国家文化艺术展示周等。中国佛教界亦积极主办四届世界佛教论坛，为热爱世界、关爱生命、护持佛教、慈悲为怀的有识之士搭建了平等、多元、开放的高层次对话、交流、合作平台。2013 年以来，我国各地积极举办"丝绸之路文化之旅"活动，与沿线国家

513

联合举办"丝绸之路艺术节"促进丝路文化的传播；为进一步增进与沿线国家电影文化交流与合作，弘扬丝路精神，增强丝路人文凝聚力，原国家新闻出版广电总局于 2014 年面向"海上丝路"和"陆上丝路"国家举办"丝绸之路国际电影节"，旨在以电影为纽带增进与沿线国家的人文互动；[1] 此外，以文化工作者为主要参与对象的各类文化学术论坛活动的开展亦为中国与"海丝路"沿线国家增进文化交流与合作提供了多样化平台。各类文化交流活动为中国与沿线国家人民的友好往来提供了契机，对沟通国家情感、加深国民认识、增强国民之间的凝聚力、促进与沿线国家公众间的民心相通意义重大。

传媒合作方面，自"海丝路"倡议提出以来，中国媒体行业与沿线国家的合作交流不断拓展，合作协议不断增加，以这些新增或重新签订的合作协议为蓝本，中国广播电视及网络等传媒行业与沿线国家在广电合作、华文报刊、电台传媒、译制合作、网络平台建设等领域取得重大突破。我国广播电台积极参与对"海丝路"沿线国家的传媒交流，与沿线国家广播电视机构共同举办合作论坛，签署多项合作协议，地方媒体亦广泛开展针对"海丝路"沿线国家的新闻报道、纪录片拍摄等活动，以"请进来"的方式邀请"海丝路"沿线国家传媒机构进行国际合作报道，开展联合采访；中国对"海丝路"沿线国家网络公共外交平台建设亦取得重要成果，中国—东盟网络空间论坛、中国—东盟信息港论坛、中国—东盟网络与媒体合作研讨会等论坛的顺利召开形成了丰硕的成果，促进了中国与"海丝路"沿线国家网络传媒工作者的交流与理解，对宣传和推动中国—东盟网络传媒领域的友好合作发挥了积极作用。在中方倡议下，国外传媒行业亦积极参与"海丝路"共建事业，以东盟国家为例，截至 2018 年 3 月，东盟 10 国均设立了华文报刊，并对中国相关信息进行报道。传媒合作一方面加强了中国与"海丝路"沿线国家传媒机构和传媒工作人员间的交流与互信，另一方面也为"海丝路"沿线国家公众了解中国政策、体会中国宽厚包容的大国文化理念创造了良好条件，增进了"海丝路"沿线国家各界对我国新闻事业的理解与支持，有力促进了中国与"海丝路"沿线国家的民意沟通。

（三）"海丝路"经济公共外交

在"亲诚惠容"的外交理念的指导下，我国全方位、多层次、多角度与"海丝路"沿线国家开展了经济公共外交活动。

"一带一路"倡议提出后，中国积极开展金融外交，其中最重要的举措当属

---

[1] 王珊：《新丝路　新青年　新电影——第五届丝绸之路国际电影节 2018 国际青年导演交流会综述》，载于《当代电影》2018 年第 12 期，第 166~168 页。

发起成立亚投行，并设立 400 亿美元丝路基金作为配套措施。① 截至 2017 年 12 月 25 日，亚投行已与菲律宾、印度、巴基斯坦、缅甸、印度尼西亚等 12 个成员国开展了 24 个基础设施投资项目，项目贷款总额 42 亿美元，涉及贫民窟改造、防洪、天然气基础设施建设、高速公路、乡村道路、宽带、电力系统、地铁建设等民生项目，在沿线国家得到了积极的反响和广泛的支持；在推动亚投行项目的同时，中国也开始积极推动与"海丝路"沿线国家进行本币结算，例如在第十届中国—东盟博览会期间，中国银行在南宁举行了人民币兑换印尼盾的现钞汇率挂牌启动仪式；2014 年 12 月，中国人民银行与泰国银行签署了在泰国建立人民币清算安排的合作备忘录和双边本币互换协议，本币互换规模为 700 亿元人民币/3 700 亿泰铢，协议有效期三年，可展期；2015 年 8 月，中国邮政储蓄银行广西分行与越南农业与农村发展银行谅山省分行在广西南宁签订了边贸结算业务合作协议，双方将以边境重镇——凭祥为平台开展结算合作。②

在积极开展金融外交的同时，我国与沿线国家建立多个经济走廊，进一步丰富了经济合作平台，包括孟中印缅经济走廊、中巴经济走廊、中国—中南半岛经济走廊等，在此基础上，重点以基础设施建设为切入点，推动双边、多边的共同建设、共担风险、共享成果的合作机制，并推进包括农业、能源、交通、IT 等多领域的经济合作，中国企业则成为中国对"海丝路"沿线国家开展经济外交的急先锋：2013 年 10 月，中泰签署《中泰政府关于泰国铁路基础设施发展与泰国农产品交换的政府间合作项目的谅解备忘录》；③ 2016 年底开建的中老铁路不仅将带动老挝经济发展，还将扩大和提升两国在贸易、旅游等领域的合作，深化中国—东盟自贸区的经济联系；2017 年，阿里巴巴再次向东南亚电商平台 Lazada 投资 10 亿美元，阿里巴巴对 Lazada 的投资具有强大的带动作用，中国各大互联网公司纷纷着手扩大其在东南亚科技界的影响力；2017 年 11 月，中国石油天然气股份有限公司与印度尼西亚国家石油公司就双方结成战略合作伙伴关系签署谅解备忘录，双方约定进一步深化在油气资源领域的合作开发。此外，中国积极开展对"海丝路"沿线国家的经济援助，目前，中国已经在缅甸、尼泊尔、老挝等周边国家援助建设港口、铁路、机场等项目。随着对外援助的进一步完善，未来中国还将在"一带一路"沿线国家和地区加大对民生项目的支持，积极开展在公共卫生、职业教育、扶贫救灾、农业发展等领域的合作援助项目。

---

① 《中国将出资 400 亿美元成立丝路基金》，人民网，2014 年 11 月 8 日，http：//world. people. com. cn/n/2014/1108/c157278 - 25996891. html。

② 《邮储银行广西分行边贸结算业务再添新翼》，新浪广西，2015 年 8 月 19 日，http：//gx. sina. com. cn/news/jingji/2015 - 08 - 19/detail - ifxfxrav2849873. shtml。

③ 《中方同意泰国用农产品抵部分建高铁费用被称"大米换高铁"》，观察者网，2013 年 10 月 13 日，https：//www. guancha. cn/Neighbors/2013_10_13_178181. shtml。

综上所述，"海丝路"倡议自提出以来，公共外交在沿线国家已广泛开展并取得了积极的成效，这是发展的大势所向，但也存在着诸如公共外交资源支撑体系不完善以及传统与非传统安全的威胁等困扰。随着"海丝路"建设向着行稳致远的方向发展，加强"海丝路"公共外交以进一步夯实民心相通基础，显得尤为迫切和重要。

三、推进"海丝路"公共外交的策略选择

对"海丝路"公共外交而言，"政府统筹，上下联动"是其基本属性，其行为主体由政府和非政府两个层面构成，既包括政府、政府有关部门及其驻外机构等官方主体，亦包括受政府委托、授权和支持的宗教、高校、企业、社会组织、社会公众等各类非官方主体。[①②] 从分工上看，政府在"海丝路"公共外交体系中居于主导地位，发挥高屋建瓴的引导作用，统筹制定公共外交策略；而非政府行为主体则负责实施和执行由政府所引导和制定的具体项目和任务。从工作内容上看，"海丝路"公共外交一方面要注重政府话语的权威性与官方性表达，积极开展国际公关；另一方面亦要注重开展以非政府机构和公众为主体的人文交流，发挥人文交流在寻求人文精神上的内在共性，凝聚其在与沿线国家增强互信、扩大共识等方面的作用，在国际公关的基础上深入开展人文交流。

（一）构建和完善政府主导下的"海丝路"公共外交体系

一国政府是公共外交的统筹者，在面向"海丝路"沿线国家开展公共外交的过程中，要注重发挥我国政府的基础性和统筹性作用。进一步加大对公共外交资源的投入力度，树立全局意识，深刻把握公共外交的开展方向，统筹规划，协调各主体参与公共外交实践，逐步构建起政府主导，多方参与的公共外交体系。[③] 要重视完善公共外交各项机制，落实公共外交的参与机制、传播机制、危机预警与控制机制等，切实提高公共外交的工作效率。

第一，构建和完善"海丝路"公共外交的参与机制和功能体系。积极组建开展公共外交的领导部门，统筹负责公共外交的项目策划，确立统一的行动规划，保障资金、人才和物质等多方面公共外交资源的供给；出台相关政策调动政府与

---

① 周伟：《21世纪海上丝绸之路与环南海公共外交》，载于《公共外交季刊》2017年第2期，第65~70页、第176~177页。

② 杨荣国：《"一带一路"公共外交战略研究》，兰州大学博士学位论文，2017年。

③ 姜晓甜：《"21世纪海上丝绸之路"视阈下中国对东盟国家公共外交研究》，吉林大学硕士学位论文，2017年。

非政府主体参与公共外交的积极性，培育非政府主体的公共外交意识，为非政府主体参与公共外交提供制度与政策保障，加大对国内非政府主体参与公共外交实践的培训力度，提升其公共外交素养及参与公共外交事务的能力。

第二，构建和完善"海丝路"公共外交的传播机制。要着力构建以官方媒体为统筹，以广播、电视和报刊等传统媒体为主体力量，以互联网和新媒体等现代传播技术为亮点，融合电影、美术、音乐等艺术表达形式和媒体公共外交人才培养计划为一体的公共外交传播体系；大力推进传统媒体与现代传媒技术融合发展，运用数字化和网络等技术切实提高对外传播的影响力。在传播对象的选择上要注重双重性，推动国内公众加深对"海丝路"倡议的理解，从而更好地发挥其在公共外交实践中的主体作用。

第三，构建和完善"海丝路"公共外交的危机预警和管控机制。设立舆论监控部门，建立"海丝路"公共外交舆论监测与分析平台，及时获取舆论反馈并展开分析，形成完备的危机预警方案。在建立危机预警机制的基础上，要进一步设立"海丝路"舆论危机管控和处置部门，在舆论危机发生后协调部署危机管控和处置部门以应对和处置危机；加强与新闻媒体的沟通与合作，注重向媒体传递正面的舆论信息，提高甄别和防范意识，加强对互联网言论的监督与管理，充分利用网络平台，掌握舆论主导权，引导媒体正面报道并形成主流舆论。

（二）积极开展城市外交，推进"海丝路"沿线城市互联互通

以国内城市为主体，面向"海丝路"沿线国家城市及其公众开展公共外交，一方面，有助于弥补中央政府公共外交活动在话语传递方面的间接性和受众的局限性，更为直接地促进"海丝路"沿线国家公众间的往来和互信；另一方面，城市公共外交强调以地方政府为统筹，这为城市内各主体开展公共外交实践提供了坚实的政府公信力和制度保障。

第一，要明确城市公共外交的地方政府职能。从公共外交的制度设计上看，在党中央集中统一领导下，发挥地方政府的统筹作用，联合城市内部各主体开展对沿线国家的公共外交，以中央为领导，以地方为补充，这是城市公共外交最基本的定位。地方政府要统筹规划城市内部政府部门、社会团体及公众的公共外交活动，形成地方政府主体与非政府主体共同参与的协调机制，明确城市内部各主体分工，立足于"海丝路"沿线国家公众需求与关注多样化的事实，积极拓展宣传城市文化和城市精神的主体网络，增进对外宣传的精准与有效性。

第二，要构建城市公共外交的制度与人才保障机制，注重城市自身建设。要注重完善城市对外交往机制与平台的建设，立足于"海丝路"沿线城市的特点与

需求，努力做到"因地施策"；要着力构建外交、语言、商事、法务、宗教和传统文化等各领域的城市公共外交人才保障体系。此外，城市要加强自身建设，完善城市发展和生存环境，努力构建独特的城市精神和城市文化，打造"海丝路"沿线城市品牌，全面增强城市文化软实力和竞争力，进一步提高我国城市在全球的知名度和美誉度。

第三，要与"海丝路"沿线国家广泛缔结成为友好城市或城市联盟，积极承办各类国际活动，构建多样化城市公共外交平台。要紧跟区域一体化和经济全球化的步伐，广泛同沿线国家缔结友好城市，逐步融入国际城市网络，积极倡导构建"海丝路"国际城市组织，承办国际城市论坛，推动城市间人才交流与合作，为解决全球化与城市化进程中面临的困难和挑战拓宽合作渠道；要注重吸取沿线国家城市在开展城市公共外交和城市发展实践中的历史经验，汲取优秀的城市公共外交理念，逐步构建起友好合作的"海丝路"国际城市联盟，增进沿线国家公众对我国城市的认识与理解，推进"海丝路"民心相通战略目标构建。

（三）鼓励开展教育外交，增进人才交往，传播优秀理念

教育是人文价值理念与科技文化成果对外传播最直接的手段，也是实现与"海丝路"沿线国家人文交流最有效的途径。面向沿线国家开展"引进来"和"走出去"的双向公共外交，以人才和书籍资料为载体，向沿线国家讲述中国"丝路故事"和中国"科教文化故事"，在交流合作中凝聚共识，培育与沿线国家在教科文等多领域的认同感，为推动中国与"海丝路"沿线国家民心相通构建坚实民意基础。

第一，要面向"海丝路"沿线国家积极开展双向留学教育合作。要在教育部门的统筹下，构建更为开放的留学生教育合作格局，积极鼓励沿线国家学生到国内高校进修和攻读学位，不断扩大留学生培养规模，设立符合沿线国家需求的专业科目，大力开展各类学位项目和中外合作办学项目，增设沿线国家来华留学奖学金项目；要以国家公派留学项目为主体，积极选派国内优秀人才到沿线国家留学，增进国内青年与沿线国家青年间的相互交流，吸收国外优秀的教育理念与科技文化理念，自觉传播中国文化，准确阐述"海丝路"倡议，推动中国与沿线国家科教文化理念的融合，消除沿线国家公众对"海丝路"倡议的误解与怀疑。

第二，要积极开展留学生文化交流活动，着力构建"海丝路"高校科研协作平台。在鼓励国内学生积极参与来华留学生的节庆活动和各类民族文化活动的同时，鼓励来华留学生共同参与国内学生举办的文化交流活动，促进中国与沿线国家文化交融；要增进国内高校、智库与沿线国家高校、智库间的科研协作，构建高质量的科研协作与学术交流平台，积极开展人才交流与合作，积极倡导"海丝

路"沿线国家高校、智库等设立与"海丝路"研究相关的专业和学术研究中心，通过论坛、会议等形式推动"海丝路"沿线国家高校、智库间的学术交流与合作，增进沿线国家对"海丝路"倡议的认识和理解。

第三，要积极构建以孔子学院、海外合作办学、海外独立办学与教育援助办学等四种模式相统一的海外办学格局。[1] 要进一步夯实现有以孔子学院为主的海外办学成果，鼓励孔子学院在沿线国家整合资源，构筑更符合对方教育需求和公共外交开展要求的教育运营理念和教育管理模式；要积极开展同"海丝路"沿线国家的合作办学，将办校与办学相融合，立足于当地经济、教育、科技和文化等多个层面的人才需求，开展有针对性的、多层次的职业教育与培训合作项目；要鼓励国内高水平高校整合优势学科在"海丝路"沿线国家设立分校，构建兼有中国文化特色和当地教育需求的教育管理与运行模式，拓展"海丝路"沿线国家教育格局，提高沿线国家教育质量。[2]

（四）大力开展卫生外交，发挥道德感召作用，促进增信释疑

卫生外交作为公共外交领域的重要一环，近年来受到了国际社会的广泛关注。针对卫生外交的内涵及其作用机制等主题与实践的研究已形成了一定的成果并产出了丰富的实践经验总结。从内容上看，卫生发展援助被视为有效的卫生公共外交手段。相较于传统安全领域的发展援助，卫生发展援助政治敏感度低，受外界舆论压力较小，对受援国政治和经济社会发展造成的影响较小，很好地展现了一国的外交诚意。立足于"海丝路"建设的背景，开展对沿线国家的卫生发展援助在构建双边共识、打造民意基础等方面具有重要意义。

第一，要进一步完善对"海丝路"沿线国家卫生发展援助的机制构建。现阶段，依托原国家卫生计生委颁布的《国家卫生计生委关于推进"一带一路"卫生交流合作三年实施方案（2015 – 2017）》，我国对"海丝路"沿线国家的卫生发展援助已初步成为我国卫生健康对外开放合作框架的一部分。在此基础上，要进一步以立法的形式对卫生发展援助的重要性和必要性及其战略性予以明确，为中国对"海丝路"沿线国家开展卫生发展援助提供更为有利的制度和法律保障，以政策支持为视角，鼓励各卫生服务主体对"海丝路"沿线国家开展多层次卫生发展援助，这有助于我国在全球卫生治理体系中顺利开展卫生发展援助工作。

第二，要积极融入全球卫生治理体系。"海丝路"沿线国家由于社会历史因

---

[1] 杨荣国：《"一带一路"公共外交战略研究》，兰州大学博士学位论文，2017 年。
[2] 邝艳湘、陈静中：《中国对外教育援助在公共外交中将大有可为》，载于《公共外交季刊》2017年第 3 期，第 50 ~ 56 页、第 141 页。

素和地理环境因素，现阶段卫生发展水平难以解决其面临的诸多卫生需求与供给矛盾，考虑到卫生援助工作的复杂性，仅凭中国一己之力难以解决其卫生发展过程中面临的烦琐问题。中国对"海丝路"沿线国家的卫生发展援助虽已取得初步成果，但仍任重而道远。加强卫生援助的国际合作无疑是最佳解决方案。要积极对接区域内外各国卫生发展援助机制，加强同各国及国际卫生组织合作。一方面，可以缓解中国援助"海丝路"沿线国家卫生发展所面临的压力；另一方面，加强与区域内外其他卫生发展援助机制的对接也有助于增强卫生合作的透明化。在合作过程中，中国亦可以从他国卫生组织或国际卫生机构的实践中借鉴成功经验，同时展现自身对外卫生发展援助模式的特色，从而赢得国际社会的信任与支持。

第三，要创新对"海丝路"沿线国家的卫生发展援助模式。跨境医疗服务共同体的建立实现了区域内卫生人才、技术、信息、管理资源的交流与互换，为受援国医院与国内医院搭建了医疗服务的绿色通道，便于满足医疗发展落后地区的患者对医疗服务的需求。受援国医疗发展落后的地区可在医疗服务共同体的框架下享受更高水平的医疗服务，不同程度的卫生问题的解决得到了恰当的平台和机制保障。要积极推广医疗服务共同体在卫生发展援助实践中发挥的独特性作用，着力构建不同模式的医疗服务共同体，在技术共享和市场开放理念的指导下，建立以产权、股权和技术等为纽带的跨境医疗服务体系，进一步完善现有契约结盟形式的医疗服务体系模式，积极开展跨境诊治、疾病防控、医疗技术交流等医疗卫生合作帮扶，转变过去以物资帮扶为主的卫生发展援助模式，深化在联合诊治、技术合作等方面的卫生发展援助。卫生相关部门要在资金、技术等方面给予充分的支持和保障，建立跨境医疗服务共同体长效机制，更好地服务"海丝路"卫生援助外交的深化与发展。

（五）引导企业参与公共外交，发挥责任意识，塑造国家形象

中国经济的快速发展和对外开放事业的稳步提升，加速了中国企业"走出去"的步伐。作为中国整体利益的一部分，在沿线国家生产经营的企业担负着维护国家利益和国家形象的重要责任，其一举一动受到当地政府和公众的密切关注。牢固树立公共外交责任，对在沿线国家生产经营的企业化解舆论风险，维护自身利益和自身形象具有重要意义。

第一，企业要牢固树立公共外交责任意识。在"海丝路"沿线国家生产经营的中国企业要明晰公共外交责任，作为中国经济利益的重要组成部分，开展公共外交一方面有利于维护企业自身利益，另一方面则是维护和树立国家形象的必然

选择。① 国内企业在沿线国家生产经营的过程中要牢固树立法律意识，自觉遵守当地法律，妥善处理与当地政府、社会组织及公众的关系，积极承担社会责任，塑造良好的企业形象。要积极开展面向沿线国家民生发展需求的合作项目，解决沿线国家在经济社会发展等多方面面临的困难，努力寻求沿线国家政府和公众对我国企业的认同与信任。

第二，企业要不断提高公共外交能力。海外企业要不断增强公共外交能力，自觉培养或聘请专业公共外交人才。企业要深入开展调研活动，了解沿线国家公众的社会习俗和宗教信仰，充分掌握当地民生动态、民风民情，为融入当地社会打下坚实基础。要加强同媒体间的合作，拓宽宣传途径，构建以传统媒体和网络媒体互为补充的推介格局。借助社交媒体构建企业话语权，通过开展各类公共外交活动，实现与当地公众间的互动与沟通；要注重以产学研相结合的模式不断提高公共外交能力，与智库、高校等科研主体展开合作，以内部培养或聘请顾问的形式构建企业公共外交人才保障体系。

第三，"走出去"的企业要立足当地需求，努力提升公信力和构建企业品牌。企业公信力、企业品牌是国家公信力和国家品牌的重要组成部分，企业经营水平提高的过程不仅是塑造企业公信力、打造企业品牌的过程，更是提升国家形象、塑造国家品牌的过程。企业要依法开展生产经营活动，加强与当地政府及企业的合作，立足于当地社会发展的现实需求，努力提升社会公信力。企业应主动改善生产经营的模式，面向当地需求开展生产经营，牢固树立共享共赢的经营理念，要在一定程度上让利当地公众，使之感受到中国企业在海外生产经营的诚心，从而为企业赢得社会公信力。在生产经营活动有序开展的同时，以潜移默化的方式践行以促进民心相通为目标的企业公共外交活动。

---

① 景丽娜：《浅谈基于"一带一路"的企业公共外交》，载于《公共外交季刊》2016 年第 3 期，第 19~24 页、第 121 页。

第七章

以高质量共建"一带一路"
推进人类命运共同体建设

人类命运共同体思想是习近平主席顺应国际格局和国内形势发展所提出的先进理念,构建人类命运共同体,就是要建设"持久和平、普遍安全、共同繁荣、开放包容、清洁美丽的世界"。[①] 构建人类命运共同体的宏伟目标赋予了"一带一路"倡议以高度的历史使命感,从而使"一带一路"国际合作成为实践人类命运共同体理念的落地平台和有效路径,成为构建人类命运共同体的重要桥梁和纽带。"一带一路"在过去五年"夯基垒台、立柱架梁"的建设进程中,以互联互通即"五通"为主线,发挥了动力、平台和机制的作用,从政治、经济、文化多个方面为人类命运共同体提供了有力支撑,积累了宝贵经验,使人类命运共同体理念在"一带一路"沿线国家正逐渐变为现实实践。随着"一带一路"建设进入高质量共建阶段,我们应当在高质量共建"一带一路"进程中进一步增强构建人类命运共同体推进动力,夯实构建人类命运共同体实践平台,创新构建人类命运共同体支撑机制,推动人类命运共同体建设进一步"走深走实"。为此,本章将在研究推动共建"一带一路"高质量发展问题的基础上,探寻如何以高质量共建"一带一路"新实践推动人类命运共同体建设"走深走实"。

---

① 习近平:《决胜全面建成小康社会 夺取新时代中国特色社会主义伟大胜利——在中国共产党第十九次全国代表大会上的报告》,共产党员网,2017 年 10 月 27 日,http://www.12371.cn/2017/10/27/AR-TI1509103656574313.shtml。

第一节　在高质量共建"一带一路"中推进新发展格局构建

"一带一路"倡议是在经济全球化和全球治理体系变革的背景下提出的。倡议提出后，经过 5 年的努力，"一带一路"建设已经取得了丰硕的成果，完成了"夯基垒台、立柱架梁"打好基础的任务，正从谋篇布局的"大写意"向精谨细腻的"工笔画"阶段发展。处于这样一种阶段，习近平主席在 2018 年 8 月推进"一带一路"建设工作 5 周年的座谈会上面向世界提出高质量共建"一带一路"倡议，并于 2019 年 4 月在第二届"一带一路"国际合作高峰论坛开幕式上发表主旨演讲，深刻阐明高质量共建"一带一路"的内涵，为高质量共建"一带一路"指明了方向。

随着"一带一路"进入高质量发展阶段，我国也正加快推进"以国内大循环为主体、国内国际双循环相互促进"新发展格局的形成。"双循环"新发展格局，既以国内循环为主，也与国际循环有机联系、良性互动。"一带一路"作为内外联通、产业协作、共同发展的国际合作平台，随着"双循环"新发展格局的布局与构建，亦将在推进新发展格局中发挥重要作用。一方面，"一带一路"经过七年务实的共建发展，为新的国际循环提供了坚实的发展基础，将成为推进"双循环"的重要衔接平台和新的增长极；另一方面，"双循环"新发展格局的布局与构建，为高质量共建"一带一路"提供了新的机遇，形成了推动共建"一带一路"高质量发展的新的强大推动力。因此，推动共建"一带一路"高质量发展也就成为构建新发展格局的内在要求，"一带一路"建设将以"双循环"开启高质量发展的新篇章。这就意味着，在高质量共建"一带一路"的进程中，必须进一步夯实推进国内国际双循环重要衔接平台基础，在促进与国内大循环的链接、推动新的国际循环而形成国内国际双循环相互促进的新格局中发挥关键作用，从而在推动高质量共建"一带一路"发展中促进新发展格局的构建。

推进共建"一带一路"高质量发展，应重在进一步落实理念、加强畅通、转换动能、构建"三链"、创新治理。

一、增强新型理念，加强合作引导

理念是行动的先导。"一带一路"作为承载着贯彻落实新发展理念和新型国际合作发展观的实践平台，在推动高质量共建以促进"双循环"新格局构建进程中，首先要进一步增强和落实新型合作理念，创新和巩固新型国际合作范式，创建和推进人类命运共同体，以新型合作理念引导和推动高质量共建"一带一路"的发展，促进"双循环"新格局的构建。

增强和落实新型合作理念。要旗帜鲜明地高举新型经济全球化旗帜，在坚持共商、共建、共享原则，坚持开放、绿色、廉洁理念，坚持以人民为中心的发展思想基础上，增强以"和平、开放、平等"为基础和前提，以"发展"为主题和主要路径，以"合作共赢"为合作发展目标，以"义利相兼、先义后利"为价值引领，以"一带一路"为重要实践平台的新型国际合作发展观。[①] 把以新型国际合作发展观为指导落实到立足于依托中国巨大市场和发挥各参与国各自的比较优势，致力于实现各参与国平等合作、互利共赢，发挥各自优势和潜能，加强新型国际发展合作并让合作契合各方共同利益，共同推动"一带一路"高质量发展上来，开创发展新机遇，谋求发展新动力，拓展发展新空间，促进"双循环"，并使参与国都在"一带一路"建设和"双循环"进程中获益，实现共赢共享，从而进一步增强以新型国际合作高质量共建"一带一路"，促进"双循环"的感召力和吸引力，共同打造新的高水平开放格局，将"一带一路"打造成为更高水平开放合作的国际平台和国际公共产品，使高水平开放成为新经济全球化背景下共建"一带一路"高质量发展的鲜明标识，为"双循环"奠定稳固的基础；要在高质量共建"一带一路"进程中进一步全面贯彻人类命运共同体理念基础上，紧紧把握"一带一路"正确发展方向，发挥引领作用，增强引导力，以高质量共建"一带一路"引导和推动"一带一路"朝着和平、繁荣、开放、绿色、创新、文明、廉洁之路的方向走深走实、行稳致远，使"一带一路"成为和平之路、繁荣之路、开放之路、绿色之路、创新之路、文明之路、廉洁之路，推动经济全球化朝着更加开放、包容、普惠、平衡、共赢的方向发展。

创新和巩固新型国际合作范式。创新和巩固新型国际合作，是把共商、共建、共享原则和新型国际合作发展理念转化为行动并具体落实以推动"双循环"新格局的重要抓手。要以新型国际合作发展观为指导，通过创新发展合作目标、丰富发展合作内涵、探索发展合作方式，打造以"富有活力的增长模式""开放共赢的合作模式""公正合理的治理模式"和"平衡普惠的发展模式"为内涵的"合作共赢发展模式"[②]，并使这种新型国际合作发展模式得以在共建"一带一

---

① 梁颖、黄立群：《新型国际合作发展观与"一带一路"建设》，载于《理论视野》2020年第7期，第44～49页。

② 胡德坤：《合作共赢发展模式是世界历史整体发展的产物》，载于《世界历史》2018年第6期，第11～14页。

路"中成为主导合作方式,保障共商、共建、共享原则和新型国际合作发展理念在共建"一带一路"中的贯彻落实和丰富发展,引导和推动共建"一带一路"走好和平之路、繁荣之路、安全之路、文明之路、绿色发展之路;要积极推进"第三方市场合作"新模式,挖掘和拓展其开放、多边、合作、共赢的精神价值,发挥中国双向"嵌套型"全球价值链分工新体系的"核心枢纽"作用,将中国优势产能与发达国家领先技术相结合,为市场需求广阔但发展较落后的第三方发展中国家提供兼具水平、性价比和竞争力的产品与服务,实现三方有机对接,既有利于中国产能和工业产品的输出以及国际市场的扩展,也有利于提高发达国家产品和服务出口,发掘新的经济增长点,更有助于带动和促进发展中国家资源开发和工业化,实现 $1+1+1>3$。通过"第三方市场合作"新合作模式,推动全球产业链高中低端的对接融合,扩大各方利益的汇合点,落实互利共赢的新型合作理念。"三方共赢"不仅推动了经济良性新循环,在促进地区和世界共同发展中更好地推进"双循环",而且还为各国的合作共赢创造新机遇,从而挖掘全球经济增长潜在力量,为世界经济增长添加新动力。[①] 要以打造"健康丝绸之路"为抓手,构建"一带一路"疫情治理国际合作新模式,构筑"一带一路"抗疫防火墙,丰富合作内容,保障合作安全,引领更多国家参与"一带一路"建设,为打造"一带一路"卫生健康共同体奠定更加坚实的基础。

打造"一带一路"卫生健康共同体。习近平主席提出的打造人类卫生健康共同体的倡议,进一步丰富和深化了人类命运共同体理念内涵,体现了对人的生命权和发展权等基本权利的高度尊重和维护,增进了各国人民的健康福祉。"一带一路"作为推动人类命运共同体的实践平台,以打造人类卫生健康共同体为高质量共建的重要内容和途径责无旁贷,因此,以高质量共建"一带一路"推进人类命运共同体建设,就要贯彻落实好人类卫生健康共同体倡议,要在致力于与世界卫生组织和"一带一路"沿线国家共同打造"健康丝绸之路"并取得积极成果的基础上,建立"一带一路"抗疫合作机制,增加抗疫互利合作,加强疫情信息共享和相互支持,构建科研攻关合作体系,强化疫情防控国际合作;构建"一带一路"卫生健康合作和应急管理机制,推动完善全球公共卫生健康治理,进一步构建更为紧密的"一带一路"卫生健康共同体,为高质量共建"一带一路"增添新内涵,赋予新动能,为打造人类卫生健康共同体提供示范,在增强国际认同的基础上进一步促进"一带一路"利益共同体和责任共同体建设,在展现人类伦理之善、努力增进各国民众健康福祉中进一步促进"一带一路"民心相通,从而

---

① 秦德君、朱莹:《后疫情时代"一带一路"与人类命运共同体战略性调适》,载于《学术界》2020 年第 7 期,第 32～41 页。

通过携手打造更为紧密的"一带一路"卫生健康共同体引领更多国家参与"一带一路"建设，共同推动高水平开放格局构建，为"双循环"提供更广阔的空间。

二、提升互联互通，畅通循环脉络

"通"是"一带一路"的核心，也是"双循环"的本质，只有打通国内外的商品、要素市场，让商流、物流、资本流在国内和国际通达通畅，才能优化配置"一带一路"沿线国家的既有资源，实现高质量共建"一带一路"和"双循环"相互促进。从这个意义上说，"通"是"一带一路"建设和"双循环"的基础和支撑。因此，推动"一带一路"高质量发展，将"一带一路"建设成为"双循环"相互促进最重要的战略平台，必须在"五通"基础上，进一步提升"硬"联通、加强"软"联通、增进心相通，以夯实基础、强固支撑。

提升"硬"联通。要在持续推进沿线国家陆上、海上、空中、网上互联互通基础上，加快推进高效畅通的国际大通道建设，进一步构建以经济走廊为引领，以大通道和信息高速路为骨架，以铁路、公路、航运、航空、管道、光纤光缆、物流基地等为核心的全方位、多层次、复合型基础设施网络建设，在高质量共建夯实和拓展互联互通的基础上，以建设"数字丝绸之路"为目标，重点加强"数字丝绸之路"建设。要以5G、工业互联网、物联网为代表的数字化新型基础设施为引领，加快推进信息通信基础设施建设，提升网络数字化互联互通水平；紧紧抓住新科技革命带来的发展机遇和我国在新一代信息技术上的领先优势，推进跨境电商领域数字化新型基础设施建设，提升网络互联互通水平和跨境电商供应链管理能力；用好我国在"数字＋""互联网＋"以及"智能＋"上的优势，探索新技术、新业态、新模式，构建跨境数字产业链，推动数字经济和智慧城市、智能物流等新技术领域的海外发展，并不断向卫星服务、远程医疗和在线旅游等领域拓展，从而以持续推进数字丝绸之路、创新丝绸之路建设提升"一带一路"通达水平和质量，进一步为"双循环"的通畅提供基础支撑和保障。

加强"软"联通。要在持续加强与沿线各国战略对接、规划对接、机制对接、项目对接，高质量推进政策沟通发展的基础上，创新对接合作方式，积极对接国际通行规则以及东道国的标准，做好规则、标准和机制层面的"软"联通，特别是中国作为数字经济发展的领先者，要注重充分发挥推动数字经济发展的引领作用，在共建"一带一路"过程中大力拓展中国标准的信息网络，扩大中国标准的信息产业覆盖范围，推动沿线国家电信领域的开放，加快标准与规范对接，推动建立相应合作机制，引导建立以人为本、发展导向的数字经贸规则体系，促进和保障"一带一路"国际经济循环高质量发展；① 要大力促进贸易投资自由化便利化，加快推进自贸区战略的实施，进一步加强沿线国家在监管标准上的互认以及加强数据和信息的共享，加快推广"经认证的经营者"（AEO）国际互认合作，提高信息化和数字化建设，共建空间综合信息网络，共同打造信息一体化平台，推动包括电子口岸和电子商务等在内的信息领域合作，着力提升跨境电商供应链管理能力和物流效率，促进商品、资金、技术、人员更加通畅地流动，形成"一带一路"大通关、大物流、大经贸格局，推进高质量国际经济循环；以互联互通为主线，整合现有各种合作，积极构建全球互联互通伙伴关系，加强同中国以及各国之间发展政策、规划和倡议的对接，形成优势互补合力，推动"一带一路"国际合作不断取得新进展，以全球互联互通伙伴关系推动和保障"一带一路"国际经济大循环。

增进心相通。要充分发挥共建"一带一路"多边对话合作平台的作用，加强不同文明之间的沟通与交流。通过积极开展沿线国家之间议会、政党、高校、智库以及民间组织之间的对话，打造青年、学者、妇女和残疾人等群体的交流平台，形成全面、多元的人文交流格局；要广泛开展民生合作，联合开展环保、反腐败等领域系列培训项目，推动人力资源开发合作进一步深化；要持续实施政府奖学金项目，举办"一带一路"有关青年论坛和活动，设立共建"一带一路"国际智库合作委员会、新闻合作联盟等机制，汇聚各方智慧和力量，进一步增进民心相通，推动民心相通向高质量发展。②

三、增强创新驱动，推动动能转换

实现创新驱动，谋求发展新动力，是高质量共建"一带一路"的重要目标和方式，也是构建"双循环"新发展格局的必然要求。因此，推动"一带一路"高质量发展，打造"双循环"的重要平台，必须顺应国内国际经济新的发展趋势，把创新摆在优先位置，坚持创新驱动发展战略，将创新作为发展的根本动力，推动"一带一路"走好创新发展之路，从而在改革创新中挖掘世界经济增长新动力，为沿线国家争取更多的发展机会，使其在经济社会的各个领域都实现高质量和可持续发展，解决当前世界经济所面临的增长动力不足和发展不平衡的问

---

① 竺彩华：《以更开放姿态主动参与全球产业链重塑》，载于《经济参考报》2020 年 7 月 13 日。

② 习近平：《齐心开创共建"一带一路"美好未来——在第二届"一带一路"国际合作高峰论坛开幕式上的主旨演讲》，《中华人民共和国国务院公报》，2019 年 5 月 10 日。

题，也将为"双循环"国际平台建设寻求现实可靠的路径。

创新虽然是多方面的，但其核心是科技创新。科技是第一生产力，是经济发展的决定性因素，科技的本质是创新，而创新是科技发展的力量之源、发展之基。因此，实现创新驱动，谋求发展新动力，就要充分发挥科技创新的引领作用，推动"一带一路"高质量发展和"双循环"平台建设。在当今世界经济已进入新旧动能转换期，传统增长引擎对经济的拉动作用减弱，新的经济增长点尚未形成，增长动力青黄不接的背景下，尤其要发挥科技创新为高质量发展赋予新动能的支撑引领作用，以创新作为发展的根本动力，推动增长动能转换，促进高质量共建"一带一路"和"双循环"平台建设。一方面，要加快实施共建"一带一路"科技创新行动计划，加强国际科技合作，促进科技创新主体之间的沟通交流，推进"一带一路"沿线国家间的科技人文交流，加强沿线国家之间的科研机构、高等学校、科技企业、智库以及民间组织的往来，在政府主导下，大力开展交流与合作，打造多元化合作平台，搭建多层次的技术合作网络来优化创新环境，集聚创新资源，共建创新机制，共享科技成果，打造"一带一路"科技创新共同体，在科技创新合作共建中协力为高质量发展提供强大原动力。另一方面，要抓住新技术、新产业、新业态不断涌现的历史机遇，顺应新科技革命和产业革命的发展趋势，以创新作为培育经济增长点、抢占发展制高点的最优选择，充分发挥科技创新的引领作用，通过加强沿线国家之间的人员、资金和技术往来，实现要素的自由流动，促进科技与产业、金融之间的融合发展，推动沿线国家的产业结构优化升级和实现经济高质量发展。要以科技创新培育新的经济增长点。数字经济是推动"一带一路"经济高质量发展的现实要求，要顺应新科技革命和产业革命的发展趋势，共同把握数字化、网络化、智能化发展机遇，将新一代信息通信技术和先进制造技术作为"一带一路"沿线合作的优先领域，把电子商务、大数据、云计算、人工智能、智慧城市建设等最新科技和理念运用到"一带一路"建设上来，利用"数字+""互联网+"或"智能+"，深化沿线国家在智能制造领域的合作，提高制造业的智能化水平和发展质量，培育数字经济生态，着力加快推动数字经济发展，通过建设数字丝绸之路、创新丝绸之路，助力合作伙伴国的跨越式发展和可持续发展，为推动共建"一带一路"高质量发展和"双循环"，加快打造创新型世界经济，提供持久创新动力源。

增强创新驱动，推动动能转换以促进高质量共建"一带一路"和"双循环"新发展格局的构建，还要注重以均衡、和谐发展推动可持续发展，从而在人类世界自身的均衡发展和人与自然的和谐发展进程中，挖掘、转换和增强世界经济增长新动力。一方面，要促进人类世界自身均衡发展。发展不平衡是当今世界最大的不平衡。不平衡的发展不可能是可持续的发展。因此，要实现高质量共建"一带一路"的可持续发展，必须注重解决世界发展失衡问题。要坚持以人民为中心的发展理念，秉持共商、共建、共享原则，倡导多边主义，致力于加强国际发展合作，努力通过基础设施、互联互通等民心工程改善各国经济社会发展的条件，为发展中国家营造更多发展机遇和空间，让更多人参与到新型经济全球化进程中，并分享发展红利；要重点关注当下处于恶劣生活条件的边缘地区半数居民生活水平的提高，在加强互联互通合作的基础上，推动"一带一路"对接联合国2030年可持续发展议程，打造更多贴近民生、综合效益好、有助于当地社会经济发展和民生改善的项目，解决和经济不发达国家大众生活息息相关的问题，增进人民福祉，让当地民众有更多实实在在的获得感，激发沿线国家高质量共建"一带一路"的积极性，使"双循环"能在可持续发展的轨道上顺利运行。另一方面，要推动人与自然和谐发展。2017年5月，习近平主席在"一带一路"国际合作高峰论坛开幕式上提出践行绿色发展理念倡议，这一倡议与沿线各国发展实际相契合。"一带一路"沿线多为欠发达国家或新兴经济体，在经济发展过程中多数面临着环境污染和生态退化等挑战，部分国家更是深居内陆腹地，环境复杂，生态脆弱。因此，高质量共建"一带一路"，要突出生态文明理念，倡导建设"绿色丝绸之路"和"健康丝绸之路"；要大力发展绿色经济，加强绿色信息共享，推进以优质产能、新兴产业为代表的绿色发展，推动绿色投融资，推动各国向低碳经济转型；加强与沿线国家在清洁能源、环境保护、污染防治、生态修复、循环经济等领域的合作，深化农业、卫生、减灾、水资源等领域合作，不断加强绿色开发，夯实"绿色丝绸之路"的人文基础，打造人类生态共同体。

总之，在高质量共建"一带一路"实践过程中，要顺应绝大多数国家的强烈愿望，以开放包容、互利共赢的合作发展为主线，坚持和发展共商、共建、共享"一带一路"的经济合作模式，在引领和推动新型全球化高水平开放发展，充分发挥科技创新的引领作用，以均衡、和谐发展推动可持续发展进程中，挖掘、转换和增强世界经济增长新动力，协力打造开放、包容、普惠、平衡、共赢、绿色的世界经济，高质量推动世界经济增长，让发展成果惠及世界各国人民，增进人类共同利益，为发展中国家的经济发展提供良好的改善路径，更好地解决全球经济发展中存在的不平衡、不协调、不可持续问题，努力缩小发展差距，实现高质量共建"一带一路"和"双循环"的可持续发展。

四、加强产能合作，积极构建"三链"

"双循环"运行的基础是供应链、产业链以及以此为基础的价值链，因此，产业链、供应链、价值链是"双循环"的核心，有利于推动内循环和外循环实现相互促进。作为链接和推动国内国际双循环的重要平台，"一带一路"在高质量发展的进程中，就要以产能合作为引导，构建新型供应链、产业链和价值链。

要继续深化国际产能合作，在继续深化互联互通，加强基础设施建设，提高相关国家自身能力建设，由"输血"向自身"造血"转变①的基础上，进一步坚持把握好"共商、共建、共享"的理念和原则，推动与沿线国家构建合作共赢的利益共同体，开展国际产能合作，释放发展潜力，共同推动产能合作的发展。为此，要加强沟通和协调，加强自贸区建设，推动自贸区合作朝着加强产能和服务合作的高层级方向发展，并建立健全产能合作机制，为产能合作营造更好的条件和氛围；要加强重点合作，以"走出去"开展国际产能合作为抓手，抓好一批示范性国际循环项目，推动钢铁、电力、工程机械、轨道交通等优质富余产能与相关国家之间形成合理分工和良性循环关系；要进一步加强互补性合作，针对不同国家资源禀赋选择和加强产能合作项目，深化双向投资、工程承包和园区建设，形成优势互补；要加强数字经济合作，进一步推动跨境电子商务等产业发展，促进各国数字经济转型与发展，培育国际贸易新业态、新模式，并以人工智能、5G等技术为依托，推进国际新基建合作，培育新的经济增长点。

要以产能合作为引导，加快与"一带一路"沿线国家产业合作步伐，积极构建"一带一路"区域供应链、产业链和价值链，形成更多的区域经济联系和循环，推动产业链、供应链、价值链深度融合，推进"双循环"新格局的构建。

要借助"一带一路"通达体系，在继续扩大对"一带一路"沿线国家和地区市场开放，加强与沿线国家在供应链方面合作的基础上，进一步加快"数字丝绸之路"建设，推动供应链数字化，以信息技术支撑建设数字供应链，发展数字商务，推进跨境电商和智慧物流建设，促进传统物流向现代物流转变，强固供应链中枢神经，提升通达水平、质量和安全性，从而主动构建以我国为主的全球供应链体系，保持供应链稳定和完整，稳固我国在全球供应链网络中的枢纽位置。

要依托共建"一带一路"，以更加开放的姿态、更高水平的开放，主动参与全球产业链重塑，打造合作共赢的产业链、供应链。一是把握全球产业链、供应链重构的趋势，抓住疫情发生后更多"一带一路"沿线国家将加大产能建设和工业化发展力度的机遇，顺势而为，因"链"施策，着力优化区域产业链布局，通过在"一带一路"构建多维度合作紧密的产业链、供应链网络，提高我国全球产业链抗风险能力。如抓住国内劳动密集型产业向东盟等周边国家转移的机遇，推动国内企业向研发设计、品牌营销等产业链两端升级，并向东盟国家提供原料、

---

① 李进峰：《把一带一路打造成"四个之路"》，载于《中国社会科学报》2020 年 7 月 23 日。

设备、技术，构建"中国—东盟"劳动密集型产业链；加强与日本、韩国、新加坡等国的合作，构建以电子信息为主的高技术产业链；发挥我国钢铁、有色、石化、机械等重化工业的性价比优势，扩大与"一带一路"沿线国家的产能合作，利用沿线国家资源和市场，构建资本密集型产业链。[①] 二是积极培育重点制造领域和新兴产业跨境产业链优势。以开展国际产能合作为抓手，根据不同产业链对资源与要素的不同要求，以我国优势富余产能如钢铁、电力、工程机械、轨道交通等与沿线国家需求对接，积极构建跨境产业链，形成合理分工和良性循环关系[②]，建设一批示范性国际循环项目，从而形成我国主导、植根国内、面向全球的产业链；加快推进以5G、工业互联网、物联网为代表的新型基础设施建设，进一步推动跨境电子商务等产业发展，以中国具有优势的人工智能、5G等技术为依托，加强在电子商务、智慧城市、人工智能和大数据技术应用等领域的数字经济发展与合作，引领国际贸易新业态、新模式，培育新的经济增长点和新兴产业链。三是积极培育创新优势，鼓励企业在"一带一路"创新大国和关键小国设立实验室、研发中心、科技园区、孵化器等，善用境外人才、技术、数据等创新要素，依靠科技创新，掌握构建区域产业链的主动权，改变我国在全球产业分工（尤其在东亚区域生产网络）中的成本驱动型地位。[③]

要坚持推动对外开放，将全球价值链重构与国内经济结构调整相结合，积极构建以合作与共赢，包容与接受，开放与发展为特征的"一带一路"包容性新型区域价值链。要依托中国庞大的经济体量、广阔且具发展潜力的消费市场，以及中国与"一带一路"相关国家在产业间和产业内的互补性强于竞争性的优势条件，立足于七年来中国在经济走廊和通道建设、基础设施建设、贸易投资自由化便利化、融资机制等方面提供的经济类区域性公共产品和产能合作不断深化的基础，发挥多年来参与国际分工所积累的技术、资本优势，以及作为区域核心在"一带一路"区域价值链中发挥联结内外的枢纽作用，在高质量共建"一带一路"进程中，顺应全球价值链重构的发展趋势，发挥引领作用，以高质量的基础设施为"骨骼"，以多元化的融资为"血脉"，积极寻求与相关国家的利益交汇点，加强第三方合作，在区域范围内联合产业互补性强的国家或地区，加强各领域合作，构建多时空、多领域的开放、合作平台，通过区域性跨国企业网络组织将研发、生产、销售、回收处理等生产活动连接起来，实现商品或服务的价值，从而将禀赋不同的相关国家聚合为一个有机整体，加快推动构建"一带一路"新

---

① 武芳：《新冠疫情下"一带一路"如何开启新征程》，载于《中国远洋海运》2020年第6期。

② 黄汉权：《加快构建双循环相互促进的新发展格局》，载于《经济日报》2020年7月15日。

③ 武芳：《新冠疫情下"一带一路"如何开启新征程》，载于《中国远洋海运》2020年第6期；王昌林、杨长湧：《在构建双循环新发展格局中育新机开新局》，载于《经济日报》2020年8月5日。

型价值链；把握数字技术对于全球价值链的塑造将会发挥更加重要的作用，着力打造基于数据链联动、供应链协同、产业链共享的融通发展模式，构建"一带一路"包容性新型区域价值链；更好地布局和推动区域价值链合作升级，为全球价值链发展提供动力，以区域价值链升级应对全球价值链重构。通过构建"一带一路"包容性全球价值链，使经济在"双循环"中，一方面有利于中国推进产业结构升级，摆脱全球价值链中"低端锁定"的困局，主动适应全球价值链体系扩展和重塑，巩固并提升全球价值链地位；另一方面也满足了沿线发展中国家和中小企业融入全球价值链的发展需求，为他们扫除了所面临的各种有形和无形的壁垒，提供加入价值链的公平开放通道，让那些处于不利位置上的国家能嵌入到生产链条中，更好地参与国际分工，从全球价值链中获益，享受产业合作带来的增长红利，加快工业化、城镇化进程，提升民众生活水平，从而为自身发展和世界经济增长创造更大的动力。①

五、推进制度创新，完善全球治理

国际制度建设是推进"一带一路"建设的基本路径和保障，因此，高质量共建"一带一路"，推动"双循环"新格局构建，需要以"一带一路"倡议所承载的人类命运共同体的理念和"共商、共建、共享"原则为引领，加强国际制度建设，进一步提高制度化公共产品提供能力，以倡导新理念、探索新模式、开辟新路径为原则，以包容、合作、创新为特点，重点从平台、机制、规则三方面推进制度创新发展，加快"一带一路"国际制度建设，推动完善全球治理结构。

进一步加强制度平台建设。要在进一步加强和推进"一带一路"国际合作高峰论坛，与世界不同地区建立和形成的多种区域、次区域合作机制，诸多专业领域的多边对话合作平台以及中国举办的丝绸之路国际博览会暨中国东西部合作与投资贸易洽谈会、中国—东盟博览会、中国—亚欧博览会、中国—阿拉伯国家博览会、中国—南亚博览会、中国—东北亚博览会、中国西部国际博览会、中国国际进口博览会等各国共商合作的重要平台发展基础上，加强制度能力建设，将共商向"一带一路"制度性建设方向引导和推进，使各国共商合作的广泛共识及时形成促进"一带一路"高质量建设落到实处的制度，将各国共商合作的重要平台进一步打造成为综合性制度平台。

---

① 黄汉权：《加快构建双循环相互促进的新发展格局》，载于《经济日报》2020 年 7 月 15 日；张辉：《以国内国际双循环引领新型全球化》，载于《经济参考报》2020 年 8 月 11 日；刘志彪：《构建"一带一路"包容性全球价值链》，载于《经济参考报》2019 年 7 月 24 日。

进一步加强合作机制建设。机制化建设是制度建设的重要内容，是"一带一路"高质量建设和推动"双循环"新格局构建的方向。因此，高质量共建"一带一路"和推动"双循环"新格局构建，要进一步加强机制化建设。一是在加强"一带一路"各类机制实现对接基础上，整合、完善有关机制，形成包括建设规划协同机制，基础设施建设机制，产能合作和产业链、供应链、价值链合作机制，贸易合作机制，投融资机制，第三方市场合作机制，争端解决机制，安全保障机制等内容的高质量共建"一带一路"的机制体系。二是坚持问题、实践、发展导向，加强重点领域合作机制创新，如在"一带一路"建设的优先领域基础设施建设上建立起收益共享、风险共担的合作机制，从而通过解决实践中出现的问题来促进机制建设和创新。三是创新协商和落实机制，建立一整套清晰、稳定、透明的合作协商机制，协调各方的衔接契合和兼容互补，推动高质量共建重大合作项目的落实；创新组织机构设置，例如，建立"一带一路"国际合作高峰论坛常态化组织机制，如理事会、秘书处、领导人非正式会议、部长级会议及专门委员会；在"一带一路"国际组织下设立有关合作委员会或高级官员非正式会议等常设机制，专门负责各成员国发展战略以及宏观经济政策协调沟通；以重大合作项目为基础，分别成立常设性工作组，具体负责合作各方行动对接和工作衔接，共同推进重大工程项目顺利实施，从而为高质量共建"一带一路"和推动"双循环"新格局构建提供机制化保障，切实促进务实合作。

进一步加强国际规则建设。"一带一路"是探索全球治理模式的新平台，构建"一带一路"的国际规则，既是保障"一带一路"建设更加公平、规范、开放、透明以促进"双循环"的需要，也是把人类命运共同体理念融入国际规则的建立和运行中去，在新平台上创新国际规则以探索全球治理模式、引领新型经济全球化、为人类社会发展打下坚实制度基础的必然。高质量共建"一带一路"，就要在继续加强和巩固战略对接的基础上，进一步贯彻落实新型国际合作理念，以共商、共建、共享为原则，加强国际规则创新性建设，积极探索"一带一路"建设所包含的基础设施、产能合作、技术合作以及国际贸易与投资等领域的贸易投资规范，尤其在融合互联网、大数据、云计算等现代信息技术的跨境电子商务贸易规则方面加强探索，推动沿线国家之间的政策沟通朝着更加规制化的方向发展，努力将合作共识转化为具有国际法律效力的条例和章程；贯彻落实新型经济全球化理念，以"发展导向"为引导，积极探索和创新"一带一路"国际规则及自贸规则，构建"一带一路"区域价值链治理体系；加快落实 RCEP，以区域经贸协定促进产业链、供应链、新型区域价值链的开放合作和"双循环"新发展格局的构建，以逐步构建和形成具有"一带一路"

特点的富有活力及创造性的国际规则和自贸规则体系，为完善国际秩序和全球治理体系增加动力和提供范式，以创新国际合作和国际治理法治化、民主化推动"一带一路"高质量发展和"双循环"新格局构建。

第二节　以高质量共建"一带一路"新实践推动人类命运共同体建设"走深走实"

"一带一路"是推动构建人类命运共同体的重要抓手和平台，从政治、经济、文化多个方面为人类命运共同体的构建提供了有力支撑。随着"一带一路"建设进入高质量共建阶段，"一带一路"也将以高质量共建的新实践推动人类命运共同体构建进入"走深走实"的新阶段。以高质量共建"一带一路"新实践推动人类命运共同体建设的发展，应把握好高质量共建"一带一路"的重点，以六个方面的"进一步推进"为路径，在进一步落实"理念"、提升互联互通、实现动能转换、构建新型国际关系、引导全球治理和构建人类卫生健康共同体中推进人类命运共同体建设"走深走实"。

一、在进一步落实人类命运共同体理念中推进人类命运共同体建设"走深走实"

"一带一路"建设是贯彻落实人类命运共同体理念和实现人类命运共同体愿望的实践平台，因此，以高质量共建"一带一路"推动人类命运共同体建设，要进一步丰富和贯彻落实人类命运共同体理念。一要秉持共商、共建、共享原则，贯彻开放包容、互利共赢的合作理念，从而在高质量共建"一带一路"进程中，凝心聚力，使"一带一路"和人类命运共同体建设形成更广泛的国际共识，进一步增强共建"一带一路"及人类命运共同体建设的感召力和吸引力；调动开放积极性，推动各方各施所长、各尽所能，充分发挥平等协商、责任共担、共同受益，激发各方优势和潜能，使参与各方都能在"一带一路"建设进程中进一步获益，实现共享。二要坚持开放、绿色、廉洁理念。要在高质量共建"一带一路"进程中，共同打造新的高水平开放格局，构建开放、包容、普惠、平衡、共赢的经济全球化和开放型世界经济；建设"绿色丝绸之路"，"推动绿色基础设施建设、绿色投资、绿色金融，保护好我们赖以生存的共同家园，坚持一切合作都在阳光下运作，共同以零容忍态度打击腐败"。^① 三要努力实现高标准、惠民生、可持续目标。要引入各方普遍支持的规则标准，推动企业在项目建设、运营、采购、招投标等环节按照普遍接受的国际规则标准进行，同时要尊重各国法律法规；要坚持以人民为中心的发展思想，聚焦消除贫困、增加就业、改善民生，让共建"一带一路"成果更好惠及全体人民。^②

总之，在高质量共建"一带一路"进程中进一步丰富和贯彻落实合作理念，要充分贯彻和彰显共商、共建、共享的全球治理观，创新、协调、绿色、开放、共享的新发展理念，共同、综合、合作、可持续的安全观，平等、互鉴、对话、包容的文明观，以义为先、义利相兼的正确义利观，在高质量共建"一带一路"进程中进一步丰富和贯彻落实合作理念的行动及成效，巩固和发展合作开放、互利共赢的新型国际合作模式，凝心聚力，使参与各方对"一带一路"和人类命运共同体建设形成更广泛的国际共识，进一步增强共建"一带一路"及人类命运共同体建设的感召力和吸引力，进一步奠定共建人类命运共同体的思想基础，从而在高质量共建"一带一路"进程中走好和平之路，打造人类平等共同体；走好繁荣之路，打造人类繁荣共同体；走好共同安全之路，打造人类安全共同体；走好文明之路，打造人类文明共同体；走好绿色发展之路，打造人类生态共同体，以高质量贯彻落实合作理念的行动及成效进一步推动人类命运共同体建设。

二、在进一步提升互联互通中推进人类命运共同体建设"走深走实"

"通"是"一带一路"建设的核心，也是人类命运共同体建设的基础。因此，以高质量共建"一带一路"推进人类命运共同体建设，就要持之以恒地牵住"互联互通"这个构建人类命运共同体的"牛鼻子"。以加强高质量互联互通建设为切入点和抓手，在提升互联互通中推进人类命运共同体建设，不断为构建人类命运共同体夯实联通基础，拉紧"共命运"纽带。

以加强高质量互联互通建设为切入点和抓手，在提升互联互通中推进人类命运共同体建设，要在"五通"，即政策沟通、设施联通、贸易畅通、资金流通和民心相通基础上进一步提升通达质量与水平。要继续强化基础设施建设，推进陆上、海上、空中、网上互联互通，加快推进高效畅通的国际大通道建设，加强风险可控、价格合理的基础设施建设，以高质量共建夯实基础设施建设；着力推进

---

①② 习近平：《齐心开创共建"一带一路"美好未来》，载于《人民日报》2019 年 4 月 27 日。

"软联通"建设,与更多国家加快跨境产业园区建设,布局高标准自由贸易网络,畅通物流、人流、资金流、信息流,促进贸易和投资自由化便利化,以进一步降低贸易与投资的交易成本和制度成本,实现区域间资源要素的优化配置,推进贸易畅通向高质量发展;推进信息通信基础设施建设,要抓住数字化、网络化、智能化发展机遇,利用"数字+""互联网+"或"智能+",探索新业态、新模式以及新的增长动能和发展路径,推进信息通信基础设施建设,提升网络互联互通水平,建设"数字丝绸之路""创新丝绸之路";推进民心相通向高质量发展,全面推动不同文明互学互鉴与交流合作,建设好并充分发挥共建"一带一路"多边对话合作平台作用,"积极架设不同文明互学互鉴的桥梁,深入开展教育、科学、文化、体育、旅游、卫生、考古等各领域人文合作,加强议会、政党、民间组织往来,密切妇女、青年、残疾人等群体交流,形成多元互动的人文交流格局"①,逐步构建与对外开放深度融合、相互促进的人文交流新格局;加强资金融通前提,要在继续利用好"一带一路"专项贷款、丝路基金以及各类专项投资基金作用的基础上,拓展融资渠道,提高融资能力,引导鼓励多边和各国金融机构参与共建"一带一路"投融资,创新投资和融资模式,打造高标准、可持续、抗风险的投融资服务体系,拓宽融资渠道,降低融资成本,完善金融服务网络,推进资金融通向高质量发展。更为重要的是,正是在提升"五通"通达质量与水平的进程中,伴随着共建"一带一路"朋友圈的不断扩大,各国之间的联系更加紧密,要在"五通"全方位、立体化、网络状的合作中形成优势互补,构建起全球互联互通伙伴关系,为构建人类命运共同体注入强大动力,实现共同繁荣。

正是通过高质量互联互通,推动构建全球互联互通伙伴关系的进程。一方面,充分发挥了各国资源禀赋,挖掘增长新动力,为经济增长提供了强劲动力和广阔空间,促进沿线国家更好融入全球产业链的分工体系当中,实现互利合作和联动发展,从而夯实人类命运共同体的经济基础;另一方面,也培育了各国人民的情感,增强了共建人类命运共同体建设的感召力和吸引力,使各国日益成为利益共同体、责任共同体,不仅为构建人类命运共同体进一步夯实物质和精神基础,而且还将为构建人类命运共同体注入强大动力,推动构建人类命运共同体进入全球互联互通的新阶段。

三、在进一步转换动能中推进人类命运共同体建设"走深走实"

当前世界经济面临着增长动力不足和发展不平衡的问题,共建"一带一路"

---

① 习近平:《齐心开创共建"一带一路"美好未来》,载于《人民日报》2019年4月27日。

的一个重要目的就是要从改革创新中挖掘世界经济增长新动力，实现创新驱动，转换动力，以解决世界经济增长动力不足和发展不平衡的问题。因此，动能转换既是高质量共建"一带一路"的题中之义，也是推进人类命运共同体建设的时代性必然。

以高质量共建"一带一路"促进动能转换，必须坚持创新驱动发展战略。顺应新一轮科技革命的发展趋势，推动"一带一路"沿线国家各领域、全方位高质量发展，为沿线国家营造更多发展机遇和发展空间，真正把"一带一路"建设成为创新发展之路，为此，要聚焦于开放、科技和可持续发展三个关键点。

一是促进更高水平开放发展，协力打造开放型世界经济。高水平开放是创新和高质量发展的前提条件。因此，以创新作为发展的根本动力推动高质量共建"一带一路"，必须促进更高水平开放发展，协力打造开放型世界经济。要坚持多边主义，维护多边贸易体制，促进贸易和投资自由化便利化，扩大市场规模效应；加强双边和第三方市场合作，进一步改进和完善全球供应链、价值链、产业链，促进企业竞争和创新、提升要素资源配置效率和民生水平；要在高质量共建"一带一路"、协力打造开放型世界经济进程中，坚持包容思维，走开放之路，改变中心—外围发展模式，实现合作共赢模式，共同打造包容型世界经济。

二是充分发挥科技创新的引领作用，以创新作为发展的根本动力推动高质量共建"一带一路"。要抓住新技术、新产业、新业态不断涌现的历史机遇，顺应新科技革命和产业革命的发展趋势，充分发挥科技创新的引领作用，聚焦"一带一路"沿线国家经济发展。通过加强沿线国家之间的科技交流与合作，实施科技创新行动计划，搭建科技合作园区和平台来实现"一带一路"科技创新共同体的建设目标，形成多元互动的科技人文交流格局，为推动共建"一带一路"高质量发展提供持久创新动力源，促进现代科技同产业、金融的深度融合，加快打造创新型世界经济，为世界经济增长提供源源不断的生机和活力。

三是以均衡、和谐发展推动可持续发展。一方面，要坚持以人民为中心的发展理念，以人民为合作的中心，重点关注当下处于恶劣生活条件的边缘地区半数居民生活水平的提高，努力通过共建"一带一路"改善各国经济社会发展条件，通过基础设施、互联互通等民心工程来改善民生，解决和经济不发达国家大众生活息息相关的问题，增进人民福祉；要秉持共商、共建、共享原则，倡导多边主义，致力于加强国际发展合作，努力解决经济全球化结构性不平衡问题，不断缩小发展差距。要以合作发展为主线，为发展中国家在经济发展阶段上存在的不均衡、不对称性提供良好的改善路径，增进人类共同利益，实现可持续发展。另一方面，要倡导建设"绿色丝绸之路""健康丝绸之路"和"智力丝绸之路"，大力发展绿色经济，共建"一带一路"可持续城市联盟、绿色发展国际联盟，制定《"一带一路"绿色投资原则》，不断加强绿色信息共享，向沿线国家分享中国在环保、生态修复方面的新理念、新技术和新经验；突出生态文明理念，不断推动绿色投融资，促进绿色开发，提升"一带一路"建设绿色化水平，共同构建人与自然生命共同体。

很显然，正是在推动高质量共建"一带一路"进程中，通过聚焦开放、科技和可持续发展为关键点的动能转换，引领新型经济全球化发展，推动打造富有活力的增长模式、开放共赢的合作模式、公正合理的治理模式、平衡普惠的发展模式，解决发展中成员在融入经济全球化方面的困难，不断扩大利益汇合点，让那些处在不利位置上的国家，能够更好地参与到全球分工当中，更多地从全球价值链中获益，从而为自身发展创造更大的动力，也为世界经济增长创造更大的动力，促进经济全球化朝着更加开放、包容、普惠、平衡、共赢方向发展；顺应新一轮新科技革命和第四次工业革命发展趋势，坚持创新驱动发展战略，推进"数字丝绸之路"建设，加强与沿线国家在数字经济、人工智能、智慧城市等领域合作，共同打造新技术、新业态、新模式，打造"一带一路"科技创新共同体，打造创新型世界经济，为世界经济挖掘新的增长动能；坚持以人民为中心的发展理念，通过共建"一带一路"改善各国经济社会发展条件，帮助他们摆脱贫困，增进人民福祉，同时，要大力发展绿色经济，不断加强绿色信息共享，促进绿色开发，打造人类生态共同体，提升"一带一路"建设绿色化水平，从而以合作发展为主线，为发展中国家在经济发展阶段上存在的不均衡、不对称性提供良好的改善路径，逐渐解决不均衡、不对称所累积起来的各种结构性矛盾，推动全球化的再平衡，让大家能够从更加包容、均衡、普惠、共赢的全球化进程中获益，增进人类共同利益，实现可持续发展。而这一切，必将顺应经济全球化潮流的客观需要和绝大多数国家的强烈愿望，在共同打造开放、创新和可持续发展的世界经济中，进一步彰显开放包容、互利共赢的人类命运共同体意识，拉紧人类命运共同体纽带，促进人类命运共同体的进一步建设与发展。

四、在进一步构建新型国际关系中推进人类命运共同体建设"走深走实"

2013年，习近平主席访问俄罗斯时，首次提出推动建立以合作共赢为核心的"相互尊重、公平正义、合作共赢"的新型国际关系。新型国际关系以相互尊重为各国交往的前提，以公平正义为各国共处的基本准则，以合作共赢为各国追求的美好目标，从而区别于传统的等级制、弱肉强食、零和博弈的国际关系。新型国际关系是对"人类命运共同体怎么建"这个问题提出的具体方案,是建设人类命运共同体的主要方法和基本路径。

作为人类命运共同体建设的实践平台和抓手,"一带一路"建设和新型国际关系相互影响,相互作用,共同推进人类命运共同体建设。随着"一带一路"进入高质量建设阶段,"一带一路"建设将以高质量成果进一步推动构建新型国际关系的发展,使之更好地成为构建人类命运共同体建设的重要一环。因此,进一步推动构建新型国际关系的发展,也就成为以高质量"一带一路"建设推动人类命运共同体建设的一个重要路径。以高质量"一带一路"建设进一步推动构建新型国际关系的发展和人类命运共同体建设,应重点抓住以下三个方面。

一是以高质量共建"一带一路"建设进一步夯实构建新型国际关系的经济基础、思想基础和广泛社会基础。要在高质量共建"一带一路"实践中秉持共商、共建、共享的原则和全球治理观,贯彻开放包容、互利共赢、绿色廉洁的理念,彰显创新、协调、绿色、开放、共享的新发展理念,共同、综合、合作、可持续的安全观,平等、互鉴、对话、包容的文明观,以义为先、义利相兼的正确义利观,努力实现高标准、惠民生、可持续目标,推动新型国际关系的价值引领,在高质量共建"一带一路"进程中进一步丰富和贯彻落实合作理念的行动及成效,彰显"相互尊重、公平正义、合作共赢"新型国际关系精神,增强感召力和吸引力,凝心聚力,进一步夯实新型国际关系思想基础;通过高质量共建"一带一路"建设,顺应经济全球化潮流的客观需要和绝大多数国家的强烈愿望,推动高质量建设互联互通,提升通达水平和质量,聚焦开放、科技和可持续发展为关键点的动能转换,引领新型经济全球化发展,推动打造富有活力的增长模式、开放共赢的合作模式、公正合理的治理模式、平衡普惠的发展模式,让各国能够从更加包容、均衡、普惠、共赢的全球化进程中获益,增进人类共同利益,实现开放包容、互利共赢的共同可持续发展,进一步夯实新型国际关系经济基础;通过高质量共建"一带一路",加强各国人民文化交流,相互了解彼此,增进民心相通,同时也将通过"一带一路"建设带来的经济发展、文化交融来赢得各国人民的理解和支持,构建新型、和谐的国际环境,进一步夯实新型国际关系的社会基础。

二是以更广泛和高质量合作平台及机制推动新型国际关系的构建。要通过高质量共建"一带一路",在巩固、发展和创新已有的国际合作平台基础上,进一步搭建新的平台,充分发挥"一带一路"和亚投行等新平台的作用,使之成为国际交流合作的桥梁和纽带;要在加强合作机制,继续深入对接各国和国际组织经济发展倡议和规划,巩固充实战略、规划、机制以及项目对接的整体合作框架,推进政策沟通向高质量发展基础上,推进合作机制建设,加强规则顶层设计合作,建立对接平台,创新对接合作方式,探索和推进合作共赢新机制和模式,构建更加广泛务实的伙伴关系，并使之进一步朝着"相互尊重、公平正义、合作共赢"方向发展，从而在构建更广泛和高质量合作平台及机制的基础上推动新型国际关系的构建。

三是以构建全球互联互通伙伴关系推动新型国际关系的构建进入新的发展阶段。要在高质量共建"一带一路"，推进基础设施、制度规章、人员交流"三位一体"，"五通"建设齐头并进的全方位、立体化、网络状的大联通基础上，顺应时代潮流和世界发展趋势，坚持平等、自愿、开放、信任、包容、共享、透明原则，构建全球互联互通伙伴关系，推动世界融合发展；优化整合各国优势，兼顾发达国家和发展中国家的利益诉求，寻求合作最大公约数，使各国均能从合作中受益；推动各国加快开放和战略对接的步伐，实现共同发展和共同繁荣。正是在构建全球互联互通伙伴关系的进程中，各参与国得以以更加平等、开放、包容与协作的方式来共同构建公平正义、合作共赢的新型国际关系，共同把握人类自身的发展命运，从而在夯实基础、提升平台、拓展路径的新起点上促进新型国际关系的进一步建设，推动人类命运共同体的构建进入新的发展阶段。

五、在进一步引领全球治理中推进人类命运共同体建设"走深走实"

"一带一路"倡议是我国参与全球治理、推动国际经济秩序转型、实现全球共同发展的新思路新方案，是我国主动引领全球经济合作和推动全球经济治理变革的重要标志。随着"一带一路"进入高质量共建新的发展阶段，应当注重从进一步加强理念引领、推进合作范式、推动制度创新三个方面推进全球治理的完善和发展，从而在引导全球治理中进一步推进人类命运共同体建设。

加强理念引领。人类命运共同体思想为完善全球治理体系指明了新的探索方向，为促进全球治理提供了新的路径。以高质量共建"一带一路"推进全球治理的完善和发展，首先要在高质量共建"一带一路"的实践中，进一步落实人类命运共同体理念，构建人类命运共同体思想的制度化路径，引导全球治理发展方向。要高举和平、发展、合作、共赢旗帜，秉持共商、共建、共享原则，贯彻开放包容、互利共赢、绿色廉洁的合作理念，努力实现高标准、惠民生、可持续目标，加强治理主体的多元化、治理方式的多样性和治理策略的协同性，构建"去中心化"的全球治理，打破以前国际秩序中的"中心—边缘"结构，着眼于解决全球治理的失灵、失衡和失序问题，引领和推动全球治理朝着以平等为基础、以开放为导向、以合作为动力、以共享为目标的方向发展，在以协商治理、合作治理为路径推进全球善治的实践进程中，推进全球治理的创新和发展，建立更加公平公正的全球治理体系。

推进合作范式。"一带一路"不仅为中国参与全球治理的创新和发展提供了现实路径和平台，体现了中国引领国际规则体系改革的追求，而且创新了平等发展、共同发展、合作共赢的新型国际合作新范式以推进全球善治。以高质量共建"一带一路"推动全球治理的发展，应在构建新型国际关系基础上，高质量推动互联互通；加强和丰富新型国际合作，推动创新驱动，转换动力，促进更高水平开放发展；关注民生，以均衡、和谐发展推动可持续发展，更好地解决全球经济发展中存在的不平衡、不协调、不可持续问题，协力打造开放型、包容型、平衡型、共赢型世界经济。在实现共同发展繁荣的实践中，进一步巩固、丰富和发展新型国际合作模式，从而在高质量共建"一带一路"的实践进程中进一步构建以平等为基础、以开放为导向、以合作为动力、以共享为目标，治理主体多元化、治理方式多样性和治理策略协同性的新型国际合作范式，发挥示范作用，促进全球合作治理模式和全球合作治理文明的创新，推动国际秩序和全球治理体系朝着更具代表性、包容性、开放性和公正性的方向发展。

推动制度创新。国际制度是全球治理的核心要素，"一带一路"建设正是我国推动全球治理形成新格局的重要实践。以高质量共建"一带一路"推动国际制度建设，要进一步提升"一带一路"全球治理公共产品的提供能力。一是要进一步加强制度平台建设，要在进一步加强和推进"一带一路"各种共商合作重要平台发展的基础上，加强制度能力建设，将共商向"一带一路"制度性建设方向引导和推进，将各国共商合作的重要平台进一步打造成为综合性制度平台，使各国共商合作的广泛共识既能够及时形成促进"一带一路"高质量建设落到实处的制度，也能够成为完善全球治理结构的制度平台创新。二是要进一步加强合作机制建设。机制化建设是制度建设的重要内容，是"一带一路"高质量建设的方向。因此，高质量共建"一带一路"，要进一步加强机制化建设。要在加强"一带一路"各类机制实现对接基础上，坚持问题导向、实践导向，加强重点领域合作机制创新，整合、完善有关机制，形成包括建设规划协同机制、产能合作机制、贸易合作机制、投融资机制、第三方市场合作机制、协商和落实机制、安全保障机制等内容的高质量共建"一带一路"的机制体系，从而在富有活力和创造性的新型国际合作机制基础上，推动国际制度建设，完善全球治理结构。三是要进一步加强国际规则建设，要在继续加强和巩固战略对接的基础上，进一步贯彻落实新型国际合作理念，加强国际规则创新性建设，积极探索"一带一路"自贸规则，推动沿线国家之间的政策沟通朝着更加规制化的方向发展，努力将合作共识转化为具有法律效力的条例和章程，逐步构建和形成具有"一带一路"特点的国际规则、自贸规则体系，为完善国际秩序和全球治理体系增加动力和提供范例，也为构建人类命运共同体开创现实路径。

在进一步加强理念引领、推进合作范式、推动制度创新，提升"一带一路"全球治理公共产品提供能力的进程中，高质量共建"一带一路"不仅进一步彰显了同舟共济、权责共担的命运共同体意识，体现共商、共建、共享的全球治理观，体现"和平、发展、公平、正义、民主、自由"的全人类共同价值，从而深化了务实合作，增强了政治互信，增加了共同利益；而且还顺应了全球治理体系变革的内在要求，以和平民主方式和多元治理主体、协商治理路径，更好地反映了广大发展中国家的正当诉求，使各国通过共同协商、共同参与而共同分享治理和发展成果，突破了全球治理的"瓶颈"，使高质量共建"一带一路"在引领全球治理朝着更加公平合理的方向发展进程中，进一步汇聚各国智慧，达成国际共识，形成利益共同体，在引领和推进全球治理的完善和发展中进一步推动人类命运共同体建设。

六、在进一步构建人类卫生健康共同体中推进人类命运共同体建设"走深走实"

"命运相连，休戚与共"是人类命运共同体的基本意识。在新冠疫情蔓延全球，人类面临空前卫生健康疫情灾难时，迫切需要唤醒这种基本意识以患难与共、守望相助、共克时艰。为此，习近平主席提出了打造人类卫生健康共同体的倡议。打造人类卫生健康共同体倡议，进一步丰富和深化了人类命运共同体理念内涵，体现了对人的生命权和发展权等基本权利的高度尊重和维护，增进了各国人民的健康福祉。

"一带一路"作为推动人类命运共同体的实践平台，打造人类卫生健康共同体作为高质量共建的重要内容和途径而责无旁贷，因此，以高质量共建"一带一路"推进人类命运共同体建设，就要在此前曾致力于与世界卫生组织和"一带一路"沿线国家共同打造"健康丝绸之路"并取得积极成果的基础上，建立"一带一路"抗疫合作机制，增加抗疫互利合作，加强疫情信息共享、物资调配和相互支持，构建科研攻关合作体系，强化疫情防控国际合作；构建"一带一路"卫生健康合作和应急管理机制，推动完善全球公共卫生健康治理，为高质量共建"一带一路"增添新内涵，赋予新动能，进一步构建更为紧密的"一带一路"卫生健康共同体，为打造人类卫生健康共同体提供示范，在增强国际认同的基础上进一步促进"一带一路"利益共同体和责任共同体建设，在展现人类伦理之善、努力增进各国民众健康福祉中进一步促进"一带一路"民心相通，从而在进一步构建人类卫生健康共同体中推进人类命运共同体建设"走深走实"。

总之，在高质量共建"一带一路"进程中，要抓住高质量共建重点，通过进一步落实"理念"、提升互联互通、实现动能转换、构建新型国际关系、引导全球治理和构建人类卫生健康共同体，进一步实现人类命运共同体的价值引领，发展新型国际发展合作，夯实人类命运共同体经济、思想和社会基础，打造富有活力的增长方式，构建人类卫生健康共同体，为人类命运共同体建设进一步开创发展新机遇、谋求发展新动力、拓展发展新空间，在进一步实现人类命运共同体的价值引领、提升互联互通以加强联动发展、实现动能转换增强发展新动力、增进合作共赢新型国际关系、引领全球治理朝着更加公平合理的方向发展和构建更为紧密的"一带一路"卫生健康共同体中，推动人类命运共同体建设进一步"走深走实"。

2010～2016年中国与"海丝路"沿线国家贸易竞争力指数

年份	国家	初级产品					劳动密集型产品		资本密集型产品		其他
		SITC0	SITC1	SITC2	SITC3	SITC4	SITC6	SITC8	SITC5	SITC7	SITC9
2010	菲律宾	0.42	0.95	-0.94	0.35	-0.99	0.63	0.69	0.29	-0.50	0.30
	柬埔寨	0.64	1.00	-0.89	1.00	-1.00	1.00	0.57	0.92	0.99	1.00
	老挝	-0.72	0.98	-0.99	0.42	—	0.18	0.99	0.62	1.00	1.00
	马来西亚	0.66	0.41	-0.90	-0.88	-0.99	0.28	0.67	-0.21	-0.51	-0.80
	缅甸	-0.66	1.00	-0.89	0.56	1.00	0.73	0.89	0.98	1.00	-0.91
	泰国	-0.33	0.60	-0.85	-0.74	0.06	0.20	0.60	-0.35	-0.37	1.00
	文莱	0.99	1.00	-0.30	-1.00	—	1.00	1.00	-0.69	1.00	1.00
	新加坡	-0.03	-0.01	0.20	-0.20	0.26	0.73	0.18	-0.64	0.30	-0.42
	印度尼西亚	0.64	0.91	-0.93	-0.58	-1.00	0.54	0.83	0.14	0.63	1.00
	越南	0.27	0.98	-0.52	0.02	-0.16	0.78	0.70	0.84	0.61	1.00
	孟加拉国	0.83	1.00	-0.54	1.00	-0.22	0.97	0.75	0.95	1.00	1.00
	斯里兰卡	0.71	0.41	-0.52	1.00	-0.26	0.97	0.90	0.96	0.96	1.00
	印度	-0.30	0.88	-0.93	0.13	-0.98	0.46	0.83	0.70	0.92	0.54
	巴基斯坦	0.47	1.00	-0.26	0.89	0.63	0.33	0.97	0.94	0.99	0.99
	马尔代夫	1.00	1.00	1.00	1.00	—	1.00	1.00	1.00	1.00	1.00

续表

年份	国家	初级产品					劳动密集型产品		资本密集型产品		其他
		SITC0	SITC1	SITC2	SITC3	SITC4	SITC6	SITC8	SITC5	SITC7	SITC9
2010	伊朗	-0.20	1.00	-0.94	-0.99	1.00	0.97	1.00	-0.44	1.00	1.00
	伊拉克	0.89	1.00	0.78	-1.00	1.00	1.00	1.00	0.99	1.00	1.00
	科威特	1.00	1.00	-0.54	-1.00	1.00	1.00	1.00	-0.88	1.00	1.00
	阿曼	0.99	1.00	-1.00	-0.99	1.00	0.68	1.00	-0.87	1.00	1.00
	卡塔尔	1.00	1.00	-0.90	-0.98	—	0.90	1.00	-0.86	1.00	1.00
	沙特阿拉伯	0.97	0.79	-0.89	-1.00	0.20	0.97	1.00	-0.87	0.99	1.00
	阿联酋	1.00	1.00	-0.31	-0.77	-0.96	0.96	1.00	0.11	1.00	-0.97
	巴林	0.99	1.00	-0.98	-0.01	1.00	0.79	1.00	0.05	1.00	1.00
	也门	0.99	1.00	-0.67	-1.00	1.00	0.99	1.00	0.41	1.00	1.00
	埃及	0.98	0.99	-0.53	-0.98	0.46	0.95	0.99	0.79	1.00	1.00
	索马里	1.00	—	-1.00	—	—	0.92	1.00	1.00	1.00	—
	苏丹	—	—	—	—	—	—	—	—	—	—
	吉布提	1.00	1.00	0.59	1.00	1.00	1.00	1.00	1.00	1.00	1.00
	厄立特里亚	1.00	—	0.05	1.00	—	0.93	1.00	1.00	1.00	—
	肯尼亚	0.22	1.00	-0.73	1.00	0.59	0.97	1.00	0.96	1.00	1.00
	坦桑尼亚	0.75	1.00	-0.98	1.00	0.40	0.76	1.00	0.92	1.00	1.00
	莫桑比克	0.95	1.00	-0.98	1.00	1.00	0.92	1.00	1.00	1.00	1.00

续表

年份	国家	初级产品					劳动密集型产品		资本密集型产品		其他
		SITC0	SITC1	SITC2	SITC3	SITC4	SITC6	SITC8	SITC5	SITC7	SITC9
2011	菲律宾	0.26	0.97	-0.95	0.51	-0.98	0.62	0.73	0.45	-0.50	-0.14
	柬埔寨	0.24	0.99	-0.90	1.00	—	0.99	0.55	0.89	1.00	1.00
	老挝	-0.77	0.86	-1.00	0.25	-1.00	-0.06	0.90	0.87	1.00	1.00
	马来西亚	0.66	0.44	-0.90	-0.87	-0.99	0.27	0.66	-0.22	-0.55	-0.40
	缅甸	-0.42	1.00	-0.90	0.37	—	0.37	0.82	0.97	1.00	1.00
	泰国	-0.22	0.51	-0.88	-0.74	0.43	0.28	0.58	-0.35	-0.27	0.71
	文莱	0.99	—	-0.43	-1.00	—	1.00	1.00	-0.65	1.00	1.00
	新加坡	0.09	0.12	0.27	-0.55	0.46	0.80	0.14	-0.60	0.31	0.49
	印度尼西亚	0.48	0.95	-0.92	-0.59	-1.00	0.64	0.78	0.08	0.66	1.00
	越南	0.23	0.99	-0.61	-0.17	-0.34	0.79	0.67	0.77	0.48	1.00
	孟加拉国	0.75	1.00	-0.41	1.00	-0.15	0.95	0.57	0.90	1.00	1.00
	斯里兰卡	0.66	0.66	-0.37	0.90	0.85	0.97	0.88	0.97	0.98	1.00
	印度	-0.40	0.89	-0.91	0.75	-0.99	0.36	0.78	0.67	0.92	1.00
	巴基斯坦	0.49	0.39	-0.14	0.42	1.00	0.31	0.96	0.91	1.00	0.74
	马尔代夫	1.00	1.00	0.85	1.00	—	1.00	1.00	1.00	0.99	—
	伊朗	0.47	1.00	-0.94	-1.00	1.00	0.97	1.00	-0.50	1.00	1.00
	伊拉克	0.78	1.00	0.74	-1.00	1.00	1.00	1.00	1.00	1.00	1.00
	科威特	1.00	—	-0.78	-1.00	1.00	1.00	1.00	-0.88	1.00	1.00

推进21世纪海上丝绸之路建设研究

续表

年份	国家	初级产品					劳动密集型产品		资本密集型产品		其他
		SITC0	SITC1	SITC2	SITC3	SITC4	SITC6	SITC8	SITC5	SITC7	SITC9
2011	阿曼	0.94	1.00	-0.99	-0.99	1.00	0.53	1.00	-0.86	1.00	1.00
	卡塔尔	1.00	1.00	-0.96	-0.98	-1.00	0.78	1.00	-0.86	1.00	1.00
	沙特阿拉伯	0.97	-0.31	-0.88	-1.00	1.00	0.98	1.00	-0.87	1.00	1.00
	阿联酋	0.99	0.99	-0.64	-0.94	0.32	0.96	1.00	-0.16	0.98	0.48
	巴林	1.00	1.00	-0.97	0.34	1.00	0.85	1.00	0.08	0.99	1.00
	也门	0.99	—	-0.63	-1.00	1.00	1.00	1.00	0.25	1.00	1.00
	埃及	0.97	0.99	-0.47	-0.96	-0.06	0.95	0.99	0.75	1.00	1.00
	索马里	1.00	1.00	-1.00	—	—	0.93	1.00	1.00	1.00	—
	苏丹	—	—	—	—	—	—	—	—	—	—
	吉布提	0.96	1.00	0.99	1.00	1.00	1.00	1.00	1.00	1.00	1.00
	厄立特里亚	1.00	1.00	0.96	1.00	1.00	0.97	1.00	1.00	0.99	1.00
	肯尼亚	0.46	0.91	-0.62	1.00	0.99	0.98	1.00	0.95	1.00	0.99
	坦桑尼亚	0.83	1.00	-0.99	1.00	-0.48	0.97	1.00	0.88	1.00	1.00
	莫桑比克	0.87	1.00	-0.99	-0.62	-1.00	0.98	1.00	1.00	1.00	1.00
2012	菲律宾	0.43	0.94	-0.95	0.52	-0.92	0.74	0.76	0.63	-0.49	1.00
	柬埔寨	0.06	1.00	-0.79	1.00	-1.00	0.97	0.55	0.83	0.99	1.00
	老挝	-0.77	0.91	-0.99	0.19	-0.92	0.39	0.95	0.80	1.00	—
	马来西亚	0.66	0.25	-0.85	-0.81	-0.99	0.42	0.76	-0.19	-0.47	-0.93

续表

年份	国家	初级产品					劳动密集型产品		资本密集型产品		其他
		SITC0	SITC1	SITC2	SITC3	SITC4	SITC6	SITC8	SITC5	SITC7	SITC9
2012	缅甸	-0.46	0.99	-0.87	0.51	0.33	0.75	0.65	0.94	1.00	-1.00
	泰国	-0.31	0.43	-0.84	-0.87	0.60	0.35	0.61	-0.34	-0.10	-0.75
	文莱	0.98	-1.00	0.29	-1.00	1.00	1.00	1.00	-0.15	1.00	—
	新加坡	0.19	0.36	0.19	-0.50	0.56	0.85	0.20	-0.58	0.35	0.72
	印度尼西亚	0.31	0.94	-0.91	-0.69	-1.00	0.61	0.81	0.29	0.71	1.00
	越南	-0.10	0.98	-0.61	-0.04	-0.36	0.78	0.73	0.67	0.18	1.00
	孟加拉国	0.56	1.00	-0.12	1.00	0.12	0.96	0.61	0.90	1.00	1.00
	斯里兰卡	0.61	-0.76	-0.65	0.96	-0.81	0.96	0.86	0.97	0.97	—
	印度	-0.27	0.91	-0.87	-0.20	-0.98	0.25	0.79	0.64	0.92	1.00
	巴基斯坦	-0.31	1.00	-0.29	1.00	1.00	0.18	0.94	0.93	1.00	1.00
	马尔代夫	0.99	—	1.00	1.00	—	1.00	1.00	1.00	0.98	—
	伊朗	0.29	0.99	-0.93	-0.99	1.00	0.97	1.00	-0.51	1.00	1.00
	伊拉克	0.79	—	0.46	-1.00	1.00	1.00	1.00	1.00	1.00	1.00
	科威特	1.00	1.00	-0.80	-1.00	1.00	1.00	1.00	-0.90	1.00	—
	阿曼	0.88	1.00	-0.98	-0.99	1.00	0.59	1.00	-0.86	0.99	—
	卡塔尔	1.00	1.00	-0.97	-0.98	—	0.92	1.00	-0.84	1.00	—
	沙特阿拉伯	0.99	0.05	-0.80	-1.00	1.00	0.98	1.00	-0.84	1.00	1.00
	阿联酋	0.99	0.99	-0.76	-0.91	-0.96	0.95	1.00	-0.17	0.99	-0.83

推进21世纪海上丝绸之路建设研究

续表

年份	国家	初级产品 SITC0	初级产品 SITC1	初级产品 SITC2	初级产品 SITC3	初级产品 SITC4	劳动密集型产品 SITC6	劳动密集型产品 SITC8	资本密集型产品 SITC5	资本密集型产品 SITC7	其他 SITC9
2012	巴林	1.00	1.00	-0.98	0.29	—	0.66	1.00	-0.14	1.00	—
	也门	1.00	1.00	-0.82	-1.00	—	1.00	1.00	0.54	1.00	—
	埃及	0.90	1.00	-0.42	-0.96	0.52	0.97	0.99	0.78	0.99	1.00
	索马里	1.00	—	-0.99	—	—	0.99	1.00	1.00	1.00	—
	苏丹	0.99	1.00	-0.71	-1.00	1.00	0.99	1.00	0.92	1.00	1.00
	吉布提	1.00	1.00	0.64	1.00	—	1.00	1.00	1.00	1.00	—
	厄立特里亚	1.00	—	0.02	1.00	—	0.94	1.00	1.00	0.99	—
	肯尼亚	0.41	1.00	-0.60	1.00	0.99	0.98	1.00	0.95	1.00	—
	坦桑尼亚	0.75	1.00	-0.98	1.00	-0.63	0.96	1.00	0.88	1.00	—
	莫桑比克	0.68	1.00	-0.99	-0.59	—	0.92	1.00	0.99	1.00	—
2013	菲律宾	0.50	0.93	-0.94	0.56	-0.97	0.75	0.68	0.58	-0.39	0.98
	柬埔寨	0.04	1.00	-0.89	1.00	1.00	0.98	0.47	0.85	0.95	—
	老挝	-0.90	0.94	-1.00	0.68	—	0.43	0.88	0.85	1.00	-1.00
	马来西亚	0.63	0.53	-0.88	-0.71	-0.99	0.60	0.83	-0.14	-0.42	-0.98
	缅甸	-0.13	0.99	-0.91	0.04	-0.74	0.44	0.51	0.97	0.99	1.00
	泰国	-0.20	-0.22	-0.85	-0.90	0.19	0.33	0.51	-0.37	-0.02	1.00
	文莱	0.97	1.00	-0.16	-1.00	1.00	1.00	1.00	0.23	1.00	—
	新加坡	0.26	0.31	0.14	-0.19	0.54	0.86	0.40	-0.63	0.32	0.44

续表

年份	国家	初级产品					劳动密集型产品		资本密集型产品		其他
		SITC0	SITC1	SITC2	SITC3	SITC4	SITC6	SITC8	SITC5	SITC7	SITC9
2013	印度尼西亚	0.29	0.92	-0.94	-0.62	-0.99	0.62	0.79	0.28	0.78	0.24
	越南	0.03	0.97	-0.60	0.20	-0.68	0.81	0.74	0.74	0.34	1.00
	孟加拉国	0.49	-0.92	-0.02	1.00	0.75	0.95	0.60	0.92	0.99	—
	斯里兰卡	0.62	-0.83	-0.65	1.00	-0.79	0.95	0.82	0.96	0.97	1.00
	印度	-0.20	0.87	-0.82	0.59	-0.99	0.16	0.83	0.64	0.90	-1.00
	巴基斯坦	-0.23	-0.49	-0.33	1.00	1.00	0.27	0.93	0.95	1.00	—
	马尔代夫	1.00	1.00	1.00	1.00	—	1.00	1.00	1.00	0.97	—
	伊朗	0.67	0.98	-0.92	-0.99	1.00	0.96	1.00	-0.48	1.00	1.00
	伊拉克	0.90	0.98	0.74	-1.00	1.00	1.00	1.00	1.00	1.00	1.00
	科威特	1.00	—	-0.65	-1.00	1.00	1.00	1.00	-0.90	1.00	1.00
	阿曼	0.96	1.00	-0.99	-1.00	—	0.76	1.00	-0.82	0.99	1.00
	卡塔尔	1.00	1.00	-0.82	-0.99	—	0.98	1.00	-0.85	1.00	1.00
	沙特阿拉伯	0.99	-0.03	-0.77	-1.00	1.00	0.98	1.00	-0.85	1.00	0.34
	阿联酋	0.99	0.99	-0.52	-0.92	-0.99	0.93	1.00	-0.17	1.00	-1.00
	巴林	1.00	1.00	-0.96	0.18	—	0.84	1.00	-0.09	1.00	1.00
	也门	1.00	—	-0.75	-1.00	1.00	1.00	1.00	0.58	1.00	—
	埃及	0.95	1.00	-0.38	-0.99	0.04	0.96	0.99	0.87	1.00	1.00
	索马里	1.00	—	-1.00	1.00	—	0.99	1.00	1.00	1.00	—

续表

年份	国家	初级产品					劳动密集型产品		资本密集型产品		其他
		SITC0	SITC1	SITC2	SITC3	SITC4	SITC6	SITC8	SITC5	SITC7	SITC9
2013	苏丹	0.49	1.00	-0.97	-1.00	-0.98	0.99	1.00	0.92	1.00	1.00
	吉布提	1.00	1.00	0.97	0.50	1.00	1.00	1.00	1.00	1.00	—
	厄立特里亚	1.00	—	-0.99	1.00	1.00	0.87	0.99	1.00	1.00	—
	肯尼亚	0.59	0.98	-0.37	1.00	0.34	0.97	1.00	0.96	1.00	—
	坦桑尼亚	0.46	1.00	-0.95	1.00	-0.63	0.75	1.00	0.89	1.00	1.00
	莫桑比克	0.25	—	-0.98	-0.72	—	0.95	1.00	0.99	1.00	—
2014	菲律宾	0.30	0.94	-0.95	0.42	-0.79	0.82	0.76	0.65	-0.34	0.05
	柬埔寨	-0.29	0.91	-0.91	1.00	0.98	0.99	0.27	0.80	0.90	—
	老挝	-0.94	0.91	-1.00	0.94	—	0.45	0.78	0.35	1.00	—
	马来西亚	0.62	0.26	-0.81	-0.80	-0.99	0.68	0.78	-0.01	-0.38	-0.47
	缅甸	0.10	1.00	-0.78	-0.65	-0.63	-0.55	0.33	0.96	0.99	-1.00
	泰国	-0.23	-0.67	-0.83	-0.77	0.06	0.35	0.44	-0.30	-0.03	0.95
	文莱	0.96	-1.00	-0.38	-0.99	1.00	0.99	1.00	-0.32	1.00	—
	新加坡	0.37	0.31	-0.15	-0.09	0.58	0.77	0.45	-0.60	0.35	-0.33
	印度尼西亚	0.23	0.93	-0.84	-0.59	-0.99	0.67	0.77	0.18	0.78	-0.25
	越南	0.10	0.95	-0.53	0.20	-0.59	0.81	0.71	0.74	0.40	1.00
	孟加拉国	0.51	-1.00	0.16	1.00	0.69	0.95	0.56	0.92	0.99	1.00
	斯里兰卡	0.65	-0.16	-0.50	0.96	-0.01	0.94	0.69	0.95	0.97	1.00

续表

年份	国家	初级产品					劳动密集型产品		资本密集型产品		其他
		SITC0	SITC1	SITC2	SITC3	SITC4	SITC6	SITC8	SITC5	SITC7	SITC9
2014	印度	0.01	0.50	-0.77	0.56	-0.98	0.21	0.86	0.72	0.89	-0.89
	巴基斯坦	-0.21	1.00	-0.10	-0.25	1.00	0.44	0.92	0.96	1.00	1.00
	马尔代夫	0.96	1.00	1.00	1.00	—	1.00	1.00	1.00	0.99	—
	伊朗	0.68	1.00	-0.88	-0.96	1.00	0.98	1.00	-0.41	1.00	1.00
	伊拉克	0.95	1.00	1.00	-1.00	1.00	1.00	1.00	1.00	1.00	1.00
	科威特	1.00	1.00	-0.15	-1.00	1.00	1.00	1.00	-0.87	1.00	1.00
	阿曼	0.98	1.00	-0.28	-1.00	—	0.79	1.00	-0.57	0.99	—
	卡塔尔	1.00	1.00	-0.80	-0.98	1.00	0.97	1.00	-0.83	1.00	1.00
	沙特阿拉伯	0.99	-0.97	-0.75	-1.00	1.00	0.97	1.00	-0.83	1.00	1.00
	阿联酋	0.85	0.96	-0.38	-0.92	-0.96	0.95	1.00	-0.23	0.99	-1.00
	巴林	1.00	1.00	-0.94	-0.18	1.00	0.93	1.00	0.34	1.00	—
	也门	1.00	—	-0.07	-1.00	1.00	1.00	1.00	0.61	1.00	—
	埃及	0.87	0.99	-0.41	-0.99	0.94	0.98	0.98	0.95	1.00	1.00
	索马里	1.00	—	-1.00	—	—	0.94	1.00	1.00	1.00	—
	苏丹	0.26	1.00	-0.97	-1.00	1.00	0.99	1.00	0.92	1.00	1.00
	吉布提	1.00	1.00	0.65	0.86	1.00	1.00	0.98	0.98	1.00	—
	厄立特里亚	1.00	1.00	-1.00	1.00	1.00	0.97	1.00	1.00	1.00	—
	肯尼亚	0.55	1.00	-0.33	1.00	0.97	0.98	1.00	0.97	1.00	—
	坦桑尼亚	0.41	—	-0.91	1.00	-0.30	0.90	1.00	0.90	1.00	—
	莫桑比克	0.27	—	-1.00	-0.07	1.00	-0.31	1.00	1.00	1.00	—

年份	国家	初级产品					劳动密集型产品		资本密集型产品		其他
		SITC0	SITC1	SITC2	SITC3	SITC4	SITC6	SITC8	SITC5	SITC7	SITC9
2015	菲律宾	0.39	0.90	-0.91	-0.20	-0.64	0.90	0.80	0.67	-0.25	0.99
	柬埔寨	-0.50	0.89	-0.41	1.00	1.00	0.90	0.12	0.72	0.83	—
	老挝	-0.89	0.87	-1.00	0.92	—	0.25	0.66	-0.13	1.00	-0.66
	马来西亚	0.56	0.43	-0.83	-0.83	-0.98	0.76	0.76	0.05	-0.39	0.54
	缅甸	0.20	1.00	-0.90	-0.79	1.00	0.23	0.32	0.95	0.99	-0.33
	泰国	-0.10	-0.29	-0.82	-0.78	-0.07	0.43	0.34	-0.19	0.03	0.89
	文莱	0.96	—	-0.21	-1.00	1.00	1.00	1.00	-0.37	1.00	—
	新加坡	0.35	0.12	-0.21	0.14	0.49	0.83	0.52	-0.59	0.42	-0.96
	印度尼西亚	0.15	0.96	-0.79	-0.77	-0.99	0.64	0.67	0.45	0.76	0.85
	越南	0.10	0.96	-0.52	0.25	-0.34	0.80	0.59	0.75	0.27	-0.98
	孟加拉国	0.55	-0.65	0.26	1.00	0.63	0.95	0.54	0.95	0.99	1.00
	斯里兰卡	0.74	0.99	-0.67	1.00	-0.35	0.95	0.70	0.96	0.97	—
	印度	-0.04	0.15	-0.67	0.36	-0.98	0.28	0.88	0.74	0.92	-0.63
	巴基斯坦	-0.01	0.90	0.00	0.99	1.00	0.56	0.94	0.87	1.00	-0.52
	马尔代夫	0.92	1.00	1.00	1.00	—	1.00	1.00	1.00	1.00	—
	伊朗	0.56	1.00	-0.67	-0.96	1.00	0.95	1.00	-0.48	1.00	1.00
	伊拉克	0.98	1.00	0.99	-1.00	1.00	1.00	1.00	1.00	1.00	1.00
	科威特	1.00	—	-0.72	-1.00	—	1.00	1.00	-0.85	1.00	1.00

续表

年份	国家	初级产品					劳动密集型产品		资本密集型产品		其他
		SITC0	SITC1	SITC2	SITC3	SITC4	SITC6	SITC8	SITC5	SITC7	SITC9
2015	阿曼	0.90	—	-0.36	-0.99	-1.00	0.77	1.00	-0.62	1.00	—
	卡塔尔	1.00	1.00	-0.82	-0.97	—	1.00	1.00	-0.79	1.00	1.00
	沙特阿拉伯	0.98	-1.00	-0.63	-1.00	1.00	0.98	1.00	-0.80	1.00	0.91
	阿联酋	0.82	0.98	-0.63	-0.87	-0.96	0.96	1.00	-0.30	0.99	-1.00
	巴林	1.00	1.00	-0.76	-0.39	1.00	0.91	1.00	0.73	1.00	—
	也门	0.98	—	0.15	-1.00	—	0.99	1.00	0.75	1.00	—
	埃及	0.65	0.98	-0.12	-0.93	1.00	0.98	0.99	0.92	1.00	1.00
	索马里	-0.08	—	-1.00	—	—	0.97	1.00	1.00	1.00	—
	苏丹	0.99	—	-0.96	-1.00	1.00	1.00	1.00	0.94	1.00	—
	吉布提	1.00	1.00	0.91	1.00	1.00	1.00	1.00	0.99	1.00	1.00
	厄立特里亚	1.00	—	-1.00	—	1.00	1.00	1.00	1.00	1.00	—
	肯尼亚	0.68	1.00	-0.15	1.00	0.98	0.98	1.00	0.98	1.00	1.00
	坦桑尼亚	0.49	-0.99	-0.79	1.00	1.00	0.89	1.00	0.91	1.00	-1.00
	莫桑比克	-0.08	1.00	-0.93	1.00	1.00	0.97	1.00	0.99	1.00	1.00
2016	菲律宾	0.51	0.95	-0.90	0.40	-0.91	0.93	0.80	0.64	-0.23	0.78
	柬埔寨	-0.60	0.85	-0.45	1.00	1.00	0.89	0.00	0.39	0.79	0.50
	老挝	-0.95	0.72	-1.00	0.86	-1.00	0.35	0.79	-0.08	0.99	-0.68
	马来西亚	0.56	0.44	-0.82	-0.59	-0.99	0.81	0.65	0.05	-0.43	0.77

推进21世纪海上丝绸之路建设研究

续表

年份	国家	初级产品					劳动密集型产品		资本密集型产品		其他
		SITC0	SITC1	SITC2	SITC3	SITC4	SITC6	SITC8	SITC5	SITC7	SITC9
2016	缅甸	0.27	0.98	-0.91	-0.82	1.00	0.79	0.55	0.97	0.98	-0.41
	泰国	-0.06	-0.39	-0.82	-0.61	0.07	0.36	0.16	-0.10	-0.01	0.27
	文莱	0.89	—	-0.41	-0.99	1.00	1.00	1.00	-0.66	1.00	0.76
	新加坡	0.37	0.10	-0.42	0.27	0.36	0.87	0.47	-0.57	0.36	-0.96
	印度尼西亚	0.23	0.93	-0.78	-0.88	-0.99	0.57	0.58	0.40	0.76	0.60
	越南	0.14	0.75	-0.58	-0.21	-0.06	0.78	0.39	0.79	0.18	-0.79
	孟加拉国	0.55	-0.88	0.26	1.00	0.28	0.96	0.44	0.94	1.00	0.40
	斯里兰卡	0.72	0.97	-0.53	1.00	-0.84	0.97	0.63	0.93	0.95	0.34
	印度	0.34	0.87	-0.69	0.52	-0.97	0.31	0.87	0.73	0.92	0.13
	巴基斯坦	-0.11	0.84	0.12	0.13	0.93	0.65	0.92	0.97	1.00	0.50
	马尔代夫	0.94	—	1.00	1.00	—	1.00	1.00	1.00	1.00	0.94
	伊朗	0.77	1.00	-0.73	-0.99	1.00	0.92	1.00	-0.44	1.00	0.95
	伊拉克	0.97	—	0.97	-1.00	1.00	1.00	1.00	1.00	1.00	0.51
	科威特	1.00	—	-0.46	-1.00	1.00	1.00	1.00	-0.84	1.00	0.75
	阿曼	0.85	—	-0.78	-0.98	1.00	0.81	1.00	-0.49	1.00	0.85
	卡塔尔	1.00	1.00	-0.72	-0.97	1.00	0.98	1.00	-0.81	1.00	0.89
	沙特阿拉伯	0.99	-0.08	-0.59	-1.00	1.00	0.97	1.00	-0.80	0.99	0.89
	阿联酋	0.98	0.95	-0.68	-0.88	-0.48	0.94	0.99	-0.33	0.99	-0.90

续表

年份	国家	初级产品					劳动密集型产品		资本密集型产品		其他
		SITC0	SITC1	SITC2	SITC3	SITC4	SITC6	SITC8	SITC5	SITC7	SITC9
2016	巴林	1.00	1.00	-0.23	0.30	—	0.88	1.00	0.36	1.00	0.89
	也门	0.99	1.00	-0.47	-1.00	—	0.98	1.00	0.84	1.00	-0.33
	埃及	0.60	0.91	-0.13	-0.93	0.97	0.98	0.98	0.92	1.00	0.79
	索马里	-0.12	—	-0.99	—	—	0.99	1.00	1.00	1.00	-0.59
	苏丹	0.47	1.00	-0.96	-1.00	-1.00	0.99	1.00	0.96	1.00	0.98
	吉布提	1.00	1.00	0.97	1.00	—	1.00	1.00	1.00	1.00	0.61
	厄立特里亚	1.00	—	-1.00	1.00	1.00	1.00	1.00	1.00	1.00	0.58
	肯尼亚	0.83	1.00	-0.32	1.00	0.92	0.98	1.00	0.98	1.00	0.84
	坦桑尼亚	0.67	-1.00	-0.85	1.00	1.00	0.95	1.00	0.91	1.00	0.81
	莫桑比克	0.04	1.00	-0.96	1.00	1.00	0.91	1.00	0.99	1.00	0.70

参考文献

[1] 鲍雨：《发挥文化"走出去"在"一带一路"建设中的引领作用》，载于《公共外交季刊》2018年第1期。

[2] 北京大学全球互联互通研究课题组，翟崑、王丽娜、刘晓伟、刘静烨、王维伟：《中国—东盟"五通指数"比较研究》，载于《中国—东盟研究》2017年第1期。

[3] 蔡春林：《新兴经济体参与新丝绸之路建设的策略研究》，载于《国际贸易》2014年第5期。

[4] 曹素璋：《新区域主义理论述评》，载于《企业家天地（下旬刊）（理论版）》2010年第1期。

[5] 陈德铭、鲁明泓：《国际直接投资区位理论的发展及其启示》，载于《世界经济与政治论坛》2000年第2期。

[6] 陈继勇，郭夏杰，黎珊：《后危机时代中国在世界经济格局演变中的战略应对》，载于《世界经济研究》2012年第12期。

[7] 陈继勇、卢世杰：《"21世纪海上丝绸之路"沿线国家贸易竞争性测度及影响因素》，载于《经济与管理研究》2017年第11期。

[8] 陈健雄、徐翔：《国际技术合作的动因及其理论解释》，载于《国际经济合作》2009年第12期。

[9] 陈杰：《公共外交推进"一带一路"建设》，载于《中国社会科学报》2015年第4版。

[10] 陈利君：《建设孟中印缅经济走廊的前景与对策》，载于《云南社会科学》2014年第1期。

[11] 陈明宝、韩立民：《"21世纪海上丝绸之路"蓝色经济国际合作：驱动因素、领域识别与机制构建》，载于《中国工程科学》2016年第18期。

[12] 陈世伦：《"21世纪海上丝绸之路"倡议下的中柬关系：对外援助关系下的风险分析》，载于《南洋问题研究》2016年第4期。

[13] 陈万灵、何传添：《海上丝绸之路的各方博弈及其经贸定位》，载于《改革》2014 年第 3 期。

[14] 陈万灵、吴旭梅：《海上丝绸之路沿线国家进口需求变化及其中国对策》，载于《国际经贸探索》2015 年第 4 期。

[15] 陈伟光：《论 21 世纪海上丝绸之路合作机制的联动》，载于《国际经贸探索》2015 年第 3 期。

[16] 陈武：《发展好海洋合作伙伴关系——深入学习贯彻习近平同志关于共建 21 世纪"海上丝绸之路"的战略构想》，载于《东南亚纵横》2014 年第 1 期。

[17] 陈昕：《大湄公河次区域东西经济走廊发展研究与借鉴》，载于《管理世界》2012 年第 12 期。

[18] 陈秀莲、张静雯：《中国—东盟港口互联互通建设存在问题与对策》，载于《对外经贸实务》2018 年第 2 期。

[19] 陈秀英、刘胜：《"21 世纪海上丝绸之路"沿线国家服务贸易竞争力分析》，载于《首都经济贸易大学学报》2018 年第 2 期。

[20] 程棵、陆凤彬、杨晓光：《次贷危机传染渠道的空间计量》，载于《系统工程理论与实践》2012 年第 3 期。

[21] 储殷、张沛喆：《权力、市场与文化：人类命运共同体的三重构建》，载于《当代世界与社会主义》2018 年第 3 期。

[22] 戴翔、张二震：《人民币汇率变动是否影响了中国服务出口增长》，载于《金融研究》2014 年第 11 期。

[23] 邓颖颖：《21 世纪海上丝绸之路建设的有效路径：中国—东盟旅游合作》，载于《东南亚纵横》2015 年第 10 期。

[24] 邓昭：《中国海洋产业就业结构演进轨迹及影响因素分析》，辽宁师范大学硕士学位论文，2018 年。

[25] 丁莉：《以港口为战略支点书写 21 世纪海上丝绸之路建设新篇章》，载于《中国港口》2018 年第 7 期。

[26] 丁涛、贾根良：《新李斯特经济学的全球价值链理论初探》，载于《社会科学战线》2017 年第 8 期。

[27] 杜兰：《"一带一路"建设背景下中国与缅甸的经贸合作》，载于《东南亚纵横》2017 年第 1 期。

[28] 杜晓蓉：《美国金融危机对中国溢出的传染渠道检验》，载于《数理统计与管理》2014 年第 6 期。

[29] 杜正艾：《精选"一带一路"建设战略支点国家的意义与建议》，载于

《行政管理改革》2016 年第 6 期。

[30] 樊茂庆、黄薇：《基于全球价值链分解的中国贸易产业结构演进研究》，载于《世界经济》2014 年第 2 期。

[31] 樊莹：《构筑泛亚交通网路打造现代物流体系》，载于《国际经济合作》2005 年第 10 期。

[32] 范硕、何彬：《中国对"一带一路"沿线国家投资模式研究——基于动态空间面板模型的实证检验》，载于《亚太经济》2017 年第 6 期。

[33] 范祚军、何欢：《"一带一路"国家基础设施互联互通"切入"策略》，载于《世界经济与政治论坛》2016 年第 6 期。

[34] 冯传禄：《"一带一路"与"季风计划"战略对接：有效政策选项抑或伪命题》，载于《南亚研究》2016 年第 2 期。

[35] 傅梦孜、楼春豪：《关于 21 世纪"海上丝绸之路"建设的若干思考》，载于《现代国际关系》2015 年第 3 期。

[36] 傅梦孜：《南海问题会否影响"21 世纪海上丝绸之路"建设》，载于《太平洋学报》2016 年第 7 期。

[37] 耿仲钟、肖海峰：《中国与"21 世纪海上丝绸之路"沿线国家农产品贸易特征分析》，载于《农业经济问题》2016 年第 6 期。

[38] 谷源洋：《大国汇聚亚洲与经略周边——21 世纪海上丝绸之路建设的认知与建议》，载于《东南亚纵横》2015 年第 1 期。

[39] 郭朝先、刘芳、皮思明：《"一带一路"倡议与中国国际产能合作》，载于《国际展望》2016 年第 3 期。

[40] 国家开发银行"海上丝绸之路战略性项目实施策略研究：重点国家的战略评估与政策建议"课题组：《"21 世纪海上丝绸之路"背景下的我国海洋产业国际合作》，载于《海洋开发与管理》2018 年第 4 期。

[41] 国家开发银行跨境开发区发展模式及其投融资研究课题组：《关于促进境外经贸合作区可持续发展的相关建议》，载于《港口经济》2017 年第 7 期。

[42] 何帆、朱鹤、张骞：《21 世纪海上丝绸之路建设：现状、机遇、问题与应对》，载于《国际经济评论》2017 年第 5 期。

[43] 胡鞍钢、刘生龙：《交通运输，经济增长及溢出效应——基于中国省际数据空间经济计量的结果》，载于《中国工业经济》2009 年第 5 期。

[44] 胡德坤：《合作共赢发展模式是世界历史整体发展的产物》，载于《世界历史》2018 年第 6 期。

[45] 胡江云、赵书博、王秀哲：《"一带一路"构想下的境外经贸合作区研究》，载于《发展研究》2017 年第 1 期。

［46］胡艺、闫吉丽、全毅：《中国与"21世纪海上丝绸之路"沿线国家贸易互补性测度及其影响因素的实证研究》，载于《世界经济研究》2017年第8期。

［47］胡志勇：《印度的"印度洋战略"对中国海上丝绸之路建设的影响》，载于《南亚研究季刊》2014年第4期。

［48］黄汉权：《加快构建双循环相互促进的新发展格局》，载于《经济日报》2020年7月15日。

［49］黄嘉瑜：《区域价值链重构视角下的中国—东盟产能合作》，外交学院硕士学位论文，2016年。

［50］黄建峰：《"21世纪海上丝绸之路"战略研究》，山东师范大学博士学位论文，2017年。

［51］黄茂兴、贾学凯：《"21世纪海上丝绸之路"的空间范围、战略特征与发展愿景》，载于《东南学术》2015年第4期。

［52］黄先海、陈航宇：《"一带一路"的实施效应研究——基于GTAP的模拟分析》，载于《社会科学战线》2016年第5期。

［53］黄永弟：《"21世纪海上丝绸之路"与印尼"全球海洋支点"战略对接的思考》，载于《宏观经济管理》2017年第3期。

［54］吉芯莹、陈斌云：《缅甸公众意识的觉醒对中国在缅投资形象的影响研究》，载于《经贸实践》2015年第6期。

［55］姜秉国：《中国海洋战略性新兴产业国际合作领域识别与模式选择》，载于《中国海洋大学学报（社会科学版）》2013年第4期。

［56］姜晓甜：《"21世纪海上丝绸之路"视阈下中国对东盟国家公共外交研究》，吉林大学硕士学位论文，2017年。

［57］金丹：《"一带一路"背景下中越产能合作研究》，载于《技术经济与管理研究》2018年第8期。

［58］金丹：《中国—东盟命运共同体构想下增强中国政党话语权的策略研究：以政党外交为视角》，载于《广西社会科学》2016年第12期。

［59］景丽娜：《浅谈基于"一带一路"的企业公共外交》，载于《共外交季刊》2016年第3期。

［60］鞠华莹、李光辉：《建设21世纪海上丝绸之路的思考》，载于《国际经济合作》2014年第9期。

［61］邝艳湘、陈静中：《国对外教育援助在公共外交中将大有可为》，载于《公共外交季刊》2017年第3期。

［62］蓝建学：《"一带一路"倡议在南亚：进展、挑战及未来》，载于《印度洋经济体研究》2017年第8期。

［63］蓝庆新、姜峰：《"一带一路"与以中国为核心的国际价值链体系构建》，载于《人文杂志》2016 年第 5 期。

［64］［印］雷嘉·莫汉著，朱宪超、张玉梅译：《中印海洋大战略》，中国民主法制出版社 2014 年版。

［65］雷丽娜：《"一带一路"构想下的境外经贸合作区研究》，载于《辽宁科技学院学报》2017 年第 5 期。

［66］李晨阳：《2010 年大选之后的中缅关系：挑战与前景》，载于《和平与发展》2012 年第 2 期。

［67］李大海、孙杨：《21 世纪海上丝绸之路：物流分析、支点选择与空间布局》，载于《太平洋学报》2017 年第 1 期。

［68］李辉、侯铁珊：《韩国对华直接投资与中国对韩进出口关系的分析》，载于《国际贸易问题》2008 年第 10 期。

［69］李慧芬：《东南亚华人民间宗教信仰与建设 21 世纪海上丝绸之路》，载于《学术评论》2016 年第 2 期。

［70］李建军、孙慧、田原：《丝绸之路经济带全球价值链地位测评及政策建议》，载于《国际贸易问题》2018 年第 8 期。

［71］李进峰：《把一带一路打造成"四个之路"》，载于《中国社会科学报》2020 年 7 月 23 日。

［72］李明江、曾爱玲：《东南亚与 21 世纪"海上丝绸之路"》，载于葛洪亮主编：《东南亚："21 世纪海上丝绸之路"的枢纽》，世界图书出版社 2016 年版。

［73］李向阳：《论海上丝绸之路的多元化合作机制》，载于《世界经济与政治》2014 年第 11 期。

［74］李骁、薛力：《21 世纪海上丝绸之路：安全风险及其应对》，载于《太平洋学报》2015 年第 7 期。

［75］李艳芳：《"21 世纪海上丝绸之路"框架下中斯经济关系的重塑研究》，载于《南亚研究》2017 年第 2 期。

［76］李志鹏：《境外经贸合作区的发展实践探索》，载于《国际工程与劳务》2016 年第 9 期。

［77］李仲才：《建设"21 世纪海上丝绸之路"的文化战略思考》，载于《群言》2015 年第 9 期。

［78］梁颖、陈乔：《加强政策沟通 推动 21 世纪海上丝绸之路建设》，载于《宏观经济管理》2018 年第 10 期。

［79］梁颖、黄立群：《新型国际合作发展观与"一带一路"建设》，载于《理论视野》2020 年第 7 期。

［80］梁颖、卢潇潇：《打造中国—东盟自由贸易区升级版旗舰项目 加快中国—中南半岛经济走廊建设》，载于《广西民族研究》2017年第10期。

［81］梁颖、卢潇潇：《加快"21世纪海上丝绸之路"重要节点建设的建议》，载于《亚太经济》2017年第4期。

［82］梁颖：《中国—东盟政治经济互动及机制研究》，人民出版社2016年版。

［83］廖建国：《危机事件的舆论国际化趋势及应对模式转换》，载于《新闻界》2012年第11期。

［84］廖萌：《21世纪海上丝绸之路背景下中国企业投资印尼研究》，载于《亚太经济》2018年第1期。

［85］林宏宇：《"海上丝绸之路"国际战略意义透析》，载于《理论参考》2014年第9期。

［86］林进忠、林旻、黄邵：《论21世纪海上丝绸之路建设背景下我国与东盟的金融合作——基于SWOT分析》，载于《福建金融》2017年第9期。

［87］林俐、翟金帅：《"一带一路"沿线境外经贸合作区运行机制及空间布局——以东南亚区域为例》，载于《当代经济》2017年第2期。

［88］林民旺：《印度对"一带一路"的认知及中国的政策选择》，载于《世界经济与政治》2015年第5期。

［89］林明太、连晨曦、赵相相：《试析海上丝绸之路沿线主要国家的妈祖文化旅游联合开发》，载于《武夷学院学报》2018年第5期。

［90］林勇新：《建设新"海上丝绸之路"的内涵、前景与可行路径》，载于《西安交通大学学报（社会科学版）》2016年第6期。

［91］刘爱民、马霞、宋彩岑：《境外经贸合作区开发模式的优化和提升》，载于《国际工程与劳务》2017年第10期。

［92］刘婵娟、胡志华：《"21世纪海上丝绸之路"海运网络空间格局及其复杂性研究》，载于《世界地理研究》2018年第3期。

［93］刘赐贵：《发展海洋合作伙伴关系 推进21世纪海上丝绸之路建设的若干思考》，载于《国际问题研究》2014年第4期。

［94］刘大海、王艺潼、刘芳明、于莹、连晨超、徐孟：《"21世纪海上丝绸之路"海上战略支点港的主要建设模式及其政策风险》，载于《改革与战略》2017年第3期。

［95］刘海朋：《海洋战略性新兴产业支撑条件时空差异与障碍因素分析》，青岛大学硕士学位论文，2018年。

［96］刘华芹、彭柏翰：《以规则对接提升"一带一路"经贸合作水平》，载于《国际商务财会》2017年第5期。

［97］刘佳：《建设境外经贸合作区加速融入"一带一路"》，载于《宏观经济管理》2016 年第 8 期。

［98］刘佳骏：《"21 世纪海上丝绸之路"沿线产能合作路径探析》，载于《国际经济合作》2016 年第 8 期。

［99］刘佳骏、汪川：《中国建设 21 世纪海上丝绸之路经济带的战略思考》，载于《改革与战略》2015 年第 6 期。

［100］刘明：《南亚国家共建 21 世纪海上丝绸之路的参与活性——基于陆海属性的视角》，载于《理论月刊》2017 年第 8 期。

［101］刘生龙、胡鞍钢：《交通基础设施与中国区域经济一体化》，载于《经济研究》2011 年第 3 期。

［102］刘伟：《我国境外经贸合作区的发展与对策研究》，载于《中国证券期货》2013 年第 1 期。

［103］刘文波：《南海地缘政治格局与海上丝绸之路建设的地缘战略选择》，载于《理论与现代化》2016 年第 3 期。

［104］刘修岩：《经济集聚、空间外部性与地区差距——来自中国地级数据的证据》，复旦大学博士学位论文，2008 年。

［105］刘英奎、郭志刚：《中国境外经贸合作区的发展特点、问题与对策》，载于《区域经济评论》2017 年第 3 期。

［106］刘勇、黄子恒、杜帅、吴斌、孙欣如：《国际产能合作：规律、趋势与政策》，载于《上海经济研究》2018 年第 2 期。

［107］刘育红：《"新丝绸之路"经济带交通基础设施、空间溢出与经济增长》，陕西师范大学博士学位论文，2012 年。

［108］刘镇、邱志萍、刘伟明：《自贸协定对"21 世纪海上丝绸之路"出口贸易的影响》，载于《经济经纬》2017 年第 5 期。

［109］刘镇、邱志萍、朱丽萌：《海上丝绸之路沿线国家投资贸易便利化时空特征及对贸易的影响》，载于《经济地理》2018 年第 3 期。

［110］刘志彪：《构建"一带一路"包容性全球价值链》，载于《经济参考报》2019 年 7 月 24 日。

［111］刘中伟：《东亚生产网络、全球价值链整合与东亚区域合作的新走向》，载于《当代亚太》2014 年第 4 期。

［112］刘宗义：《21 世纪海上丝绸之路建设与我国沿海城市和港口的发展》，载于《城市观察》2014 年第 6 期。

［113］楼春豪：《21 世纪海上丝绸之路的风险与挑战》，载于《印度洋经济体研究》2014 年第 5 期。

［114］卢昌彩：《建设 21 世纪海上丝绸之路的若干思考》，载于《决策咨询》2014 年第 4 期。

［115］卢光盛、邓涵：《经济走廊的理论溯源及其对孟中印缅经济走廊建设的启示》，载于《南亚研究》2015 年第 2 期。

［116］陆大道：《建设经济带是经济发展布局的最佳选择》，载于《地理科学》2014 年第 7 期。

［117］路红艳：《中国境外经贸合作区发展的经验启示》，载于《对外经贸》2013 年第 10 期。

［118］吕承超、徐倩：《新丝绸之路经济带交通基础设施空间非均衡及互联互通政策研究》，载于《上海财经大学学报》2017 年第 2 期。

［119］吕余生：《深化中国—东盟合作，共同建设 21 世纪海上丝绸之路》，载于《学术论坛》2013 年第 12 期。

［120］罗传钰：《21 世纪海上丝绸之路建设下中国—东盟金融合作法律机制的完善》，载于《太平洋学报》2016 年第 4 期。

［121］麻国庆：《全球社会与 21 世纪海上丝绸之路》，载于《广西民族大学学报（哲学社会科学版）》2015 年第 5 期。

［122］马光明：《评后金融危机时期中国对外直接投资的逆势增长——成因探析与趋势预测》，载于《国际贸易问题》2011 年第 9 期。

［123］马海燕：《全球价值链理论研究述评》，载于《华中农业大学学报（社会科学版）》2007 年第 5 期。

［124］马霞、宋彩岑：《中国埃及苏伊士经贸合作区："一带一路"上的新绿洲》，载于《西亚非洲》2016 年第 2 期。

［125］毛艳华、杨思维：《21 世纪海上丝绸之路贸易便利化合作与能力建设》，载于《国际经贸探索》2015 年第 4 期。

［126］［美］塞缪尔·亨廷顿著，周琪等译：《文明的冲突与世界秩序的重建》，新华出版社 2010 年版。

［127］孟婵：《中国与"21 世纪海丝绸之路"沿线国家科技论文合作分析——基于 Web of Science 的研究》，载于《国际研究参考》2018 年第 8 期。

［128］孟芳、周昌仕：《中国对"海上丝绸之路"沿线国家和地区水产品出口贸易影响因素的实证分析》，载于《对外经贸》2018 年第 5 期。

［129］［孟］穆希布尔·拉赫曼著，吴娟娟译：《21 世纪海上丝绸之路与中国—南亚关系》，载于《印度洋经济体研究》2016 年第 1 期。

［130］牛同、曲小康：《印度对"21 世纪海上丝绸之路"计划的认知、举措及中国对策分析》，载于《南亚研究季刊》2016 年第 4 期。

［131］潘永、王太云：《21 世纪海上丝绸之路金融需求的形成机制与规模测度》，载于《广西社会科学》2017 年第 4 期。

［132］钱耀军：《中国与新加坡贸易合作研究——基于"21 世纪海上丝绸之路"战略背景》，载于《调研世界》2018 年第 4 期。

［133］乔丹：《"21 世纪海上丝绸之路"贸易自由化便利化及其经济效应研究》，华侨大学硕士论文，2018 年。

［134］秦德君、朱莹：《后疫情时代"一带一路"与人类命运共同体战略性调适》，载于《学术界》2020 年第 7 期。

［135］秦升：《"一带一路"重构全球价值链的中国方案》，载于《国际经济合作》2017 年第 9 期。

［136］秦玉才、周谷平、罗卫东：《"一带一路"读本》，浙江大学出版社2015 年版。

［137］曲星：《公共外交的经典含义与中国特色》，载于《国际问题研究》2010 年第 6 期。

［138］全毅、汪洁、刘婉婷：《21 世纪海上丝绸之路的战略构想与建设方略》，载于《国际贸易》2014 年第 8 期。

［139］全毅、尹竹：《中国—东盟区域、次区域合作机制与合作模式创新》，载于《东南亚研究》2017 年第 6 期。

［140］饶兆斌：《经济高于地缘政治：马来西亚对 21 世纪海上丝绸之路的观点》，载于《南洋问题研究》2016 年第 4 期。

［141］任航、童瑞凤、张振克：《南非海洋经济发展现状与中国—南非海洋经济合作展望》，载于《世界地理研究》2018 年第 4 期。

［142］［日］小岛清著，周宝廉译：《对外贸易论》，南开大学出版社 1987 年版。

［143］邵彤：《东盟国家基础设施与经济发展研究》，厦门大学硕士学位论文，2014 年。

［144］申现杰、肖金成：《国际区域经济合作新形势与我国"一带一路"合作战略》，载于《宏观经济研究》2014 年第 11 期。

［145］沈军、包小玲：《中国对外直接投资与经济发展的关系研究》，载于《产经评论》2013 年第 6 期。

［146］沈铭辉、张中元：《"一带一路"背景下的国际产能合作——以中国—印尼合作为例》，载于《国际经济合作》2017 年第 3 期。

［147］沈铭辉、张中元：《中国境外经贸合作区："一带一路"上的产能合作平台》，载于《新视野》2016 年第 3 期。

[148] 沈雅梅：《"中国梦"的公共外交：挑战与机遇》，载于《国际问题研究》2015 年第 6 期。

[149] 司增绰、周坤：《中国与"一带一路"沿线国家的产业贸易关系研究》，载于《北京工商大学学报（社会科学版）》2017 年第 6 期。

[150]《丝绸之路国际电影节》，载于《电影画刊》2018 年第 1 期。

[151] 宋林飞：《建设 21 世纪海上丝绸之路的机遇和挑战》，载于《新丝路（下旬）》2015 年第 8 期。

[152] 苏淑民：《公共外交与中国国家形象的塑造》，载于《教学与研究》2008 年第 1 期。

[153] 孙力：《"一带一路"愿景下政策沟通的着力点》，载于《新疆师范大学学报（哲学社会科学版）》2016 年第 3 期。

[154] 孙西辉：《论构建"中国—东盟利益共同体"的外交战略》，载于《国际关系研究》2013 年第 1 期。

[155] 孙喜勤：《中国与孟加拉国经贸关系的现状、问题与前景》，载于《南亚东南亚研究》2016 年第 9 期。

[156] 孙晓蕾、杨玉英、李建平：《系统性风险动态特征与国家风险评级差异性——以金砖五国为例》，载于《管理科学学报》2014 年第 11 期。

[157] 孙玉华、彭文钊、刘宏：《中蒙俄经济走廊人文合作中的文化认同问题》，载于《东北亚论坛》2015 年第 6 期。

[158] 谭秀杰、周茂荣：《21 世纪"海上丝绸之路"贸易潜力及其影响因素——基于随机前沿引力模型的实证研究》，载于《国际贸易问题》2015 年第 2 期。

[159] 谭卓、杨松岭、蔡文杰：《"21 世纪海上丝绸之路"油气勘探开发合作战略》，载于《国际经济合作》2017 年第 5 期。

[160] 唐文琳、唐明知：《中国—东盟命运共同体背景下互联互通的建设》，载于《广西大学学报（哲学社会科学版）》2016 年第 3 期。

[161] 唐小松、张自楚：《中国对周边"一带一路"沿线国家的公共外交》，载于《教学与研究》2016 年第 6 期。

[162] 田文、张亚青、佘珉：《全球价值链重构与中国出口贸易的结构调整》，载于《国际贸易问题》2015 年第 3 期。

[163] 涂庄：《中国与印尼贸易互补性和竞争性研究——基于显示性比较优势指数分析》，载于《北方经济》2012 年第 15 期。

[164] 汪洁、全毅：《21 世纪海上丝绸之路贸易便利化研究》，载于《国际商务——对外经济贸易大学学报》2015 年第 6 期。

[165] 汪小丽：《"一带一路"亟需语言互通——以促进新疆民族语言互通

为例》，载于《边疆经济与文化》2017 年第 12 期。

　　[166] 汪正元：《论我国旅游交通的几个特性及其发展方向》，载于《旅游学刊》1999 年第 3 期。

　　[167] 王昌林、杨长湧：《在构建双循环新发展格局中育新机开新局》，载于《经济日报》2020 年 8 月 5 日。

　　[168] 王辉堂、王琦：《产业转移理论述评及其发展趋向》，载于《经济问题探索》2008 年第 1 期。

　　[169] 王君：《我国与海上丝绸之路沿线国家的跨境电商物流绩效及提升策略》，载于《物流工程与管理》2018 年第 7 期。

　　[170] 王秋彬：《关于中国公共外交发展的思考》，载于《吉林大学社会科学学报》2015 年第 3 期。

　　[171] 王秋彬：《开展"一带一路"公共外交的思考》，载于《理论视野》2015 年第 6 期。

　　[172] 王涛、曹峰毓：《中非天然气合作：背景、机遇与挑战》，载于《印度洋经济体研究》2014 年第 8 期。

　　[173] 王文平：《基于科学计量的中国国际科技合作模式及影响研究》，北京理工大学博士论文，2014 年。

　　[174] 王小明：《21 世纪海上丝绸之路建设对接当地发展研究——印度尼西亚视角》，载于《国际展望》2017 年第 4 期。

　　[175] 王新越、司武兴：《21 世纪海上丝绸之路国家旅游合作研究》，载于《中国海洋大学学报》2016 年第 2 期。

　　[176] 王亚军：《"一带一路"倡议的理论创新与典范价值》，载于《世界经济与政治》2017 年第 3 期。

　　[177] 王义桅：《如何讲好"一带一路"故事》，载于《公共外交季刊》2017 年第 2 期。

　　[178] 王义桅：《"一带一路"：机遇与挑战》，人民出版社 2015 年版。

　　[179] 王勇辉：《"21 世纪海上丝绸之路"东南亚战略支点国家的构建》，载于《世界经济与政治论坛》2016 年第 3 期。

　　[180] 王玉主：《"一带一路"倡议与东盟利益诉求》，中国社会科学出版社 2017 年版。

　　[181] 王玉主、张蕴岭：《中国发展战略与中国—东盟关系再认识》，载于《东南亚研究》2017 年第 6 期。

　　[182] 王玉柱：《"一带一路"倡议下中国及世界经济"再平衡"的实现机制》，载于《现代经济探讨》2016 年第 12 期。

［183］韦红、尹楠楠：《"21世纪海上丝绸之路"东南亚战略支点国家的选择》，载于《社会主义研究》2017年第6期。

［184］韦军亮、陈漓高：《政治风险对中国对外直接投资的影响——基于动态面板模型的实证研究》，载于《经济评论》2009年第4期。

［185］温灏：《推动境外园区合作共赢的战略思考》，载于《国际工程与劳务》2017年第10期。

［186］闻一潇：《东盟国家在南海政策上的分歧及其对东盟一体化的影响》，外交学院硕士学位论文，2017年。

［187］吴国培：《金融支持福建建设21世纪海上丝绸之路核心区之战略思考》，载于《福建金融》2016年第1期。

［188］吴汉洪、封新建：《次优理论在国际贸易政策中的应用》，载于《中国人民大学学报》2001年第5期。

［189］武芳：《新冠疫情下"一带一路"如何开启新征程》，载于《中国远洋海运》2020年第6期。

［190］西仁塔娜：《中蒙俄经济走廊建设探析：一种跨境次区域合作视角》，载于《俄罗斯东欧中亚研究》2017年第2期。

［191］夏苇航、刘青才：《"21世纪海上丝绸之路"倡议视域中的中国—东盟关系》，载于《社会主义研究》2017年第6期。

［192］夏先良：《构筑"一带一路"国际产能合作体制机制与政策体系》，载于《国际贸易》2015年第11期。

［193］项锦雯：《产业梯度转移对区域土地集约利用的影响研究》，南京农业大学博士学位论文，2015年。

［194］［美］小约瑟夫·奈：《新公共外交：非政府组织与网络》，载于《公共外交季刊》2010年第2期。

［195］肖渭明：《推动"一带一路"建设迈向高质量发展》，载于《中国经贸导刊》2019年第19期。

［196］谢博、岳蓉：《地缘政治视角下的21世纪海上丝绸之路通道安全》，载于《东南亚纵横》2015年第5期。

［197］谢杰、刘任余：《基于空间视角的中国对外直接投资的影响因素与贸易效应研究》，载于《国际贸易问题》2011年第6期。

［198］谢琳灿：《"全球海上支点"对接"21世纪海上丝绸之路"——对印尼产能与基础设施合作的机遇与风险》，载于《中国经贸导刊》2017年第8期。

［199］邢广程：《理解中国现代丝绸之路战略——中国与世界深度互动的新型链接范式》，载于《世界经济与政治》2014年第12期。

［200］邢丽菊：《推进"一带一路"人文交流：困难与应对》，载于《国际问题研究》2016 年第 6 期。

［201］邢瑞丽：《新西兰与"21 世纪海上丝绸之路"倡议对接研究》，载于《战略决策研究》2018 年第 1 期。

［202］徐静静、谭攻克：《21 世纪海上丝绸之路战略构架下中国—肯尼亚海洋合作之探讨》，载于《海洋开发与管理》2018 年第 5 期。

［203］许培源、陈乘风：《印尼与"海上丝绸之路"建设》，载于《亚太经济》2015 年第 5 期。

［204］荀克宁：《"一带一路"时代背景下境外园区发展新契机》，载于《理论学刊》2015 年第 10 期。

［205］闫伟：《我国海洋油气企业的国际竞争优势及合作模式选择研究》，中国海洋大学硕士学位论文，2014 年。

［206］杨保筠：《加强文化交流，促进中国—东南亚"21 世纪海上丝绸之路"建设》，载于《亚非研究》2017 年第 2 期。

［207］杨程玲：《东盟海上互联互通及其与中国的合作——以 21 世纪海上丝绸之路为背景》，载于《太平洋学报》2016 年第 4 期。

［208］杨逢珉、田洋洋：《中国与"21 世纪海上丝绸之路"沿线国家农产品贸易研究——基于竞争性、互补性和贸易潜力的视角》，载于《现代经济探讨》2018 年第 8 期。

［209］杨忍、牟乃夏、彭澎、刘希亮、张恒才、陆锋：《"海上丝绸之路"沿线重要港口竞争力评价》，载于《地球信息科学学报》2018 年第 5 期。

［210］杨荣国：《"一带一路"公共外交战略研究》，兰州大学博士学位论文，2017 年。

［211］杨怡爽：《跨界发展：从 21 世纪海上丝绸之路到亚洲生产网络的边界扩展》，载于《当代亚太》2017 年第 1 期。

［212］杨谊、刘军、皮天雷：《欧债危机背景下的金融危机传染：逻辑与机制》，载于《西南金融》2012 年第 9 期。

［213］杨泽伟：《"21 世纪海上丝绸之路"建设的风险及其法律防范》，载于《环球法律评论》2018 年第 1 期。

［214］姚芳芳、周昌仕、翁春叶：《中国与海上丝绸之路沿线国家海洋产业合作模式研究——基于 BCG Matrix – AHP 的实证分析》，载于《资源开发与市场》2018 年第 4 期。

［215］叶尔肯·吾扎提、张薇、刘志高：《我国在"一带一路"沿线海外园区建设模式研究》，载于《中国科学院院刊》2017 年第 4 期。

［216］叶振宇：《中国建设高水平海外产业园区的战略思考》，载于《中国发展观察》2016 年第 1 期。

［217］尹仑：《21 世纪海上丝绸之路与"环印度洋战略"研究》，载于《学术探索》2015 年第 5 期。

［218］尤宏兵、成楠、杨蕾：《境外产业园区建设特点与发展建议》，载于《国际经济合作》2017 年第 2 期。

［219］余官胜：《东道国金融发展和我国企业对外直接投资——基于动机异质性视角的实证研究》，载于《国际贸易问题》2015 年第 3 期。

［220］余玲、麻三山：《21 世纪海上丝绸之路的语言交流互动平台构筑》，载于《学术论坛》2015 年第 11 期。

［221］余珍艳：《"21 世纪海上丝绸之路"战略推进下中国—印度尼西亚海洋经济合作：机遇与挑战》，载于《战略决策研究》2017 年第 1 期。

［222］余珍艳：《中国—东盟海洋经济合作的现状、机遇和挑战》，华中师范大学硕士学位论文，2016 年。

［223］俞国祥、胡麦秀：《"21 世纪海上丝绸之路"背景下中国与东盟水产品贸易的竞争性和互补性研究》，载于《海洋开发与管理》2018 年第 2 期。

［224］袁新涛：《丝绸之路经济带建设和 21 世纪海上丝绸之路建设的国家战略分析》，载于《东南亚纵横》2014 年第 8 期。

［225］［美］约翰.W.亨德森、翁文章：《印度尼西亚的民族和语言》，载于《民族译丛》1981 年第 3 期。

［226］曾庆成、吴凯、滕藤：《海上丝绸之路港口的空间分布特征研究》，载于《大连理工大学学报》2016 年第 1 期。

［227］翟昆：《超越边缘化：世界体系论下的东盟共同体》，载于《人民论坛·学术前沿》2016 年第 9 期。

［228］张大勇：《加强"21 世纪海上丝绸之路"战略支点建设研究》，载于《中国工程科学》2016 年第 2 期。

［229］张根福、魏斌：《习近平海洋强国战略思想探析》，载于《思想理论教育导刊》2018 年第 5 期。

［230］张广荣：《中国境外经贸合作区发展政策探析》，载于《国际金融合作》2013 年第 3 期。

［231］张广威、刘曙光：《21 世纪海上丝绸之路：战略内涵、共建机制与推进路径》，载于《太平洋学报》2017 年第 8 期。

［232］张洪、梁松：《共生理论视角下国际产能合作的模式探析与机制构建——以中哈产能合作为例》，载于《宏观经济研究》2015 年第 12 期。

［233］张辉：《全球价值链理论与我国产业发展研究》，载于《中国工业经济》2004 年第 5 期。

［234］张辉：《以国内国际双循环引领新型全球化》，载于《经济参考报》2020 年 8 月 11 日。

［235］张杰、刘志彪：《需求因素与全球价值链形成——兼论发展中国家的"结构封锁型"障碍与突破》，载于《财贸研究》2007 年第 6 期。

［236］张娟、刘钻石：《中国民营企业在非洲的市场进入与直接投资的决定因素》，载于《世界经济研究》2013 年第 2 期。

［237］张开城：《海上丝绸之路精神与 21 世纪海上丝绸之路建设》，载于《中国海洋大学学报（社会科学版）》2015 年第 4 期。

［238］张力：《从"海丝路"互动透视中印海上安全关系》，载于《南亚研究季刊》2016 年第 4 期。

［239］张丽平、蓝庆新：《以资本运作推动"一带一路"的互联互通建设》，载于《南开学报（哲学社会科学版）》2016 年第 1 期。

［240］张林、刘霄龙：《异质性、外部性视角下 21 世纪海上丝绸之路的战略研究》，载于《国际贸易问题》2015 年第 3 期。

［241］张梅：《对外产能合作：进展与挑战》，载于《国际问题研究》2016 年第 1 期。

［242］张述存：《境外资源开发与国际产能合作转型升级研究——基于全球产业链的视角》，载于《山东社会科学》2016 年第 7 期。

［243］张艳茹、张瑾：《当前非洲海洋经济发展的现状、挑战与未来展望》，载于《现代经济探讨》2016 年第 5 期。

［244］张艳艳、于津平：《交通基础设施与经济增长：基于"一带一路"沿线国家铁路交通基础设施的研究》，载于《世界经济研究》2018 年第 3 期。

［245］张勇：《略论 21 世纪海上丝绸之路的国家发展战略意义》，载于《中国海洋大学学报（社会科学版）》2014 年第 5 期。

［246］张越、陈秀莲：《中国与东盟国家海洋产业合作研究》，载于《亚太经济》2018 年第 2 期。

［247］赵亮：《我国企业参与 21 世纪海上丝绸之路沿线港口项目的现状研究》，外交学院硕士学位论文，2018 年。

［248］赵龙跃：《新丝绸之路：从战略构想到现实规则》，载于《人民论坛·学术前沿》2014 年第 13 期。

［249］赵明亮：《国际投资风险因素是否影响中国在"一带一路"国家的OFDI——基于扩展投资引力模型的实证检验》，载于《国际经贸探索》2017 年第

2 期。

　　[250] 赵明龙：《人文交流：海上丝绸之路建设不可或缺的内容》，载于《东南亚纵横》2014 年第 11 期。

　　[251] 赵启正：《由民间外交到公共外交》，载于《外交评论》2009 年第 5 期。

　　[252] 赵旭、高苏红、王晓伟：《"21 世纪海上丝绸之路"倡议下的港口合作问题及对策》，载于《西安交通大学学报（社会科学版）》2017 年第 6 期。

　　[253] 赵旭、梁雪娇、周巧琳、赵媛：《海上丝绸之路沿线港口体系的空间布局演化》，载于《上海海事大学学报》2017 年第 4 期。

　　[254] 赵旭、王晓伟：《海上丝绸之路战略背景下的港口合作机制研究》，载于《中国软科学》2016 年第 12 期。

　　[255] 郑军、张永庆、黄霞：《2000－2014 年海上丝绸之路贸易网络结构特征演化》，载于《国际贸易问题》2017 年第 3 期。

　　[256] 郑展鹏：《中国区域对外直接投资的空间效应研究——基于空间计量面板数据的分析》，载于《经济问题探索》2015 年第 7 期。

　　[257] 钟飞腾：《"一带一路"产能合作的国际政治经济学分析》，载于《山东社会科学》2015 年第 8 期。

　　[258] 钟新、邝西曦：《新丝绸之路外交：促进中国与周边国家多主体之间良性互动》，载于《公共外交季刊》2014 年第 7 期。

　　[259] "重点国家的战略评估与政策建议"课题组：《"21 世纪海上丝绸之路"背景下的我国海洋产业国际合作》，载于《海洋开发与管理》2018 年第 4 期。

　　[260] 周爱民、宋暄：《海上丝绸之路支点港口城市金融创新路径探索》，载于《中国流通经济》2016 年第 10 期。

　　[261] 周昌仕、姚芳芳：《"21 世纪海上丝绸之路"背景下中泰水产品贸易互通研究》，载于《世界农业》2018 年第 3 期。

　　[262] 周方冶：《21 世纪海上丝绸之路战略支点建设的几点看法》，载于《新视野》2015 年第 2 期。

　　[263] 周方冶：《中泰关系—东盟合作中的战略支点作用——基于 21 世纪海上丝绸之路的分析视角》，载于《南洋问题研究》2014 年第 3 期。

　　[264] 周伟：《21 世纪海上丝绸之路与环南海公共外交》，载于《公共外交季刊》2017 年第 2 期。

　　[265] 周鑫：《繁荣海上丝绸之路文化推进 21 世纪海上丝绸之路建设》，载于《新经济》2014 年第 31 期。

　　[266] 周鑫宇：《公共外交与国家的海外利益保护》，载于《世界知识》

2015 年第 3 期。

［267］周亚黎：《中国的新海权观与实践路径》，吉林大学硕士学位论文，2016 年。

［268］周岩、陈淑梅：《21 世纪海上丝绸之路贸易自由化和便利化的经济效应分析》，载于《亚太经济》2016 年第 1 期。

［269］朱妮娜、范丹：《中国境外经贸合作区研究》，载于《北方经贸》2017 年第 11 期。

［270］竺彩华：《以更开放姿态主动参与全球产业链重塑》，载于《经济参考报》2020 年 7 月 13 日。

［271］宗康、胡志华：《海上丝绸之路沿线港口的连接性分析》，载于《广西大学学报（自然科学版）》2016 年第 41 期。

［272］Alessandro Arduino, Protecting the New Silk Road, China's Private Army, Palgrave Pivot, Singapore, 2017.

［273］Alexander Demissie, Special Economic Zones: Integrating African Countries in China's Belt and Road Initiative, Rethinking the Silk Road, Palgrave Macmillan, Singapore, 2017.

［274］Azman – Saini, W. N. W., Law, S. H. and Ahmad, A. H., FDI and Economic Growth: New Evidence on the Role of Financial Markets, Economics Letters, 2010.

［275］Ágnes Szunomár, One Belt, One Road: Connecting China with Central and Eastern Europe?, The Belt & Road Initiative in the Global Arena, Palgrave Macmillan, Singapore, 2017.

［276］B. R. Deepak, China's Global Rebalancing: Will It Reshape the International Political and Economic Order?, China's Global Rebalancing and the New Silk Road, Springer, Singapore, 2018.

［277］Bruno Jetin, "One Belt – One Road Initiative" and ASEAN Connectivity: Synergy Issues and Potentialities, China's Global Rebalancing and the New Silk Road, Springer, Singapore, 2018.

［278］Chan, K. K. and Gemayel, E. R., Risk Instability and the Pattern of Foreign Direct Investment in the Middle East and North Africa Region (Vol. 4). International Monetary Fund, 2004.

［279］Chou, K. H., Chen, C. H. and Mai, C. C., The Impact of Third-country Effects and Economic Integration on China's Outward FDI, Economic Modelling, 2011.

［280］ Clarke, Michael, The Belt and Road Initiative: China's New Grand Strategy? Asia Policy, 2017 (24).

［281］ Clark, X., Dollar, D., Micco, A., Port Efficiency, Maritime Transport Costs, and Bilateral Trade, Journal of Development Economics, 2004, 75 (2).

［282］ Cohen, J. P. and C. J. Morrison Paul, Airport Infrastructure Spillovers in a Network System, Journal of Urban Economics, 2003, 54 (3).

［283］ Darshana M. Baruah, C. Raja Mohan, Connectivity and Regional Integration: Prospects for Sino – Indian Cooperation, Rethinking the Silk Road, Palgrave Macmillan, Singapore, 2017.

［284］ David Brewster, The MSRI and the Evolving Naval Balance in the Indian Ocean, China's Maritime Silk Road Initiative and South Asia, Palgrave, Singapore, 2017.

［285］ David Hummels, Time as a Trade Barrier. Indiana: Purdue University, Mimeo, 2001.

［286］ Dragana Mitrovic, China's Belt and Road Initiative: Connecting and Transforming Initiative, The Belt & Road Initiative in the Global Arena, Palgrave Macmillan, Singapore, 2017.

［287］ Elhorst, J. P., Dynamic Spatial Panels: Models, Methods and Inferences, In Spatial Econometrics, Springer, Berlin, Heidelberg, 2014.

［288］ Francois, J. F., Van Meijl, H., Van Tongeren, F., Trade liberalization in the Doha Development Round, Economic Policy Oxford Academic, Economic Policy, 2005, 20 (42).

［289］ Geoffrey F. Gresh, Chokepoints of the Western Indian Ocean, China's Maritime Silk Route, and the Future of Regional Security, Eurasia's Maritime Rise and Global Security, Palgrave Macmillan, Cham, 2018.

［290］ Goh Sui Noi, China's Belt and Road Initiative, China and the World: Ancient and Modern Silk Road, 2018 (2).

［291］ Guilherme Vasconcelos Vilaça, Strengthening the Cultural and Normative Foundations of the Belt and Road Initiative: The Colombo Plan, Yan Xuetong and Chinese Ancient Thought, Normative Readings of the Belt and Road Initiative, Springer, Cham, 2018.

［292］ Hertel, T. W., Walmsley, T., Itakura, K., Dynamic Effects of the "New Age" Free Trade Agreement Between Japan and Singapore, Quantitative Methods for Assessing the Effects of Non – Tariff Measures and Trade Facilitation, 2001.

［293］Ikboljon Qoraboyev，Kairat Moldashev，The Belt and Road Initiative and Comprehensive Regionalism in Central Asia，Rethinking the Silk Road，Palgrave Macmillan，Singapore，2017.

［294］Jabin T. Jacob，The China－Pakistan Economic Corridor and the China－India－Pakistan Triangle，China's Maritime Silk Road Initiative and South Asia，Palgrave，Singapore，2017.

［295］Javorcik，B. S. and Spatareanu，M.，To Share or not to Share：Does Local Participation Matter for Spillovers from Foreign Direct Investment?，Journal of Development Economics，2008.

［296］Jean－Marc F. Blanchard，China's Maritime Silk Road Initiative and South Asia，A Political Economic Analysis of its Purposes，Perils，and Promise，Palgrave Studies in Asia－Pacific Political Economy，Palgrave，Singapore，2018.

［297］Jean－Marc F. Blanchard，China's Twenty－First Century Maritime Silk Road Initiative and South Asia：Political and Economic Contours，Challenges，and Conundrums，China's Maritime Silk Road Initiative and South Asia，Palgrave，Singapore，2017.

［298］Jennifer Bair，Global Capitalism and Commodity Chains：Looking Back，Going Forward，Competition & Change，2005. 9 （2）.

［299］John O'Trakoun，China's Belt and Road Initiative and Regional Perceptions of China，Business Economics，2018 （53）.

［300］Krongkaew，M.，The development of the Greater Mekong Subregion （GMS）：Real Promise or False Hope? Journal of Asian Economics，2004，15 （5）.

［301］Krugman，P. R.，Increasing Returns and Economic Geography，Journal of Political Economy，1991，99 （3）.

［302］Lee，L. F. and Yu，J.，A Spatial Dynamic Panel Data Model with Both Time and Individual Fixed Effects，Econometric Theory，2010.

［303］Lipsey R G，Lancaster K，The General Theory of Second Best，Review of Economic Studies，1956，24 （1）.

［304］Maximilian Mayer，China's Rise as Eurasian Power：The Revival of the Silk Road and Its Consequences，Rethinking the Silk Road，Palgrave Macmillan，Singapore，2017.

［305］MF，Asia is Moving into a Leadership Role in the World Economy，Finance & Development，2010.

［306］Nicholas Morris，Developing a Sustainable Legal System for the Belt and

Road Initiative, Normative Readings of the Belt and Road Initiative, Springer, Cham, 2018.

［307］Ramachandran, P. and Linde, L. , Integrating Spatial Support Tools into Strategic Planning—SEA of the GMS North – South Economic Corridor Strategy and Action Plan, Environmental Impact Assessment Review, 2011, 31 (6).

［308］Roberts, M. , et al. , Evaluating China's Road to Prosperity: A New Economic Geography Approach, Regional Science and Urban Economics, 2012, 42 (4).

［309］Romyen Kosaikanont, Chinese Capital Going Global: Thai – Chinese Industrial Zone and Labor Conditions in Thailand, The Sociology of Chinese Capitalism in Southeast Asia, Palgrave Macmillan, Singapore, 2018.

［310］Sangkyom Kim, Innwon Park, Measuring the Impact of APEC Trade Facilitation: A Gravity Analysis, Paper Printed at the APEC EC Committee meeting in Santiago Chile, 2004.

［311］Sarah Y. Tong, Tuan Yuen Kong, Singapore's Role in the Belt and Road Initiative, Securing the Belt and Road Initiative, Palgrave, Singapore, 2018.

［312］Shepherd, B. , Wilson, J. S. , Trade Facilitation in ASEAN Member Countries: Measuring Progress and Assessing Priorities, Journal of Asian Economics, 2009, 20 (4).

［313］Sial, S. , The China – Pakistan Economic Corridor: An Assessment of Potential Threats and Constraints, Conflict and Peace Studies, 2014, 6 (2).

［314］Srikanth Kondapalli, The Maritime Silk Road and China – Maldives Relations, China's Maritime Silk Road Initiative and South Asia, Palgrave, Singapore, 2017.

［315］Tai Wei Lim, The One Belt One Road Narratives, China and the World: Ancient and Modern Silk Road, 2018 (1).

［316］Taylor, T. G. , Environment, Race, and Migration: Fundamentals of Human Distribution. University of Toronto Press, 1949.

［317］Toh Han Shih, Belt and Road Faces a Bumpy Ride, China and the World: Ancient and Modern Silk Road, 2018 (1).

［318］Udomkerdmongkol, M. , Morrissey, O. and Görg, H. , Exchange Rates and Outward Foreign Direct Investment: US FDI in Emerging Economies, Review of Development Economics, 2009.

［319］Walkenhorst, P. , Yasui, T. , Quantitative Assessment of the Benefits of Trade Facilitation, International Trade, 2009, 2 (3).

［320］Whebell, C. F. , Corridors: A Theory of Urban Systems, Annals of the Association of American Geographers, 1969, 59（1）.

［321］Wilson, J. S. , Mann, C. L. , Otsuki, T. , Trade Facilitation and Economic Development: A New Approach to Quantifying the Impact, World Bank Economic Review, 2003, 17（3）.

参考文献

后　记

　　"海上丝绸之路"是古代中国与国外进行贸易和人文交流的海上通道。自2013年10月3日习近平主席在印度尼西亚国会演讲时首次提出"21世纪海上丝绸之路"（简称"海丝路"）的概念以后，"海上丝绸之路"即被重新定义。新的"海丝路"延续了古代"海丝路"和平合作、开放包容、互学互鉴、互利共赢的丝绸之路精神，以政策沟通、设施联通、贸易畅通、资金融通、民心相通来推动新的"海丝路"建设，以期建成一条促进沿线各国经济要素有序自由流动、资源高效配置和市场深度融合的海上贸易往来、人文交流国际大通道。作为"一带一路"倡议的重要组成部分，"海丝路"建设承担了我国政府拓展经济合作空间、深化区域整合、推进互联互通、建设海洋强国的重要使命，是以中国发展促进世界发展的重大倡议，是构建中国与沿线国家命运共同体的顶层设计。习近平主席曾指出，互联互通是共建"一带一路"的主线和着力点。《推动共建丝绸之路经济带和21世纪海上丝绸之路的愿景与行动》亦将"五通"即政策沟通、设施联通、贸易畅通、资金融通、民心相通作为"一带一路"建设的主要内容。鉴于此，为了更好地推进"海丝路"建设，本书以"五通"为视角，以"推进"为主题，重点围绕"五通"对"21世纪海上丝绸之路"展开研究，探索理论，分析现状，查找问题，提出有针对性的对策建议，助推"海丝路"的顺利建设；在此基础上，本书还对"推动共建'一带一路'高质量发展"及"以高质量共建'一带一路'新实践推动人类命运共同体建设'走深走实'"进行了研究和展望，以期使"21世纪海上丝绸之路"的研究更具全面性、系统性和实践性。

　　自2015年获得教育部哲学社会科学研究重大课题攻关项目立项开始，本书课题组就分成六个研究小组按计划全面展开研究工作，于2016年2月完成开题报告会，邀请了国内该领域的知名专家就课题的研究思路、研究框架及研究方法进行论证。随后，课题组展开了国内外的调研及资料收集工作。其中，国外调研主要集中于东盟和南亚国家，赴"海丝路"沿线的印度尼西亚、新加坡、缅甸、泰国、老挝、柬埔寨、越南、马来西亚、孟加拉国和斯里兰卡等国进行了调研，与这些国家的政府部门、智库、高校、民间商会、协会、跨国公司、本地企业、中资企业等就"海丝路"推进过程中面临的问题及如何共同推进"海丝路"建设进行了广泛的交流。如2016年8月,课题组主要成员赴印度尼西亚、新加坡、缅甸进行了调研。在印度尼西亚,与多家中国金融机构派驻印度尼西亚当地的分支机构以及印度尼西亚本国主要的金融机构进行访谈交流。调研小组还参观访问了印度尼西亚加札马达大学、新加坡南洋理工大学、新加坡国立大学、缅甸仰光大学等高校,与相关专家学者就海洋合作问题进行了探讨,了解各高校智库对中国"推进21世纪海上丝绸之路建设"的研究情况。

在研究过程中,课题组多次召开会议探讨研究过程中遇到的难点及热点问题。最终,课题组按时完成了项目的写作并获得了可喜的研究成果。在研究过程中已发表15篇学术论文,报送3篇政策建议报告和6篇研究咨询报告,这些成果受到好评。其中,课题组主要成员撰写的《加强人文交流基础建设 扩大"一带一路"朋友圈》成果摘报,针对"五通"中的"民心相通",结合课题"推进21世纪海上丝绸之路建设研究"的重点内容——"民心相通"的推进入手,提出如何构建人文交流基础的政策建议。研究成果具有重要的现实指导意义,为政府相关部门制定推进"民心相通"的政策提供了决策参考建议。特别是该成果获得了中共中央政治局常委、国务院副总理、党组书记张高丽的重视和批示,要求转"一带一路"办公室阅研;该成果还入选了《当代世界研究》,反映出相关部门对课题组研究成果的充分肯定,充分显示了成果的学术价值和社会效益,令人甚感欣慰。

作为项目的负责人和课题首席专家,本人负责了整个项目研究方案的拟订、研究大纲的构思以及最后的统稿工作;黄立群协助组织与开展项目研究工作并协助统稿。本书各章节具体撰写人员及分工如下:第一章绪论由梁颖、黄立群、顾强、卢潇潇、王嘉奕负责;第二章推进"海丝路"建设的政策沟通由梁颖、罗传钰、顾强、金丹、陈乔、余俊杰负责;第三章推进"海丝路"建设的设施联通由王玉洁、李雄师、易鑫富、何欢、郑丹丹、方昉、刘晖负责;第四章推进"海丝路"建设的贸易畅通由梁颖、缪慧星、卢潇潇、盛玉雪、周嬬、方晶晶、陈乔、曹晓彤、刘晓臻负责;第五章推进"海丝路"建设的资金融通由毛薇、常雅丽、黄娴静、李秋梅、温健纯、杨鲜丽、张正华、黄志敏负责;第六章推进"海丝路"建设的民心相通由程成、陈乔、宋建林、王嘉奕、孟婵、张正华、黄志敏、周泽奇、李雪、支宇鹏负责;第七章以高质量共建"一带一路"推进人类命运共同体建设由梁颖、黄立群负责。本书最终得以完成,凝聚了整个研究团队的集体智慧,与大家的分工协作与合作精神是分不开的,是大家共同努力的结果。在此,我要对所有参与本书撰写的项目组成员表示由衷的感谢。

项目在开题讨论会以及研究过程中召开的多次研讨会上邀请了"一带一路"

领域专家就项目研究过程中遇到的难点、热点问题以及项目研究的初稿提出建议。在此，本人对这些给予过指导的专家们的诚挚帮助和宝贵意见表示感谢，他们是：张蕴岭、范祚军、王玉主、桑百川、范从来、魏玲、李光辉、李晨阳、张锦、郭渊、谷名飞、王石山。此外，对协助本书研究搜集资料的蔡佳颖、赵慧、王勇、王航、刘静、王辉、杨艳艳、周昆树、盆凌宸、杨文、张波等表示感谢。同时，对于不辞辛劳为项目成果进行编辑、校对及排版的出版社的编辑和各环节的工作人员也深表谢意，感谢他们为本书的出版所做出的努力。

不能不说的是，虽然本人与项目组成员在写作过程中倾注了大量心血，并尽最大努力完成项目研究工作，但是仍难免有疏忽和不足之处，敬请各位专家与读者批评指正。

梁 颖

2020 年 4 月 18 日于广西南宁

教育部哲学社会科学研究重大课题攻关项目
成果出版列表

序号	书　名	首席专家
1	《马克思主义基础理论若干重大问题研究》	陈先达
2	《马克思主义理论学科体系建构与建设研究》	张雷声
3	《马克思主义整体性研究》	逄锦聚
4	《改革开放以来马克思主义在中国的发展》	顾钰民
5	《新时期　新探索　新征程 ——当代资本主义国家共产党的理论与实践研究》	聂运麟
6	《坚持马克思主义在意识形态领域指导地位研究》	陈先达
7	《当代资本主义新变化的批判性解读》	唐正东
8	《当代中国人精神生活研究》	童世骏
9	《弘扬与培育民族精神研究》	杨叔子
10	《当代科学哲学的发展趋势》	郭贵春
11	《服务型政府建设规律研究》	朱光磊
12	《地方政府改革与深化行政管理体制改革研究》	沈荣华
13	《面向知识表示与推理的自然语言逻辑》	鞠实儿
14	《当代宗教冲突与对话研究》	张志刚
15	《马克思主义文艺理论中国化研究》	朱立元
16	《历史题材文学创作重大问题研究》	童庆炳
17	《现代中西高校公共艺术教育比较研究》	曾繁仁
18	《西方文论中国化与中国文论建设》	王一川
19	《中华民族音乐文化的国际传播与推广》	王耀华
20	《楚地出土战国简册［十四种］》	陈　伟
21	《近代中国的知识与制度转型》	桑　兵
22	《中国抗战在世界反法西斯战争中的历史地位》	胡德坤
23	《近代以来日本对华认识及其行动选择研究》	杨栋梁
24	《京津冀都市圈的崛起与中国经济发展》	周立群
25	《金融市场全球化下的中国监管体系研究》	曹凤岐
26	《中国市场经济发展研究》	刘　伟
27	《全球经济调整中的中国经济增长与宏观调控体系研究》	黄　达
28	《中国特大都市圈与世界制造业中心研究》	李廉水

序号	书　名	首席专家
29	《中国产业竞争力研究》	赵彦云
30	《东北老工业基地资源型城市发展可持续产业问题研究》	宋冬林
31	《转型时期消费需求升级与产业发展研究》	臧旭恒
32	《中国金融国际化中的风险防范与金融安全研究》	刘锡良
33	《全球新型金融危机与中国的外汇储备战略》	陈雨露
34	《全球金融危机与新常态下的中国产业发展》	段文斌
35	《中国民营经济制度创新与发展》	李维安
36	《中国现代服务经济理论与发展战略研究》	陈　宪
37	《中国转型期的社会风险及公共危机管理研究》	丁烈云
38	《人文社会科学研究成果评价体系研究》	刘大椿
39	《中国工业化、城镇化进程中的农村土地问题研究》	曲福田
40	《中国农村社区建设研究》	项继权
41	《东北老工业基地改造与振兴研究》	程　伟
42	《全面建设小康社会进程中的我国就业发展战略研究》	曾湘泉
43	《自主创新战略与国际竞争力研究》	吴贵生
44	《转轨经济中的反行政性垄断与促进竞争政策研究》	于良春
45	《面向公共服务的电子政务管理体系研究》	孙宝文
46	《产权理论比较与中国产权制度变革》	黄少安
47	《中国企业集团成长与重组研究》	蓝海林
48	《我国资源、环境、人口与经济承载能力研究》	邱　东
49	《"病有所医"——目标、路径与战略选择》	高建民
50	《税收对国民收入分配调控作用研究》	郭庆旺
51	《多党合作与中国共产党执政能力建设研究》	周淑真
52	《规范收入分配秩序研究》	杨灿明
53	《中国社会转型中的政府治理模式研究》	娄成武
54	《中国加入区域经济一体化研究》	黄卫平
55	《金融体制改革和货币问题研究》	王广谦
56	《人民币均衡汇率问题研究》	姜波克
57	《我国土地制度与社会经济协调发展研究》	黄祖辉
58	《南水北调工程与中部地区经济社会可持续发展研究》	杨云彦
59	《产业集聚与区域经济协调发展研究》	王　珺

序号	书　名	首席专家
91	《城市新移民问题及其对策研究》	周大鸣
92	《新农村建设与城镇化推进中农村教育布局调整研究》	史宁中
93	《农村公共产品供给与农村和谐社会建设》	王国华
94	《中国大城市户籍制度改革研究》	彭希哲
95	《国家惠农政策的成效评价与完善研究》	邓大才
96	《以民主促进和谐——和谐社会构建中的基层民主政治建设研究》	徐　勇
97	《城市文化与国家治理——当代中国城市建设理论内涵与发展模式建构》	皇甫晓涛
98	《中国边疆治理研究》	周　平
99	《边疆多民族地区构建社会主义和谐社会研究》	张先亮
100	《新疆民族文化、民族心理与社会长治久安》	高静文
101	《中国大众媒介的传播效果与公信力研究》	喻国明
102	《媒介素养：理念、认知、参与》	陆　晔
103	《创新型国家的知识信息服务体系研究》	胡昌平
104	《数字信息资源规划、管理与利用研究》	马费成
105	《新闻传媒发展与建构和谐社会关系研究》	罗以澄
106	《数字传播技术与媒体产业发展研究》	黄升民
107	《互联网等新媒体对社会舆论影响与利用研究》	谢新洲
108	《网络舆论监测与安全研究》	黄永林
109	《中国文化产业发展战略论》	胡惠林
110	《20世纪中国古代文化经典在域外的传播与影响研究》	张西平
111	《国际传播的理论、现状和发展趋势研究》	吴　飞
112	《教育投入、资源配置与人力资本收益》	闵维方
113	《创新人才与教育创新研究》	林崇德
114	《中国农村教育发展指标体系研究》	袁桂林
115	《高校思想政治理论课程建设研究》	顾海良
116	《网络思想政治教育研究》	张再兴
117	《高校招生考试制度改革研究》	刘海峰
118	《基础教育改革与中国教育学理论重建研究》	叶　澜
119	《我国研究生教育结构调整问题研究》	袁本涛 王传毅
120	《公共财政框架下公共教育财政制度研究》	王善迈

序号	书　名	首席专家
121	《农民工子女问题研究》	袁振国
122	《当代大学生诚信制度建设及加强大学生思想政治工作研究》	黄蓉生
123	《从失衡走向平衡：素质教育课程评价体系研究》	钟启泉 崔允漷
124	《构建城乡一体化的教育体制机制研究》	李　玲
125	《高校思想政治理论课教育教学质量监测体系研究》	张耀灿
126	《处境不利儿童的心理发展现状与教育对策研究》	申继亮
127	《学习过程与机制研究》	莫　雷
128	《青少年心理健康素质调查研究》	沈德立
129	《灾后中小学生心理疏导研究》	林崇德
130	《民族地区教育优先发展研究》	张诗亚
131	《WTO主要成员贸易政策体系与对策研究》	张汉林
132	《中国和平发展的国际环境分析》	叶自成
133	《冷战时期美国重大外交政策案例研究》	沈志华
134	《新时期中非合作关系研究》	刘鸿武
135	《我国的地缘政治及其战略研究》	倪世雄
136	《中国海洋发展战略研究》	徐祥民
137	《深化医药卫生体制改革研究》	孟庆跃
138	《华侨华人在中国软实力建设中的作用研究》	黄　平
139	《我国地方法制建设理论与实践研究》	葛洪义
140	《城市化理论重构与城市化战略研究》	张鸿雁
141	《境外宗教渗透论》	段德智
142	《中部崛起过程中的新型工业化研究》	陈晓红
143	《农村社会保障制度研究》	赵　曼
144	《中国艺术学学科体系建设研究》	黄会林
145	《人工耳蜗术后儿童康复教育的原理与方法》	黄昭鸣
146	《我国少数民族音乐资源的保护与开发研究》	樊祖荫
147	《中国道德文化的传统理念与现代践行研究》	李建华
148	《低碳经济转型下的中国排放权交易体系》	齐绍洲
149	《中国东北亚战略与政策研究》	刘清才
150	《促进经济发展方式转变的地方财税体制改革研究》	钟晓敏
151	《中国—东盟区域经济一体化》	范祚军

序号	书　名	首席专家
152	《非传统安全合作与中俄关系》	冯绍雷
153	《外资并购与我国产业安全研究》	李善民
154	《近代汉字术语的生成演变与中西日文化互动研究》	冯天瑜
155	《新时期加强社会组织建设研究》	李友梅
156	《民办学校分类管理政策研究》	周海涛
157	《我国城市住房制度改革研究》	高　波
158	《新媒体环境下的危机传播及舆论引导研究》	喻国明
159	《法治国家建设中的司法判例制度研究》	何家弘
160	《中国女性高层次人才发展规律及发展对策研究》	佟　新
161	《国际金融中心法制环境研究》	周仲飞
162	《居民收入占国民收入比重统计指标体系研究》	刘　扬
163	《中国历代边疆治理研究》	程妮娜
164	《性别视角下的中国文学与文化》	乔以钢
165	《我国公共财政风险评估及其防范对策研究》	吴俊培
166	《中国历代民歌史论》	陈书录
167	《大学生村官成长成才机制研究》	马抗美
168	《完善学校突发事件应急管理机制研究》	马怀德
169	《秦简牍整理与研究》	陈　伟
170	《出土简帛与古史再建》	李学勤
171	《民间借贷与非法集资风险防范的法律机制研究》	岳彩申
172	《新时期社会治安防控体系建设研究》	宫志刚
173	《加快发展我国生产服务业研究》	李江帆
174	《基本公共服务均等化研究》	张贤明
175	《职业教育质量评价体系研究》	周志刚
176	《中国大学校长管理专业化研究》	宣　勇
177	《"两型社会"建设标准及指标体系研究》	陈晓红
178	《中国与中亚地区国家关系研究》	潘志平
179	《保障我国海上通道安全研究》	吕　靖
180	《世界主要国家安全体制机制研究》	刘胜湘
181	《中国流动人口的城市逐梦》	杨菊华
182	《建设人口均衡型社会研究》	刘渝琳
183	《农产品流通体系建设的机制创新与政策体系研究》	夏春玉

序号	书　名	首席专家
184	《区域经济一体化中府际合作的法律问题研究》	石佑启
185	《城乡劳动力平等就业研究》	姚先国
186	《20 世纪朱子学研究精华集成——从学术思想史的视角》	乐爱国
187	《拔尖创新人才成长规律与培养模式研究》	林崇德
188	《生态文明制度建设研究》	陈晓红
189	《我国城镇住房保障体系及运行机制研究》	虞晓芬
190	《中国战略性新兴产业国际化战略研究》	汪　涛
191	《证据科学论纲》	张保生
192	《要素成本上升背景下我国外贸中长期发展趋势研究》	黄建忠
193	《中国历代长城研究》	段清波
194	《当代技术哲学的发展趋势研究》	吴国林
195	《20 世纪中国社会思潮研究》	高瑞泉
196	《中国社会保障制度整合与体系完善重大问题研究》	丁建定
197	《民族地区特殊类型贫困与反贫困研究》	李俊杰
198	《扩大消费需求的长效机制研究》	臧旭恒
199	《我国土地出让制度改革及收益共享机制研究》	石晓平
200	《高等学校分类体系及其设置标准研究》	史秋衡
201	《全面加强学校德育体系建设研究》	杜时忠
202	《生态环境公益诉讼机制研究》	颜运秋
203	《科学研究与高等教育深度融合的知识创新体系建设研究》	杜德斌
204	《女性高层次人才成长规律与发展对策研究》	罗瑾琏
205	《岳麓秦简与秦代法律制度研究》	陈松长
206	《民办教育分类管理政策实施跟踪与评估研究》	周海涛
207	《建立城乡统一的建设用地市场研究》	张安录
208	《迈向高质量发展的经济结构转变研究》	郭熙保
209	《中国社会福利理论与制度构建——以适度普惠社会福利制度为例》	彭华民
210	《提高教育系统廉政文化建设实效性和针对性研究》	罗国振
211	《毒品成瘾及其复吸行为——心理学的研究视角》	沈模卫
212	《英语世界的中国文学译介与研究》	曹顺庆
213	《建立公开规范的住房公积金制度研究》	王先柱

序号	书　名	首席专家
243	《中华文化的跨文化阐释与对外传播研究》	李庆本
244	《世界一流大学和一流学科评价体系与推进战略》	王战军
245	《新常态下中国经济运行机制的变革与中国宏观调控模式重构研究》	袁晓玲
246	《推进 21 世纪海上丝绸之路建设研究》	梁　颖

......